Das Zeitalter der Weltkriege
1914 –1945

Ernst Piper (Hg.)

Das Zeitalter der Weltkriege
1914 – 1945

Vorwort

Der Erste Weltkrieg galt auch vor Jahren schon als sehr gut erforscht. Die „Enzyklopädie Erster Weltkrieg", die 2003 erstmals erschien, legt davon eindrucksvoll Zeugnis ab. Zum 100. Jahrestag des Kriegsausbruchs sind jetzt noch einmal Werke über den Ersten Weltkrieg in kaum noch zu überschauender Zahl erschienen, darunter Neuausgaben von Klassikern wie Barbara Tuchmans noch immer lesenswertes Buch „August 1914", überarbeitete Neuauflagen historiografischer Arbeiten, aber auch zahlreiche Werke, die uns einen reichen Ertrag neuer Forschungen präsentieren. Das auflagenstärkste von ihnen ist Christopher Clarks Buch „Die Schlafwandler".

Die Hinrichtung der englischen Krankenschwester Edith Cavell am 12. Oktober 1915 in Brüssel wurde der Öffentlichkeit in aller Welt als Beweis dafür vermittelt, dass das Deutsche Reich den Krieg und dessen monströse Gewalttätigkeit zu verantworten hatte. Die Tote trägt das weiße Gewand und das Rote Kreuz der Unschuld und Barmherzigkeit. Mit den belgischen und britischen Flaggen bedeckt gilt sie bis heute als Bild für Unschuld und Opfergang auch der alliierten Kriegsgegner. Poster von T. Corbell, ca. 1915.

In dieser Situation wollte die Edition Lingen Stiftung nicht ein weiteres Werk über den Ersten Weltkrieg herausbringen. Ihrem Verleger Werner Schulte ist die Initiative zu dem vorliegenden Buch zu verdanken, das das gesamte Zeitalter der Weltkriege zu umspannen versucht. Die Beiträge zu diesem Band versuchen in einer Gesamtschau zu beschreiben, was Krieg in diesem Zeitalter der Gewalt zwischen 1914 und 1945 bedeutete. Es werden nicht in erster Linie Schlachten und Kriegsverläufe beschrieben. Vielmehr zeigen die Autoren in systematischen Beiträgen, wie Krieg geführt wurde und auch wie die Kriegführung sich in dieser Zeit veränderte.

Eine der großen Leistungen des 19. Jahrhunderts war die Einhegung der Gewalt in Europa gewesen, während in den Kolonien technische Neuerungen wie das Maschinengewehr und das Flugzeug zum Einsatz kamen, denen die einheimische Bevölkerung nichts entgegenzusetzen hatte. Mit dem Ersten Weltkrieg kehrte die exzessive Gewalt von der Peripherie ins europäische Zentrum zurück. Hochgerüstete Armeen trafen aufeinander. Die Doktrinen des Kabinettkriegs mit seinen raschen Entscheidungsschlachten waren obsolet geworden. Obwohl das zunächst kaum jemand für möglich gehalten hatte, begann 1914 ein Krieg, der mehr als vier Jahre dauerte und zur Militarisierung ganzer Gesellschaften führte. Neue Waffengattungen wie U-Boote, Großkampfschiffe, Flugzeuge und Panzer kamen zum Einsatz. Sie eröffneten neue Angriffsstrategien, die im Zweiten Weltkrieg dann zu ihrer vollen Entfaltung kamen. Ein Sonderphänomen des Ersten Weltkriegs war der Gaskrieg, der enormen Schrecken verbreitete, aber letztendlich wenig effektiv war und 1925 international geächtet wurde.

Der Krieg wurde jetzt nicht mehr nur auf dem Schlachtfeld geführt, sondern auch an der Heimatfront. Im totalen Krieg wurde jeder zum Kombattanten. Die heimische Wirtschaft wurde ganz in den Dienst der Rüstungsproduktion gestellt. Die im Ersten Weltkrieg erstmals zur Anwendung kommende Strategie der verbrannten Erde zielte darauf ab, die industriellen und logistischen Voraussetzungen des Gegners zu zerstören und ihn so strukturell kampfunfähig zu machen. Mit der langen Dauer des Kriegs wurden die Mobilisierung aller Kräfte zur Versorgung der Front mit Kriegsmaterial und die Finanzierung des Kriegs zu entscheidenden Aufgaben.

Es sind die für beide Weltkriege zuerst erkennbar sich entwickelnden, dann aus den Erfahrungen systematisch gestalteten Bedingungen des Kriegs im Zeitalter der Gewalt, die im hier vorgelegten Band besonders berücksichtigt werden. Die Zeit zwischen den beiden Weltkriegen ist gekennzeichnet durch eine nicht abebbende Fülle militärischer Konflikte, Bürgerkriege wie zwischenstaatlicher Kriege, vor allem zwischen den neu bzw. wieder entstandenen Staaten, die um ihre Grenzen miteinander rangen. Damit einher geht eine Krise des demokratischen Systems, die zu einem Siegeszug autoritärer Regime in weiten Teilen Europas führt. In vielen Staaten entstehen faschistische Bewegungen. Italien ist das erste Land, in dem der Faschismus sich durchsetzt und bereits 1922 die Regierungsgewalt gewinnt. In Spanien triumphierte der Putschist Francisco Franco mit deutsch-italienischer Hilfe. Die radikalste Variante des Faschismus ist der Nationalsozialismus, der 1933 in Deutschland an die Macht kam und in den folgenden Jahren versuchte, einen exterminatorischen Antisemitismus mit dem Ziel der Vernichtung des europäischen Judentums zu realisieren.

Der Erste Weltkrieg führte zur Bildung zahlreicher neuer Staaten und in diesem Zusammenhang zu umfangreichen Gebietsveränderungen. Dem Schutz ethnischer Minderheiten kam deshalb eine gesteigerte Bedeutung zu. Die Pariser Vorortverträge und die damit im Zusammenhang stehenden Abkommen suchten, dem Rechnung zu tragen. Durchgesetzt hat sich aber, spätestens mit dem Vertrag von Lausanne 1923, das Prinzip der ethnischen Entmischung, das dazu

Die Rauchwolke nach der Explosion der Atombombe „Little Boy" über Hiroshima, 6. August 1945, aufgenommen aus einem amerikanischen Flugzeug. Das Bild des Atompilzes steht seitdem für den Erinnerungsort der atomaren Katastrophe.

führte, dass Millionen von Menschen ihre angestammte Heimat verlassen mussten. Eine besondere Bedrohung war die Idee der ethnischen „Säuberung" für die transnationale Minderheit der Juden. Umso attraktiver erschien das alte Projekt des Zionismus, in Palästina einen jüdischen Staat zu schaffen, das auch durch die erzwungene Auswanderung der deutschen Juden neuen Auftrieb erhielt.

Die Monstrosität des Ersten Weltkriegs hatte dazu geführt, dass die Idee vom Krieg als einer legitimen Fortsetzung der Politik mit anderen Mitteln grundlegend in Frage gestellt wurde. Erstmals gab es nach dem Krieg eine Debatte über Kriegsschuld, Kriegsverbrechen und deren justizförmige Bewältigung. Zu einem weitreichenden Versuch einer solchen Bewältigung kam es aber erst nach dem Zweiten Weltkrieg mit dem Hauptkriegsverbrecherprozess, den Nürnberger Nachfolgeprozessen und zahllosen anderen Gerichtsverfahren in vielen Ländern.

Dieses Buch richtet sich nicht an die akademische Fachöffentlichkeit, sondern an ein allgemein gebildetes Publikum. Die Beiträge befinden sich auf der Höhe der Forschung, verzichten aber auf das Referieren von Forschungskontroversen. Auch auf einen Anmerkungsapparat wurde ver-

Vorwort

zichtet. Wer sich noch genauer informieren will, findet aber am Ende des Werks eine Bibliografie mit Empfehlungen für die weitere Lektüre; zugleich enthält diese Bibliografie die wichtigste Literatur, die von den Autorinnen und Autoren herangezogen worden ist. Ergänzt werden die Texte durch eine informative Bebilderung und Karten.

Zur Freude des Herausgebers ist es gelungen, für die verschiedenen Themen hervorragende Gelehrte als Mitarbeiter zu gewinnen. Ihnen allen ist sehr dafür zu danken, dass sie ihre Expertise und ihre Arbeitskraft eingebracht haben, und auch dafür, dass sie ihre Beiträge rechtzeitig abgeliefert haben, sodass das Buch zeitgerecht erscheinen kann. Herrn Dr. Helmut R. Hammerich und dem Zentrum für Militärgeschichte und Sozialwissenschaften der Bundeswehr, Potsdam, ist überdies für die Überlassung von zwei Karten zum Sichelschnitt im Westen und zur Manstein-Rochade im Osten sehr zu danken, ebenso Herrn Dr. Christian Westerhoff, dem Leiter der Bibliothek für Zeitgeschichte, Stuttgart, sowie dem Stadtarchiv Crailsheim für die kostenlose Überlassung von Abbildungen.

Mein besonderer Dank gilt Herrn Dr. Manfred Jehle, Berlin, für seine engagierte Mitarbeit und die Organisation der Bebilderung der Beiträge. An der Bebilderung der Beiträge zu Italien und Spanien hat außerdem Herr Wolfgang Hilber mitgewirkt, die Karten hat Herr Georg Stelzner bearbeitet, den Umbruch besorgte Herr Geert Möbius. Ihnen allen danke ich für das große Engagement bei der nicht immer leichten Durchführung der Aufgaben. Für die Betreuung des Werks im Verlag gilt der Dank des Herausgebers Herrn Heinrich Hengst, der für die Bedingungen gesorgt hat, unter denen ein solches Werk nur zustande kommen kann.

Berlin, im Mai 2014 *Ernst Piper*

Inhalt

Einführung

Ernst Piper   Das Zeitalter der Weltkriege 10

Stig Förster   Der totale Krieg.
Geschichte und Wirklichkeit eines Schlagworts 24

Kriegführung

Alexander Hoerkens   Der Soldat: Preußisches Heer –
Reichswehr – Wehrmacht 36

Manfred Jehle   Der Seekrieg 50

Rolf-Dieter Müller   Der Gaskrieg 68

Sönke Neitzel   Der Bombenkrieg 78

Helmut R. Hammerich   Die Geschichte der Panzerwaffe 90

Sven Felix Kellerhoff   Die Entscheidungsschlacht 106

Inhalt

Abseits der Front

Christopher Kopper	Die Finanzierung des Kriegs	116
Sven Felix Kellerhoff	Heimatfront	126
Christian Westerhoff	Zwangsarbeit in zwei Weltkriegen	136
Uta Hinz	Kriegsgefangenschaft im Zeitalter der Weltkriege	148

Zwischen den Weltkriegen

Ernst Piper	Der Kampf um Palästina	160
Ernst Piper	Das Deutsche Reich zwischen Novemberrevolution und Hitler-Putsch	172
Ernst Piper	Italiens Weg in den Faschismus	182
Ernst Piper	Der Spanische Bürgerkrieg	192
Thomas Weber	Adolf Hitler und der Erste Weltkrieg. Erfahrungen und Konsequenzen	202
Ernst Piper	Die nationalsozialistische Neuordnung Europas. Vom Lebensraum im Osten zum Holocaust	212

Inhalt

Nach dem Krieg

Sven Felix Kellerhoff	Kriegsschuld	226
Ernst Piper	Die Pariser Vorortverträge	236
Michael Schwartz	Flucht und Vertreibung. Ethnische „Säuberungen" im Ersten und Zweiten Weltkrieg	250
Gerd Hankel	Krieg als Verbrechen. Die Leipziger Prozesse und der Nürnberger Hauptkriegsverbrecherprozess	264
Karten		276
Zeittafel		280
Autoren		297
Weiterführende Literatur		299
Bildnachweis/ Impressum		304

Ernst Piper

Das Zeitalter der Weltkriege

Die von Europa ausgehende Durchdringung der Welt seit 1500, die Entstehung des modernen Weltsystems, war zugleich eine Geschichte der Gewalt. Es entstand eine globale Hierarchie der Herrschaftsverhältnisse, Kommunikationswege und Warenströme, deren imperiale Ansprüche gewaltsam durchgesetzt wurden. In Europa selbst war die Zeit zwischen 1500 und 1914 gekennzeichnet durch die Entstehung immer größerer politischer Einheiten, sodass ihre Gesamtzahl sich von etwa 500 auf kaum 30 reduzierte. Nationalstaaten wurden die entscheidenden Akteure bei der Ausbildung von Imperien. Zugleich verlagerte sich die Gewalt in die Peripherien. Die Zeit zwischen dem Dreißigjährigen Krieg und der Französischen Revolution war in Europa geprägt von Kabinettskriegen, die von kleinen stehenden Heeren mit begrenzten Zielen unter möglichst weit gehender Schonung der Zivilbevölkerung geführt wurden.

Die Sattelzeit um 1800 brachte den Volkskrieg nach Europa zurück. Die Demokratisierung des Kriegs führte zu seiner Brutalisierung. Kriege wurden nicht länger von Söldnern, Berufssoldaten oder Spezialisten geführt, sondern von Volksheeren. Die Kabinettskriege wurden abgelöst durch eine Generalmobilmachung, die alle Ressourcen in den Dienst des Kriegs stellte und nichts und niemanden schonte. Jeder Angehörige der Nation war potentiell auch ein Kombattant. Diese Entwicklung nahm an der Schwelle

Das Zeitalter der Massenheere und des Massensterbens: Die Grande Armée Napoleons, die am 24. Juni 1812 die russische Grenze überschritt, bestand aus 610.000 Soldaten und Zehntausenden im Tross. Beim Rückzug erreichten im November nur noch 70.000 von ihnen die Beresina, bei deren Überquerung weitere 30.000 durch russische Angriffe und Massenpanik umkamen. Ins Wasser gestürzte Fuhrwerke und Leichen bildeten Inseln und Hügel an den Ufern. Das anonyme zeitgenössische Aquarell (Paris, Musee de l'Armee) zeigt den Übergang über die Beresina auf Pontonieren.

Das Zeitalter der Weltkriege

Links: Im Kolonialkrieg garantierte das Maschinengewehr die Überlegenheit der Kolonialherren. Amerikanische MG-Schützen im Krieg gegen die Philippinen, Dezember 1899.

Rechts: Das Maschinengewehr machte die Feldschlacht zwischen gleich bewaffneten Gegnern zum Grabenkampf: Deutsche MG-Schützen, ca. 1917.

zum 19. Jahrhundert ihren Anfang, sie ging zurück auf die Französische Revolution. Am 23. August 1793 wurde die Anordnung der *Levée en masse* vom Wohlfahrtsausschuss, dem Nationalkonvent in der Zeit der Französischen Revolution, verabschiedet, nachdem Danton gefordert hatte, jedem Franzosen ein Gewehr in die Hand zu geben. Alle unverheirateten Männer im Alter von 18 bis 25 Jahren waren nun zum Kriegsdienst verpflichtet. Diese Anordnung gilt als der erste Fall einer allgemeinen Wehrpflicht in der europäischen Geschichte, sie diente anderen Staaten als Vorbild. 1814 wurde im Zuge der Heeresreform auch in Preußen die Wehrpflicht gesetzlich verankert. Die Bewaffnung des Volkes trug maßgeblich zum Sieg Frankreichs im Ersten Koalitionskrieg 1797 bei, wurde aber nur wenige Jahre später in der Völkerschlacht bei Leipzig, dem Höhepunkt der deutschen Befreiungskriege, und auch im Spanischen Unabhängigkeitskrieg zum Nachteil für die Franzosen.

Und doch war eine der großen Leistungen des 19. Jahrhunderts in Europa die Einhegung der Gewalt. Die Doktrin vom schnellen und überschaubaren Kabinettskrieg lebte fort und lag auch noch den deutschen Planungen für den Ersten Weltkrieg, dem Schlieffen-Plan, zu Grunde, wenngleich im Deutsch-Französischen Krieg von 1870/71 Volksbewaffnung, Partisanen und asymmetrische Kriegführung wieder auf der Tagesordnung gestanden hatten. Mit der Gefangennahme Napoleons III. am 4. September 1870 kam die Monarchie in Frankreich endgültig an ihr Ende. Jules Favre und Léon Gambetta traten an die Spitze einer republikanischen „Regierung der nationalen Verteidigung". Gambetta, der den Krieg ursprünglich abgelehnt hatte, proklamierte nun einen Volkskrieg gegen die Deutschen. Nach der Kriegserklärung an Preußen war die französische Armee unerwartet schnell in die Defensive geraten. Um den Vormarsch der preußischen Truppen zu stoppen, hatte schon Kaiser Napoleon III. die Freikorps der Franktireurs zu den Waffen gerufen. Gambetta weitete nun diese Art der Kriegführung erheblich aus, konnte die Niederlage Frankreichs aber nicht verhindern. Bei den deutschen Soldaten wurden die Franktireurs dennoch zu einem stark wirkenden Feindbild, da sie zum Teil ohne Uniformen und oft aus Hinterhalten und mit Sabotageakten die deutschen Nachschublinien angriffen. Bei dem Versuch, die deutschen Repressions- und Vergeltungsmaßnahmen im August 1914 in Belgien zu rechtfertigen, sollte die Erinnerung an die französischen Franktireurs eine große Rolle spielen.

1914 kehrte die exzessive Gewalt von der Peripherie ins europäische Zentrum zurück. Der Erste Weltkrieg markiert einen Übergang. Er steht am Beginn eines Zeitalters, das durch ein bis dahin undenkbares Ausmaß an Massengewalt gekennzeichnet ist. Der Historiker Eric Hobsbawm hat die Zeit von 1914 bis 1991 das Zeitalter der Extreme genannt, für ihn begann 1914 das „Zeitalter des Massakers". Doch auch in den Jahren vor dem Ausbruch des Ersten Weltkriegs hat es schon gewaltige Massaker gegeben, nur eben nicht auf dem europäischen Kontinent. Besonders brutal war das belgische Kolonialregime im Kongo. Die einheimische Bevölkerung, die 1880 noch 20 Millionen Menschen umfasst hatte, zählte nach 30 Jahren nur noch die Hälfte. In den Kolonialkriegen in Deutsch-Südwestafrika kam es nach 1904 zu genozidalen Aktionen, das Volk der Herero wurde nahezu ausgerottet. Noch mehr Menschen, wenn auch ein geringerer Prozentsatz der Gesamtbevölkerung, kamen bei dem fast gleichzeitigen Krieg gegen die Maji-Maji in Deutsch-Ostafrika um. Der erste Genozid auf europäischem Boden, die massenhafte Ermordung der im Osmanischen Reich lebenden Armenier, vollzog sich dann bereits 1915/16 im Windschatten des Ersten Weltkriegs. Die Schätzungen der Zahl der Opfer gehen zum Teil weit über eine Million.

Ein ganz entscheidendes Charakteristikum der Kolonialkriege waren die extrem unterschiedlichen Opferzahlen auf beiden Seiten. Dass bei einem solchen Krieg vielleicht ein Dutzend Kolonialsoldaten einer europäischen Macht umkamen, auf der anderen Seite aber viele Tausend Einheimische, war nicht ungewöhnlich. So starben z. B. 1898 bei der Schlacht von Omdurman drei britische Offiziere und fünfundzwanzig britische Soldaten, die Ägypter, die auf der Seite der Briten kämpften, verloren zwei Offiziere und achtzehn Soldaten. Die Zahl der gefallenen Sudanesen betrug dagegen fast 10.000, hinzu kamen mindestens noch einmal so viele Gefangene, außerdem gerieten 5.000 Soldaten in Gefangenschaft, sodass die Armee des Mahdi praktisch vollständig vernichtet war.

Der Grund für diese extremen Zahlenverhältnisse war vor allem eine neue Waffe, das Maschinengewehr, das der amerikanisch-britische Erfinder Hiram Maxim 1885 auf den Markt gebracht hatte. Die Maxim Gun konnte 500 bis 600 Schuss pro Minute abfeuern, sodass eine kleine, mit Maschinengewehren ausgerüstete Truppe ganze Armeen in Schach halten und auch besiegen konnte. Im Russisch-Japanischen Krieg von 1905/06, der in mancher Hinsicht den großen industrialisierten Krieg zehn Jahre später antizipierte, kämpften beide Seiten mit Maxim Guns. Im Ersten Weltkrieg setzten die großen Nationen dann eigene Entwicklungen ein, die Deutschen ab 1915 das berühmte MG 08/15.

Das Prinzip der Volksbewaffnung gewann im Ersten Weltkrieg noch ganz andere Dimensionen als seinerzeit in den Befreiungskriegen. Es ging nicht mehr um einen wilden Volkskrieg, sondern um die Militarisierung der ganzen Nation. Der Krieg war ungleich umfassender als die Kriege zuvor, auch die Heimat war Front, der Feind kam erstmals auch aus der Luft, er schien überall zu sein. Das äußerte sich nicht nur in der allgegenwärtigen Spionagehysterie, die zahlreiche Menschen das Leben kostete, sondern ebenso in der Ausgrenzung innerer Feinde und gegenüber ethnischen Minoritäten, die man generell der Illoyalität verdächtigte. Ein extremes Beispiel dafür ist der unglaublich brutale Krieg, den die Russen gegen die eigene Bevölkerung führten, soweit sie nicht aus Russen bestand.

Das Zeitalter der Weltkriege umfasst die Jahre von 1914 bis 1945. Manchmal, vor allem in England und Frankreich, ist dieser Zeitraum auch als zweiter Dreißigjähriger Krieg betrachtet worden. In Deutschland dagegen dominiert die Einteilung in einen Ersten und einen Zweiten Weltkrieg und je nach Temperament kann man den Kalten Krieg als dritten Weltkrieg hinzuzählen, der Gott sei Dank nicht ausgebrochen ist. Wer die Kriege nummeriert, betont die Unterschiede, wer von einem Dreißigjährigen Krieg spricht, hebt auf die Gemeinsamkeiten ab. Für beides kann man gute Argumente anführen.

Die Gewalt gegen die Zivilbevölkerung nahm in den Kriegen des 20. Jahrhunderts Ausmaße an, die es seit dem Dreißigjährigen Krieg nicht mehr gegeben hatte: Exekution armenischer Priester in Jaffa, Palästina, durch osmanische Soldaten, kurz vor der Ankunft britischer Truppen am 18. November 1917.

Es gibt beachtliche Gemeinsamkeiten zwischen beiden Kriegen, aber auch nicht minder beachtliche Unterschiede. Davon abgesehen, dass der erste der beiden Weltkriege ungleich europäischer war als der zweite, waren auch die Konstellationen recht unterschiedlich. Während das Deutsche Reich Russland am 1.8.1914 den Krieg erklärt hat, war es 1939 mit der Sowjetunion durch den sogenannten Hitler-Stalin-Pakt verbunden. Erst durch den deutschen Überfall im Juni 1941 wurde die Sowjetunion zum Kriegsgegner. Japaner und Italiener waren im Ersten Weltkrieg Gegner der Deutschen, im Zweiten dagegen ihre Verbündeten. In der Achse Berlin – Rom – Tokyo fanden sich drei autoritäre Regime mit einer expansionistischen Agenda zusammen, deren Interessensphären kompatibel waren. Auch im Ersten Weltkrieg haben Deutschland, Italien und Japan expansionistische Kriegsziele gehabt, sie aber nicht oder jedenfalls nicht im gewünschten Umfang erreicht. Ihre Achse war ein Bündnis von Mächten, deren Großmachtträume bisher nicht in Erfüllung gegangen waren. Ihnen gegenüber standen einerseits die Kolonialmächte England und Frankreich, die den Höhepunkt ihrer Macht eher hinter als vor sich hatten, andererseits die aufstrebenden Weltmächte Amerika und Russland, die beide auf eine lange Expansionsgeschichte bei der Durchdringung ihrer Kontinente zurückblicken konnten. Und der Zweite Weltkrieg begann, anders als der Erste, im Grunde genommen in Asien, mit dem japanischen Angriff auf China am 7. Juli 1937, auch wenn wir in Europa vor allem auf das Jahr 1939 schauen. Ebenfalls in Asien endete der Zweite Weltkrieg: mit der japanischen Kapitulation am 15. August 1945.

Wichtiger als die Frage der Nomenklatur ist aber noch etwas anderes. Der Erste Weltkrieg ist gelegentlich als Urkatastrophe des 20. Jahrhunderts bezeichnet worden. Dieses Bild ist nicht wirklich hilfreich. Ein Krieg ist kein Naturereignis, das unvermittelt über uns hereinbricht wie zum Beispiel 1908 das Erdbeben von Messina, bei dem mehr als 80.000 Menschen ums Leben kamen. Er ereignet sich nicht voraussetzungslos. Das gilt gerade auch für den Ersten Weltkrieg, dessen Vorgeschichte inzwischen außerordentlich gut erforscht ist. Dem Kriegsausbruch ging ein Jahrzehnt der diplomatischen Krisen, der kalten und heißen Kriege voraus. Russland verfolgte nach der Niederlage im Krieg gegen Japan und nach der bosnischen Annexionskrise vor allem das Ziel, seine Position in Südosteuropa zu verbessern. In Österreich-Ungarn gab es seit langem Pläne zur Eingliederung Serbiens. Auch über einen Präventivkrieg gegen Italien wurde diskutiert. Umgekehrt gab es in Italien die Bewegung der „Irredenta", die die von Österreich beherrschten „unerlösten Gebiete" befreien wollte. Und im Italienisch-Türkischen Krieg (1911/12) profitierten die Italiener von der Schwäche des Osmanischen Reichs und erzielten vor allem in Nordafrika erhebliche territoriale Zugewinne. Eine unmittelbare Folge waren die beiden Balkankriege, durch die das Osmanische Reich seine europäischen Territorien nahezu vollständig verlor.

Die politischen Akteure der fünf europäischen Großmächte sahen im Sommer 1914 die gewachsene Gefahr eines militärischen Konflikts, aber sie folgten auch ihren jeweiligen Interessen. Sie verfolgten weiterhin die Strategie des kalkulierten Risikos, wobei man für das Deutsche Reich sagen muss, dass dieses Risiko seit dem sogenannten Blankoscheck vom 6. Juli 1914 für die Regierung in Wien eigentlich nicht mehr kalkulierbar war.

Die Mission der Kolonialherrschaft: Frankreich bringt Marokko uneigennützig Zivilisation, Wohlstand und Frieden.
Le Petit Journal,
19. November 1911.

Vor allem die zweite Marokkokrise 1911 erwies sich im Nachhinein als Präludium des Ersten Weltkriegs. Sie fand ihren Abschluss in einem Abkommen, durch das Deutschland seine Ansprüche in Marokko zugunsten Frankreichs aufgab, was die Gemüter der Alldeutschen und anderer Nationalisten nachhaltig in Wallung versetzte, die ohnehin argwöhnten, Deutschland sei bei dem sogenannten Wettlauf um Afrika unzumutbar ins Hintertreffen geraten und lasse sich von den anderen Kolonialmächten immer wieder übervorteilen.

In der Reichstagssitzung vom 9. November 1911 überzogen die konservativen Parteien das von der Regierung Erreichte mit herber Kritik, während einzig die Sozialdemokraten die Reichsregierung unterstützten, die das Spiel mit dem Feuer gerade noch rechtzeitig beendet hatte. Der SPD-Vorsitzende August Bebel sah die Kriegsgefahr und warnte vor einer kommenden Katastrophe, vor dem „großen Generalmarsch", wie er es nannte, bei dem „16 bis 18 Millionen Männer, die Männerblüte der verschiedenen Nationen, ausgerüstet mit den besten Mordwerkzeugen, gegeneinander als Feinde ins Feld rücken." Auf den großen Generalmarsch würden, so Bebel weiter, Massenelend, Arbeitslosigkeit, Hungersnot und der gesellschaftliche Umsturz folgen. Diese ziemlich zutreffende Prognose provozierte in den Reihen der Konservativen den bemerkenswerten Zwischenruf: „Nach jedem Kriege wird es besser!" Hier artikulierte sich zum einen die Erinnerung an die Befreiungs- und Reichseinigungskriege, zum anderen die Überzeugung, dass ein weiterer Krieg ohnehin nicht zu vermeiden sei. Die Deutschen, man darf es nicht vergessen, hatten in den 100 Jahren vor 1914 mit Kriegen gute Erfahrungen gemacht.

Die zweite Marokkokrise war der unmittelbare Anstoß für Friedrich von Bernhardis Buch „Deutschland und der nächste Krieg". Bernhardi, ein pensionierter preußischer General, warb für die Militarisierung des öffentlichen Lebens, um das Deutsche Reich wehrhaft für einen kommenden, seiner Ansicht nach unvermeidlichen Krieg zu machen. Sein Buch war Wasser auf die Mühlen derjenigen, die das Ergebnis der Marokkokrise als Demütigung Deutschlands empfunden und Reichskanzler Bethmann Hollweg im Parlament entsprechend zugesetzt hatten. Später betrieben sie erfolgreich seinen Sturz. Bernhardi war der Überzeugung, Deutschland müsse eine Rolle als Weltmacht anstreben, andernfalls werde es auch seine Position als europäische Großmacht auf lange Sicht verlieren. Damit befand er sich in Einklang mit der in jener Zeit populären Weltreichslehre, die davon ausging, dass die europäische Pentarchie nach dem Eintritt der Vereinigten Staaten in die Weltpolitik durch ein Weltstaatensystem abgelöst würde, in dem sich nur ein Teil der europäischen Großmächte würde behaupten können, weshalb Deutschland das Ziel haben müsse, zur Weltmacht aufzusteigen. Konkret forderte Bernhardi die Niederwerfung Frankreichs, einen mitteleuropäischen Staatenbund unter deutscher Führung und die Erweiterung des deutschen Kolonialbesitzes.

Was Bernhardi formulierte, war nicht die Politik der deutschen Regierung, insbesondere nicht bis zum Sturz Bethmann Hollwegs am 13. Juli 1917. Aber seine Positionen waren in alldeutschen Kreisen, einer lautstarken und einflussreichen Minderheit, populär. Im Deutschen Reich gab es damals einen weithin vernehmbaren Chor von Nationalisten, die nicht müde wurden

Die Weihnachtsfeier des kleinen Bernhard. Gemeint war Bernhard Dernburg (1865–1937), Staatssekretär des Reichskolonialamts, der den Kolonien die Eisenbahn, Gesundheit und Kultur bringen wollte. Der Wahre Jacob, 17. Dezember 1907.

Das Zeitalter der Weltkriege

zu betonen, Deutschland brauche eine seiner Bedeutung gemäße Machtposition und einen der Größe des Volkes entsprechenden Lebensraum. Ziel müsse wirtschaftliche Dominanz in Europa, eine der britischen Flotte ebenbürtige Seemacht, die dauerhafte Ausschaltung der potentiellen Kriegsgegner Frankreich und Russland und ein ausreichend großes Kolonialreich in Afrika sein. Dies alles wurde im Ausland aufmerksam rezipiert. Bernhardis Buch verkaufte in englischer und französischer Übersetzung mehr Exemplare als das deutsche Original.

1912 erschien in Deutschland auch ein Buch gänzlich anderer Art, der Jugendroman „Das Menschenschlachthaus" des sozialdemokratischen Volksschullehrers Wilhelm Lamszus. Der Krieg von 1870/71 erschien ihm wie ein „Vorpostengefecht". Deshalb trägt sein Roman den Untertitel „Bilder vom kommenden Krieg". Der Pazifist Lamszus versuchte, die Realität des eigentlichen Kriegs zu schildern, vom Leben in der Kaserne über die Mobilisierung gegen Frankreich bis zum Einsatz an der Front. Das letzte Kapitel „Wir armen Toten" ist den Gefallenen gewidmet. Es nimmt in aller Drastik die Schrecken des Stellungskriegs vorweg und beschreibt, wie die Gefallenen einträchtig nebeneinander in der Erde liegen, ein Arbeiter neben dem abgerissenen Bein eines Briefträgers, daneben der Rumpf eines Mannes, der seinen Kopf verloren hat, sodass die Luftröhre hervorschaut. Der Tod an der Front hat sie zu einer Gemeinschaft werden lassen, die später von den Nationalsozialisten zum Frontsozialismus umgedeutet werden sollte.

Bernhardi und Lamszus zeigen, von völlig unterschiedlichen Positionen ausgehend, die Stimmung, in der die Menschen sich in den Jahren vor dem Ausbruch des Ersten Weltkriegs befanden. Der Krieg wütete in den Menschen, lange bevor er im August 1914 erklärt wurde. Er bemächtigte sich der Kombattanten, ehe diese ihrer Rolle gewahr wurden. Und die Kombattanten konnten nicht wissen, wie furchtbar der Krieg sein würde. 1939 wusste man es, da war von Euphorie keine Rede mehr. Nie war Adolf Hitler seinem Sturz durch einen Staatsstreich so nahe wie während der Sudetenkrise 1938, als es so aussah, dass ein neuer Krieg, ausgehend von Deutschland, in Europa beginnen könnte, weil Hitler seine Politik der kalkulierten Provokationen überreizt zu haben schien, und einflussreiche Kreise des deutschen Militärs einen Krieg verhindern wollten. Das Münchner Abkommen, das Ende September 1938 in letzter Minute zustande kam, hat den Ausbruch eines europäischen Kriegs noch einmal verhindert, wenn auch nicht für lange Zeit.

Ein Krieg setzt nicht nur Armeen in Bewegung, er verändert auch die Menschen. Der Philosoph Theodor Lessing hat angesichts des Ersten Weltkriegs ein prägnantes Bild dafür gefunden: „Im August 1789 beschlossen die Menschen, Welt-

Links: Anfang August 1914 war Europa nur in der Begeisterung über den Krieg vereint: Versammlung vor der Station Montparnasse in Paris, 3. August 1914.

Rechts: Begeisterung auch in London vor dem Buckingham Palace, 4. August 1914.

Ernst Piper

Kriege und „ethnische Säuberungen" brachten nach dem Ersten Weltkrieg für Millionen Menschen Flucht und Vertreibung, vor allem in Ost- und Südosteuropa: Flüchtlinge in der Heilandskapelle in Frankfurt (Oder), um 1921.

Zu den Ergebnissen des Griechisch-Türkischen Kriegs 1919–1922 gehörte die Schaffung ethnischer Homogenität durch Vertreibung: Ankunft griechischer Flüchtlinge aus der Türkei in Griechenland, Dezember 1922.

bürger zu werden. Im August 1914 beschlossen sie das Gegenteil." Niemals waren sich die kulturellen und wissenschaftlichen Eliten in Europa näher gewesen und hatten einander besser gekannt als in der Zeit vor dem Kriegsausbruch. Und doch setzten sich nationale Egoismen radikal über diese gewachsenen Verbindungen hinweg. Die über viele Jahre aufgebauten Netzwerke hielten dem nationalistischen Furor nicht stand. Es war frappierend, mit welcher Vehemenz viele deutsche Kunstfreunde, Publizisten und Künstler, die in den Jahren zuvor begeistert nach Frankreich und Italien gereist waren, um sich an den Schönheiten dieser Länder zu berauschen und um neue künstlerische Entwicklungen zu studieren, die gegen die Enge und den Starrsinn des kaiserlichen Kunstverstandes und für die Moderne gekämpft hatten, die Sezessionen und Salons gegründet und aufsehenerregende Ausstellungen organisiert hatten, nunmehr die nationale Sache zu der ihren machten. Sie wandten ihren Furor nicht mehr gegen Tradition und Konvention, sondern gegen den Landesfeind. Die Begeisterung für den Krieg verbreitete sich im August 1914 geradezu explosionsartig. Die erbitterten Auseinandersetzungen zwischen der traditionellen akademischen Schule, die die Sympathie des Kaisers genoss, und den verschiedenen Richtungen der Moderne spielten plötzlich keine Rolle mehr.

Das galt natürlich nicht nur für Deutschland. So wie die Deutschen die Kultur gegen die französische Zivilisation verteidigen wollten, rief der französische Philosoph und Akademiepräsident Henri Bergson seine Landleute dazu auf, die Zivilisation gegen die deutsche Barbarei zu verteidigen, und der englische Schriftsteller Rudyard Kipling sprach in einem populären Gedicht davon, dass die Hunnen vor den Toren stünden. In allen kriegführenden Staaten gab es Strategien der geistigen Mobilmachung, wobei es erhebliche Unterschiede zwischen den verschiedenen Kriegsgesellschaften gab.

Die anfängliche Begeisterung verflog rasch, dennoch endete der Erste Weltkrieg erst nach mehr als vier Jahren, im November 1918. Er entließ die Menschen in eine friedlose Welt. Der Krieg ließ nicht nur neun Millionen militärische und sechs Millionen zivile Todesfälle zurück, sondern auch acht Millionen Kriegsinvaliden. Diese lebenden Kriegsdenkmäler, wie Joseph Roth sie nannte, verwiesen auf die Schutzlosigkeit der Soldaten, ihre zerstörten Leiber spiegelten die Verletzungen der nationalen Gemeinschaft. Die politische Landkarte war vollkommen umgestaltet worden. Zwischen 1917 und 1923 entstanden mit der Ukraine, Finnland, Litauen, Estland, Polen, der Tschechoslowakei, dem Staat der Slowenen, Kroaten und Serben (dem späteren Jugoslawien), Ungarn, Österreich, Lettland, Irland und der Türkei ein Dutzend Nationalstaaten – man-

che wie die Ukraine zum ersten Mal, andere wie Polen erneut. Nach dem Ersten Weltkrieg gab es 38 souveräne politische Einheiten in Europa und doppelt so viele nationale Währungen wie zuvor.

Zu Beginn des 19. Jahrhunderts war Europa noch von multiethnischen Imperien dominiert gewesen, von denen drei – Großbritannien, Dänemark und Preußen – eine hochentwickelte Nationalkultur hatten, während die anderen drei – das Habsburgerreich, das Osmanische Reich und das Zarenreich – einen ausgesprochen multikulturellen Charakter aufwiesen, weswegen manche im Reich der Habsburger ein frühes Vorbild für die heutige Europäische Gemeinschaft sehen wollen.

Der Zerfall der Vielvölkerreiche führte dazu, dass ein enger Zusammenhang zwischen Nationalität und Ethnizität entstand, dessen unvermeidliches konzeptionelles Nebenprodukt die ethnische Minderheit war. In Südosteuropa lebten jetzt 60 Millionen Menschen, bei denen Territorium und Ethnizität zusammenfielen, während 25 Millionen ethnischen Minderheiten angehörten. Die Folge war ein nicht abreißender Strom von Flüchtlingen. Etwa eine Million Deutsche wurde aus den Polen zugesprochenen östlichen Provinzen Oberschlesien, Pommern und Posen vertrieben oder floh aus den vom Bürgerkrieg heimgesuchten baltischen Staaten. Umgekehrt strebten zwei Millionen Polen in den neu errichteten polnischen Nationalstaat. Auch Ungarn nahm Hunderttausende von Zuwanderern aus den angrenzenden Ländern auf. Die Bevölkerung Griechenlands vergrößerte sich um nicht weniger als ein Viertel, vor allem durch Zuwanderer aus der Türkei, aber auch aus Bulgarien, und es gab ähnlich große Wanderbewegungen in die jeweils entgegen gesetzte Richtung. 300.000 Armenier, die den Genozid überlebt hatten, verließen die Türkei, und der Zusammenbruch des Zarenreichs und die Russische Revolution führten zur Flucht von zwei Millionen Russen und Ukrainern.

Viele der Flüchtlinge, vor allem Russen und Armenier, verloren mit ihrer Flucht die Staatsbürgerschaft ihrer Herkunftsländer. Das Massenphänomen der Staatenlosen war ein Resultat des Ersten Weltkriegs. Um diesem Problem zu begegnen schuf Fridtjof Nansen, der Hochkommissar für Flüchtlingswesen des Völkerbunds, 1922 den nach ihm benannten Pass, wofür er den Friedensnobelpreis erhielt. Der Nansen-Pass wurde von der Behörde des Staats ausgestellt, in dem sich der Flüchtling aufhielt. Er war ein Jahr gültig und musste dann verlängert werden. Er gestattete seinem Inhaber die Rückkehr in das den Pass ausstellende Land und gewährte ihm so einen gewissen Schutz vor Verfolgung.

Die vielen nationalen Minderheiten, die durch die radikal veränderte politische Landkarte entstanden, waren ein drängendes Problem. Um sie zu schützen, wurde im Kontext der Pariser Vorortverträge ein Regelwerk geschaffen, das die Errichtung moderner Nationalstaaten mit der völkerrechtlichen Sicherung der Minderheitenrechte verbinden wollte. Dabei ging es ausdrücklich nicht nur um individuelle, sondern auch um kollektive Rechte, also das Recht auf die eigene kulturelle Tradition, Sprache und Religion. Durchgesetzt hat sich aber nicht das Konzept von Versailles, sondern der Geist des Vertrags von Lausanne, der nach dem Griechisch-Türkischen Krieg von 1922 zu einem weitreichenden Bevölkerungsaustausch zwischen Griechenland und der Türkei führte und zur Blaupause für unzählige weitere Versuche der ethnischen Entmischung wurde. Insgesamt zehn Millionen Zwangsmigranten mussten in der Zwischenkriegszeit ihre Heimat verlassen, was für viele von ihnen entsetzliches Leid mit sich brachte.

In den ersten Jahren nach dem Ende des Ersten Weltkriegs gab es in Europa eine Fülle von Kriegen und Bürgerkriegen. Der Zerfall der Vielvölkerreiche bot dazu ebenso Anlass wie die Konstitution alter und neuer nationaler Staaten. Neben dem Griechisch-Türkischen Krieg ist zum Beispiel der irische Unabhängigkeitskrieg zu nennen, außerdem die verschiedenen Grenzkriege zwischen Russland, Lettland, Litauen, Polen, der Ukraine und der Tschechoslowakei. Deutschland war Schauplatz eines jahrelangen Bürgerkriegs, der erst 1923 mit dem Ludendorff-Hitler-Putsch sein vorläufiges Ende fand. Obwohl der Erste Weltkrieg Opfer in einer Dimension gefordert hatte, die bis dahin unvorstellbar gewesen war, war Gewalt weiterhin das Mittel zur Durchsetzung politischer Ziele.

Die Entgrenzung der Gewalt war ein zentrales Charakteristikum des Ersten Weltkriegs. In

Ernst Piper

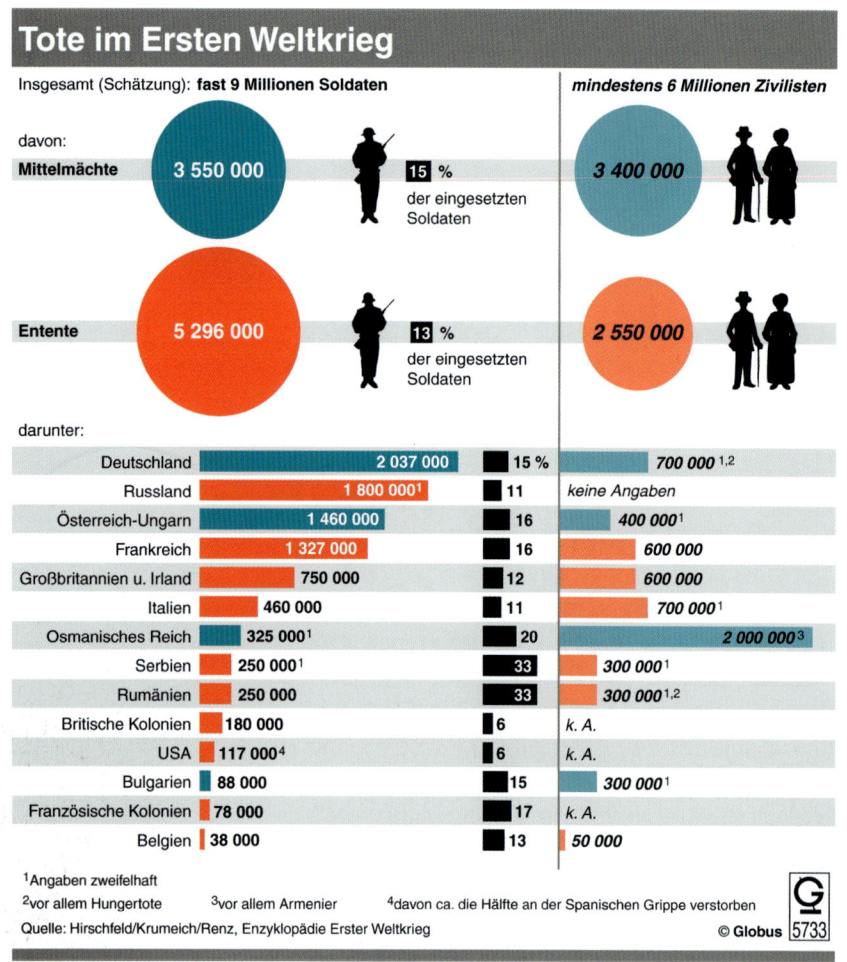

der Folge gab es Versuche einer erneuten Einhegung der Gewalt, etwa durch den Völkerbund, der Anfang 1920 seine Arbeit aufnahm, oder das Genfer Protokoll von 1925 über den Verbot des Einsatzes von Giftgas und bakteriologischen Waffen im Krieg. Aber was sich durchsetzte, war eine gesamteuropäische Kultivierung und Praktizierung kriegerischer Gewalt. Die Ablehnung der Ideen von 1789 – von Freiheit, Gleichheit und Aufklärung –, die oftmals mit dem preußischen Militarismus assoziiert wird, war ein weit verbreitetes Phänomen, sie hat einen großen Teil der europäischen Kulturlandschaft der Zwischenkriegszeit geprägt. Nationalismus, Antisemitismus, antidemokratischer Elitismus und Faschismus faszinierten Intellektuelle nicht nur in Deutschland, sondern auch in Frankreich und Italien und selbst in Großbritannien.

Besonders dramatisch verlief der Transformationsprozess in der Zwischenkriegszeit im früheren Zarenreich. Der Nachfolgestaat Russland war von den Verhandlungen der Siegermächte in Paris ausgeschlossen und so vollzog sich die Auflösung des Zarenreiches ungeordnet und extrem gewaltvoll. Der Erste Weltkrieg erwies sich als Totengräber der alten Ordnung, die angesichts eines gewaltigen Modernisierungsstaus in kürzester Zeit zusammenbrach. Gleich nach der Oktoberrevolution, noch im Dezember 1917, erklärte sich Finnland für unabhängig, im Jahr darauf folgten die baltischen Staaten. Schon am 10. Juni 1917 hatte die Ukraine ihre staatliche Souveränität proklamiert. Sie war 1919 der Hauptschauplatz des russischen Bürgerkriegs. Die sowjetische Rote Armee und die konterrevolutionären weißen Truppen, die zum Teil durch ausländische Interventionskräfte unterstützt wurden, standen sich gegenüber. Und die Polen marschierten in die Westukraine ein, um ihre territorialen Ansprüche durchzusetzen. Bei diesen Kämpfen kam es immer wieder zu Gewaltexzessen. Der weiße Terror war zugleich antikommunistisch und antisemitisch geprägt, denn Juden und Kommunisten wurden unter dem Schlagwort „jüdisch-bolschewistisch" miteinander gleichgesetzt. Er war im konkreten Fall kaum weniger grausam, aber fragmentierter als der rote Terror, den die Sowjetregierung mit ihrem Dekret „Über den Roten Terror" vom 5. September 1918 angeordnet hatte. Der weiße Terror hatte keine einheitlichen ideologischen Vorgaben und keine zentrale Steuerung.

Die Schäden und Verluste des Ersten Weltkriegs waren riesig gewesen, aber der Bürgerkrieg war für Russland eine noch größere Katastrophe. Fast 800.000 Soldaten starben im Gefecht, wobei davon auszugehen ist, dass 80 Prozent dieser Verluste auf die Rote Armee entfielen. Weitere 700.000 Kämpfer kamen durch Krankheiten um. Hinzu kam eine noch größere Zahl getöteter Zivilisten, wobei wir nicht wissen, wie viele Menschen durch den roten Terror umkamen. Auch für die Opfer des weißen Terrors fehlen verlässliche Schätzungen. Hinzu kommen die Opfer jüdischer Abstammung, die bei antisemitischen Pogromen umgebracht wurden. Ihre Zahl wird auf 50.000 bis 100.000 geschätzt. Millionen von Menschen fielen als Folge des Zusammenbruchs des Wirtschaftssystems und des Chaos, das der Krieg hinterlassen hatte, Hunger und Seuchen zum Opfer. Im Jahr 1920 lebten in Russland neun bis zehn Millionen Menschen weniger als noch 1917. Wenn man zwei Millionen Emigranten berücksichtigt, führt dies zu einer Zahl von mindestens acht Millionen Opfern, selbst wenn man den natürlichen Zuwachs durch die Geburtenrate vernachlässigt. Das war das Vierfache der Verluste, die das Zarenreich im Ersten Weltkrieg erlitten hatte. Der Bürgerkrieg verursachte außerdem eine Hungersnot, der im Winter 1921/22 noch einmal fünf Millionen Menschen zum Opfer fielen. In Petrograd kamen zwei Drittel der Bevölkerung durch Hunger, Kälte oder Krankheiten um, in Moskau mindestens die Hälfte. Am Ende des Bürgerkriegs war das Land schwerer zerstört als nach dem Feldzug Napoleons 1812.

schaftsanspruch. Dem Säuberungswahn, dem viele Millionen Menschen zum Opfer fielen, lag bei den Nationalsozialisten ein biologischer, bei den Bolschewiki ein kultureller Rassismus zugrunde. Hitler wie Stalin waren bereit, für ihren Vernichtungswahn einen hohen Preis zu bezahlen. Während die Nationalsozialisten ab 1941 gegen jedes militärische Kalkül mit dringend benötigten Transportkapazitäten Juden durch halb Europa deportierten, um sie schließlich in den Vernichtungslagern zu vergasen, vertrieb Stalin zwischen November 1943 und Dezember 1944, als von den geschlagenen deutschen Armeen keine unmittelbare Bedrohung mehr ausging, mehr als drei

Der rote Terror, der ab 1922 durch das sowjetische Strafgesetzbuch noch systematisiert wurde, richtete sich gegen Gruppen, für die in der sowjetischen Gesellschaft kein Platz vorgesehen war: den Adel, Offiziere, Priester und Kulaken. Im Interesse des sowjetischen Gesellschaftskörpers mussten diese Gruppen eliminiert werden. Schon 1918 hatte man erste Lager eingerichtet. Das waren die Anfänge des Gulag-Systems, in dem später bis zu 2,5 Millionen inhaftiert waren. Die leninistische und später stalinistische Gewaltherrschaft setzte den Krieg gegen die eigene Bevölkerung fort, den das Zarenreich im Ersten Weltkrieg geführt hatte, aber mit anderen Selektionskriterien.

Wie der Nationalsozialismus hatte auch der Stalinismus einen totalitären ideologischen Herr-

Millionen Menschen aus ihrer Heimat. 100.000 NKVD-Soldaten und drei Armeen wurden dafür eingesetzt. Die ethnische Flurbereinigung wurde zur gewonnenen Schlacht, hier wie dort.

Die Führer beider Regimes waren von der Überlegenheit sozial, national oder „rassisch" homogener Gesellschaftsordnungen überzeugt. Pluralismus war ihnen ein Gräuel, jeder Fremde wurde zum Feind, erhielt einen Feindstatus, aus dem es kein Entrinnen gab. Seine Vernichtung diente einem höheren Ziel. Der nationalsozialistische Vernichtungskrieg und die stalinistischen ethnischen „Säuberungen" feierten dort ihre größten Triumphe, wo eindeutige Ordnungsvorstellungen mit uneindeutigen Verhältnissen in einen Konflikt gerieten. Das war besonders an der Peripherie ihrer Imperien der Fall. Die

Durch den Gulag zur Öl- und Gasförderung: Aus der 1929 gegründeten Arbeitersiedlung Tschibju im Norden Russlands schufen zehntausende Strafgefangene bis 1943 die Stadt Uchta mit heute 100.000 Einwohnern. Aufnahme vom 14. November 1936.

Links: Ethnische Homogenität – dem Faschismus genügte ein einziger Menschentyp. Plakat zur Ausstellung „Faschistische Revolution" in Rom, 1933.

Rechts: Wer Teil der Volksgemeinschaft sein wollte, hatte dem Führer zu dienen. Plakat der Hitler-Jugend, 1935.

Schnittmenge der Herrschaftsansprüche beider Imperien waren gewissermaßen die „Bloodlands" (Timothy Snyder) in Mittelosteuropa, wo zwischen 1933 und 1945 nicht weniger als 14 Millionen Menschen, die keine Soldaten waren, ermordet wurden.

In 16 europäischen Staaten wurden zwischen 1919 und 1938 autoritäre Regime errichtet. Die Hälfte dieser Staaten hatte 1914 schon existiert, die andere Hälfte war nach dem Ersten Weltkrieg entstanden. Lediglich drei ab 1918 neugeschaffene Staaten – Finnland, die Tschechoslowakei und Irland – blieben demokratisch. Einer, die Ukraine, konnte seine Selbständigkeit gegen Polen und die UdSSR nicht verteidigen. In den anderen acht konnte sich die Demokratie nicht behaupten. Die Autokratien waren unterschiedlichen Charakters, manche orientierten sich mehr am Modell des alten Ständestaats, andere waren von modernen faschistischen Bewegungen getragen. Häufig zeichneten sie sich durch einen radikalisierten, rassistisch aufgeladenen Nationalismus aus, dessen Träger vor allem die vom sozialen Abstieg bedrohten Mittelschichten waren. Das aggressivste und expansionistischste unter diesen autoritären Regimen war das nationalsozialistische Deutsche Reich, dessen eliminatorischer Antisemitismus alle anderen Varianten des Nationalismus an Gewaltsamkeit übertraf.

Dass Deutschland ab 1939 sechs Jahre lang einen zweiten Weltkrieg durchhielt, der noch viel furchtbarer war als der erste, lag nicht zuletzt an den Lehren, die der Gefreite Adolf Hitler aus dem Ersten Weltkrieg gezogen hatte, der prägend für seine Zukunftspläne war. (Vgl. dazu auch den Beitrag von Thomas Weber in diesem Band.) Zur Überwindung des zeitraubenden und kräftezehrenden Stellungskriegs, der an der Westfront Millionen sinnlos geopferter Soldaten gekostet hatte, setzte Hitler für künftige Eroberungskriege auf den Bewegungskrieg. Die Konsequenz war die Blitzkriegsstrategie, die sowohl in Polen als auch in Frankreich mit großem Erfolg zur Anwendung kam. Eine andere Antwort auf den Stellungskrieg war die forcierte Entwicklung der Luftwaffe.

Im Ersten Weltkrieg waren in Deutschland etwa 700.000 Menschen durch Hunger und Mangelernährung umgekommen, mehr Menschen als im Zweiten Weltkrieg durch Luftangriffe. Das hatte die Heimatfront enormen Belastungen ausgesetzt. Es hatte Demonstrationen in den großen Städten und im vierten Kriegsjahr sogar Streiks, selbst in Munitionsfabriken, gegeben. Deshalb setzte man im Zweiten Weltkrieg alles daran, die Deutschen auf Kosten der besetzten Gebiete ausreichend mit Nahrungsmitteln zu versorgen, um so Kriegsmüdigkeit in der Heimat zu unterbinden, was bis fast zuletzt gelang.

Ein anderes Thema war die innere Einheit, aus der Sicht der Nationalsozialisten eine entscheidende Vorbedingung für nationale Größe. Deshalb kämpften sie gegen Parlamentarismus und Demokratie, vor allem aber für einen „rassisch" homogenen Staat. Hauptfeind war die kleine jüdische Minderheit, der die Kriegsniederlage von 1918 angelastet wurde. In „Mein Kampf" schrieb Hitler: „Hätte man zu Kriegsbeginn und während des Krieges einmal zwölf- oder fünfzehntausend dieser hebräischen Volksverderber so unter Giftgas gehalten, wie Hunderttausende unserer allerbesten deutschen Arbeiter aus allen Schichten und Berufen es im Felde erdulden mussten, dann wäre das Millionenopfer der Front nicht vergeblich gewesen."

Vor allem gegen den „jüdischen Weltfeind" wollte Hitler Krieg führen. Diese „wurzellose internationale Rasse" stehe hinter den Kriegshetzern, da sie am Krieg verdiene, sagte er in einer Regierungserklärung im Großdeutschen Reichstag am 30. Januar 1939. Der berühmteste Satz dieser Rede lautete: „Wenn es dem internationalen Finanzjudentum in- und außerhalb Europas gelingen sollte, die Völker Europas noch einmal in einen Weltkrieg zu stürzen, dann wird das Ergebnis nicht die Bolschewisierung der Erde und damit der Sieg des Judentums sein, sondern die Vernichtung der jüdischen Rasse in Europa."

Für Adolf Hitler war die Frage nicht ob, sondern wann und wie dieser nächste Krieg kommen würde. Daraus hat er nie ein Geheimnis gemacht. Im zweiten Band seines Buchs „Mein Kampf" lieferte er schon 1926 eine Zusammenfassung seines politischen Programms: Die Vereinigung aller Deutschen, namentlich der Anschluss Österreichs, die Gewinnung der Arbeiterschaft für einen nationalen Sozialismus, die Vernichtung der jüdischen „Gegenrasse" als Vorbedingung für das Überleben der eigenen, die Eroberung des für das deutsche Volk notwendigen Lebensraums im Osten und, um all dies möglich zu machen, die Überwindung von Meinungsstreit und Parteienhader zugunsten eines starken Staats, der auf dem germanischen Prinzip von Führer und Gefolgschaft beruhte.

Hitler war überzeugt, dass das deutsche Volk nur als Weltmacht eine Zukunft haben würde. Dabei war eine Konfrontation der beiden Kontinentalmächte Deutschland und Russland unvermeidbar. (Vgl. dazu meinen Beitrag „Vom Lebensraum im Osten zum Holocaust" in diesem Band.)

Als Hitler sein Programm niederschrieb, waren das alles Zukunftsvisionen. Nachdem er die Macht im Staat errungen hatte, ging er mit großer Konsequenz und Brutalität daran, seine Ziele in die Tat umzusetzen. Der sogenannte „Generalplan Ost" sah die Beseitigung von 31 Millionen Slawen vor, im Protokoll der Wannseekonferenz war von 11 Millionen zu vernichtenden Juden die Rede. Die Addition beider Zahlen ergibt den Blutzoll für

Der deutsche Antisemitismus mündete in den Völkermord an sechs Millionen Juden. Massenveranstaltung mit Julius Streicher im Berliner Sportpalast, 16. August 1935. Vier Wochen später, am 15. September, folgten die Nürnberger Rassegesetze.

die nationalsozialistische Vision einer starken und „rassisch reinen" deutschen Nation als dominierende Macht in einem neu geordneten Europa. Um

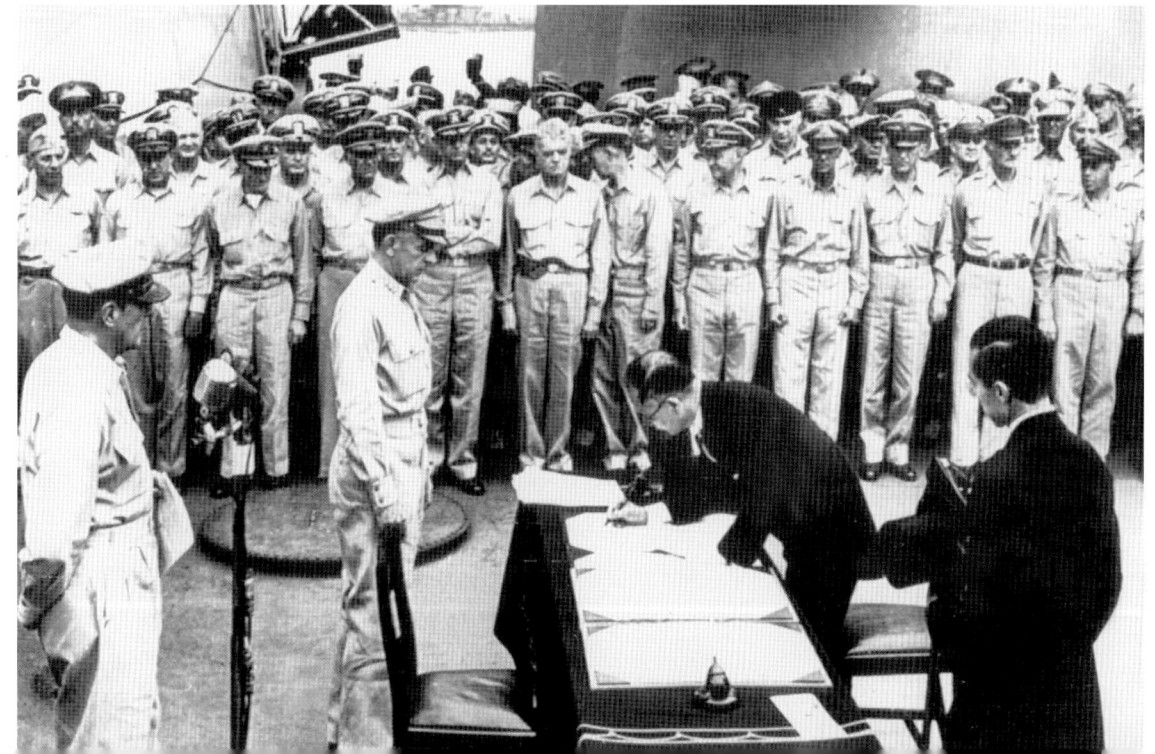

An Bord des Schlachtschiffs Missouri unterzeichnet der japanische Armeeoberbefehlshaber General Umezu Yoshijirō am 2. September 1945 die Kapitulationsurkunde. Der amerikanische Oberbefehlshaber General Douglas MacArthur (links am Mikrofon) beendete den Zweiten Weltkrieg mit den Worten: „Die Verhandlungen sind abgeschlossen."

diese Vision Wirklichkeit werden zu lassen, führte Adolf Hitler sechs Jahre lang Krieg gegen die Welt.

Am 7. Mai 1945, morgens um 2 Uhr 41, unterzeichnete Generaloberst Alfred Jodl in Reims die deutsche Gesamtkapitulation. Zwei Tage später wurde diese Zeremonie auf ausdrücklichen Wunsch Stalins im Offizierskasino der ehemaligen Pionierschule in Karlshorst bei Berlin wiederholt. Leiter der deutschen Delegation war diesmal Generalfeldmarschall Keitel. Damit war der Krieg in Europa zu Ende. Insgesamt 53 Staaten hatten sich zuletzt mit dem Deutschen Reich im Kriegszustand befunden. Fast die gesamte zivilisierte Menschheit hatte sich in einer Anti-Hitler-Koalition zusammengefunden, aus der nach Kriegsende die Vereinten Nationen hervorgingen.

In Asien, wo der Krieg schon 1937 begonnen hatte, wurde noch weiter gekämpft. Japan war dank seiner Insellage strategisch in einer besseren Situation als der deutsche Verbündete. Die Amerikaner hatten sich, angesichts der zu erwartenden schweren Verluste, zu einer Invasion bisher nicht entschließen können. Am Ende entschieden sie sich für einen Angriff mit Atombomben. Die erste fiel am 6. August auf Hiroshima. In den ersten Sekunden nach der Explosion gab es schätzungsweise 70.000 bis 80.000 Tote. Bis Ende 1945 kamen noch einmal so viele Menschen ums Leben. 1950 lag die Zahl der Opfer bei 200.000, später erreichte sie fast 300.000. Am 9. August warfen die Amerikaner ihre zweite Atombombe, diesmal auf Nagasaki, wo etwa 35.000 Menschen durch die Explosion umkamen. Insgesamt forderte der Zweite Weltkrieg etwa drei Millionen japanische Opfer. Angesichts dieses schrecklichen Blutzolls sollte man sich aber vergegenwärtigen, dass die Zahl der – zumeist chinesischen – Opfer der japanischen Aggression mehr als 20 Millionen betrug.

Der Einsatz der neuen Massenvernichtungswaffe hatte den gewünschten Effekt. Am 15. August erklärte Kaiser Hirohito die bis dahin für viele Japaner undenkbare Kapitulation. Nicht wenige traditionsbewusste Japaner stürzten sich daraufhin in ihr Schwert. In manchen Militärakademien ergossen sich Sturzbäche von Blut in die Treppenhäuser. Kamikazeflieger steuerten ihre Maschinen ins Meer. Das Land, das noch nie einen Krieg verloren hatte, war von einem Tag

Warten auf Wasser in Berlin, Mai 1945. Das Schild weist den Weg zum Reichstag.

auf den anderen keine Großmacht mehr. Die Verfassung von 1946 legte fest, dass die japanische Nation das Recht zur Kriegführung verwirkt hatte. Sie deklarierte auch das Ende des Feudalsystems. Der Kulturbruch hatte säkulare Dimensionen, die von den Besatzern verfügte „Reeducation" war radikal, aber sie hatte Erfolg. 1951 wurde der Friedensvertrag von San Francisco geschlossen, im Jahr darauf endete die amerikanische Besatzungsherrschaft und 1956, fast 20 Jahre früher als die beiden deutschen Staaten, wurde Japan Mitglied der Vereinten Nationen. Ein Feudalstaat, der sich Jahrhunderte lang von der Welt abgewandt hatte, wandelte sich in atemberaubendem Tempo zu einer bedeutenden Industrienation.

Die Bilanz des Zweiten Weltkriegs war entsetzlich. Mehr als 55 Millionen Menschen waren eines gewaltsamen Todes gestorben, darunter etwa 30 Millionen Zivilisten. Den bei Weitem größten Blutzoll hatten Russen und Chinesen zu entrichten gehabt. Dem grausigsten Kriegsziel der Deutschen, der Ausrottung des europäischen Judentums, waren fast 6 Millionen Menschen zum Opfer gefallen, darunter etwa 1,5 Millionen Kinder. Die deutsche Wehrmacht hatte 4,8 Millionen Soldaten verloren, hinzu kamen eine halbe Million Tote der Waffen-SS und paramilitärischer Verbände sowie eine halbe Million Vermisste und vier Millionen Verwundete. Zwölf Millionen Deutsche verloren ihre Heimat. Fast zwei Millionen von ihnen kamen während der Vertreibung um. Fast zehn Millionen von der nationalsozialistischen Knechtschaft Befreite befanden sich in Lagern für „Displaced Persons" und hofften, nach ihrer Verschleppung nun in ihre Heimat zurückkehren zu können. Und etwa neun Millionen evakuierte Deutsche strömten in die zerstörten Städte zurück. All dies vollzog sich unter den denkbar schwierigsten Umständen. Die Infrastruktur war zerstört, Kommunikation funktionierte so wenig wie Transport. Es mangelte an Lebensmitteln und Heizmaterial. Die Kohleproduktion war um 80 Prozent gesunken. Fast vier Millionen Wohnungen, ein Fünftel des gesamten Bestandes, waren zerstört. Gleichzeitig mussten Millionen von Vertriebenen untergebracht werden. Zahllose Familien hatten ihren Ernährer verloren. Ein Drittel aller zwischen 1915 und 1924 geborenen Männer war im Krieg gefallen. Die Alliierten gaben sich alle Mühe, die Menschen in dem eroberten Land ausreichend zu ernähren, aber das gelang nicht immer. Die Menschen hungerten – und starben auch: vor allem zu Beginn, in den provisorischen Kriegsgefangenenlagern. Der Krieg, der 1939 von Deutschland ausgegangen war und die halbe Welt verheert hatte, war am Ende mit aller Grausamkeit nach Deutschland zurückgekommen.

1914 wie 1939 war Deutschland das bevölkerungsreichste Land in Europa. Das ist heute nicht anders. Eine Weltmacht ist Deutschland nicht, wohl aber eine wirtschaftliche Großmacht. Gemeinsam mit seiner geopolitischen Lage gibt dies dem Land seine besondere Verantwortung. Gerecht werden können die Deutschen ihr, wenn sie sich ihrer Verantwortung für das Vergangene ebenso stellen wie ihrer Mitverantwortung für das Gelingen des Künftigen, für ein friedliches, gerechtes und in Freiheit vereintes Europa. John Maynard Keynes hat in seinem Weltbestseller „The Economic Consequences of Peace" schon 1919 die Notwendigkeit einer wirtschaftlichen Vereinigung Europas betont – einer Vereinigung auf der Basis von Freiheit und Gleichheit. Es geht nicht um die Abschaffung der Nationalstaaten und schon gar nicht um die gewaltsame Veränderung politischer Grenzen, wohl aber um die Überwindung des Nationalismus. Diese Agenda ist unverändert aktuell.

In der Kathedrale von Reims, im Ersten Weltkrieg von der deutschen Artillerie verwüstet, gaben Charles de Gaulle und Konrad Adenauer den Anstoß zur deutsch-französischen Freundschaft und zur europäischen Einigung, 8. Juli 1962.

Stig Förster

Der totale Krieg. Geschichte und Wirklichkeit eines Schlagworts

"Die Engländer behaupten, das deutsche Volk wehrt sich gegen die totalen Kriegsmaßnahmen der Regierung (Rufe: „Nein!"). Es will nicht den totalen Krieg, sondern die Kapitulation. (Stürmische Rufe, u. a.: „Nein!", „Pfui!"). Ich frage Euch: Wollt Ihr den totalen Krieg? (Stürmische Rufe: „Ja!" Starker Beifall.) Wollt Ihr ihn (Rufe: „Wir wollen ihn!"), wenn nötig totaler und radikaler, als wir ihn uns heute überhaupt erst vorstellen können? (Stürmische Rufe: „Ja!" Beifall.)"
(Rede Joseph Goebbels' am 18. 2. 1943, abgedruckt in: Goebbels Reden, 2 Bde., Hrsg. Helmut Heiber, Düsseldorf 1971–1972, Bd. 2, 1939–1945, S. 172–208, Zitat: S. 204)

Mit diesen furchtbaren Worten versuchte Reichspropagandaminister Joseph Goebbels (1897–1945) am 18. Februar 1943 unter dem frenetischen Jubel seiner Anhänger im Berliner Sportpalast das deutsche Volk nach der Katastrophe von Stalingrad für eine Radikalisierung der Kriegsanstrengungen zu mobilisieren. Goebbels' Rede ist in die Geschichte eingegangen und hat das Schlagwort vom totalen Krieg tief im Bewusstsein der Menschen verankert. Vor allem in der deutschen Öffentlichkeit wird dieses Schlagwort mit den Schrecken des Zweiten Weltkrieges in Verbindung gebracht. Aber auch international hat der Begriff Karriere gemacht. Zumeist ist er negativ besetzt, doch gerade in den Konfliktzonen dieser Erde wird immer wieder auf ihn zurückgegriffen, wenn es darum geht, zu brutaler Gewaltanwendung aufzurufen. Andererseits ist in der modernen Geschichtswissenschaft ein Trend zu beobachten, dieses Schlagwort allzu häufig unreflektiert und inflationär zur Charakterisierung ganzer Epochen zu verwenden. So wird die Epoche der Weltkriege in der ersten Hälfte des Zwanzigsten Jahrhunderts gerne als Zeitalter des totalen Kriegs bezeichnet. Doch auch im Hinblick auf frühere Kriege hat der Begriff in den letzten Jahren zunehmend Verwendung gefunden. So ist zum Beispiel der Amerikanische Bürgerkrieg (1861–1865) mit diesem Schlagwort belegt worden, was allerdings nicht unwidersprochen geblieben ist. Auch die Kriege im Gefolge der Französischen Revolution und unter der Herrschaft Napoleons (1792–1815) sollen „total" gewesen sein. Die Massenmobilisierung in Frankreich und anderswo und insbesondere die extreme Gewaltanwendung bei der Niederschlagung von Aufständen in der Vendée, in Süditalien und Spanien werden für diese Behauptung als Belege angeführt. Doch auch hier gibt es Widerspruch.

Carl von Clausewitz, Lithographie von Franz Michaelis nach dem Gemälde von Wilhelm Wach, um 1820.

Das Buch „Vom Kriege" erschien erst nach Clausewitz' Tod und wurde nicht selten missverstanden.

In der Tat ist gegenüber der allzu freizügigen Verwendung des Begriffs Vorsicht geboten. Schlagworte eignen sich nämlich eher dazu, Zusammenhänge zu vernebeln, als dem Verständnis historischer Abläufe zu dienen. Ein Blick auf die Geschichte des Begriffs, seine inhaltliche Bedeutung und die Wirklichkeit der beiden Weltkriege des Zwanzigsten Jahrhunderts mag daher hilfreich sein. Letztendlich kann auf diese Weise auch die berüchtigte Rede von Joseph Goebbels in den historischen Kontext gestellt werden. Schließlich war er Propagandaminister und nicht Kriegsherr, und es ging ihm auch hierbei vor allem um Propaganda.

Der preußische General und bedeutende Kriegstheoretiker Carl von Clausewitz (1780–1831) wird häufig als Vater der Idee des totalen Krieges betrachtet. In seinem Hauptwerk „Vom Kriege", das posthum veröffentlicht wurde (1832–34), habe er die geistigen Grundlagen für die Entgrenzung der modernen Kriegführung geschaffen. Tatsächlich schrieb Clausewitz ausführlich von maximaler Gewaltanwendung, dem hemmungslosen Einsatz aller vorhandenen Mittel und der völligen Vernichtung des Gegners. Der Krieg an sich, so Clausewitz, kenne keine Zurückhaltung und keine Einschränkung. Clausewitz verwandte in diesem Zusammenhang mehrfach den Begriff „absoluter Krieg", was auf den ersten Blick ähnlich wie „totaler Krieg" erscheint und später häufig als Synonym betrachtet wurde. Clausewitz leistete solchen Vorstellungen durchaus Vorschub, wenn er die Kriege Napoleons, den er als „Kriegsgott selbst" bezeichnete, in die Nähe der Idee des absoluten Kriegs rückte. Liest man Clausewitz jedoch genauer, so wird deutlich, dass er eigentlich in eine andere Richtung zielte. Für ihn war der absolute Krieg ein Gedankenkonstrukt, mit dessen Hilfe er der Essenz des Krieges in seiner Reinform auf die Spur kommen wollte. In der Wirklichkeit aber, so betonte er, unterliege Krieg immer dem hemmenden Einfluss der Politik, die seinen realen Charakter bestimme. Deshalb könne der Krieg gar nicht absolut werden, weil er sich niemals von der Herrschaft der Politik und der real existierenden Rahmenbedingungen freimachen könne. In diesem Sinne ist auch Clausewitz' oft zitierter Satz zu verstehen, wonach der Krieg eine Fortsetzung der Politik mit anderen Mitteln sei.

Léon Daudet, Chefredakteur der Tageszeitung „L'Action Française", verwendete erstmals den Begriff „totaler Krieg", hier in der Ausgabe vom 11. März 1916: „Ein totaler Krieg: Sie oder Wir". 1918 veröffentlichte Daudet das Buch „La Guerre Totale".

Clausewitz ging es also um ein Verständnis des Kriegs in seinem jeweiligen konkreten historischen Umfeld. Doch viele seiner Epigonen sind ihm darin nicht gefolgt, sondern haben sich aus seinem Werk jene Passagen herausgepickt, die ihnen für die eigene Argumentation nützlich erschienen. So kam es, dass Clausewitz' Gedanken bis zur Unkenntlichkeit verdreht wurden. Gleichzeitig aber wuchs Clausewitz' Prominenz, galt er doch als geistiger Urvater des preußisch-deutschen Generalstabs, der in den Einigungskriegen (1864–1871) glänzende Siege errang. Generalstabschef Helmuth von Moltke (1800–1891) hatte Clausewitz studiert und hielt große Stücke auf ihn. Doch gerade Moltke beteiligte sich an der Verfälschung von Clausewitz' Werk. Moltke hatte sich mehrfach mit Otto von Bismarck (1815–1898) über militärische Fragen gestritten. Clausewitz' Feststellung, dass die Politik dem Krieg den Takt angebe, passte ihm daher gar nicht. Stattdessen propagierte Moltke die Autonomie der Heeresleitung. Die Politik solle sich aus dem Kriegsgeschehen heraushalten. Dies galt vor allem vor dem Hintergrund, dass im Zeitalter der Nationalkriege immer radikaler vorgegangen würde. Tatsächlich hatte ja Moltke selber auf dem Höhepunkt des Deutsch-Französischen Kriegs im Jahre 1871 die völlige Niederwerfung Frankreichs gefordert, was Bismarck

Stig Förster

Erich Ludendorff mit Hitler vor dem Gerichtsgebäude, in dem beiden der Prozess wegen Hochverrats gemacht wurde, 24. Februar 1924. 1935 veröffentlichte Ludendorff „Der totale Krieg".

aber brüsk ablehnte. Moltkes Schüler Colmar von der Goltz (1843–1916) trieb die Dinge weiter, indem er Clausewitz unterstellte, mit dem Vernichtungsprinzip die entscheidende Grundlage für die moderne Kriegführung geschaffen zu haben. Der Erste Weltkrieg, den Goltz wie viele andere Offiziere herbeigesehnt hatte und dessen Ausbruch er begeistert kommentierte, ließ dem Vernichtungsgedanken die grausame Realität folgen. Als dieser Krieg sich immer mehr in die Länge zog, immer größere Ausmaße annahm und Millionen von Opfern forderte, wurde der Begriff „totaler Krieg" geboren. Er kam zuerst in der französischen Presse auf und war mit der Forderung verbunden, sämtliche Kräfte der Nation zu bündeln, um den feindlichen Aggressor aus dem Land zu treiben.

Nach dem Krieg blieb der Begriff weiter im Gespräch. Die ersten Theoretiker des strategischen Luftkriegs, der Italiener Giulio Douhet (1869–1930) und der Brite Hugh Trenchard (1873–1956) propagierten massive Bombardements des feindlichen Hinterlands als probates Mittel im Krieg der Zukunft. Douhet und Trenchard hielten Großangriffe auf die Zivilbevölkerung für geeignet, um die Moral des Gegners zu brechen. Militärische Planer und einschlägige Fachzeitschriften diskutierten intensiv über Konzepte des totalen Kriegs. General Erich Ludendorff (1865–1937), ab 1916 bis fast zum Kriegsende der führende Kopf der Obersten Heeresleitung im Deutschen Reich, trieb schließlich die Argumentation auf die Spitze. Im Jahre 1935 veröffentliche er eine Kampfschrift unter dem Titel „Der totale Krieg". Darin verwarf er mit Entschiedenheit Clausewitz' Gedanken zum Verhältnis von Politik und Krieg. Clausewitz sei schlicht veraltet. Einzig der Vernichtungsgedanke habe seine Richtigkeit behalten. Der moderne Krieg sei längst zu einem unerbittlichen Ringen zwischen ganzen Völkern geworden, was jeden einzelnen, ob Soldat oder nicht, direkt betreffe. Deshalb müsse für den Krieg die gesamte Volkskraft mobilisiert werden und zwar in all ihren Facetten. Ja, der totale Krieg sei bereits im Frieden vorzubereiten. Die zivilen Politiker hielt Ludendorff aber für außerstande, das seiner Ansicht nach Notwendige zu leisten. Daher müsse die ganze Macht einem militärischen Diktator übergeben werden, der allein die Kriegsanstrengungen rigoros und rücksichtslos bis zur vollständigen Ausschöpfung aller Ressourcen durchsetzen könne. Bei all dem dachte Ludendorff vor allem an seine Erfahrungen in den letzten Kriegsjahren, als es ihm gegen zahlreiche Widerstände aus dem zivilen Bereich nicht gelungen war, eine bis ins Aberwitzige gesteigerte Mobilisierung der letzten Reserven für den Krieg durchzusetzen. Ludendorff hatte dies nie verwunden und den Zivilisten auch nicht verziehen. Letztlich war sein Pamphlet somit primär eine persönliche Abrechnung.

Ludendorff hatte mit diversen Eskapaden in den 1920er-Jahren viel seiner Glaubwürdigkeit verspielt. Selbst die meisten seiner alten Kameraden nahmen ihn nicht mehr ganz ernst. Wirklich beliebt war er ja nie gewesen. Doch er war immer noch eine sehr prominente Persönlichkeit, und seine Kampfschrift verkaufte sich gut. Er hatte dafür gesorgt, dass der Begriff des totalen Krieges nun auch in Deutschland Eingang in

Der totale Krieg. Geschichte und Wirklichkeit eines Schlagworts

die breitere Öffentlichkeit fand. Doch die Verhältnisse im Land hatten sich verändert. Seit 1933 herrschte eine Diktatur, die systematisch den nächsten Krieg vorbereitete. An ihrer Spitze standen allerdings keine Generäle, sondern Zivilisten. Der sogenannte Führer hatte es nur zum Gefreiten gebracht.

Die Nationalsozialisten waren im folgenden Krieg stolz darauf, angeblich Clausewitz' Maxime entsprechend, den Primat der politischen Führung gegenüber dem Militär durchgesetzt zu haben. Hitler hatte schon vor dem 20. Juli 1944 zu „seinen" Generalen ein gespanntes Verhältnis. Aber die Zivilisten gaben sich ab 1933 alle Mühe, die begrenzten Mittel des Reiches für den Krieg zu mobilisieren. Vom 1. September 1939 bis Dezember 1941 wurden dann auch erstaunliche militärische Erfolge gegen zahlenmäßig überlegene Gegner erzielt. Doch vor Moskau begann sich das Blatt zu wenden. Im Sommer 1942 reichte es noch einmal für eine gewaltige Offensive an der Ostfront. Aber bei Stalingrad lief die überforderte Truppe in eine Falle. Mit dem Untergang der 6. Armee zeichnete sich die drohende Kriegsniederlage ab.

Goebbels hatte dafür gesorgt, dass die Katastrophe von Stalingrad keineswegs vor der Öffentlichkeit verheimlicht wurde. Stattdessen wurde sie zu einem heldenhaften Opfergang stilisiert. Zugleich nutzte er die Niederlage als Warnung an die Bevölkerung, dass der Krieg nun noch ernster werden würde, da es um einen Existenzkampf ging. Schon seit Monaten hatte Goebbels innerhalb der NS-Führung für die Ausrufung des totalen Krieges getrommelt. Doch seine Initiativen wurden von Gauleitern und Männern aus der Spitze blockiert. Im internen Machtgerangel des NS-Systems hatte Goebbels einen schweren Stand. Statt nun die gesamte Bevölkerung, auch die Frauen, für die Kriegsanstrengungen zu mobilisieren, wurden nur ein paar Luxusrestaurants und Tanzlokale geschlossen. Die Wirtschaft war

Vor ausgesuchtem Publikum stellte Josef Goebbels am 18. Februar 1943 im Berliner Sportpalast die berüchtigte Frage: „Wollt ihr den totalen Krieg?"

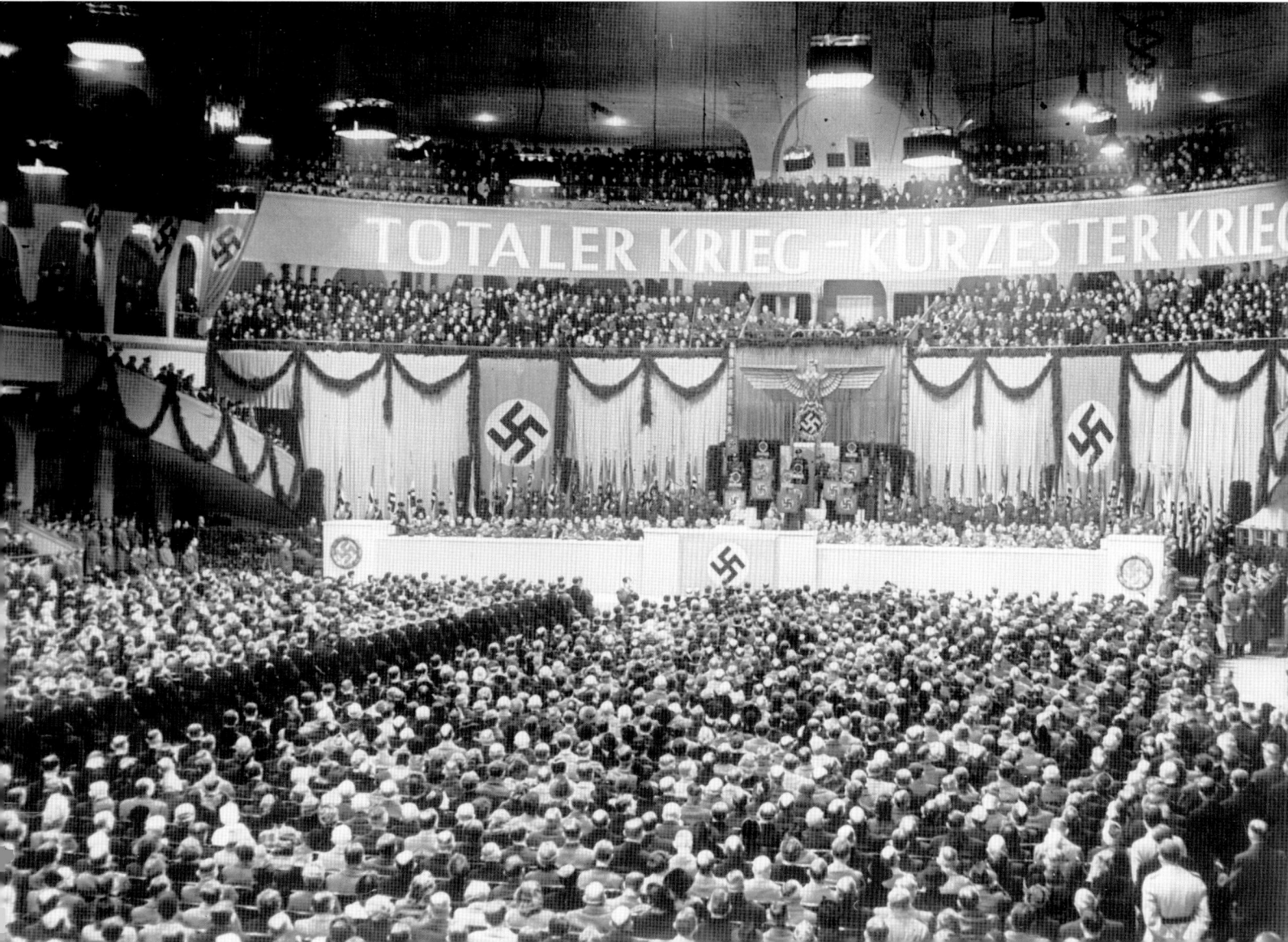

ohnehin aufs Äußerste belastet, und überall fehlte es an Personal, besonders an der Front. Um all diesen Problemen zu begegnen und letztlich auch um seine eigene Machtposition zu stärken, arrangierte Goebbels seinen Auftritt im Sportpalast. Das Publikum wurde sorgsam aus Funktionsträgern und Anhängern zusammengestellt und auf die Rede eingestimmt. Die Veranstaltung wurde im Radio übertragen und filmisch festgehalten. Der Propagandaeffekt war überwältigend.

Natürlich spielte Goebbels auf das Schlagwort vom totalen Krieg an, das Ludendorff (der Name blieb unerwähnt) verbreitet hatte. Doch im Hinblick auf den Inhalt und die Bedeutung dieses Worts blieb Goebbels merkwürdig vage. Es gab keine Definition, keine Vorschläge für konkrete Maßnahmen, keine Zielvorgabe. Im Raum blieb neben hysterischem Geschrei nur die summarische Aufforderung alle Kräfte zu mobilisieren. Wenn Goebbels' Rede also ein ganzes Zeitalter gekennzeichnet haben soll, wie das immer wieder behauptet wird, dann handelte es sich um eine ziemlich inhaltsleere Hülle. Die Rede half auch Goebbels kaum weiter. Hitler war zwar begeistert, aber dabei blieb es auch. Konkrete Maßnahmen wurden kaum ergriffen, und wenn, dann war es nicht Goebbels, der die Federführung innehatte. Erst nach der größten Katastrophe der deutschen Militärgeschichte, der Zerschlagung der Heeresgruppe Mitte an der Ostfront im Sommer 1944, nach der alliierten Landung in der Normandie am 6. Juni und als Deutschlands Städte im Bombenhagel untergingen, ernannte Hitler Goebbels am 25. Juli 1944 zum „Generalbevollmächtigten für den totalen Kriegseinsatz". Doch diese Position blieb relativ machtlos, und zu mobilisieren gab es schon bald nicht mehr viel.

Man könnte nun das Schlagwort vom totalen Krieg einfach als historischen Begriff von geringem Erklärungswert abtun. Doch würde dies seinem weitverbreiteten Gebrauch nicht gerecht. Zudem ist es Überlegungen wert, ob dieser Begriff nicht für eine historische Strukturanalyse nutzbar gemacht werden kann. Immerhin ist ja auffällig, dass sich große Kriege seit dem 19. Jahrhundert bis 1945 immer weiter radikalisiert haben, immer größere Ausmaße annahmen und immer brutaler wurden. Dieses Phänomen bedarf einer Erklärung. Eine prägnante Begrifflichkeit, welche über den Einzelfall hinausgehend den Blick auf größere Zusammenhänge eröffnet, ist daher unverzichtbar. Eine internationale Gruppe von Wissenschaftlern hat sich in diesem Sinne über zwölf Jahre hinweg seit 1992 auf mehreren Konferenzen mit der Problematik des totalen Kriegs zwischen 1861 und 1945 auseinandergesetzt. Eine griffige und allgemein akzeptierte Definition konnte dabei nicht gefunden werden. Doch auf der Grundlage der zeitgenössischen Diskussionen und durch die Auswertung der historischen Vorgänge in den Kriegen jener Epoche war es möglich, die Bestandteile, aus denen sich der Begriff zusammensetzt, herauszuarbeiten. Demnach sind vier Elemente für das Konzept des totalen Kriegs bestimmend:

1. Totale Kriegsziele: Der Krieg wird nicht nur um eng begrenzter Ziele willen geführt, sondern in der Absicht, den Feind bis zur Unterwerfung niederzukämpfen. Dies kann bis hin zur vollständigen physischen Vernichtung, sogar zum Völkermord gehen. Derartige Kriegsziele führen notwendigerweise zu einer extrem brutalen Kriegführung.
2. Totale Kriegsmethoden: Jedes nur erdenkliche Mittel, jede Waffe und extreme Gewaltanwendung kommt bedenkenlos und ohne jede Hemmung zum Einsatz. Gegebenenfalls wird der Gegner erbarmungslos ausgelöscht.
3. Totale Mobilisierung: Eine derartige Kriegführung zwingt zur vollständigen Mobilisierung aller menschlichen und materiellen Ressourcen, wenn der Gegner in der Lage ist, mit gleicher Münze zurückzuzahlen. Die gesamte Gesellschaft, die Wirtschaft und auch das kulturelle Leben werden ausschließlich auf den Krieg hin ausgerichtet.
4. Totale Kontrolle: Um die totale Mobilisierung gegen alle politischen und gesellschaftlichen Widerstände durchzusetzen, bedürfen die kriegführenden Behörden, Instanzen und Organisationen unter strenger Führung der uneingeschränkten politischen Macht. Abweichungen jeglicher Art können nicht geduldet werden.

Ein bestimmendes Kennzeichen des totalen Kriegs ist zudem die Beseitigung der Grenzen zwischen Militär und Zivilbevölkerung. Alle Zivilisten sind zugleich fundamentaler Bestandteil der Kriegsanstrengungen und dadurch direktes Zielobjekt feindlicher Angriffe. Damit wird auch die Gewalt grenzenlos.

Der totale Krieg ist also ein äußerst erschreckendes Konzept. Doch ist er letzten Endes undurchführbar. Wie soll etwa totale Kontrolle durchgesetzt werden, wenn es sie nicht einmal unter Stalin und Hitler gab? Auch die totale Mobilisierung ist kaum erreichbar. So bleibt das Konzept des totalen Kriegs ein theoretisches Konstrukt. Wohl aber gibt es Annäherungen an den Extremzustand beim Versuch, dieses Konstrukt zu verwirklichen. Genau dies stellt die Grundlage dar, auf der sich die beiden Weltkriege des Zwanzigsten Jahrhunderts vergleichend beurteilen lassen.

Zweifellos erreichte der Erste Weltkrieg völlig neuartige Dimensionen. Wie nie zuvor in der Geschichte boten die Großmächte Millionenheere auf, die sich vier Jahre lang mit äußerster Härte bekämpften. Die absoluten Verlustzahlen überstiegen bei Weitem alles bislang Dagewesene. Schätzungen gehen von bis zu fünfzehn Millionen Kriegstoten aus – einschließlich der Opfer unter der Zivilbevölkerung. Schlachten wie bei Verdun, an der Somme und in Flandern dauerten nicht mehr Tage sondern Monate und forderten einen ungeheuren Blutzoll. Allein am ersten Tag ihrer Offensive an der Somme (1. Juli 1916) verlor die britische Armee 58.000 Mann. Bei Verdun starben im selben Jahr etwa 220.000 französische und deutsche Soldaten. Es war der erste voll industrialisierte Krieg. Das Maschinengewehr und die schwere Artillerie beherrschten die Schlachtfelder. Flugzeuge, Panzer und Flammenwerfer veränderten das Kriegsbild. Sogar tödliches Giftgas wurde in großen Mengen und mit verheerenden Folgen als Waffe genutzt. Auf See kamen Schlachtschiffe und U-Boote zum Einsatz. Auch die Zivilbevölkerung spielte eine zentrale Rolle. Sie musste die landwirtschaftliche und vor allem die industrielle Produktion aufrechterhalten. Frauen standen vermehrt an den Werkbänken der Rüstungsindustrie und ersetzten die an der Front kämpfenden Männer auch in vielen anderen wirtschaftlichen Bereichen. Zur Stärkung der Kriegsmoral an der Heimatfront wurden ganze Propagandaapparate in Bewegung gesetzt. Im Gegenzug wurden Zivilisten nunmehr zum Zielobjekt feindlicher Angriffe. In den Kampfzonen kam es zu Umsiedlungen, Deportationen und Massakern. Einige Städte wurden zum ersten Mal Ziel feindlicher Luftangriffe. Die britische Seeblockade sollte die Zivilbevölkerung der Mittelmächte aushungern. Deutsche U-Boote versenkten daraufhin zivile Schiffe. Die politischen, wirtschaftlichen, gesellschaftlichen und kulturellen Auswirkungen dieses Kriegs waren gewaltig. Aber war es ein totaler Krieg?

Bei genauerem Hinsehen kommen Zweifel auf. Die Kriegsziele der Mächte blieben lange Zeit vage, und sogar die öffentliche Diskussion darüber wurde häufig von den Behörden unter-

Als 1943 in Stalingrad die Zeit der unaufhörlichen Niederlagen begonnen hatte, propagierte Goebbels, ab dem 26. Juli 1944 „Generalbevollmächtigter für den totalen Kriegseinsatz", vergeblich den totalen Krieg. Plakat, 1943.

bunden. Die Zerschlagungen der feindlichen Koalitionen und sogar die Zerstörung des Großmachtstatus einzelner Staaten wurden sicherlich auf allen Seiten angestrebt. Es gab auch Pläne, ganze Staaten aufzulösen, was bei Kriegsende etwa hinsichtlich Österreich-Ungarns und des Osmanischen Reiches auch umgesetzt wurde. Doch total im Sinne völliger Entgrenzung waren diese Kriegsziele sicherlich nicht.

Das galt auch im Hinblick auf die Methoden. Dieser Krieg war zweifellos voller Grausamkeiten, und es kam zu zahlreichen Kriegsgräueltaten, vor allem im Osten. Doch wurden bestimmte zivilisatorische Schranken nicht überschritten. Kriegsgefangene wurden zum Beispiel nicht systematisch ermordet. In Russland waren die Bedingungen in den Gefangenenlagern erbärmlich. Beim Bau der Murmanbahn entlang des Eismeeres starben Tausende von gefangenen Soldaten. Doch dies war das Ergebnis eines organisatorischen Chaos und behördlicher Willkür, nicht aber gezielter Absicht. Auch anderswo gab es Verstöße gegen internationale Konventionen, etwa wenn Kriegsgefangene zum Bau von Befestigungsanlagen gezwungen wurden, wie an der deutschen „Siegfriedlinie" Anfang 1917. Zivilisten wurden vielerorts deportiert und interniert, häufig auch zur Zwangsarbeit herangezogen, wie jene 60.000 belgischen Zwangsarbeiter, die ab Ende 1916 ins Deutsche Reich verschleppt wurden. Dies und vieles andere mehr war schändlich. Aber die völlige Vernichtung des Feindes einschließlich der Zivilbevölkerung versuchte niemand zu erreichen. Völkermord fand im Ersten Weltkrieg nur im Osmanischen Reich statt – an seinem armenischen Bevölkerungsteil. Mehr als eine Million Menschen starben. Doch dies blieb eine Ausnahme mit speziellem osmanischen

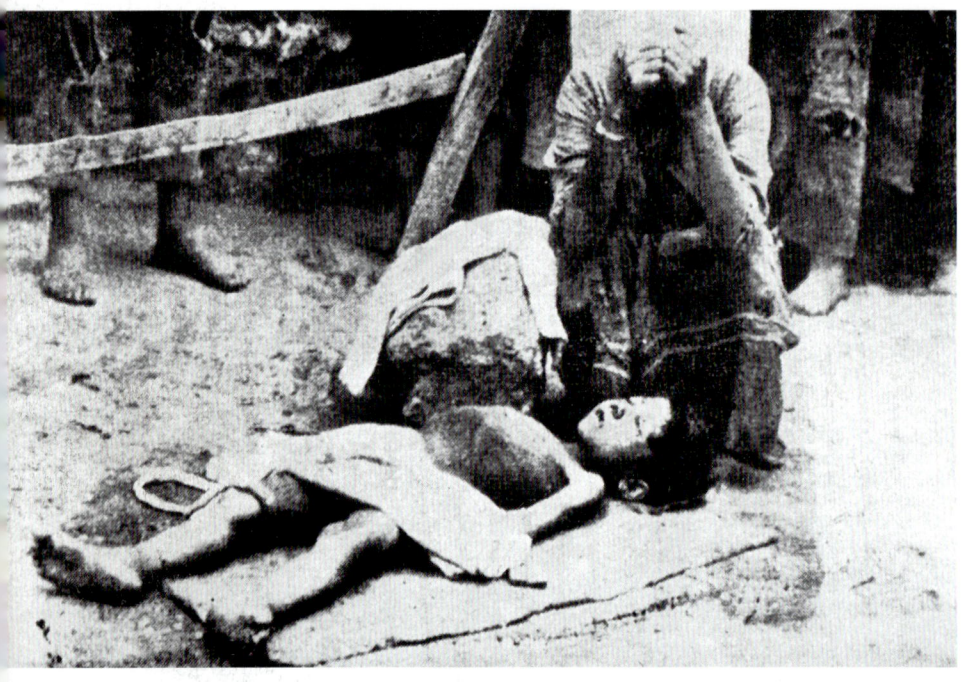

Der Völkermord an den Armeniern kostete 1915 und 1916 eineinhalb Millionen Menschen das Leben. Er machte erstmals unübersehbar, wie weit im Zeitalter der Weltkriege die Zerstörung ethischer und moralischer Werte ging. Das Bild zeigt eine trauernde Frau über einem toten Kind, um 1916.

Der „ungeheure Kampf" forderte die ganze Gesellschaft: Kinder spielten Krieg und Versorgung der Verwundeten, und darin „liegt oft ein tiefer Sinn", um 1915.

Hintergrund. Gleichwohl ging die Brutalität der Kriegsmethoden zwischen 1914 und 1918 natürlich sehr weit und wurde von vielen Zeitgenossen als Zivilisationsbruch empfunden.

Die meisten der in den Ersten Weltkrieg verwickelten Staaten hatten relativ weit entwickelte und sehr differenzierte Industriegesellschaften mit einem hohen Urbanisierungsgrad. Derartige Gesellschaften und die hochkomplexen Wirtschaftsstrukturen für einen Krieg zu mobilisieren, war ein extrem schwieriges Unterfangen. Es kam hinzu, dass alle diese Gesellschaften von starken Klassenkämpfen geprägt waren, was potentiell erheblichen Widerstand gegen die Kriegsanstrengungen hervorrufen konnte. Dementsprechend wurde in allen Staaten die Einheit der Nation beschworen. Doch die Realität sprach der Propaganda Hohn. Dieser Krieg wurde von Klassengesellschaften geführt. Während die Eliten der Gesellschaft ihren Wohlstand wahren konnten, ja teilweise sogar am Krieg verdienten, wenngleich sie einige ihrer Söhne opfern mussten, verarmte der Mittelstand, und die Unterschichten mussten schuften und darben, wenn sie nicht an den Fronten das Kanonenfutter stellten. Opposition wurde mit polizeistaatlichen Methoden unterdrückt. Der Rechtsstaat geriet in Gefahr und wurde allzu häufig durch Behördenwillkür ersetzt. Dennoch kam es gerade auch im Deutschen Reich zunehmend zu Streiks und Protesten. Die Regierungen hatten vielleicht nicht die Dauer, wohl aber das Ausmaß des Krieges unterschätzt. So waren sie zunächst hinsichtlich der Mobilisierung von Wirtschaft und Gesellschaft schlecht vorbereitet. Es kam nur zu wenigen regulierenden Zwangsmaßnahmen. Die britische Regierung glaubte sogar, eine Politik des „business as usual" betreiben zu können. Doch als im Jahre 1916 die Volkswirtschaften weitgehend ruiniert waren, ein Kriegsende nicht abzusehen war, aber der Bedarf an den Fronten immer weiter stieg, fand ein Umdenken statt. Großbritannien beschloss nun doch die allgemeine Wehrpflicht und griff regulierend in die Wirtschaft ein. Auch die anderen Staaten stellten auf regulierte Kriegswirtschaft um.

Im Deutschen Reich schien die Lage allmählich aussichtslos. An den Fronten herrschte Mangel, und für den U-Bootkrieg standen nicht genügend Schiffe zur Verfügung. Angesichts dessen entwarf die neue Oberste Heeresleitung, angetrieben von Generalquartiermeister Erich Ludendorff, das wohl radikalste Mobilisierungsprogramm des Kriegs. Drei Millionen neue Arbeitskräfte, auch Frauen, sollten für die Kriegsindustrie zwangsverpflichtet werden, um die Munitionsbeschaffung zu verdoppeln und die Produktion von Maschinengewehren und Kanonen zu verdreifachen. Doch dieser Plan war in jeder Hinsicht unrealistisch, zumal schon die notwendigen Rohstoffe fehlten. Reichskanzler Theobald von Bethmann Hollweg (1856–1921) schwächte das Programm daher ab. Der Reichstag verabschiedete schließlich das „Hilfsdienstgesetz" am 2. Dezember 1916, aber verwässerte es weiter. Ludendorffs ambitiöse Vorstellungen ließen sich daher nie verwirklichen. Seiner angeblichen Diktatur waren eben doch noch Grenzen gesetzt, was er nie verwand. Das relative Scheitern von Ludendorffs Mobilisierungsplänen und die gleichzeitig zunehmenden Streiks im Reich demonstrierten, dass im Ersten Weltkrieg weder von totaler Mobilisierung noch von totaler Kontrolle die Rede sein konnte.

Frauen in den Krupp-Werken stellten Zünder für die Front her, 1917.

Stig Förster

Im November 1937 drangen japanische Truppen in Nanking ein. Die folgenden Kämpfe führten im Dezember zum Massaker von Nanking, das zu den ungeheuerlichen Kriegsverbrechen des Zweiten Weltkriegs gehört. Es dauerte sieben Wochen, 300.000 Menschen wurden ermordet und 20.000 Frauen und Mädchen vergewaltigt.

So handelte es sich trotz allem keineswegs um einen totalen Krieg. Ludendorff beklagte sich später bitterlich darüber, und er ist ein guter Zeuge. Wohl aber waren in verschiedenen Bereichen die Annäherungswerte an das extreme Konzept zweifellos hoch. Dementsprechend erfuhren die Menschen diesen Krieg als gewaltige Katastrophe. Der Wiener Schriftsteller Karl Kraus (1874–1936) traf die allgemeine Stimmung wohl ziemlich gut, als er von den „letzten Tagen der Menschheit" schrieb. Dass es aber noch schlimmer ging, zeigte der nächste Großkrieg gut zwanzig Jahre später.

Das Konzept des totalen Krieges war im Ersten Weltkrieg entstanden. Doch breitflächig verfolgt wurde es erst im Zweiten Weltkrieg. Schon vor 1939 ging der französische Generalstabschef Maurice Gamelin (1872–1958) soweit, zur Abschreckung eines Angriffs mit dem totalen Krieg zu drohen, wobei er sogar die Möglichkeit eines nationalen Selbstmords in Kauf nahm. Dazu kam es aber nicht, weil die französische Armee unter den Schlägen der Wehrmacht im Frühsommer 1940 innerhalb weniger Wochen zusammenbrach. Stattdessen war es Japan, das als erste Macht den Versuch unternahm, das Konzept des totalen Krieges in die Tat umzusetzen. Seit dem Sommer 1937 führte das japanische Militär einen brutalen Eroberungskrieg in China, der den Zweiten Weltkrieg einleitete. Trotz militärischer Überlegenheit, einer Serie von Siegen, dem Einsatz von chemischen und biologischen Massenvernichtungswaffen und extremer Grausamkeit auch und gerade gegenüber der Zivilbevölkerung, deren Höhepunkt das wochenlange Massaker in Nanking mit mehr als 300.000 Toten war, gelang es nicht, den Widerstand zu brechen. Der Krieg zog sich immer mehr in die Länge und führte auch bei den Japanern zu steigenden Verlusten. Am 5. Mai 1938 erließ das Kabinett des Premierministers Fumimaro Konoe (1891–1945) daraufhin das „Gesetz zur Mobilmachung der Nation". Die Regierung erhielt unbeschränkte Kontrolle über das Land. Die gesamte Wirtschaft wurde auf den Krieg ausgerichtet und die Bevölkerung mobilisiert. Die praktische Umsetzung dieser radikalen Maßnahmen scheiterte jedoch häufig an der Inkompetenz der Behörden und an den Rivalitäten zwischen den Ministerien. Der Anspruch auf Totalität ließ sich auch in Japan nicht verwirklichen. Es kann jedoch kein Zweifel daran bestehen, dass das Japanische Kaiserreich sowohl im Hinblick auf die extrem brutale Kriegführung nach außen als auch hinsichtlich der radikalen Mobilisierungsmaßnahmen nach innen einer totalen Kriegführung besonders nahe kam.

Ab 1939 setzte sich der Trend zur totalen Kriegführung weltweit Zug um Zug durch. Großbritannien und später die USA stellten weitestgehend auf Kriegswirtschaft um. Intern wurde jegliche Opposition unterdrückt. Vor allem in den USA brach eine regelrechte Kriegshysterie aus, in deren Gefolge Tausende japanischstämmiger Amerikaner interniert wurden, wobei es auch zahlreiche Tote gab. In der Kriegführung gegen den Feind wurden die zivilisatorischen Bremsen ebenfalls gelockert. Der strategische Bombenkrieg gegen die Zivilbevölkerung, der ja schon in den 1920er-Jahren konzipiert worden war, wurde zur schrecklichen Realität, zumal sich die technischen Möglichkeiten für Massenangriffe aus der Luft laufend verbesserten. Ganze Städte wurden

Der totale Krieg. Geschichte und Wirklichkeit eines Schlagworts

verwüstet. Derweil arbeiteten Wissenschaftler an der Entwicklung der ultimativen Waffe – der Atombombe. Gegen Kriegsende kam sie gegen die japanischen Städte Hiroshima und Nagasaki zum Einsatz. In gewisser Weise waren die Atombombenabwürfe nur die logische Fortsetzung des strategischen Luftkriegs. Doch andererseits stellten sie einen qualitativen Quantensprung dar. Die völlige Entgrenzung der Vernichtung aus der Luft war zur realen Option geworden. Aber es gab immer noch hemmende Faktoren. So kamen weder in Europa noch im Pazifikkrieg die vorhandenen chemischen und biologischen Waffen zum Einsatz, weil die Gegenseite in der Lage war, mit gleichen Mitteln zurückzuschlagen. Das Prinzip der Abschreckung, das zum Kennzeichen des Kalten Kriegs werden sollte, funktionierte also in gewisser Weise bereits während des Zweiten Weltkriegs. Der Abwurf der Atombomben, der Masseneinsatz von Flugzeugen, die ersten Einsätze von Düsenflugzeugen, Marschflugkörpern und ballistischen Raketen aus deutschen Arsenalen bestätigten und radikalisierten den Trend zur Technisierung und Verwissenschaftlichung des Kriegs, der schon im Ersten Weltkrieg erkennbar war und sich bis in die Gegenwart hinein immer weiter beschleunigt hat. Dieser Trend erleichterte die Tendenz zur Totalisierung der Kriegführung, war aber nicht deren Ursache.

Wichtiger waren die sich seit den 1920er-Jahren verbreitenden Tendenzen zu einer menschenverachtenden Politik, die auch vor Massenmord nicht mehr zurückschreckte. Ob diese Tendenzen eine unmittelbare Folge der im Ersten Weltkrieg erfahrenen Brutalisierung waren, ist umstritten. Tatsache aber ist, dass der Aufstieg von Faschismus, Stalinismus und Nationalsozialismus zivilisatorische Hemmschwellen zerstörte.

Mussolinis Italien führte in Abessinien einen barbarischen Eroberungskrieg, während das stalinistische Regime im eigenen Land Millionen versklavte, verhungern ließ oder ermordete. Im „Dritten Reich" kam es schon vor 1939 zu zahlreichen Morden; Pogrome gegen die jüdische Bevölkerung wurden organisiert. Die Methoden der japanischen Kriegführung in China zählen ebenfalls zu diesem Trend. Vor diesem Hintergrund überrascht es nicht, dass derartige Regimes im Zweiten Weltkrieg Massenverbrechen begingen.

Links: „Denkmal des Duce in Abessinien". Im Krieg gegen Abessinien (Äthiopien) setzte die italienische Armee Giftgas ein und ermordete Gefangene. Fotomontage von John Heartfield, 1936.

Rechts: Am 9. Mai 1936 erklärte Italien die Annektion Äthiopiens. Die Äthiopier wurden gezwungen, Monumentalbilder des Duce zu verehren.

Tatsächlich waren es diese Regimes, welche die Tendenz zum totalen Krieg auf die Spitze trieben. Das Sowjetregime hatte schon lange vor dem Krieg eine Politik der totalen Mobilisierung betrieben. Im Krieg wurde diese Politik bis ins Extrem gesteigert. Gnadenlos wurden Millionen von Männern und Frauen an den Fronten verheizt, während die Bevölkerung für die Kriegsanstrengungen unter häufig erbärmlichen Umständen bis zur Erschöpfung arbeiten musste. Doch die Ineffizienz der Behörden und die gewaltige Größe des Landes machten die totale Kontrolle unmöglich. So wurde Kontrolle durch Terror ersetzt, was nur die grundsätzliche Schwäche des Systems dokumentierte und zu einem enormen Verschleiß an Ressourcen führte. Aber diese materiellen und menschlichen Ressourcen waren derartig überlegen, dass am Ende trotzdem der Sieg heraussprang. Auch die Methoden der sowjetischen Kriegsführung waren durch den Widerspruch zwischen totalem Anspruch und chaotischem Kontrollverlust gekennzeichnet. Mit äußerster Brutalität ging das Regime in eroberten Gebieten vor. Massen von Menschen wurden deportiert, versklavt und sogar systematisch ermordet. Aber auch ganze Völkerschaften innerhalb der Sowjetunion wurden in den Osten abtransportiert. Darüber hinaus brach schließlich die Disziplin der Roten Armee zusammen. Der Vormarsch nach Westen, der bis nach Berlin führte, wurde von militärisch und politisch kontraproduktiven Plünderungen, Zerstörungen, Massenvergewaltigungen und Morden begleitet. Die sowjetische Propaganda hatte diese Exzesse provoziert. Doch als die negativen Folgen immer deutlicher wurden, ließen sich die Gräueltaten der Soldaten auch mit drakonischen Mitteln nicht mehr stoppen. Die sowjetische Version totaler Kriegführung führte somit ins Chaos. Das Konzept des totalen Krieges konnte daher letztendlich nicht verwirklicht werden.

Japan führte auch seinen Pazifikkrieg auf verbrecherische Weise. Gefangene wurden auf Todesmärsche geschickt, unter unsäglichen Bedingungen in Lager gepfercht, zur Zwangsarbeit gezwungen und zu Opfern zahlreicher Verbrechen gemacht. Frauen aus den besetzten Gebieten wurden massenweise zur Prostitution in Militärbordellen gezwungen. In Japan selber terrorisierte die Geheimpolizei die Bevölkerung, um die totale Mobilisierung zur erzwingen. Als sich die militärische Lage trotzdem verfinsterte, wurden Soldaten zu Selbstmordattacken genötigt. Kamikazeflieger stürzten sich auf die Schiffe der Alliierten. Am Ende wurde sogar die „Yamato", das größte Schlachtschiff aller Zeiten, in einer sinnlosen Kamikazefahrt nach Okinawa geopfert. Kaum eine Macht kam im Zweiten Weltkrieg der Umsetzung des Konzepts des totalen Kriegs so nahe wie Japan. Doch bei allen Massenverbrechen und Massakern, die das japanische Militär beging – zuletzt noch in Manila –, schreckte die Regierung wenigstens vor dem Völkermord zurück.

Diesbezüglich ging das NS-Regime noch weiter. Die Ausgangslage des Deutschen Reiches war bei Kriegsbeginn problematisch. Die wirtschaftlichen und finanziellen Voraussetzungen für einen Krieg waren prekär. Die Wehrmacht war im Grunde schlecht gerüstet, was allein am vergleichsweise dürftigen technischen Zustand der Panzertruppe erkennbar war. Von Anfang an arbeitete die deutsche Kriegswirtschaft am Limit. Nur die teilweise überraschenden Siege in Polen, Frankreich und auf dem Balkan ver-

Deportation von Bauern (Kulaken) und Kollektivierung der Landwirtschaft in der Sowjetunion, 1929/30. Die Transparente geben an, worum es ging: Liquidierung der Kulakenklasse. Allein in der Ukraine kosteten die Verfolgungen circa drei Millionen Menschen das Leben.

schafften ihr vorübergehend etwas Luft. Doch die besetzten Gebiete schufen auch neue Probleme, vor allem auf dem Ernährungssektor. Der Angriff auf die Sowjetunion sollte diesbezüglich durch einen „Blitzkrieg" zum Befreiungsschlag werden. Aber das „Unternehmen Barbarossa" scheiterte. Nun begann ein langwieriger und extrem verlustreicher Krieg, für den dem Reich die materiellen und menschlichen Ressourcen fehlten. Der zunehmende Personalmangel auf allen Ebenen erzwang immer schärfere Mobilisierungsmaßnahmen. Als dies nicht ausreichte, griff das Regime zum Mittel massenhafter Zwangsarbeit von KZ-Sklaven, Kriegsgefangenen und Deportierten. Damit konnte zwar die Produktion phasenweise gesteigert werden, doch am Ende genügte auch das nicht. Nun erwies sich auch die radikale Kriegspolitik der Nationalsozialisten als kontraproduktiv. Die NS-Führung hatte es als einzige Macht gewagt, den Vernichtungsgedanken bis zum Äußersten zu führen. Demzufolge sollten nicht mehr nur feindliche Armeen oder Staaten vernichtet werden, sondern ganze Völker. Der Völkermord wurde zum Mittel und Ziel der NS-Politik. Das betraf vor allem die europäischen Juden, die ausgerottet werden sollten. Sechs Millionen Menschen wurden umgebracht. Doch das Mordprogramm ging noch viel weiter. Dreißig Millionen Menschen in den eroberten Gebieten der Sowjetunion sollten verhungern. Dementsprechend ließen die Behörden mehr als vier Millionen sowjetische Kriegsgefangene unter unsäglichen Umständen sterben. Allein das Scheitern des „Unternehmens Barbarossa" verhinderte die vollständige Umsetzung des zweiten „Generalplans Ost" der SS. Die Ermordeten hätten die deutschen Kriegsanstrengungen unterstützen können. Doch als zumindest teilweise ein Umdenken begann, war es bereits zu spät.

Das NS-Regime ging beim Versuch, das Konzept des totalen Kriegs zu verwirklichen, sicherlich weiter als alle anderen Staatsführungen. Nicht einmal vor dem gezielten Völkermord schreckten die Nationalsozialisten zurück. Doch damit wurden auch die inneren Widersprüche des Konzepts deutlich, die seine vollständige Umsetzung unmöglich machten. Andererseits kam die Welt dem totalen Krieg wohl nie so nahe wie im Zweiten Weltkrieg. Dabei waren es die „Achsenmächte", welche durch ihre extreme Art der Kriegführung die westlichen Alliierten ebenfalls auf den Pfad zum totalen Krieg brachten. Aber letztlich war Goebbels' propagandistische Frage an seine Zuhörer im Berliner Sportpalast doppelt deplaziert: Natürlich wollten sie den totalen Krieg, denn sie bemühten sich ja bereits darum. Aber sie hätten dieses Ziel niemals erreichen können.

Als reines Schlagwort verwendet, trägt der Begriff des totalen Kriegs somit wenig zum Verständnis des Zeitalters der Weltkriege im Zwanzigsten Jahrhundert bei. Doch die Geschichte dieses Begriffs ist interessant und bedeutend genug, um den Versuch zu unternehmen, ihn wissenschaftlich zu nutzen. Und tatsächlich, mit Inhalt gefüllt, gewinnt der Begriff des totalen Kriegs durchaus an Erklärungswert, was hoffentlich deutlich geworden ist.

Josef Goebbels, „Generalbevollmächtigter für den totalen Kriegseinsatz", bedankt sich im März 1945 bei einem Kind, das an der vorübergehenden Rückeroberung von Lauban (Niederschlesien) mitgewirkt und überlebt hat.

Alexander Hoerkens

Der Soldat: Preußisches Heer – Reichswehr – Wehrmacht

Die erste Hälfte des 20. Jahrhunderts bedeutete nicht nur geopolitisch eine fundamentale Umwälzung gewohnter Ordnungen, sondern veränderte auch für den einzelnen deutschen Soldaten althergebrachte Vorstellungen von seiner Rolle ebenso radikal wie sein eigenes Erleben des Kriegs. Während zunächst in Folge des Ersten Weltkriegs eine seit Jahrzehnten, wenn nicht länger, gewachsene und gewohnte Mächteordnung zerfiel, neue Staaten entstanden und Konflikte geboren wurden, wirkten sich Technisierung und schließlich Totalisierung des Kriegs auf der Ebene der Soldaten ebenso gravierend aus. Ein Mensch, der im Zeitraum von 1914 bis 1945 sowohl im preußischen Heer als Teil des Reichsheeres als auch in der Reichswehr und ab 1935 in der Wehrmacht als Soldat eingesetzt wurde – solche Jahrgänge gab es durchaus –, wurde mit Auffassungen seiner Rolle konfrontiert, wie sie unterschiedlicher kaum sein konnten.

Der Soldat des preußischen Heeres, das als weitaus größter Teil gemeinsam mit den Heeren Sachsens, Bayerns und Württembergs das kaiserliche Reichsheer bildete, konnte sich – trotz den Zwängen der allgemeinen Wehrpflicht – als Teil einer in weiten gesellschaftlichen Bereichen geachteten Institution empfinden. Im Reichsheer des Wilhelminischen Kaiserreichs erlebten gerade Offiziere eine starke soziale und politische Verwurzelung. Sie entwickelten das Selbstbewusstsein, eine tragende Funktion in einem starken und ehrgeizigen Staat auszuüben. Standesethos und Status lieferten ebenfalls ihren Beitrag zur Bindung und Orientierung an diesen Staat. Der stärker werdende Gegensatz zwischen Tradition und Moderne hatte das Kaiserreich und besonders das Militär zwar ergriffen, doch zogen die militärischen Führer daraus kaum Konsequenzen. Das industrialisierte Militärwesen erforderte – aufgrund der detaillierteren und komplizierteren Aufgaben – sowohl Spezialisten als auch Generalisten, die im immer komplexeren Geflecht aus militärischen und nichtmilitärischen Faktoren den Überblick behielten. Die stärkere Arbeitsteilung machte es schwerer, Ehrbegriffe und Moralvorstellungen im Alltag zur Geltung zu bringen. Die Folge war eine Tendenz zum „Funktionieren" professioneller Experten im Kontext von Pflicht und Gehorsam. Soziale Abgeschlossenheit, eine konservativ-reaktionäre Gesinnung, Autoritätsglauben und einseitige Berufsspezialisierung sozialisierten gerade die Offiziere in einer Welt und einem Staat unterdrückter Spannungen und ungelöster Widersprüche.

Vor Ausbruch des Ersten Weltkriegs war das kaiserliche Heer im Grunde vor allem als Instru-

So stellte man sich vor dem 2. August noch den Krieg vor: Übung einer Ulanenattacke auf dem Döberitzer Feld bei Potsdam, 7. Juni 1914.

ment des Kolonialismus zum Einsatz gekommen. So wurden Truppen in den deutschen Kolonien in Afrika eingesetzt und anlässlich des „Boxeraufstandes" nach China entsandt. Vor allem die Herero-Aufstände in Südwestafrika sind im Gedächtnis geblieben, nicht zuletzt aufgrund der unerwarteten Rückschläge für die technisch überlegenen Kolonialtruppen, die die Erhebung schließlich unter Inkaufnahme hoher Verluste der einheimischen Bevölkerung radikal niederschlug. Abgesehen von den Schauplätzen in Übersee versahen Soldaten im Deutschen Reich ihren Wehrdienst oder ihren Beruf in der Heimat bis 1914 ausschließlich in Friedenszeiten. Ihre Stellung und Akzeptanz in der Gesellschaft hat Zuckmayer im „Hauptmann von Köpenick" pointiert dargestellt, als zeitgenössisches Beispiel wies die „Zabern-Affäre" in eine ähnliche Richtung. Tatsächlich war die Institution des preußischen Heeres und des kaiserlichen Reichsheeres hoch geachtet. Aufgrund der angespannten politischen Situation wurde das Heer zunehmend vergrößert, bis es Anfang 1914 eine Friedensstärke von fast 800.000 Soldaten erreichte.

Ungeachtet der modernen Kriegsführung, wie sie bereits in der Endphase des Amerikanischen Bürgerkriegs, aber auch im Russisch-Japanischen Krieg erkennbar geworden war – etwa im Stellungskrieg oder dem Einsatz neuer Waffen wie des Maschinengewehrs – orientierte sich der deutsche Generalstab 1914 in der Planung und in seinen Vorstellungen vom militärischen Vorgehen nach Kriegsausbruch am Bezugsrahmen des 19. Jahrhunderts. Für die Soldaten bedeutete dies die Erwartung großer Entscheidungsschlachten, gefolgt von einem schnellen Sieg. Dass dies noch nicht einmal im Deutsch-Französischen Krieg von 1870/71 so funktioniert hatte, fand in den strategischen Überlegungen keinen nachhaltigen Niederschlag.

Nach Kriegsbeginn und der Aufstockung des deutschen Heeres auf über zwei Millionen Mann lag der Schwerpunkt zunächst im Westen. Die Masse der deutschen Soldaten wurde gemäß dem Schlieffen-Plan durch das neutrale Belgien nach Nordfrankreich in Bewegung gesetzt. Die Soldaten erlebten zunächst tatsächlich den erwarteten Bewegungskrieg, der erst kurz vor Paris an der Marne endgültig zum Stehen kam.

Junge bayerische Reservisten und Freiwillige am Hauptbahnhof in Fürth. Postkarte, August 1914.

Hier war der Schlieffen-Plan, der von unrealistischen Tagesfortschritten ausging und kaum Pufferzeiten oder Misserfolge einkalkulierte, bereits gescheitert. Damit befand sich Deutschland unmittelbar im Zweifrontenkrieg und deutsche Soldaten standen gemeinsam mit jenen Österreich-Ungarns den Streitkräften Russlands, Frankreichs und Großbritanniens gegenüber.

Während der Krieg im Osten von einer defensiven Strategie nach siegreichen Schlachten in Ostpreußen (bei Tannenberg und bei den Masurischen Seen) allmählich in einen zähen, aber erkennbaren Bewegungskrieg hauptsächlich durch Polen und Galizien überging, rannten sich im Westen die gegnerischen Soldaten nach und nach in einem mörderischen Stellungskrieg fest. Hier zeigte sich für den einzelnen Kämpfer die Neuartigkeit und Grausamkeit des modernen Kriegs im Schützengraben und in den durch den andauernden Artilleriebeschuss entstehenden „Mondlandschaften", wie sie Ernst Jünger anschaulich in seinem Buch „In Stahlgewittern" beschrieben hat. Diese Entwicklung der Kriegführung hatte sich bereits um 1855 im Krimkrieg vor Sewastopol und 1865 in der Endphase des Amerikanischen Bürgerkriegs in den Schützengräben vor Petersburg/Virginia angekündigt. Doch 1914 wurden die Soldaten mit dem Stellungskrieg unvorbereitet konfrontiert, weil man sich keine Vorstellung davon gemacht hatte. Im

Alexander Hoerkens

Links: Schon wenige Wochen nach Kriegsbeginn richteten sich die Soldaten auf allen Seiten in Gräben, Erdlöchern und Granattrichtern ein.

Rechts: Deutsche Soldaten im Schützengraben mit Gasmasken und Stahlharnischen: Illustration von François Flameng (1856–1923) für die Zeitschrift „L'Illustration", 1918.

Alltag des Lebens, Kämpfens und Sterbens in und zwischen den Schützengräben mussten hergebrachte Vorstellungen und Praktiken bald der Anpassung an den modernen Krieg weichen. Zunächst gab es sogar noch eine Verständigung über die Schützengräben hinweg, wie die Kriegsweihnacht von 1914 zeigte, bei der gegnerische Soldaten das Feuer einstellten und sich im Niemandsland zwischen den Schützengräben trafen. Auf Kommandoebene wurde dies allerdings als gefährlich für die Kampfmoral angesehen, weshalb schon bald die Weiterführung des Kampfes befohlen und die am „Weihnachtsfrieden" beteiligten Soldaten auf verschiedene Einheiten verteilt wurden.

Ein Beispiel für die bis dahin unvorstellbare Vernichtungskraft moderner Waffen ist das Maschinengewehr, durch das ganze Angriffswellen von nur wenigen Schützen aufgerieben werden konnten. Auch die Artillerie richtete über weite Entfernung erhebliche Verwüstungen an, Schrapnelle führten zum Tod oder zu grauenhaften Verwundungen und Verstümmelungen, die viele Verletzte dank der modernen Medizin, die damals große Fortschritte machte, zwar überlebten, die aber oft nur unzureichend therapiert werden konnten. Offiziere führten ihre Soldaten in verlustreiche Angriffe aus den eigenen Schützengräben über freies Niemandsland zur Erstürmung der feindlichen Gräben, in denen sich der Gegner fest eingegraben hatte. Im Kampf um die Schützengräben kam es dann zum Nahkampf Mann gegen Mann mittels Granaten, Pistolen, Flammenwerfern und schließlich mit Bajonett und Spaten.

Lange Zeit änderte sich wenig an den Angriffstaktiken, obwohl sie kaum Geländegewinne einbrachten, dafür aber zu ungeheueren Verlusten führten. Später wurde beispielsweise mit Giftgasattacken und dem Sturmtruppen-Konzept versucht, das blutige Patt aufzubrechen, bei dem die Gegner immer wieder gegeneinander anrannten, in der makabren Hoffnung, das Reservoir an feindlichen Soldaten möge sich früher aufbrauchen als das eigene. Dieses Konzept des Abnutzungskriegs ist der Grund für die enormen Opferzahlen, die der Stellungskrieg an der Westfront forderte. Kurzfristige Erfolge neuer Taktiken wurden bald wieder aufgezehrt, oder brachten zumindest nicht den erhofften Durchbruch. Die Schlacht bei Verdun ist ein berühmtes Beispiel für die Verdichtung der Grausamkeit des modernen Kriegs für die einfachen Soldaten. Hier sollte der Gegner „weißgeblutet" werden, sprich, durch immer neue Attacken und Gegenangriffe sollten seine Reserven aufgezehrt werden. Hunderttausende deutscher und französischer Soldaten bezahlten diese Strategie mit ihrem Leben. Am Ende blieb Verdun in französischer Hand.

Erst am Ende des Kriegs mit dem Einsatz der neuen Panzerwaffe und des erheblichen

Der Soldat: Preußisches Heer – Reichswehr – Wehrmacht

amerikanischen Soldaten- und Waffenpotentials gelang der Versuch, den mehrjährigen Stellungskrieg aufzubrechen und den entscheidenden Durchbruch zum Bewegungskrieg und zum Sieg zu erreichen. Der Stellungskrieg und dessen enorme psychische Anspannungen ließen den Frontsoldaten anscheinend kaum mehr Raum für soziale Standesunterschiede. Die Nationalisten verklärten diese Schützengrabengemeinschaft später zum „Frontsozialismus".

Natürlich konnten die Kriegserlebnisse der Soldaten überaus unterschiedlich sein – abhängig davon, wo und wie sie eingesetzt waren: ob tatsächlich an der Front, in Angriffstrupps, bei der Artillerie oder im Stab, ob fern der Front in der Etappe oder beim Nachschub. Ganz zu schweigen von den Unterschieden zwischen den Teilstreitkräften, die so unterschiedliche Erfahrungswelten wie den Land- oder den Seekrieg – in Großkampfschiffen oder U-Booten – oder den Luftkrieg erlebten. Während beispielsweise die Großkampfschiffe bis auf die Schlacht am Skagerrak 1916 kaum zum Einsatz kamen und die Matrosen angesichts des letzten Himmelfahrtsauftrags 1918 meuterten, stellte der Luftkampf gleichsam den letzten „ritterlichen" Kampf einzelner Kontrahenten gegeneinander dar, der ansonsten als Vorstellung durch den modernen technisierten Krieg und die propagandistische Dämonisierung des Gegners zermahlen worden war. Schließlich ist auch die geografische Dimension zu nennen, die dem Krieg an den verschiedenen Fronten einen jeweils spezifischen Charakter gab. Ob Stellungskrieg im Westen, zäher Bewegungskrieg im Osten, eisiger Hochgebirgskampf an der italienischen Südfront oder jahrelange Guerillataktik und Notwendigkeit der Selbstversorgung der Schutztruppe in Ost- und Südafrika unter Lettow-Vorbeck: an jedem dieser Schauplätze erlebten die Soldaten einen ganz anderen Krieg.

Der Erste Weltkrieg oder „Große Krieg", wie er bis heute von Briten und Franzosen genannt wird, erwies sich als kostspielige Materialschlacht durch technische Neuerungen, die den Krieg immer mehr zu einem Kampf „Mensch gegen Maschine" – gegen Maschinengewehr, Flammenwerfer, Giftgas, Flugzeug, U-Boot und Panzer – werden ließen, bei dem herkömmliche Auffassungen von soldatischem Selbstverständnis obsolet wurden. Der einzelne Soldat erlebte in Folge einer einsetzenden „Totalisierung" des Kriegs die Entwertung des Individuums in den Materialschlachten am eigenen Leib.

Deutsche Soldaten kämpften bis Mitte 1918 mit erstaunlich stabiler Moral. Als jedoch nach dem Sieg an der Ostfront (Frieden von Brest-Litowsk) und der Verstärkung durch die siegreichen Soldaten aus dem Osten die als letzte und entscheidende Angriffswelle angekündigte Offensive letztlich doch keinen Erfolg hatte und stecken blieb und die erschöpften deutschen Verbände mit gut ausgerüsteten britischen, französischen und nun auch amerikanischen Truppen und deren neuer Panzerwaffe konfrontiert wurden, brach die Kampfmoral rapide ein. Der Widerstandswille der deutschen Soldaten war nach jahrelangen Entbehrungen, Strapazen, zerstörten Hoffnungen, unzureichender Versorgung und der Wahrnehmung der materiellen und technischen Überlegenheit des Gegners

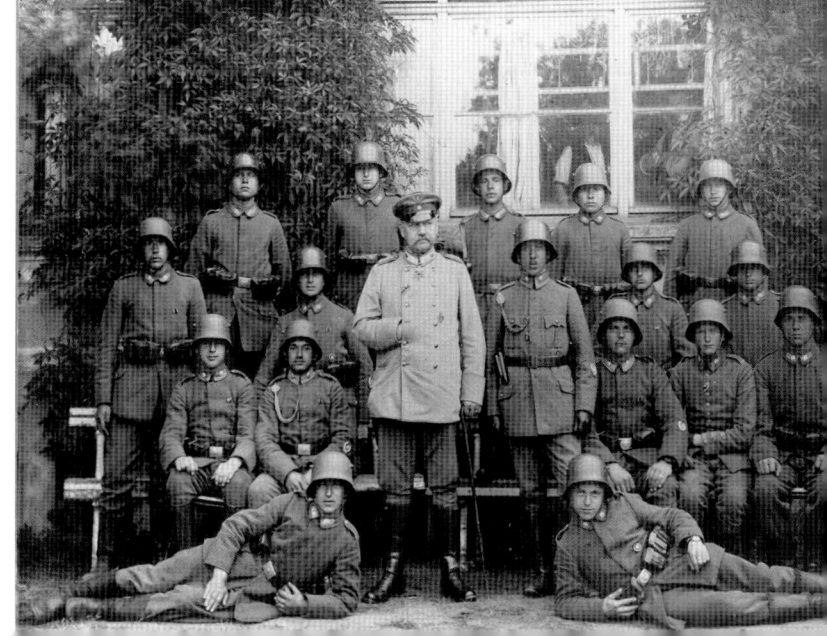

Links: Sie fühlten sich als die „Ritter der Lüfte": Baron Manfred von Richthofen im Cockpit seiner roten Albatros D.V, mit den Fliegern seiner Jagdstaffel 11. Der „Rote Baron" starb am 21. April 1918 an der Somme und wurde von den Briten mit militärischen Ehren bestattet.

Rechts: Mit Stoßtrupps versuchten die Deutschen seit 1917, die gegnerischen Linien zu durchbrechen. Generalfeldmarschall Paul von Hindenburg präsentiert sich 1918 mit den Soldaten eines besonders erfolgreichen Stoßtrupps.

aufgebraucht. Sie erkannten jetzt die Sinnlosigkeit weiterer Angriffe und fragten sich nach dem Sinn ihres Kampfes und des Todes ihrer zahllosen Kameraden. Solange noch Hoffnung auf den Sieg bestand, hatten sie ihrer Teilnahme am Krieg noch Sinn abgewinnen können. Nun gingen Massen deutscher Frontsoldaten in Gefangenschaft, um ihr Leben zu retten, was bis dahin kaum vorgekommen war. Das Phänomen nahm derartige Ausmaße an (Schätzungen gehen bis zu einer Million betroffener Soldaten), dass man von einem „verdeckten Militärstreik" sprechen konnte. Der Schriftsteller Erich Maria Remarque ren des Deutschen Reichs geriet nach dem Matrosenaufstand in Kiel, den revolutionären Unruhen in München unter Führung des Sozialdemokraten Kurt Eisner und dem Aufruf der Spartakisten zum Generalstreik in Berlin rasch außer Kontrolle. Zwischen Waffenstillstand, Matrosenaufstand, Novemberrevolution und den gesellschaftlichen Umwälzungen nach der Abdankung von Kaiser Wilhelm II. wurde den Menschen unvermittelt klar, dass der Krieg verloren war, nachdem man ihnen vier Jahre lang suggeriert hatte, dass der Sieg bevorstehe. Das waren schwierige Voraussetzungen für den Übergang vom Krieg zum

Links: Gebeine gefallener Soldaten vor Verdun. Die durchschnittliche Lebenserwartung im Schützengraben lag hier bei 14 Tagen. Die Gebeine von 130.000 nicht identifizierten Soldaten werden seit 1927 im Beinhaus von Douaumont aufbewahrt. Aufnahme ca. 1919.

Rechts: Für die Überlebenden hieß 1918 die Parole „Heimat!". Heimkehrende Soldaten auf dem Bahnhof in Crailsheim, November 1918.

hat die Sinnlosigkeit der „Opfergänge" der Soldaten in seinem Roman „Im Westen nichts Neues" eindrucksvoll geschildert. Im Mittelpunkt des Buches steht ein deutscher Frontsoldat, der in den letzten Tagen des Krieges fällt, nachdem er fast vier Jahre lang den Stellungskrieg überlebt hat.

Als es schließlich nach einer dauernden Rückzugsbewegung durch Nordfrankreich und Belgien Ende Juli 1918, nach dem drohenden Zerbrechen der Balkanfront und dem Niedergang des Habsburgerreichs und nicht zuletzt durch die Offenbarung der Obersten Heeresleitung, dass der Krieg verloren sei, zu Waffenstillstandsverhandlungen kam und die Kampfhandlungen am 11. November 1918 eingestellt wurden, blieb für Erleichterung wenig Zeit. Denn die Lage im Inne-

Frieden, von der Monarchie zur Demokratie, vom Leben als Soldat zum Leben als Zivilist, abgesehen von der für viele traumatischen Erfahrung eines vierjährigen Kriegs in neuen, bis dahin undenkbar gewesenen Dimensionen.

Der Krieg und das dort Erlebte prägten die Soldaten ebenso wie die sich anschließende Niederlage und die Revolution. Das Kaiserreich zeigte sich den Herausforderungen der Zeit nicht gewachsen, der Alltag des Kriegs übertraf an Radikalität, Zerstörungskraft und Dimension alles, was sich die Zeitgenossen bis zu dieser Zeit vorstellen konnten. Zwar waren die Dimensionen der menschlichen Verluste in Relation zu früheren Konflikten wie dem Dreißigjährigen Krieg oder dem Siebenjährigen Krieg nicht so ungewöhnlich, doch hatte es solche gewaltigen Verlustzahlen seitdem nicht mehr gegeben – ganz abgesehen von der unmittelbaren Zerstörungswirkung moderner Waffentechnik. Niederlage und Revolution hinterließen in den Köpfen der Betroffenen zum Teil noch tiefere Spuren als der Krieg selbst und schufen verhängnisvolle Feindbilder. Die plötzliche, nahezu vollständige Auflösung des Reichsheeres und der Untergang der Monarchie raubte vielen die einzigen Bezugspunkte der intensiven Kriegs- und auch der Vorkriegsjahre. Millionen von Soldaten wurden wieder zu Zivilisten, ohne für diesen Übergang gerüstet zu sein oder ein stabiles heimatliches Umfeld vorzufinden. Ihr Engagement in Freikorps und bei Umsturzaktionen waren eine Folge davon. Die Gründe für die verworrene Gesamtlage in der Strukturschwäche und in der Widersprüchlichkeit des Kaiserreichs zu suchen, bereitete den meisten Schwierigkeiten. Deshalb fiel die Dolchstoßlegende gerade bei vielen ehemaligen Soldaten auf fruchtbaren Boden. Die haltlose Annahme, nicht militärisch, sondern von außen her wirtschaftlich und von innen durch mangelnde Geschlossenheit besiegt worden zu sein, ließ bei vielen die Bereitschaft entstehen, in einem neuen Krieg noch radikaler vorzugehen.

Aus den Wirren von Niederlage und Revolution ging ein an Zahl, Stärke und Aufgaben deutlich reduziertes Militär hervor, das durch die Auflagen des Versailler Friedensvertrags auf 100.000 Mann im Heer und 15.000 Mann der Marine begrenzt war und zudem ohne Wehrpflicht auskommen musste. Es entstand so am 1. Januar 1921 eine vergleichsweise kleine Reichswehr aus Berufs- und Zeitsoldaten, die ein nach außen abgeschlossenes System mit eigenen Wertvorstellungen und eigenem Selbstverständnis bildeten, das sie von Staat und Politik abkoppelte und potentiell zu einem eigenständigen Machtfaktor machte. Damit unterschied die Reichswehr sich deutlich von der Massenarmee des Kriegs, die Millionen Wehrpflichtige und Angehörige aller Schichten in der Institution des Militärs vereint hatte. Einzelne Reichswehrangehörige unternahmen in der Frühzeit der Weimarer Republik und den Wirren der 1920er-Jahre mehrfach Putschversuche. Ihre Beteiligung macht deutlich, wie wenig sich die Armee mit dem neuen Staat identifizieren konnte. Dies ist auch an der Eidesformel der Soldaten abzulesen, die 1919 noch ein Treueschwur auf die Verfassung war, 1922 jedoch durch die „Berufspflichten" abgelöst wurden. Die Soldaten schworen auf das Vaterland, ohne Rücksicht auf die aktuelle demokratische Staatsverfassung. Offiziell war die Reichswehr weltanschaulich neutral. Tatsächlich leistete sie durch diese offizielle Neutralität den Feinden der Weimarer Republik Vorschub, weil sie angesichts der Putschversuche der Schwarzen Reichswehr und anderer nationalistischer Verbände als Ordnungsmacht nicht zur Verfügung stand, getreu der Devise „Truppe schießt nicht auf Truppe". Bei den Reichsexekutionen gegen linke Regierungen

in Sachsen und Thüringen arbeitete die Reichswehr sogar, so wie schon bei Niederschlagung der Münchner Räterepublik, mit Freikorps und anderen nationalistischen Verbänden zusammen.

Die aus dem Kaiserreich und dem verlorenen „Großen Krieg" hervorgegangene Reichswehr – und vor allem auch ihre Führung unter dem Chef der Heeresleitung, Hans von Seeckt, – erlebte die Zeit der Weimarer Republik als einen unbefriedigenden Zustand. Die Folgen des Weltkriegs und des Versailler Friedensvertrags mit der vorgeschriebenen dramatischen Reduzierung der Truppenstärke und dem Übergang zum Berufssoldatentum brachte die Armee in eine Position, in der sie jede auf eine Revision der gegenwärtigen politischen Verhältnisse abzielende Bewe-

In der Weimarer Republik war die Reichswehr ein kleines, nach außen abgeschlossenes System mit eigenen Wertvorstellungen, Aufnahme ca. 1930.

Eine neue Armee, abseits der Regeln des Friedens von Versailles und mit der Hilfe der Sowjetunion: Offiziere der Wehrmacht und der Roten Armee in Russland, undatiertes Foto.

gung begrüßte. Der Personalbestand setzte sich fast durchgehend aus kriegserfahrenen und -geprägten Soldaten zusammen. Bedingt durch ihre Sozialisation orientierten sie sich in ihren Werten am untergegangenen Kaiserreich. Das parlamentarische Deutschland der Weimarer Republik wurde für untauglich befunden, mit den inneren wie äußeren Herausforderungen fertig zu werden.

Zahlreiche Offiziere des Kriegs dienten auch weiterhin in dieser neuen Armee, so zum Beispiel Erwin Rommel, der sich im Ersten Weltkrieg an verschiedenen Fronten in dem so schwierigen Gebirgskampf ausgezeichnet hatte. Wie er bildeten zahlreiche junge Offiziere mit ähnlichem Erfahrungshintergrund die personelle Kontinuität zwischen den beiden Weltkriegen, zwischen dem kaiserlichem Heer, der Reichswehr und den nach dem „Gesetz für den Aufbau der Wehrmacht" vom 16. März 1935 entsprechend bezeichneten Streitkräften. In diesen sollten sie an Schlüsselstellen als Stabs- oder Generalstabsoffiziere maßgeblich wirken. Die Lehre, die viele Offiziere und Soldaten aus dem Ersten Weltkrieg zogen, war, dass ein zukünftiger Krieg (nicht zuletzt zur Revision des Versailler Friedensvertrags) noch totaler und radikaler zu führen sei, da man sich entweder um den Sieg betrogen sah, oder aber die gegenwärtige Nachkriegslage und die Friedensbedingungen als nicht akzeptabel betrachtete.

Der totalitäre Gesellschaftsentwurf des Nationalsozialismus übte eine erhebliche Anziehungskraft auf die Reichswehrführung aus, da er für Berufssoldaten interessante Karrieremöglichkeiten versprach. Aus den erwähnten Ressentiments und verwandten Feindbildern ergaben sich Anknüpfungspunkte an die NS-Ideologie, etwa in Hinblick auf den „jüdischen Bolschewismus" und die „Gefahr aus dem Osten". Auch hatte die Reichswehr in der Weimarer Republik keine Bedenken gegen Rechtsbrüche gehabt – wie die Umgehung der Rüstungsbeschränkungen des Versailler Friedensvertrags zeigt –, wenn es im Interesse des Vaterlandes legitim erschien. Der Vertrag von Rapallo hatte den vertraglichen Rahmen für eine weitreichende geheime Zusammenarbeit zwischen der Reichswehr und der Roten Armee geschaffen, die damals bereits in Gang gekommen war. Die Deutschen lieferten moderne Technologie und erhielten dafür die Möglichkeit, auf russischem Boden ihre Soldaten an schweren Waffen auszubilden und eine getarnte Fliegerausbildung zu betreiben – beides war nach dem Versailler Friedensvertrag nicht erlaubt. Die Aktivitäten liefen zu Tarnungszwecken über Privatfirmen, deren Aufwendungen aber aus dem Etat des Reichswehrministeriums gedeckt wurden.

Nach der nationalsozialistischen „Machtergreifung" sah sich die Reichswehr durch die Sturmabteilungen (SA) der NSDAP herausgefordert, deren Mitgliedschaft auf vier Millionen Mann angewachsen war. Doch bereits am 3. Februar 1933 hielt Adolf Hitler eine Rede vor den höchsten Vertretern von Heer und Marine über die Ziele seiner Politik und erklärte, dass die Wehrmacht der einzige Waffenträger im Deutschen Reich bleiben werde, um deutlich zu machen, dass ihm nicht an einer Konfrontation mit der Reichswehr gelegen war. SA-Stabschef Ernst Röhm dagegen träumte von einer Fortsetzung der „deutschen Revolution". Er wollte aus der paramilitärischen Organisation eine militärische und die SA zur zentralen Ordnungsmacht im Inneren machen, während die Reichswehr künftig nur noch für Aktionen außerhalb der Reichsgrenzen zuständig sein sollte.

Röhm forderte eine „zweite Revolution", eine soziale Revolution. Diese Forderung korrespondierte mit verbreiteter Unzufriedenheit im Lande, sowohl in den Großbetrieben, wo die „Nationalsozialistische Betriebszellenorganisation" (NSBO) so miserable Wahlergebnisse erreichte, dass sie nie veröffentlicht wurden, als auch bei den Bauern, die unter der zentralen Vermarktung der landwirtschaftlichen Produkte durch den „Reichsnährstand" litten. Gleichzeitig gab Röhm mit seinen Revolutionsparolen den gezielt gestreuten Gerüchten, die SA plane einen Putsch, neue Nahrung. Die große Mehrheit der SA-Mitglieder war jung, ihr Elan unverbraucht, viele frühere Anhänger der Arbeiterparteien hatten hier eine neue Heimat gefunden. Proletarische Interessenlage verband sich mit revolutionärer Erwartung, sodass sich in der SA die Hoffnungen auf einen wirklichen Umbau der Gesellschaft in einem gefährlichen Maß konzentrierten.

Hitler erteilte der Idee einer zweiten Revolution eine klare Absage und am 30. Juni 1934 wurden im Zuge des sogenannten „Röhm-Putsches" Ernst Röhm und weitere 80 SA-Leute erschossen, darunter fast die gesamte Führungsriege. Die Exekutoren waren Angehörige der „SS-Leibstandarte Adolf Hitler" und der „SS-Totenkopfverbände". Zum Dank für „die großen Verdienste der SS" erhob Hitler sie wenig später „zu einer selbständigen Organisation im Rahmen der NSDAP". Damit hatte sie sich von der SA endgültig emanzipiert. Die SS übernahm nun auch die Zuständigkeit für die Konzentrationslager. 1939 wurden die militärischen Verbände der Waffen-SS ausgegliedert, die dem Oberbefehl des Reichsführers SS, Heinrich Himmler, unterstanden und zuletzt fast 600.000 Mann umfassten.

Die Liquidierung der SA-Führung und weiterer dem Regime Missliebiger durch die SS kam den Bedenken der Reichswehr gegen eine SA mit Milizcharakter als zweiter Armee im Staate entgegen. Sie leistete deshalb logistische Unterstützung und half Hitler bei ihrer Ausschaltung. Durch die Opferung ihrer moralischen Integrität war die Reichswehr nun erpressbar und hatte sich so selbst um die politische Handlungsfähigkeit gebracht.

Am 2. August 1934 verstarb der Reichspräsident Paul von Hindenburg. Schon am Tag zuvor hatte Hitler ein Gesetz verkünden lassen, das bestimmte: „Das Amt des Reichspräsidenten wird mit dem des Reichskanzlers vereinigt. Infolgedessen gehen die bisherigen Befugnisse des Reichspräsidenten auf den Führer und Reichskanzler Adolf Hitler über." Reichswehrminister Werner von Blomberg ließ noch am 2. August die Wehrmacht auf Adolf Hitler vereidigen: „Ich schwöre bei Gott diesen heiligen Eid, dass ich dem Führer des Deutschen Reiches und Volkes, Adolf Hitler, dem Oberbefehlshaber der Wehrmacht, unbedingten Gehorsam leisten und als tapferer Soldat bereit sein will, jederzeit für diesen Eid mein Leben einzusetzen." Der Eid galt somit in erster Linie unmittelbar dem „Führer", nicht dem Staat oder seiner Verfassungsordnung. Hitler dankte es Blomberg, indem er ihm 1935 den

Links: Bei der Reichsgründungsfeier am 14. Januar 1934 (von links nach rechts): SA-Führer Ernst Röhm, Kyffhäuserbund-Präsident General Rudolf von Horn, Reichspräsident Paul von Hindenburg und Generalfeldmarschall August von Mackensen. Wenige Monate später wurden Ernst Röhm und weitere 80 SA-Führer umgebracht.

Rechts: Vereidigung des Berliner Wachregiments auf den Diktator, 2. August 1934: Noch am Todestag des Reichspräsidenten Paul von Hindenburg ließ Reichswehrminister Werner von Blomberg die Soldaten der Reichswehr auf Adolf Hitler schwören.

Oberbefehl über die gesamte Wehrmacht übertrug und den Reichswehrminister zum Reichskriegsminister machte. 1936 wurde er zum Generalfeldmarschall befördert und 1937 erhielt der parteilose Offizier als Höhepunkt seiner Karriere das Goldene Parteiabzeichen des NSDAP. Doch kurz darauf strauchelte er über der Heirat mit einer ehemaligen Prostituierten. Die Vereidigung der Soldaten auf Hitler blieb sein Erbe.

Die Reichswehrführung bot sich der NS-Führung als politischer Partner an. Tatsächlich fand allmählich ein innerer Transformationsprozess der Reichswehr statt, der mit Veränderungen in Aufbau, Selbstverständnis und Orientierung auf Hitler einherging und ihren Übergang zum Werkzeug und Instrument der Umsetzung seiner machtpolitischen Zielvorstellungen bedeutete. Einhergehend mit außenpolitischen Erfolgen kann so die Aufnahmebereitschaft für Aspekte der NS-Ideologie erklärt werden. Die Reichswehr zählte zunächst zu den Gewinnern der nationalsozialistischen Machtübernahme, anfänglich weitgehend ohne äußere Eingriffe in ihren Aufgabenbereich. Angesichts der sich nun eröffnenden Karrierechancen ging kaum einer auf Distanz zum Regime. Aufstiegsdenken, Anpassungsdruck, Profitgier und Überzeugung leisteten ihren Beitrag. Bis zum Ende des Kriegs durchliefen dann auch etwa eine halbe Million Offiziere im Rahmen ihrer Berufskarriere das Heeresoffizierskorps.

Obwohl schon bald nach der „Machtergreifung" der Nationalsozialisten eine massive Aufrüstung begann, blieb die Armee zunächst in ihrer Struktur weitgehend erhalten und auch der Aufbau der Luftwaffe wurde weiter im Geheimen vorangetrieben. Erst 1935 wurde die Reichswehr in Wehrmacht umbenannt, und obwohl Hermann Göring bereits am 10. Mai 1933 zum Reichsluftfahrtminister ernannt worden war, wurde die Luftwaffe offiziell erst am 1. März 1935 gegründet.

Die Wehrmacht, mit der Adolf Hitler 1939 in den Krieg zog, hatte wenig gemeinsam mit der Truppe, die er bei seinem Regierungsantritt vorgefunden hatte. Auch die Wehrmacht, die Anfang 1939 schon 600-700.000 Mann umfasste, setzte sich vor allem aus aktiven Soldaten und lange dienenden Wehrpflichtigen zusammen und zeichnete sich noch durch eine relativ hohe Homogenität aus. Sie muss von der Wehrmacht im Krieg schon deshalb unterschieden werden, weil diese schließlich etwa zehn Millionen Soldaten umfasste und im Lauf der Zeit insgesamt 17 Millionen Mann in ihr dienten. Sie wies eine stetig abnehmende Homogenität auf und sprengte die ursprünglichen Dimensionen. Gleichzeitig setzte die bereitwillige Öffnung der Reichswehr gegenüber der NS-Indoktrinierung im Inneren ein. So wurde der „Nationalpolitische Unterricht" eingeführt, der den einfachen Soldaten weltanschauliche Inhalte vermittelte. Dies darf nicht verwechselt werden mit der Identität des Offizierskorps selbst, das der Parteiideologie zunächst noch mit Vorbehalten begegnet war, auch wenn die oberste Führung – gerade Blomberg – sich frühzeitig und nachhaltig als verlässliches Instrument Hitlers und seiner Regierung zu zeigen bemühte.

Adolf Hitler konnte schon bald außenpolitische Erfolge verbuchen. 1935 war mit dem Saarland eine erste territoriale Arrondierung erfolgt. 1920 war das Saarland mit einem Mandat des Völkerbundes für 15 Jahre unter französische Verwaltung gestellt worden. Bei der Volksabstimmung am 13. Januar 1935 hatten 90,7 Prozent der Wähler für die Vereinigung mit Deutschland gestimmt. Durch das Gesetz über den Aufbau der Wehrmacht wurde 1935 auch die allgemeine Wehrpflicht wieder eingeführt. Bedeutsamer als die Gewinnung des Saarlands war die Rheinlandbesetzung im März 1936. Hitler setzte sich über den Versailler Friedensvertrag und die Verträge von Locarno hinweg und ließ am 7. März 30.000 Soldaten in die entmilitarisierte Zone einmarschie-

Am Parteitag der NSDAP in Nürnberg nahmen Infanterie und Panzerverbände der Wehrmacht teil und zeigten, was sie für den nächsten Krieg gelernt hatten, September 1936.

Der Soldat: Preußisches Heer – Reichswehr – Wehrmacht

ren. Das demonstrative Abschütteln der Ketten des Versailler Friedensvertrags stärkte das Prestige des Diktators und hatte eine kaum zu überschätzende sozialintegrative Wirkung. Schon im Vorjahr hatten die ehemaligen Kriegsgegner im deutsch-britischen Flottenabkommen dem Deutschen Reich zugestanden, seine Marine wieder aufzurüsten. Die Tonnage sollte allerdings 38 Prozent der britischen nicht übersteigen.

Die scheinbare Überwindung von sozialen Gegensätzen und die Propagierung einer „Volksgemeinschaft" wurden von der Wehrmachtsführung aus politischen, aber auch aus militärischen Gründen begrüßt. Die Verzehnfachung der personellen Stärke der Wehrmacht bis zum Kriegsausbruch 1939 veränderte die Struktur der früheren Reichswehr von Grund auf und machte sie von einem Staat im Staate zu einem „Abbild der Gesellschaft". Doch machte der rasante Aufbau der Wehrmacht bis 1939 auch eine soziale Öffnung des Offizierskorps erforderlich, da sich das nötige Personal nicht länger aus den traditionellen Offiziersschichten rekrutieren ließ. Eine Sozialisierung im Sinne eines Korpsgeistes, der eigenen Normen folgte, war in dieser Zeit nicht mehr möglich. Nach der Intervention der Legion Condor im Spanischen Bürgerkrieg, der die Wehrmacht erstmals außerhalb der deutschen Grenzen zum Einsatz brachte, überschritt sie im März 1938 auf Hitlers Befehl die österreichische Grenze. Der „Anschluss" des Landes an das Deutsche Reich vollzog sich jedoch kampflos. Die Sudetenkrise im September 1938 provozierte den Rücktritt des Chefs des Generalstabs, General Beck. Im Zuge der Blomberg-Fritsch-Krise musste Werner von Blomberg zurücktreten, und Hitler übernahm das Oberkommando der Wehrmacht, sodass er nun volle Handlungsfreiheit im Hinblick auf den seit Langem angestrebten Krieg 1939 hatte.

Die zunächst entstandene Bedrückung in der deutschen Bevölkerung angesichts des Kriegsausbruchs, die auch viele Soldaten erfasste, wurde nach dem „Blitzsieg" über Polen und mehr noch nach der raschen Niederwerfung Frankreichs, des gefürchteten Weltkriegsgeg-

Der erste Test, wie viel sich die Staatengemeinschaft bieten ließ: Einmarsch der Wehrmacht über die Hohenzollernbrücke in Köln, 7. März 1936.

Auch beim „Anschluss" Österreichs stieß die Wehrmacht nicht auf Widerstand: Einmarsch von Kavallerie in Bregenz, 12. März 1938. Am Tag darauf verkündete die Reichsregierung das „Gesetz über die Wiedervereinigung Österreichs mit dem Deutschen Reich".

Alexander Hoerkens

Die Beteiligung der Wehrmacht an den Verbrechen des NS-Regimes wird nicht mehr ernsthaft bezweifelt: Die Aufnahme zeigt deutsche Soldaten nach einer Exekution von Zivilisten im westlichen Bosnien, 1942.

Der Überfall auf die Sowjetunion im Juni 1941 traf bei vielen Soldaten auf Unverständnis, da er schnell als riskante Überlastung der Kräfte wahrgenommen wurde. Die ersten Wochen des Kriegs an der neuen Ostfront verliefen aber militärstrategisch planmäßig, sodass der Konsens zwischen NS-Führung und Wehrmacht einen neuen Höhepunkt erreichte. Die NS-Propaganda zeigte bevorzugt Bilder von Kolonnen abgerissener sowjetischer Gefangener, um dem Betrachter die Gültigkeit von Stereotypen des NS-Rassismus nahe zu legen. Dieser Effekt soll eine weithin anzutreffende Überzeugung verstärkt haben, den Kampf im Osten als legitimen Abwehrkampf gegen barbarische Horden und deren Gräueltaten zu führen. Eine Gewöhnung an den Krieg als Alltag trat relativ schnell ein und ging an der Ostfront oft einher mit der erlebten Realität der kommunistischen Sowjetunion, die als Bestätigung der NS-Sichtweise wirkte. Der Blick auf den einzelnen Rotarmisten fiel jedoch auffallend moderat und achtungsvoll aus, wie Feldpostbriefe und Gesprächsprotokolle von Kriegsgefangenen zeigen. Nach kurzer Euphorie stellten sich aber schon ab Herbst 1941 erste Vorahnungen einer kommenden Katastrophe ein.

ners von 1914–18, von Erleichterung abgelöst. Die nicht für möglich gehaltenen Triumphe der ersten Kriegsjahre hatten eine gewaltige Bedeutung für das kollektive Gemeinschafts- und Überlegenheitsgefühl der Deutschen. Selbst dem Regime distanziert gegenüberstehende kommunistische und sozialdemokratische Soldaten konnten davon erfasst werden. Die Bindung an Hitler wurde durch die Überwindung des Traumas der Niederlage des Ersten Weltkriegs erheblich gestärkt. Der Zweite Weltkrieg wurde lange in Kontinuität mit dem Ersten verstanden und in diesem Kontext gesehen. Entsprechend stieß ein Krieg zur Revision der Versailler Friedensordnung auf erheblichen Zuspruch.

Schon 1939, während des Krieges gegen Polen, war es zu Plünderungen und Morden im Sinne eines Vernichtungskriegs gekommen. Kulturelles Überlegenheitsbewusstsein war dabei keineswegs die Hauptursache für die Übergriffe auf polnische Zivilisten und Gefangene, vielmehr sorgte gerade die Kampfunerfahrenheit der Wehrmacht in dieser ersten kriegerischen Herausforderung für Nervosität und Angst vor einer angeblich fanatisch Widerstand leistenden Bevölkerung. Trotz vereinzelter Proteste kooperierten Wehrmachtseinheiten schon mit den SS-Einsatzgruppen bei deren Vorgehen gegen die jüdische Bevölkerung in Polen.

Spätestens mit Beginn des Kriegs gegen die Sowjetunion nahmen Maßnahmen gerade von SS- und Polizeieinheiten gegen Zivilisten und besonders Juden eine Dimension an, die erheblich zur Brutalisierung der Gesamtlage beitrug. Gleichzeitig war bereits eine Haltung zu beobachten, bei der die Erfüllung des Willens des „Führers" in fatalistischer Ergebenheit als Pflicht galt. Selbstkorrumpierung leistete außerdem ihren Beitrag. Auch Wehrmachtseinheiten legten Vorgehensweisen an den Tag, die als Verbrechen einzustufen sind. Zum einen wurde der „Kommissarbefehl" vielfach umgesetzt, zum anderen machte der „Gerichtsbarkeitsbefehl" ungeahndetes Unrecht im besetzten Gebiet möglich. Außerdem arbeiteten einige Verbände den SS-Einsatzgruppen bei ihren Aktivitäten zur Judenverfolgung und -ermordung zu. Die Verschleppung von Zwangsarbeitern zum Einsatz im Deutschen Reich, die Versorgung aus dem besetzten Gebiet auf Kosten verhungernder Zivilisten, die 900 Tage währende Aushungerung Leningrads und die Behandlung der sowjetischen Kriegsgefangenen sind hier ebenso zu nennen wie eine zum Kriegsende hin auf dramatische

Weise stetig hemmungsloser vollzogene Militärgerichtsbarkeit. Neben diesen Vorgängen und der Verwicklung der Wehrmacht in den Vernichtungskrieg kam es aber auch zu für die NS-Führung enttäuschenden Belegen für die mangelnde Durchdringung von Soldaten mit NS-Gedankengut. So beispielsweise angesichts des Hungerelends der sowjetischen Zivilbevölkerung, als trotz gegenteiliger Weisung von oben mitunter eigenmächtig gehandelt wurde, um die Not zu lindern. Erst gegen Ende des Kriegs offenbarte sich eine stärkere Durchdringung von Wehrmachtseinheiten mit NS-Gedankengut, die nicht zuletzt an der Umsetzung der Kriegsgerichtsbarkeit abzulesen war, die sich in ihrer Radikalität stetig steigerte.

sive Gewalt gekennzeichneten Kriegsalltag, der für den einzelnen Soldaten einen neuen Bezugsrahmen aufstellen kann. Zudem werden Gewalttaten wie Mord, Plünderung oder Vergewaltigung im Krieg durch einen Handlungsrahmen, in den die Soldaten eingebunden sind und zu dem auch die Rechtfertigung dieser Taten durch die NS-Ideologie zählt, begünstigt.

Der Kampf gegen Partisanen, vor allem in Jugoslawien und den besetzten Gebieten der Sowjetunion, beschleunigte die Brutalisierung des Kriegs, denn eine adäquate Antwort fand die Wehrmacht nicht, und nach Strafaktionen wuchs die Zahl der Untergrundkämpfer meist nur noch weiter an. Massaker und Morde konnten auch durch die Gruppen-

Links: Partisanen störten den Nachschub der Wehrmacht empfindlich. Das Bild zeigt einen vom Gleis gebrachten Zug, 1943.

Die überwiegende Zahl der Wehrmachtssoldaten war trotz verbreiteten Wissens oder Ahnens um das „löchrige Geheimnis" des Holocausts an den Vernichtungsoperationen und Verbrechen der SS und der Polizei nicht selbst beteiligt. In Einheiten, die dies jedoch betraf, war widerständiges Verhalten in einer solchen Situation keineswegs häufig, noch dazu im deutschen Militär, in dem Unterordnung und militärischer Gehorsam stark ausgeprägt waren. Christopher Browning hat in seiner Studie über die Mordaktionen der „ganz normalen Männer" des Reserve-Polizeibataillons 101 gezeigt, dass weder Gehorsam noch Antisemitismus, sondern der Gruppenzwang die entscheidende Dynamik zum Mitmachen der beteiligten Soldaten darstellte. Hinzu kam die Gewöhnung an einen zunehmend durch exzes-

ehre der Kameraden, die Rache für eigene Getötete forderte, legitimiert werden.

Im Verlauf des Kriegs schmolz der technische Vorsprung der Wehrmacht dahin. Gerade der sowjetische Panzer T-34, die westalliierte Radartechnik und das gesamte gegnerische Übergewicht an Menschen und Material führten dazu, dass die deutschen Soldaten zunehmend in unterlegener Position kämpften. Der sich stark wandelnde Kriegsverlauf vom Siegeszug 1939/40 zum dauernden Rückzug ab 1942/43 und das auch davon abhängige eigene Kriegserlebnis waren für die Wahrnehmung der Gesamtlage des einzelnen Soldaten bedeutsam. Die Wehrmachtssoldaten der frühen Kriegsjahre, die zur NS-Politik und -Ideologie oft eine eher oberflächliche und unreflektierte Ein-

Rechts: Gefangene Zivilisten, die eine Grube ausgehoben haben und auf ihre Erschießung warten, im Hintergrund deutsche Soldaten. Der Terror der Besatzer schwächte den Widerstand nicht, sondern ließ ihn anwachsen. Das undatierte Foto trägt den Vermerk: „Heckenschützen bei Punkt 61".

Alexander Hoerkens

Zug deutscher Kriegsgefangener in die Arbeitslager, Februar 1943.

stellung hatten, unterschieden sich merklich von der Wehrmacht, wie sie sich etwa ab 1943/44 zusammensetzte. Kriegsmüdigkeit bis hin zu innerlicher Kapitulation machte sich unter Soldaten bemerkbar. Die Bereitschaft, das eigene Leben zu riskieren, setzte ein höheres Ziel voraus. Die Sicherheit der Familie und die Erhaltung Deutschlands waren solche Ziele. Die massiv verschlechterte Gesamtlage beförderte nun eine situativ initiierte Radikalität und den Rückgriff auf Ideologie aus Angst und Frustration. Auf der Suche nach innerer Stabilität oder Halt im Kriegsleben wurden Denkmuster der Ideologie für Soldaten zu Orientierungspunkten. Etwa 15 Prozent der gefangenen deutschen Soldaten wurden vonseiten der westalliierten Nachrichtendienstler als überzeugte Nationalsozialisten eingestuft, neueste Studien schätzen diese Zahl etwas geringer ein.

Mit dem Rückschlag vor Moskau im Winter 1941 und dem Kriegseintritt der USA deuteten Soldaten den Kampf sukzessive als ein sich Stemmen gegen den Untergang, erst recht nach dem Fall Stalingrads im folgenden Winter. Die Selbstwahrnehmung als Sieger nach fast ausschließlich erfolgreichen Kriegsjahren wandelte sich ab Herbst 1941 mit der Wende an der Ostfront. Bei der Luftwaffe blieb der Siegesgedanke aufgrund der spezifischen Erlebnisperspektive der Piloten am längsten erhalten, Endsiegglauben noch im Jahr 1945 war vor allem in der Waffen-SS anzutreffen. Kampfmoral und Loyalität wurden 1943/44 zu Fragen individueller psychologischer Disposition. Mit dem Verlauf der Invasion in der Normandie 1944 wurde allerdings die innere Zerrüttung der deutschen Kampfmoral offenbar. Deutsche Gefangene empfanden es als irritierend und „unfair", dass ihnen die westalliierten Gegner zunehmend weniger soldatischen Respekt entgegenbrachten, sondern, ganz auf ihre materielle Überlegenheit setzend, den Krieg ökonomisch effizient führten und sie selbst als „Soldaten Hitlers" mit Abscheu betrachteten.

Der Krieg wurde spätestens im Herbst 1944 allgemein als verloren angesehen. Warum wurde dennoch weitergekämpft? Es ist anzunehmen, dass es neben früheren Erfolgen der Wehrmacht, dem Glauben an Wunderwaffen, Hitler und den positiv bewerteten Seiten des Nationalsozialismus und der Ordnungsfunktion des Regimes das oberste Gebot und die Lehre aus dem Ersten Weltkrieg war, eine Wiederholung der Situation von 1918 unbedingt zu vermeiden. Außerdem waren gerade Offiziere vom NS-Regime in unterschiedlicher Weise korrumpiert worden oder dachten – bei loyaler Pflichterfüllung bis in den Untergang – an eine eigene Weiterverwendung nach dem Krieg. Für einfache Soldaten hingegen könnten die vermeintliche Sicherheit der militärischen Gemeinschaft oder Angst vor Bestrafung handlungsleitend gewesen sein. Die NS-Propaganda, die Ängste vor dem Schicksal als Besiegte und Opfer jüdischer Rache schürte, führte zu dem Bewusstsein, in einer Schicksalsgemeinschaft mit dem Regime zu kämpfen. Auch aus Furcht vor sowjetischer Besatzung entschieden sich Soldaten dafür, lieber weiter Krieg zu führen. Blindes Vertrauen auf Hitler bündelte realitätsblinde Hoffnungen. Pflichtbewusstsein und Gehorsam waren weit verbreitet, viele Soldaten traten als weitgehend passive Befehlsempfänger in Erscheinung. Auch Kritik blieb meist ohne praktische Folgen – durchaus im Sinne des NS-Regimes.

Doch dominierte gerade in den letzten Kriegsmonaten der Gedanke an Pflichterfüllung im Sinne eines unauffälligen und militärisch durchaus ineffektiven Befehlsgehorsams, um nur den Repressionen des eigenen Regimes nicht zum

Der Soldat: Preußisches Heer – Reichswehr – Wehrmacht

Opfer zu fallen und den Krieg zu überleben. Auch aufgrund der ganz persönlichen Hoffnung, durch ein Weiterkämpfen jahrelanger Gefangenschaft zu entgehen und wieder nach Hause zu kommen, hielten viele Soldaten weiter durch.

Das Kriegserlebnis eines Soldaten konnte auch im Zweiten Weltkrieg überaus unterschiedlich sein, je nachdem, wo und wie er eingesetzt war. Ob tatsächlich an der vordersten Front, bei Vormarsch oder Rückzug, bei den Besatzungstruppen, in der Verwaltung oder beim Stab, weit hinter der Front als Etappensoldat oder beim Nachschub, oder aber bei der Luftabwehr, bei Beteiligung an der Partisanenbekämpfung, an Mordaktionen im Zuge des Vernichtungskriegs oder als deren Zeuge – dies alles führte zu gänzlich unterschiedlichen Kriegserlebnissen. Auch die Unterschiede zwischen den Erlebniswelten der Teilstreitkräfte stellten jeweils einen spezifischen Bezugsrahmen dar. Land-, See- oder Luftkrieg sind hier zu nennen. Der Krieg war für viele Soldaten außerdem die erste und einzige Möglichkeit, ins Ausland zu gelangen. Daher enthielten viele Briefe an Angehörige Beschreibungen „touristischer Einblicke" aus dem Alltag der Soldaten. Mitglieder des Heeres hatten die Hauptlast des „schmutzigen" Kriegs gegen spätestens ab 1944 übermächtige Gegner zu tragen. Im Gegensatz zu U-Bootbesatzungen und Piloten nahmen sie unmittelbar die Wirkung von Kämpfen, Abschüssen und Zerstörungen wahr. In den Reihen der Waffen-SS war erkennbar mehr programmatische Überzeugung anzutreffen, mindestens aber ein deutlich stärkerer Glaube an den „Führer". Soldaten in den kleineren Waffengattungen Luftwaffe und Marine erlebten den Krieg in der Luft und zu Wasser wiederum anders, standen meist in großer Distanz zum Gegner, nahmen die Wirkung ihrer Angriffe weniger unmittelbar wahr als Heeressoldaten und waren im Alltag in höherem Maße mit der sie umgebenden Waffentechnik beschäftigt. Darüber hinaus konnten sich Luftwaffen- und Marinesoldaten, für deren Einheiten spezielle Aufnahmekriterien galten, besserer Verpflegung erfreuen und pflegten jeweils ein Sonderbewusstsein, einen eigenständigen Korpsgeist – wie auch die Waffen-SS, für die dabei allerdings die Bindung an Hitler eine vorrangige, ja legitimierende Stellung einnahm.

Der Krieg gestaltete sich an den verschiedenen Fronten ebenfalls unterschiedlich. Die Ostfront, an der zwei hochgerüstete und ideologiegeleitete Diktaturen miteinander rangen, hatte den Charakter eines Vernichtungskriegs jenseits des Kriegsvölkerrechts, von dem sich die übrigen Fronten trotz zunehmender Brutalisierung unterschieden – ob auf dem Balkan, in Afrika, später in Italien und Frankreich, im Bombenkrieg oder zuletzt in Deutschland selbst.

Im Krieg verloren Milieuhintergründe des Einzelnen an Bedeutung, das situative Element schien dagegen ausschlaggebender und die eigene soziale Nahwelt innerhalb der Institution des Militärs bestimmend zu werden. Mit der Gewöhnung an die Institution Wehrmacht, die das Leben ihrer Soldaten völlig vereinnahmte, ging eine Gewöhnung an Gewalt und Brutalisierung des Kriegs sowie an das Dauererlebnis der Ausnahmeerfahrung einher. Die Wehrmacht, die 1941 mit etwa drei Millionen Mann in die Sowjetunion einmarschierte, war personell, soziografisch und weltanschaulich eine gänzlich andere Truppe als die Wehrmacht von 1945, die etwa acht Millionen Mann umfasste und am 8./9. Mai bedingungslos kapitulieren musste.

In der Nacht vom 8. zum 9. Mai 1945 unterzeichnete Generalfeldmarschall Wilhelm Keitel im sowjetischen Hauptquartier in Berlin-Karlshorst die Kapitulationsurkunde.

Manfred Jehle

Der Seekrieg

Am 22. September 1914 versenkte das deutsche U-Boot U9 in weniger als 90 Minuten drei britische Panzerkreuzer. Bis Ende 1918 sollten den deutschen U-Booten circa hundert meist britische Kriegsschiffe und mehr als 6.000 Fracht- und Passagierschiffe zum Opfer fallen. Die kleinen, im Vergleich mit Schlachtschiffen sehr billig herzustellenden U-Boote waren besonders gefährlich wegen ihrer Torpedos, die ein Schiff unterhalb der Wasserlinie, wo es nicht durch Panzerung geschützt war, treffen konnten. Zusammen mit Seeminen und Torpedobooten konnten sie die Bewegungsfreiheit der großen Kriegsschiffe erheblich einschränken. Die schweren Schlachtschiffe spielten im Ersten Weltkrieg auch aus diesem Grund für den Kriegsverlauf keine entscheidende Rolle mehr. Dass ihre Bedeutung als Waffe zurückgegangen war, dämmerte im letzten Kriegsjahr den Offizieren auf dem österreichischen Flaggschiff „Viribus Unitis" („Mit vereinten Kräften"): Im Juni 1918 wurde die österreichisch-ungarische Flotte ausgeschickt, um die alliierte Mittelmeer-Blockade in der Straße von Otranto zu durchbrechen. Die Operation endete im Desaster, nachdem zwei italienische Torpedoboote das schwere Schlachtschiff „Szent István" versenkt hatten. Egon Erwin Kisch diente damals als Offizier auf dem Flaggschiff und notierte: „In unserer Offiziersmesse ist man niedergeschmettert. Mit dem heutigen Tage sind die Dreadnoughts erledigt, sagen alle, die blamable Rückfahrt der Flotte, der Ertrinkungstod von hundert Matrosen … beweise die Wertlosigkeit dieser Riesenwaffe." Mit vier Jahrzehnten Verspätung waren sie bei den Theorien der „Jeune École" des Admirals Hyacinthe Aube angekommen, der im letzten Viertel des 19. Jahrhunderts bereits die Tauglichkeit der großen Panzerschiffe bezweifelt und auf deren Verletzbarkeit durch Unterwassertorpedos hingewiesen hatte.

Als Dreadnoughts („Fürchtenichts") wurden moderne große Linienschiffe bezeichnet, die seit dem Beginn des Flottenrüstungswettlaufs in Großbritannien gebaut wurden. Das erste Schiff dieser Klasse war die 1906 fertiggestellte „Dreadnought", die mit zehn 30,5cm-Geschüt-

Im Dreadnought-Fieber. Der Wahre Jacob, 22. Juni 1909.

Der Untergang der Szent István („Heiliger Stefan"), versenkt von italienischen Torpedobooten am 10. Juni 1918. Der österreichisch-ungarische Dreadnought der Tegetthoff-Klasse war erst Ende 1915 in Dienst gestellt worden.

zen und siebenundzwanzig 7,6cm-Geschützen zur Abwehr von Torpedobooten bewaffnet war. In Deutschland begann schon im Jahr darauf der Bau von Dreadnoughts der Nassau-Klasse. Das ambitionierte Aufholprogramm des Staatssekretärs des Reichsmarineamtes, Admiral Alfred von Tirpitz, erwies sich aber bald als unfinanzierbar. Den Versuch, 1909 gleich vier dieser Großkampfschiffe auf Stapel zu legen, beantwortete Großbritannien mit dem Bau von acht Dreadnoughts. Großbritannien hatte die größeren industriellen und finanziellen Ressourcen und hielt den deutschen, ebenso wie den französischen oder russischen Flottenbau stets auf Abstand. Als der Krieg am 2. August 1914 begann, hatte die deutsche Flotte keine Chance, den britischen Gegner in einer klassischen Seeschlacht herauszufordern. Als realistisch wurde hingegen angesehen, einen Angriff auf die deutschen Küsten abzuwehren und dabei der britischen Grand Navy große Verluste zuzufügen.

Der maritime Rüstungswettlauf war nicht die Ursache, wohl aber ein gewichtiges Element in den Spannungen, die zum Ersten Weltkrieg führten. Im Deutschen Reich war der junge Kaiser Wilhelm II. ein Anhänger der Kolonial- und Flottenpolitik, vor allem, seitdem er Alfred Thayer Mahans 1889 erschienenes Buch „The Influence of Sea Power upon History 1660–1783" gelesen hatte. Seine Großmutter Queen Victoria förderte seine maritimen Neigungen noch, indem sie die „unglückselige Entscheidung" (Bernard Ireland) traf, ihn 1890 zum Admiral ehrenhalber der britischen Flotte zu ernennen.

Eine neue Runde der britischen Flottenrüstung begann 1889 mit dem Naval Defence Act, als Wilhelm II. gerade zu regieren begann. Der Anlass

John Bull und Kaiser Wilhelm pokern um Schlachtschiffe. Der Kaiser: Ich setze drei Dreadnoughts. John Bull: Well, nur um dir zu zeigen, dass ich dir nicht böse bin, erhöhe ich um drei. Punch, 8. Januar 1908.

dafür kam aber nicht aus dem Deutschen Reich, sondern aus Frankreich und Russland, deren koloniale Ambitionen und Flottenrüstungen den Briten missfielen. Großbritannien reagierte auf die Präsenz der anderen europäischen Mächte auf den Weltmeeren mit massiven Nachrüstungen. Nicht anders war es, als mit den Flottengesetzen von 1898 und 1900 der Bau von modernen deutschen Schlachtschiffen begann. Sogar in der deutschen Marine gab es dagegen eine kleine Opposition, die den Einwänden der Jeune École zustimmte. Angeführt wurde sie von Vizeadmiral Karl Galster, der 1907 pensioniert wurde und im selben Jahr seine Broschüre „Welche Seekriegsrüstung braucht Deutschland" veröffentlichte. Galster riet zu defensiven Maßnahmen mit Minen, Torpedobooten und Kleinen Kreuzern. Zusammen mit der neuen U-Boot-Waffe schufen sie seiner Ansicht nach die besten Voraussetzungen, um Angriffen auch schwerer Schlachtschiffe standhalten zu können. Die Schlachtschiffenthusiasten hatten jedoch den Kaiser und große Teile der Öffentlichkeit hinter sich.

Die deutschen Rüstungsbemühungen waren für Großbritannien beunruhigend, für sich allein aber nicht entscheidend für die Feindseligkeit zwischen beiden Nationen. Der Anlass für den Kriegseintritt des Vereinigten Königreichs am 4. August 1914 hatte nichts mit maritimen Konfrontationen zu tun, sondern mit der Missachtung der belgischen Souveränität durch die deutsche Armee. Als Schutzmacht für die Neutralität Belgiens konnte Großbritannien diesen völkerrechtswidrigen Akt nicht hinnehmen. Die Seeleute beider Länder hingegen waren sich bis kurz vor Ausbruch des Kriegs noch nicht einmal feindlich gesinnt, wie die Teilnahme mehrerer britischer Schiffe an der Kieler Woche 1914 zeigte. Dort waren am 23. Juni alle vier neuen Super-Dreadnoughts der King-George-V-Klasse eingetroffen, kommandiert von Vize-Admiral Sir George Warrender. Sie waren der spektakuläre Höhepunkt der Kieler Woche. Kaiser Wilhelm II. kam mit seiner Yacht Meteor V ebenfalls, in seinem Koffer die von der Großmutter verliehene Admiralsuniform der Royal Navy. Am 26. Juni legte er diese Uniform an und besuchte die britischen Schlachtschiffe, auf denen er als Admiral der ranghöchste Offizier war. Dabei kam es zu einem Zwischenfall, der einmal mehr die brüskierende und Grenzen überschreitende Art des Kaisers zeigte: Der Botschaftsrat der britischen Botschaft in Berlin, Sir Horace Rumbold, war in Cut und Zylinder erschienen. Als „Admiral of the Fleet" bemängelte der Kaiser die bürgerliche Kopfbedeckung und erklärte: „Wenn ich das noch einmal sehe, werde ich draufschlagen. Man trägt keine hohen Hüte an Bord."

Trotzdem blieb die Stimmung gut. Es gab gegenseitige Besuche der höchsten Seeoffiziere und Einladungen der Briten in deutsche Offiziersfamilien. Sir Rumbold berichtete nach London, er sei von der Herzlichkeit zwischen den Seeleuten beider Nationen beeindruckt gewesen. Die Ermordung des österreichischen Thronfolgers am 28. Juni beeinträchtigte weder das Programm der Kieler Woche noch die Stimmung der Seeleute. Erst am 30. Juni lichtete das britische Geschwader die Anker. Die deutschen Schiffe setzten das Signal „Glückliche Reise", von den britischen Schiffen kam der Funkspruch „Friends in past and friends for ever". Die immerwährende Freundschaft hielt aber keine fünf Wochen.

Zu Beginn des Kriegs hatte die britische Grand Fleet allein im Hafen von Scapa Flow auf den Orkney-Inseln 40 Großkampfschiffe (darunter 21 Dreadnoughts), circa 120 Kreuzer und weitere Zerstörer und Torpedoboote, um die deutsche Hochseeflotte am Verlassen der Nordsee zu hindern. Die Hochseeflotte hatte 34 Großkampfschiffe (darunter 13 Dreadnoughts), 41 Kreuzer und ebenfalls zahlreiche Zerstörer und Torpedoboote. Es gab zur See eine Reihe von dramatischen Kämpfen zwischen deutschen und britischen Schiffen und Flottenverbänden. Sie hatten jedoch allesamt keine Auswirkungen auf den Kriegsverlauf. Die Grand Fleet des Vereinigten Königreichs war überlegen genug, das Deutsche Reich nur aus der Ferne durch eine Seeblockade von den Weltmeeren abzuschneiden, die deutsche Marineführung scheute sich, die wertvollen großen Linienschiffe in verlustreiche Gefechte zu schicken. Klassische Seeschlachten – wie die schon zum Mythos gewordene Schlacht von Trafalgar 1805 – strebte keine Seite an. In diesem Krieg ging es darum, die gegnerische Handelsschifffahrt zu unterbinden und damit die Kriegswirtschaft zu schwächen.

Die Straße von Dover wurde 1914 vermint und von Zerstörern blockiert, zwischen den schottischen Inseln und Norwegen sperrten die Schiffe der Northern Patrol die Passage. Die Deutschen reagierten mit Angriffen von U-Booten, die von belgischen Häfen aus auch im Atlantik operieren konnten. Bei größeren Unternehmungen der Deutschen waren die Briten auch deshalb im Vorteil, weil sie den deutschen Funkcode entschlüsseln konnten. Wenige Wochen nach Kriegsbeginn war das Signalbuch eines Kleinen Kreuzers, der in der Ostsee auf Grund gelaufen war, den Russen in die Hände gefallen. Es kam nach London, wo es im legendär gewordenen Room 40 des Admiralitätsgebäudes von den Mathematikern der Universitäten Oxford und Cambridge entschlüsselt wurde. Aus der Dechiffrierabteilung in Room 40 ging der britische Marinenachrichtendienst in Bletchley Park hervor, der dann im Zweiten Weltkrieg die Verschlüsselungsmaschine Enigma knackte.

Schon der Plan des Angriffs eines deutschen Verbandes auf die englischen Küstenstädte Scarborough, Whitby und Hartlepool am 16. Dezember 1914 war aus dem Funkverkehr bekannt. Britische Schiffe legten sich auf die Lauer, dennoch entkamen die deutschen Schiffe. Mehr Erfolg hatte die Royal Navy, als sie einer kleinen Flotte auflauerte, die im Januar 1915 zur Doggerbank ausgelaufen war, um britische Fischerboote zu kontrollieren. Man vermutete zu Unrecht, dass die Fischer Nachrichten über deutsche Schiffe weitergaben. Die Briten versenkten den Panzerkreuzer „Blücher" und beschädigten drei weitere Kreuzer schwer. Die Admiralität bot der deutschen Öffentlichkeit zwar den Heldentod der Blücher-Matrosen als heroisches Vorbild an, bemühte sich aber doch, keine riskanten Fahrten mehr zu unternehmen.

Als es am 31. Mai 1916 am Skagerrak doch zur Seeschlacht kam, war das nicht beabsichtigt. Ein Teil der deutschen Hochseeflotte war nach Norden aufgebrochen, um die britischen Schiffe an der Blockadelinie anzugreifen, überraschend,

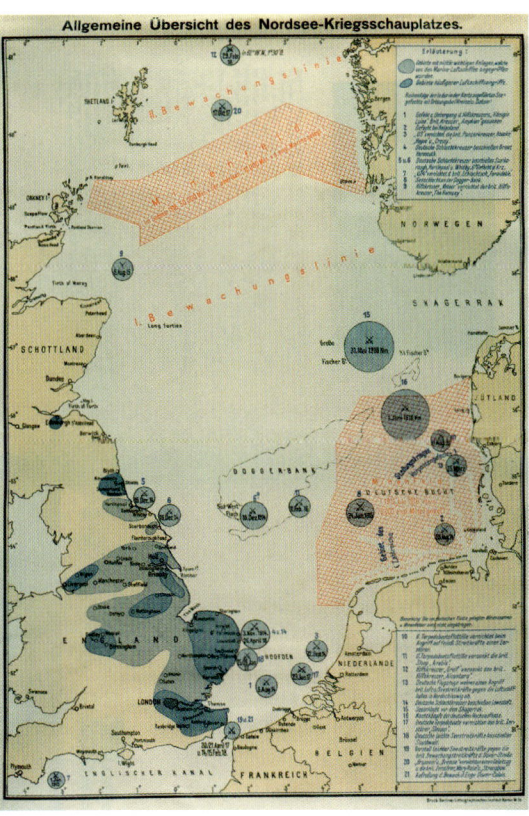

Kriegsschauplatz Nordsee 1914–1918. Aus: Eberhard von Mantey, Unsere Marine im Weltkrieg 1914–1918, Berlin 1927.

wie die deutsche Admiralität meinte. Falls die Grand Fleet alarmiert würde, sollte sie durch eine U-Boot-Falle aufgehalten werden. Die britische Admiralität wusste allerdings aus dem entschlüsselten Funkverkehr schon früh vom deutschen Plan. So wurden die 99 deutschen Kriegsschiffe mit 45.000 Mann Besatzung, die unter dem Kommando des Flottenchefs Vizeadmiral Reinhard Scheer und des Konteradmirals Franz Hipper fuhren, bereits von 150 britischen Schiffen mit 60.000 Mann Besatzung unter dem Kommando von Admiral John Jellicoe und Vizeadmiral David Beatty erwartet. Die Schlacht verlief für die britische Seite unglücklich, die geplante Zerstörung eines großen Teils der deutschen Hochseeflotte misslang. Die Royal Navy verlor selbst 14 Schiffe und 6.768 Menschen an Bord, die Deutschen verloren 11 Schiffe mit 3.058 Menschen. Die Deutschen bezeichneten das Schiffeversenken als Sieg, die Briten waren enttäuscht. „Einer der traurigsten Tage meines Lebens" sei es gewesen, klagte Vizeadmiral Beatty. In Deutschland bekamen die Kinder schulfrei, Flaggen wurden gehisst, „Hurra!" und „Victoria!" gerufen. Tatsächlich trugen beide Seiten schwere Verluste davon, die aber von der britischen Flotte leichter zu verkraften waren als von der deutschen. Das Ergebnis war, dass auf deutscher Seite die Sorge um die Unversehrtheit der teuren Schiffe wuchs.

Andere Gefechte endeten mit weniger großen Verlusten, allen war gemeinsam, dass sie für den Kriegsverlauf nicht von Bedeutung waren. Das gilt auch für die spektakuläre Flucht mehrerer Kreuzer, die sich bei Beginn des Kriegs außerhalb der Nordsee aufhielten und sogleich vom Kriegsgegner gejagt wurden. Im Mittelmeer kreuzten das Schlachtschiff „Goeben" und der Kreuzer „Breslau" unter dem Kommando von Konteradmiral Wilhelm Souchon, im chinesischen Tsingtau lag das Ostasiengeschwader, geführt von Vizeadmiral Maximilian Graf von Spee, außerdem waren auf den Weltmeeren mehrere Kleine Kreuzer unterwegs.

Das Ende des Kleinen Kreuzers „Emden" bei den Cocos-Inseln im Indischen Ozean, 9. November 1914.

Das Ostasiengeschwader kreuzte bei Kriegsausbruch bei den Karolinen. Tsingtau wurde von Japanern und Briten belagert, deshalb nahm Graf Spee Kurs in Richtung Chile, das er Ende Oktober erreichte. Zu seinen zwei Schlachtkreuzern („Scharnhorst" und „Gneisenau") und zwei Kleinen Kreuzern („Emden" und „Nürnberg") stießen im Pazifik zwei weitere Kleine Kreuzer („Leipzig" und „Dresden"). Die „Emden" schickte Graf Spee in den Indischen Ozean. Dort versenkte sie einen russischen Kreuzer, einen französischen Zerstörer und 16 britische Handelsschiffe. Im Gefecht mit dem australischen Kreuzer „Sydney" lief sie bei den Cocos-Inseln auf Grund und wurde zerstört. Einigen Besatzungsmitgliedern gelang auf einem Schoner die abenteuerliche Flucht, sie erreichten Konstantinopel und dann Deutschland. Das Ostasiengeschwader wurde im Pazifik von vier britischen Kreuzern verfolgt. Vor der chilenischen Stadt Coronel kam es am 1. November 1914 zur Konfrontation. Zwei britische Schlachtschiffe wurden versenkt, 1.600 Seeleute starben, auf deutscher Seite gab es keine Verluste. Winston Churchill, Erster Lord der Admiralität, nannte dieses Ereignis den „traurigsten Seekampf des Weltkriegs" und setzte jetzt alles daran, das deutsche Geschwader aufzuspüren und zu zerstören. Ein starker Verband wurde nach Südamerika ausgeschickt. Der Zufall führte beide Flotten schnell zusammen. Graf Spee fuhr um das Kap Horn in den Atlantik, um Port Stanley auf den Falkland-Inseln anzugreifen und Munition zu erbeuten. Als die deutschen Schiffe am Morgen des 8. Dezember 1914 eintrafen, lagen die britischen dort bereits im Hafen. Die Deutschen flohen, wurden aber bald eingeholt. Vier Kreuzer des Ostasiengeschwaders mit circa 2.200 Mann Besatzung wurden versenkt, nur der Kleine Kreuzer „Dresden" entkam in den Pazifik und wurde erst im März 1915 vor der Küste Chiles von britischen Schiffen gestellt. Zu den Offizieren der „Dresden" gehörte Oberleutnant zur See Wilhelm Canaris, der über Chile glücklich nach Deutschland zurückkehrte, um dann für den Marine-Nachrichtendienst und als U-Boot-Kommandant eingesetzt zu werden.

In den Hafen von Tsingtau (Qingdao) im Pachtgebiet Kiautschou (Jiāozhōu) hatte sich bei Kriegsbeginn der kleine österreichische Kreuzer „Kaiserin Elisabeth" zurückgezogen. Zusammen mit dem deutschen Kanonenboot „Jaguar" ver-

„Einstehe für Pflichterfüllung bis auf's Äußerste", versprach Gouverneur Alfred Meyer-Waldeck in einem Telegramm aus Kiautschou (Jiāozhōu) an Kaiser Wilhelm II. Ende August 1914. Am 7. November 1914 musste er kapitulieren. Bildpostkarte, 1914.

teidigte die „Liesel" die Küstenstraßen gegen die japanische und britische Übermacht. Die Japaner setzten bei diesen Gefechten erstmals Flugzeuge von einem Flugzeugträger aus ein und führten Luftangriffe auf die deutschen und österreichischen Verteidiger. Am 7. November 1914 ergaben sich die Überlebenden in Tsingtau und kamen in japanische Gefangenschaft. Die Gefangenen der „Kaiserin Elisabeth" repräsentierten die meisten Völker der Doppelmonarchie. Ein Zeugnis davon stellte der rumänische Bauer Dumitru Nistor im Kriegsgefangenenlager Aonogahara zusammen: In zwei Gedicht- und Liederbänden sammelte er alles, was ihm die rumänischen, italienischen, serbischen, kroatischen, slowenischen, böhmischen, polnischen, deutschen und ungarischen Kameraden mitgeteilt hatten. Die beiden Bände (heute in der Bezirksbibliothek Cluj–Klausenburg) erhielten die Titel „Sehnsucht und Not davongejagt" und „Jugend ist die Blume des Lebens". Entsprechend der Auflösung der Donaumonarchie wurden die Gefangenen in den kommenden Jahren nacheinander entlassen und nach Hause geschickt: Die meisten italienischen

Nach ihrer Fertigstellung 1907 war die „Lusitania" das größte und schnellste Schiff der Welt. Im Oktober 1907 gewann sie das „Blaue Band", das zuvor das Passagierschiff „Kaiser Wilhelm II." des Norddeutschen Lloyd gehalten hatte. Am 7. Mai 1915 wurde sie von einem deutschen U-Boot versenkt.

Matrosen durften schon 1916 heimreisen, im Sommer 1919 wurden die Tschechen, Slowaken, Polen, Jugoslawen und einige verbliebene Italiener heimgeschickt. 63 Österreicher und 70 Ungarn kamen erst am 28. Februar 1920 mit der japanischen „Kifuku Maru" in Wilhelmshaven an.

Im Mittelmeer waren der Große Kreuzer „Goeben" und der Kleine Kreuzer „Breslau" ihren britischen Verfolgern in die Dardanellen entkommen. Die Schiffe wurden dem osmanischen Verbündeten überlassen und erhielten die Namen „Sultan Yawuz Selim" und „Midilli". Konteradmiral Souchon und seine Mannschaften traten in osmanische Dienste, Souchon wurde zusammen mit dem türkischen Admiral Arif Ahmet Flottenchef der osmanischen Marine. Für die türkische Marine waren die Schiffe ein Ersatz für die beiden in England bestellten und vorab bezahlten Kreuzer, die am 1. August von der britischen Regierung beschlagnahmt worden waren. Die osmanische Marine verfügte ansonsten über meist ältere Schiffe, die der Unterstützung der Armee durch Material- und Truppentransporte dienten. Deren wichtigste Maßnahme zu Kriegsbeginn war die Verminung von Bosporus und Dardanellen. Russland hatte deshalb mit seinen westlichen Verbündeten nur noch eine Seeverbindung: im Norden über die Barentssee. Der Versuch eines britisch-französischen Verbandes, in die Dardanellen einzudringen und die türkischen Artilleriestellungen an den Ufern zu zerstören, endete mit der Versenkung von drei Schlachtschiffen und der erheblichen Beschädigung von drei weiteren. Dieses Desaster führte zum Rücktritt Winston Churchills als Erster Seelord und zum Entschluss, die Küsten im Februar 1915 durch die Landung von britischen, australischen, neuseeländischen und französischen Truppen auf der Halbinsel Gallipoli zu erobern. Der Versuch wurde fast ein Jahr später abgebrochen, nachdem es auf beiden Seiten mehr als hunderttausend Tote und eine Viertelmillion Verwundete gegeben hatte. Die deutschen Mannschaften der „Goeben" und der „Breslau" hatten währenddessen nur wenig zu tun. Die Matrosen genossen das warme Wetter, machten Badeausflüge und Besichtigungen und besuchten Wirtshäuser, „in denen sich die deutschen Elemente wie daheim am Biertisch zusammenfinden", wie Vizeadmiral Souchon im März 1915 an seine Frau schrieb. Auf seinem Flaggschiff empfing Souchon in Istanbul ansässige Honoratioren zu Erdbeerbowle, Sekt und Kaviar.

Von Kampfhandlungen blieb auch die Ostsee weitgehend verschont. Auf deutsche Bitten hin sperrten die Dänen 1914 die Durchfahrt durch

Der Seekrieg

das Skagerrak. Die britische Admiralität verzichtete darauf, eine Passage zu erzwingen, lediglich ihre U-Boote erkundeten die Ostsee. Im Oktober 1917 kam es zu einem großen Unternehmen der deutschen Flotte, um die baltischen Inseln Ösel, Moon und Dagö zu besetzen. Elf Großkampfschiffe, neun Kleine Kreuzer und sechs U-Boote verhalfen einem 20.000 Mann starken Landungskommando zur Besetzung der Inseln.

In erster Linie ging es zur See darum, die eigenen Handelswege zu sichern und die feindlichen zu stören. Dabei war Großbritannien von Anfang an im Vorteil und das Deutsche Reich im Hintertreffen. Es kam genau so, wie Admiral Alfred von Tirpitz es schon Jahre vor dem Kriegsbeginn gefürchtet hatte: „Wenn der Engländer sich wirklich auf Fernblockade mit konsequenter Zurückhaltung seiner Schlachtflotte verlegt, kann die Rolle unserer schönen Hochseeflotte im Kriege eine sehr traurige werden. Dann werden die U-Boote es schaffen müssen."

Es blieben tatsächlich nur die U-Boote, um den Handelsverkehr Großbritanniens zu stören. Sie bewegten sich von Anfang an am Rande des Völkerrechts, nachdem in den Seerechtsdeklarationen von Paris 1856 und London 1909 klare Regeln über die Beschlagnahme von Waren und die Versenkung von Handelsschiffen im Kriegsfall vereinbart worden waren. Die Kommandanten der U-Boote hatten mit ihren kleinen Mannschaften und technischen Ausstattungen meist gar keine Gelegenheit, die nötigen Kontrollen durchzuführen und den Besatzungen versenkter Schiffe das Leben zu retten. Deutschland setzte sich mit dem U-Boot-Krieg in der internationalen Öffentlichkeit von Anfang an ins Unrecht, mit dem Ergebnis, dass die neutralen Staaten, vor allem die USA, ihre Sympathien und Hilfslieferungen den Staaten der Entente zuwandten. Die deutsche Klage über die Völkerrechtswidrigkeit der britischen Blockade fand hingegen kein Gehör. 1915 gab es selbst in Deutschland Juristen, die das Recht des Kriegsgegners zur Hochseeblockade anerkannten, etwa der renommierte bayerische Oberlandesgerichtsrat, Reichstagsabgeordnete und spätere Justizminister Ernst Müller-Meiningen: „Die Aushungerung eines feindlichen Landes kann und darf nur geschehen auf dem Gebiete des Seekriegsrechts, und zwar mittels der beiden völkerrechtlich zulässigen Mittel der Abschneidung der Zufuhr, der Blockade und des Seebeuterechts." Die Urteile über die völkerrechtliche Zulässigkeit der Fernblockade sind bis heute kontrovers.

Die Reichsregierung war über die wachsende Sympathie der neutralen Staaten für die Entente höchst besorgt. Die Versenkung des britischen Passagierschiffs „Lusitania" am 7. Mai 1915 durch ein deutsches U-Boot fand ein weltweites Medienecho, weil unter den Toten 127 amerikanische Staatsbürger und 79 Kinder waren. Mitte September 1915 ordnete der Chef des Admiralstabes, Admiral Henning von Holtzendorff, die Einstellung der Angriffe im Atlantik an – sie seien ohnehin wirkungslos: „Glauben Sie mir, meine Herren, mit Ihrem Ubootskrieg ritzen Sie dem Wal nicht die Haut." Tatsächlich hatten die U-Boote 1915 mit 640 Handelsschiffen nicht mehr als fünf Prozent des britischen Frachtraumvolumens versenkt. 1916 wurde ein beschränkter U-Boot-Krieg, der sich an die Seerechtskonventionen hielt, wieder aufgenommen, nach wenigen Monaten aber auf Druck der USA wieder beendet. Deutsche U-Boote operierten jetzt vor allem im Mittelmeer, zusammen mit den U-Booten des österreichischen Verbündeten.

Die Besatzung eines deutschen U-Boots im Ersten Weltkrieg, undatierte Aufnahme.

Die österreichischen U-Boot-Fahrer verstanden es weit besser als die Deutschen, ihren U-Boot-Krieg ohne Verstimmung bei den Neutralen zu führen. Bei Kriegsbeginn verfügte Österreich ohnehin nur über sechs kleine und veraltete U-Boote, mit denen französische und italienische Handelsschiffe versenkt wurden. Am meisten Aufsehen erregte die Versenkung des französischen Panzerkreuzers „Léon Gambetta" in der Straße von Otranto am 27. April 1915 durch U5 unter dem Kommando von Georg Ludwig von Trapp, der später in den USA als Oberhaupt der singenden Trapp-Familie berühmt werden sollte. Später befehligte er das beste österreichische U-Boot, die im Oktober 1915 erbeutete französische „Curie". Noch erfolgreicher als die U-Boot-Mannschaften war der österreichische Geheimdienst, das Evidenzbureau. Fregattenkapitän Rudolf Mayer, der „Konsul" genannt, leitete nach Kriegsausbruch das Marine-Kundschaftsbureau in Zürich und hatte Kontakte mit linksradikalen und konservativ-katholischen Kreisen in Italien, die den Krieg gegen Österreich-Ungarn aus unterschiedlichen Motiven ablehnten. Sie sprengten im Hafen von Brindisi am 27. September 1915 drei italienische Kriegsschiffe, darunter das Schlachtschiff „Benedetto Brin". Im Hafen von Livorno explodierte der mit Dynamit beladene Frachter „Etruria". Am 2. August 1916 sank der italienische Dreadnought „Leonardo da Vinci", mit dreizehn 30,5cm-Geschützen eines der stärksten Schlachtschiffe des Weltkriegs, nach einer Detonation. Der italienische Geheimdienst bekam heraus, dass die Sabotage von Zürich aus organisiert war. Er ließ im Februar 1917 in das Haus des Konsuls einen Einbruch verüben, der als „Colpo di Zurigo" in die Geheimdienstgeschichte einging. Erbeutet wurden neben Geld und Unterlagen über die Anschläge auch die Karteien der Agenten Österreichs in Italien. Einer der Hauptverdächtigen, Monsignore Rudolf von Gerlach, Privatsekretär von Papst Benedikt XV., konnte nach Österreich fliehen. Ein italienisches Militärgericht verurteilte ihn in Abwesenheit zu lebenslangem Kerker. Zum Agentenring um Gerlach gehörten der Rechtsanwalt Giuseppe Ambrogetti, ein Vertrauter des Papstes, und Monsignore Francesco Marchietti-Selvaggiani, päpstlicher Nuntius in der Schweiz.

Im Winter 1916/1917 wurde deutlich, dass an der Westfront gegen die materielle Überlegenheit der Entente keine militärischen Erfolge zu erreichen waren. Jetzt wurden erneut Überlegungen angestellt, wie die britische Industrie von ihrer Zufuhr über den Atlantik abzuschneiden war. Allen Warnungen vor dem sicheren Kriegseintritt der USA zum Trotz wurde im Januar 1917 beschlossen, zum 1. Februar wieder den unbeschränkten U-Boot-Krieg aufzunehmen. Reichskanzler Bethmann Hollweg und Kaiser Wilhelm II., die beide den Kriegseintritt der USA fürchteten, wurden mit dem Argument zum Schweigen gebracht, Groß-

Das sinkende Linienschiff „Friedrich der Große" in Scapa Flow, 21. Juni 1919.

britannien könne innerhalb eines halben Jahres zur Aufgabe gezwungen werden, während es den amerikanischen Streitkräften unmöglich sei, in bemerkenswerter Zahl Europa zu erreichen. Zu den wenigen, die solche Rechenkünste anzweifelten, gehörte der junge Korvettenkapitän Ernst von Weizsäcker, der in sein Tagebuch notierte, der „unbegreifliche Optimismus" des Admiralstabs sei „die größte Dummheit und das größte Verbrechen der Marine in diesem Krieg".

Nach dem Kriegseintritt der USA am 6. April 1917 dauerte es tatsächlich fast ein Dreivierteljahr, bis große amerikanische Truppenkontingente in Frankreich eintrafen. Allerdings richtete der U-Boot-Krieg Großbritannien nicht zugrunde, im Gegenteil: „Die deutsche Erklärung des uneingeschränkten U-Boot-Krieges rettete die See- und Wirtschaftskriegsstrategie der Entente" (Hew Strachan). Ende 1916 hatte sich nämlich abgezeichnet, dass der internationale Finanzmarkt nicht mehr bereit war, die Anleihen der Ententemächte zu zeichnen. Am 28. November 1916 hatte die Federal Reserve Bank der USA die Anleger vor den Risiken kurzfristiger Auslandsanleihen gewarnt, genau vor den Anleihen, mit denen Großbritannien, Frankreich und Russland ihre Importe finanzierten. Was die Raids der deutschen U-Boote nie geschafft hatten, drohte jetzt der Finanzmarkt zu bewirken: Die Isolierung Großbritanniens vom Weltmarkt. Der Kriegseintritt der USA jedoch gab auch dem Finanzmarkt wieder die Gewissheit, dass die Anleihen durch die amerikanische Wirtschaftsmacht und durch die Aussicht auf eine siegreiche Beendigung des Kriegs garantiert sein würden.

Die U-Boote versenkten in den ersten Monaten 600.000 Tonnen alliierten und neutralen Schiffsraum, dennoch störten sie den britischen Handelsverkehr nicht anhaltend. Zum Jahresende gingen die Versenkungen der britischen Schiffe schon wieder stark zurück. Die Briten bildeten nämlich Geleitzüge, in denen die Handelsschiffe wirksam geschützt waren, und setzten Hydrophone zur Ortung und Wasserbomben zur Zerstörung der U-Boote ein. In Konvois wurden mehr als eine Million amerikanische Soldaten nach Europa gebracht, ohne dass ein einziger von ihnen durch ein deutsches U-Boot Schaden genommen hätte.

Am Ende machte sich die Marine selbst kampfunfähig, weil sie kein Konzept der „Inneren Führung" hatte. Im August 1917 brach auf dem Linienschiff „Prinzregent Luitpold" die erste Meuterei aus, die noch unterdrückt und mit der Hinrichtung von zwei „Rädelsführern" beendet werden konnte. Die Ursachen für die Unzufriedenheit waren damit nicht beseitigt. Korvettenkapitän Ernst von Weizsäcker notierte in sein Tagebuch: „Das Seeoffizierskorps sitzt herum, isst, trinkt, politisiert, intrigiert, und kommt sich dabei noch patriotisch vor." Die Matrosen wurden schlecht versorgt, mit sinnlosen Arbeiten beschäftigt und fühlten sich auf den großen Schiffen schikaniert. Auf den kleineren Schiffen, auf denen Offiziere und Mannschaften den Alltag zusammen verbrachten, war die Stimmung auch nicht gut, aber es kam nicht zur Meuterei.

Als der Krieg schon verloren war, beschloss die Marineführung, am 30. Oktober 1918 die Hochseeflotte auslaufen zu lassen und die Royal Navy zur Schlacht zu zwingen. Mehrere Mannschaften verweigerten den Gehorsam. In der Nacht zum 30. Oktober kam es auf Schiffen des 3. Geschwaders in Wilhelmshaven zu Demonstrationen und Befehlsverweigerungen. Das ganze Geschwader wurde daraufhin nach Kiel verlegt. Dort gingen 5.000 Matrosen von Bord und hielten am 3. November eine Kundgebung ab. In der Innenstadt kam es zu Schießereien mit 9 Toten und 29 Verletzten. Das war das Signal zum Aufstand. Am folgenden Tag besetzten Matrosen, Werft- und Industriearbeiter die militärischen und zivilen Dienststellen. Am 5. November folgte der Generalstreik der Kieler Arbeiter. Delegierte der Großbetriebe bildeten einen Arbeiterrat, die Marinemannschaften einen Soldatenrat. Als auch in Wilhelmshaven Unruhen ausbrachen, gab Flottenchef Hipper nach und versprach, nur im Falle eines britischen Angriffs den Befehl zum Auslaufen der Flotte zu geben. In den folgenden Tagen erreichten die Unruhen die großen Städte. Am 7. November trat der bayerische König zurück, am 9. November verzichtete Kaiser Wilhelm II. auf den Thron.

Die Flotte war vor dem Ersten Weltkrieg das Symbol deutschen Nationalstolzes gewesen, deren Offiziere verstanden sich als das Elitekorps des Reichs. Im Krieg waren sie die meiste

Zeit zur Untätigkeit verurteilt, die Flotte verfiel: „Lieb Vaterland magst ruhig sein, die Flotte schläft im Hafen ein", wurde zum geflügelten Wort. Als sie dann zur letzten Heldentat aufbrechen sollte, leitete sie die Novemberrevolution ein. Am 18. November, dem „Tag der Schande für die Marine", mussten die 74 großen Schiffe der Hochseeflotte auf Anordnung der Alliierten unbewaffnet aufbrechen und sich unter britische Kontrolle begeben. Drei Tage später trafen sie im Kriegshafen Scapa Flow im Norden Schottlands ein. Dort wurden sie von 370 Schiffen mit 90.000 Mann Besatzung der Royal Navy erwartet. Der Versailler Friedensvertrag, den die deutsche Delegation am 28. Juni 1919 unterzeichnen sollte, sah die Aufteilung der deutschen Schiffe auf die alliierten Mächte vor. Am 21. Juni vereitelten die deutschen Seeleute in Scapa Flow den Plan und versenkten ihre Schiffe.

Der Versailler Vertrag erlaubte Deutschland nur sechs noch vorhandene alte Linienschiffe (Pre-Dreadnoughts), sechs Kleine Kreuzer, zwölf Zerstörer und zwölf Torpedoboote. Höchstens 15.000 Mann Marinepersonal, davon 1.500 Offiziere, waren zulässig. Am 10. August 1928 beschloss der Reichstag gegen die Stimmen von SPD und KPD den Bau eines neuen „Panzerschiffs A", das mit Dieselmotoren die Schnelligkeit und Reichweite vergleichbarer Kriegsschiffe übertreffen sollte. Mit seiner Größe entsprach der Typ den Beschränkungen des Friedensvertrags, war aber mit starker Bewaffnung Schweren Kreuzern überlegen. Drei Panzerschiffe wurden gebaut: die „Deutschland" (1939 in „Lützow" umbenannt), die „Admiral Scheer" und die „Admiral Graf Spee". Ein Vertrag mit Großbritannien erlaubte 1935 der deutschen Kriegsmarine eine Flottenstärke von 35 Prozent der britischen. Im Anschluss daran begannen die Planungen für zwei Schlachtschiffe, zwei Flugzeugträger, drei schwere und vier leichte Kreuzer sowie zahlreiche kleinere Schiffe. Insgeheim wurde jedoch beabsichtigt, darüber hinaus 797 weitere Kampfschiffe und 909 Betriebsfahrzeuge zur Unterstützung und Versorgung zu bauen. Bei Kriegsbeginn 1939 waren jedoch nur wenige neue Einheiten gebaut und der Abstand zur britischen Flotte weiterhin unerreichbar groß.

Im Zweiten Weltkrieg bestätigte der Verlust mehrerer großer Kampfschiffe schon zum Beginn die Unterlegenheit der deutschen Kriegsmarine gegenüber der britischen Flotte. Noch viel weniger als im Ersten Weltkrieg war deshalb an eine „Entscheidungsschlacht" zur See zu denken. Die deutschen Kreuzer beschränkten sich auf den Weltmeeren darauf, den Handelsverkehr nach Großbritannien zu stören. Das war auch der Auftrag des Panzerschiffs „Admiral Graf Spee", das im Dezember 1939 vor der Küste Uruguays von britischen Kreuzern gestellt und von der Besatzung selbst zerstört wurde, und des Schlachtschiffs „Bismarck", das im Mai 1941 im Nordatlantik mit 2.200 Mann Besatzung versenkt wurde. Beide Ereignisse blieben auch deshalb in Erinnerung, weil sie den Gegensatz zwischen der starken deutschen Flotte, die im Ersten Weltkrieg meist im Hafen geblieben war und die Schlacht gescheut hatte, und der vergleichsweise schwachen Flotte im Zweiten Weltkrieg, die mit wehenden Flaggen unterging, so deutlich werden lassen. Das einzige größere Unternehmen der Marine war die Beteiligung an der Besetzung Norwegens („Unternehmen Weserübung") in den Monaten April bis Juni 1940. Zwar konnte die Royal Navy die Invasion nicht verhindern, fügte aber den deutschen Schiffen auch in Küstennähe

„Gegen Panzerkreuzer für Wohnungsbau und Kinderspeisung". Werbung der KPD für das Volksbegehren gegen den Bau neuer Panzerkreuzer, 1928.

Der Seekrieg

so hohe Verluste zu, dass die klare Überlegenheit der britischen Flotte einmal mehr erwiesen war.

Die Kriegführung gegen die Handelsschifffahrt auf dem Atlantik übernahmen die U-Boote, die schneller und billiger herzustellen waren als die Kriegsschiffe. Der Anteil der U-Boote an der zerstörten alliierten Tonnage betrug 68 Prozent, der der Flugzeuge betrug etwa 16 Prozent, während Minen und Überwasserschiffe zusammen ebenfalls mit rund 16 Prozent zu Buche schlugen. Die Produktionszahlen der deutschen U-Boote stiegen im Laufe des Jahres 1941 auf über zwanzig pro Monat. Nach der Kriegserklärung Deutschlands an die USA verstärkte die U-Boot-Flotte ihre Einsätze im westlichen Atlantik. Es waren aber kaum mehr als ein Dutzend U-Boote, die in den Gewässern vor den Küsten Nord- und Zentralamerikas zwischen Januar und Mai 1942 an die 300 Handelsschiffe versenkten. Die Alliierten forcierten die Entwicklung von Ortungssystemen, mit denen zuerst durch das Messen reflektierter Schallwellen U-Boote unter Wasser aufgespürt werden konnten (ASDIC). Als die U-Boote dazu übergingen, nachts aufzutauchen und die Handelsschiffe mit Geschützen anzugreifen, wurde ab 1943 mit großem Erfolg mobiles Radar eingesetzt, eine der technischen Innovationen, bei denen die Alliierten den Deutschen weit überlegen waren.

Dazu kam die Entschlüsselung der deutschen Chiffriermaschine Enigma, die den Mathematikern derselben Abteilung des britischen Nachrichtendienstes gelang, die schon im Ersten Weltkrieg die Codes der deutschen Marine geknackt hatten. Seit 1941 war der Code der deutschen Marine bekannt. Als aber ab Februar 1942 auf den U-Booten ein Gerät mit vier (statt bisher drei) Verschlüsselungswalzen eingeführt wurde, brauchten die Mathematiker von Bletchley Park zehn Monate, um die Funksprüche wieder zu dechiffrieren. Das war die Zeit, in der die deutschen U-Boote im ganzen Atlantik besonders verheerend operieren konnten. Erst als man den Code entschlüsselt hatte und die alliierten Schiffe mit den neuen mobilen Ortungssystemen ausgestattet waren, wurden die deutschen Angriffe auf die Konvois riskanter. 1942 hatten die alliierten Verluste monatlich bis zu 800.000 Bruttoregistertonnen betragen, vom Jahresbeginn 1943 an sanken sie auf durchschnittlich weniger als 100.000 BRT.

Operation Overlord: Amerikanische Soldaten bringen schwere Waffen und Fahrzeuge an die Küste der Normandie, Juni 1944.

Manfred Jehle

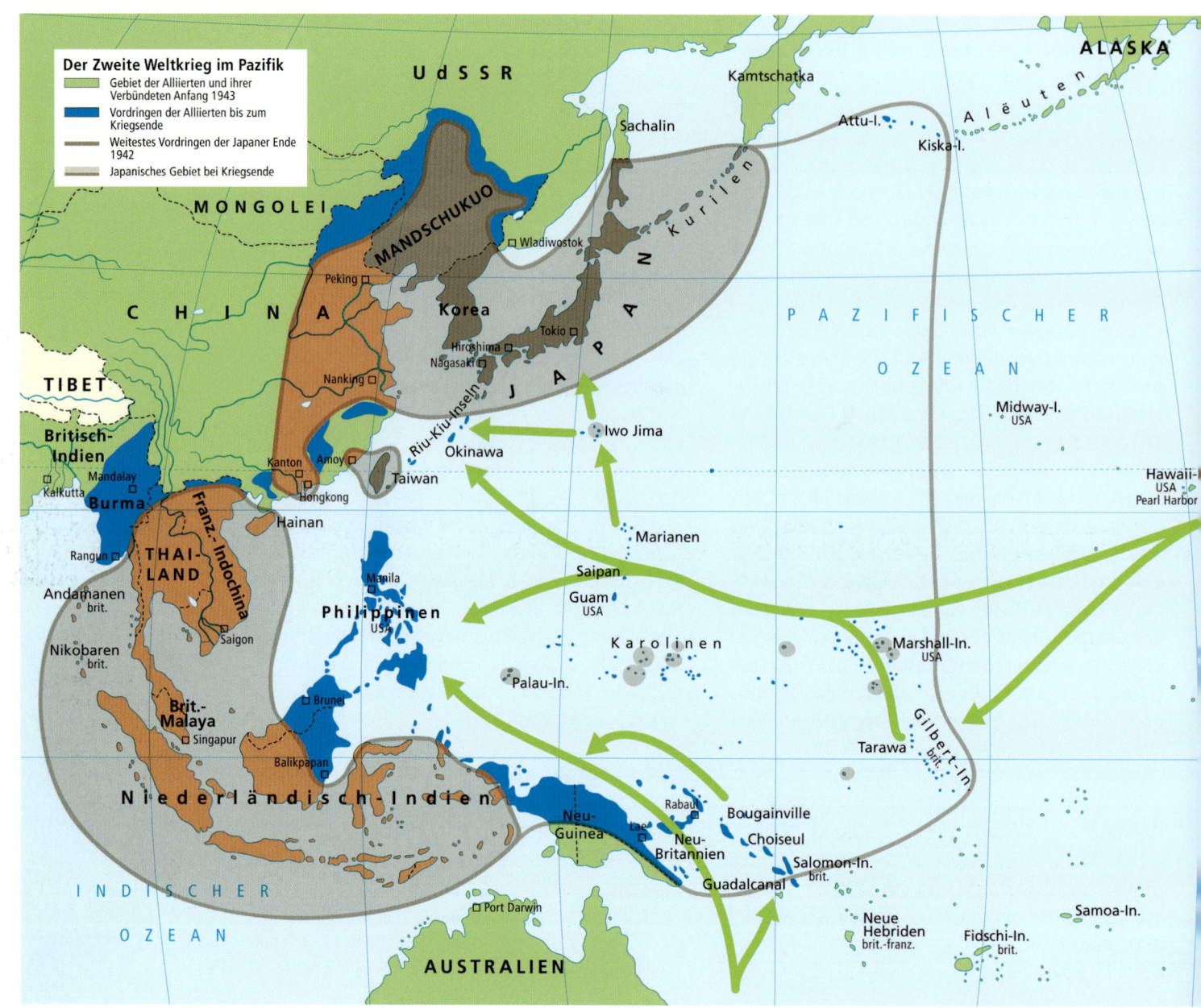

Der Zweite Weltkrieg im Pazifik

Der Angriff auf Pearl Harbor am 7. Dezember 1941 schwächte vorübergehend die amerikanische Flotte, sodass die Expansion Japans in Südostasien nicht verhindert werden konnte. Nach dem missglückten japanischen Angriff auf Midway am 3. Juni 1942 begannen Marineeinheiten der USA und Australiens mit den Rückeroberungen der pazifischen Inseln. Durch die Vertreibung der Japaner von den Philippinen Ende 1944 wurden die Schifffahrtsverbindungen zwischen Japan und Südostasien unterbrochen.

Im Mittelmeer verfügte Italien über eine bemerkenswerte Flotte, die aus 6 modernen oder modernisierten Schlachtschiffen, 19 Kreuzern, 120 Zerstörern und 100 U-Booten bestand. Sie waren in den ersten Kriegsjahren in der Lage, Truppen- und Materialtransporte nach Libyen zu sichern. Von Juni bis September 1940 gelangen diese Transporte noch weitgehend ohne Verluste. Dabei wurden sie aber zunehmend von Malta aus durch britische Bomber und Kampfflugzeuge gestört. Ab Ende 1942, als bereits britische und amerikanische Truppen in Marokko und Algerien an Land gegangen waren, verlor die italienische Marine zunehmend ihren Handlungsspielraum. In den sechs Monaten bis zur Kapitulation der Achsenmächte in Nordafrika (Mai 1943) verlor Italien bei den Transporten im Mittelmeer 1.324 Handelsschiffe und mehr als 11.400 Seeleute.

Im November 1940 gelang der britischen Marine ein Überraschungsangriff mit Flugzeugen, die vom Flugzeugträger „Illustrious" gestartet waren, auf den Hafen von Tarent, in dem alle sechs Schlachtschiffe und weitere Kreuzer und Zerstörer der italienischen Marine lagen. Die große Marinebasis in Tarent lag strategisch günstig, um die alliierte Schifffahrt zwischen Gibraltar und Ägypten zu bedrohen und zugleich die Verbindung der Achsenmächte nach Nordafrika zu sichern. Die schweren Beschädigungen der Hälfte der Schlachtschiffe bei diesem Angriff beeinträchtigten die italienische Präsenz im Mittelmeer auf Monate. Da die meisten Kriegsschiffe aus Tarent in andere Häfen verlegt wurden, ergab sich seitdem für die alliierten Konvois ein deutlich geringeres Risiko. Beachtung fand der erste erfolgreiche Angriff vom Flugzeugträger aus bei japanischen Waffenexperten: Sie kamen nach Tarent und lernten aus den Überresten der britischen Operation, wie sie ihren Angriff auf Pearl Harbor ein Jahr später vorbereiten konnten.

Das Ausmaß der alliierten Überlegenheit zur See zeigte sich am 6. Juni 1944, dem „D-Day", als große Konvois von alliierten Schiffen die Straße von Dover überquerten und Landungstruppen in die Normandie brachten. Bei dichtem Nebel blieb die Aktion den Deutschen verborgen. Kein Zerstörer, kein Torpedoboot und kein U-Boot behinderten die Operation Overlord. Nach wenigen Stunden waren die ersten alliierten Truppen schon an Land gegangen und hatten begonnen, befestigte Stellungen einzurichten. Die Schiffsartillerie war den deutschen Geschützen am Strand überlegen, im Hinterland wurden Stellungen und gepanzerte Fahrzeuge in „präziser Angriffstätigkeit", wie deutsche Kommandeure meldeten, von Tausenden Flugzeugen attackiert. Am Nachmittag waren bereits schwere Geschütze und Panzer am Strand, am Abend klagte General Gerd von Rundstedt über die „ungeheure materielle Überlegenheit des Feindes (Luftherrschaft und Wirkung der zahlreichen Schiffsgeschütze)". Zur See hatte Deutschland den Krieg längst verloren, das wurde an diesem ersten Tag der Landung der Alliierten in der Normandie einmal mehr deutlich.

Der Südbahnhof in Shanghai nach der Bombardierung durch japanische Truppen, 28. August 1937.

Der entscheidende Seekriegsschauplatz im Zweiten Weltkrieg war der Pazifik. Die Expansion Japans richtete sich seit dem ersten Krieg mit China 1894/95 und dem Russisch-Japanischen Krieg 1904/05 auf die Kontrolle des gegenüberliegenden Festlands und strategisch wichtiger Inseln im Pazifik wie Südsachalin und Taiwan. Bevor 1937 der zweite Japanisch-Chinesische Krieg begann, hatte Japan seine Macht in Nordostchina längst informell ausgedehnt und den selbst inszenierten „Mukden-Zwischenfall", den Sprengstoffanschlag auf die Südmandschurische Eisenbahnlinie am 18. September 1931, zum Vorwand für die Besetzung der rohstoffreichen Mandschurei genommen. Schon damals war auch versucht worden, Shanghai zu besetzen, die Hafenstadt am Yangtse. Die japanischen Invasionstruppen wurden vor allem von den chinesischen Eliteeinheiten der 87. und 88. Division aufgehalten, die beide von deutschen Offizieren ausgebildet und mit deutschen Waffen ausgestattet worden waren. Das war der Grund dafür, weshalb in Japan der erste Versuch, Shanghai zu erobern, auch als der „deutsche Krieg" bezeichnet wurde. Obwohl Japan zunächst auf die Okkupation verzichtete, hatte sich, wie der deutsche

Journalist Wolfgang Sorge 1934 schrieb, ein Konflikt von nur lokaler Bedeutung „zu Entwicklungen mit phantastischen Perspektiven zugespitzt. Nach zwei Kriegsjahren geschieht nichts, was dem Frieden am Pazifik dienen könnte." 1937 setzte Japan zu einem erneuten Angriff auf Shanghai an. Die Schlacht dauerte vier Monate und wurde in den Straßen der Stadt von 200.000 japanischen und mindestens ebenso vielen chinesischen Soldaten mit größter Erbitterung geführt,

von Französisch Indochina im Juli 1940 verhängt worden war. Durch den Boykott verlor Japan drei Viertel seines Außenhandels und neun Zehntel seiner Ölimporte. Zur dauernden Sicherung der Kriegführung sah Japan keine anderen Ausweg, als den südostasiatischen Wirtschaftsraum mit seinen reichen Rohstoffen zu annektieren.

Das hieß, dass die Seeherrschaft nicht nur im westlichen Pazifik zu sichern war, sondern

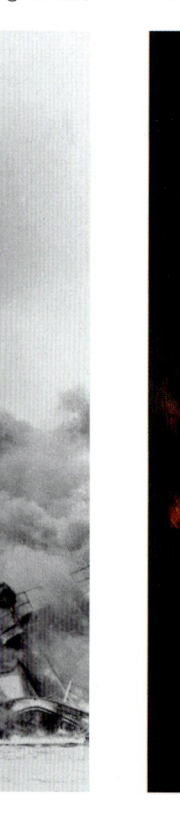

Links: Die Versenkung des Schlachtschiffs „USS Arizona" in Pearl Harbor, 7. Dezember 1941.

Rechs: Die Rache für den 7. Dezember 1941 ließ nicht auf sich warten. Plakat der US-Regierung, 1942.

weshalb heute von „Stalingrad am Jangtse" gesprochen wird. Mitte Dezember 1937 eroberten die japanischen Truppen Nanking (Nanjing), die Hauptstadt der Kuomintang-Regierung, und richteten ein drei Wochen dauerndes grauenhaftes Massaker in der Stadt an, dem mindestens 300.000 Menschen zum Opfer fielen und das als „Vergewaltigung von Nanking" in die Geschichte eingegangen ist.

Zur langfristigen Sicherung der Rohstoffversorgung beschloss die Führung in Tokyo die Eroberung der Inseln in Südostasien, wo vor allem aus Niederländisch Indien (Indonesien) die Inseln Borneo, Sumatra und Java Rohöl und Kautschuk liefern sollten. Der unmittelbare Anlass dazu war das amerikanische Embargo, das nach der Besetzung

dass auch die USA als mächtigster Rivale so geschwächt werden mussten, dass die pazifischen Seewege nach Japan auf Dauer sicher blieben. Die USA waren seit dem Sieg über die Philippinische Republik 1902 Kolonialmacht in Südostasien und konnten dort die Seeverbindungen nach Japan leicht kontrollieren. 1935 hatte die Inselgruppe eine Teilautonomie bekommen, die bis 1945 zur völligen Souveränität führen sollte. Nach wie vor gab es amerikanische Truppen und einen kleinen Flottenverband auf der Inselgruppe. Zur Kontrolle der Rohstoffgebiete mussten die Amerikaner daran gehindert werden, die japanische Schifffahrt im Pazifik zu bedrohen. Am Beginn der Expansion in den Südwestpazifik stand deshalb die Ausschaltung der Seemacht der USA. Die Offensive begann mit dem überraschenden Überfall auf die Pazifikflotte in Pearl Harbor in den Morgenstunden des 7. Dezember 1941, ohne dass Japan den Gegner durch eine Kriegserklärung gewarnt hätte. Ein großer Teil der amerikanischen Schiffe wurde dabei zerstört, allerdings nicht die Flugzeugträger, da sie zur Zeit des Angriffs nicht im Hafen lagen. Ihnen sollte bei der künftigen Seekriegführung die entscheidende Rolle zukommen. Auch die Treibstofftanks auf der Insel überstanden den Angriff unversehrt.

Schon beim Angriff auf Pearl Harbor zeigte sich, dass die Zeit der klassischen Seeschlachten vorbei war. Auf das Einlaufen der japanischen Kriegsschiffe in den Hafen Pearl Harbor verzichtete Admiral Yamamoto Isoroku und ließ die Angriffe nur von seinen Flugzeugträgern aus durch Jagdflugzeuge sowie Kampf- und Torpedobomber führen. Auch kleine U-Boote wurden eingesetzt, die aber meist von der amerikanischen Abwehr ausgeschaltet werden konnten. In den folgenden Jahren bis zur Kapitulation Japans wurden zwar auch klassische Seeschlachten, in denen sich Kriegsschiffe gegenüberlagen, geführt, die Entscheidungen kamen aber in erster Linie aus der Luft. Die japanischen Flugzeuge versenkten in Pearl Harbor zwölf und beschädigten neun weitere Schiffe, circa 320 Flugzeuge wurden meist auf den Flugplätzen zerstört oder schwer beschädigt. 2.400 amerikanische Soldaten fielen, fast 1.200 wurden verletzt. Die Japaner verloren 65 Piloten und U-Boot-Besatzungen, circa 30 Flugzeuge und fünf U-Boote.

Die amerikanische Kampfstärke wurde nur für kurze Zeit geschwächt, besonders weil die Treibstoffvorräte und die Flugzeugträger unbeschädigt geblieben waren. Die versenkten und beschädigten Schiffe wurden bis auf zwei Ausnahmen schnell gehoben und repariert. Kurzfristig war die amerikanische Flotte jedoch nicht in der Lage, die nun rasch aufeinander folgenden Besetzungen fast der gesamten südwestpazifischen Inselwelt, Malayas, Singapurs und im März 1942 Birmas zu verhindern. Dabei gingen die japanischen Streitkräfte in einer Weise vor, die umgekehrt auch für die amerikanischen Rückeroberungen bestimmend sein sollte: Die Seestreitkräfte wurden vornehmlich zur Beschießung der befestigten Stellungen auf den Inseln eingesetzt, die außerdem von den Flugzeugen der Trägerflotte angegriffen wurden. Die Bodentruppen landeten mit neu entwickelten amphibischen Fahrzeugen und vollendeten die Besetzung. Dann folgte der Bau von Flugplätzen, von denen aus landgestützte Flugzeuge die folgenden Eroberungen unterstützten. Der amerikanische Befehlshaber auf den Philippinen, MacArthur, verließ im März 1942 auf einem Schnellboot die Philippinen, bevor am 9. April die verbliebenen Truppen vor der japanischen Übermacht kapitulierten. Schon im Dezember 1941

waren die amerikanischen Stützpunkte auf Guam (in der Nachbarschaft der japanischen Marianen) und den Wake-Inseln besetzt worden.

Von welch kurzer Dauer jedoch der japanische Erfolg sein sollte, zeigte sich schon bald nach dem Abschluss der Eroberungen im Pazifik. In der Schlacht im Korallenmeer am 7. und 8. Mai 1942 gab es zwar keinen Sieger, es erwies sich jedoch als unmöglich für Japan, auch das südliche Neuguinea und alle Salomon-Inseln vollständig zu erobern. Japans Marine wandte sich erneut dem Hauptgegner USA zu und wiederholte den Versuch, ihn entscheidend zu schwächen. Geplant wurde die Einnahme des amerikanischen Stützpunktes auf der Insel Midway, circa 1.800 Kilometer westlich von Pearl Harbor

Das Hissen der amerikanischen Flagge auf dem Suribachi, Ivo Jima, 23. Februar 1945. Für das Foto, das schon am 25. Februar in der New York Times veröffentlicht wurde, erhielt Joe Rosenthal den Pulitzerpreis.

gelegen. Der Angriff erfolgte am 3. Juni 1942, traf diesmal die amerikanische Seite jedoch nicht unvorbereitet. Die japanischen Funksprüche, deren Entschlüsselung inzwischen geglückt war, gaben die Pläne früh genug preis.

Der Angriff auf Midway vom 4. bis 7. Juni 1942 führte zur Niederlage der japanischen Marine, deren Verband alle vier Flugzeugträger und circa 300 Flugzeuge verlor. Besonders verhängnisvoll war der Verlust von Hunderten gut ausgebildeten Piloten, die in kurzer Zeit nicht zu ersetzen waren. Dass Japan seine Luftherrschaft über den pazifischen Inseln in den kommenden Monaten einbüßte, war auch die Folge der Niederlage vor Midway. Durch die Verteidigung der Positionen auf Neuguinea und den Salomon-Inseln hatten die USA außerdem die Möglichkeit, gestützt auf Häfen und zunehmend mehr Landflugplätze Gegenangriffe vorzubereiten. Das *island hopping* der amerikanischen Truppen sollte Japan bald in die Defensive drängen.

Das erste Ziel der amerikanischen Verbände war die Salomoneninsel Guadalcanal. Hier stand ein japanischer Flugplatz kurz vor der Fertigstellung, als in der Nacht zum 7. August 1942 der Angriff einer amerikanischen Task Force mit 19.000 Marineinfanteristen begann. Die erbitterten Kämpfe zogen sich bis in den Februar 1943. Der amerikanische Sieg sicherte die Verkehrswege zwischen Australien und dem amerikanischen Kontinent. In den Kämpfen verloren die Japaner ebenso wie bei Midway zahlreiche gut ausgebildete Piloten. Während zuvor die japanischen den amerikanischen Fliegern überlegen gewesen waren, unterlagen sie jetzt immer häufiger in den Luftkämpfen. Die amerikanische Überlegenheit zeigte sich in den folgenden Schlachten, besonders am 19. Juni 1944, als in kurzer Zeit mehr als 400 japanische Flugzeuge in der Luftschlacht bei den Marianen abgeschossen wurden. Das Treffen ging als „The Great Marianas Turkey Shoot", das große Truthahn-Schießen bei den Marianen, in die Geschichte ein.

Schon die Angriffe Japans auf Pearl Harbor und Midway hatten gezeigt, dass die Zeit der klassischen Seeschlachten vorbei war. Zwar beschossen und versenkten sich Kriegsschiffe noch immer, aber die Gefechte waren zunehmend Luftangriffe und Luftkämpfe von Flugzeugen, die auf großen Flugzeugträgern stationiert waren. Die riesigen Schiffe mit ihren kleineren Begleitträgern bildeten jetzt den Kern der Operationsverbände. Sie führten weitere Kriegsschiffe mit sich, die dem Schutz und begleitenden Kampfhandlungen dienten, nicht zuletzt der Beschießung von Festungen und Stellungen auf den Inseln mit den schweren Schiffsgeschützen. Neben den Flugzeugen kam den U-Booten Bedeutung zu. Sie versenkten nicht selten Schiffe, bevor die Schlacht begann, etwa beim Kampf um die Philippinen im Oktober 1944, als ein japanischer Schlachtschiffverband bei der Annäherung an amerikanische Verbände drei schwere Kreuzer, darunter das Flaggschiff von Admiral Kurita, durch U-Boote verlor. Wichtiger wurden außerdem die Amphibienfahrzeuge, die den Landungstruppen zur schnellen Annäherung an die Inseln und die Stellungen der Verteidiger dienten.

Die erfolgreiche Landung auf der Insel Guadalcanal im August 1942 zeigte, dass Japans Seestreitkräfte immer mehr in die Defensive gerieten und die Verluste an gut ausgebildeten Soldaten, an Flugzeugen und Schiffen nicht mehr so ausgleichen konnten, dass sie Anschluss an die Stärke der US-Streitkräfte hielten. Wenngleich Japans Industrie 1944 beeindruckende 28.000 Flugzeuge herstellte, fehlten doch die Piloten, um sie erfolgreich einsetzen zu können. Als Alternative zur Luftschlacht erfahrener Piloten bot sich die Selbstmordaktion rasch ausgebildeter Kamikaze-Piloten an, die nicht mehr beherrschen mussten, als ihre Maschinen direkt auf das feindliche Ziel zu lenken. Eine Innovation waren die Kamikazeflugzeuge mit Raketenantrieb. Die Baupläne dafür hatten die Japaner aus Deutschland erhalten.

Zur Abwehr auf hoher See forderte Japans Marine deutsche U-Boote an und erhielt sie auch, jedoch nicht in der benötigten großen Zahl. Auch hier übernahmen immer mehr die Kamikaze-Piloten die Aufgabe, Amerikas Schiffe zu versenken. Sie bedienten Schnellboote oder bemannte Torpedos, die sie auf dem oder unter Wasser zu ihrem Ziel lenkten. An Land lauerten Soldaten in Erdlöchern den Panzern auf, die sie mit ihren Sprengladungen zerstörten, wobei sie selbst starben. Das bedeutete nicht einmal einen großen Schritt weg von der gewohnten Kampfweise japanischer Soldaten, die Handgranaten zündeten, wenn sie als Verwundete von feindlichen Sanitätern geborgen werden sollten. Das bekannte Ergebnis war, dass es im Vergleich mit den europäischen Kriegsschauplätzen nur wenige japanische Kriegsgefangene gab.

Im Oktober 1944 brachte die Seeschlacht bei der Philippinen-Insel Leyte eine weitere Entscheidung. Die alliierte Eroberung der Philippinen trennte den pazifischen Herrschaftsbereich Japans in zwei nicht mehr miteinander verbundene Teile, die gegen die amerikanische Übermacht nicht mehr zu halten waren. Japans Hauptinsel verlor durch den Verlust von Rohstoffen und Öl in absehbarer Zeit die militärische Handlungsfähigkeit, während auf den nicht eroberten, aber von der Zufuhr abgeschnittenen Inseln im Südpazifik die Logistik kollabierte. Noch immer jedoch gab es genügend Fluggeräte, Waffen, Munition und Sprengstoffe, die bei selbstmörderischen Aktionen zu hohen Verlusten bei den Angreifern führen konnten. Dass die Japaner dazu bereit waren, ihre Stellungen bis in den Tod zu verteidigen, zeigten sie ein letztes Mal auf der Insel Ivo Jima, die bereits zum japanischen Staatsverband gehörte und die letzte schwer befestigte Stellung vor der Hauptinsel war. Dort fanden im Frühjahr 1945 mehr als 20.000 Japaner den Tod, nur 216 überlebten die Schlacht. Von circa 110.000 amerikanischen Soldaten waren fast 7.000 gefallen und 20.000 verwundet worden. Die Erbitterung, mit der Japan die militärisch sinnlosen Kämpfe fortsetzte, bestätigte die amerikanische Führung in ihrer Entschlossenheit, den Gegner ohne eine verlustreiche Invasion zur Aufgabe zu zwingen.

Auf der Potsdamer Konferenz stellte der amerikanische Präsident Truman am 26. Juli 1945 den Japanern ein Ultimatum: „Wenn sie jetzt nicht unsere Bedingungen akzeptieren, dann können sie einen Regen der Vernichtung aus der Luft erwarten, wie man ihn auf dieser Erde noch nicht gesehen hat." Seit Ende November 1944 waren bei Luftangriffen auf 60 japanische Städte schon mehr als eine Million Zivilisten ums Leben gekommen. Allein der Angriff auf Tokyo in der Nacht vom 8./9. März 1945 hatte etwa 88.000 Zivilisten das Leben gekostet. Für die Führung in Japan war das noch kein Grund zur Aufgabe.

Am 6. August startete ein kleiner Verband von Flugzeugen von der Marianeninsel Tinian den Angriff auf Hiroshima. Die Stadt war ausgewählt worden, weil es hier nach amerikanischen Informationen keine Kriegsgefangenenlager gab. In den ersten Sekunden nach der Explosion gab es circa 80.000 Tote. Bis Ende 1945 starben noch einmal so viele Menschen an den Folgen. Am 9. August wurde eine zweite Atombombe auf Nagasaki abgeworfen, wo etwa 35.000 Menschen umkamen. Am 15. August bot Kaiser Hirohito öffentlich die Kapitulation an, am 2. September wurde die Kapitulationsurkunde unterzeichnet.

Die Unterzeichnung der bedingungslosen Kapitulation Japans auf dem Schlachtschiff „Missouri" in der Bucht von Tokyo, 2. September 1945. Ankunft der japanischen Delegation mit Außenminister Mamoru Shigemitsu (vorne links) und Armeeoberbefehlshaber General Umezu Yoshijirō (vorne rechts).

Rolf-Dieter Müller

Der Gaskrieg

Mit dem massenhaften Einsatz von giftigen Chlorgasen am 22. April 1915 bei Ypern eröffneten die Deutschen ein neues Kapitel in der Geschichte der Kriegführung. Es war die Geburtsstunde von modernen Massenvernichtungswaffen. In beiden Weltkriegen wurden sie in Europa allenfalls zögerlich eingesetzt. Gegenüber dem konventionellen Waffeneinsatz spielten sie hauptsächlich als strategische Drohkulisse und mögliche Option eine wichtige Rolle, die Krieg und Frieden im 20. Jahrhundert mitgeprägt haben.

Bei der militärischen Nutzung moderner Erkenntnisse der Naturwissenschaften machte die Chemie damals den Anfang, die Biologie folgte kurz danach, allerdings weitgehend verdeckt durch den Einsatz von Krankheitserregern gegen Pferde und Maultiere, die Physik zog dann mit der Atombombe im Zweiten Weltkrieg nach. Der Einsatz chemischer Kampfstoffe wurde zu einer der markantesten Erscheinungen im Ersten Weltkrieg, weil er das Bild des Soldaten und des „ritterlichen Kampfes" viel radikaler veränderte als andere moderne Kampfmittel, die parallel dazu eingeführt wurden (Panzer, Flugzeuge, U-Boote). Kriegsentscheidend ist der Gaskrieg offensichtlich nicht gewesen, dennoch wurde am Ende des Ersten Weltkriegs zwischen den Kriegsparteien die Schuldfrage heftig diskutiert.

Tatsächlich stellte der Einsatz von Chemikalien auf dem Gefechtsfeld keine absolute Neuigkeit dar. Schon vor 1914 waren in Frankreich „cartouches suffocantes" (Erstickungspatronen) entwickelt worden. Die ursprünglich für den Polizei-Einsatz erprobten Zylinder, von einer Leuchtpistole abzufeuern und mit 200 Gramm Äthylbromacetat gefüllt, waren im offenen Gelände nahezu wirkungslos. Dieses Tränengas erwies sich aber als nützlich beim Angriff auf Befestigungen und im Häuserkampf. Seit August 1914 vereinzelt militärisch verwendet, sah man darin eine Möglichkeit, den Gegner aus Gräben und Verschanzungen zu vertreiben. Diese Stoffe hielt man für konform mit der Bestimmung der Haager Konvention, die eine Benutzung tödlicher chemischer Substanzen verbot.

In Deutschland hatten die Versuche mit Gaswaffen ebenfalls im August 1914 begonnen.

Fritz Haber (1868–1934). Für die Ammoniak-Synthese erhielt er 1918 den Nobelpreis für Chemie.

Der Gaskrieg

Einweihung des Kaiser-Wilhelm-Instituts für Physikalische Chemie und Elektrochemie am 23. Oktober 1912 durch Kaiser Wilhelm II. Die Herren mit Zylinder von links: Fritz Haber, der Chemiker Emil Fischer und Adolf Harnack, Präsident der Kaiser-Wilhelm-Gesellschaft.

Dank der führenden Position seiner Chemieindustrie schritt die Forschung wesentlich schneller voran. Am 27. Oktober 1914 wurden bereits 3.000 Artilleriegranaten vom Kaliber 105 mm, gefüllt mit Dianisidin-Chlorsulfat-Pulver, bei Neuve-Chapelle eingesetzt. Die versprochene starke Reizung der Schleimhäute und oberen Atemwege durch diese Art Juckpulver trat nicht ein, und das Kampfmittel blieb beim Gegner praktisch unbemerkt. Auf Vorschlag von Fritz Haber, Direktor des Kaiser-Wilhelm-Instituts für Physikalische Chemie und Elektrochemie in Berlin-Dahlem, wurde dann mit Luftdruck-Zylindern das Abblasen einer Wolke aus Chlorgas erprobt, die vom Wind auf die feindlichen Stellungen getrieben werden sollte.

Das Scheitern der offensiven Kriegführung und die zermürbende Steigerung des Grabenkrieges machte, zusammen mit der deutschen Munitionskrise – Salpeter konnte aus Übersee nicht mehr eingeführt werden und wurde später mithilfe des Haberschen Verfahrens der Ammoniaksynthese ersetzt –, die Suche nach einem Ausweg dringlich. Der Generalstab entschied sich für einen ersten Masseneinsatz im Norden von Ypern. Man erwartete im Rahmen einer Ablenkungsoperation einen örtlich begrenzten Erfolg, keinen strategischen Durchbruch. Der von eigens ausgebildeten Gaspionieren vorbereitete Angriff sollte dem 15. Armeekorps einen Einbruch in das feindliche Stellungssystem ermöglichen. Deshalb waren keine zusätzlichen Verstärkungen bereitgestellt worden. Haber hat später beklagt, dass mit dem geringen Kräfteansatz die Chance vertan worden ist, dem Krieg eine entscheidende Wende zu geben. Tatsächlich zeigte sich die militärische Führung von der Wirkung des Angriffs völlig überrascht. Die Chlorwolke löste bei den völlig ungeschützten französischen Truppen eine Panik aus. Heute schätzt man die Opfer auf bis zu 1.200 Tote und 3.000 Verwundete. Das gewonnene Gelände wurde von den Deutschen befestigt und die Front stabilisierte sich wieder.

Der Beginn eines größeren taktischen Einsatzes löste im alliierten Lager heftige Reaktionen aus. Der massive Einsatz tödlich wirkender Gase wurde als eindeutiger Verstoß gegen die Haager Konvention und als Barbarei verstanden. Die britische Regierung billigte sofort die Benutzung solcher Mittel als Vergeltungsmaßnahme und sorgte zunächst für einen, wenn auch anfangs noch primitiven Schutz der Truppen. Die Nutzung der eigenen industriellen Chlorproduktion erwies sich als schwierig, erst im September 1915 waren 6.000 Zylinder mit 180 Tonnen Chlor in Frontnähe bereitgestellt. Auch die Franzosen rüsteten umgehend nach, sahen die Zukunft aber in der Entwicklung von Gasgranaten. Die Benutzung von Tränengas-Geschossen erwies sich aber unverändert als nahezu wirkungslos.

Am 25. September 1915 eröffneten die Briten die erste alliierte Offensive im Gaskrieg bei Loos. Auf fünf Kilometer Breite wurde eine Chlorgaswolke erzeugt. Sie ermöglichte ebenfalls einen Einbruch in das feindliche Stellungssystem, die Panik auf deutscher Seite war ähnlich wie in Ypern, und die Briten machten über 3.000 Gefangene. Doch die dritte deutsche Verteidigungslinie stoppte die Briten und der Stellungskrieg nahm seinen Fortgang. Bis 1918 wurden insgesamt 408 Operationen mit flüssigen Gasen (Chlor und Phosgen) durchgeführt, die aus Luftdruckzylindern und mit Hilfe des Blasverfahrens zum Einsatz kamen. Die Mehrzahl (352) unternahmen die Briten und Franzosen an der Westfront, wo sie von den meteorologischen Verhältnissen (vorherrschendem Westwind) gegenüber den Deutschen begünstigt wurden. Die Abhängigkeit von den Windströmungen, der enorme Aufwand – pro Frontkilometer mussten rund 200 Tonnen Material bis in die vordersten Stellungen gebracht werden – und die Gefahren für die Angreifer selbst machten die Technik der „abdriftenden Gaswolken" problematisch. Zuletzt benutzte man wegen der Fortschritte beim Atemschutz (Gasmaske) das Verfahren nur noch zur Demoralisierung und Störung des Gegners.

Der Gaskrieg entwickelte sich rasch in zwei Richtungen weiter. Die Verbesserung der Einsatzmittel versprach zunächst den schnellsten Erfolg. Das geeignete Mittel schien die Artillerie zu sein. Mit dem Livens Projector brachten die Briten als erste eine wirksame Innovation. Das einfache Stahlrohr, eine Art Granatwerfer, verschoss Projektile mit 13,6 kg reinem Phosgen. Es erlaubte, ein bestimmtes Ziel überraschend im Gas verschwinden zu lassen. Im Juli 1916 wurde das in großer Stückzahl gebaute Gerät in der Schlacht von Pozières erfolgreich eingesetzt. Im März 1918 verfügte die britische Armee über mehr als 200.000 Exemplare. Vergleichbare deutsche Geräte wurden erst im Dezember 1917 eingesetzt, die Franzosen stellten im Frühjahr 1918 ein eigenes Modell her. Das Geschütz revolutionierte den Gaskrieg, weil es fast unmöglich war, sich gegen die Angriffstechnik zu verteidigen, denn es gab, anders als bei den heranziehenden Gaswolken, keine rechtzeitige Alarmierung der Truppen. Mehr als durch jede andere Waffe wurden die Bedingungen im Grabenkrieg durch die Aussicht, jederzeit ohne Vorwarnung durch eine enorme Gasmenge getroffen zu werden, verschärft. Schlachten wurden dadurch nicht entschieden, aber durch eine Vielzahl einzelner Attacken konnten große Verluste entstehen, was die Kampffähigkeit erheblich reduzierte.

„Opfer ihrer eigenen Barbarei" an der Ostfront, 1915: Das gegen die Russen gerichtete Gas wird in die deutschen Gräben zurückgeweht.

Captain William H. Livens (1889–1964) erfand 1916 den Livens Projector, mit dem Gasgranaten in großen Mengen verschossen wurden. Er gehörte noch im Zweiten Weltkrieg zum britischen Waffenarsenal.

Der Gaskrieg

Deutscher Munitionstransport, 1918. Der Westwind begünstigte französische Gasangriffe bis weit hinter die deutschen Linien.

Der Einsatz von Gasgranaten durch spezielle Werfer und herkömmliche Geschütze wurde ständig gesteigert und das Schießverfahren optimiert. Zu den Neuerungen gehörten überraschende Mischungen von Spreng- und Gasgranaten und die Strategie der „Gassümpfe", etwa durch konzentrierten Beschuss feindlicher Artilleriestellungen, deren Mannschaften unter der Gasmaske kaum noch einsatzfähig waren.

Eine andere Richtung des Gaskriegs zielte auf neue und wirksamere Kampfstoffe. Die im Herbst 1914 entwickelte Tränengasgranate erhielt bei den Deutschen durch die Füllung mit Mono- und Dichlormethylchloroformiat unter der Bezeichnung K-Stoff eine bei entsprechender Konzentration tödliche Wirkung. Die freigesetzte Gasmischung war zweimal giftiger als Chlor. Die erste wirklich tödliche chemische Munition wurde im Januar 1916 auf französischer Seite entwickelt, mit einer extrem wirksamen Menge Phosgen. Der Wettlauf um die Steigerung der Wirksamkeit, vor allem der Beständigkeit, und neue Versionen führte zu einer ganzen Palette verschiedener Gasgranaten, die auf deutscher Seite nach ihrer farblichen Markierung als Grünkreuz, Gelbkreuz etc. bezeichnet wurden. Eine steigende Rolle spielte der Versuch, die jeweils neuesten Atemschutzgeräte zu umgehen und so die bislang auf die Atemwege des Gegners zielenden Kampfstoffe wirksam werden zu lassen.

Die deutschen Chemiker suchten daher nach einem neuen Gift mit einer möglichst extremen Dauerhaftigkeit, das über die Haut wirken konnte. Nur mit enormem Aufwand (Ganzkörperschutz) würde eine Abwehr möglich sein. Wilhelm Steinkopf und Wilhelm Lommel entwickelten mit Dichlordiäthylsulfid einen solchen Stoff, der als „Lost" und, wegen seines Geruchs, auch als Senfgas bezeichnet wurde. Der erste Einsatz der teuflischen Substanz fand in der Nacht zum 13. Juli 1917 wiederum in der Nähe von Ypern statt. Der Beschuss durch 50.000 Granaten wurde von den Briten zunächst nicht als chemischer Angriff gewertet. Stunden später bemerkten sie die Blasenbildung auf der Haut, den Augen und die inneren Verätzungen. Man registrierte in den ersten drei Wochen 14.200 Verletzte, von denen 489 starben.

Vertrag von Rapallo, 16. April 1922: Reichskanzler Joseph Wirth (2. v. l.), Volkskommissar des Äußeren Georgi W. Tschitscherin (2. v. r.). Der Vertrag verschleierte die militärische Zusammenarbeit als „von Privatfirmen beabsichtigte Vereinbarungen". Zu den geheimen Projekten gehörte auch ein Testgelände für Giftgas nahe der Wolga.

Die Alliierten verfügten zunächst über keine Anlage, die den Stoff ebenfalls herstellen konnte. Erst im Sommer 1918 kam entsprechende Munition bei ihnen zum Einsatz. Der Vorteil von Lost zeigte sich vor allem in der Defensive und bei der Absicherung von Flanken, da weite Flächen durch die Vergiftung praktisch unbenutzbar wurden. Der sesshafte Stoff gefror im Winter zu großen gelblichen Pfützen, die bei Tauwetter eine extrem tödliche Wirkung entwickelten. Doch nicht die Tötung des Gegners wurde zum eigentlichen Ziel, sondern die unerträgliche Erschwerung der Kampf- und Lebensbedingungen.

Insgesamt wurden im Ersten Weltkrieg 112.000 Tonnen chemischer Kampfstoffe von allen Kriegsparteien eingesetzt. Auf Deutschland entfiel fast die Hälfte dieser Menge (52.000 t). Mit dem Fortschreiten des Krieges steigerte sich auch der Einsatz. Machten chemische Substanzen 1915 lediglich vier Prozent der Gesamtmunition aus, so erhöhte sich der Anteil bis 1917/18 auf über 30 Prozent. Der Einsatz blieb aber auf den Frontbereich beschränkt. Vor einem strategischen Einsatz durch Bombenflugzeuge und Zeppeline gegen die ungeschützte feindliche Zivilbevölkerung schreckten alle kriegführenden Mächte zurück.

Auf dem westlichen Kriegsschauplatz sind nach zuverlässigen Schätzungen rund 3,4 Prozent der Kriegsopfer auf den Einsatz von chemischen Kampfstoffen zurückzuführen (ca. 500.000 Verletzte und 20.000 Tote). Für die Ostfront und insbesondere für die russische Armee sind keine präzisen Zahlen verfügbar, doch lässt sich vermuten, dass die unter günstigeren meteorologischen Bedingungen vorgetragenen deutschen Gasangriffe gegen einen weitgehend ungeschützten russischen Gegner in erheblichem Ausmaß zur Demoralisierung der Zarenarmee beigetragen haben. Obwohl der Versailler Vertrag den besiegten Deutschen den Besitz von Gaswaffen verbot und Haber als Kriegsverbrecher öffentlich gebrandmarkt wurde, blieben chemische Kampfstoffe im Arsenal aller Großmächte.

Das Kriegserlebnis von Millionen Soldaten und die anhaltende Empörung in der westlichen Welt sorgten freilich dafür, dass auf der internationalen Bühne über ein mögliches Verbot des Einsatzes chemischer Kampfstoffe verhandelt wurde. Immer wieder wurden beschwörende Warnungen publiziert, dass in einem künftigen Krieg Giftgas auch gegen die Zivilbevölkerung eingesetzt werden könnte. Den Siegermächten ging es freilich auch darum, ihren Besitzstand an Chemiewaffen zu wahren und zu legitimieren. So verständigte man sich 1925 im Rahmen des Völkerbunds lediglich auf ein Verbot des Ersteinsatzes. Forschung, Erprobung, Bevorratung und der Einsatz bei einer Vergeltung blieben erlaubt.

Deutschland blieb vorerst davon ausgenommen. Dennoch bemühte sich die Reichswehr im Geheimen um die Anlage von Vorräten für den Kriegsfall, zumindest um die Bereitstellung industrieller Kapazitäten, sowie um die Erprobung chemischer Kampfstoffe. Dafür entwickelten die Militärs fruchtbare Geheimbeziehungen zur Roten Armee Sowjetrusslands. Sie unterstützten außerdem die zahlreichen Aktivitäten von Hugo Stoltzenberg, einem ehemaligen Mitarbeiter von Fritz Haber, der sich selbst öffentlich zurückhielt, die von ihm maßgeblich geförderte Gaswaffe aber ausdrücklich für legitim und „human" hielt.

Stoltzenberg wurde Handlungsreisender in Sachen Giftgas und baute Produktionsanlagen an der Wolga sowie für die spanische Armee.

Der Gaskrieg

Seine Kampfstoffe, insbesondere Lost, setzten die Spanier seit Anfang der zwanziger Jahre in Spanisch-Marokko zur Niederwerfung der nach Unabhängigkeit strebenden Rif-Kabylen ein. Mit ihrer Vernichtungsstrategie setzten sie auf die Bombardierung von Marktplätzen und Dörfern im Hinterland der Aufständischen, die Vergiftung ihrer Ernten und die Vergasung von Bergstellungen. Die Reichswehr nutzte dabei die Möglichkeit, durch eigene Piloten den Einsatz von Gasbomben zu testen. Mit dem kombinierten Einsatz von chemischen Kampfstoffen und Flugzeugen erreichte man eine neue Dimension, die sich hauptsächlich gegen die Zivilbevölkerung und die Moral eines Gegners richtete. Durch Absprühvorrichtungen für flüssige Kampfstoffe konnte man Flächenvergiftungen erreichen, durch Gasbomben die Wirkung auf Punktziele verstärken. Diese Tests setzte die Reichswehr nach dem Ende der Kämpfe in Nordafrika an der Wolga mit Hilfe der Roten Armee fort.

In ähnlicher Weise erprobten auch Großbritannien und Frankreich bei Aufständen in den Kolonien den Einsatz der Chemiewaffe. Sie versprach gegenüber der ungeschützten Bevölkerung eine rasche und niederschmetternde Wirkung, ohne dass der Gegner in gleicher Weise zurückzuschlagen vermochte. Die Hilferufe z. B. des Emirs vom Rif an den Völkerbund bzw. das Internationale Rote Kreuz blieben vergeblich, weil nach damaligem Verständnis die völkerrechtlichen Regelungen nur für reguläre Staaten galten. Den größten militärischen Erfolg mit Hilfe der Gaswaffen erzielten die Streitkräfte des faschistischen Italiens Mitte der dreißiger Jahre bei der Eroberung Äthiopiens. Hatte das ostafrikanische Kaiserreich der italienischen Armee noch Ende des 19. Jahrhunderts eine Niederlage bereiten können, erlag es jetzt der modernen Waffenwirkung, bei der die Gaswaffe eine erhebliche Rolle spielte. Sanktionen des Völkerbunds blieben ohne Wirkung, weil der italienische Diktator Benito Mussolini die Rückendeckung des nationalsozialistischen Deutschland erhielt.

Mit der Machtübernahme Hitlers im Jahr 1933 endete die geheime militärische Zusammenarbeit mit der UdSSR. Das „Dritte Reich" organisierte im Zuge der Aufrüstung eine unabhängige industrielle Basis auch für den Gaskrieg. Militärexperten in aller Welt waren davon überzeugt, dass in einem künftigen Krieg unbedingt mit dem Einsatz chemischer Kampfstoffe zu rechnen war. In steigender Zahl wurden daher auch in Deutschland in den dreißiger Jahren große Mengen an Kampfstoffen produziert und bereitgestellt. In der Ausbildung der gesamten Wehrmacht gehörte der Gaskampf zu den regulären Themen. Erhebliche Investitionen unternahm man, um Soldaten und Zivilbevölkerung im Notfall gegen die Wirkung von Kampfstoffen zu schützen, kontaminierte Flächen zu entgiften und die Einsatzbereitschaft von Armee und Rüstungsbetrieben zu erhalten. Ein Gaskrieg zwischen Nationen, die nach ihren Möglichkeiten gerüstet und geschützt waren, schien allerdings wenig erstrebenswert, weil er zu einem Stillstand der Kriegführung führen könnte. Keine

Im Krieg gegen Äthiopien wurden 1935/36 aus italienischen Flugzeugen Gasgranaten abgeworfen, denen zahlreiche äthiopische Soldaten und Zivilisten zum Opfer fielen. Die Fotografie zeigt Vittorio und Bruno, die Söhne Benito Mussolinis, die als Flieger am Krieg teilnahmen.

Regierung wollte darauf verzichten, die Gaswaffen in ihrem Arsenal zur Verfügung zu haben. Das wichtigste Argument, nicht zuletzt auch für die Legitimierung in der Öffentlichkeit, war die Notwendigkeit der Abschreckung. Nur wer über die Fähigkeit verfügte, bei einem chemischen Angriff des Gegners in gleicher, besser noch in stärkerer Weise zurückschlagen zu können, konnte darauf hoffen, dass jeder Aggressor sich einen solchen Schlagabtausch wohl überlegen würde.

In Deutschland drängte die Heeresführung also darauf, die Gaswaffe für den Kriegsfall voll einsatzbereit zu machen, obwohl die höchste

Priorität bei den modernen konventionellen Waffen für einen möglichen Blitzkrieg mit motorisierten Streitkräften lag. Die Fachmilitärs der neugeschaffenen sogenannten Nebeltruppe (als Schwerpunktwaffe in einem möglichen Gaskrieg setzte man auf Raketenwerfer nach dem Modell von Rudolf Nebel) drängten jedoch immer wieder darauf, die Gaswaffe zu einem kriegsentscheidenden Instrument zu entwickeln. Eine Schlüsselrolle dabei spielte Hermann Ochsner, der spätere Inspekteur der Nebeltruppe. Er wurde unterstützt von Carl Krauch, dem Vorstandsvorsitzenden der IG-Farbenindustrie AG, dem größten Chemiekonzern des „Dritten Reiches". Geschäftlich war der Vorschlag attraktiv, aus der laufenden Produktion heraus und bei günstiger Rohstofflage herkömmliche Kampfstoffe in großer Menge auf Vorrat zu liefern, um so eine quantitative Überlegenheit zu erreichen. Der Geländekampfstoff Lost könne, im Gegensatz zu Spreng- und Brandbomben, deren Schäden relativ leicht zu beheben seien, eine unberechenbare und lang andauernde Wirkung selbst in einer „begifteten Stadt" erreichen. „Er verbreitet in der Bevölkerung eine derartige Unsicherheit, dass Arbeit und Verkehr lange Zeit ruhen werden, die Psychose erfolgter Vergiftungen lässt die Krankenhäuser überfüllen und die Sanitäts- und Entgiftungsmaßnahmen erschöpfen. Hilfs- und Entgiftungsmaßnahmen verschlingen das Vielfache an eingesetztem Wert an Kampfmitteln. In den Kellern zerstörter oder durch Brand vernichteter Häuser kann das Leben der Zivilbevölkerung notfalls eine Zeitlang weitergeführt werden. Nicht aber, wenn Geländekampfstoff jede Türklinke, jeden Zaun und jeden Pflasterstein zur Waffe des Gegners macht." Dem Einwand feindlicher Vergeltung begegnete man mit dem Argument, „dass die chemische Waffe die Waffe der überlegenen Intelligenz" sei. Die deutsche Bevölkerung könne am ehesten Dank der nationalsozialistischen „Erziehung" eine solche Auseinandersetzung durchstehen.

Parallel dazu legte Ochsner im Sommer 1939 konkrete Vorschläge vor, wie durch chemische Massenangriffe gegen London ein gewaltiger Druck gegen die britische Regierung ausgeübt werden könne. Die „sachliche und seelische Wirkung" der Kampfstoffe zwinge dazu, sie in jedem Falle einzusetzen, „und zwar ganz planmäßig, nicht nur als Gegenmittel oder als Antwort auf feindlichen Kampfstoffeinsatz. Politische Gründe, diesen notwendigen Kampfstoffeinsatz in der Meinung des eigenen Volkes und der Welt zu rechtfertigen, wird eine entschlossene Führung zu finden wissen". Dazu forderte IG-Farben-Chef Krauch ein neues Großprogramm für die Fertigung von 22.000 Tonnen Lost pro Monat.

Mit Beginn des Zweiten Weltkriegs im September 1939 ließ Hitler die Vorbereitungen für den Gaskrieg zwar weiter vorantreiben, mit der Idee von Massenangriffen gegen London konnte er sich jedoch nicht anfreunden. Noch hoffte er darauf, sich mit Großbritannien auf irgendeine Weise arrangieren zu können, um den Rücken für den geplanten Lebensraumkrieg gegen die UdSSR freizubekommen. Mit den Vorstellungen der Gaskriegslobby hätte er sich diesen Weg völlig verbaut. So schloss er sich den öffentlichen Erklärungen der Westmächte, auf einen Ersteinsatz verzichten zu wollen, bei Kriegsbeginn an. In den militärischen Planungen freilich wurde der Ersteinsatz immer wieder durchgespielt, so etwa im Herbst 1939 bei der Überlegung, bei einem französischen Vorstoß aus der Maginot-Linie heraus das Vorfeld der eigenen Westwalls mit Kampfstoffen zu belegen oder bei einer eigenen Offensive die französische Armee eventuell mit einem Großeinsatz zu zerschlagen.

Aus dem Stand heraus konnte die Wehrmacht allerdings einen Masseneinsatz nicht ohne

Übung für den Gaskrieg, Berlin, 1937. Geübt wurde die Entgiftung nach einem Angriff mit chemischen Kampfstoffen.

Weiteres durchführen. Dazu bedurfte es größerer Vorräte und einer vollständigen Umstellung der Munitionsfertigung. So blieb es bei dem Vorrang konventioneller Kriegführung, die zu einem unerwartet raschen Sieg in Frankreich führte. Der Krieg gegen Großbritannien ging zwar weiter, und Hitler ließ den Bombenkrieg gegen den Inselstaat intensivieren, die Anwendung von Kampfstoffen blieb aber für die gesamte Wehrmacht verboten. Auch der Einsatz als Vergeltungsmaßnahme unterlag der Genehmigung durch den „Führer". Auf diese Weise sollte ein unbeabsichtigtes Hineingleiten in den Gaskrieg verhindert und der Führung Entscheidungsfreiheit auch im Falle eines britischen Angriffs erhalten werden.

Hitler und sein engster Kreis waren sich der Belastbarkeit der eigenen Bevölkerung keineswegs sicher. Den Stimmungshöhepunkt nach dem Sieg über Frankreich wollte man unbedingt bewahren. In der Bevölkerung kursierten Befürchtungen, die Briten könnten die Initiative zum Gaskrieg ergreifen. Ihre Bomber, wenn auch noch in geringer Zahl, erschienen immer wieder über Berlin. Angeblich, so das Gerücht, gab es ein Flugblatt mit der Drohung: „Wir sind unser Acht und kommen jede Nacht, kommt ihr mit Stukas, kommen wir mit Gas!" Tatsächlich erklärte die britische Regierung aber öffentlich, dass sie die Gaswaffe mit Abscheu betrachte und sie unter keinen Umständen als erste einsetzen werde.

Hitler bereitete zur gleichen Zeit den Überfall auf die UdSSR vor. Die Hoffnung auf einen schnellen, raumgreifenden Blitzsieg vertrug sich nicht mit den Risiken und Belastungen eines chemischen Kriegs. Man musste sich allerdings darauf einstellen, dass die Sowjetunion sich seit zwanzig Jahren intensiv auf einen Chemiekrieg eingestellt hatte. Die deutsche Führung rechnete deshalb mit der Möglichkeit eines feindlichen Ersteinsatzes und reagierte erleichtert, als sich diese Sorge als unberechtigt erwies. Als im August 1941 der Feldzug mit der Kesselschlacht von Kiew entschieden schien, ordnete das OKW an, das Gaskampf-Programm „totzumachen". Das Zurückfahren der Produktion betraf zunächst auch die anlaufende Herstellung des neuen Superkampfstoffes Tabun. Das Heereswaffenamt zeigte sich überzeugt, dass der Feind über

„Seid bereit" – Sowjetisches Plakat, 1943. Auf der Halbinsel Kertsch war 1942 von den „Nebeltruppen" unter General Hermann Ochsner Giftgas gegen sowjetische Soldaten eingesetzt worden, die sich in einem Bergwerk verschanzt und erbittert Widerstand geleistet hatten.

nichts Vergleichbares verfügte und die geforderte Überlegenheit Deutschlands damit in Reichweite lag. Die Ergänzung der großen Vorräte an bekannten Kampfstoffen durch einen neuartigen Nervenkampfstoff, gegen den es keinen Schutz gab, konnte die Gaswaffe vielleicht doch noch zu einem kriegsentscheidenden Mittel machen.

Wieder zögerte Hitler, obwohl die deutschen Truppen vor Moskau standen, also weit entfernt vom eigenen Territorium, und auch der neue Kriegsgegner USA noch lange nicht in der Lage sein würde, sein riesiges Potential zum Einsatz zu bringen. Der Diktator ließ die Produktion von Tabun hochfahren, ein zweiter, sechsmal so giftiger Stoff, Sarin, befand sich immerhin schon im Versuchsstadium. Hitler wollte offenbar ganz sicher gehen und konzentrierte sich vorerst auf die Weiterführung des konventionellen Krieges. Zunehmende Engpässe in der Kriegsproduktion sorgten freilich bald für längere Prognosen bis zum Erreichen der für notwendig gehaltenen Gaskriegskapazitäten. Die Einlagerungsziele an Kampfstoffen (rund 40.000 Tonnen) waren zwar weitgehend erreicht, doch um den Gaskrieg nach einem Erstschlag auf längere Sicht führen zu können, brauchte man eine entsprechend

Übung in Berlin, 1937. Auch die Kinder mussten lernen, sich auf den Gaskrieg einzustellen.

hohe Fertigungskapazität. Für die Vorbereitungen waren nach Einschätzung vom Frühjahr 1942 noch weitere ein bis zwei Jahre nötig.

Geheimdienstberichte weisen auf große Anstrengungen der Alliierten hin, die deutsche Gasrüstung quantitativ zu übertreffen. Um sich gegen mögliche deutsche Überraschungen hinsichtlich neuartiger Kampfstoffe zu wappnen, intensivierten sie die Entwicklung von biologischen und atomaren Waffen. Hier verfügten die Alliierten über einen großen Vorsprung, zumal Hitler auf biologischem Gebiet lediglich Forschungen und Abwehrmaßnahmen zuließ, anders als auf dem Gassektor aber keine offensive Fähigkeit entwickelt wissen wollte. Auch bei der Entwicklung möglicher Atomwaffen, deren Vorstellung damals auch für Hitler noch jenseits des Denkbaren schien, waren die Entwicklungsarbeiten noch weit von der Einsatzfähigkeit entfernt. Hätte sich Hitler also zum Gaskrieg entschlossen, mit einem massenhaften Einsatz bekannter Kampfstoffe den Gegner terrorisiert und zugleich mit der Drohung eines neuartigen Superkampfstoffs von Vergeltungsmaßnahmen gegen die deutsche Bevölkerung abgehalten (bedroht wären auch Millionen ausländische Zwangsarbeiter und Kriegsgefangene gewesen), dann hätten die Alliierten zur bakteriologischen Kriegführung übergehen können. Damit wäre der deutsche strategische Vorteil wieder aufgehoben gewesen.

Während die Alliierten allen Grund hatten, den Gaskrieg und andere moderne Massenvernichtungswaffen in ihrem Arsenal bereitzuhalten, um Hitler – und parallel dazu im Pazifikkrieg die Japaner – von einem Einsatz abzuschrecken, gab es nach der Wendung von Stalingrad und der Landung der Alliierten in Nordafrika für die deutsche Führung Anlass, die Lage zu überdenken. Wollte man die „Festung Europa" angesichts überdehnter und höchst unsicherer Fronten halten, dann bot sich der Einsatz unkonventioneller Mittel durchaus an. Man konnte daran denken, im Osten ganze Frontabschnitte durch vorgelagerte Vergiftungszonen zu schützen und so operative Reserven für Gegenangriffe frei zu machen, oder im Vorfeld einer alliierten Invasion bzw. nach Bildung eines feindlichen Brückenkopfs die feindlichen Streitkräfte mit chemischen Kampfstoffen auf Distanz zu halten. Längst hatte Hitler dafür gesorgt, neuartige Fernwaffen als Trägermittel zu entwickeln, mit denen er den Aufbau einer alliierten Invasionsarmee in Südostengland verhindern und durch vernichtende Schläge gegen London den Gegner möglicherweise zum Einlenken zwingen konnte.

Bei einer Konferenz am 15. Mai 1943 erkundigte sich Hitler danach, ob die Bereitschaft zum Gaskrieg bestehe und die neuen Nervengase einsatzbereit seien, doch nun machte die Spitze des I.G.-Farben-Konzerns einen Rückzieher. Ihr Vertreter verwies darauf, dass die Alliierten mehr Lost erzeugen könnten als Deutschland und dass man nicht darauf vertrauen könne, bei den Nervengasen über ein Monopol zu verfügen. Im Falle ihres Einsatzes könnte der Feind rasch sehr viel größere Mengen produzieren als das Reich. Die Industrie hatte offensichtlich den Glauben an den „Endsieg" verloren und daher kein Interesse daran, dass ihre Anlagen womöglich auf Jahrzehnte verseucht und vergiftet werden könnten. Denn es zeigte sich bereits in diesen Tagen, dass die alliierten Bomberflotten den Himmel über Deutschland beherrschten und mit ihren Flächenangriffen in der Lage waren, Industriebetriebe und Stadtzentren zu pulverisieren. Würde der Gegner sie mit Gasbomben beladen, konnte das einen raschen Zusammenbruch im Reich herbeiführen, während der Feind allenfalls in Gestalt seiner Frontarmeen und im Süden Englands mit einem Gaskrieg zu treffen wäre. Sein weites Hinterland, Nordamerika und die Weiten Russlands, würden auch durch deutsche Fernraketen nicht zu erreichen sein.

Hitler ließ die fabrikatorischen Vorbereitungen weiterlaufen und befahl, sich auf die neuen Nervengase zu konzentrieren, noch hatte er die Fernwaffen in der Hinterhand, obwohl nach der Zerstörung von Peenemünde durch britische Luftangriffe die Raketenproduktion neu organisiert werden musste. Zugleich scheiterte seine letzte Offensive im Osten, die der Abrundung des gehaltenen Terrains hatte dienen sollen, ebenso wie alle folgenden Bemühungen, einen „Ostwall" zu errichten und verteidigen zu können. Die Rote Armee kämpfte sich mühsam an die deutsche Grenze heran. Als dann im Frühsommer 1944 die lange erwartete alliierte Invasion in Nordfrankreich bevorstand, rechnete Hitler offenbar noch immer damit, durch seine bisher nicht eingesetzten strategischen Waffen den Feind im Westen von einer Landung abhalten bzw. ihn wieder zurückschlagen zu können.

Hitler hatte inzwischen seinen Leibarzt beauftragt, durch 60 Millionen „Volksgasmasken" und andere, medizinische Maßnahmen dafür zu sorgen, dass die Bevölkerung einen Gaskrieg durchstehen könnte. Seine Experten bremsten den Diktator mit dem Hinweis, dass es gegen die Nervengase – im Falle, dass der Gegner doch über ähnliche Stoffe verfügte – noch keinen Schutz für die eigene Bevölkerung gab. Als nach Beginn der Invasion in der Normandie der Zeitpunkt für einen entscheidenden Schlag gekommen schien und bereits die ersten fliegenden Bomben (V-1) gegen London eingesetzt wurden, dämpfte erneut der I.G.-Farben-Konzern die Erwartungen mit Hinweis auf fabrikatorische Schwierigkeiten und Mängel, vor allem auf den fehlenden Flakschutz. Beim Übergang zum Gaskrieg würde der Gegner natürlich versuchen, vor allem die deutsche chemische Industrie zu vernichten, so wie er in den vergangenen Wochen bereits die Flugzeugfabriken und die Treibstoffwerke schwer zerstört hatte.

Der enttäuschte Diktator ordnete an, die Vorbereitungen für den Gaskrieg Heinrich Himmler zu übertragen. Rüstungsminister Albert Speer erreichte es hinter den Kulissen, dass die SS lediglich die Versuchsarbeiten für neue Kampfstoffe in die Hand bekam. Unter seinem Schutz konnte die Industrie die Produktion herunterfahren, musste sich allerdings auf die beschleunigte Fertigstellung der Anlagen für Tabun und Sarin konzentrieren.

Als Anfang 1945 der Feind vor dem Einbruch in das Territorium des Deutschen Reiches stand, ordnete Hitler an, alle Vorräte an chemischen Kampfstoffen rechtzeitig zu evakuieren. Im März/April 1945 fanden daher höchst riskante Transporte durch Deutschland statt. Bis zur letzten Minute wollte Hitler nicht darauf verzichten, unter Umständen wenigstens „Verbrannte Erde" im eigenen Lande inszenieren zu können. Dazu ist es nicht gekommen. Der konventionelle Krieg hatte in seiner Schlussphase Deutschland schwer zerstört und verbrannt. Ein Übergang zum Gaskrieg hätte die völlige Vernichtung Mitteleuropas bedeuten können.

Tausende Tonnen Gasgranaten mit den Kampfstoffen „Lost" und „Tabun" wurden nach dem Ende des Zweiten Weltkriegs in der Ost- und Nordsee versenkt. Das Bergungsschiff „August Peters" wurde 1959/60 eingesetzt, um 70.000 Tabun-Granaten im Kleinen Belt zu bergen. Die Granaten wurden danach im Golf von Biscaya erneut versenkt.

Sönke Neitzel

Der Bombenkrieg

Der Zweite Weltkrieg war ein totaler Krieg globalen Ausmaßes. Er übertraf die zerstörerische Kraft der zuvor ausgefochtenen Konflikte bei Weitem. Alles an diesem Krieg erscheint uns heute gigantisch: Die Zahl der Opfer, das Ausmaß der Verbrechen, der Umfang der Mobilisierung von Bevölkerungen und Volkswirtschaften. Auch die Art der Kriegführung veränderte sich: Der Luftkrieg hatte zum ersten Mal in der Geschichte einen entscheidenden Einfluss auf die Kampfhandlungen zu Land und zur See. Und damit nicht genug: Der Bombenkrieg gegen das feindliche Hinterland trug Tod und Zerstörung auch in jene Regionen, die von Kampfhandlungen bislang meist verschont geblieben waren. Der Unterschied zwischen Front und Heimat verschwamm, der Krieg war überall. Schon 1939 starben 20.000 Polen im deutschen Bombenhagel. Doch das war erst der Auftakt. Rund 400.000 deutsche und 300.000 japanische Zivilisten kamen bei den britischen und amerikanischen Angriffen um, nicht zu vergessen die Briten, Franzosen, Niederländer, Italiener und Sowjets, die zu Zehntausenden Opfer der Deutschen wurden. Der Luftkrieg hat das Gesicht dieses Krieges wesentlich geprägt – über den Schlachtfeldern, aber vor allem in den Städten der Heimatfronten, wo so viele Zivilisten dem Luftkrieg zum Opfer fielen.

Diese Angriffe führten schon zu Zeiten der Weltkriege zu heftigen öffentlichen Auseinandersetzungen. Angesichts der unzähligen zivilen Opfer war schnell von Gräueltaten die Rede. Und noch heute erregt das Thema die Gemüter. Jörg Friedrich hat 2002 mit seinem Buch „Der Brand" eine heftig geführte internationale Diskussion ausgelöst. Er rückte die alliierten Angriffe in die Nähe der NS-Kriegsverbrechen, was eine heftige Reaktion hervorrief. Ein klassisches Gegenargument insbesondere der britischen Öffentlichkeit war, dass die Deutschen schließlich mit dem Bombenkrieg begonnen hätten, Dresden somit nur die gerechte Vergeltung für Coventry gewesen sei. Das Interesse an einer analytischen Durchdringung des Phänomens Bombenkrieg war dabei eher gering. Es ging vielmehr um moralische Vorwürfe, darum, dass die anderen „böse" und man selber „gut" gewesen war.

Nach dem Bombenangriff eines Zeppelins auf London, 1915.

Begünstigt wird die Debatte durch den Umstand, dass es weder im Ersten noch im Zweiten Weltkrieg ein verbindliches und detailliertes völkerrechtliches Abkommen über den Luftkrieg gab. Es war somit nicht klar umrissen, inwieweit Angriffe auf Städte vom Völkerrecht gedeckt waren und in welchem Fall juristisch von einem Kriegsverbrechen gesprochen werden musste. Die Haager Landkriegsordnung von 1907 gestattete zwar die Bombardierung militärischer Anlagen, wie etwa von Kasernen, Hafenstützpunkten oder auch von verteidigten Städten, aber diese Regelung wurde durch den Kriegsverlauf rasch überholt. So war bald strittig, wann eine Stadt überhaupt als verteidigt einzuschätzen war und wie es juristisch bewertet werden sollte, wenn die Zivilbevölkerung in einer Stadt nahe der Front angegriffen wurde, etwa um die rasche Kapitulation einer Festung zu erzwingen. Die völkerrechtliche Grauzone wurde nach dem Ersten Weltkrieg so interpretiert, dass in einem totalen Krieg ohnehin nicht mehr zwischen Kombattanten und Nichtkombattanten unterschieden werden könne. Schließlich würden ja auch Zivilisten etwa durch ihre Arbeit in der Industrie einen Beitrag zum Krieg leisten und könnten somit als legitime Ziele betrachtet werden.

Eine rechtliche Kodierung des Luftkriegs gab es im Zeitalter der Weltkriege somit nicht. Flächenbombardements von Städten wurden erst 1977 völkerrechtlich explizit verboten, und in den Nürnberger Prozessen haben die alliierten Ankläger Luftkriegsverbrechen wohlweislich ausgespart. Und dennoch gab es bei allen Kriegsparteien in beiden Weltkriegen vor allem zu Beginn eine Einschätzung von Recht und Unrecht, von legitim und illegitim. Dass man militärische Ziele aus der Luft angreifen durfte, bestritt niemand, ebenso, dass Angriffe auf rein zivile Ziele „Terrorangriffe" seien. Der zeitgenössische Begriff deutet die Verurteilung solcher Operationen bereits an. Freilich zeigte sich bald, dass alle Kriegsparteien den Einsatz von Terror für legitim hielten, wenn es um Vergeltung ging oder sie glaubten, so ein militärisch relevantes Ziel – etwa die entscheidende Schwächung der Moral der gegnerischen Bevölkerung – erreichen zu können. So etablierte sich bald ein neuer Kriegsbrauch und niemand fragte mehr nach Recht oder Unrecht. Alles schien möglich.

Der Racheschwur nach dem Angriff des Zeppelins, mit Ratschlägen des Daily Chronicle zum Schutz vor den Bomben. Zeichnung von Frank Brangwyn, Associate Member of the Royal Academy, 1915.

Der Erste Weltkrieg war die Geburtsstunde des Kriegs in der Luft. Zum ersten Mal wurden Zeppeline und Flugzeuge in großem Maßstab von allen Kriegsparteien zur Unterstützung der Kämpfe zu Land und auf See eingesetzt. Der Luftkrieg spielte sich im Wesentlichen unmittelbar an der Front über den Schützengräben ab, doch es gab auch schon Angriffe gegen Städte. Bereits 1914 wurden die ersten Bomben auf Paris abgeworfen und Anfang 1915 begannen deutsche Zeppeline mit der Bombardierung Englands. Im Mai 1915 griffen sie das erste Mal London an. 1917 flogen die Deutschen dann mit mehrmotorigen Flugzeugen Luftangriffe auf England. Die Londoner City wurde am 13. Juni 1917 bei helllichtem Tag von 17 Gotha-Bombern angegriffen, 594 Menschen wurden getötet oder verletzt. Die Tagesangriffe mit großen Bombenflugzeugen waren rund acht- bis neunmal verlustreicher als ein Zeppelinangriff bei Nacht. Die deutsche Admiralität und die Oberste Heeresleitung hofften so, möglichst viele Menschen zu töten, eine Massenpanik zu verursachen und damit die Moral und den Durchhaltewillen der Bevölkerung zu schwächen. Freilich entfalteten die Angriffe keine nennenswerte moralische

Ein deutsches Wohnzimmer nach einem Luftangriff im Ersten Weltkrieg, undatiert.

Wirkung. Insgesamt hatte die englische Bevölkerung durch deutsche Luftangriffe 1.414 Tote und 3.416 Verletzte zu beklagen. In Frankreich wurden 237 Menschen getötet und 539 verletzt.

Auch deutsche Städte wurden im Ersten Weltkrieg aus der Luft angegriffen. Rund die Hälfte aller Bomben fiel auf das lothringische-luxemburgische Industriegebiet von Diedenhofen. Weiterhin wurden Ziele im Bereich Mosel/Saar, in Freiburg, Mannheim und Köln angegriffen. Vereinzelt fielen auch Bomben auf Essen, Hamburg und München. 729 Personen wurden bei den französischen und britischen Luftangriffen getötet, 1.754 verletzt. Im Sommer 1918 bereitete die Royal Air Force (RAF) schließlich eine große Bomberoffensive gegen deutsche Städte vor, zu der es aufgrund des Waffenstillstands im November 1918 dann nicht mehr kam. Die Planungen enthielten erstmals auch dezidiert die Anweisung, nicht nur die deutsche Rüstungsindustrie anzugreifen, sondern durch die Bombardierung auch die Moral der Arbeiter zu treffen und so Unruhen auszulösen.

Im Vergleich zu den gewaltigen Verlusten an den Fronten blieben die personellen und materiellen Schäden des Luftkriegs gering. Dennoch war eine neue Dimension der Kriegführung entstanden. Der Kampf wurde auch in die bislang verschonten Städte getragen und dorthin, wo die Zivilbevölkerung den Krieg unmittelbar zu spüren bekam. Die Anfänge des Bombenkriegs im Ersten Weltkrieg zeigen, dass rechtliche oder moralische Bedenken in der Einsatzplanung der neuen Waffe kaum eine Rolle spielten. Jeder wies dem anderen die Schuld an der Eskalation zu und betrachtete die eigenen Angriffe als legitime Reaktionen auf das Vorgehen des Feindes. Zudem: Der Krieg musste gewonnen werden, ganz gleich mit welchen Mitteln. Die vermeintliche militärische Notwendigkeit entfaltete eine derartige Wirkungsmacht, dass die politischen und militärischen Führungen immer weniger bereit waren, der Eskalation der Kriegführung Einhalt zu gebieten. Unter dem Eindruck deutscher Luftangriffe auf Paris sprach der französische Journalist Léon Daudet am 9. Februar 1916 zum ersten Mal vom totalen Krieg. In der Tat, der Krieg, der seit gut eineinhalb Jahren tobte, war kein herkömmlicher. Er war anders, als alle zuvor, größer, brutaler, umfassender. Es schien keine Grenze zwischen Front und Heimat mehr zu geben. Jeder wurde zum Kombattanten und damit zu einem potentiellen Ziel des Feindes. Der Angriff auf die Städte war in besonderer Weise Ausdruck dieser Totalisierung. Innerhalb weniger Jahre war ein neuer Kriegsbrauch etabliert, dem die noch unausgereifte Technik freilich vorerst enge Grenzen setzte. So wurde das Bild des Ersten Weltkriegs nicht von den Luftangriffen, sondern den Materialschlachten geprägt. Und dennoch: Die Büchse der Pandora war geöffnet.

In der Zwischenkriegszeit wurden die Erfahrungen des Luftkriegs von den Militärs ausführlich debattiert. Der bekannteste Luftkriegstheoretiker jener Jahre war der italienische General Giulio Douhet. Seiner Meinung nach war der Fernbomber die alles entscheidende Waffe der Zukunft. Während die Waffentechnik des Heeres nur ein jahrelanges gegenseitiges Gemetzel zustande bringe, könne eine schlagkräftige Bomberflotte einen zukünftigen Krieg in kurzer Zeit entscheiden. Douhet glaubte, dass es möglich sei, durch massive Bombardierung der feindlichen Städte und Industriezentren ein Land in kurzer Zeit zum Frieden zu zwingen. Das entscheidende Kriegsmittel der Zukunft sei daher der Bomber. Douhets Thesen fanden insbesondere in den USA und Großbritannien Gehör. In nationalen Zermürbungskriegen, so der Stabschef der Royal Air Force, Hugh Trenchard, sei die feindliche Gesellschaft ein legitimes Ziel. Die Führung der RAF war überzeugt, dass es nicht länger möglich sei, zwischen Kombattanten und Nichtkombattanten zu unterscheiden. Später, während des Kriegs, benutzte der Chef des britischen Bomber Commands dieses Argument, um gezielte Angriffe gegen deutsche Arbeitersiedlungen zu rechtfertigen: „Es ist klar, dass jeder Zivilist, der mehr produziert als zur Erhaltung seiner Person notwendig ist, einen positiven Beitrag zu den deutschen Kriegsanstrengungen leistet und daher ein angemessenes wenn auch nicht notwendigerweise lohnendes Angriffsobjekt ist", so Arthur Harris.

jungen Royal Air Force innerhalb der Streitkräfte Bedeutung und Eigenständigkeit zu sichern. Zudem waren für diese Doktrin die Erfahrungen der RAF bei der blutigen Niederschlagung des Aufstands im Irak in den 1920er-Jahren von großer Bedeutung. Das Flugzeug bewährte sich hier im Kampf gegen die Moral der Feinde, indem man die Zivilbevölkerung aus der Luft gezielt attackierte und für ihr Verhalten bestrafte. Die gesamte spätere Führungsriege des Bomber Commands flog in den 1920er-Jahren selber im Irak und sammelte so praktische Erfahrung im Einsatz gegen Zivilisten.

Die Reichswehr hingegen zog ganz andere Schlüsse aus dem Ersten Weltkrieg. Für die Deut-

Gerüstet für die nächste Auseinandersetzung: Amerikanische Bombenflugzeuge bei einem Flugfest in Los Angeles, um 1930.

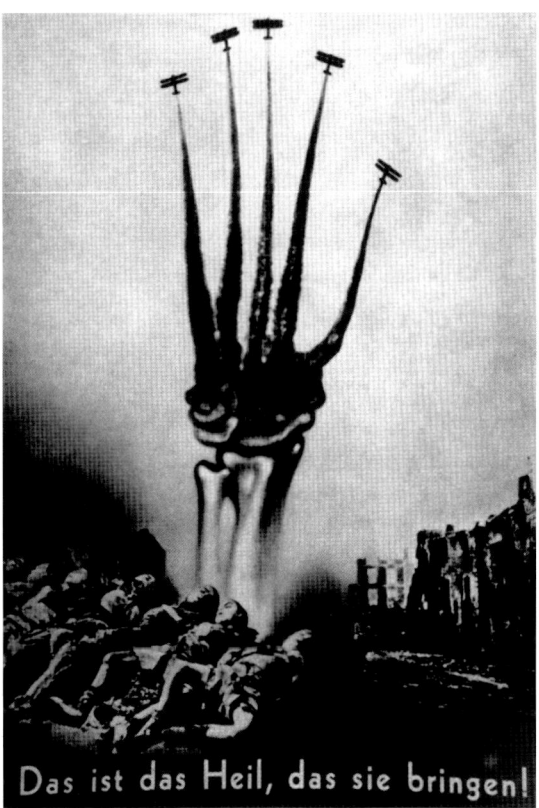

Fotomontage von John Heartfield zum Bombenkrieg in Spanien, Arbeiter-Illustrierte-Zeitung 6/1938, Nr. 26.

Eine große Bomberflotte wurde in den Zwanziger- und Dreißigerjahren von der Royal Air Force als ein geeignetes Instrument betrachtet, in einem künftigen großen Krieg schwere eigene Verluste zu vermeiden. Mit ihr hielt man es für möglich, die feindlichen Industriezentren zu vernichten, der gegnerischen Zivilbevölkerung schwere Verluste zuzufügen und damit den Widerstandswillen der feindlichen Nation zu brechen. Diese Überlegungen entsprachen auch dem Wunsch, der noch

schen waren die Ergebnisse der Zeppelin- und Flugzeugangriffe auf England eher enttäuschend. Hinzu kamen die wenig wirkungsvollen Bombenangriffe der RAF auf westdeutsche Städte und Industrieanlagen. Beides bestärkte General Hans von Seeckt darin, die Aufgaben einer starken und unabhängigen Luftwaffe zukünftig im offensiven Einsatz zur Unterstützung des Heeres zu erblicken. Es galt die Lufthoheit über dem Gefechtsfeld zu erringen und anschließend das

Aufmarsch- und Transportsystem des gegnerischen Heeres zu vernichten. Gewiss gab es auch in Deutschland Stimmen, die sich für eine strategische Luftwaffe aussprachen, die den Krieg ins feindliche Hinterland tragen konnte. Derartige Meinungen fanden bei den entscheidenden Stellen jedoch keinen Widerhall: Ein Kampf gegen die gegnerischen Kraftquellen werde wieder auf einen langwierigen Abnutzungskrieg hinauslaufen, den Deutschland nach den Erfahrungen von 1914 bis 1918 unbedingt vermeiden müsse. Auch der 1936 ins Amt berufene erste Generalstabschef der neuen Luftwaffe, Walther Wever, behielt diese Linie bei. Die deutsche Luftwaffe war somit vollkommen anders ausgerichtet als die britische oder amerikanische Air Force: Sie sollte die eigenen offensiven Heeresoperationen unterstützen und so dem Gegner die Möglichkeit nehmen, Bombenangriffe auf Deutschland zu fliegen. Angriffe gegen feindliche Industriezentren, so glaubte man, hätten keinen unmittelbaren Nutzen. Sie galten nur als eine Art Ultima Ratio falls es keine anderen Möglichkeiten mehr gab, den Feind zur Kapitulation zu zwingen.

Hitlers Entscheidung, im Spanischen Bürgerkrieg zu intervenieren, wurde von Göring als eine willkommene Möglichkeit begrüßt, seine im Aufbau befindliche Luftwaffe im Einsatz zu erproben. Die Legion Condor ist in der öffentlichen Wahrnehmung vor allem mit der Zerstörung der baskischen Kleinstadt Guernica durch deutsche Bomber verbunden, die durch einen Bericht des britischen Times-Journalisten George Steer und dann vor allem durch das weltberühmte Bild Picassos in die Geschichte einging. Wie die Historikerin Stefanie Schüler-Springorum in ihrer Studie über die Legion Condor 2009 gezeigt hat, spiegelte die kontroverse und emotional geführte Debatte um Guernica auch in der Zeit nach 1945 weniger die Realität des damaligen Luftkriegs als seine propagandistische Instrumentalisierung durch beide Seiten seit 1937 wider.

Am Beispiel Guernicas lässt sich exemplarisch die Komplexität des Luftkriegs aufzeigen, bei dessen Analyse vier Ebenen zu unterscheiden sind:
1. Was war die Intention des Angriffs? Welche Ziele sollten mit welcher Absicht getroffen werden?
2. Welches gegebenenfalls hiervon abweichende Resultat wurde mit dem Luftangriff tatsächlich erzielt?
3. Wie wurde der Angriff von der Propaganda der Kriegsparteien instrumentalisiert?
4. Wie erlebten die unmittelbar Beteiligten den Angriff?

Der Oberbefehlshaber der Legion Condor, Wolfram Freiherr von Richthofen, befahl den Angriff, weil Guernica ein wichtiges Verkehrszentrum war, das sich 20 Kilometer hinter der Frontlinie befand. Es ging ihm in erster Linie darum, durch die Zerstörung der Brücke über den Rio Oca sowie der östlich des Flusses gelegenen Vorstadt mit ihren Durchfahrtstraßen den Rückzug der republikanischen Truppen zu behindern. Aufgrund der technisch primitiven Zielvorrichtungen der angreifenden Flugzeuge blieb die Brücke aber unversehrt, während die Bomben die westlich des Flusses gelegene Innenstadt trafen und verwüsteten. Die ursprüngliche Intention war somit eine andere als das Resultat vermuten lässt, und natürlich ließ sich dieser Angriff propagandistisch aufgrund der umfangreichen Zerstörungen im ganzen Stadtgebiet und der rund 300 toten Zivilisten hervorragend instrumentalisieren. Dass die Bevölkerung Guernicas

Guernica nach der Bombardierung durch deutsche und italienische Bombenflugzeuge am 26. April 1937: Für den Luftwaffenoberbefehlshaber Hermann Göring war der Angriff auch eine Erprobung der Luftwaffe im Einsatz.

Der Bombenkrieg

Links: Einschlag einer Bombe in ein Wohnhaus in Warschau, September 1939.

Rechts: Ein Dornier Do 17 Z-Bomber der deutschen Luftwaffe auf einem Flugfeld nahe Krakau, 1939.

diesen Angriff als bewussten Terror empfand, muss angesichts der Zerstörungen nicht weiter begründet werden.

Guernica war weder der erste Angriff der Legion Condor auf eine republikanische Stadt noch der für die Zivilbevölkerung verlustreichste Luftangriff im Spanischen Bürgerkrieg. Systematische Großangriffe auf Ballungsgebiete wurden in großem Stil vor allem von der italienischen Luftwaffe ausgeführt und in mindestens einem Fall, der großen Angriffsserie auf Barcelona vom 16. bis 18. März 1938, scheint der Einsatzauftrag ausschließlich darauf ausgelegt gewesen zu sein, den Durchhaltewillen der Zivilbevölkerung zu brechen. Freilich griffen die italienische und die deutsche Luftwaffe die allermeisten Städte an, um die vorrückenden Bodentruppen zu unterstützen. In mindestens einem Fall verweigerte Stabschef von Richthofen die Weisung General Emilio Molas, zu Angriffen auf die Großstadt Bilbao überzugehen.

Der Luftkrieg im Spanischen Bürgerkrieg war also weit komplizierter und widersprüchlicher als er vielfach dargestellt wird. Wenngleich es mit Ausnahme des Angriffs auf Barcelona keine Operationen gab, die sich ausdrücklich gegen die Zivilbevölkerung richteten, ist doch unverkennbar, dass weder die Deutschen noch die Italiener in dieser Hinsicht irgendwelche Skrupel hatten.

Für die Offiziere ging es stets darum, ein militärisches Ziel zu erreichen und den Bürgerkrieg für sich zu entscheiden. Fragen der Moral spielten dabei eine untergeordnete Rolle und waren nur mit Blick auf die öffentliche Meinung von Relevanz. Die Trennung von militärischen und zivilen Zielen erwies sich schon im Spanischen Bürgerkrieg als bedeutungslos.

Während des kurzen Polenfeldzugs im September und Oktober 1939 wurde die Luftwaffe vor allem zur unmittelbaren Unterstützung des Heeres eingesetzt. Dabei sind auch – wie schon im Spanischen Bürgerkrieg – Städte angegriffen worden. Das bekannteste Beispiel ist Warschau. Göring hatte bis Mitte September 1939 die Bombardierung von zivilen Zielen in der polnischen Hauptstadt noch ausdrücklich untersagt. Nach der Einkreisung der Stadt lag sie als verteidigte Festung inmitten der Frontlinie und wurde nun weit massiver bombardiert als dies vorher der Fall war. Vor allem am 24. und 25. September wurden auch Wohnviertel getroffen. Ein weiterer besonders heftig diskutierter Fall ist die Bombardierung und weitgehende Zerstörung der polnischen Provinzhauptstadt Wielun am 1. September 1939. Neue Forschungen zeigen, dass Generaloberst Wolfram Freiherr von Richthofen diesen Angriff befahl, damit die Piloten seiner Stukas den Angriff auf eine unverteidigte Kleinstadt

Links: Turm von St. Laurentius (Groote Kerk) in Rotterdam nach der Bombardierung im Mai 1940. Von der Altstadt sind lediglich die Laurenskerk und das Schielandshuis (heute ein Museum) erhalten. Nach der Abräumung des Schutts blieben von den übrigen Häusern nur Grundmauern übrig.

Rechts: Wehrmachtsoffiziere bei der Besichtigung des deutschen Zerstörungswerks in Rotterdam, Mai 1940.

proben konnten. Vor Warschau drängte Richthofen darüber hinaus auf großflächige Angriffe gegen die Zivilbevölkerung, um die Terror- und Brandwirkung zu testen. Wenngleich er sich mit seinem radikalen Vorschlag nicht durchsetzen konnte, ist unverkennbar, dass bereits im Polenfeldzug massiv Wohngebiete von den Bombenangriffen betroffen waren, auch wenn sie – mit Ausnahme von Wielun – noch nicht gezielt angegriffen wurden. Zudem muss man sich die Dimension des Luftkriegs in den ersten Kriegswochen deutlich machen: Obgleich keine offiziellen Zahlen vorliegen, dürften im September und Oktober 1939 mehr polnische Zivilisten durch deutsche Bomben getötet worden sein, als deutsche Zivilisten durch britische Abwürfe in den Jahren 1940 bis 1942 zusammengenommen.

Im Westen war es unterdessen ruhig. Es war offizielle britische Linie, Luftangriffe zu vermeiden, bei denen die Zivilbevölkerung hätte in Mitleidenschaft gezogen werden können. Premierminister Neville Chamberlain und der Air Staff wollten unbedingt verhindern, dass Großbritannien beschuldigt werden konnte, mit dem Bombenkrieg begonnen zu haben. Die grundlegenden Pläne hierfür waren indes längst ausgearbeitet. Im Herbst 1939 war das Bomber Command aus technischen Gründen aber noch nicht in der Lage, wirkungsvolle Luftangriffe ins Innere Deutschlands zu fliegen. Mit den vorhandenen Flugzeugen fürchtete man, die deutsche Luftwaffe nur zu Gegenangriffen auf britische Städte zu provozieren. Aus demselben Grund untersagte Hitler übrigens, auch nur eine deutsche Bombe auf britisches Festland abzuwerfen. Im Oktober 1939 sagte er deshalb sogar einen Angriff auf den im Trockendock von Rosyth bei Edinburgh liegenden Schlachtkreuzer „Hood" ab – die Gefahr, dass eine Bombe nicht das Schiff, sondern britisches Festland treffen könnte, war ihm zu groß. Ob und wie Luftangriffe durchgeführt wurden, bedingte somit eine nüchterne Kosten-Nutzen-Rechnung. Bis Mai 1940 erschien es Briten wie Deutschen ratsamer, ihre Bomberflotten noch nicht aufeinander loszulassen.

Mit dem deutschen Angriff auf Frankreich und die Beneluxstaaten am 10. Mai 1940 änderte sich die Situation dann grundlegend. Bereits am 14. Mai 1940 wurde die Innenstadt von Rotterdam von deutschen Bombern dem Erdboden gleichgemacht. Was war geschehen? In der Stadt hatten seit vier Tagen heftige Kämpfe deutscher Luftlandetruppen gegen niederländische Einheiten getobt. Rotterdam war offiziell zur Festung erklärt worden, die Stadt war mehrfach zur Kapitulation aufgefordert worden, und für den Fall der Verweigerung hatten die Deutschen die Bombardierung angedroht. Als Rotterdam schließlich doch kapitulierte, wurde von deutscher Seite noch versucht, die bereits in der Luft befindlichen Bomber zurückzurufen, was aus technischen Gründen scheiterte. Das letzte Signal, um die Bombardierung zu stoppen – rote Leuchtkugeln – sahen nur noch 43 Flugzeuge, die anderen 57 Maschinen warfen ihre Bomben ab. Über 900 Menschen starben und große Teile der Altstadt Rotterdams wurden zerstört. Wenngleich sich der Angriff gegen eine verteidigte Festung richtete und die Bomber mit ihrem Angriff vor allem die Stellungen der niederländischen Verteidiger treffen sollten, ist auch hier unverkennbar, dass auf die Zivilbevölkerung keine Rücksicht genommen wurde und der Erzwingung einer schnellen militärischen Entscheidung alles andere untergeordnet wurde – so wie Ende September 1939 in Warschau.

Der neue britische Premierminister Winston Churchill nutzte die Nachricht von der Zerstörung Rotterdams im Propagandakrieg aus. Der deutsche Angriff diente ihm auch als offizielle Begründung, warum die Royal Air Force ab dem 15. Mai 1940 begann, Städte in Westdeutschland zu bombardieren. Freilich hatten beide Ereignisse keinerlei kausalen Zusammenhang, da die Grundsatzentscheidung zur Bombardierung deutscher Städte bereits lange vor Mai 1940 für den Fall eines deutschen Angriffs auf Frankreich gefasst worden war.

Die deutsche Luftwaffe hatte während der Feldzüge in Polen und Frankreich erfolgreich den Vormarsch des Heeres unterstützt und so einen großen Beitrag zu den Erfolgen der Wehrmacht geleistet. Nach der Kapitulation Frankreichs stand die Wehrmacht vor dem Problem, auch Großbritannien bezwingen zu müssen. Die politische und militärische Führung einigte sich schließlich auf das Ziel, zunächst die Luftherrschaft über Südengland zu erkämpfen, um dann möglicherweise eine Landung durchzuführen. Während der Luftschlacht um England versuchte die Luftwaffe von Mitte August bis Anfang September 1940 vergeblich, mit den Flugplätzen die Bodenorganisation des Fighter Commands zu zerstören. Da man die britischen Jäger nicht zu fassen bekam, wurde schließlich London als neues Ziel bestimmt. Bei Angriffen auf die Hauptstadt, so die deutsche Überlegung, müssten sich die britischen Jäger endlich zum Kampf stellen. Vom 7. bis 27. September 1940 wurde London bei Tage, danach bis November 1940 bei Nacht angegriffen. Hauptziel waren die Docklands im Osten der Stadt und das Regierungsviertel. Obwohl der damalige Stand der Technik zwangsläufig dazu führte, dass zahlreiche Bomben die Wohngebiete trafen, waren diese nicht das eigentliche Ziel der Angriffe – trotz Hitlers großspuriger Ankündigung in seiner Sportpalastrede vom 4. September 1940, dass er die englischen Städte ausradieren werde. Gezielte Terrorangriffe auf die Bevölkerung behielt er sich als letzte Eskalationsstufe ausdrücklich vor.

Nachdem die Angriffe auf London trotz erheblicher Zerstörungen und Tausender Toter weder die wirtschaftliche Leistungsfähigkeit der Stadt noch den Durchhaltewillen der Bevölkerung geschwächt hatten, griff die Luftwaffe von November 1940 bis Februar 1941 die britische Luftrüstungsindustrie an. Trotz schwerer Schäden in den betroffenen Städten gelang es auch diesmal nicht, einen durchschlagenden Erfolg zu erzielen. Der erste Angriff dieser Serie richtete sich in der Nacht vom 14./15. November 1940 gegen das Zentrum der britischen Flugzeugmotorenindustrie in der mittelenglischen Stadt Coventry. Die deutschen Bomber richteten erhebliche Zerstörungen an und töteten 506 Personen, 432 wurden schwer verletzt. Auf deutscher Seite nahm man die zivilen Verluste als unweigerlichen Nebeneffekt bewusst in Kauf. In London wie nun auch in Coventry war dies mit der Absicht verbunden, nicht nur wirtschaftlichen Schaden anzurichten, sondern auch den Durchhaltewillen der Bevölkerung zu schwächen. Wenngleich die Zivilbevölkerung also nicht das primäre Ziel war, verschwammen die Grenzen zwischen militärischen und zivilen Zielen

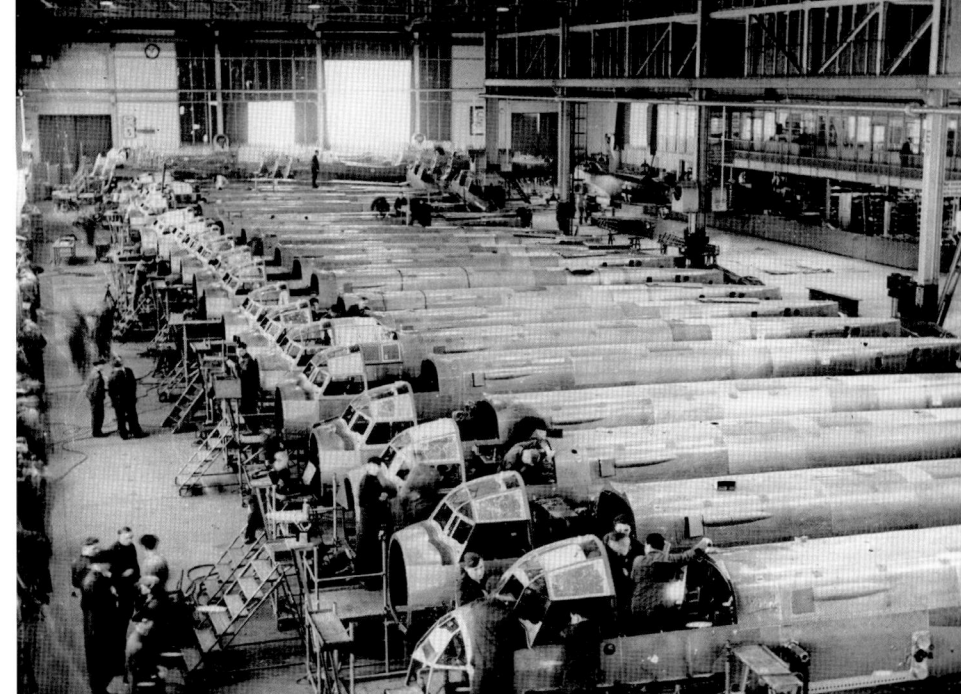

Seit 1939 wurden Junkers Ju 88 für den Bombenkrieg gebaut. Die nationalsozialistische Propaganda schrieb zu diesem Bild am 2. April 1941: „Ausgerichtet wie preußische Grenadiere stehen die Rümpfe der neuen Junkers Ju 88-Bomber in Reih und Glied in der Großserienfertigung."

Der Bombenkrieg

zusehends. Am 10. Mai 1941 wurde der letzte schwere Luftangriff auf London geflogen. 1.436 Tote und rund 1.800 Schwerverletzte waren die Bilanz dieses Angriffs, der sich erneut gegen die Docklands gerichtet hatte. Insgesamt wurden in der Zeit von August 1940 bis Mai 1941 bei deutschen Luftangriffen 43.000 Zivilisten getötet, 51.000 schwer und 88.000 leicht verletzt.

Im Sommer 1941 wurde die Masse der deutschen Bomberverbände nach Osteuropa verlegt. Im Frühjahr 1942 griff die Luftwaffe dann zur Vergeltung britischer Angriffe auf Lübeck und Rostock zum ersten Mal gezielt rein zivile Ziele an. Die Schäden in Exeter, Bath und York waren erheblich.

Die NS-Führung musste 1943/44 weitgehend machtlos mitansehen, wie die deutschen Städte im alliierten Bombenhagel in Schutt und Asche versanken. Zur Befriedigung von Hitlers unbeugsamem Drang nach Vergeltung flog die Luftwaffe von Januar bis Mai 1944 mit stärkeren Kräften eine erneute Luftoffensive gegen London. Von den Engländern als „Baby-Blitz" verspottet, richtete dieser Versuch, es den Briten heimzuzahlen, keine größeren Schäden in der Hauptstadt mehr an. Der am 13. Juni 1944 begonnene Beschuss Londons mit V-1-Raketen, zu denen ab September 1944 noch das Modell V-2 hinzukam, markiert den Endpunkt deutscher Angriffe gegen britische Städte, die sich in ihrer Intention seit 1942 nicht mehr von den britischen Angriffen unterschieden. Damit waren die Kriegsparteien auf derselben Stufe einer unterschiedslosen Kriegführung angekommen, in der die Zivilbevölkerung zum vorrangigen Ziel avancierte.

Die Briten betrachteten die deutsche Luftoffensive 1940/41 als genau jene unterschiedslosen Terrorangriffe, die man in den Vorkriegsdiskussionen so sehr gefürchtet hatte. Irgendwelche moralischen Zweifel, ob es vertretbar sei, deutsche Städte anzugreifen und dabei Zivilisten zu töten, verflogen unter diesem Eindruck rasch. Der britische Premierminister, Winston Churchill, aber auch der amerikanische Präsident, Franklin D. Roosevelt, haben die feindliche Zivilbevölkerung im Übrigen immer als geeignetes Angriffsziel betrachtet. Als das Bomber Command und später die US Army Air Force (USAAF) sich mit der Luftoffensive gegen Deutschland befassten, vermochten sie dies also ohne Restriktionen von politischer oder moralischer Seite zu tun. Wenngleich die deutschen Luftangriffe bei den britischen Militärs letzte Skrupel beseitigten, war das Handeln der Briten keinesfalls durch Bedenken bestimmt. Von Anfang an war es die Absicht der britischen Führung gewesen, die deutsche Kriegsproduktion und die Moral der Bevölkerung durch die systematische Zerstörung von Industrieanlagen und Städten zu schädigen, sobald dafür ein günstiger Zeitpunkt gekommen war.

Am 15. Mai 1940 wurde der erste britische Bombenangriff auf eine deutsche Stadt geflogen. Zu dieser Zeit hatten die Besatzungen noch den Auftrag, die Bomben wieder mit nach Hause zu bringen, falls sie das Ziel nicht ausmachen konnten. Die ersten Angriffe auf Deutschland hatten unter anderem den Zweck, die Luftwaffe dazu zu zwingen, Kräfte von der Front in Frankreich abzuziehen. Die Deutschen dachten freilich, dass das Bomber Command eine unterschiedslose Luftof-

Links: Blick vom Turm der St Paul's Cathedral auf das am 29. Dezember 1940 von der deutschen Luftwaffe bombardierte London.

Rechts: Vor dem Einsatz gegen Städte in England: Beladung einer Heinkel HE 111 mit Bomben, 1941. Dieser Bombertyp war schon 1937 bei der Zerstörung von Guernica eingesetzt und getestet worden.

fensive gestartet hätte, weil etliche Bomben bei den Nachtangriffen in Wohngebiete fielen. Ironischerweise erkannten die Deutschen den ersten Angriff der Briten, der sich gezielt gegen Zivilisten richtete, gar nicht als solchen. Die Bomben, die am 16. Dezember 1940 die Mannheimer Wohngebiete treffen sollten, gingen weit verstreut außerhalb bebauten Gebiets nieder. Die Intention eines Luftangriffs und dessen Wirkung sind zweierlei, wie sich hier einmal mehr zeigte.

Obgleich bereits 1941 auch bei den Briten die Unterscheidung zwischen militärischen und zivilen Zielen zunehmend verschwamm, wurde die Strategie erst mit der neuen Direktive des Air Staff vom 14. Februar 1942 geändert. Was früher als Kollateralschaden angesehen wurde, avancierte nun zum eigentlichen Ziel. Von nun an richteten sich die Luftangriffe nämlich dezidiert gegen die Moral der deutschen Zivilbevölkerung. Die Zielpunkte sollten fortan stets in den Wohngebieten liegen, nicht, so wurde ausdrücklich befohlen, in Werftanlagen oder Flugzeugfabriken.

Die neue Strategie muss im Zusammenhang mit dem bis dahin so erfolglosen Einsatz der britischen Bomber gesehen werden. Industrieziele konnte man nicht wirkungsvoll angreifen – einstellen wollte man die Luftangriffe aber auch nicht; schließlich waren die Bomber die einzige offensive Waffe Englands, um den Krieg in das Land des Feindes zu tragen. Somit stand die Frage im Raum, wie diese Streitmacht effektiver eingesetzt werden konnte: Als einzige Möglichkeit blieb das Flächenbombardement. Zudem glaubte man, durch die Bombardierung von Arbeitervierteln den größten wirtschaftlichen Schaden anzurichten. Brannte man die Wohnviertel nieder und tötete die Industriearbeiter, konnten diese keine Waffen mehr produzieren, so das Kalkül. Zudem ging man von der irrigen Annahme aus, dass die Deutschen eine bedeutend schlechtere Moral als die Briten hätten. Infolge der Luftangriffe würde der Durchhaltewillen der vom Leben in der Diktatur ohnehin schon angespannten Bevölkerung bald erlahmen. Solche Wunschvorstellungen beruhten wesentlich auf einer verqueren Wahrnehmung des deutschen Zusammenbruchs im November 1918. Ihre Realitätsferne wurde erst im Herbst 1944 wirklich erkannt.

Amerikanische Luftstreitkräfte bombardieren Deutschlands wichtigsten Hersteller von Flugzeugreifen, die Continental Gummiwerke in Hannover, 1943.

Bombenkrieg für den Heimatschutz: „Über den Wällen, die wir bewachen". Der Text stammt aus der amerikanischen Nationalhymne „The Star-Spangled Banner". Plakatentwurf von Jes William Schlaikjer, 1944.

Der erste Luftangriff gemäß der neuen Direktive galt am 29. März 1942 Lübeck. Die Stadt war weder in militärischer noch in wirtschaftlicher Hinsicht von herausragender Bedeutung. Sie wurde ausgewählt, weil der mittelalterliche Altstadtkern leicht in Flammen aufzugehen versprach und weil Lübeck aufgrund seiner exponierten geografischen Lage auch bei Nacht leicht zu finden war. Arthur Harris wurde im Februar 1942 Oberbefehlshaber des Bomber Commands, nur wenige Tage nachdem die neue Direktive geschrieben worden war. Er war ein überzeugter Anhänger der hier niedergelegten Ideen und – zusammen mit seinen politischen und militärischen Vorgesetzten – dafür verantwortlich, dass die RAF bis zum Kriegsende daran festhielt. Im Oktober 1943 schrieb Harris über die Strategie des Bomber Commands: „Das Ziel ist die Zer-

Blick vom Rathausturm auf das zerstörte Dresden, 1945.

störung deutscher Städte, das Töten deutscher Arbeiter und die Zerschlagung des öffentlichen Lebens überall in Deutschland. Es muss hervorgehoben werden, dass die Vernichtung von Häusern, öffentlichen Einrichtungen und Menschenleben, die Schaffung eines Flüchtlingsproblems bislang unbekannten Ausmaßes und der Zusammenbruch der Moral in der Heimat und an der Front durch die Angst vor ausgedehnten und intensiven Bombenangriffen beabsichtigt und gewollte Ziele der Angriffsstrategie sind. Sie sind keine Nebeneffekte von Versuchen, Fabriken zu treffen."

Natürlich haben nicht alle britischen Luftangriffe in der Zeit von 1942 bis 1945 derartige Absichten verfolgt. Die britische Militärführung ordnete auch etliche Einsätze gegen rein militärische Ziele wie Werften, Fabriken oder Hydrierwerke an. Die Masse der Einsätze hatte aber einen unterschiedslosen Charakter und war gegen Innenstädte und Wohnviertel gerichtet. 1943 verfügte Harris schließlich über eine große Anzahl moderner viermotoriger Bomber und entsprechender Navigationsgeräte, um seine Zerstörungspläne effektiv in die Tat umzusetzen. Im März 1943 entfachte die RAF in Mühlheim an der Ruhr zum ersten Mal die vernichtende Wirkung eines Feuersturms. Im Verlauf der Operation „Gomorrha" wurden im Juli 1943 weite Teile Hamburgs niedergebrannt und rund 42.000 Zivilisten getötet. Im Herbst entschied sich Harris, Berlin zu zerstören. Dies würde, so kalkulierte er, vielleicht 400 bis 500 Bomber kosten, könne für die Alliierten aber den Sieg bedeuten. Von November 1943 bis Februar 1944 flog das Bomber Command eine Luftoffensive gegen die Reichshauptstadt. Die Schäden waren allerdings weniger verheerend und die Menschenverluste bedeutend geringer als zuvor in Hamburg. Die vorausgesagte Zahl an schweren Bombern ging in der Tat verloren und mit ihnen rund 3.000 Besatzungsmitglieder. Der Krieg war damit freilich nicht beendet.

Die britische Bomberoffensive gegen deutsche Städte erreichte in den letzten neun Monaten des Kriegs ihren Höhepunkt, als die deutsche Luftabwehr dem Ansturm nichts mehr entgegenzusetzen hatte. Trauriger Höhepunkt war die Zerstörung Dresdens im Februar 1945, als in einer Nacht rund 25.000 Menschen im Feuersturm starben. Mittlerweile hatte der britische Nachrichtendienst zuverlässig vorausgesagt, dass die Deutschen durch Bombenangriffe nicht zur Kapitulation zu bewegen wären. Harris ließ von den Flächenbombardements indes nicht ab, wenngleich der Air Staff ihn zwang, mehr denn je auch militärische Ziele wie Ölraffinerien zu bombardieren.

Die Doktrin der US Army Air Force, die sich seit Januar 1943 an Angriffen auf das Deutsche Reich beteiligte, unterschied sich grundlegend von der britischen. Die Amerikaner griffen bei Tage an und trachteten danach, mit ihren exzellenten Zielgeräten Schlüsselziele zu vernichten, wie etwa die Kugellagerwerke in Schweinfurt oder die Messerschmitt-Werke in Regensburg. Obgleich auch die USAAF unterschiedslose Angriffe flog – ihre Beteiligung an der Zerstörung Dresdens ist dafür nur ein Beispiel – war die

Intention zumeist eine andere. Sie kann eher mit jener der Luftwaffe während der Jahre 1940/41 verglichen werden. Freilich entsprach dies keinem moralischen Kalkül, sondern einem militärischen Effizienzdenken. Auf amerikanischer Seite hielt man die möglichst punktgenaue Bombardierung von Industrieanlagen schlicht für effektiver. Wie wenig man sich von moralischen Gesichtspunkten leiten ließ, zeigt die US-Luftoffensive gegen japanische Städte ab November 1944. Als die Angriffe gegen Industrieziele nicht den erhofften Erfolg brachten, ging die USAAF ab März 1945 dazu über, eine japanische Stadt nach der anderen niederzubrennen. Der Angriff auf Tokio, bei dem in der Nacht vom 8./9. März 1945 etwa 88.000 Zivilisten starben, übertraf sogar noch die Dimension von Hiroshima.

Das britische Ziel, mit dem *area bombing* die Deutschen zu Aufstand und Revolution zu veranlassen, wurde nicht erreicht. Doch inwieweit wirkten sich die Angriffe auf die Wirtschaft des Reiches aus – sei es durch die Tötung von Arbeitern oder die Zerstörung von Fabriken? Die deutsche Rüstungsindustrie erreichte im Herbst 1944 die höchsten Produktionsziffern – was vielfach als Beleg für die Wirkungslosigkeit der alliierten Angriffe angeführt wird. Freilich zeigen neue Untersuchungen, dass die Luftangriffe den Rüstungsausstoß in einzelnen Bereichen um etwa ein Drittel gesenkt haben. Noch wichtiger war indes, dass Deutschland gezwungen war, einen ganz erheblichen Teil seiner Reserven in den Aufbau einer technisch überaus aufwendigen Luftverteidigung zu investieren. 1943/44 flossen 41 Prozent aller deutschen Rüstungsressourcen in die Luftrüstung, nur 6 Prozent in die Panzerproduktion. Die Konzentration der Luftwaffe auf die Verteidigung des Reiches ab 1943 raubte der Wehrmacht zudem die Luftunterstützung an der Ostfront, was wiederum eine wesentliche Voraussetzung für den Vormarsch der Roten Armee ab Spätsommer 1943 gewesen ist. Der Bombenkrieg gegen Deutschland hat somit in erheblichem Maße zum Sieg der Alliierten beigetragen – wenn auch ganz anders als ursprünglich beabsichtigt.

Seine moralische Bewertung ist bis heute Gegenstand heftiger Debatten, und besonders in Großbritannien tut man sich nach wie vor schwer damit, ihn kritisch zu betrachten. Unstrittig ist indes, dass der Bombenkrieg einer der offensichtlichsten Belege für die Radikalisierung der Kriegführung im Zeitalter der Weltkriege ist. Dresden, Tokio und Hiroshima lagen am 1. August 1914 jenseits aller Vorstellungskraft.

Links: Nach dem Luftangriff auf Tokio besichtigt Kaiser Hirohito die zerstörten Stadtviertel, März 1945.

Rechts: US-Soldaten besichtigen das zerstörte Hiroshima, 1945.

Helmut R. Hammerich

Die Geschichte der Panzerwaffe

In der Dezemberausgabe des Londoner „Strand Magazine" von 1903 konnte der erstaunte Leser etwas über neuartige Panzerkreuzer für den Landkrieg erfahren. Dreißig Meter lange, schwer bewaffnete Ungetüme mit 42 Mann Besatzung überrollten in wenigen Stunden eine eingegrabene hochprofessionelle Armee. Die Technik hatte den Kämpfer besiegt. Die Kurzgeschichte „The Land Ironclads" von H.G. Wells war Science Fiction. Doch wie immer bei einem Blick in die Zukunft wurden die Ideen der jeweiligen Zeit aufgegriffen. Die eines Landpanzers war um die Jahrhundertwende aufgekommen und Auftakt einer Waffenentwicklung, die das Kriegsbild des 20. Jahrhunderts revolutionieren sollte.

Feuer und Bewegung auf das Schlachtfeld zu bringen war und ist das Kerngeschäft des Kriegsherrn. Ob es die Kriegswagen der Antike oder die Panzerreiter des Mittelalters waren, je nach Stand der Militärtechnik entschied eine Schwerpunktwaffe über Sieg oder Niederlage. Eine altindische Handschrift mahnte den Befehlshaber, Infanterie und Reiter nie ohne die Elefanten im Zentrum angreifen zu lassen. Deren Achillesferse war der mangelhafte Eigenschutz. Eine Maschine bot dagegen Vorteile, wo das Lebewesen verwundbar und schwer zu kontrollieren war. Historische Vorbilder für solche Kriegsmaschinen, wie Leonardo da Vincis „Schildkröte", ein mit Kanonen bewaffneter, kegelförmiger Streitwagen, waren jedoch stets am Problem des Antriebs gescheitert. Weder Mensch noch Tier konnten diese schweren Kampfkolosse bewegen. Entscheidend für die Realisierung war daher die militärische Nutzung des Verbrennungsmotors und der Raupenkette, die schwere Gewichte gleichmäßig auf den Untergrund verteilte.

Neben geländegängigen Lastkraftwagen für den Transport wurde auch über gepanzerte Kampffahrzeuge nachgedacht. So kamen im italienisch-türkischen Krieg 1911/12 in Libyen zwei Fiat-Panzerautos zum Einsatz. Zur selben Zeit hatte der k.u.k. Oberleutnant Gunther Burstyn dem österreichischen und dem preußischen Kriegsministerium ein an die *Ironclads* erinnerndes „Landtorpedoboot" angeboten, das bereits alle Eigenschaften eines Kampfpanzers aufwies. Seine Erfindung wurde aber sowohl in Wien als auch in Berlin als „Jules-Verniade" abgetan. Für die Heeres-Prüfstellen zählten harte Fakten wie Finanzierbarkeit und technische Machbarkeit. Die Frage der Mechanisierung der Armeen blieb mehr als umstritten und bedurfte wohl einer Krise als auslösendes Moment.

Das Zeitalter der Weltkriege war geprägt von militärtechnischen Neuerungen, die alle bis dahin gängigen Waffen in den Schatten stellten. Das Schnellfeuer, ob als Maschinengewehr der Infanterie oder als Rohrrücklaufgeschütz der Artillerie mit der verheerenden Wirkung der modernen Brisanzmunition, sollte das Schlachtfeld zu Beginn des 20. Jahrhunderts bestimmen. Das zweite Element der Kampfkraft, die Bewegung, konnte mit diesen rasanten Entwicklungen kaum Schritt halten. Kurz nach Beginn des Ersten Weltkriegs zeigte sich, dass der Schutz der Frontsoldaten gegen feindliches Feuer nur durch ausgefeilte Grabensysteme zu gewährleisten war. Bewegung durch Angriff und Gegenangriff der Infanterie aus den schützenden Gräben heraus führte zu hohen Verlusten bei vergleichsweise geringen Geländegewinnen. Auf operativer Ebene war das Schlachtfeld erstarrt. Doch womit konnte diese Erstarrung überwunden werden?

Die Deutschen setzten auf die Stoßtrupp-Taktik, den Einbruch in schwache Stellen der Grabensysteme mit kleinen, hochspezialisierten Infanteriegruppen. Briten und Franzosen wollten hingegen einen neuartigen MG-Zerstörer. Dieser gepanzerte Kampfwagen, zur Tarnung „Tank" genannt, sollte die Gräben überwinden und deren Verteidigungsnester zerstören. Die nachfolgenden Sturmtruppen konnten dann die Gräben nehmen. Dazu stellten die Briten das Royal Tank Corps auf. Doch die Infanterie wurde nicht umsonst die „Königin der Schlacht" genannt. Die Tanks wurden als reine Unterstützungswaffe angesehen. Progressive Kräfte hingegen glaubten an die Zukunft einer eigenständigen Waffe. Oberst Ernest D. Swinton regte an, den Stellungskrieg an der Westfront mit Raids der neuartigen Tanks zu überwinden. Anfang 1916 stand dafür mit Big Willie ein Urtyp zur Verfügung. In Serie wurde daraus später der Mark IV, ein 8 Meter langer und 27 Tonnen schwerer Kampfwagen, der mit seiner achtköpfigen Besatzung 7,5 km/h im Gelände fahren konnte.

Im Februar 1916 wurde die erste Einheit mit insgesamt 150 Tanks aufgestellt, sogenannte „Zerstörer-Tanks" mit zwei Kanonen und vier MGs und „Mann-Töter-Tanks" mit sechs MGs. Sehr fortschrittlich war auch der französische Renault FT-17. Er verfügte bereits über einen drehbaren Turm, das Triebwerk war im Heck, der Kampfraum im Vorderteil untergebracht. Der FT-17 gilt bis heute als Grundmodell des modernen Panzers.

Erste Einsätze dieser Tanks im September 1916 an der Somme und im April 1917 bei Arras ließen das Potenzial dieser Waffe erahnen, auch wenn viele aufgrund technischer Mängel liegen blieben. Im Spätherbst 1917 plante Oberst J.F.C. Fuller einen massiven Vorstoß mit operativer Zielsetzung gegen die deutsche Siegfried-Stellung bei Cambrai in Nordfrankreich. Dazu wurden 378 Tanks und rund 400 Flugzeuge bereitgestellt. Drei Kavalleriedivisionen sollten die Einbrüche der Tanks ausnutzen. Am 20. November

Soldaten der britischen 6th Division und ihr Tank in einem deutschen Graben während der Schlacht von Cambrai, 20. November 1917.

Das Plakat der Lloyds Bank (Frankreich) warb 1918 mit dem britischen Tank Mark IV für die Zeichnung französischer Kriegsanleihen.

1917 erfolgte der Angriff von drei Brigaden mit insgesamt neun Tank-Bataillonen in drei Wellen, gefolgt von der Infanterie. Die erste deutsche Verteidigungslinie stand diesem Ansturm hilflos

Links: Deutscher Panzer A.7.V an der Westfront, 1918. Das Kürzel stand für Allgemeines Kriegsdepartement, 7. Abteilung, Verkehrswesen.

Rechts: Amerikanische Soldaten mit britischen Helmen und französischen Renault-Panzern FT-17 bei Boureuilles in den Argonnen, 26. September 1918.

gegenüber, schnell war ein Einbruch auf einer Breite von 15 und einer Tiefe von 12 Kilometern geglückt. Doch der Angriff blieb letztlich im erbitterten Widerstand der deutschen Verteidiger liegen. Artillerie, Fliegerabwehrgeschütze auf Lkw im Erdkampf und Infanterie im Nahkampf zerstörten reihenweise Tanks. Ein Gegenangriff brachte fast alle verlorengegangenen Geländeabschnitte wieder in deutsche Hand. Die britische Seite beklagte am Ende 45.000, die deutsche Seite 41.000 Gefallene.

Die deutsche Oberste Heeresleitung erkannte die Bedeutung der neuen Waffe aufgrund der Abwehrerfolge zu spät. Der erste deutsche Tank war der schwere Kampfwagen A.7.V. mit einer 5,7cm-Kanone, 6 MG und 18 Mann Besatzung. Mit zwei 100-PS-starken Motoren erreichte er eine Höchstgeschwindigkeit von 8 km/h im Gelände und hatte eine Reichweite von 30 bis 35 Kilometern. Bis zum Ende des Krieges waren 20 A.7.V. und rund 30 Beutepanzer in 9 Kampfwagenabteilungen und weitere 100 Reservetanks verfügbar. Der erste Einsatz fand am 21. März 1918 bei St. Quentin statt. Im Inneren der A.7.V. herrschten Temperaturen von über 60 Grad Celsius, die Panzersoldaten hatten schwer entflammbare Schutzanzüge an. Der Kommandant trug im Gefecht neben dem Stahlhelm eine Stahlmaske mit Kettengehänge gegen Splitter. Vier Wochen später kam es östlich von Amiens zum ersten Panzergefecht der Kriegsgeschichte.

13 deutsche A.7.V. trafen auf fast ebenso viele britische Tanks. Auf Entfernungen zwischen 200 und 700 Meter entbrannte der Kampf Panzer gegen Panzer für rund eine halbe Stunde. Dann zogen sich die noch fahrtüchtigen Tanks auf beiden Seiten zurück, da die Artillerie in das Gefecht eingriff.

Die Deutschen setzten weiterhin auf Panzerabwehr, während die Briten und Franzosen immer mehr Tanks anforderten. Die Offensiven mit starker Tankbeteiligung bei Soisson im Juli und bei Amiens im August 1918 brachten die schwersten Niederlagen für die Deutschen. Der Stellungskrieg war endgültig überwunden, die Bewegung auf das Schlachtfeld zurückgekehrt.

Im Kampf um die Deutungshoheit der Kriegführung und um die kleiner werdenden Geldtöpfe aufgrund der Weltwirtschaftskrise wurden die Erfolge der Tanks nach 1918 gerne übersehen. Die alten Kriegsszenarien wie der Kolonialkrieg traten wieder in den Vordergrund der Militärplaner. Angriffsoperationen mit Hunderten von Kampfwagen gehörten dagegen der Vergangenheit des Großen Krieges an. Die Infanterie fühlte sich weiterhin als schlachtentscheidende Waffe. Tanks waren wichtig, aber nur zur Unterstützung. So war es nicht verwunderlich, dass das britische Tankkorps stark reduziert wurde. Frankreich setzte nach dem Krieg auf den Bau der Maginot-Linie. In den USA schlug man 1920 die Tanks der Infanterie zu.

Deutschland durfte gemäß Versailler Vertrag nur ein 100.000-Mann-Heer mit sieben Infanterie- und drei Kavalleriedivisionen aufstellen und weder Giftgas noch Flugzeuge oder Panzer besitzen. Im Frühsommer 1920 wurden daher die letzten deutschen Kampfwagenabteilungen aufgelöst. Die strategische Lage Deutschlands in der Mitte Europas barg immer das Risiko eines Zweifrontenkrieges. Um sich an einer Front durchzusetzen und sich dann rasch der nächsten Front zuzuwenden, war ein mobiles Feldheer aus motorisierten und gepanzerten Truppen unabdingbar. In einem ersten Schritt sollte daher das Heer motorisiert werden. Dazu hatte jede der sieben Infanteriedivisionen der Reichswehr eine Kraftfahrabteilung als Transportverband. Über diese Verbände liefen auch die Versuche mit Kampfwagen. Für Hauptmann Heinz Guderian, ab 1922 in der zuständigen Inspektion im Reichswehrministerium tätig, war eine eigenständige Kampfwagentruppe zukunftsweisend. Für die Anhänger einer „Breitenmotorisierung" des Heeres hingegen bedeutete die Vorstellung einer „Tiefenmechanisierung" Konkurrenz im Kampf um knappe Ressourcen. Guderians direkter Vorgesetzter schimpfte: „Zum Teufel mit der Kampftruppe! Mehl sollt ihr fahren!" Sein Nachfolger sah dies schon ganz anders, wollte wie Guderian aus der Kraftfahrtruppe eine Kampftruppe machen. Doch vorerst blieb es bei der theoretischen Beschäftigung, bei Planübungen und kleineren Manövern mit Panzerattrappen. In Großbritannien überlegten vor allem Fuller und Liddell Hart, wie ein mechanisierter Großverband kriegsentscheidende operative Erfolge erzielen könne. Vor der eigentlichen Angriffsoperation sollten Kampfflugzeuge und schnelle Tanks gegen die feindlichen Hauptquartiere vorgehen, um Verwirrung und Unruhe zu erzeugen. Danach sollten die feindlichen Linien von starken Durchbruchstruppen aufgebrochen werden, um schließlich den Gegner mit schnellen Verfolgungstruppen endgültig zu schlagen. Ähnliche Überlegungen hatte Oberst Charles de Gaulle. In seinem Buch „Frankreichs Stoßarmee" von 1934 forderte er eine kleine Berufsarmee, deren Kern aus sechs gepanzerten Stoß-Divisionen bestehen sollte.

Die Ideen Fullers, Liddell Harts und de Gaulles wurden auch in deutschen Militärzeitschriften diskutiert und von deutschen Experten wie Ernst Volckheim, Walter Nehring oder Heinz Guderian in zahlreichen Aufsätzen weiterentwickelt. Aufmerksamkeit erregte die 1934 vom ehemaligen österreichischen Heeresinspektor Ludwig Ritter von Eimannsberger veröffentlichte Studie „Der Kampfwagenkrieg". Er beschrieb zum ersten Mal eine Kampfwagendivision, die im Verbund mit motorisierten Infanterie-, Artillerie- und Pioniereinheiten einen kampfkräftigen Großverband für den Angriff darstellte. 1937 kam Guderians vielgelesenes Buch „Achtung Panzer!" auf den Markt, welches die gedankliche Nähe zu Eimannsberger zeigt. Große Verbreitung fand die Panzeridee auch durch Nehrings „Kampfwagen an die Front" oder vergleichbare Titel, die in den 1930er-Jahren hohe Auflagen erzielten.

Die Militärtechnik machte in den zwei Jahrzehnten nach dem Kriegsende erhebliche Fortschritte, die Panzer wurden schneller und kampfkräftiger. Für die Experten stand zu jener Zeit fest, dass ein künftiger Krieg von der Armee gewonnen wird, die Panzerverbände als selbständig operierende Hauptwaffe einsetzt. Bis zum Beginn des Zweiten Weltkriegs traf dies jedoch auf kaum eine Armee zu. Das britische und das amerikanische Heer verfügten über nur zwei Panzerdivisionen im Aufbau. Frankreich hatte die stärkste Panzerstreitmacht, doch diese war aufgeteilt in Regimenter und ausschließlich zur Unterstützung der Infanterie und der Kavallerie vorgesehen. Erst ab 1938 wurden vier mechanisierte Großverbände aufgestellt, die der de Gaulleschen Idee der „Division de choc" nahekamen.

Der Friedensvertrag von Versailles erlaubte der Reichswehr keine Kampfwagen mehr. Zuletzt dienten sie noch der Niederschlagung der Revolution, wie hier in München ein „Panzerauto, welches an den Kämpfen am 1.–2. Mai [19]19 erfolgreich tätig war".

Eigentlich war die Rote Armee am weitesten. Ihr Konzept der „Tiefen Schlacht" sah vor, mit schnellen Truppen in die Tiefe des feindlichen Verteidigungsraumes, rund 200 bis 300 Kilometer weit, vorzudringen, Hauptquartiere und Kommunikations- und Nachschublinien zu zerstören und das Heranführen von Reserven zu verhindern. Gleichzeitig sollten gepanzerte Truppen Einbrüche an schwachen Stellen der Verteidigung erzielen, die dann von weiteren Panzer- und Infanteriekräften ausgenutzt werden konnten. 1932 wurde dazu ein mechanisiertes Korps mit über 700 gepanzerten Fahrzeugen aufgestellt. Doch Kriegserfahrungen, vor allem aus dem Spanischen Bürgerkrieg, sprachen gegen ein solch weitreichendes operatives Konzept. Die koordinierte Land-Luftschlacht war für die Rote Armee der 1930er-Jahre zu komplex. 1937 wurden daher die mechanisierten Korps aufgelöst und die Verbände der Infanterie unterstellt. Erst die operativen Erfolge der Wehrmacht auf russischem Boden veranlassten die Führung der Roten Armee, in der Panzerfrage umzudenken.

Von den russischen Bestrebungen profitierte die Reichswehr. Die geheime Zusammenarbeit mit der Roten Armee ermöglichte ab 1926, moderne Rüstungstechnik trotz des Versailler Vertrags praktisch zu erproben. Neben einer Flieger- und einer Gaskriegschule gab es eine Panzerschule nahe der Stadt Kasan an der Wolga. Dort fanden bis 1933 drei gemeinsame Lehrgänge statt. Dann wurde der Lehrbetrieb aufgrund der außenpolitischen Spannungen zwischen beiden Staaten eingestellt. Die rund 30 deutschen Lehrgangsoffiziere bildeten den Kader für die Aufstellung der deutschen Panzertruppe. Guderian war zu jener Zeit Kommandeur der 3. (Preußischen) Kraftfahrabteilung in Berlin-Lankwitz und baute seine Kompanien zu Panzerspäh-, Kampfwagen- und Panzerabwehreinheiten um. Dazu kamen eine Kradschützenkompanie und ein Nachrichtenzug, sodass ein erster Panzerverband erkennbar war. Mangels Panzerfahrzeugen wurde mit Holzattrappen ausgebildet. Aus den sieben Kraftfahrabteilungen entstanden ab Mai 1933 die späteren Panzeraufklärungs- und Panzerjägerverbände.

Links: Übung der Reichswehr mit Panzerattrappen aus Holz, 1931.

Rechts: Frankreichs Armee testete schon 1926 neue Typen ihrer Panzerwaffe.

Unter der Tarnbezeichnung „Großtraktor" hatte die deutsche Rüstungsindustrie ab 1925 die ersten Versuchspanzer entwickelt. Diese sollten nicht schwerer als 25 Tonnen sein, um über Brücken fahren zu können. Darüber hinaus sollten sie eine Höchstgeschwindigkeit von 40 km/h erreichen und Platz für fünf Mann Besatzung bieten: den Kommandanten, den Richtschützen, den Ladeschützen, den Fahrer und den Funker. Als Panzer I ging das Modell in Serie, die Zeit der Attrappen war endgültig vorbei.

Im Gegensatz zu den ehemaligen Kriegsgegnern gelang es den deutschen Panzerexperten, eine eigenständige Truppengattung aufzubauen. Und das auf Kosten der Infanterie und vor allem der Kavallerie, die ihre Lanzen 1927 endgültig abgeben musste. Neuer Inspekteur für das Kraftfahrwesen wurde 1931 Generalmajor Oswald Lutz, ein leidenschaftlicher Befürworter der Ideen Guderians. Damit hatten die progressiven Kräfte im Reichswehrministerium deutlich an Durchschlagskraft gewonnen.

Lutz, Guderian und andere arbeiteten stetig weiter und erregten durch Manöver die Aufmerksamkeit der politischen und militärischen Führung. Das war angesichts der spektakulären Vorführungen, bei denen Panzer und motorisierte Infanterieeinheiten mit hohem Tempo wellenartig angriffen und dabei von Sturzkampfbombern unterstützt wurden, nicht schwer. Adolf Hitler hatte bereits 1929 im „Illustrierten Beobachter" sein Interesse an dieser Angriffswaffe bekundet und war spätestens 1935 ihr Förderer. Die vielen Übungen brachten überdies wichtige Erkenntnisse. So wurden alle Panzer mit Funkgeräten ausgerüstet. Einer Übungsdivision gelang es damit, in weniger als zwei Stunden in eine völlig neue Richtung anzugreifen. Eine für die damalige Zeit erstaunliche Führungsleistung.

Im Zuge der Heeresaufrüstung ab 1935, es sollten nun 36 Divisionen mit rund 500.000 Soldaten aufgestellt werden, gingen aus den drei Lehr- und Ausbildungskommandos in Zossen und Ohrdruf die ersten drei Panzerdivisionen hervor. Guderian wurde Kommandeur der 2. Panzerdivision in Würzburg. Eine Panzerdivision verfügte damals über rund 12.000 Soldaten, 324 Panzerkampfwagen und 101 Panzerspähfahrzeuge. Diese waren aufgeteilt auf eine Panzerbrigade mit zwei Panzerregimentern zu je zwei Abteilungen und eine Schützenbrigade mit einem Schützenregiment und einem selbständigen Kradschützen-Bataillon.

Trotz dieser Fortschritte machten die Infanteriedivisionen weiterhin rund 80 Prozent des Feldheeres aus. Die Heeresleitung betrieb vorrangig die Motorisierung von vier Infanteriedivisionen und die Aufstellung dreier leichter Divisionen. Geführt wurden die Divisionen von drei Generalkommandos, wobei das XVI. Korps aus allen Panzerdivisionen bestand. Diese Korps waren die Vorläufer der späteren Panzerkorps, Pan-

Panzer auf dem Roten Platz in Moskau, um 1930. Links der leichte Panzer T-18, rechts Tanks aus britischer Produktion.

General Heinz Guderian (Mitte), hier mit dem sowjetischen Brigade-General Semjon Moissejewitsch Kriwoschein und (links) dem österreichischen Generalleutnant Mauritz von Wiktorin, Kommandeur der 20. Infanteriedivision (mot.), in Brest-Litowsk, 22. September 1939.

zergruppen und Panzerarmeen der Wehrmacht. Heinz Guderian wurde 1938 der erste Chef dieser Schnellen Truppen und war für die gemeinsame Ausbildung zuständig. Dabei setzte er auf eine neue Führungskultur. Moderne Fernmeldetechnik und das Führen mit Auftrag oder die Auftragstaktik, bei der die unterstellten Truppenführer Freiräume in der Umsetzung der Aufträge bekamen, waren seine Erfolgsrezepte. In anderen Staaten setzte man weiterhin auf die Befehlstaktik, die eine buchstabengetreue Umsetzung der gegebenen Befehle forderte. Unterstellte Führer warteten stets auf weitere Anweisungen, wo Eigeninitiative im Sinne der übergeordneten Führung angebracht gewesen wäre.

Erste Kriegserfahrungen konnten die Panzersoldaten im Spanischen Bürgerkrieg sammeln. Neben Luftwaffeneinheiten wurde 1936 in der Legion Condor auch die „Abteilung Drohne" aufgestellt, um General Franco zu unterstützen. Die Rote Armee stand auf der Seite der republikanischen Truppen und lieferte ebenfalls Panzer und Flugzeuge. So kämpften im Mai 1937 deutsche Panzer I im Rahmen einer antirepublikanischen Division zum ersten Mal als geschlossener Verband.

Weitere Erfahrungen brachte 1938 der Einmarsch nach Österreich und in die Tschechoslowakei. Dabei blieb allein durch technische Ausfälle rund ein Drittel aller Fahrzeuge liegen. Dem Treibstoffmangel konnte oft nur durch Tanken an öffentlichen Zapfsäulen begegnet werden. Insgesamt erfüllten die Panzerdivisionen aber ihre operativen Aufgaben, im Rahmen von Armeekorps Märsche über teilweise 700 Kilometer zu absolvieren. Zudem waren die hochwertigen Panzer der tschechischen Rüstungsbetriebe wie Skoda eine willkommene Hilfe bei der Ausstattung der neuen Verbände.

Für die deutsche Panzerwaffe kam der Zweite Weltkrieg zu früh, die Aufstellung war keineswegs abgeschlossen. Bis Ende 1941 sollte sie dennoch große operative Erfolge im Zusammenwirken mit der motorisierten Infanterie, der Artillerie und den Pionieren und nicht zuletzt der Luftwaffe erzielen. Danach war die stählerne Spitze des deutschen Heeres stumpf, die versprochene Auffrischung in der Heimat blieb aus.

Polen wurde 1939 von 48 deutschen Infanteriedivisionen und sämtlichen sechs Panzerdivisionen mit rund 2800 Panzern überfallen. Die Masse waren Panzer I und II, rund 300 Panzer waren tschechischer Herkunft und nur 360 Panzer waren Typ III und IV. Während der Panzer II über eine 2cm-Kanone verfügte, waren die Panzer III und IV mit 5cm- bzw. 7,5cm-Kanone ausgestattet. Drei Panzerkeile sollten der Infanterie voraus mit starker Luftunterstützung den raschen Durchbruch erzwingen. Im Norden stieß Guderian mit vier schnellen Divisionen tief in den polnischen Raum vor und schuf damit die wohl erste selbständig operierende „Panzerarmee" der Kriegsgeschichte. Durchbrüche und Umfassungen des Gegners, überholende Verfolgung und Kesselschlachten durch die Panzerkorps, damals noch Armeekorps (mot.) genannt, bestätigten Guderians Einsatzgrundsätze. Polens Armee hatte als reine Infanteriestreitmacht mit nur wenigen Kavallerie- und Panzerverbänden den schnellen Wehrmachtsverbänden kaum etwas entgegenzusetzen. Erstmals brachte der operative Einsatz der Panzertruppe die rasche Entscheidung, der gesamte Feldzug dauerte keine sechs Wochen.

Der Feldzug gegen Frankreich stellte eine deutlich größere Herausforderung dar. Gemäß dem „Sichelschnitt-Plan" von Generalleutnant von Manstein sollten die Verteidigungsplanungen der Franzosen durchkreuzt werden. Dazu war ein konzentrierter Stoß durch die für einen Panzerangriff ungünstigen Ardennen vorgesehen, um nach der Überwindung der Maas-Linie tief in das Hinterland vorzustoßen und die alliierten Truppen

Der sogenannte „Sichelschnitt-Plan" zur Eroberung Frankreichs 1940.

an der Kanalküste einzuschließen. Kritiker warnten vor den Gefahren der offenen Flanken und der Bedrohung durch die feindliche Luftwaffe. Was während des Ersten Weltkriegs nicht möglich gewesen war, gelang 1940 in vier Tagen: der Durchbruch durch die französische Verteidigung. An der Durchbruchstelle im Raum Sedan, dem operativen Schwerpunkt, waren zehn schnelle Divisionen mit über 1200 Panzern in der Panzergruppe Kleist konzentriert, damals knapp die Hälfte der gesamten deutschen Panzerwaffe. Hier wurde Guderians Grundsatz „Klotzen, nicht kleckern!" Realität.

Mit ihren 41.000 Fahrzeugen kam die Panzergruppe auf eine theoretische Marschlänge von über 1500 Kilometern. Während die ersten drei Panzerdivisionen des Panzerkorps Guderian auf belgischem Gebiet kämpften, blieb die Masse des zweiten Panzerkorps noch östlich des Rheins. Das nachfolgende Infanteriekorps war noch nicht einmal aus dem Versammlungsraum zwischen Marburg und Gießen angetreten. Fahrzeugkolonnen stauten sich, ein ideales Ziel für die feindliche Luftwaffe. Am 13. Mai musste der Übergang über die Maas erfolgen, sonst hätte die französische Führung den tatsächlichen Schwerpunkt des deutschen Angriffs erkannt. Der schlacht-, ja kriegsentscheidende Überraschungseffekt wäre verpufft. In den eineinhalb Stunden vor Angriffsbeginn bei Sedan flogen Stukas auf einem Raum von 1500 mal 1500 Metern rund 750 Einsätze. Danach waren die Verteidiger wie gelähmt. Allerdings gingen nicht die Panzer zum Angriff über, sondern die Schützenregimenter erkämpften die Übergänge über die Maas und bildeten wichtige Brückenköpfe. Erst danach setzten die Panzer über und griffen weiter nach Westen an. Für das weitere Vorgehen der Wehrmacht gab es kein operatives Konzept. Vielmehr entwickelten die Kommandeure vor Ort Eigeninitiative und nutzten Angriffserfolge aus, ohne auf Anweisungen von Oben zu warten. Erwin Rommel führte seine 7. Panzerdivision von vorne. Damit und durch die moderne Fernmeldetechnik konnten die Panzerdivisionen auf jede Lageänderung schneller als der Gegner reagieren, ja sie verblüfften diesen durch unerwartete Schwenks und Angriffe in den Rücken und die Flanke. Nicht umsonst wurde Rommels Division die „Gespensterdivision" genannt. Die Panzerdivisionen waren allerdings nicht nur dem Feind zu schnell. Stuka-Angriffe auf deutsche Einheiten waren keine Seltenheit, wenn Panzerspitzen weiter im Westen standen als geplant. Eine Woche nach dem Maas-Übergang waren diese bereits am Kanal und hatten das britische Expeditionskorps und drei französische Armeen in Belgien eingeschlossen. Vor Dünkirchen befahl Adolf Hitler am 24. Mai zum Erstaunen seiner Panzerkom-

Die NS-Propaganda meldete, dass an Kriegsmaterial kein Mangel war: „Pausenlos entstehen Panzer auf Panzer". Zu erkennen sind Panzertürme des Panzerkampfwagen III, 1942.

mandeure die Einstellung des Angriffs. Das OKH wurde zum ersten Mal von Hitler übersteuert.

Trotz der zahlenmäßigen Überlegenheit der Verteidiger mit über 4000 Panzern und fast 4500 Flugzeugen scheiterten diese an den modernen Führungsgrundsätzen der Wehrmacht und an der neuen deutschen Panzerwaffe. Der französische Historiker Marc Bloch sah darin einen intellektuellen Sieg der Deutschen, die einen modernen Krieg der Geschwindigkeit geführt hätten. Der Blitzkrieg als solcher war jedoch eine Propagandalüge, da es kein solches Konzept der Heeresführung gab. Vielmehr waren es die Improvisationskunst und der Angriffsgeist der Truppenführer, die den raschen Erfolg sicherstellten. Guderians Prinzip „Fahren, funken, schießen!" setzte sich ebenso durch, wie sein Spitzname „Schneller Heinz" oder „Heinz Brausewetter". Die Propa-

Das Sowjetische Ehrenmal an der Straße des 17. Juni nahe dem Brandenburger Tor. Davor sind zwei Panzer des Typs T-34/76 aufgestellt. Hinter dem Denkmal sind 2500 gefallene sowjetische Soldaten bestattet.

gandamaschinerie stilisierte vor allem die Panzerführer zu Helden. Auch erfolgreiche Panzerkommandanten mit hohen Abschusszahlen wurden zu Vorbildern für die Jugend erklärt. Die Panzertruppe also solche erhielt mit ihrem besonders ausgeprägten Angriffsgeist den Status einer Elitetruppe, die bei den Verwendungswünschen der wehrfähigen jungen Männer weit oben lag. Wovon allerdings keiner etwas wissen wollte, waren die hohen Verlustzahlen dieser Truppe. Nach den Panzergrenadieren und vor der Infanterie hatte die Panzerwaffe ab 1942 prozentual gesehen die zweithöchste Verlustrate des Heeres vorzuweisen.

Auf dem Balkan und in Nordafrika konnte die Wehrmacht an die Erfolge der ersten Kriegsjahre anknüpfen. Wieder war es der operative Einsatz der Panzerverbände, der den Sieg brachte. Allerdings verzögerte der Balkankrieg den Beginn des Russlandfeldzugs um mindestens vier bis fünf Wochen. Darüber hinaus sollte der Partisanenkrieg starke Kräfte binden, die an anderen Fronten fehlten. In Afrika herrschte der Bewegungskrieg vollmotorisierter Streitkräfte mit Schwerpunkt Panzer gegen Panzer vor. Rommels Wüstenkrieg endete aufgrund der zahlenmäßigen Überlegenheit der britischen und ab 1942 der amerikanischen Gegner, der eigenen Versorgungsschwierigkeiten und nicht zuletzt aufgrund der operativen Fähigkeiten seines gutinformierten Gegenspielers Montgomery mit der Kapitulation der deutschen Truppen im Mai 1943. Rommel wurde dennoch von der Kriegspropaganda aufwändig als erfolgreicher Panzerführer in Szene gesetzt. Über seine operativen Fehler und die Überbeanspruchung seiner Panzerarmee wurde nicht gesprochen. Doch auch die britischen und amerikanischen Befehlshaber wie George S. Patton nutzten die Kampferfahrungen. Keine Panzerarmee lernte so schnell aus ihren Fehlern wie die amerikanische. Die Erfolge in Nordafrika und Sizilien erhöhten das Vertrauen der US-Soldaten in ihre Führung, Methoden und Ausrüstung. Mit dem M-4 Sherman war die amerikanische Panzertruppe seit 1941 zudem mit einem sehr guten Panzer mit einer leistungsfähigen 7,62cm-Kanone ausgestattet.

Die Angriffserfolge der Wehrmacht beflügelten Adolf Hitler. Er selbst war von seinen Feldherrnqualitäten überzeugt und überschätzte nicht nur sich, sondern auch seine Oberbefehlshaber und die Truppe, die nach zwei Kriegsjahren ermüdet war. Trotz dieser Schwächung griff die Wehrmacht im Juni 1941 mit 17 Panzerdivisionen, die zusammen mit 9 motorisierten Infanteriedivisionen in 4 Panzergruppen aufgeteilt waren, die Sowjetunion an. Für das Unternehmen „Barbarossa" waren 3848 von insgesamt über 5600 Panzerkampfwagen vorgesehen. Jede Panzerdivision verfügte im Durchschnitt über etwas mehr als 200 Panzer, also deutlich weniger als in den früheren Feldzügen.

Erneut sollten drei starke Panzerkeile den Gegner überrollen, wobei die Heeresgruppe Mitte mit zwei Panzerkorps im Schwerpunkt stand und gegen das rund 1000 Kilometer entfernte Moskau vorging. Die Masse der sowjetischen Streitkräfte sollte durch großangelegte Zangenbewegungen zerschlagen werden. Die erste Phase des Feldzugs war von raschem Raumgewinn, zahlreichen beeindruckenden Kesselschlachten und unglaublichen Verlusten der Roten Armee gekennzeichnet. Allerdings verhinderten wiederholte Schwerpunktverlagerungen einen entscheidenden Durchbruch. Wider Erwarten traten vor Moskau sowjetische

Die Geschichte der Panzerwaffe

Truppen unter Marschall Schukow sogar zum Gegenangriff an, was Hitler Anfang Dezember 1941 zur Einstellung des eigenen Angriffs bewog. Auch an den anderen Frontabschnitten musste zur Verteidigung übergegangen werden, denn die Panzer waren entweder im Schlamm steckengeblieben oder hatten in der klirrenden Kälte ihren Dienst versagt. Die neue Waffe war den extremen Witterungsbedingungen nicht gewachsen. Auch stellte der Verlust der knapp 3000 Panzer, welche die Wehrmacht im ersten Kriegsjahr einbüßte, ein großes Problem dar. Die Angriffsverbände waren ausgebrannt, der Nachschub rollte nicht wirklich.

Ende 1941 war der Nimbus der Unbesiegbarkeit der Wehrmacht zerstört, der als Blitzkrieg geplante Russlandfeldzug war gescheitert. Mit dem Erlahmen der Offensivkraft und den Folgen des Überlebenskampfs der Frontsoldaten gegen Hunger, Kälte, Krankheiten und Partisanen kam die Verrohung. Zwar war die Beteiligung der kämpfenden Truppe an Kriegsverbrechen insgesamt geringer als bei den Besatzungsverbänden, jedoch beteiligten sich auch Angehörige der Panzerdivisionen an der Ermordung von Kriegsgefangenen, politischen Kommissaren, Zivilisten und Juden.

Angesichts der überlegenen sowjetischen Kampfpanzer mussten neue Panzermodelle an die Front. Die hektischen Nachrüstungsbemühungen lieferten mit den Panzerkampfwagen V (Panther) und VI (Tiger I) sehr gute Modelle. Mit seiner 8,8cm-Kanone war der Tiger I seinen Gegnern weit überlegen und auch seine starke Frontpanzerung von 10 Zentimetern bot vollkommenen Schutz. Die schweren Panzerabteilungen, die meist mit 45 Tigern I oder II ausgestattet waren, galten als die erfolgreichsten Verbände der Panzertruppe. Der wohl beste deutsche Panzer war aber der Panther, der mit einer hervorragenden 7,5cm-Kanone ausgestattet war. In der Masse blieb es allerdings bei der Produktion der Typen III und IV, die immer wieder in ihrem Kampfwert gesteigert wurden. Schließlich entwickelten sich die Sturmgeschütze, die für die direkte Unterstützung der Infanterie vorgesehen waren, zur wichtigsten Panzerabwehrwaffe des Heeres. Rund 8400 Stück wurden bis Kriegsende produziert, wobei das Sturmgeschütz III dem Panzer IV ebenbürtig

war. Der deutschen Rüstungsindustrie gelang in den Jahren zwischen 1940 und 1944 eine enorme Steigerung der Panzerproduktion. Wurden 1940 fast 2200 Panzer gebaut, so waren es vier Jahre später rund 27.000 Stück. Dagegen standen allerdings die nicht weniger beeindruckenden Produktionszahlen der Kriegsgegner. Allein die amerikanische Rüstungsindustrie lieferte 1943 24.000 Panzer und 47.000 Flugzeuge. Die Rote Armee verfügte über 15.000 bis 20.000 Panzer, davon fast 2000 moderne T-34 und schwere KW, und erhielt jährlich weitere 20.000 Stück.

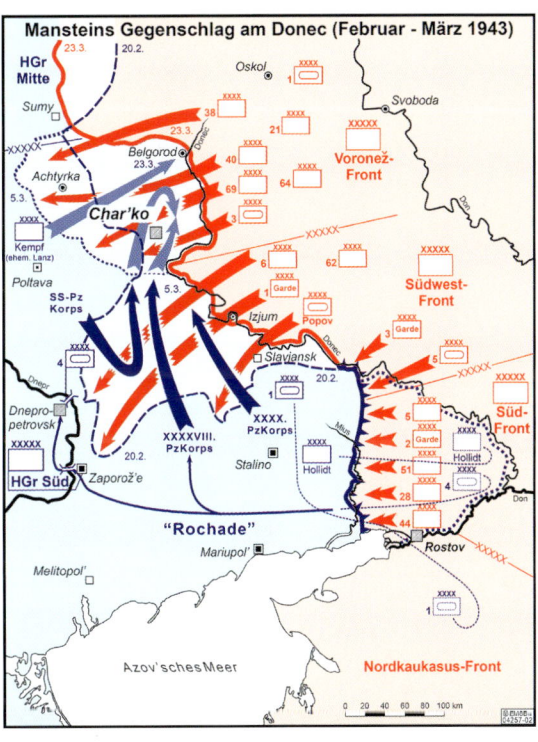

Die Schlacht um Charkow im Februar 1943 (Manstein-Rochade): „Schlagen aus der Nachhand".

Panzerkampfwagen V (Panther) der Wehrmacht, aus: Zeitschrift Signal, 17/1944.

Mit Panzerjägern, hier die 7,62cm-Pak auf Selbstfahrlafette, versuchte sich die Wehrmacht seit den Niederlagen des Jahres 1943 der überlegenen sowjetischen Panzerverbände zu erwehren.

Diese eindrucksvollen Zahlen erklären die Erfolge der Roten Armee ab 1942 aber nur zum Teil. Ein weiterer Erfolgsfaktor war das Reagieren auf die deutsche Angriffsweise durch ein weiträumiges Ausweichen und operative Gegenangriffe. So mündete nach anfänglichen Erfolgen der Wehrmacht, vor allem im Süden der Front bei Charkow, Richtung Kaukasus und an der Wolga, das Kriegsjahr 1942 in der Katastrophe von Stalingrad. Eine Gegenoffensive der Roten Armee schloss dort die 6. Armee ein. Im Kessel blieb die Ausstattung von drei Panzer- und vier motorisierten Schützendivisionen zurück. Rund 100.000 Landser traten ihren schweren Weg in die russische Kriegsgefangenschaft an. Nach Stalingrad wurden die Panzergroßverbände immer mehr als „Feuerwehr" eingesetzt, um Krisensituationen zu meistern. Aufgeteilt auf Infanterieverbände sahen sich die Panzersoldaten unvermutet im Häuserkampf und anderen panzerungünstigen Lagen. Feuer und Bewegung waren nicht möglich, da die rigorosen Haltebefehle Hitlers, sein Einwirken auf die operative und sogar taktische Ebene und die starren Frontlinien keinen Raum für den operativen Einsatz der Panzerkräfte ließen. Wenn doch, dann erzielten schnell zusammengefasste Panzerdivisionen beachtliche Erfolge. So gelang Generalfeldmarschall von Manstein im Süden durch Zurücknahme der Frontlinie eine Verkürzung der Front von 400 auf 180 Kilometer. Damit war die 4. Panzerarmee als bewegliche Reserve verfügbar. Diese verschob er in der legendär gewordenen „Rochade" über mehrere hundert Kilometer. Die Verbände der Roten Armee waren nach sechs Wochen ununterbrochener Angriffe ermüdet, es fehlte an Munition und Treibstoff. Im Februar 1943 griff die 4. Panzerarmee unter Generaloberst Hoth überraschend mit acht Panzerdivisionen auf einer Breite von 80 Kilometern an. Der Gegenschlag am Donez war ein Paradebeispiel operativer Führungskunst und prägte den Begriff „Schlagen aus der Nachhand". Die gesamte Ostfront konnte aber nur kurzfristig stabilisiert werden. Schon wenige Monate später lief sich ein letzter, groß angelegter Angriff bei Kursk, das Unternehmen „Zitadelle", in einem gut ausgebauten Stellungssystem fest. Es kam zur größten Panzerkonzentration der Geschichte. Gegen das bis zu 40 Kilometer tief gestaffelte Verteidigungssystem war der Ansatz operativer Panzerverbände mit 1600 Panzern und 500 Sturmgeschützen unzweckmäßig. Bereits nach einer Woche wurde die Schlacht abgebrochen, da ein Gegenangriff der Roten Armee gegen Orel, nördlich von Kursk, die Angriffskräfte der 9. Armee band und die Alliierten auf Sizilien gelandet waren. Der immer befürchtete Zweifrontenkrieg war Realität, eine dritte Front drohte durch die Landung der Alliierten in Nordfrankreich.

Für Guderian, der seit Februar 1943 Generalinspekteur der Panzertruppen war, verhinderten die Verluste der Schlacht bei Kursk die notwendige Auffrischung der Panzerwaffe. Zudem war die Initiative nun endgültig auf die Rote Armee übergegangen. Es folgten sowjetische Großoffensiven, welche an die früheren Operationen der Wehrmacht erinnerten. Russische Generale wie Katukov oder Rotmistrov gingen mit ihren Gardepanzerarmeen ähnlich vor wie die Wehrmacht in ihren besseren Zeiten. Dabei wurden Nachteile wie die Befehlstaktik durch Materialüberlegenheit und wenig Rücksichtnahme auf Verluste mehr als ausgeglichen. So traten im Sommer 1944 vier Fronten der Roten Armee in der Operation „Bagration" gegen die Heeresgruppe Mitte an. Durch den Einsatz von fast

Die Geschichte der Panzerwaffe

6000 Panzern und starke Artillerie- und Luftunterstützung weitete sich der begrenzte Angriff auf Minsk rasch zu einem operativen Durchbruch aus. Die deutschen Verbände, die nur über rund 600 Panzer und Sturmgeschütze und keine Reserven mehr verfügten, hatten diesem Ansturm nichts entgegenzusetzen. Erst an der Weichsel kam die Offensive zum Stehen, wobei zwei große Brückenköpfe den Ausgangspunkt für die Großoffensive Richtung Oder ab Januar 1945 bilden sollten.

Anfang Juni 1944 eröffneten die Alliierten mit einem beeindruckenden Kräfteansatz die dritte Front in Europa. Gegen diese Invasionstruppen waren die deutschen Panzerverbände mit über 1500 Panzern, darunter fast 800 Panther und Tiger, falsch aufgestellt. Ein Teil kämpfte zu dicht an der Küste und geriet dadurch in den Wirkungsbereich der schweren Schiffsartillerie. Andere Verbände mussten lange Anmärsche an die Front unter ständiger Luftbedrohung durchführen. Allein die 9. Amerikanische Luftflotte hatte im Sommer 1944 über 9000 Jagdbomber im Einsatz. Der erste größere deutsche Gegenschlag, die Operation „Lüttich", wurde Anfang August 1944 durch den Einsatz von 1000 Jagdbombern zerschlagen. Der geschlossene Einsatz von Panzerverbänden war nur möglich, wenn durch schlechte Wetterbedingungen oder durch örtliche Luftüberlegenheit der deutschen Luftwaffe die Bedrohung aus der Luft gering gehalten werden konnte. Erste Infrarot-Nachtsichtgeräte für den Panther sollten darüber hinaus den Nachtkampf ermöglichen.

In der Normandie waren weiträumige alliierte Angriffsoperationen aufgrund des durchschnittenen Geländes kaum möglich. Deshalb wurden die Panzerverbände auf die in der Operation „Cobra" durch die Bretagne vorgehenden Infanteriedivisionen aufgeteilt. Diese Operation bereitete den schnellen Vorstoß durch Nordfrankreich vor, der aber Mitte September 1944

Darstellung aus der „Illustrated London News", 1944: Die in der Normandie eingesetzten deutschen gepanzerten Fahrzeuge. Dazu gehörten Panzerjäger und Panzer der Typen „Panther" und „Tiger" (links).

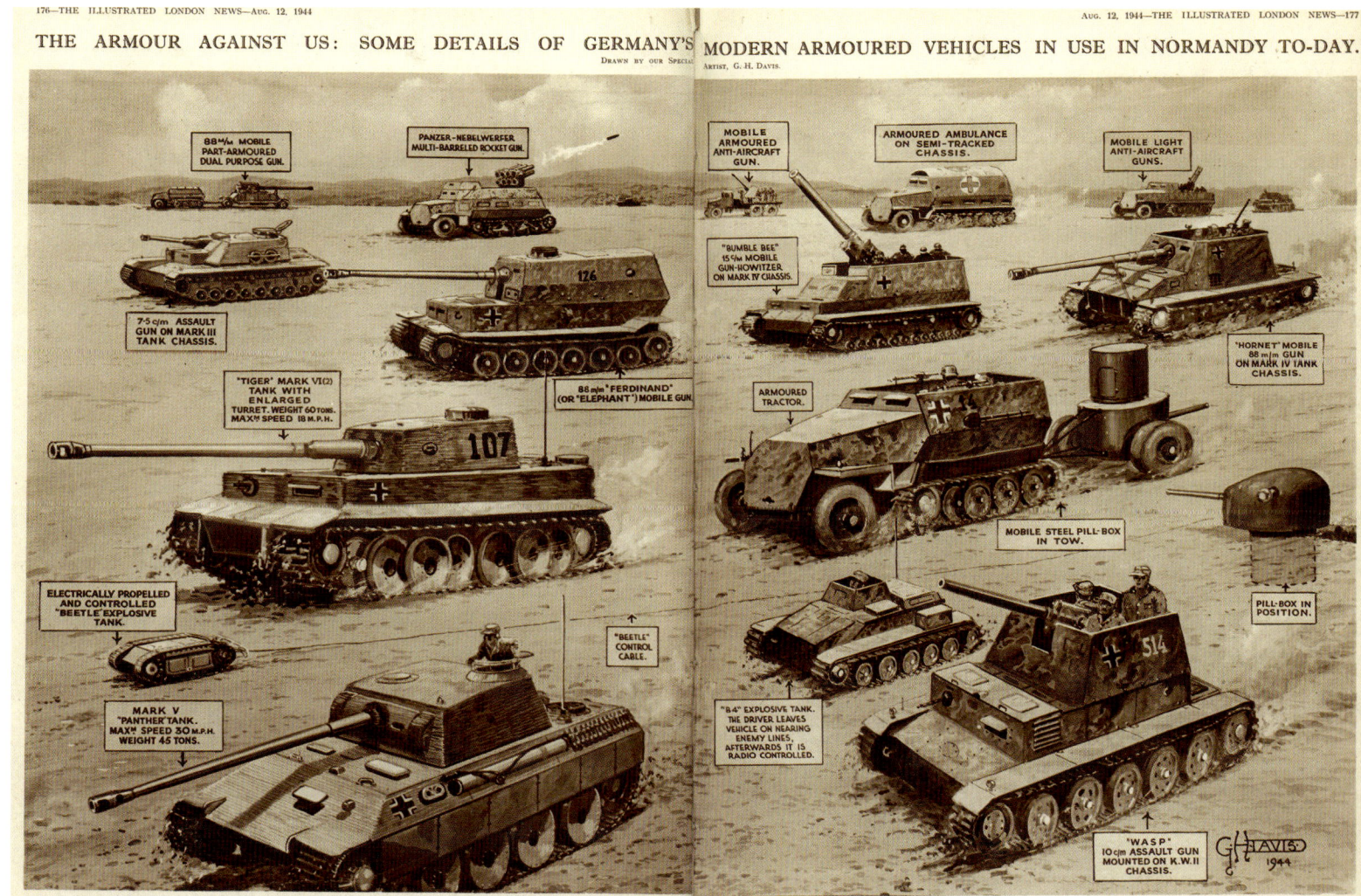

aufgrund von Nachschubschwierigkeiten abgebrochen werden musste. Immerhin konnten starke deutsche Kräfte im Kessel von Falaise, südlich von Caen, eingeschlossen und durch mechanisierte Verbände von Patton und Montgomery vernichtet werden. Die Wehrmacht erlitt eine ihrer größten Niederlagen. Rund 25 Divisionen und über 1500 Panzer und Selbstfahrlafetten waren vernichtet. Diese Verluste konnten bis Kriegsende nicht mehr ausgeglichen werden. Außerdem war der Weg für die Alliierten nach Paris frei. Im panzergünstigen Gelände erinnerte der Vormarsch der Armeegruppen Bradley und Montgomery an die Offensiven der Wehrmacht in Russland 1941. Ende August marschierte Pattons 3. Armee mit der 2. französischen Panzerdivision an der Spitze in Paris ein. Guderian musste erkennen, dass die Westfront ihren Halt verloren hatte. Das kühne Vorgehen der alliierten Truppen verlangsamte sich jedoch durch Nachschubprobleme und schlechte Witterung und verschaffte dem Oberkommando der Wehrmacht Zeit für Gegenmaßnahmen.

Mitte Dezember 1944 bäumte sich die Wehrmacht ein letztes Mal auf, als zwei aufgefrischte Panzerarmeen mit rund 1000 Panzern und Sturmgeschützen mit Angriffsziel Antwerpen überraschend durch die Ardennen antraten. Als zweite Staffel standen weitere 400 schwere Gefechtsfahrzeuge der OKW-Reserve bereit. Die britischen Truppen sollten von den amerikanischen getrennt und die wichtigen Nachschublinien durchschnitten werden. Das schlechte Wetter schützte die Angriffsverbände vor den feindlichen Flugzeugen. Die Panzerspitzen stießen rasch nach Westen vor, zumal die Amerikaner in diesem Abschnitt nur 420 Panzer und Panzerjäger aufbieten konnten. Die 6. Panzerarmee setzte im Schwerpunkt zwei SS-Panzerkorps mit vier gut ausgerüsteten SS-Panzerdivisionen ein, während die 5. Panzerarmee mit zwei Panzerkorps angriff. Die 7. Armee schützte die rechte Flanke südlich Bastogne. Am dritten Tag der Ardennenoffensive besserte sich das Wetter und massive Luftangriffe brachten die deutschen Verbände zum Stehen. Es folgten taktische und opera-

„Königstiger" in der Ardennen-Offensive, begonnen am 16. Dezember 1944. Der Tiger II war der leistungsstärkste Kampfpanzer des Zweiten Weltkriegs.

Zerstörter „Königstiger" an der Westfront, Stavelot (Ardennen), Winter 1944/45

tive Gegenangriffe in die Flanken der Deutschen durch amerikanische Luftlandedivisionen und Pattons 3. Armee, die nach Norden eindrehte und gegen das eingeschlossene Bastogne vorging. Dazu kamen Versorgungsschwierigkeiten, die weitere deutsche Angriffe unmöglich machten. Fast alle Panzerdivisionen konnten nur noch ein Viertel ihrer Panzer einsatzbereit melden. Der Abzug der meisten Divisionen der 6. Panzerarmee an die Ostfront zeigte ebenfalls Wirkung, sodass die Offensive nach einem knappen Monat eingestellt wurde. Damit waren die letzten Panzerreserven verbraucht oder an die Ostfront verlegt. An der Westfront harrten insgesamt 60 abgekämpfte Divisionen mit rund 450 Panzern und Sturmgeschützen aus. Allein die US-Streitkräfte verfügten dagegen über 80 einsatzbereite Divisionen mit über 6000 Panzern. Mitte März 1945 standen kanadische, britische und amerikanische Truppen dann am Rhein.

Den Abschluss der deutschen Panzerentwicklung während des Zweiten Weltkriegs bildete der Tiger II oder „Königstiger" und einige gigantische Versuchsträger wie die „Maus". Vom Königstiger, der allen anderen Panzertypen überlegen war, wurden noch 485 Stück produziert, die aber keine Wirkung mehr zeigten. Die Super-Panzer hingegen kamen nicht über das Versuchsstadium hinaus.

Die Reste der deutschen Panzertruppe kämpften in Ungarn, in Böhmen und Mähren, in Österreich und entlang der Angriffsfronten der Roten Armee und der alliierten Verbände auf dem Reichsgebiet. Mitte April 1945 waren insgesamt noch 321 Panther und 113 Tiger I und II einsatzfähig. Die letzte Grundgliederung, die Panzer- und Panzergrenadierdivision 45, sah nur noch 54 Panzer und 90 Schützenpanzerwagen pro Division vor. 35 Panzerdivisionen, 7 Panzerdivisionen der Waffen-SS und zahlreiche Panzerbrigaden waren am Ende des Kriegs noch im Einsatz.

Der Erste Weltkrieg war ein Krieg der Infanterie und der Artillerie. Im Westen war er rasch zum Stellungskrieg erstarrt, wobei 1916 mit dem Tank die Bewegung auf das Schlachtfeld zurückkam. Allerdings erkannten nur die wenigsten Militärexperten das Potenzial dieser neuen Waffe. Den meisten galt sie als Unterstützungswaffe der Infanterie. In der Reichswehr und in der Wehrmacht hingegen gelang es einer kleinen Gruppe von Offizieren, die Aufrüstung dazu zu nutzen, eine eigenständige Panzertruppe aufzubauen. Neue Technik, eine neue Führungskultur und nicht zuletzt eine starke Luftwaffe waren die Voraussetzungen für den operativen Einsatz der Panzer. Der Zweite Weltkrieg war ebenfalls ein Krieg der Infanterie und der Artillerie, war im Gegensatz zum Ersten Weltkrieg aber ein Bewegungskrieg. Gepanzerte Truppen und die Luftstreitkräfte prägten ihn, wobei die Luftstreitkräfte die kriegsentscheidende Waffe mit strategischer Wirkung werden sollten. Die gepanzerten Truppen blieben hingegen nur operativ, meist taktisch wirksam. Der operative Einsatz der Panzer gelang, wenn die Panzertruppen auf einen überraschten und kräfte- und führungsmäßig unterlegenen Feind stießen und wenn die eigenen Verbände versorgt und aufgefrischt werden konnten. Doch diese vielen Voraussetzungen waren ab 1942 immer weniger gegeben. Vielmehr erdrückte die personelle und materielle Überlegenheit der Gegner den Angriffsgeist der Wehrmacht. Mit den Kriegsjahren hatten sich auch gegnerische Kommandeure und Befehlshaber auf die deutsche Führungskunst eingestellt, und sie kopiert oder weiterentwickelt. So war die Wehrmacht ab 1942/43 an allen Fronten in die Verteidigung gedrängt. Operative Gegenangriffe brachten meist nur eine kurze Entlastung an bestimmten Frontabschnitten. Das letzte Aufbäumen im Osten bei Kursk und im Westen in den Ardennen misslang dagegen und verbrauchte die letzten Reserven. Danach war es nur noch eine Frage der Zeit, bis die Wehrmacht die Kämpfe einstellen musste. Die Panzer wurden in der Verteidigung meist als Feuerwehr an Krisenstellen eingesetzt. Mit taktischen Gegenangriffen konnten Einbrüche abgeriegelt und die Frontlinie kurzzeitig wiederhergestellt werden. Oft waren die Panzerverbände die Korsettstangen der Verteidigung. Anspruch und Wirklichkeit klafften dabei häufig deutlich auseinander. Das „Blitzkrieg-Heer" der Wehrmacht 1940 war ein Infanterieheer mit stählerner Spitze. 16 gepanzerte und motorisierte Divisionen bildeten diese Spitze, während 77 Divisionen zu Pferd oder zu Fuß unterwegs waren. Im Herbst 1943 war das Verhältnis annähernd gleich geblieben. Den 33 mechanisierten Divisionen an der Spitze folgten 179 Infanteriedivisionen. Die Wehrmacht führte also einen Infanteriekrieg, wobei sich die Masse der Infanteriedivisionen nicht sonderlich von der des Ersten Weltkriegs unterschied. Der Marschtritt des Infanteristen und der Hufschlag der Artilleriepferde gaben letztlich den Takt vor, nicht die Panzermotoren.

Die Entwicklung der Panzertruppe zwischen 1916 und 1945 war hingegen beachtlich. Zwischen dem Panzerkampfwagen A.7.V. und dem Königstiger lagen nur 25 Jahre, doch die Leistungsunterschiede waren gewaltig. Die Panzerung hatte sich von 30 Millimeter auf 18,5 Zentimeter im Frontbereich erhöht. Die Bordkanone konnte statt auf 400 Meter auf über 2000 Meter Wirkungstreffer erzielen. War der erste deutsche Kampfwagen noch mit höchstens 8 km/h im Gelände unterwegs, so brachte es der Tiger II auf immerhin fast 40 km/h. Auch wuchs die Panzertruppe in alle Richtungen: von wenigen Lehr- und Versuchseinheiten der Zwischenkriegszeit mit bis zu 50 Kampfwagen bis hin zu Panzerarmeen mit über 1000 Kampfpanzern in der zweiten Hälfte des Zweiten Weltkriegs. Darüber hinaus gab es eine Vielzahl von leichten, mittleren und schweren Kampfpanzertypen, die sich in der Bewaffnung, der Motorisierung und der Panzerung unterschieden. Und schließlich war die Panzertruppe nur noch in der Mehrzahl zu fassen. Die Panzertruppen setzten sich aus allen gepanzerten Truppen zusammen, die das Gefecht der verbundenen Waffen führen konnten – also neben der eigentlichen Panzertruppe aus den Panzerjägern, den Panzeraufklärern, den Panzergrenadieren und, wenn auch organisatorisch getrennt, den Panzerpionieren, den Panzerartilleristen und Sturmartilleristen und den Teilen der Heeresflugabwehrtruppe, die auf

Die Geschichte der Panzerwaffe

Berlin am Ende der Kämpfe gegen sowjetische und polnische Truppen, 2. Mai 1945. Im Vordergrund der Turm eines zerstörten „Panthers" der Wehrmacht.

Selbstfahrlafette für das bewegliche Gefecht vorgesehen waren.

25 Jahre nach dem Ende des Kalten Kriegs verblasst langsam der Mythos der Panzerwaffe. Während der Systemkonfrontation zwischen Ost und West standen sich in Mitteleuropa rund 50.000 Kampfpanzer gegenüber. Allein die Bundeswehr verfügte Mitte der 1980er-Jahre über rund 4500 Panzer. Angesichts der atomaren Bedrohung, der Bedeutung der Luftstreitkräfte, der eher statischen Vorneverteidigung der NATO und nicht zuletzt angesichts der Vielfalt an wirkungsvollen Panzerabwehrwaffen stellt sich jedoch die Frage, ob ein konventionell geführter Krieg in Mitteleuropa überhaupt beweglich geführt worden wäre. Das Kriegsbild hat sich seitdem völlig verändert. Der kleine Krieg prägt die militärische Ausbildung, die Infanterie ist wieder oder besser gesagt weiterhin die „Königin der Waffen". Zukünftig wird die deutsche Panzertruppe nur noch 225 Kampfpanzer in vier aktiven Bataillonen aufbieten, die in erster Linie zur Unterstützung der leichten Truppen vorgesehen sind. Damit ist der Panzerbestand einer frühen Panzerdivision erreicht. Vergleichbar der Kavallerie im 20. Jahrhundert ist die Panzertruppe als schlachtentscheidende Waffe im 21. Jahrhundert nutzlos geworden.

Sven Felix Kellerhoff

Die Entscheidungsschlacht

Um einen mächtigen Feind zu besiegen, muss man ihn entweder überrennen oder vernichtend schlagen. In beiden Weltkriegen versuchte die deutsche Armee den jeweiligen Hauptgegner erst durch Geschwindigkeit und dann in einer Entscheidungsschlacht zu bezwingen. Beide Male hielten die feindlichen Mächte erfolgreich dagegen; beide Male beendeten die Niederlagen der deutschen Truppen zwar nicht den Krieg, weil beide Schlachtfelder weit in gegnerischem Gebiet lagen, aber beide Male hatten die Kämpfe massive psychologische Folgen an der deutschen Heimatfront. Beide Schauplätze sind ins kollektive Gedächtnis der beteiligten Völker eingegangen, ihre Namen sind Symbole für militärischen Größenwahn und zynische Menschenverachtung, für unvorstellbare Gewalt und massenhaftes Sterben. Die Rede ist von Verdun und Stalingrad.

Der Große Generalstab unter Helmuth von Moltke hatte den Feldzug gegen Frankreich im Sommer 1914 als Blitzkrieg konzipiert, auch wenn es den Begriff noch nicht gab. Schon 32 Tage nach der Mobilmachung sollten deutsche Truppen vor Paris stehen – ein ungeheures Tempo, das auch fast erreicht wurde: Anfang September 1914 befand sich die 1. Armee in Sichtweite der Vororte der Hauptstadt. Die Soldaten waren pro Tag bis zu 40 Kilometer vorgerückt, und das trotz Beschuss. Doch in der Marneschlacht blieb der Vormarsch stecken, an die Stelle des Bewegungskriegs trat der Stellungskrieg mit seinen stabilen Fronten. Für die nächsten anderthalb Jahre lag die Initiative an der Westfront weitgehend in der Hand der Westmächte, die mehrere erfolglose Offensiven starteten. Das deutsche Heer konzentrierte sich auf die Abwehr, trieb derweil die Kämpfe im Osten voran und versuchte nur einmal, im April 1915 in Flandern mit der neuen Waffe Giftgas, die gegnerischen Linien zu durchbrechen.

Moltkes Nachfolger, Erich von Falkenhayn, suchte nach einem Ausweg. Ende 1915 skizzierte er einen radikal neuen Schlachtplan, um dem Krieg eine Wendung zu geben. In seinen Memoiren zitierte der Generalstabschef seine angeblich „als Unterlage für den Vortrag bei seiner Majestät dem Kaiser niedergeschriebenen

Der Slogan „On ne passe pas!" (Sie kommen nicht durch!) wurde 1916 von General Robert George Nivelle (1856–1924), dem Oberbefehlshaber der 2. Armee vor Verdun geprägt. Er feuerte seine Soldaten mit dem Ruf „Ils ne passeront pas!" an. Nivelles Parole wurde auch in folgenden Konflikten zum Signal des gerechten Verteidigungskampfs gegen fremde Aggression.

Die Entscheidungsschlacht

Ausführungen" ausführlich. Bekannt wurden diese Überlegungen als „Weihnachtsdenkschrift", auch wenn nie ein Beleg für die Existenz dieses Papiers gefunden werden konnte. Der Grundgedanke klang absurd: Falkenhayn wollte ausgerechnet einen der wichtigsten und am stärksten befestigten Punkte des Feindes angreifen, aber nicht, um ausgerechnet dort einen Durchbruch zu erzielen. Sein Vorschlag verfolgte ein anderes Ziel: Die Moral des wichtigsten Kriegsgegners auf dem Kontinent, Frankreich, sollte so massiv erschüttert werden, dass sein Bündnis mit der Weltmacht Großbritannien zerbrach.

Durchaus treffend schloss Falkenhayn zunächst aus den Erfahrungen der ersten 17 Kriegsmonate: „Massendurchbruchsversuche gegen einen moralisch intakten, gut bewaffneten und zahlenmäßig nicht wesentlichen unterlegenen Feind können auch bei größter Menschen- und Materialanhäufung nicht als aussichtsvoll betrachtet werden. Dem Verteidiger wird es in den meisten Fällen gelingen, die eingedrückten Stellen abzuriegeln. Die Einbuchtungen, flankierender Feuerwirkung in hohem Maße ausgesetzt, drohen dann zum Massengrab zu werden." Dann entwickelte er ein anderes Konzept: „Hinter dem französischen Abschnitt der Westfront gibt es in Reichweite Ziele, für deren Behauptung die französische Führung gezwungen ist, den letzten Mann einzusetzen. Tut sie es, so werden sich Frankreichs Kräfte verbluten, da es ein Ausweichen nicht gibt, gleichgültig, ob wir das Ziel selbst erreichen oder nicht. Tut sie es nicht und fällt das Ziel in unsere Hände, dann wird die moralische Wirkung ungeheuer sein." Gemeint war vor allem Verdun. Aus Falkenhayns Sicht garantierte dieser Plan einen entscheidenden Schlag an der Westfront ohne Risiko: „Deutschland wird nicht gezwungen sein, sich für die räumlich eng begrenzte Operation so zu verausgaben, dass alle anderen Fronten bedenklich entblößt werden."

Das lothringische Städtchen an der Maas hatte für Frankreich tatsächlich große Bedeutung. Hier war im Jahr 843 der Vertrag von Verdun geschlossen worden, die Gründungsurkunde des Westfrankenreiches. Zudem war das Gebiet um die Kleinstadt nach dem Deutsch-Französischen Krieg von 1870/71 massiv als Festung ausgebaut worden. Zahlreiche immer wieder modernisierte Forts lagen auf den Höhenzügen nördlich und östlich der Stadt. Schon während des deutschen Vormarschs im August 1914 hatte die Festung der Dynamik der vorrückenden kaiserlichen Truppen widerstanden. Seither waren es 12 bis 20 Kilometer von Verdun bis zur Front im Norden, Osten und – am weitesten entfernt – im Süden. Nur eine einzige Straße in die Stadt lag außerhalb der Reichweite der deutschen Artillerie. Ein passender Ort für den entscheidenden Kampf.

Um den Jahreswechsel 1915/16 begannen die Vorbereitungen. Die 5. Armee, offiziell geführt von Kronprinz Wilhelm, tatsächlich aber befehligt

von General Konstatin Schmidt von Knobelsdorf, bekam ein zusätzliches Korps zur Verstärkung, außerdem Geschütze und Flieger. Systematisch fotografierten Aufklärer das voraussichtliche Kampfgebiet, um die Stärke der französischen Stellungen abschätzen zu können. Mehr als zwei Millionen Granaten wurden in Depots gestapelt, dazu 560.000 Handgranaten, 24.000 Schutzschilde für Infanteristen, 21.000 Äxte und elf Tonnen Stacheldraht. In bitterkalten Nächten hoben deutsche Soldaten zahlreiche Angriffsstellungen aus, Stollen in Richtung der feindlichen Hauptkampflinie, um den Weg durch das Niemandsland zu verkürzen; sie wurden tagsüber getarnt. Anfang Februar 1916 waren 1.225 Geschütze rund um den französischen Frontbogen aufge-

Deutsche Artilleristen posieren 1916 mit einer Granate, auf die sie „Bertas Gruß an Joffre" geschrieben haben. Gemeint waren die „Dicke Berta", ein 42cm-Mörser, und Frankreichs Generalstabschef Joseph Joffre. Diese Granaten wurden auch gegen das Fort Douaumont bei Verdun eingesetzt.

In der Rüstungsproduktion wurden Frauen beschäftigt, seitdem die Männer an die Front gebracht worden waren. Blick in eine Werkshalle von Bosch, Stuttgart, 1916.

stellt; Preußens Kriegsminister Adolf Wild von Hohenborn notierte in sein Tagebuch: „Unser Artillerieaufmarsch ist wohl von einer in der Weltgeschichte unerhörten Stärke." Er hatte recht – wenigstens für die kommenden Monate.

Die deutschen Vorbereitungen blieben in Frankreich aller Tarnung zum Trotz nicht unbemerkt. Aber sie wurden nicht ernst genommen: Man konnte sich kaum vorstellen, dass ausgerechnet der stärkste Punkt der eigenen Linie das Angriffsziel sein sollte. Die Gegenmaßnahmen waren deshalb bescheiden. Die Forts, aus denen zum Teil Kanonen abmontiert und an andere Teile der Front gebracht worden waren, wurden nur zum Teil wieder ausgerüstet. Wichtig war das Fort Douaumont, doch es hatte nur eine sehr schwache Besatzung. Die furchteinflößenden Befestigungen schienen abschreckend genug zu sein. Im Hauptquartier der französischen Truppen war sich Generalstabschef Joseph Joffre sicher, dass es sich nur um eine Ablenkung handeln könne.

Der deutsche Angriff, für den 12. Februar 1916 geplant, musste wegen schlechten Wetters verschoben werden. Tagelang warteten 120.000 Soldaten der 5. Armee auf den Befehl zum Losschlagen. Doch Joffre nahm die Hinweise nicht ernst: Zusammen mit dem britischen Befehlshaber auf dem Kontinent, General Douglas Haig, plante er seine große Frühjahrsoffensive an der Somme. Noch am 20. Februar 1916 – über Lothringen klarte der Himmel langsam auf – waren sich die alliierten Stäbe sicher: „Vor Verdun wird nur eine große Demonstration stattfinden mit dem Ziel, unsere Reserven dorthin zu ziehen und die französische öffentliche Meinung zu erschüttern. Der Durchbruch wird von den Deutschen in einer Gegend versucht werden, die für eine schnelle Verschiebung von Truppen, Artillerie und Nachschub günstig erscheint, zum Beispiel in der Champagne, wo der Boden im März tragfähig ist."

Am Abend desselben Sonntags war Émile Driant düsterer Stimmung. Der Parlamentsabgeordnete und Reserveoffizier hatte schon seit Monaten gewarnt, dass die Deutschen gerade vor Verdun die Entscheidung suchen könnten. Mit 1.200 Soldaten zweier leicht bewaffneter Jäger-Bataillone hatte er sich im Wald von Caures etwa 15 Kilometer nördlich der Stadt verschanzt. Seiner Frau schrieb er: „In Eile nur ein paar Zeilen, denn ich will hinaufgehen und meine Leute aufmuntern, die letzten Vorbereitungen begutachten. In Gottes Namen! Ich werde mein Bestes tun, siehst Du, und ich bin ganz ruhig. Ich habe immer soviel Glück gehabt, dass ich auch diesmal an mein Glück glaube. Der Sturmangriff kann in dieser Nacht losgehen wie auch um einige Tage verschoben werden. Aber ausbleiben wird er nicht." Driant, ein beliebter Kommandeur, machte sich Sorgen: „Meine armen Bataillone, die bis jetzt ziemlich verschont geblieben sind! Wer weiß. Aber wie klein man sich in solchen Stunden fühlt!" Einem Freund schrieb er: „Ich verspüre eine gewisse Befriedigung, diesen Angriff vorhergesagt zu haben. Viele Jäger werden in 8 oder 15 Tagen nicht mehr da sein, und das stimmt mich traurig. Sei's drum! Das ist der Krieg!"

Es dauerte keine 15 Stunden mehr. Am 21. Februar 1916, genau um 7.12 Uhr morgens, begann die deutsche Artillerie ihr Trommelfeuer auf die französischen Stellungen rund um Verdun. „Unternehmen Gericht", so der Deckname der Operation, war losgebrochen. Innerhalb der kommenden Stunden starben drei Viertel der französischen Jäger oder wurden verwundet. Am folgenden Morgen rückten dann deutsche Truppen auf die Stellungen von Driants Bataillonen vor. „Wie Hagel prasseln die MG-Geschosse gegen die Schutzschilde", verklärte ein deutscher Frontbericht später diese erste Welle. 90 Prozent der Franzosen waren inzwischen tot oder schwer verwundert, nur noch etwa 120 Männer wehrten sich gegen den Angriff. Auch Émile Driant starb, getroffen von einer deutschen Kugel.

In der Reichshauptstadt machte man sich nach Beginn der Offensive große Hoffnungen: „Der Erfolg sei absolut sicher", gab der Chefredakteur des liberalen Berliner Tageblatts, Theodor Wolff, die Meinung eines Bekannten mit guten Verbindungen zum Generalstab wieder: „Alles sei mathematisch genau vorbereitet, ein Misslingen ganz ausgeschlossen." Dagegen war sich Joseph Joffre noch nicht sicher, ob wirklich die große Schlacht begonnen hatte – oder ob es sich um eine Eröffnungs-, also eine Ablenkungsoffensive handele. Er unterband einen überhastet vorbereiteten Entlastungsangriff, den Douglas Haig unternehmen wollte, und drängte seine britischen Verbündeten, der französischen Armee lieber einige Abschnitte der Front weitab an der Somme abzunehmen, um auf diese Weise Reserven für die Kämpfe bei Verdun zu mobilisieren.

Doch zunächst hielt der Erfolg der deutschen Truppen an. Bis zum Nachmittag des 25. Februar 1916 wurde das Fort Douaumont erobert. Die Nachricht sorgte für Gefühlsausbrüche, etwa in München: „Der Sieg bei Verdun! 3.000 Gefangene! Zehn Kilometer breit, drei Kilometer tief durchgestoßen! Hurra! Die deutsche Offensive im Westen ist da! Nun kann's nimmer fehlen! Jetzt kriegen wir Verdun, Calais, Paris, Frankreich, England und den Endsieg – spätestens im Frühjahr!", fasste Erich Mühsam die vorherrschende Stimmung zusammen. Der Pazifist sah es ganz anders: „Dieses hirnteppige naive Volk ist wirklich wieder beim Himmelhochjauchzen. Sagt man den Kindern heute, dass dieses Erfölgchen für den Ausgang des Krieges soviel und sowenig bedeutet, wie seine scheußlichen Blutkosten die Erschöpfung näher führen, dann ist man ein miserabler Kerl, der nur alles für Deutschland Ungünstige sieht."

Doch während man sich an der Heimatfront noch in Siegesfantasien hineinjubelte, trat auf dem Schachtfeld eine Wende ein. Französische Reserven kamen an, ausgeruht und entschlossen, den Gegner aufzuhalten. Dagegen waren die deutschen Sturmtruppen erschöpft. Nach einer Woche Kämpfen rund um Verdun blieb ihr Angriff stecken. Nur die Hälfte bis zwei Drittel des vorgesehenen Geländegewinns waren erreicht, an keiner Stelle befanden sich die Hügel am Ostufer der Maas in deutscher Hand, was das taktische Mindestziel gewesen war: Bei Gegenangriffen hangaufwärts, so Falkenhayns Kalkül, hätten sich die französischen Reserven aufreiben sollen. Stattdessen diskutierte der Generalstabschef mit General Schmidt von Knobelsdorf, ob man die Offensive abbrechen sollte. Der General der 5. Armee nannte zwei Gründe, die Offensive fortzusetzen: Einerseits seien bereits so viele Anstren-

Die Rückeroberung des Forts Douaumont, Oktober 1916. Das Hissen der Flagge auf der eroberten Spitze wurde zur Ikone, die den entscheidenden Sieg symbolisiert: Aus der Wochenschrift Collection Patrie, 2/1917.

gungen in das „Unternehmen Gericht" geflossen, dass es sich um einen Prestigekampf handle, den man nicht abbrechen könne. Andererseits sei die Höhenlinie oberhalb des östlichen Maasufers nur noch rund drei Kilometer entfernt – also eine Distanz, die nach bereits fünf bis zehn Kilometern Geländegewinn zu überwinden möglich schien. Allerdings beachtete Knobelsdorf nicht, dass dabei sieben Sperrforts zu erobern waren.

Auf französischer Seite hatte ein neuer Kommandeur den Befehl übernommen. Philippe

Petain, schon in der Marne-Schlacht 1914 als Truppenführer bewährt, bekam sogar zusätzliche Truppen zugewiesen. Anfang März 1916 befehligte er 240.000 Soldaten und damit mehr als Schmidt von Knobelsdorf. In kürzester Zeit organisierte der französische General die Verteidigung neu: Er führte ein Rotationssystem ein, durch das ständig Einheiten von anderen Frontabschnitten nach Verdun versetzt und nach zwei Wochen wieder abgelöst wurden. Das schwächte zwar die Verteidigungskraft andernorts, weil dort erschöpfte Truppen eingesetzt wurden – doch Petain war sich inzwischen sicher, dass der Angriff keine Entlastungsoffensive war, sondern der deutsche Hauptangriff in diesem Jahr. Möglich war das Rotationssystem nur, weil Petain ein großes Risiko einging: Es gab lediglich eine einzige Nachschubverbindung zwischen Verdun und dem nächstgelegenen Bahnhof in Bar-le-Duc. Auf den 57 Kilometern einer zweispurigen Landstraße organisierte Petain eine „Paternoster" genannte Lastwagenverbindung. Mehr als 8.000 Fahrzeuge waren ständig unterwegs. Sie transportierten wöchentlich 80.000 Männer und 50.000 Tonnen Munition nach Verdun hinein. Auf dem Rückweg füllten Verwundete und erschöpfte Soldaten die Ladeflächen. Die geborgenen Toten wurden vor Ort provisorisch beigesetzt; viele allerdings konnten ohnehin nicht mehr identifiziert werden.

Der „Paternoster" des Generals Henri-Philippe Petain auf der Voie Sacrée – dem Heiligen Weg – zwischen dem Bahnhof Bar-le-Duc und Verdun brachte Truppen, Versorgungsgüter, Waffen und Munition an die Front und Verwundete zurück zum Bahnhof, 1916.

Obwohl die deutsche Strategie gescheitert war, ließ der Große Generalstab weiter angreifen. Auf den drei Kilometern östlich des Maas-Ufers entwickelte sich die „Hölle von Verdun": Bis zu 10.000 Granaten gingen stündlich auf den kaum 30 Quadratkilometern nieder, die umgepflügt wurden wie kein Areal je zuvor. Das Niemandsland war ein Trichter-, bei Regen ein Schlammfeld. Zahlreiche Soldaten wurden verschüttet und erstickten. Zwischen den Schützengräben lagen viele Tote, deren Leiber von den Detonationen weiter zerfetzt wurden; den ganzen Sommer 1916 hing Leichengestank über dem Schlachtfeld. Nachschub bestand vor allem aus Munition, Nahrung war zweitrangig, sodass viele Soldaten in der vordersten Linie tagelang hungerten. Frisches Wasser gab es nicht, sodass die Männer aus mit Regen gefüllten Granattrichtern tranken – in denen aber oftmals Tote verwesten. Jeder deutsche Soldat vor Verdun war statistisch mindestens einmal so schwer erkrankt, dass er abgelöst werden musste. Auf französischer Seite litten die Truppen nicht weniger schlimm, aber dank des Rotationssystems zeitlich begrenzt. Verdun wurde für beide Armeen zum Horror, man nannte das Schlachtfeld „Blutpumpe" oder „Knochenmühle".

Während Petain die französische Front stabilisierte, bereiteten Joseph Joffre und Douglas Haig ihre Sommeroffensive vor. Das Kalkül von Falkenhayn, den Gegner „weißbluten" zu lassen, hatte sich ins Gegenteil verkehrt: Nun waren es die deutschen Divisionen, die in der „Hölle von Verdun" verbluteten. Zwar hatte auch Frankreich enorme Verluste, höhere sogar noch als Deutschland; doch es besaß mit Großbritannien einen starken Verbündeten. Die Attacke beiderseits der Somme am 1. Juli 1916, die mit noch gewaltigerer Artillerie-Vorbereitung als der deutsche Angriff auf Verdun begann, war gleichfalls als Entscheidungsschlacht geplant und führte ebenso wenig zum Erfolg: Nach insgesamt mehr als 1,1 Millionen Toten und Verwundeten auf beiden Seiten stellten Haig und Joffre ihre Offensive im November ein. Zu dieser Zeit war das völlig zerschossene Fort Douaumont wieder in französischer Hand, der maximale Geländegewinn Richtung Verdun halbiert. Mehr als 600.000 Gefallene und Verwundete hatte die Schlacht um Verdun gekostet, rund 130.000 Tote wurden nie identifiziert; ihre sterblichen Überreste sind in einem

Die Entscheidungsschlacht

„Ravin de la mort à Verdun" – Die Todesschlucht von Verdun. Öl auf Leinwand von Ferdinand-Joseph Gueldry, 1916.

gewaltigen Beinhaus beigesetzt. Doch obwohl die Verluste an der Somme fast doppelt so hoch waren wie in Verdun, wurden die Kämpfe um die lothringische Festungsstadt in Deutschland wie in Frankreich zum symbolischen Höhepunkt der Materialschlachten im Weltkrieg.

Auch der „Fall Barbarossa" sollte ein „Blitzkrieg" werden – er wurde ausdrücklich so konzipiert: Bis zum Einbruch des russischen Winters im November 1941 wollte die Wehrmacht Moskau erobern oder wenigstens einschließen, vor allem aber die Rote Armee vernichtend schlagen. Doch die unerwartet harten Kämpfe in Weißrussland und der Ukraine vereitelten diesen Plan, und der sowjetische Gegenschlag vor Moskau war die erste Niederlage der Wehrmacht. Nach dem Scheitern des „Blitzkriegs" gegen die Sowjetunion erzwang objektive Notwendigkeit einen Wechsel in der deutschen Strategie: Den Panzern ging der Treibstoff aus. Es war daher konsequent, dass sich der Blick Hitlers zum Jahreswechsel 1941/42 auf den Süden der Sowjetunion richtete, speziell auf die Erdölvorkommen im Kaukasus. Das Ergebnis war der „Fall Blau", eine Offensive im Sommer 1942.

Führende Militärs hatten Zweifel. Der Chef des Ersatzheeres, Generaloberst Friedrich Fromm, spielte mit Gedanken an einen Friedensschluss; Generalquartiermeister Eduard Wagner sprach intern von „utopischen Offensivplänen"; General Georg Thomas vom Wehrwirtschafts- und Rüstungsamt riet, „die militärischen Operationen im Sommer 1942 an die Treibstofflage anzupassen". Tatsächlich waren die Voraussetzungen für eine weitere Offensive schlecht: Bis zum Frühjahr 1942 hatte die Wehrmacht an der Ostfront mehr als die Hälfte ihrer Kampfkraft von Juni 1941 eingebüßt. So standen 3.319 abgeschossenen Panzern nur 732 neu ausgelieferte Fahrzeuge gegenüber. Doch solche Fakten ignorierte Hitler. Schwere strategische Fehler kamen hinzu: Die Operation hatte nicht ein, sondern zwei Hauptziele – neben der Eroberung der kaukasischen Ölfelder die Zerschlagung der sowjetischen Rüstungskapazität im Süden, vor allem in Stalingrad. Und selbst bei optimalem Verlauf des Feldzugs wäre am nördlichen Rand des deutschen Vormarschs entlang des Don eine Flanke entstanden, die mehr als doppelt so lang gewesen wäre wie die bisherige Frontlinie. Das hätte der Roten Armee Gelegenheit geboten, mit einem Gegenschlag

Links: Der Blick der NS-Führung richtete sich auf die kaukasischen Ölfelder: Maschinengewehrstellung im Kaukasus in mehr als 4.000 Metern Höhe, 15. September 1942.

Rechts: In den großen Rüstungsbetrieben Stalingrads wurde erbittert gekämpft: Sowjetische Soldaten in der Geschützfabrik „Rote Barrikaden", Dezember 1942.

die vorrückenden deutschen Truppen einzukesseln. Schließlich mussten sich die Angriffsspitzen zum einen Hauptziel der Operation, Stalingrad, gut 500 Kilometer durch Feindesland kämpfen, zum anderen Ziel, Baku am Kaspischen Meer, sogar etwa 1200 Kilometer. Das war bis zum Wintereinbruch im November 1942 erkennbar nicht zu schaffen. Angesichts dessen erwartete der Generalstab der Roten Armee im Frühjahr 1942 keine deutsche Offensive Richtung Süden. Die bevorzugte Versorgung der Heeresgruppe Süd mit Nachschub wurde zwar registriert, doch als Täuschungsmanöver bewertet. Den deutschen Hauptstoß erwarteten die Generäle Alexander Wassilewski und Georgi Schukow Richtung Moskau. Nach Süden hin rechneten Stalins Militärs nur mit Ablenkungsangriffen. Sie konnten sich nicht vorstellen, dass die versierten deutschen Generalstäbler eine so riskante Operation wie den „Fall Blau" planten.

Aber als die Offensive am 28. Juni 1942 begann, erkannten Wassilewski und Schukow rasch die Chance, der Wehrmacht eine verheerende Niederlage beizubringen. Die sowjetischen Truppen konnten den vorwärtsstürmenden Deutschen, darunter der 6. Armee unter General Friedrich Paulus, zunächst wenig entgegensetzen. Taktisch klug zogen sich die meisten russischen Kommandeure Richtung Südosten zurück, statt sich einkesseln zu lassen. Die deutschen Generäle wussten, dass ihnen zwar bedeutende Geländegewinne gelangen, aber kein entscheidender Schlag gegen Stalins Truppen. Generalfeldmarschall Fedor von Bock wollte deshalb dem zurückweichenden Feind nachsetzen und ihn aufreiben, doch Hitler griff ein: Er enthob Bock seines Postens und ordnete den gleichzeitigen Vormarsch Richtung Südosten in den Kaukasus sowie Richtung Osten an, auf die Metropole Stalingrad.

Inzwischen hatte auch Stalin verstanden, worauf die deutsche Offensive abzielte – und handelte entsprechend: Große Teile der Roten Armee an der Südfront wurden hinter Don und Wolga zurückgenommen; lediglich westlich des strategisch wichtigen Industriestandorts Stalingrad waren noch größere Verbände im Einsatz. Sie sollten die deutschen Truppen entweder vor der Stadt stoppen oder mindestens das am Westufer des Flusses gelegene Stalingrad halten. So würde die Wehrmacht gezwungen sein, südlich des Don eine mehr als hundert Kilometer breite Flanke zu bilden, zusätzlich zu den überdehnten Versorgungslinien. Am 23. August 1942 erreichten die ersten Vorausabteilungen der 6. Armee die Wolga nördlich von Stalingrad. Da jedes weitere Zurückweichen der Roten Armee bei Androhung der Todesstrafe verboten war, begann nun ein brutaler Abnutzungskampf um die Stadt. An der Nordflanke von Paulus' Großverband jedoch stand auf 140 Kilometern Frontlinie lediglich eine schwache rumänische Armee. Die Falle war gestellt.

Obwohl Stalingrad ursprünglich nicht das wichtigste Ziel von „Fall Blau" gewesen war, wuchs dem Kampf nun symbolische Bedeutung zu. Mitverantwortlich dafür waren britische und

Die Entscheidungsschlacht

amerikanische Zeitungen, die sich ganz darauf konzentrierten: „In den USA und London wird man sich jetzt allmählich klar darüber, was ein Verlust von Stalingrad für die angelsächsische Kriegführung bedeuten würde", diktierte Joseph Goebbels am 20. September 1942: „Vor allem die ‚Times' spricht in sehr offenherzigen Ausführungen darüber, welche verheerenden Folgen es nach sich ziehen würde, wenn die sowjetische Kampf- und Offensivkraft durch die Abschneidung der Wolga sterilisiert würde." Es wurde die Frage gestellt, ob die Sowjetunion nach einem Verlust von Stalingrad und der Wolga überhaupt noch imstande sei, weiterzukämpfen?

Gleichzeitig baute sich eine ähnliche Wahrnehmung in der deutschen Bevölkerung auf, die sich außer aus den gleichgeschalteten Zeitungen und dem Reichsrundfunk teilweise aus dem deutschen Dienst der BBC informieren konnte, teilweise aber auch Feldpostbriefe von der Ostfront bekam. „Man erhoffe sich aber auch von der Eroberung Stalingrads vielfach geradezu eine Wendung, ja sogar den ‚Abschluss' des Kampfes im Osten", berichtete der Inlandsnachrichtendienst SD in seinen „Meldungen aus dem Reich". Die „Stellungnahmen der Volksgenossen" bewegten sich „zwischen zuversichtlichem Hoffen und bangen Befürchtungen". Vor allem die große Zahl von Todesanzeigen für Gefallene, deren Einheiten zur 6. Armee gehörten, verunsicherten. Gerüchteweise drang nach Deutschland durch, wie erbittert in den Ruinen gekämpft wurde.

Stalin hatte festgelegt, die Entscheidungsschlacht an der Wolga zu schlagen, ohne Rücksicht auf Verluste. Er ließ reihenweise kaum ausgebildete Reservedivisionen über den Fluss nach Stalingrad bringen, wo die Rekruten gegen deutsche Stellung anrennen und sich erschießen lassen mussten; oft gab es nur ein Gewehr für zwei bis drei Soldaten. Ein britischer Kriegsberichterstatter beschrieb die Situation rund um den besonders umkämpften Mamajew-Hügel: „Am schrecklichsten aber ist, dass niemand mehr die Zeit hat, sich um die Gefallenen zu kümmern. Es ist wortwörtlich so, dass sie sich vor den Barrikaden zu Stapeln häufen." Alle sowjetischen Divisionen mussten spezielle Einheiten mit ausreichender Bewaffnung bilden, die eine zweite Linie hinter der Front bildeten und Soldaten, die zurückwichen, zu erschießen hatten. Während zehntausende Reservisten in den Tod stolperten, sammelte der sowjetische Tyrann kampferfahrene, gut ausgerüstete Divisionen nördlich der Stadt am Ostufer des Don und südlich entlang einer Flusskette.

Derweil hatte sich Hitler mit seinen führenden Militärs zerstritten und den noch halbwegs eigenständig denkenden Generalstabschef Franz

Links: Der Versuch der NS-Führung, Stalingrad zum Durchhalte-Mythos zu machen, misslang völlig: Stalingrad-Denkmal von Ernst Paul Hinkeldey, enthüllt am 22. März 1943 im Berliner Zeughaus.

Rechts: Hermann Görings Stalingradrede im Luftfahrtministerium am zehnten Jahrestag der „Machtergreifung", 30. Januar 1943, arbeitete der Mythisierung schon Tage vor dem Ende in Stalingrad zu: „Noch in tausend Jahren wird jeder Deutsche mit heiligem Schauer von diesem Kampf in Ehrfurcht sprechen."

Sven Felix Kellerhoff

Während der Konferenz der Alliierten in Teheran übergab Premierminister Winston Churchill am 29. November 1943 das Geschenk von König George VI. an die Verteidiger von Stalingrad: Das fast 1,20 Meter lange „Sword of Stalingrad" – Schwert von Stalingrad –, hergestellt in dreimonatiger Arbeit von den besten Messerschmieden des Vereinigten Königreichs. Die Aufnahme zeigt Churchill und Stalin bei der Übergabe, den Nationalhymnen beider Länder salutierend.

Halder entlassen, außerdem weitere erfahrene Befehlshaber, die vor den Gefahren der überspannten Offensive im Süden warnten. Doch obwohl von Tag zu Tag klarer wurde, dass die Ziele von „Fall Blau" bis Jahresende keinesfalls erreicht werden würden, trieb der „Führer" seine Truppen rücksichtslos voran. Die Ölraffinerien von Grosny und Astrachan, die eigentlich unversehrte Ziele der Offensive hatten sein sollen, ließ er bombardieren und zerstören. Gleichzeitig befahl er der 6. Armee die Eroberung von Stalingrad um jeden Preis. Der deutsche Diktator ließ sich auf die Entscheidungsschlacht ein, die ihm sein früherer sowjetischer Verbündeter angeboten hatte.

Seit sechs Wochen tobte der Kampf um Stalingrad schon, um jeden einzelnen Straßenzug, jede Fabrik, jeden Keller, ja sogar jedes einzelne Erdloch. An einigen Stellen stand die 6. Armee nur noch ein paar Dutzend Meter vom westlichen Wolgaufer entfernt. Zwei sowjetische Armeen kämpften mit dem Mut der Verzweiflung – gegen einen überlegenen Feind und katastrophal schlechten Nachschub. Dass sie nicht aufgaben, lag vor allem an einer gnadenlosen Führung, die das kleinste Zeichen von Feigheit mit dem Tod bestrafte: Allein in Stalingrad wurden mehr als 13.000 Rotarmisten standrechtlich zum Tode verurteilt und hingerichtet. Die Kämpfe waren furchtbar. Ein Rotarmist schrieb aus der Ruinenstadt an seine Frau: „Hunderte und Tausende von Menschen sterben Tag für Tag. Jetzt ist alles so furchtbar, dass ich keinen Ausweg sehe. Wir können Stalingrad schon als so gut wie verloren betrachten."

Ganz ähnlich sahen es deutsche Soldaten: „Ihr denkt vielleicht, dass der Russe in seiner Stärke unterschätzt wurde, denn er greift ja nach und nach mit Unmengen von Menschen an. Da sagen wir nur eins: Das ist das letzte Aufbäumen eines Todwunden", schrieb der knapp 21-jährige Kuno Rinker selbstbewusst nach Hause. Drei Wochen später war er sich nicht mehr so sicher. „Aller Augen sind ja auf Stalingrad gerichtet. Lieber lassen die sich zu Tode schießen, als dass sie nur einen Schritt zurückweichen. Jedes Haus ist ja dort eine kleine Festung, wie Ihr ja bestimmt schon gelesen habt." Rinker hatte vor Ort erkannt, was auch Joseph Goebbels in Berlin wusste: „Die Bolschewisten geben sich weiterhin die größte Mühe, zu halten, was zu halten ist. Sie haben sich bezüglich Stalingrads so festgelegt, dass der eventuelle Verlust dieser Stadt für sie auch prestigemäßig eine sehr schwere Einbuße darstellen wird."

Doch die Führung des „Dritten Reichs" hatte nicht bedacht, dass Stalin dieses Risiko ganz bewusst eingegangen sein könnte. Anders als in den ersten 15 Monaten des deutsch-sowjetischen Kriegs hatte der Moskauer Machthaber diesmal einen genau kalkulierten Plan. Mindestens 45 Tage Vorbereitung hatte Armeegeneral Georgi Schukow am 13. September 1942 für das Unternehmen verlangt, mit dem er die Schlacht um Stalingrad in eine Katastrophe für Hitler verwandeln wollte. Es wurden 67 Tage: Am 19. November 1942 brach die „Operation Uranus" los: Mehr als eine Million Rotarmisten, 14.000 Geschütze, über 1.000 Panzer und 1.350 Flugzeuge durchbrachen im Norden und im Süden der umkämpften Stadt durch die von zwei schlecht ausgestatteten rumänischen Armeen gehaltenen Flanken der 6. Armee. Innerhalb von vier Tagen waren 195.000 deutsche, gut 5.000 rumänische, einige kroatische und italienische Soldaten sowie 50.000 russische Hilfswillige im Großraum Stalingrad eingeschlossen. Stalins Falle war zugeschnappt.

Im Kessel verschlechterte sich die Situation bei rapide sinkenden Temperaturen dramatisch. Kurz vor Weihnachten schrieb der 36-jährige Fritz Pabst zynisch an seine Familie: „An einem Abend

Die Entscheidungsschlacht

habe ich 28 Stück Läuse gefangen, heute waren es nur 15. Also mit der Zeit scheinen sie weniger zu werden – ihnen geht es wie uns." Seit Mitte Dezember häuften sich unter den deutschen Soldaten Todesfälle ohne Feindeinwirkung. Immer öfter vermerkten die Sanitäter: „Eine Krankheitsdiagnose konnte nicht gegeben werden"; als Grund nahmen sie Unterkühlung, Erschöpfung oder eine unbekannte Seuche an. Daraufhin wurde der Pathologe Hans Girgensohn angefordert und in den Kessel eingeflogen. Nach mehreren Obduktionen unter schwierigsten Bedingungen – die Leichen waren oft „glashart gefroren" und mussten aufgetaut werden – gab Girgensohn seine einfache Diagnose ab: Die Männer waren verhungert.

Hitler hatte den Ausbruch aus dem Kessel aus Prestigegründen untersagt: Er wollte die ihm aufgezwungene Entscheidungsschlacht nicht durch einen Rückzug beenden und damit Stalin einen Triumph gönnen. Der Versuch, die durchgebrochenen sowjetischen Truppen zurückzudrängen und die Landverbindung nach Stalingrad wiederherzustellen, blieb 50 Kilometer vor dem Kessel stecken. Trotzdem befahl Hitler: „Kapitulation ausgeschlossen. Truppe verteidigt sich bis zum Letzten." Um diese Erwartung zu unterstreichen, beförderte Hitler den erst zwei Monate zuvor regulär zum Generaloberst ernannten Friedrich Paulus zum Generalfeldmarschall. Das war ein klarer Auftrag: Noch nie zuvor hatte ein preußischer oder deutscher Marschall kapituliert. Paulus würde also eher den Freitod wählen – so jedenfalls Hitlers Überzeugung.

Doch der lange als schwach geltende Kommandeur der eingekesselten 6. Armee fand die Kraft, dieser Erwartung zu widersprechen. Am 31. Januar kurz vor acht Uhr morgens ging der letzte Funkspruch aus seinem Hauptquartier ab. Rotarmisten waren bereits bis zur Treppe vorgestoßen. In der Nachricht teilte Paulus' Stabschef Generalleutnant Arthur Schmidt mit, nunmehr die Funk- und die Chiffriergeräte zu zerstören. Das Oberkommando der Wehrmacht verstand diese Mitteilung ganz im Sinne der Tradition: als verklausulierte Ankündigung des Freitods. Wie selbstverständlich notierte Goebbels in der folgenden Nacht: „Wir stellen uns die Frage, ob Paulus überhaupt noch lebt. Es bleibt für ihn ja nach Lage der Dinge nichts anderes als ein ehrlicher Soldatentod übrig." Das sah der Generalfeldmarschall anders und autorisierte den eben erst ernannten neuen Befehlshaber der 71. Infanteriedivision, Generalmajor Fritz Roske, mit sowjetischen Parlamentären zu verhandeln. Paulus wollte nicht selbst kapitulieren, also hielt er sich aus den Waffenstillstandsgesprächen einfach heraus. Er saß während der kurzen Verhandlungen zwischen Roske und den Sowjets nebenan auf seinem Bett; nach vollzogener Kapitulation des Südkessels ließ er sich in Kriegsgefangenschaft bringen. Zwei Tage später folgte der Nordkessel. Von der guten Viertelmillion Männer der 6. Armee lebten Anfang Februar 1943 noch zwischen 110.000 und 120.000; sie gingen in Kriegsgefangenschaft, die nur knapp 6.000 überlebten. Die sowjetischen Verluste in Stalingrad werden auf mehr als 500.000 Tote geschätzt, Zivilisten nicht mitgerechnet. Die Entscheidungsschlacht war vorüber, der Krieg aber dauerte noch mehr als zweieinhalb Jahre.

Die Mutterlandstatue in Wolgograd, Monument der Erinnerung an die Schlacht von Stalingrad.

Christopher Kopper

Die Finanzierung des Kriegs

Der deutsche Generalstab hatte sich vor 1914 auf einen Feldzug gegen Frankreich und Belgien akribisch vorbereitet. Auch in den Safes der Eisenbahndirektionen lagen detaillierte Fahrpläne für die Truppentransporte ab dem ersten Tag der Mobilmachung. In finanzieller Hinsicht war das Kaiserreich zwar auf die Aufrüstung, aber nicht auf die Kriegführung eingestellt, obwohl der Reichstag 1913 einer einmaligen Vermögensabgabe auf große Einkommen zugestimmt hatte. Diese Mittel reichten jedoch nur für eine einmalige Vergrößerung des Heeres aus, mit der das Kaiserreich den Rüstungswettlauf mit Frankreich und Russland um eine weitere Runde verlängerte. Der sagenhafte Goldschatz des Reiches in der Spandauer Zitadelle („Juliusturm") hatte 1913 einen Wert von 120 Millionen Goldmark (GM). Obwohl der Goldschatz kurz vor Kriegsbeginn aus den Mitteln der Vermögensabgabe um weitere 120 Mio. GM aufgestockt wurde, reichten die Goldreserven im Juliusturm selbst für einen kurzen Krieg nicht aus und wären in zwei Wochen aufgebraucht gewesen.

Die Reichsregierung stand Anfang August 1914 während der schnellen Mobilmachung unter Zeitdruck und hatte zunächst keine Alternative, als sich das Geld für den Frankreichfeldzug vom Volk zu leihen. Dies lag an der veralteten Finanzverfassung des Kaiserreichs, die dem Reich nur die indirekten Steuern und die Zolleinnahmen zugestand. Da die Lohn- und Einkommenssteuern von den Ländern festgelegt und eingezogen wurden, hätten die Landtage erst Steuererhöhungen und höhere Abführungen (Matrikularabgaben) an das Reich beschließen müssen. Auch die Sozialdemokraten stimmten unter dem Eindruck des russischen Angriffs auf Deutschland und der Kriegsbegeisterung in weiten Teilen des Volkes notgedrungen einem Kriegskredit an das Reich zu. Dieser Kredit wurde durch eine erste Kriegsanleihe über 4,5 Milliarden Mark finanziert, die das Reich im September 1914 mit großem Werbeaufwand unter Privatanlegern und Unternehmen platzierte. Da sich die wachsende Geldmenge nicht mehr durch Goldmünzen und die Goldreserven der Reichsbank decken ließ, hob die Reichsbank die Golddeckung der Mark auf und forderte die Deutschen auf, ihre Goldmünzen gegen Papiergeld zu tauschen. An die Stelle der durch Gold gedeckten Goldmark trat die Papiermark, gegen deren inflationäre Vermehrung es keine Sicherheiten gab.

Warum verzichtete das Kaiserreich zu diesem Zeitpunkt auf Steuererhöhungen und verließ sich ganz auf die Kriegsfinanzierung durch formal freiwillige Anleihekäufe seiner Bürger? Höhere direkte Steuern hätten die Zustimmung der Landtage erfordert, die nach dem Dreiklassenwahlrecht gewählt waren. Als Folge des Dreiklassenwahlrechts dominierten die Einkommenseliten des Kaiserreichs, die mittleren und größeren Unternehmer und die Großgrundbesitzer, die Landtage und damit auch die Steuerpolitik. Sie hätten einer Erhöhung der sehr niedrigen und nur schwach progressiven Einkommenssteuer oder einer dauerhaften Vermögenssteuer aufgrund ihrer eigenen finanziellen Interessen nicht zugestimmt. Aufgrund ihrer Minderheitenposition in den Landtagen konnten die Sozialdemokraten eine sozial gerechtere Verteilung der Kriegskosten nicht durchsetzen. Die längst fällige grundlegende Reform der deutschen Finanzverfassung wurde durch die deutschen Fürsten und die in den Landtagen dominierenden Einkommenseliten bis zum Kriegsende verhindert. Im Unterschied zu Großbritannien und Frankreich hatte das Deutsche Reich nicht die Möglichkeit, einen Teil des Geldbedarfs bei ausländischen Anlegern und durch Kredite seiner Verbündeten zu decken.

Die regierungsnahe Presse, die Reichsregierung, die Wirtschaftsverbände und die akademische Elite schürten die Hoffnung auf einen schnellen „Siegfrieden" und weckten die Erwartung, dass man wie nach dem preußisch-französischen Krieg von 1870/71 dem besiegten Frankreich die Kriegskosten aufbürden könne. Selbst ein gemäßigter Nationalist wie der spätere Reichsbankpräsident Hjalmar Schacht hielt im Herbst 1914 eine französische Kriegskontribution in Höhe von 50 Milliarden Goldmark für angemessen und realistisch. Eine große Mehrheit der deutschen Wirtschaftswissenschaftler teilte die optimistische Erwartung in Bezug auf den Kriegsverlauf und die Kriegsfinanzierung und äußerte keine Bedenken gegen eine hohe Verschuldung des Reiches. Der Hauptverantwortliche für die Kriegsfinanzierung war der angesehene Wirtschaftswissenschaftler Karl Helfferich, der bis zu seiner Ernennung zum Staatssekretär im Reichsschatzamt – dem Vorläufer des Reichsfinanzministeriums – als Vorstandsmitglied der Deutschen Bank Karriere gemacht hatte. Helfferich leugnete die Gefahr, dass die Deckung der Kriegsausgaben durch Schatzanweisungen des Reiches die Geldmenge aufblähen und eine Inflation heraufbeschwören würde.

Die Entwicklung bis zum Frühjahr 1916 gab Helfferich zunächst Recht. Obwohl die Einnahmen aus der ersten Kriegsanleihe schon im März 1915 aufgebraucht waren und sich das Deutsche Reich bis zum März 1916 weitere 32 Milliarden Mark durch Kriegsanleihen von seinen Bürgern leihen musste, konnten bis dahin die kurzfristigen Schulden durch den Verkauf der lang laufenden Kriegsanleihen gedeckt werden. Da die Kriegsanleihen meist aus Ersparnissen bezahlt wurden, konnte zunächst ein erheblicher Teil des Kaufkraftüberhangs aus nominell höheren Einkommen und sinkendem Warenangebot gebunden und

eine höhere Inflation verhindert werden. Die Grenzen der Kriegsfinanzierung durch Anleihen zeigten sich 1916 mit dem Übergang zu den extrem munitionsintensiven Materialschlachten des Verschleißkrieges an der Westfront. Die Schlachten in Flandern, an der Somme und bei Verdun kosteten nicht nur immer mehr Menschenleben, sondern verschlangen auch immer mehr Geld. In der Heimat erwies sich die Hoffnung, dass sich der Krieg inflationsfrei über Anleihen finanzieren lassen würde, als Illusion. Von 1914 bis 1916 erhöhten sich die Preise um 70 bis 100 Prozent. Da die

Die 9. und letzte Kriegsanleihe wurde im September 1918 ausgegeben und mit mehr als 10 Milliarden Reichsmark gezeichnet. Das Plakat entwarf der Grafiker und Künstler Louis Oppenheim (1879–1936).

Arbeiterlöhne je nach Branche aber nur um zehn bis 50 Prozent stiegen und hinter der Inflation zurückblieben, waren Arbeiter von Lebensmittelkäufen auf dem Schwarzmarkt ausgeschlossen und auf die immer knapperen Lebensmittelrationen angewiesen. Die finanziellen Lasten des Krieges waren durch die strukturell veraltete Steuerpolitik sozial ungerecht verteilt.

Erst als sich im Bürgertum Kritik an den überhöhten Gewinnen der Kriegsindustrie regte und Arbeiterfrauen spontane Hungerdemonstrationen organisierten, brachte die Reichsregierung im Juni 1916 ein halbherziges Kriegsgewinnsteuergesetz im Reichstag ein. Dieses Kriegsgewinnsteuergesetz beschränkte sich auf Drängen der großen Unternehmen und des Staatssekretärs Helfferich auf eine einmalige Gewinnabgabe und schonte den größten Teil der Kriegs-

Berliner Schüler warben im Herbst 1917 für die 7. Kriegsanleihe, für die mehr als 12 Milliarden Reichsmark eingesammelt wurden.

gewinne. Preußen erhöhte den Höchstsatz der Einkommenssteuer lediglich von vier (!) auf acht Prozent und tastete die großen Einkommen von Privatpersonen und Unternehmen kaum an. Die neu eingeführten Verbrauchssteuern auf Kohle (20 Prozent) und auf Bahnfahrkarten (je nach Wagenklasse 7 bis 15 Prozent) trafen die Bezieher kleiner und mittlerer Einkommen bis weit in die Mittelschicht. Ab 1917 erfolgte die Kriegsfinanzierung überwiegend über die Herausgabe von Reichsschatzanweisungen, mit denen das Deutsche Reich seine Rüstungsausgaben bezahlte. Da die Empfänger die Schatzanweisungen einlösten und damit Löhne und Rechnungen bezahlten, wirkten sich die wachsenden Staatsausgaben unmittelbar auf den Anstieg der Geldmenge aus. Dies und die zunehmende, auch im Alltag deutlich spürbare Inflation waren wichtige Ursachen dafür, dass sich die Einnahmen aus dem Verkauf von Staatsanleihen nicht mehr steigern ließen. Das Vertrauen in den stabilen Wert der Mark wurde erschüttert. Doch als nach der Oktoberrevolution 1917 der Krieg gegen Russland endete und die Hoffnungen auf einen Sieg im Westen wieder stiegen, brachte der Verkauf der achten Kriegsanleihe im März 1918 ein Rekordergebnis von 15 Milliarden Mark ein.

Zum Zeitpunkt der deutschen Kapitulation im November 1918 hatte das Reich langfristige Anleiheschulden von 98 Mrd. Mark und kurzfristige Schulden von 86 Mrd. Mark angehäuft. Da das Deutsche Reich in den Versailler Friedensvertragsverhandlungen die Bezahlung der alliierten Kriegskosten in harter Währung akzeptieren musste, war eine Rückzahlung der inneren Kriegsschulden in wertbeständiger Goldmark völlig ausgeschlossen. Die hohen Ausgaben für die Demobilisierung des Heeres und die Verhinderung von Massenarbeitslosigkeit hatten aus innenpolitischer Sicht absolute Priorität, um die Existenz der gefährdeten Republik zu sichern. Die für damalige Verhältnisse astronomischen Kriegskosten ließen sich nur mit Hilfe eines (un-)heimlichen Verbündeten zurückzahlen – der Inflation. Die zuvor für die Kriegsfinanzierung verantwortlichen Spitzenbeamten des Reichsfinanzministeriums und der Reichsbank nahmen die Geldentwertung bewusst in Kauf, um die Kriegsschuldenlast des Reiches zu reduzieren. Da sich die Inflation 1922 in eine unkontrollierbare Hyperinflation steigerte, erwies sich die Hoffnung auf eine gesteuerte Staatsentschuldung durch Geldentwertung allerdings als Illusion.

Bereits zum Ende des Kriegs hatte die Mark durch die Inflation drei Viertel ihres Vorkriegswertes verloren. Wer jetzt seine Kriegsanleihen auf dem Wertpapiermarkt verkaufte, kam mit dem Kursverlust und einer inflationären Entwertung

Die Finanzierung des Kriegs

auf ein Viertel des Nominalwerts davon. Angesichts der prekären Haushaltslage war das Reich nicht in der Lage, die Kriegsanleihen nach dem Kriegsende vorzeitig zu tilgen. Auf dem Höhepunkt der Inflation im Herbst 1923 waren noch Kriegsanleihen im Nominalwert von 60 Milliarden Mark in Umlauf, die ihren Wert vollständig verloren. Zu den Leidtragenden der Kriegsfinanzierung und der anschließenden Inflation gehörten vor allem die Angehörigen der bürgerlichen Mittelschichten, die einen großen Teil ihres Vermögens in Kriegsanleihen angelegt hatten und keine wertbeständigen Anlagen in Immobilien und Aktien besaßen. Sie verloren durch die Inflation ihre gesamten Kapitalanlagen in Form von Anleihen und Lebensversicherungen und einen Großteil ihrer Ersparnisse auf Sparkonten.

Nach dem Ende der Inflation gewannen die Deutschen das Vertrauen in die Solidität der Staatsfinanzen zurück. Nach der Wiedereinführung der wertbeständigen und goldgedeckten Reichsmark waren sie wieder zum Kauf von Reichsanleihen bereit. Da die Inflation einen großen Teil des gesparten Kapitals vernichtet hatte, musste der Staat einen erheblichen Teil seines Kapitalbedarfs im Ausland decken. In der Weltwirtschaftskrise verschärfte die Abhängigkeit von Kapitalimporten jedoch die Kreditklemme des Staates und der Wirtschaft. Die amerikanischen Anlagegläubiger benötigten in der Krise liquide Mittel und verloren nach den ersten Wahlerfolgen der NSDAP das Vertrauen in die Stabilität der Weimarer Republik. Der Abzug ausländischer Einlagen und Kredite kumulierte im Juni 1931 in einer schweren Bankenkrise, die das Reich zur sehr kostspieligen Sanierung der Großbanken zwang und die Konjunkturkrise durch hohe Zinsen weiter verschärfte. Nach der nationalsozialistischen Machtübernahme schied die Aufrüstung des auf 100.000 Soldaten verminderten Heeres mit Mitteln aus Reichsanleihen aus ökonomischen und psychologischen Gründen aus. Zum einen hätte das Sparkapital der privaten Haushalte und der Unternehmen nicht ausgereicht, um eine genügende Menge von Reichsanleihen zu platzieren. Zum anderen hätte eine erneute offene Staatsverschuldung durch formal freiwillige Anleihen oder gar durch Zwangsanleihen lebhafte Erinnerungen an die Kriegsanleihen geweckt.

Kinder durften im November 1923 mit Geldbündeln spielen und Pyramiden bauen. Auf dem Höhepunkt der Inflation gab es für diese Geldmenge schon keinen Dollar mehr.

Nach seiner Ernennung zum Reichskanzler berief Adolf Hitler am 17. März 1933 Hjalmar Schacht erneut als Reichsbankpräsidenten. Er sollte die geplanten Arbeitsbeschaffungsmaßnahmen und die Aufrüstung finanzieren. Der ehemals liberale Schacht war während seiner ersten Amtszeit als Reichsbankpräsident (1923–1930) zunehmend weiter nach rechts gerückt und hatte sich im Oktober 1931 auf dem Treffen der „Harzburger Front" als Unterstützer Hitlers geoutet. Kurz vor seiner Ernennung hatte er diesem in einem persönlichen Gespräch zugesichert, dass er innerhalb der nächsten fünf Jahre einen Betrag von 35 Milliarden Reichsmark (RM) für die Aufrüstung und den Unterhalt der Streitkräfte zur Verfügung stellen könne. Für Hitler gab dieses Gespräch den Ausschlag, den amtierenden Reichsbankpräsidenten Hans Luther als lästigen Bedenkenträger zu entlassen und ihn durch den willigen Schacht zu ersetzen. Schacht erhielt unmittelbar nach seiner Ernennung zum Reichsbankpräsidenten eine Generalvollmacht Hitlers, um die Finanzierung der Aufrüstung zu organisieren.

Schacht griff bei der Finanzierung der zunächst noch geheimen Aufrüstung auf eine Finanzierungstechnik zurück, die bereits von den Regierungen der Reichskanzler Franz v. Papen (Juni bis November 1932) und Kurt v. Schleicher (November 1932 bis Januar 1933) zur Finanzierung von Notstandsarbeiten angewandt wurde. Die privatrechtliche Gesellschaft für öffentliche Arbeiten (Öffa) stellte Wechsel aus, mit denen staatliche Bauaufträge vorfinanziert wurden. Im Unterschied zu den klassischen Handelswechseln der Privatwirtschaft besaßen diese Wechsel einen Verlängerungsschein. Dank des Verlängerungsscheins konnte die Laufzeit dieser Wechsel von den üblichen 90 Tagen bis auf mehrere Jahre verlängert werden, ehe das Reich sie bezahlen musste. Aufgrund der rechtlichen Gleichstellung mit Handelswechseln konnten sich die Wechselempfänger die Summe bei ihrer Bank gegen einen Zinsabzug in Höhe des Diskontsatzes auszahlen lassen. Für die Banken waren diese Wechsel liquide Mittel, da man sie bei der Reichsbank rediskontieren, d. h. gegen Abzug des Diskontsatzes in ein Barguthaben umwandeln konnte.

Schacht setzte die Technik der Wechselfinanzierung als Geldquelle für Rüstungsausgaben ein. Zu diesem Zweck ließ er die Metallurgische Forschungsgesellschaft GmbH (MeFo) gründen, an der die Großunternehmen Siemens, Rheinmetall, Gutehoffnungshütte und Krupp zu jeweils einem Viertel des Kapitals von einer Million RM beteiligt waren. Die MeFo war eine formell private Scheingesellschaft, mit der das Deutsche Reich seine Kreditaufnahme tarnte. Es umging mit ihr das Verbot, sich bei der Reichsbank Kredite von mehr als 450 Mio. RM zu beschaffen. Obwohl das Reich die von der MeFo ausgestellten Wechsel nach spätestens fünf Jahren aus eigenen Mitteln einlösen musste, trat es nach außen nicht als Schuldner in Erscheinung. Da die Wechsel von einer privaten Scheinfirma ausgestellt waren, mussten diese Schulden im Reichshaushalt weder als Kassenkredite noch als längerfristige Schulden ausgewiesen werden. Schacht umging damit das Haushaltsbewilligungsrecht des Reichstages, der durch das Ermächtigungsgesetz vom 23. März 1933 zu einem Pseudoparlament degradiert worden war und nur noch unregelmäßig einberufen wurde. Den kritischen Beobachtern im Inland und Ausland blieb diese Form der verdeckten Aufrüstungsfinanzierung auch deshalb verborgen, weil die MeFo-Wechsel in der Bilanz der Reichsbank als reguläre Handelswechsel ausgewiesen wurden. Auch die Reichsbank hielt ihre Beteiligung an der stillen Aufrüstungsfinanzierung streng geheim.

Die Finanzierung der Aufrüstung durch MeFo-Wechsel hatte noch einen weiteren Vorteil. Angesichts der Kapitalvernichtung durch die Weltwirtschaftskrise war das Reich erst 1935 wieder in der Lage, Anleihen auf dem deutschen Kapitalmarkt zu platzieren. Dies gelang auch dank einer strikten Regulierung des Kapitalmarkts durch den Kapitalmarktausschuss der Reichsbank, den Schacht 1933 einrichtete. Alle Emissionen von Wertpapieren wie Aktien, Anleihen und Pfandbriefe bedurften einer Genehmigung der Reichsbank. Der Vorrang für Reichsanleihen sowie für Aktien und Anleihen rüstungsrelevanter Unternehmen stellte sicher, dass das Kapital der deutschen Anleger vorrangig in die Aufrüstung floss. Die Länder und Gemeinden, die Wohnungswirtschaft und die nicht kriegswichtige Industrie mussten dem Reich den Vortritt

Fotomontage „Programm der Olympischen Spiele Berlin 1936" – „Wechselreiten" von John Heartfield, 1936. In: AIZ Nr. 48 vom 28. 11. 1935. Rechts reitet Reichsbankpräsident Hjalmar Schacht, der mit den „MeFo"-Wechseln die Aufrüstung finanzierte.

Die Finanzierung des Kriegs

Der Neubau der Reichsbank am Werderschen Markt, ca. 1940. 1959 zogen Politbüro und ZK der SED ein, seit 1999 dient das Gebäude als Sitz des Auswärtigen Amtes.

auf dem Kapitalmarkt lassen. Trotz der vollständigen Kapitalmarktlenkung reichten die Erlöse aus Anleiheverkäufen bei Weitem nicht aus, um die zunehmenden Ausgaben für die Wehrmacht zu decken. Nur 26 Prozent der gesamten Wehrmachtsausgaben von 1933 bis Kriegsbeginn (16 von 62 Mrd. RM) wurden durch Reichsanleihen aufgebracht, während 38 Prozent durch Steuereinnahmen und andere Abgaben an das Reich gedeckt waren. Allein 36 Prozent der Wehrmachtsausgaben wurden schon zu Friedenszeiten durch formell kurzfristige Schulden wie MeFo-Wechsel finanziert.

Im Unterschied zum Ersten Weltkrieg verlief die Finanzierung der Aufrüstung geräuschlos, um die Öffentlichkeit nicht zu beunruhigen. Das Reich platzierte die Reichsanleihen nicht durch öffentlichkeitswirksame Verkaufsaktionen, sondern über die Kapitalsammelstellen wie Sparkassen, Banken und Versicherungen. Die zunehmenden Ersparnisse der Deutschen wurden von der Finanzwirtschaft in Reichsanleihen reinvestiert, ohne dass es die Sparer und die Versicherten merkten. Während Reichsfinanzminister Lutz Graf Schwerin von Krosigk und sein Staatssekretär Fritz Reinhardt durch die schrittweise Erhöhung der Körperschaftssteuer und des Spitzensteuersatzes in der Einkommenssteuer für steigende Einnahmen sorgten, blieb der Beitragssatz für die Arbeitslosenversicherung trotz Vollbeschäftigung auf dem hohen Niveau der Weltwirtschaftskrise. Der Einnahmenüberschuss der Arbeitslosenversicherung diente im Wesentlichen dazu, den Bau des Autobahnnetzes ohne die Inanspruchnahme des Reichshaushalts zu finanzieren. Während Familien mit Kindern von größeren Steuererhöhungen verschont blieben, hob das Reichsfinanzministerium die Steuerbelastung für Alleinstehende und für Ehepaare ohne Kinder an. Die Steuerpolitik war nicht nur ein Instrument der Rüstungsfinanzierung, sondern auch der Bevölkerungspolitik.

Reichsbankpräsident Schacht hegte lange Zeit die Erwartung, dass er das Tempo der Aufrüstung bestimmen und Hitler notfalls den Geldhahn zudrehen könne, um eine Überschuldung des Staates und eine inflationäre Ausweitung der Geldmenge zu verhindern. Schacht erkannte Hitlers Absicht, für einen Angriffskrieg zu rüsten, zu spät. Noch 1938 ließ er sich von Hitler das Ende der Rüstungsfinanzierung durch MeFo-Wechsel und den Beginn ihrer Einlösung durch Mittel aus

Entsprechend den „Wirtschaftspolitischen Richtlinien für Wirtschaftsorganisation Ost" vom 23. Mai 1941 diente die Ausplünderung der besetzten Gebiete auch der Versorgung der deutschen Bevölkerung. Der Hungertod von Millionen Ukrainern und Russen war politisch gewollt. Die NS-Propaganda kommentierte dieses Foto zynisch „als ein Geschenk des Reichskommissars Gauleiter Koch an Gauleiter Dr. Goebbels traf auf dem Hamburg-Lehrter-Güterbahnhof heute in Berlin der erste Spendenzug aus der Ukraine mit Früchten, Gemüse und Lebensmitteln ein."

Reichsanleihen versprechen. Außer einer Rücktrittsdrohung hatte Schacht jedoch keine Mittel in der Hand, um Hitler zum Einlenken zu bewegen. Das Reich konnte seinen Geldbedarf auch ohne das Plazet der Reichsbank durch die Ausgabe von Schatzanweisungen decken. Als Schacht und die übrigen Mitglieder des Reichsbankdirektoriums im Januar 1939 Hitler eine ausführliche Denkschrift zukommen ließen und ihn vor der zunehmenden Inflationsgefahr durch die Erhöhung der Geldmenge warnten, nahm Hitler dies zu Anlass, den unbequem gewordenen Mahner Schacht und seine wichtigsten Mitarbeiter zu entlassen. Schacht wurde durch den willfährigen Reichswirtschaftsminister Walther Funk ersetzt, der das Amt des Reichsbankpräsidenten in Personalunion übernahm. Im Juni 1939 hob Funk die Autonomie der Reichsbank auf, die nach Schachts Rücktritt ohnehin nur noch auf dem Papier bestand. Das neue Reichsbankgesetz degradierte die Reichsbank zu einem weisungsgebundenen Organ der Reichsregierung, das vorrangig der Finanzierung des Reiches dienen sollte. Damit entfielen auch die gesetzlichen Beschränkungen, die einer Finanzierung der Reichsausgaben über die Reichsbank bislang entgegengestanden hatten.

Bereits vor dem Kriegsbeginn am 1. September 1939 war das Deutsche Reich eine Kriegswirtschaft im Frieden. Dies gilt uneingeschränkt auch für das Finanzwesen, das von der Reichsbank, vom Finanzministerium und vom Wirtschaftsministerium auf den Krieg vorbereitet wurde. Im Unterschied zu 1914 waren die finanzpolitischen und geldpolitischen Instrumente zur Kriegsfinanzierung bereits vorhanden. Schon seit 1937 waren knappe Rohstoffe und Industrieprodukte kontingentiert, um eine Inflation durch eine Angebotslücke zu verhindern. Knappe Nahrungsmittel wie Butter und Sahne wurden zwar nicht offiziell rationiert, aber nur noch in beschränkten Mengen abgegeben. Strenge Preiskontrollen des Einzelhandels und Großhandels unterdrückten schon vor Kriegsbeginn eine offene Inflation. Obwohl das Reichsarbeitsministerium mit Rücksicht auf die Moral der Arbeiter an der Heimatfront auf einen generellen Lohnstopp verzichtete, hielten die dem Ministerium unterstellten „Treuhänder der Arbeit" das Lohnniveau unter Kontrolle.

Das Problem der zurückgestauten Inflation durch eine Warenlücke, als Folge steigender

Die Finanzierung des Kriegs

Nominaleinkommen bei sinkendem Angebot, trat im Unterschied zum Ersten Weltkrieg nicht offen in Erscheinung. Anders als damals wurden alle Nahrungsmittel außer Obst und Gemüse unmittelbar nach dem deutschen Überfall auf Polen rationiert. Die zentralisierte Nahrungsmittelbewirtschaftung durch das Reichsernährungs- und Landwirtschaftsministerium verhinderte eine Benachteiligung der Städte, unter der die Stadtbevölkerung von 1915 bis 1918 gelitten hatte. Ein Preisstopp für Nahrungsmittel und Industriewaren wiegte die Deutschen in der trügerischen Sicherheit, dass sich die Inflation des Ersten Weltkriegs nicht wiederholen werde.

Die These von der „Steuermilde für die Massen" (Götz Aly) als Grundprinzip nationalsozialistischer Kriegsfinanzierung trifft die Wirklichkeit nicht vollständig, aber teilweise. Bereits im September 1939 führte das Reichsfinanzministerium Zuschläge zur Biersteuer, Tabaksteuer und Branntweinsteuer ein, die auch von Arbeitern gezahlt wurden. Der fünfzigprozentige Aufschlag auf die Einkommensteuer galt erst ab einem Monatseinkommen von 200 RM und verschonte damit den größten Teil der Arbeiter, traf aber die Mittelschicht. Die Aufhebung zahlreicher Fahrpreisermäßigungen bei der Reichsbahn sollte die Staatseinnahmen erhöhen und nach dem Motto „Erst siegen – dann reisen" die Deutschen von Vergnügungsfahrten abhalten. Seit 1942 belastete der Fiskus kriegsbedingt erhöhte Gewinne mit einer Zusatzsteuer von 25 bis 30 Prozent und beschränkte die Dividendenausschüttung auf 6 Prozent des Nennwerts einer Aktie. Der Zweck dieser Kriegssteuern war weniger die Deckung der Kriegskosten, die ohnehin durch die verdeckte Verschuldung des Reichs aufgebracht wurden. Die Nationalsozialisten zogen aus den Erfahrungen des Ersten Weltkriegs die Lehre, dass eine sozial ungerechte Verteilung der Kriegslasten und eine zu niedrige Besteuerung der Großeinkommen und Kriegsgewinne die Loyalität und Stabilität der Heimatfront gefährdete, und zogen die steuerliche Progressionsschraube merklich an. Als finanziellen Leistungsanreiz für die Industriearbeiterschaft stellte das Reichsfinanzministerium die Zuschläge für Überstunden, Nacht- und Sonntagsarbeit steuerfrei – ein Steuervorteil, der sich bis heute erhalten hat. Auch der Familienunterhalt für die Frauen und Kinder der einberufenen Soldaten war deutlich höher als im Ersten Weltkrieg, um möglichst jedes Aufkommen sozialer Unzufriedenheit im Keim zu ersticken.

Im Unterschied zum Ersten Weltkrieg wurde der Zweite Weltkrieg von Anfang an durch formell kurzfristige, aber faktisch langfristige Schulden des Reiches bei der Reichsbank finanziert. Das Reich bezahlte kriegswichtige Waren und Leistungen aller Art mit Lieferschatzanweisungen und unverzinslichen Reichsschatzanweisungen. Die Empfänger auf der Unternehmensseite konnten die Schatzanweisungen bei der Reichsbank lombardieren, d. h. gegen einen festen Zinssatz (Lombardsatz) verpfänden und sich Bargeld verschaffen. Da die Lieferschatzanweisungen entsprechend den Vorschriften für Reichsschatzanweisungen mit einer Laufzeit von nur sechs Monaten ausgestattet waren, musste das Reich die abgelaufenen Schatzanweisungen einlösen und ständig neue und immer mehr Schatzanweisungen emittieren. Als Folge dieser Finanzierungstechnik wuchsen der Bargeldumlauf und die Giroguthaben der Industrie nicht nur stetig, sondern exponentiell immer weiter an. Der stark zunehmende Bedarf des Reiches an Anleihen und Schatzanweisungen ließ sich nur durch eine

NS-Propaganda „Räder müssen rollen für den Sieg". Hohe Fahrpreise sollten den zivilen Reiseverkehr einschränken. Die Züge wurden gebraucht für den Transport von Truppen und von Millionen europäischen Juden in die Konzentrations- und Vernichtungslager.

finanztechnische Innovation bewältigen, die sich nach dem Krieg allgemein durchsetzen sollte. Der sogenannte stückelose Wertpapierverkehr ersparte dem Reich große Papiermengen, um seine Schuldverschreibungszertifikate zu verbriefen.

Die zurückgestaute Inflation manifestierte sich vor allem in den Girokonten der Unternehmen, welche die Bilanzen der Banken und Sparkassen merklich aufblähten. Da diese Girokonten formell kurzfristige, aber faktisch längerfristige Anlagen waren, legten die Banken und Sparkassen die Überliquidität in Reichsanleihen an. Der normale Deutsche bekam von der Geldschöpfung durch die Notenpresse nichts mit. Da sich die Sparkassen zu den Hauptsammelstellen des Geldüberschusses entwickelten, wurden ihre Bilanzen seit Kriegsbeginn nur noch intern veröffentlicht. Der Reichsfiskus platzierte große Mengen Reichsanleihen en bloc bei Sparkassen, Banken und Versicherungen, statt die Öffentlichkeit durch ständige Zeichnungsaufrufe für Kriegsanleihen zu beunruhigen. Bis zum Kriegsende erhöhte sich die längerfristig fundierte Reichsschuld in Form von Reichsanleihen von 27 auf 141 Mrd. RM. Dies war deutlich mehr, als das Deutsche Reich während des Ersten Weltkriegs durch Kriegsanleihen aufgebracht hatte. Da der deutsche Kapitalmarkt trotz Kapitalmarktlenkung und fehlender alternativer Anlagemöglichkeiten nur einen kleineren Teil des Geldbedarfs des Reiches durch längerfristige Anleihen refinanzieren konnte, wurden die Kriegsausgaben mehrheitlich durch kurzfristige Schulden finanziert. Zum Kriegsende waren zwei Drittel der gesamten Reichsschuld von 452 Mrd. RM kurzfristige Schulden. Am Ende des Ersten Weltkriegs hatte der Anteil der kurzfristigen Schulden noch bei 47 Prozent gelegen.

Der zweite bedeutende Unterschied zur Finanzierung des Ersten Weltkriegs bestand in der systematischen und intensiven Ausbeutung sowohl der besetzten als auch der mit Deutschland verbündeten Staaten. Im Ersten Weltkrieg konnte das Reich nur aus dem besetzten Belgien nennenswerte Kriegskontributionen in Form von Sachlieferungen und Bargeldzahlungen an das deutsche Besatzungsheer entnehmen. Im Zweiten Weltkrieg finanzierte das Reich einen großen Teil seiner Besatzungskosten durch monetäre Kriegskontributionen der besetzten Niederlande, Belgiens und Frankreichs, mit denen die Wehrmacht Nahrungsmittel und Nachschub kaufte. Wehrmachtssoldaten ließen sich einen Teil ihres Soldes in der Währung der besetzten Staaten auszahlen. Sie kauften auf dem Schwarzmarkt Kleidung und Nahrungsmittel für Verwandte und Freunde, die im Reich nur noch auf Rationierungskarten oder gar nicht mehr erhältlich waren. Darüber hinaus wurden die mehr oder minder freiwillig kollaborierenden Regierungen und Zivilverwaltungen in Frankreich, Belgien und den Niederlanden gezwungen, ständig steigende „Wehrbeiträge" für den „Kampf gegen den Bolschewismus", d. h. gegen die Sowjetunion, zu leisten. In Griechenland lösten die finanziellen Forderungen des Reiches eine Hyperinflation aus, welche die griechische Drachme völlig ruinierte.

Auch Deutschlands Verbündete in Ostmitteleuropa (Ungarn, die Slowakei) und auf dem Balkan (Kroatien, Rumänien und Bulgarien) wurden zu immer höheren Wehrbeiträgen genötigt, mit denen Deutschland seine Stationierungskosten für Wehrmachtseinheiten deckte und sich Lebensmittel und Rohstoffe liefern ließ. Obwohl die besetzten Teile der Sowjetunion mit ihrer Bevölkerung einem brutalen Ausbeutungsregime unterworfen wurden, erwies sich die Ausbeutung in finanzieller Hinsicht als wenig ergiebig. Kontributionen wurden größtenteils in Form von Lebensmittellieferungen an die Wehrmacht und an die deutsche Zivilbevölkerung entnommen. Da die sowjetische Armee bei ihrem Rückzug Bergwerke oftmals zerstört und wichtige Maschinen nach Osten verlagert hatte, blieben die Zwangsexporte aus dem besetzten Teil der Sowjetunion hinter den Erwartungen zurück.

Durch Zwangsexporte nach Deutschland und die Bestellung von zivilen Gütern und Rüstungsgütern wuchs das Handelsbilanzdefizit des Deutschen Reiches gegenüber den besetzten Staaten Westeuropas stetig an. Da Deutschland seine negative Handelsbilanz gegenüber Frankreich, Belgien, den Niederlanden und anderen besetzten Staaten niemals ausglich, summierten sich die verdeckten deutschen Auslandsschulden bis Kriegsende auf 31 Milliarden RM. Selbst neutrale Staaten wie die Schweiz wurden ungewollt zu Gläubigern des Reiches. Bis zum Kriegsende häufte Deutschland gegenüber der Schweiz Schulden von einer Milliarde RM an.

Die Finanzierung des Kriegs

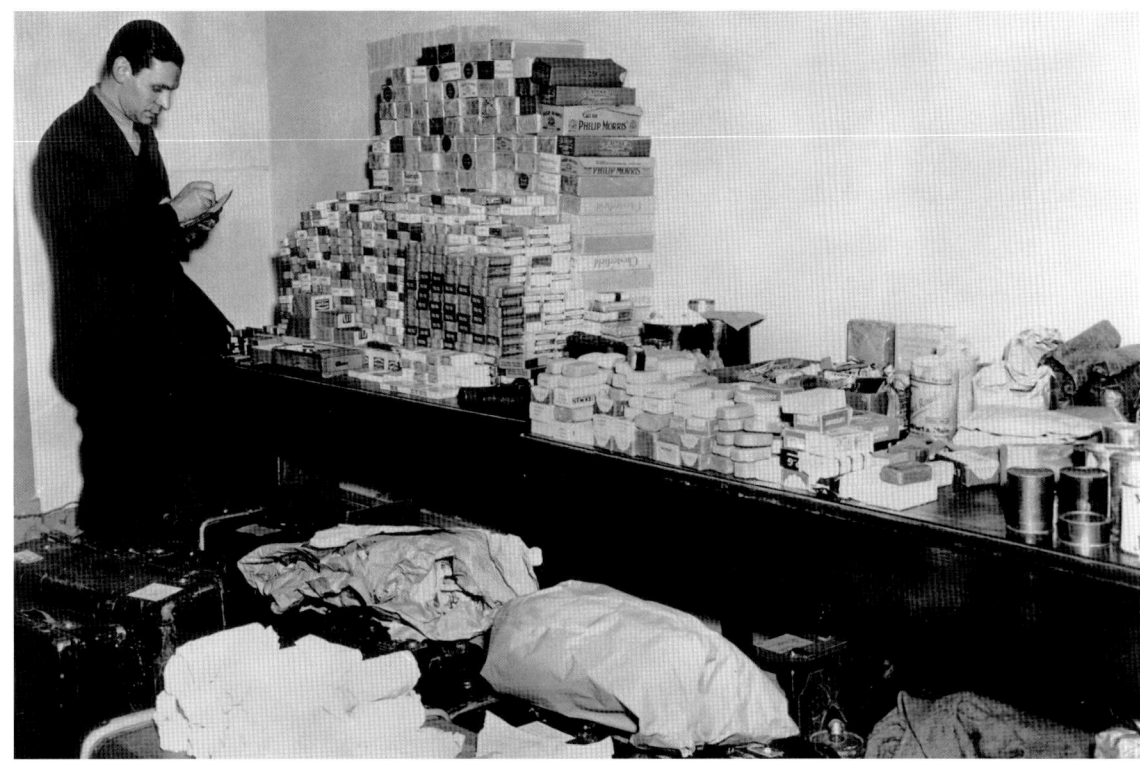

Razzia in der Taunusstraße in Frankfurt am Main, 28. November 1945: Amerikanische Zigaretten waren eine härtere Währung als die deutsche Reichsmark. Die Beschlagnahmungen und Verhaftungen wurden gemeinsam von deutscher Polizei und amerikanischer Militärpolizei vorgenommen.

Nach der deutschen Kapitulation am 8. Mai 1945 war es den deutschen wie den alliierten Finanzexperten klar, dass das besetzte Deutschland auf regulärem Wege seine gewaltigen Kriegsschulden niemals würde tilgen können. Die Bundesrepublik Deutschland als künftiger Rechtsnachfolger des Deutschen Reiches wäre niemals in der Lage gewesen, die Inlandsschulden des nationalsozialistischen Deutschland zu decken. Ein viel größeres Hindernis für den Wiederaufbau war die gewaltig aufgeblähte Geldmenge, die in keinem Verhältnis zum Angebot an Lebensmitteln, Waren und Dienstleistungen stand. Angesichts der großen Bargeldmengen reichte auch die mehr oder weniger strenge Blockierung von Spar- und Girokonten nicht aus, um den großen Geldüberhang stillzulegen. Die zurückgestaute Inflation der Kriegszeit offenbarte sich auf den Schwarzmärkten als eine offene Inflation. Lebensmittel und andere knappe Güter wurden dort zu exorbitanten Preisen gehandelt, die nicht nur der absoluten Knappheit, sondern auch dem Geldmengenüberschuss geschuldet waren. Mangels einer stabilen Währung entwickelten sich die ebenso knappen wie begehrten amerikanische Zigaretten zu einer Ersatzwährung („Zigarettenwährung"), die als Verrechnungseinheit für Schwarzmarktgüter akzeptiert wurde.

Der Wirtschaftsberater der amerikanischen Militärregierung Joseph Dodge und die emigrierten deutschen Wirtschaftswissenschaftler Gerhard Colm und Ray Goldsmith entwickelten 1946 den Plan für eine Währungsreform, der am 20. Juni 1948 mit nur geringen Modifikationen umgesetzt wurde. Durch einen Währungsschnitt, mit dem die Geldmenge an die Gütermenge angepasst wurde, wurden Bargeld, Kontenguthaben und alle anderen Reichsmarkforderungen im Verhältnis von 100 zu 6,5 umgestellt. Als Folge des Krieges und der kriegsbedingten Inflation verloren die Westdeutschen einen großen Teil ihrer Ersparnisse. Da Reichsanleihen und Reichsschatzanweisungen ihren Wert vollständig verloren, konnte die junge Bundesrepublik ohne Kriegsschulden in die Zukunft starten. Durch eine einvernehmliche Regelung der deutschen Auslandsschulden mit den westeuropäischen Gläubigerstaaten gewann die Bundesrepublik 1952 ihre internationale Kreditwürdigkeit zurück. Die Forderungen der besetzten Staaten aus der Zeit des Kriegs wurden mangels eines Friedensvertrages nie geregelt. Aus diesem Grund wären deutsche Finanzhilfen an Griechenland eine späte Wiedergutmachung für niemals bezahlte Kriegsschulden aus Besatzungskosten und Zwangsexporten.

Sven Felix Kellerhoff

Heimatfront

Wer aus Fehlern nicht lernt, riskiert sie zu wiederholen. Deshalb bereitete die nationalsozialistische Regierung ihren bewusst herbeigeführten Eroberungskrieg intensiv vor und zog Konsequenzen aus den Erfahrungen des Kriegs 1914 bis 1918. Das galt für militärische Belange ebenso wie für die Bedürfnisse der Heimat, aber auch für die Gefahren, die von ihr ausgehen konnten. Nach dem von den Nationalsozialisten verbreiteten Geschichtsbild hatte die Heimat der deutschen Armee im Ersten Weltkrieg einen „Dolchstoß" in den Rücken versetzt, der ihre Widerstandskraft geschwächt und im Sommer 1918 zum Zusammenbruch der militärischen Disziplin geführt hatte. Die führenden Nationalsozialisten, für die die Niederlage 1918 ausnahmslos eine traumatische Erfahrung gewesen war, sahen drei wesentliche Ursachen für diese „Schwäche der Heimat": Die zunehmend schlechte Versorgung der Bevölkerung mit Lebensmitteln bei steigenden Preisen sowie der Mangel an Kohlen zum Heizen und an vielen anderen Gütern des täglichen Bedarfs hatten die Widerstandskraft der Bevölkerung fast von Beginn an zermürbt. Parallel dazu war nach Überzeugung Hitlers und seiner führenden Gefolgsleute die „Wehrkraft" des deutschen Volkes durch die kriegskritische Tätigkeit von Sozialdemokraten und Sozialisten, aber auch durch liberale und katholische Zeitungen „planmäßig" und wirksam „zersetzt" worden. Schließlich hatte sich ab 1917 eine alternative Elite herausgebildet – aus pragmatischen Sozialdemokraten, Liberalen und Zentrumspolitikern –, die im Moment des Zusammenbruchs der alten Ordnung die Macht übernahm. Alle drei negativen Einflüsse der Heimatfront auf die Armee wollten Hitler und seine Militärs in einem neuen Krieg um jeden Preis vermeiden.

Nahezu perfekt vorbereitet war der Große Generalstab im Sommer 1914. Jahrzehntelang hatten bestens ausgebildete Spezialisten die Mobilisierungspläne verfeinert, Fahrpläne für die schlagartig notwendigen Sonderzüge zu Garnisonsstädten aufgestellt und Regeln, etwa für die Beschlagnahme von Zugpferden, formuliert. Tatsächlich funktionierte der Aufmarsch der deutschen Armee im Westen in den ersten Augusttagen weitgehend reibungslos. Doch all dieser Weitsicht zum Trotz hatten die Stabsoffiziere gar kein Interesse an einer nicht direkt militärischen, aber strategisch genauso wichtigen Organisationsaufgabe entwickelt: Wie sollte sich Deutschland, das ein Drittel seines Nahrungsbedarfs und fast die Hälfte des benötigten Viehfutters importierte, im Falle eines Kriegs versorgen? Der Generalstab hatte kaum einen Gedanken auf die Möglichkeit verschwendet, Großbritannien könnte mit seiner Royal Navy eine weiträumige Seeblockade im Ärmelkanal und der Nordsee verhängen und damit Deutschland von praktisch allen Einfuhren abschneiden. Für den Kampf gegen eine solche Kontinentalsperre war die auf Großkampfschiffe konzentrierte deutsche Hochseeflotte ungeeignet; dafür hätte sie statt ihrer drei Dutzend Schlacht- und Linienschiffe über eine größere Zahl an schnellen Kreuzern und Geleitzerstörern verfügen müssen. Der deutsche Versuch, mittels U-Booten eine Gegenblockade zu errichten, scheiterte weitgehend: Zwar war die Versorgungslage in Großbritannien und im größten Teil Frankreichs 1914 bis 1918 angespannt, doch blieben Importe mit erträglichem Risiko möglich. Daran änderte auch die Ausrufung des uneingeschränkten U-Boot-Kriegs durch Deutschland im Februar 1917 nichts.

Schon vor Kriegsbeginn hatte der Lebensmittelmarkt die Ängste über kommende Versorgungsengpässe „eingepreist": In Berlin, München und vielen anderen Großstädten erkannten am 30. Juli 1914 viele Ladenbesitzer die günstige Gelegenheit und setzten, getreu dem Prinzip von Angebot und Nachfrage, die Nahrungspreise hoch. An manchen Marktständen kosteten Kar-

bis zur nächsten Ernte reichen würden. Zunächst ergingen noch Aufrufe an die Bürgerschaft, zum Beispiel „sparsam in Haushaltungen und Lebensführung zu sein, sparsam zu sein mit Brot und Kartoffeln". Doch die einzige spürbare Folge solcher Bekanntmachungen war, dass Vorräte erwarb, wer immer das notwendige Geld hatte: Es kam zu Hamsterkäufen.

toffeln bald doppelt so viel wie noch wenige Tage zuvor. Dieser scharfe Preisanstieg steigerte die Verunsicherung vieler Hausfrauen. Vereinzelt kam es zu Rangeleien; gelegentlich schlossen Händler ihre Geschäfte, weil sie entweder Plünderungen erregter Kunden fürchteten oder ihre Vorräte zurückhalten wollten, bis die Preise noch höher stiegen.

Um die Verteuerung zu stoppen, mussten die Kommunen im Herbst 1914 Preisobergrenzen für Getreide und Kartoffeln verordnen. Trotzdem nahmen die Reserven weiter ab, denn die offiziellen Höchstpreise machten das Ausweichen auf den naturgemäß unregulierten Schwarzmarkt attraktiv. Anfang 1915 war deutlich absehbar, dass die Mehlvorräte in den Städten keinesfalls

Am 15. Januar 1915 trat eine „Verordnung über die Bereitung von Backwaren" in Kraft: „Alle Arbeiten, die zur Bereitung von Backwaren dienen, sind in Bäckereien und Konditoreien, auch wenn diese nur einen Nebenbetrieb darstellen, in der Zeit von sieben Uhr abends bis sieben Uhr morgens verboten." Damit galt zum ersten Mal in Deutschland ein Nachtbackverbot; es sollte die Herstellung von Backwaren vermindern und damit die Getreidevorräte strecken helfen. Weiterhin legte die Verordnung fest, dass Weizenmehl teilweise durch Roggen-, Hafer- und Reismehl sowie Kartoffelstärke und Gerstenschrot ersetzt werden musste. Außerdem wurden feste Verkaufszeiten für hochwertiges Weißbrot festgelegt, das demnach erst nachmittags angeboten werden durfte. Doch diese Regelung blieb fast

Links: Mangelwirtschaft bereits im zweiten Kriegsjahr: Essensausgabe einer Hamburger Armenküche, 1915.

Rechts: Als die Männer an die Front gingen, zogen immer mehr Frauen in die Fabriken, hier zum Beispiel in eine Berliner Konservenfabrik, um für den Kriegswinter vorzusorgen, um 1916.

Solche Bilder in den Zeitungen sollten schon 1914 von Hamsterkäufen abhalten. Die Vorratswirtschaft der Konsumenten ließ sich aber weder durch Warnungen und Beschlagnahmungen noch durch moralische Appelle verhindern.

wirkungslos: Die Bäcker vor Ort kannten ihre Kunden und machten so viele Ausnahmen vom angeordneten Vorgehen, dass die Wirkung der Verordnung verpuffte.

Also erließ der Bundesrat, die höchste Vertretung der einzelnen Königreiche, Fürstentümer und Stadtstaaten im Deutschen Reich, schon zehn Tage später viel weitergehendere Maßnahmen: „Mit dem Beginn des 1. Februar 1915 sind die im Reiche vorhandenen Vorräte von Weizen, Roggen, allein oder mit anderer Frucht gemischt, auch ungedroschen, für die Kriegsgetreidegesellschaft m. b. H. in Berlin, die Vorräte von Weizen-, Roggen-, Hafer- und Gerstenmehl für den Kommunalverband beschlagnahmt, in dessen Bezirk sie sich befinden." Jeder, der von diesem Zeitpunkt an noch solche Vorräte von mehr als 100 Kilo in Gewahrsam hatte, war verpflichtet, darüber die zuständigen Behörden zu informieren. Wer sich daran nicht hielt oder wissentlich falsche Angaben machte, sollte mit Gefängnis bis zu sechs Monaten oder einer Geldstrafe von bis zu 1500 Mark bestraft werden. Zwar waren die Behörden verpflichtet, die beschlagnahmten Vorräte zu bezahlen; zugrunde gelegt wurden dafür jedoch die amtlich festgelegten Höchstpreise – wesentlich weniger, als auf dem Schwarzmarkt zu erzielen war. Der „Schleichhandel" war ein öffentliches Geheimnis: Jeder wusste, wo und bei wem man sich Lebensmittel zu inoffiziellen, wesentlich höheren Preisen besorgen konnte; trotz des formellen Verbots beteiligte sich nahezu jeder daran. Da der theoretische Strafrahmen faktisch nicht ausgeschöpft wurde, erschien das Risiko kalkulierbar klein.

Auf die Beschlagnahmung aller Getreidebestände folgte eine Woche später die Ausgabe von Brotkarten, also die Rationierung des neben Kartoffeln wichtigsten Grundnahrungsmittels. Die Höhe der Rationen wurde von den einzelnen Kommunen festgelegt, da die Bestände von Ort zu Ort sehr unterschiedlich ausfielen. Ländliche Regionen wurden verpflichtet, Teile ihrer Vorräte an die Städte, vor allem die Großstädte abzugeben. In Hildesheim zum Beispiel betrug die erste Zweiwochenration für Erwachsene und Kinder über fünf Jahren vier Kilogramm Brot oder drei Kilogramm Mehl, für Kinder unter fünf Jahren die Hälfte.

Der Brotmangel war sogar in wohlhabenden Kreisen zu spüren, die es gewohnt waren, sich alles kaufen zu können. Harry Graf Kessler, Mitte Februar 1915 gerade von der Ostfront nach Berlin heimgekehrt, musste sich an seinem ersten Abend in der Reichshauptstadt sogar von einem Kellner eine Brotkarte „pumpen", weil er sonst im teuren Hotel Carlton keine Backwaren zum Abendessen bekommen hätte: „Vorgeschmack des Zukunftsstaates", notierte Kessler düster. Zwei Tage später hatte sich seine Stimmung deutlich gebessert: „Hier merkt man nichts vom Krieg. Wir aßen Kaviar, junge Maisspitzen, Frischlingsrücken mit Trüffeln; nur das Brot ist etwas knapp, das heißt man bekommt es nur gegen Brotkarte." Die Wochenration von zwei Kilogramm hielt Kessler für „genügend", da er sich beliebig viel andere Lebensmittel leisten konnte; er empfand die Zuteilung per Karte als sinnvoll: „Ein kleines Kapital, mit dem man wirtschaften muss; man sieht dieses Kapital mit jeder Marke, die abgerissen wird, allmählich schrumpfen und wird dadurch zur Sparsamkeit ermahnt."

Eine unterdurchschnittliche Kartoffelernte im Sommer 1915 und vor allem katastrophale Ausfälle im darauffolgenden Jahr, durch schlechtes Saatgut, unerfahrene Arbeitskräfte und schlechtes Wetter verursacht, verschärften die Lage an der Nahrungsfront extrem. In vielen Städten kam es vor Buttergeschäften und Fleischereien zu Rangeleien, die sich manchmal zu regelrechten Hungerkrawallen auswuchsen. Im dritten Kriegswinter versiegte der Kartoffelnachschub in den Städten weitgehend, jedenfalls offiziell. „Am 3. Dezember 1916 musste die Wochenration auf sechs Pfund, am 18. Dezember auf fünf Pfund, am 15. Januar auf vier Pfund, am 20. Januar auf drei Pfund Kartoffeln herabgesetzt werden", hielt Berlins Stadtarchivar Ernst Kaeber fest: „Von der zweiten Februarwoche an konnten überhaupt keine Kartoffeln mehr verteilt werden." Die Berichte der Berliner Polizei bestätigten die Dramatik der Zustände: „Die Versorgung mit Lebensmitteln hat sich seit dem letzten Bericht noch verschlechtert. Durch den anhaltenden Frost war die Anfuhr von Kartoffeln in den letzten Wochen unmöglich. Der dafür gewährte Ersatz von Mehl kam zu spät zur Verteilung. Gemüse fehlt gänzlich. Die Herstellung von Wurst für die Allgemeinheit ist ebenfalls eingestellt, sodass viele Hausfrauen tatsächlich nicht wissen, wie sie ihre Familien ernähren sollen", meldete das zweite Kommissariat am 15. Februar 1917 an den Polizeipräsidenten. In einem Bericht des dritten Kommissariats vom selben Tag hieß es: „Durch den Wegfall der Kartoffelrationen ist in vielen Familien die bitterste Not eingetreten, da das hierfür gelieferte Mehl beziehungsweise die Teigwaren bei Weitem nicht ausreichen und das Erstere teilweise zu spät geliefert wurde, sodass es dem Publikum erst Ende der Woche zugänglich gemacht werden konnte."

Einzig verfügbar waren Steckrüben, eine Kohlart, die eigentlich als Futter für Schweine angebaut wurde. Zunächst gab die Stadtverwaltung drei, dann vier Pfund pro Woche aus. Weil der Nährwert trotzdem viel zu niedrig war, griff man auf eiserne Reserven an Mehl und Brot zurück, beides allerdings gestreckt, bestenfalls mit Maismehl, schlimmstenfalls mit Holzspänen. Schnell lernten die Menschen, die Kohlrübe zu hassen: „Weit mehr als sich im Herbst ahnen ließ, musste die dicke wässerige Frucht dem Berliner aufgenötigt werden, bis sie ihm und noch mehr der Stadtverwaltung zu Hass und Abscheu wurde", erinnerte sich Berlins Oberbürgermeister Adolf Wermuth: „Monatelang, vom Februar 1917 bis in den April hinein, suchte ich jeden Morgen vergeblich einen Eisenbahnwagen Kartoffeln auf meiner Liste." Der übliche Speisezettel einer Berliner Familie aus der Unter- und der unteren Mittelschicht, also mindestens von zwei Dritteln der Bevölkerung, bestand zum Beispiel aus Kohlrübensuppe, gebratenen Kohlrübenschnitten und gesüßtem Kohlrübenkuchen. Brot, Marmelade, Kaffee bestanden aus Kohlrüben, Suppen aus Kohlrübenresten in heißem Wasser. Es gab kaum etwas, was sich nicht zusammenmixen ließ, selbst Bier- und Puddingersatz wurden aus Steckrüben hergestellt.

Auch die Ausplünderung der von den Deutschen besetzten Gebiete, vor allem in Russisch-Polen, konnte die Nahrungssituation in der Heimat nicht wesentlich verbessern; viele Güter versickerten zudem im Schwarzmarkt. Insgesamt

Links: Die Große Deutsche Bäckerei-Fach-Ausstellung, 1.–9. August 1914 in Leipzig, fiel in die erste Kriegswoche. Statt kleinkindergroßen Brezeln gab es bald rationierte Brotmengen gegen Lebensmittelmarken.

Rechts: Brotausgabe im Ersten Weltkrieg: unter Polizeiaufsicht, um 1917.

starben in Deutschland im Winter 1916/17 rund eine Viertelmillion Menschen mehr als statistisch zu erwarten gewesen wären; die gefallenen Soldaten an den Fronten nicht eingerechnet. Vielfach meldeten Berliner nicht, wenn einer ihrer Verwandten an Hunger oder Auszehrung gestorben war, sondern versteckten die Leiche irgendwo und bezogen weiter die Lebensmittelkarten für den längst Verschiedenen. Das funktionierte problemlos, sofern sie dessen Papiere vorweisen konnten.

Eine überraschend gute Kartoffelernte entspannte die Situation ab dem Frühsommer 1917 zwar etwas, doch gleichzeitig sank das Angebot auf dem Schwarzmarkt, wo man bis dahin die unzureichenden offiziellen Rationen durch das Allernötigste hatte ergänzen können. Außerdem hatten gerade Kleinbürger und niedrige Beamten ihre finanziellen Reserven nahezu völlig aufgebraucht. Hunger und Unterversorgung begleiteten die Bevölkerung an der Heimatfront bis zur Revolution 1918, und danach nahmen sie sogar noch zu, weil die Seeblockade auch nach dem Waffenstillstand aufrechterhalten blieb. Insgesamt fielen der Nahrungsunterversorgung im Ersten Weltkrieg etwa eine Dreiviertelmillion Deutsche direkt zum Opfer; hinzu kamen diejenigen, deren geschwächte Körper Seuchen wie der Spanischen Grippe im Sommer 1918 nichts mehr entgegensetzen konnten.

Eine Wiederholung dieser Katastrophe wollte das nationalsozialistische Deutschland unbedingt verhindern. Deshalb wurden schon ab Mitte der 1930er-Jahre detaillierte Regeln für die Lebensmittelversorgung im Falle eines Kriegs ausgearbeitet. In Kraft gesetzt wurden sie sogar schon vor dem Angriff der Wehrmacht auf Polen: Mit Wirkung vom 28. August 1939 galt die Rationierung der meisten Lebensmittel. Fortan durfte man Fleisch, Milch, Öl und Fett sowie Zucker und Eier nur noch in begrenzten Mengen kaufen. Die Marken, die jeder Käufer dem Händler dabei abzugeben hatte, musste er sich zuvor entweder gegen Vorlage des Ausweises abholen oder er bekam sie von den Blockwaltern der Nationalsozialistischen Volkswohlfahrt. Grundlage der Zuteilung war eine Studie des Ernährungsministeriums, die den durchschnittlichen Verbrauch anhand von Stichproben bei 350 Arbeiterfamilien 1937 auf 2750 Kalorien pro Tag festgelegt hatte. Dieser Bedarf wurde pauschal auf 2400 Kalorien gesenkt. Die so berechneten Rationen waren von Beginn an nicht üppig; die erste Lebensmittelkarte sah zum Beispiel für Erwachsene pro Woche 700 Gramm Fleisch einschließlich Knochen oder „Fleischwaren" wie gestreckte Wurst vor, außerdem 335 Gramm Zucker oder Marmelade, 1,4 Liter Milch und 420 Gramm Fett oder Öl. 63 Gramm Kaffee-Ersatz aus geröstetem Getreide oder Malz mussten für sieben Tage genügen, außerdem fünf Gramm Tee; echten Bohnenkaffee gab es so gut wie nie. Diese ohnehin knappen Mengen waren zudem nicht garantiert, sondern standen unter dem Vorbehalt ausreichender Lieferungen. Verbraucher mussten sich auf jeweils vier Wochen verpflichten, beim selben Händler einzukaufen. Vor vielen Geschäften bildeten sich Schlangen, die sich erst auflösten, wenn die für diesen Tag gelieferten Waren restlos vergeben waren.

Dennoch begehrten die Deutschen nicht ernsthaft auf. „Die Lebensmittelkarten haben das Leben des durchschnittlichen Deutschen vergleichsweise wenig verändert", berichtete die New York Times. Denn bereits in den „turbulenten zurückliegenden Jahren haben sie sich daran gewöhnt, ohne Luxusgüter, über-

Im November 1918 kam es in Hamburg zu schweren Lebensmittel-Krawallen, bei denen auch geschossen wurde, 7. November 1918.

trieben viel Butter, Kaffee, Fleisch oder Fett zu leben". Tatsächlich hatte es schon in den Dreißigerjahren oft Versorgungsengpässe gegeben, weil nach dem Motto „Kanonen statt Butter" viel Geld in die Rüstung statt in den Ausbau der Nahrungsversorgung investiert worden war. So hatte die Fleischerinnung Berlin schon im November 1935 erstmals Bezugsscheine für Schmalz und Fett verteilen müssen: Man war daran gewöhnt. Außerdem erinnerten sich alle Erwachsenen und viele Jugendlichen an die Jahre der Wirtschaftskrise 1931/32, als in der Reichshauptstadt Hunderttausende Menschen dauernd und noch viel mehr gelegentlich auf Armenspeisungen in öffentlichen Suppenküchen angewiesen gewesen waren. Die Hungerwellen im und nach dem Ersten Weltkrieg lagen erst zwei Jahrzehnte zurück. Angesichts all dessen schien die Rationierung ab Ende August 1939 moderat; jedenfalls blieben Stimmen wie der bittere Spruch eines enttäuschten Sozialdemokraten die Ausnahme, dem zufolge der Krieg nicht lange dauern könne, denn man habe „ja schon jetzt nichts mehr zu fressen". Zudem gab es im September 1939 genügend Obst und Gemüse, das noch frei und unrationiert gekauft werden konnte; die Ernte war gut ausgefallen.

Während der Kriegsjahre sanken die offiziellen Rationen zwar deutlich, doch nie bis an die Grenze zur Unterernährung; jedenfalls nicht für offiziell registrierte Lebensmittelkartenberechtigte. Lücken wurden mit rigoros im gesamten deutsch besetzten Kontinentaleuropa requirierter Nahrung gestopft, die der Bevölkerung in Frankreich, Belgien, den Niederlanden, Dänemark und abermals Polen entzogen worden war; entsprechend mussten die Menschen dort hungern. Der Schwarzmarkt florierte zwar auch, aber nicht so offen wie im Ersten Weltkrieg, denn die Kriegswirtschaftsverordnung vom 4. September 1939 drohte drakonische Strafen an, die oft auch ausgeschöpft wurden. Zwar ließ sich so der illegale Handel nicht unterbinden, aber doch erheblich erschweren.

Ein dem Umfang nach kleiner, dafür aber umso peinlicherer Fall wurde gerüchteweise im Frühjahr 1943 bekannt. Schon seit Beginn der Lebensmittelbewirtschaftung war in Berlin immer wieder über „Diplomatenrationen" gemunkelt worden, in deren Genuss nicht nur Vertreter anderer Länder kämen, sondern auch Mitglieder der Parteielite. Im Mittelpunkt der Gerüchte stand der Feinkosthändler August Nöthling. Weil vor seinem Geschäft regelmäßig Fahrzeuge von

Links: „Wenn gehungert wird, dann hungert nicht der Deutsche, sondern andere, wenn gehungert werden muss", erklärte NS-Reichsmarschall Hermann Göring. Gratisverteilung von Eintopf durch die Nationalsozialistische Volkswohlfahrt, Straßburg 1940.

Rechts: Schon seit 1935 wurden Lebensmittel durch das Regime rationiert. Hier ein Berliner Junge nach dem Einkauf, 1944.

Eine Affäre um die Versorgung der NSDAP-Nomenklatura mit luxuriösen Konsumgütern beendeten 1943 das Reichsjustizministerium (im Bild rechts: Minister Otto Thierack) und der Volksgerichtshof (links: Präsident Roland Freisler) gemeinsam „auf dem Standpunkt der Staatsräson", das heißt durch Niederschlagung des Verfahrens. Aufnahme Ende August 1942.

Ministerien und Wehrmachtdienststellen standen, die fleißige Angestellte mit diskret in Körben und Tüten verpackten Waren füllten, bekam der Aufsteiger einen neuen Spitznamen: „Tüten-August". Ende Januar 1943 wurde Nöthling plötzlich festgenommen – wegen Verstoßes gegen die Lebensmittelrationierung. Er hatte den Fall sogar selbst ins Rollen gebracht, indem er gegen einen Strafbescheid in Höhe von 5000 Reichsmark Widerspruch eingelegt hatte. Nun überprüfte die Kriminalpolizei den Fall. Mindestens an anderthalb Dutzend speziellen Kunden, darunter fünf Minister und drei Staatssekretäre, zwei Generalfeldmarschälle und den höchsten Admiral, hatte Nöthling seit September 1939 ohne Marken tonnenweise rationierte Lebensmittel geliefert. Die Bestellliste von Reichsinnenminister Wilhelm Frick etwa umfasste 125 Kilogramm Geflügel, 100 Kilo längst auch rationiertes Obst, je einen Zentner Rehfleisch und Zucker, 25 Kilo Wurst und ebenso viel Schinken sowie Corned Beef, 25 Pfund Pralinen und 5 Pfund echten Bienenhonig – zusätzlich zu den Lebensmittelmarken, die natürlich auch ein Minister bekam.

Berlins Polizeipräsident Wolf Graf von Helldorf zog die Ermittlungen rasch an sich; er wusste genau, warum: Laut Nöthlings Kundenliste hatte er Wein, Sekt und Cognac im Gesamtwert von 3100 Reichsmark geordert, abgeholt „durch einen Polizeiwagen". Also setzte er sich für seinen Lieferanten ein, der nicht als „gemeiner Volksschädling" anzusehen sei. Niemand wollte durchgreifen, vor allem nicht der zuständige Reichskanzlei-Chef Hans-Heinrich Lammers, der ebenfalls zu den speziellen Nöthling-Kunden gehört hatte. Also entschloss sich Joseph Goebbels, die Angelegenheit Hitler persönlich vorzutragen. Der zeigte sich zwar „ziemlich betroffen", befahl aber, „aus dieser Angelegenheit nicht eine Staatsaktion zu machen". Vielmehr solle Reichsjustizminister Otto Thierack persönlich die Angelegenheit übernehmen, um „einerseits dem Recht Genüge zu tun, andererseits den Standpunkt der Staatsräson aufrechtzuerhalten". Der vormalige Präsident des Volksgerichtshofs, sonst nicht für Milde bekannt, berichtete bald, dass die Affäre inzwischen in Berlin „Stadtgespräch" geworden sei und auch die Namen einiger beteiligter Minister offen genannt würden.

Angesichts dessen bot Thierack an, die Beschuldigten persönlich zu befragen, fügte aber hinzu, „ungeachtet des Ergebnisses halte ich es angesichts des großen Kreises der Prominenten für politisch untragbar, ein Strafverfahren gegen die genannten Abnehmer oder auch nur gegen ihre Ehefrauen durchzuführen". Sinnvoller sei es, die Strafverfahren niederzuschlagen und hohe Geldbußen zu verhängen. Mit Ausnahme des Großadmirals Dönitz jedoch wanden sich alle ehemaligen Vorzugskunden von Nöthling aus der Verantwortung heraus; manche erschienen wegen angeblicher „Grippe" nicht zum persönlichen Gespräch mit Thierack, andere antworteten „pampig" auf schriftliche Fragen und bestritten alle Vorwürfe oder schoben die Schuld wahlweise auf den Lieferanten oder ihre Angestellten. Lammers berief sich darauf, seine Frau habe die Ware „ausdrücklich angeboten erhalten und daher angenommen, dass sie geliefert werden könne". Schließlich erledigte sich die Affäre durch Nöthlings Selbstmord; er erhängte sich am 9. Mai 1943 im Untersuchungsgefängnis Moabit. Das war für die erlesene Kundschaft die einfachste Lösung, doch Goebbels war unzufrieden: „Diese Tatsache gibt natürlich den üblen Gerüchten Tür und Tor frei." Einen Monat später stellte er fest, der Fall Nöthling gehe „leider nicht so vor sich, wie ich das eigentlich gewünscht hatte. Die Prominenten werden mit einem Verweis davonkommen."

Trotz so zurückhaltender Behandlung der NS-Führung sorgten die Lehren, die das nationalsozialistische Deutschland aus den Erfahrungen der Versorgungskatastrophe 1914 bis 1918 gezogen hatten, dafür, dass im Zweiten Weltkrieg innerhalb Deutschlands kaum ein Reichsbürger verhungern musste. Erst in den jeweils letzten Kriegswochen, während des Vormarsches der Alliierten, brach die Lebensmittelversorgung regional zusammen. Verfolgte und alle Arten von Inhaftierten freilich litten 1939 bis 1945 oft an Nahrungsmangel, an dem viele direkt oder indirekt starben.

Doch die Lebensmittelversorgung zwischen 1914 und 1918 war nur ein Aspekt des vermeintlichen „Dolchstoßes" der Heimat in den „Rücken der Front", wie ihn die NS-Propaganda immer wieder beschworen hatte. Vor allem in den Großstädten hatte es wiederholt Proteste gegen den Krieg gegeben. Das Kaiserreich war keine Demokratie, aber doch eine parlamentarische konstitutionelle Monarchie; der auf Grundlage des freien, gleichen und geheimen Männerwahlrechts zusammengesetzte Reichstag verfügte über die Budgethoheit. Entsprechend musste sich die Regierung die enormen Kriegskosten regelmäßig von den Abgeordneten genehmigen lassen. Dagegen opponierten vor allem linke Sozialdemokraten, darunter der Hinterbänkler Karl Liebknecht. Von Abstimmung zu Abstimmung nahm die Zahl der ablehnenden Voten zu. Da Liebknecht und andere Wortführer der sich bildenden sozialistischen Opposition wie der frühere SPD-Vorsitzende Hugo Haase parlamentarische Immunität genossen, konnten die Behörden nicht gegen sie vorgehen. Liebknecht wurde zwar als Armierungssoldat eingezogen, durfte aber zu Reichstagssitzungen nach Berlin reisen.

Erst als er außerhalb des Parlaments am 1. Mai 1916 auf einer Antikriegskundgebung sprechen wollte, wurde er festgenommen. Denn sein Rederecht galt nur innerhalb des Reichstags. Die SPD protestierte erfolglos gegen die Festnahme, obwohl sie Liebknecht bereits Wochen zuvor aus ihrer Fraktion ausgeschlossen hatte. Als der Sozialist Ende Juni 1916 vor Gericht stand, riefen seine Anhänger zu Demonstrationen in Berlin auf, an denen bis zu 50.000 Arbeiter vor allem der gut organisierten Metallindustrie teilnahmen. Trotzdem wurde Liebknecht verurteilt, weitere nennenswerte Proteste blieben aus: Die Behörden hatten vorerst obsiegt. Gleichzeitig wurden zwar die Zeitungen in Deutschland zensiert, doch mutig geführte Blätter wie der sozialdemokratische „Vorwärts" oder das Berliner Tageblatt blieben ihrer vorsichtig kritischen Haltung treu. Zwar wurden beide deshalb mehrfach tageweise verboten, doch nicht auf Dauer eingestellt. Wo es liberale oder SPD-Blätter gab, bestand jedenfalls die Chance auf eine nur zum Teil manipulierte Information.

Nach der Februar-Revolution 1917 in Russland kam es in Berlin, München und einigen anderen großen Städten erneut zu Massenstreiks gegen die Fortsetzung des Kriegs, abermals organisiert von Liebknecht-Anhängern. Die SPD und die Gewerkschaften bremsten die Ausstände aus Sorge vor einem möglichen Bürger-

In zahlreichen deutschen Städten und Industrierevieren wurde im Ersten Weltkrieg demonstriert und gestreikt. Die Proteste richteten sich gegen mangelhafte Lebensmittelversorgung und schlechte Arbeitsbedingungen. Straßenszene in Berlin während der Januar-Streiks, 1918.

krieg und um ihre Reformbemühungen nicht zu konterkarieren. Sanktionen gegen Streikführer bestanden in der Regel in der Einziehung an die Front, also im Verlust des vergleichsweise sicheren Arbeitsplatzes in der Heimat; höchstens wurde Haft in einem regulären Zuchthaus verhängt. Beides wirkte nicht sehr abschreckend. Zu den bis dahin größten Ausständen kam es Ende Januar 1918 beim großen Munitionsarbeiterstreik. Diesmal hatte sogar die pragmatische SPD-Führung mitgewirkt, um den umstürzlerischen Eifer der Liebknecht-Fraktion unter Kontrolle zu bekommen. In manchen Industriestädten streikte jeder dritte Arbeiter. Doch wieder hatten die Demonstrationen fast keine Auswirkungen. Das änderte sich erst, als im November massenhaft bewaffnete Soldaten demonstrierten.

Anders als im Kaiserreich wurden die Gegner des NS-Regimes radikal verfolgt und in Konzentrationslagern inhaftiert. Ausgabe des Illustrierten Beobachters zur Adventszeit 1936.

Ganz im Gegensatz zum kaiserlichen Deutschland hatte die nationalsozialistische Regierung schon unmittelbar nach ihrer Machtübernahme Anfang 1933 die linke Opposition erst unter Druck gesetzt, dann rücksichtslos auszumerzen begonnen. Infolge des entschlossen instrumentalisierten Reichstagsbrands saßen Ende April 1933 bis zu 50.000 Kommunisten, Sozialdemokraten und andere Hitler-Gegner in improvisierten Haftlagern und wurden oft grausam misshandelt. Das Parlament war ausschließlich mit NSDAP-Mitgliedern besetzt und ohnehin seit dem „Ermächtigungsgesetz" vom 23. März 1933 politisch bedeutungslos. Eine offene Opposition gegen den Kriegskurs der Regierung gab es in Deutschland nicht. Unmutsäußerungen registrierte das Reichssicherheitshauptamt genau, und die Kriegsverordnungen erlaubten, wegen sogenannter Wehrkraftzersetzung drakonische Strafen bis hin zur Hinrichtung zu verhängen, was in Tausenden von Fällen auch geschah. Ein dichtes Netz von Spitzeln, oft aus der Hitler-Jugend und örtlichen NSDAP-Vertretern, den Blockwarten, sowie aus häufig weiblichen Denunzianten sorgte für den Nachschub an Informationen. Ob jemand für kriegskritische Äußerungen bestraft wurde oder nicht, war oft dem Zufall überlassen; diese Unsicherheit erhöhte den Druck auf potenziell Oppositionelle sogar noch.

Ebenfalls völlig unter Kontrolle war die Information. Alle NSDAP-kritischen Zeitungen waren entweder schon 1933 zwangsweise eingestellt oder – wie das Berliner Tageblatt – gleichgeschaltet worden. Die Inhalte der Zeitungen wurden von Goebbels' Reichspropagandaministerium und seinen täglichen Pressekonferenzen bestimmt. Flugblätter und illegale Informationsdienste wie die „Deutschlandberichte der Sopade", der Exil-SPD, kursierten zwar bis in die ersten Kriegsjahre, konnten aber jeden, der damit entdeckt wurde, umgehend ins Konzentrationslager bringen. Angesichts der unnachsichtigen Härte, mit der Gestapo und SS, aber auch die vielen NSDAP-Unterorganisationen die Menschen an der Heimatfront auf Linie brachten, konnte sich keine aktive, handlungsfähige Opposition bilden.

Eine dritte Lehre, die Hitler und seine NSDAP aus dem Ersten Weltkrieg gezogen hatte, lautete: Es darf im Falle einer Zuspitzung der militärischen Lage keine Elite geben, die sich gegen das bestehende Regime stellt. Im Ersten Weltkrieg hatten Sozialdemokraten, Liberale und Teile des katholischen Zentrums beständig Reformen angemahnt und im Juli 1917 mit dem Interfraktionellen Ausschuss ein politisches Instrument geschaffen. Hitler schmähte seine Mitglieder nicht umsonst als „Novemberverbrecher", weil sie angeblich für den Zusam-

Heimatfront

Links: Nach dem misslungenen Attentat werden „unerbittliche Maßnahmen" gegen den Widerstand angekündigt. Neues Wiener Tagblatt, 21. Juli 1944.

Rechts: In den letzten Kriegstagen scheiterte die bayerische Widerstandsgruppe „Freiheitsaktion Bayern". Gauleiter Paul Giesler gibt nach dem Aufstandsversuch am 28. April 1945 bekannt: „Der Spuk wird bald vorbei sein."

menbruch der Wehrbereitschaft Ende 1918 verantwortlich gewesen seien. Etwas Ähnliches musste im Dritten Reich unbedingt vermieden werden. Da es anders als im Kaiserreich keine legale, parlamentarische Opposition mit wenn auch beschränkten Rechten gab, war zwar die Gefahr einer Wiederholung gering. Trotzdem wollte das NS-Regime jedes noch so kleine Risiko einer innenpolitischen Gefährdung der eigenen Macht ausschließen. Knapp vier Wochen nach dem gescheiterten Staatsstreich des militärischen Widerstands um Claus Schenk Graf Stauffenberg und Henning von Tresckow ordnete Hitler deshalb am 14. August 1944 an, die „Männer der Systemzeit" festzusetzen, in Heinrich Himmlers Formulierung in seinen Notizen: „Verhaftung SPD- und KPD-Bonzen". Die zuletzt 1939 aktualisierten Listen von insgesamt 553 Personen, die während der Weimarer Republik aktiv politisch tätig gewesen waren, wurden eiligst auf neuesten Stand gebracht, dann begannen gezielte Verhaftungen potenzieller Mitglieder der Gegenelite. Darunter waren Unterstützer der zerschlagenen Widerstandsbewegung, aber auch Ruheständler, die davon wenig bis nichts mitbekommen hatten wie der frühere Kölner Oberbürgermeister Konrad Adenauer. Ziel dieser „Aktion Gewitter" war nicht die Bestrafung tatsächlich begangener oder zumindest geplanter Widerstandshandlungen. Es ging um vorbeugende Festnahmen, um jede denkbare innenpolitische Opposition zu verhindern. Tatsächlich gab es regelmäßig erst im Angesicht der vorrückenden alliierten Truppen Aufstände gegen die örtliche NSDAP-Führung, etwa in München am 28. April 1945 die sogar noch von SS-Einheiten niedergeschlagene „Freiheitsaktion Bayern".

Auf keinem anderen Gebiet zog die Hitler-Bewegung so viele und so viele richtige Schlüsse aus der Erfahrung des Ersten Weltkriegs wie bei der Heimatfront. Die wichtigsten Fehler der kaiserlichen Regierung und ihrer Polizei wurden rücksichtslos vermieden. Das Ergebnis war, dass fast jeder Quadratkilometer Deutschlands militärisch erobert und besetzt werden musste, bevor Wehrmacht und SS, die fast bis zuletzt Rückhalt in der Bevölkerung hatten, das Kämpfen aufgaben. Ungeheure, zuvor unvorstellbare Verwüstungen und Verluste an Menschenleben waren die Folge.

Christian Westerhoff

Zwangsarbeit in zwei Weltkriegen

Zwangsarbeit ist eines der dunkelsten Kapitel des Zeitalters der Weltkriege. In der Regel wird sie nur mit dem Zweiten Weltkrieg in Verbindung gebracht, obwohl bereits während des Ersten Weltkriegs die Voraussetzungen für einen umfangreichen Einsatz von Zwangsarbeitern gegeben waren: Durch die Einberufung der wehrfähigen Männer wurden den Volkswirtschaften der am Krieg beteiligten Staaten Millionen von Arbeitskräften entzogen. Gleichzeitig steigerte die industrialisierte Kriegführung den Bedarf an Arbeitskräften. Diese Kombination führte in den meisten kriegführenden Staaten spätestens seit 1915 zu einem großen Mangel an Arbeitskräften. Insbesondere bei den Mittelmächten Deutschland und Österreich-Ungarn wurde dieser Arbeitskräftemangel zu einem großen Problem, da diese beiden Staaten im Gegensatz zu den Alliierten nicht in der Lage waren, die dringend benötigten Arbeitskräfte auf den internationalen Arbeitsmärkten (z. B. in Afrika und China) zu rekrutieren. Politiker, Militärs, Verwaltungsbeamte und Industrielle kamen zunehmend zu dem Schluss, dass Zwangsarbeit eine mögliche Lösung des Arbeitskräfteproblems darstellen könnte.

Diese Situation entsprach in vielerlei Hinsicht derjenigen des Jahres 1939. Zwangsarbeit sollte daher nicht allein als ein Phänomen des Zweiten Weltkriegs betrachtet werden. Vielmehr ist es sinnvoll, die Entwicklung der Zwangsarbeit in beiden Weltkriegen zusammen zu betrachten. Dadurch werden Kontinuitäten und Brüche in der Beschäftigung von Zwangsarbeitern erkennbar. Deutlich wird auch, vor welchem Erfahrungshintergrund die Entscheidungsträger handelten, die während des Zweiten Weltkriegs das nationalsozialistische Zwangsarbeiterregime errichteten, in dem allein in Deutschland mehrere Millionen Frauen und Männer aus allen Teilen Europas arbeiten mussten und dem zahlreiche Menschen zum Opfer fielen.

Zwangsarbeit war während beider Kriege kein Phänomen, das auf das Deutsche Reich beschränkt war. Insbesondere besetzte Territorien wurden während des Ersten Weltkriegs nicht nur zum Rekrutierungsgebiet, sondern auch zum Einsatzort von Zwangsarbeitern. Sowohl in den von Deutschland besetzten Gebieten als auch in den von Österreich-Ungarn, Bulgarien und Russland okkupierten Territorien setzten die Behörden Zwangsarbeiter bei Infrastrukturmaßnahmen sowie in der Land- und Forstwirtschaft ein. In den Vielvölkerreichen Russland, Österreich-Ungarn und dem Osmanischen Reich wurden zudem Vertriebene und Angehörige ethnischer Minderheiten zur Zwangsarbeit herangezogen. Während des Zweiten Weltkriegs praktizierten auch die mit Deutschland verbündeten Staaten Zwangsarbeit. Schon in den 1930er-Jahren entstand zudem in der Sowjetunion der GULag, ein weit verzweigtes Lagersystem, in dem über zwei Millionen Menschen Zwangsarbeit zu leisten hatten.

Weil es hier nicht möglich ist, auf all diese verschiedenen Zwangsarbeitsregimes einzugehen, konzentriert sich diese Darstellung auf die Zwangsarbeit im deutschen Machtbereich. Dies bietet sich an, weil das nationalsozialisti-

Zwangsarbeit in zwei Weltkriegen

sche Zwangsarbeitsregime weite Teile Europas umfasste und sich Kontinuitäten und Brüche zwischen dem Ersten und Zweiten Weltkrieg hier besonders gut nachvollziehen lassen. Außerdem stehen vor allem Zivilarbeiter im Fokus, da Kriegsgefangene gemäß der Haager Landkriegsordnung von 1899 zur Arbeit herangezogen werden durften, wenn bestimmte Richtlinien eingehalten wurden. So durfte von der Arbeit keine Gefahr für Leib und Leben ausgehen (z. B. durch Einsatz im Frontgebiet oder beim Räumen von Minen). Die Arbeit durfte außerdem nicht in direktem Zusammenhang mit der Kriegführung stehen. Ein Einsatz in der Rüstungsindustrie war also ebenfalls nicht völkerrechtskonform. Offiziere waren außerdem von der Arbeitspflicht ausgenommen. Unteroffiziere durften nur zu Aufsichtstätigkeiten herangezogen werden. Während des Ersten Weltkriegs wurden die Bestimmungen der Haager Landkriegsordnung weitgehend eingehalten. Erst im Zweiten Weltkrieg entschied sich das NS-Regime, bestimmte Gefangenengruppen, insbesondere die sowjetischen und jüdischen Kriegsgefangenen, nicht gemäß den Bestimmungen der in der Zwischenkriegszeit erlassenen Genfer Konvention zu behandeln. Das Regime verstieß gegen das Völkerrecht, indem es diese Kriegsgefangenen äußerst schlechten Lebensbedingungen aussetzte, die oftmals tödlich für sie waren. Auch vor der Ermordung von Gefangenen schreckte das Regime nicht zurück.

Die Regierungen und hohen Militärs der kriegführenden Staaten hatten 1914 mit einem kurzen Krieg gerechnet. Stattdessen kam es zu einem vier Jahre dauernden mörderischen Konflikt bisher nicht bekannten Ausmaßes, der einen immensen Bedarf an Arbeitskräften mit sich brachte. Allein in Deutschland wurden 1914–1918 mehr als 13 Millionen Männer zum Heeresdienst einberufen. Das heißt, ungefähr ein Fünftel der Gesamtbevölkerung bzw. 80 Prozent aller erwachsenen Männer standen dem Arbeitsmarkt zeitweilig nicht zur Verfügung. Inländische Ersatzarbeitskräfte wie Frauen und Jugendliche reichten nicht aus, um diese Lücke zu füllen. Auch der Arbeitseinsatz von Kriegsgefangenen konnte das Problem nicht lösen, da ihre Zahl (in Deutschland ca. 1,5 Millionen) nicht ausreichte. Aufgrund völkerrechtlicher Bestimmungen und der Notwendigkeit, sie zu bewachen, konnten sie zudem nur zu bestimmten Arbeiten herangezogen werden. Darüber hinaus kehrten ausländische Arbeitskräfte teilweise nach Kriegsbeginn in ihre Heimat zurück. Gerade in Deutschland, wo 1914 besonders viele Angehörige anderer Nationen tätig waren (ca. 1,2 Millionen), stellte dies ein großes Problem dar.

Eine Postkarte zeigt im ersten Kriegsjahr französische Kriegsgefangene, die als Landarbeiter eingesetzt wurden. Nach der Haager Landkriegsordnung war das zulässig.

Neben Österreich-Ungarn war Russland 1914 das wichtigste Herkunftsland ausländischer Arbeitskräfte in Deutschland. Nach Kriegsausbruch wurden die 200.000 bis 300.000 Arbeitskräfte aus Russland, die sich 1914 in Deutschland aufhielten, zu feindlichen Ausländern erklärt, da zwischen beiden Staaten Krieg herrschte. Das Russische Reich war 1914 kein einheitlicher Nationalstaat, sondern ein Vielvölkerreich. So handelte es sich bei einem Großteil der Arbeitskräfte aus Russland nicht um Russen, sondern um Polen, denn Polen war Ende des 18. Jahrhunderts unter den Großmächten Preußen, Österreich und Russland aufgeteilt worden. Da im Deutschen Reich bessere Verdienstmöglichkeiten bestanden, waren seit dem ausgehenden 19. Jahrhundert immer mehr Saisonarbeiter aus Russisch-Polen nach Deutschland gekommen, um insbesondere in der Landwirtschaft zu arbeiten. Die russisch-polnischen Arbeitskräfte waren bereits vor 1914 diskriminierend behandelt und in ihrer Bewegungsfreiheit eingeschränkt worden. Jetzt wurde aus Angst, die dringend benötigten Arbeitskräfte zu verlieren, allen Arbeitskräften aus Russland untersagt, für die Dauer des Krieges den Arbeitsplatz zu verlassen und in die Heimat zurückzukehren. Die Arbeitskräfte aus Russland wurden somit zu Zwangsarbeitern, wobei dieser Umstand dadurch abgemildert wurde, dass die Arbeitskräfte nicht in Lagern leben mussten.

Die deutsche Kriegswirtschaft war jedoch dringend auf weitere Arbeitskräfte angewiesen. In dieser Situation rückten die Gebiete in den Blick, die deutsche Truppen 1914–1915 erobert hatten: Belgien, Teile Nordfrankreichs, Russisch-Polen sowie Teile des Baltikums. Dort versuchten deutsche Behörden und Unternehmer ab Anfang 1915 Arbeitskräfte für die Arbeit im Reich anzuwerben. Insbesondere in Belgien und Russisch-Polen, wo durch den kriegsbedingten Zusammenbruch von Industrie, Handwerk und Handel große Arbeitslosigkeit herrschte, wurde ein dichtes Netz von Anwerbebüros aufgebaut. Die Rekrutierung erfolgte durch freiwillige Meldung und sollte vor allem durch wirtschaftliche Anreize wie hohe Akkordlöhne gefördert werden. Zahlreiche Klagen weisen jedoch darauf hin, dass die Arbeitskräfte nicht immer korrekt über die Arbeitsbedingungen aufgeklärt wurden.

Vor allem die Bewerber in Russisch-Polen wurden zunächst nicht informiert, dass sie ihren Arbeitsplatz in Deutschland nicht mehr verlassen durften, waren sie einmal dort angelangt. Ebenso wie den russisch-polnischen Arbeitskräften, die sich bereits vor Kriegsausbruch in Deutschland aufhielten, war es auch ihnen bis Kriegsende untersagt, in ihre Heimat zurückzukehren. Doch obwohl sich schnell herumsprach, dass es sich bei der Arbeit in Deutschland um eine Art Zwangsarbeit handelte, war die Anwerbung in Russisch-Polen zunächst durchaus erfolgreich: Zusätzlich zu den 200.000 bis 300.000 russisch-polnischen Arbeitskräften, die sich bereits in Deutschland aufhielten, wurden bis März 1916 ca. 120.000 weitere Arbeitskräfte rekrutiert. Hierfür dürften mehrere Ursachen verantwortlich sein: Zum einen gab es in Russisch-Polen eine ausgeprägte Tradition der Arbeitsmigration. Vor allem aber war die wirtschaftliche Misere in Russisch-Polen so groß, dass die Arbeitsaufnahme in Deutschland oftmals die einzige Alternative zum Hungern war.

An der Westfront ergab sich ein ganz anderes Bild: Die Anwerbung von Arbeitern verlief in Belgien bis Herbst 1916 nur sehr schleppend. Lediglich 28.000 Arbeitskräfte konnten angeworben werden, obwohl die Belgier im Gegensatz zu den Polen nach Ablauf ihres in der Regel drei- bis viermonatigen Arbeitsvertrages nach

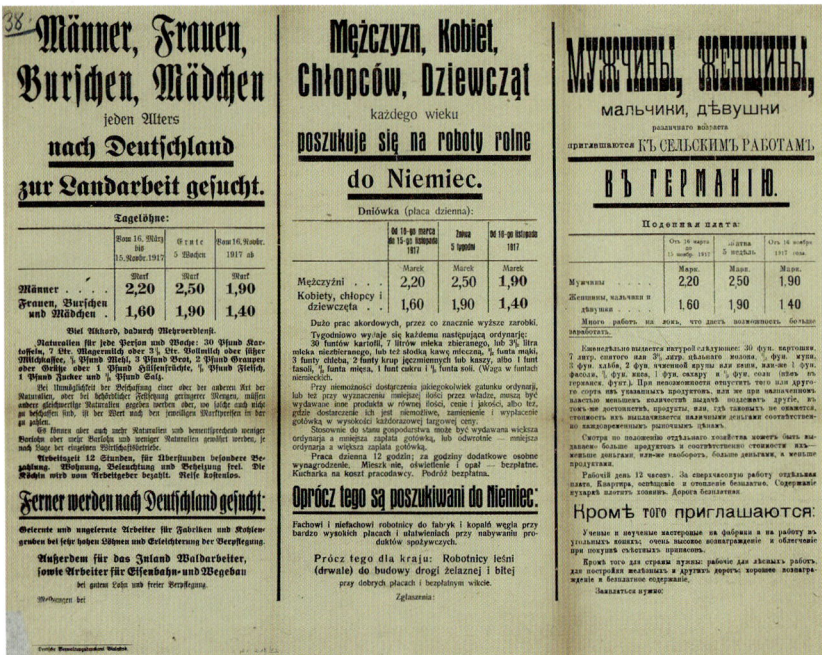

Anwerbeplakat für landwirtschaftliche Arbeitskräfte, Białystok, 1917. „Männer, Frauen, Burschen, Mädchen jeden Alters nach Deutschland zur Landarbeit gesucht".

Zwangsarbeit in zwei Weltkriegen

Hause zurückkehren durften. Im Unterschied zu Polen erhielt das besetzte Belgien umfangreiche Lebensmittellieferungen aus den USA, sodass die wirtschaftliche Ausgangslage dort um ein Vielfaches besser war als in den besetzten Ostgebieten. Zudem waren viele Belgier empört, dass Deutschland ihre Neutralität missachtet hatte und in Belgien einmarschiert war. Eine Beschäftigung in Deutschland galt für viele daher als „Arbeit für den Feind" und kam deshalb nicht in Frage.

Als sich die materielle Überlegenheit der Alliierten immer mehr zeigte und der Arbeitskräftebedarf der deutschen Kriegswirtschaft immer weiter zunahm, mehrten sich im Deutschen Reich die Rufe nach Zwangsrekrutierungen in den besetzten Gebieten. Die Situation verschärfte sich dadurch, dass auch dort viele Arbeitskräfte benötigt wurden. Insbesondere in Nordfrankreich und im Baltikum bestand ein großer Bedarf für Arbeiten im Bahn- und Straßenbau sowie in der Land- und Forstwirtschaft.

Während in Belgien und Russisch-Polen 1914/1915 zivile Verwaltungen eingerichtet wurden, erhielten Nordfrankreich und das besetzte Baltikum, das vor allem Litauen und Kurland umfasste, aufgrund ihrer Nähe zur Front Militärverwaltungen. Die deutsche Militärverwaltung im Baltikum, die von Paul von Hindenburg und Erich Ludendorff geleitet wurde, hatte sich zum Ziel gesetzt, das von ihr beherrschte „Land Ober Ost" zu einer militärischen Musterkolonie zu machen. Alle Ressourcen des Landes sollten der deutschen Kriegswirtschaft zur Verfügung gestellt werden. Da sich nicht ausreichend freiwillige Arbeitskräfte fanden, wurde die Bevölkerung in diesen Gebieten schon früh zwangsweise zu Arbeiten herangezogen. Diese Zwangsarbeit, von der zehntausende Menschen betroffen waren, wurde dadurch abgemildert, dass die Arbeitskräfte in der Regel abends wieder nach Hause zurückkehren konnten. Sie blieben damit in ihrem gewohnten Umfeld und konnten sich weiterhin selbst versorgen.

Die Abteibrücke in Berlin-Treptow wurde 1915–1916 von französischen Kriegsgefangenen gebaut. Sie gilt als erste Stahlverbundbrücke Deutschlands. Sie steht heute unter Denkmalschutz.

Christian Westerhoff

Im August 1916 spitzte sich die Lage im Reich zu, als sich die materielle Überlegenheit der Alliierten in der Schlacht an der Somme deutlich zeigte und Rumänien Österreich-Ungarn den Krieg erklärte. Als Reaktion auf diese Krise wurden Hindenburg und Ludendorff Ende August 1916 an die Spitze der Obersten Heeresleitung berufen. Aus „Ober Ost" brachten sie die Überzeugung mit, dass der Krieg nur noch zu gewinnen sei, wenn sich alle Bereiche von Wirtschaft und Gesellschaft vollständig auf die Kriegswirtschaft ausrichteten. Auf humanitäre und völkerrechtliche Erwägungen sollte keine Rücksicht mehr genommen werden.

„Civilgefangene Holzarbeiter" in Swenzjani, 75 km nordöstlich von Wilna, Litauen. Abgesehen von der Bezeichnung „Zivilgefangene" ist nicht klar, in welcher Form die offenkundig noch recht jungen Holzarbeiter für deutsche Behörden oder Firmen arbeiteten. Generell ist es für den Ersten Weltkrieg oft nicht leicht, festzustellen, ob ausländische Arbeitskräfte freiwillig oder mit Zwang rekrutiert und beschäftigt wurden.

Für die Arbeitskräftepolitik bedeutete dies, dass die Bevölkerung notfalls zur Arbeit zu zwingen war. In Deutschland versuchten Hindenburg und Ludendorff, mit dem „vaterländischen Hilfsdienst" eine Arbeitspflicht für alle erwachsenen Deutschen einzuführen. In den besetzten Gebieten wurden Zwangsrekrutierungen und Zwangsarbeit angewiesen. Solche Zwangsmaßnahmen sollten auch als Drohkulisse dienen, um die „freiwillige" Anwerbung nach Deutschland zu fördern. Während die Arbeitspflicht für Deutsche unter dem Einfluss von SPD und Gewerkschaften wesentlich entschärft wurde, kam es in den besetzten Gebieten tatsächlich bald zu Zwangsrekrutierungen.

Aus Belgien wurden im Winter 1916/1917 ca. 60.000 Arbeiter nach Deutschland deportiert, wo sie vor allem im rheinisch-westfälischen Bergbau und in der Industrie arbeiten sollten. Demgegenüber wurden im belgischen und französischen Etappengebiet sowie in Russisch-Polen und im Baltikum Menschen für Arbeiten vor Ort zwangsrekrutiert. Im belgischen und französischen Etappengebiet wurden insgesamt 60.000 Personen in sogenannten Zivilarbeiterbataillonen bei Infrastrukturarbeiten eingesetzt. Aus Russisch-Polen wurden ca. 5.000 überwiegend jüdische Männer ins Baltikum deportiert. Dort kamen sie ebenso wie ca. 10.000 einheimische Zwangsarbeiter in Zivilarbeiterbataillone. Im Baltikum wurden außerdem mehrere Zehntausend Personen für kurzfristige Arbeiten zwangsrekrutiert.

Ursprünglich sollten in den besetzten Gebieten an der Ost- und Westfront nur Arbeitslose in Zivilarbeiterbataillonen Verwendung finden. Da es den deutschen Behörden jedoch in vielen Fällen nicht gelang, gezielt auf die Arbeitslosen zuzugreifen, fanden Razzien statt, bei denen wahllos Männer aufgegriffen wurden. Die Lebens- und Arbeitsbedingungen in den Zivilarbeiterbataillonen sowie in den Lagern für belgische Deportierte in Deutschland waren sehr hart. Verpflegung, Kleidung, Unterkünfte und medizinische Versorgung waren mangelhaft. Für einen geringen Lohn waren neun Stunden schwere Arbeit zu leisten, sofern es aufgrund der überhasteten Durchführung der Zwangsrekrutierung überhaupt zu einem Arbeitseinsatz kam. Als Folge dieser Zustände und der wahllosen Razzien, bei denen auch Alte und Kranke rekrutiert worden waren, grassierten in den Lagern Krankheiten und die Sterblichkeitsrate war sehr hoch. Während Bewachung und Unterbringung der Zwangsarbeiter teuer waren, fiel ihre Arbeitsleistung aufgrund der schlechten Arbeitsbedingungen und fehlender Motivation sehr gering aus. Die im Herbst 1916 initiierte Zwangsarbeit stellte sich daher bald als unwirtschaftlich heraus. Für die schlechten Bedingungen in den Zwangsarbeiterlagern gab es mehrere Gründe: Neben der hastigen Einrichtung der Lager und der allgemein schlechten Versorgungssituation sollten die Verhältnisse gezielt abschreckend wirken, um Anreize für eine „freiwillige" Arbeitsaufnahme zu schaffen.

Die Zwangsmaßnahmen riefen bei der Bevölkerung der besetzten Gebiete Empörung und Entsetzen hervor. Auch im Deutschen Reichstag regte sich Widerspruch. Während die Zwangsrekrutierungen im Osten nur wenig Aufmerksamkeit erregten, riefen die Deportationen in Belgien auch auf internationaler Bühne massive Kritik hervor. In neutralen Staaten wie den USA führten die Deportationen zu einem Ansehensverlust Deutschlands.

In Russisch-Polen wurden die Zwangsrekrutierungen bereits im Dezember 1916 wieder eingestellt, in Belgien im Februar 1917. Während in Belgien die internationale Kritik und die Ineffizienz ausschlaggebend waren, endeten die Zwangsrekrutierungen in Russisch-Polen aus innenpolitischen Gründen: Die deutsche Regierung plante den Aufbau einer polnischen Armee, die zusammen mit den Mittelmächten gegen Russland kämpfen sollte. Zwangsrekrutierungen ließen sich mit diesem Ziel nur schwer vereinbaren. Nach Beendigung der Zwangsrekrutierungen forcierten die deutschen Besatzungsbehörden in Belgien und Russisch-Polen erneut die freiwillige Anwerbung von Arbeitskräften, die mit Hilfe zusätzlicher Anreize wie Urlaub gefördert werden sollte. Aufgrund des Rückkehrverbots in die Heimat blieb die Grenze zwischen Freiwilligkeit und Zwang allerdings fließend. In Nordfrankreich sowie im Baltikum hingegen hielten die dortigen Militärverwaltungen trotz Kritik und Widerstand der Bevölkerung bis zum Ende des Kriegs an Zwangsmaßnahmen fest. Die Militärs nahmen dort auf die einheimische Bevölkerung keine Rücksicht. Auch konnten sie sich nicht vorstellen, die anstehenden Arbeiten ohne Zwangsarbeit zu bewältigen.

Nach 1918 wurde die Zwangsarbeit während des Ersten Weltkriegs von zahlreichen deutschen Militärs zwar als politischer und ökonomischer Fehlschlag beurteilt, jedoch nicht als Bruch des Völkerrechts oder als moralische Verfehlung. Insbesondere Erich Ludendorff vertrat die Ansicht, dass in einem zukünftigen „totalen Krieg" erneut auf Zwangsarbeit zurückgegriffen werden müsse. Auch der Ausbeutung zukünftiger Besatzungsgebiete in Osteuropa wurde eine hohe Bedeutung zugemessen. Das deutsche Vorgehen während des Ersten Weltkriegs galt Militärs nicht als zu brutal, sondern im Gegenteil als zu rücksichtsvoll. Aus den Erfahrungen des Ersten Weltkriegs zogen sie außerdem die Lehre, dass die Weltöffentlichkeit am Schicksal der osteuropäischen Bevölkerung wenig Anteil nahm.

Die Nationalsozialisten nahmen Ludendorffs „Lehren" aus dem Ersten Weltkrieg begierig auf. Nach 1933 und verstärkt nach 1939 wurden viele seiner Ideen Regierungspolitik, insbesondere die Mobilisierung aller verfügbaren Ressourcen für den Krieg. Die totale Mobilisierung wurde jedoch zunächst vor allem auf die deutsche Bevölkerung angewendet. Während für Deutsche 1939 praktisch eine Arbeitspflicht bestand, waren die Anwerbung und Beschäftigung ausländischer Arbeitskräfte zu diesem Zeitpunkt noch vergleichsweise wenig durch Zwang und Kontrolle geprägt.

Außerdem war die Beschäftigung ausländischer Arbeitskräfte in Deutschland nach 1918 stark zurückgegangen, weil das Ende der Kriegswirtschaft und die wirtschaftlichen Probleme der Weimarer Republik den Arbeitskräftebedarf stark gesenkt hatten. Erst Ende der 1930er-Jahre kam es durch die intensive Rüstung des Dritten Reiches erneut zu einem Arbeitskräftemangel, der wieder zu einer zunehmenden Beschäftigung ausländischer Arbeitskräfte führte.

Schuttberge im Fluss Omignon nahe Caulaincourt (Dep. Aisne) nach dem Rückzug der Deutschen in die Siegfriedstellung, April 1917. Die mit Bunkern und Gräben befestigte Siegfriedstellung war im Rahmen der Operation „Alberich" im Winter 1916/17 angelegt worden. Für diese größte Baumaßnahme des Weltkriegs wurden 70.000 Arbeiter eingesetzt, davon 9.000 Zwangsarbeiter und 26.000 Kriegsgefangene – gegen die Bestimmungen der Haager Landkriegsordnung.

Fritz Sauckel (1894–1946) war seit 1942 „Generalbevollmächtigter für den Arbeitseinsatz" und leitete die Deportation von ca. 5 Millionen Zwangsarbeitern. Das Foto zeigt ihn 1936 bei Spatenstichen auf dem „Platz des Führers" in Weimar.

Arbeitsbuch für Ausländer im Deutschen Reich, 1942.

Als am 1. September 1939 der Zweite Weltkrieg ausbrach, gab es in Deutschland keine Pläne für den systematischen Aufbau eines europaweiten Zwangsarbeiterregimes. Zwar war durchaus geplant, den Arbeitskräftebedarf in Deutschland, der nach Kriegsbeginn noch einmal stark anstieg, durch die gezielte Rekrutierung ausländischer Arbeiter zu decken. Doch schon in Polen, dem ersten Land, das die Wehrmacht besetzte, zeichnete sich das deutsche Vorgehen durch sehr unterschiedliche Maßnahmen aus. Die Arbeitskräftepolitik wurde dadurch uneinheitlich, unübersichtlich und widersprüchlich.

Bereits in den ersten Tagen nach Kriegsbeginn begann die deutsche Arbeitsverwaltung ein Netz von Vermittlungsbüros im besetzten Polen aufzubauen. Aufbauend auf den Erfahrungen des Ersten Weltkriegs sollten so schnell wie möglich einheitliche und effektive Strukturen geschaffen werden, um auf dem Weg der freiwilligen Anwerbung möglichst viele polnische Arbeitskräfte zu rekrutieren. Diese sollten vor allem in der deutschen Landwirtschaft zum Einsatz kommen. Die Behörden hofften hierbei auf die lange Tradition der saisonalen Arbeitswanderung in Polen aufbauen zu können. Auch ging man davon aus, dass die Arbeitslosigkeit in Polen und die besseren Verdienstmöglichkeiten zu hohen Anwerbezahlen führen würden.

Im Vorfeld des Kriegs hatten sich Teile der nationalsozialistischen Führung jedoch aus ideologischen Gründen gegen den massiven Einsatz ausländischer Arbeitskräfte in Deutschland ausgesprochen. Als Kompromiss hatte man sich darauf geeinigt, den Einsatz von „Fremdarbeitern" aus kriegswirtschaftlichen Erwägungen heraus zwar zuzulassen, die Menschen aber einem Regime harter Strafen, diskriminierender Sonderregelungen und schlechter Lebensbedingungen zu unterwerfen. So wurden Polen grundsätzlich schlechter bezahlt als Deutsche. Polnischen Arbeitskräften, die für schuldig gehalten wurden, eine sexuelle Beziehung mit einer deutschen Frau eingegangen zu sein, drohte gar die Todesstrafe. Da sich die schlechte Behandlung der Arbeitskräfte bald herumsprach, meldeten sich weit weniger Polen freiwillig zur Arbeit in Deutschland, als es die deutschen Behörden erwartet hatten. Dass eine freiwillige Anwerbung nur erfolgreich sein konnte, wenn es hierfür geeignete Anreize gab, wurde von den Behörden offenbar nicht bedacht, obwohl dies während des Ersten Weltkriegs klar zutage getreten war.

Als Reaktion auf die wenig erfolgreichen Anwerbeversuche gingen die Behörden im besetzten Polen schon bald zu verschiedenen Formen von Zwangsrekrutierungen über. So verpflichteten die deutschen Besatzer beispielsweise einzelne Regionen dazu, bestimmte Kontingente an Arbeitskräften zur Verfügung zu stellen. Eine andere Form der Zwangsrekrutierung bestand darin, ganze Jahrgänge der Bevölkerung zur Arbeit in Deutschland zu verpflichten. Da die polnische Bevölkerung zunehmend versuchte, sich solchen Maßnahmen zu entziehen, führten die deutschen Behörden bald wilde Razzien durch. Häufig wurden z. B. Marktplätze oder Kirchen umstellt und alle arbeitsfähigen Personen nach Deutschland deportiert.

Zwangsmaßnahmen erfolgten jedoch nicht erst, als klar war, dass die Anwerbung freiwilliger Kräfte nicht zu den gewünschten Zahlen führte. Bereits im ersten Kriegsmonat wurden parallel zu den Anwerbungen auch Zwangsrekrutierungen durchgeführt. Im Generalgouvernement erließ Generalgouverneur Hans Frank zudem noch im Herbst 1939 eine Arbeitspflicht für die männliche Bevölkerung. Arbeitslose, die gleich

Zwangsarbeit in zwei Weltkriegen

zu Beginn der Besatzung von den Deutschen registriert worden waren, mussten damit rechnen, zu öffentlichen Arbeiten im besetzten Gebiet herangezogen zu werden. In den von Deutschland annektierten Gebieten Westpolens war die zwangsweise Rekrutierung von Arbeitskräften von Beginn an der Regelfall.

Mit der Besetzung weiterer Länder dehnten die deutschen Behörden die Arbeitskräfterekrutierung auf diese Gebiete aus. Allerdings standen nach Beendigung des Westfeldzuges Mitte 1940 so viele Kriegsgefangene zur Verfügung, dass vorübergehend der Eindruck entstand, das Arbeitskräfteproblem sei gelöst. Unter dem Eindruck der Blitzkriegseuphorie entließ die Wehrmacht sogar einen Großteil der niederländischen, norwegischen und belgischen Kriegsgefangenen. Auch die sowjetischen Kriegsgefangenen, die nach dem Überfall auf die Sowjetunion in großer Zahl in den Gewahrsam der Wehrmacht gelangten, wurden gar nicht erst ins Reich gebracht, sondern massenhaft in provisorischen Gefangenenlagern in den besetzten Teilen der Sowjetunion interniert. Dort lieferte man sie 1941–1942 massenhaft dem Tod durch Hunger, Seuchen und Kälte aus, da nicht vorgesehen war, sie als Arbeitskräfte einzusetzen.

Erst mit dem Scheitern der Blitzkriegsstrategie Ende 1941 begann ein Umdenken. Als sich ein langwieriger Abnutzungskrieg abzeichnete, realisierten die NS-Behörden, dass zukünftig jede verfügbare Arbeitskraft gebraucht wurde. Hitler ernannte den Gauleiter von Thüringen, Fritz Sauckel, zum „Generalbevollmächtigten für den Arbeitseinsatz". Er sorgte in der Folgezeit dafür, dass die Rekrutierung von Arbeitskräften für die deutsche Kriegswirtschaft forciert und wesentlich ausgedehnt wurde.

So sollten nun auch die sowjetischen Kriegsgefangenen zur Arbeit im Reich herangezogen werden. Hierfür wurden ihre Lebensmittelrationen geringfügig erhöht. Für einen Großteil der Gefangenen kam ein Arbeitseinsatz allerdings nicht mehr in Frage. Von den 3,35 Millionen sowjetischen Soldaten, die sich Ende 1941 in deutschem Gewahrsam befanden, waren im Februar 1942 schon etwa zwei Millionen in der Gefangenschaft verstorben. Von den Verbliebenen waren viele zu geschwächt für harte körperliche Arbeiten.

Auch die Zivilbevölkerung der besetzten Gebiete geriet nun verstärkt in den Fokus der Rekrutierungsbemühungen. Alternative Arbeitsmöglichkeiten, z. B. in der örtlichen Industrie,

Sowjetische Kriegsgefangene auf dem Weg in ein Sammellager, 29. Mai 1942.

wurden gezielt zerstört, sofern sie nicht der deutschen Kriegswirtschaft dienten, um den Anreiz für eine freiwillige Arbeitsaufnahme in Deutschland zu erhöhen. Unterstützungszahlungen und Lebensmittelkarten wurden nur solchen Bewohnern zuteil, die sich bei den deutschen Behörden meldeten und somit für die deutschen Arbeitsverwaltungen greifbar wurden. Da diese Maßnahmen nicht zum gewünschten Erfolg führten, gingen die Behörden auf Anordnung Sauckels bald flächendeckend zu Arbeitspflicht, Zwangsrekrutierungen und Deportationen über. Ganze Landstriche wurden mithilfe von Razzien, Geiselnahmen, Drohungen und anderen Zwangsmitteln nach Arbeitskräften durchkämmt.

Einheimische Hilfskräfte der Wehrmacht beim Bahnbau in der Sowjetunion, 25.11.1942.

Nicht nur für den „Arbeitseinsatz" im Reich, sondern auch für Arbeiten in den besetzten Gebieten selbst wurden zahlreiche Kräfte gesucht. Im Hinterland der Front wurden Menschen für Infrastrukturarbeiten benötigt. Durch den Abbau von Rohstoffen und die Nutzung industrieller Kapazitäten für die Rüstungsindustrie wurden die besetzten Gebiete zudem zunehmend in die deutsche Kriegswirtschaft einbezogen. Die Rekrutierung von Kräften für diese Arbeiten stand vielfach in Konkurrenz zur Deportation ins Reich. Dies erhöhte den Rekrutierungsdruck zusätzlich.

Die konkrete Ausgestaltung der Arbeitskräftepolitik war nicht in allen besetzten Gebieten gleich, sondern hing vom Zusammenspiel verschiedener Faktoren ab. Hierzu zählten vor allem die wirtschaftlichen Verhältnisse vor Ort, die wirtschaftlichen und politischen Ziele der deutschen Besatzungsverwaltung sowie die regionalen Herrschaftsstrukturen, in die in unterschiedlichem Maße auch einheimische Akteure eingebunden waren. So war die Arbeitskräftepolitik in den annektierten Teilen Polens stark vom volkstumspolitischen Ziel der „Germanisierung" geprägt; polnische Akteure wurden nicht in die Verwaltung eingebunden und konnten somit keinen Einfluss auf die Arbeitskräftepolitik nehmen. Demgegenüber kollaborierten im besetzten Serbien einheimische Verwaltungsbehörden mit der deutschen Militärverwaltung. Die deutsche Herrschaft war hier weit weniger direkt, eine Umsiedlung ganzer Bevölkerungsgruppen nicht geplant.

Angesichts der ausgedehnten Territorien, die der deutsche Machtbereich 1941 umspannte, reichten die Kapazitäten der deutschen Besatzungsbehörden generell nur für eine begrenzte Kontrolle der besetzten Gebiete. Blutige Exempel ersetzten vielerorts eine flächendeckende Kontrolle. Die zunehmend brutalere und rücksichtslosere deutsche Arbeitskräftepolitik unterminierte die deutsche Besatzungsherrschaft zusätzlich. Die Bevölkerung versuchte sich der Arbeitskräfterekrutierung zu entziehen und leistete zunehmend Widerstand, indem sie unter anderem Partisanen unterstützte. Eine Spirale der Gewalt wurde entfesselt, welche es den deutschen Besatzern zunehmend erschwerte, die Kontrolle über die besetzen Gebiete zu wahren und weitere Arbeitskräfte zu rekrutieren.

Für die einheimische Bevölkerung der besetzten Gebiete war die deutsche Arbeitskräfte- und Besatzungspolitik mit großen Belastungen und Schrecken verbunden. Für die jüdische Bevölkerung war sie eine Katastrophe. Diese Bevölkerungsgruppe wurde seit Kriegsbeginn besonders stark zur Zwangsarbeit herangezogen und sehr diskriminierend behandelt. In vielen besetzten Gebieten wurde über die jüdische Bevölkerung schon bald nach der Besetzung ein kollektiver Arbeitszwang verhängt. In Osteuropa wurden die Juden gezwungen, in Gettos und Lagern zu

Zwangsarbeit in zwei Weltkriegen

leben. In Litauen wurde ein großer Teil der jüdischen Bevölkerung sogar bereits 1941 in den ersten Monaten der Besatzung ermordet. Spätestens Anfang 1942 wurde der kollektive Mord an den europäischen Juden zur deutschen Staatsdoktrin. Dies hatte einerseits zur Folge, dass für viele Juden der „Arbeitseinsatz" zur einzigen Rettung vor der sofortigen Ermordung wurde. Andererseits gab der Holocaust Behörden und Unternehmen ein Instrument in die Hand, die jüdischen Arbeitskräfte auf das Äußerste auszubeuten. Da auf ihr Überleben keine Rücksicht genommen wurde, hatten die jüdischen Zwangsarbeiter einen Status, der schlechter war als derjenige von Sklaven. Die Behörden und Unternehmen, die jüdische Arbeiter beschäftigten, wirkten – gewollt oder hingenommen – an ihrer „Vernichtung durch Arbeit" mit.

Im Zuge des Holocausts wurde die jüdische Bevölkerung im deutschen Machtbereich in Konzentrations- oder Vernichtungslager deportiert. Durch den enormen Bedarf der Rüstungsindustrie wurden jedoch auch KZ-Häftlinge zu relevanten Arbeitskräften. Das SS-Wirtschaftsverwaltungshauptamt begann im Herbst 1942, privaten und öffentlichen Unternehmen KZ-Häftlinge zur Verfügung zu stellen.

Insgesamt arbeiteten während des Zweiten Weltkriegs ca. 13,5 Millionen ausländische Arbeitskräfte, von denen 80 bis 90 Prozent als Zwangsarbeiter bezeichnet werden können, im Deutschen Reich. Hiervon waren ca. 8,4 Millionen Zivilarbeiter, 4,6 Millionen Kriegsgefangene sowie 1,7 Millionen KZ-Häftlinge, wobei 1,2 Millionen Personen in der Statistik doppelt geführt werden. Der Arbeitseinsatz von Kriegsgefangenen war zwar unter bestimmten Voraussetzungen völkerrechtskonform, aber die Auflagen der Genfer Konvention wurden nur bei den westeuropäischen Kriegsgefangenen eingehalten.

Links: Jüdische Zwangsarbeiterinnen im Außenlager Penig des KZ Buchenwald nach der Befreiung durch die 3. US-Armee, April 1945.
Rechts: Das Foto gehört zu den „Ikonen der Vernichtung" (Cornelia Brink). Es zeigt die „Selektion" ungarischer Juden an der Laderampe im KZ Auschwitz, Juni 1944. Hier wurde entschieden, wer zur Zwangsarbeit oder in die Gaskammer geschickt wurde.

Demütigung von Rabbinern in Karczew (Polen) im September 1939: Unter militärischer Bewachung hacken sie Holz für eine Unterkunft deutscher Soldaten.

Christian Westerhoff

Ausländer in der Kriegswirtschaft

Mit Blick auf die Herkunft der ausländischen Arbeitskräfte ergibt sich folgendes Bild:

Tabelle 1: Ausländische Zivilarbeiter in Deutschland 1939–1945

	Anzahl gesamt	Überlebende 1945
Balten	75.000	75.000
Belgier	375.000	365.000
Bulgaren	30.000	30.000
Dänen	80.000	80.000
Franzosen	1.050.000	1.015.000
Griechen	35.000	35.000
Italiener	960.000	940.000
Kroaten	100.000	100.000
Niederländer	475.000	465.000
Polen	1.600.000	1.470.000
Schweizer	30.000	30.000
Serben	100.000	100.000
Slowaken	100.000	100.000
Sowjetbürger	2.775.000	2.525.000
Tschechen	355.000	330.000
Ungarn	45.000	45.000
Sonstige	250.000	240.000
Gesamt	8.435000	7.945.000

Tabelle 2: Kriegsgefangene im deutschen Gewahrsam im Arbeitseinsatz 1939–1945

	Anzahl gesamt	Überlebende 1945
Polen	300.000	220.000
Belgier	65.000	65.000
Franzosen	1.285.000	1.250.000
Briten	105.000	105.000
Serben	110.000	105.000
Sowjetbürger	1.950.000	950.000
Italiener	495.000	465.000
Sonstige	275.000	265.000
Gesamt	4.585.000	3.425.000

Quelle: Spoerer: Zwangsarbeit unter dem Hakenkreuz, S. 223, 221.

Für eine ähnliche Übersicht bezogen auf die KZ-Häftlinge reicht die Quellenlage nicht aus. Von den insgesamt 1,7 Millionen KZ-Häftlingen, die im Deutschen Reich zur Arbeit eingesetzt wurden, erlebten mehr als zwei Drittel das Kriegsende nicht.

Nicht nur zwischen den Zivilarbeitern, Kriegsgefangenen und KZ-Häftlingen waren die Lebensbedingungen und damit die Überlebenschancen sehr unterschiedlich, sondern auch innerhalb dieser Gruppen. Bedingt durch die NS-Rassenideologie wurde den einzelnen Nationalitäten eine sehr unterschiedliche Behandlung zuteil. So versorgte man West- und Nordeuropäer besser als Osteuropäer. Unter besonders schlechten Bedingungen hatten Polen und Sowjetbürger zu leiden. Mit dem Übertritt Italiens ins Lager der Alliierten im Sommer 1943 gehörten auch die italienischen Zivilarbeiter zu den Arbeitskräften mit sklavereiähnlichen Lebens- und Arbeitsbedingungen. Im Vergleich dazu war das Arbeitsverhältnis der West- und Nordeuropäer wesentlich weniger durch Zwang und drakonische Strafen geprägt. Arbeitskräfte aus verbündeten Staaten wie Italien, Ungarn oder Bulgarien wiederum konnten mit besseren Bedingungen rechnen als solche aus Feindstaaten und besetzten Ländern. Ganz unten in der Hierarchie standen die Juden und die anderen KZ-Häftlinge, die aufgrund der extrem schlechten Lebensbedingungen nur geringe Chancen hatten, den „Arbeitseinsatz" zu überleben. Auch die sowjetischen Kriegsgefangenen gehörten zunächst dieser Gruppe an.

Lager Auschwitz-Monowitz der I.G. Farben, errichtet zur Produktion von jährlich 30.000 Tonnen synthetischem Kautschuk (Buna) und 75.000 Tonnen Treibstoff. Für den Bau und Betrieb stellte die SS Tausende meist jüdische Häftlinge aus dem KZ Auschwitz zur Verfügung, die regelmäßig gegen noch kräftige und gesunde ausgetauscht wurden. Vom Baubeginn 1941 bis zur Befreiung am 27. Januar 1945 starben circa 25.000 Menschen.

Zwangsarbeit in zwei Weltkriegen

Der Prozess gegen die Manager und Chemiker der I.G. Farben begann am 14. August 1947 in Nürnberg und endete mit den Urteilen am 29. und 30. Juli 1948. Der Angeklagte Otto Ambros (stehend), Chemiker und Vorstandsmitglied des Technischen und Chemischen Ausschusses der I.G. Farben, wurde wegen Beihilfe zur Sklavenarbeit in Auschwitz-Monowitz zu acht Jahren Haft verurteilt.

Die deutschen Zwangsarbeitsregime im Ersten und Zweiten Weltkrieg weisen große Unterschiede auf. Während sich im Herbst 1918 ca. 2,5 Millionen Zivilarbeiter und Kriegsgefangene in Deutschland aufhielten (10 Prozent der Beschäftigten), waren es 1944 8 bis 9 Millionen (25 Prozent der Beschäftigten). Hinzu kam die Beschäftigung von ausländischen Arbeitskräften in den besetzten Gebieten, die 1939–1945 wesentlich umfangreicher waren als 1914–1918. Die Beschäftigung ausländischer Arbeitskräfte hatte also im Zweiten Weltkrieg nicht nur einen wesentlich größeren Umfang, sie war auch von größerer kriegswirtschaftlicher Bedeutung.

Ein weiterer bedeutender Unterschied liegt in der wesentlich größeren Rücksichtslosigkeit und Brutalität, mit der im Zweiten Weltkrieg vorgegangen wurde. Viele der nun unternommenen Schritte, insbesondere der kalkulierte Massentod der sowjetischen Kriegsgefangenen und der Holocaust, wären während des Ersten Weltkriegs nicht einmal denkbar gewesen, da die Behörden mit dem Völkerrecht und ethischen Grundsätzen nicht völlig gebrochen hatten. Der Erste Weltkrieg hatte mit der Einführung der Zwangsarbeit zwar einen Präzedenzfall geschaffen. Außerdem hatten viele Militärs und Politiker die „Lehre" gezogen, dass bei der Rekrutierung von Arbeitskräften 1914–1918 nicht radikal genug vorgegangen worden sei. Das brutale Vorgehen der NS-Behörden dürfte aber zu weiten Teilen nicht auf den Ersten Weltkrieg zurückzuführen sein, sondern auf die mörderische Rassenideologie des Nationalsozialismus, die erst nach 1918 entstand und selbst vor dem Mord an kriegswirtschaftlich wichtigen Arbeitskräften nicht Halt machte.

Inwieweit die NS-Behörden beim Aufbau ihres Zwangsarbeitsregimes auf Erfahrungen aus dem Ersten Weltkrieg zurückgriffen, hat die Forschung bisher nicht im Detail klären können. Zahlreiche Widersprüche in der nationalsozialistischen Arbeitskräftepolitik deuten allerdings darauf hin, dass die Verantwortlichen den Ersten Weltkrieg eher als einen allgemeinen Erfahrungshorizont nutzten, als dass es zu einem konkreten Lernprozess kam. Zudem gab es zwischen dem Ersten und dem Zweiten Weltkrieg kaum personelle Kontinuitäten.

Uta Hinz

Kriegsgefangenschaft im Zeitalter der Weltkriege

Im Ersten Weltkrieg gerieten auf allen Seiten Millionen Soldaten in Kriegsgefangenschaft. Die undatierte Abbildung zeigt von Deutschen inhaftierte britische Soldaten.

Will man Kriegsgefangenschaft in den beiden Weltkriegen beurteilen, so muss man mit dem Anfang des Jahrhunderts beginnen. Wie gefangene Soldaten in einem Krieg zu behandeln seien, galt zu Beginn des 20. Jahrhunderts als gut geregelt. Auf internationalen Konferenzen 1899 und 1907 wurde mit der „Haager Landkriegsordnung" (HLKO) ein Regelwerk für den Landkrieg vereinbart. Es sollte „militärisch nicht notwendige" Brutalität und Willkür eindämmen und legte erstmals international verbindlich auch Grundsätze zur Behandlung von Kriegsgefangenen fest. Zu den Unterzeichnern gehörten alle europäischen Großmächte. Die HLKO orientierte sich stark an der Praxis in früheren Kriegen, dem ungeschriebenen „Kriegsbrauch". Das neue Kriegsrecht war insofern nicht revolutionär, aber ein großer Fortschritt. Vor allem weil es erstmals den Begriff „Kriegsgefangener" definierte und Rechte und Pflichten für Gefangene, aber auch für die sogenannten „Gewahrsamsstaaten" festlegte. Kriegsgefangenschaft durfte keinerlei Strafcharakter haben, sie sollte nur sicherstellen, dass einmal entwaffnete Soldaten den Kämpfen dauerhaft fernblieben. Der übergreifende Grundsatz lautete: Kriegsgefangene sind „mit Menschlichkeit" zu behandeln. Jeder Staat, der Gefangene in seinem „Gewahrsam" hatte, war für sie verantwortlich. Für ihre Behandlung galten die nationalen Militärvorschriften. Konkret bedeutete dies, dass sie materiell (bei Verpflegung und medizinischer Fürsorge) den eigenen Soldaten gleichzustellen und auch rechtlich-disziplinarisch wie diese zu behandeln waren. Der militärische Rang eines Soldaten (bzw. Offiziers) war zu respektieren, aber auch seine Religion. Festgeschrieben wurde eine wechselseitige Auskunftspflicht über Gefangene, ebenso waren Hilfsleistungen aus ihrem Heimatstaat zuzulassen. Auch mit dem Arbeitseinsatz von Kriegsgefangenen beschäftigte sich die HLKO. Dieser war erlaubt, die Arbeit durfte aber nicht „exzessiv" sein und in „keinem Bezug" zu den Kriegshandlungen stehen. Wie dies genau auszulegen war, blieb leider offen – was sich im Ersten Weltkrieg rächen sollte. Ein Problem war auch, dass keine Regeln für Rechtsverstöße oder Streitigkeiten vorgesehen waren. Konflikte konnten nur per „Gegenseitigkeitsprinzip" ausgetragen werden, nach dem Motto: Wie du mir so ich dir. Fand man keine gütliche Einigung, blieben als Druckmittel nur die schon damals umstrittenen „Repressalien". Das waren Vergeltungsmaßnahmen gegen Gefangene. Neben dem Haager Recht existierten bereits vor 1914 weitere Mechanismen zum Schutz Kriegsgefangener: das schon früher praktizierte System der Schutzmächte. Zu Beginn eines Kriegs benannten die Regierungen einen neutralen Staat als Schutzmacht, der die Interessen ihrer kriegsgefangenen Soldaten beim Kriegsgegner vertrat. Die Schutzmächte übermittelten Informationen an den Heimatstaat, versuchten bei Streitigkeiten zu vermitteln und besuchten wechselseitig die Lager. Diese für die Gefangenen ab 1914 segensreiche Maßnahme (z. B. der Schweiz, der Niederlande, Spaniens und bis 1917 der USA) war aber noch nicht Bestandteil des neuen Kriegsvölkerrechts. Und sie funktionierte nur, wenn sie in Anspruch genommen und respektiert wurde.

Zu Beginn des Ersten Weltkriegs hatten Kriegsgefangene also klar definierte Rechte. Die HLKO war der Maßstab, an dem sich die Kriegführenden in ihrem Verhalten messen lassen mussten. Bewähren musste sich das neue Kriegsrecht in den Jahren 1914 bis 1918 aber in einem militärisch und ökonomisch immer totaler geführten Weltkrieg, der an gigantischen Fronten immer mehr Menschenleben und ökonomische Ressourcen kostete. Diese neue Realität eines industrialisierten Krieges veränderte auch Kriegsgefangenschaft grundlegend. Gefangene waren nicht mehr nur entwaffnete Soldaten in „Gewahrsam". Sie wurden zum Objekt von Politik und Propaganda, vor allem aber zu einer immer wichtigeren Ressource der Kriegswirtschaft. Wie sich dies vollzog, soll – auch mit Blick auf den Zweiten Weltkrieg – vor allem am deutschen Beispiel gezeigt werden.

Ein Unterschied zu früheren Konflikten war allein die immense Zahl der Gefangenen, die im Ersten Weltkrieg gemacht wurden. Eine Gesamtzahl ist heute nur schwer zu ermitteln, neuere Berechnungen gehen von acht bis neun Millionen aus. Sehr viele Soldaten wurden bereits im ersten Kriegsjahr gefangengenommen und blieben so für Jahre in Gefangenschaft. Einen Austausch von Gefangenen, wie in früheren Kriegen üblich, gab es nur noch sehr begrenzt. Im Ersten Weltkrieg entstanden so die ersten großen Lagersysteme des 20. Jahrhunderts. Die Zahl der Gefangenen war dabei sehr unterschiedlich hoch. Das zeigt – trotz der teils sehr unsicheren Datenbasis – ein Vergleich der europäischen Großmächte:

Während die Zahl der britischen Soldaten in (zumeist deutscher) Kriegsgefangenschaft bei nur ca. 200.000 lag, die der französischen (und auch der italienischen) Gefangenen bei immerhin rund 600.000, betrug die Gesamtzahl der kriegsgefangenen Deutschen bei Kriegsende über eine Million. Erheblich höher noch war die Zahl der Kriegsgefangenen aus der Habsburgermonarchie (rund 2,8 Millionen) und aus dem russischen Zarenreich (rund 3,4 Millionen). Die mit Abstand größten „Gewahrsamsstaaten" waren Deutschland, Österreich-Ungarn und Russland, in deren Lagern sich bis 1918 jeweils über zwei Millionen Gefangene befanden. Für Deutschland gab das

zuständige Preußische Kriegsministerium in seiner letzten Aufstellung von Oktober 1918 eine Gesamtzahl von rund 2,4 Millionen kriegsgefangenen Soldaten und Offizieren an (inklusive aller Ausgetauschten und Verstorbenen). Sie stammten aus insgesamt dreizehn Nationen: neben rund 1,4 Millionen russischen und über einer halben Million französischen Soldaten außerdem britische, belgische, italienische, serbische, rumänische, amerikanische und selbst einige japanische Gefangene. Auch im Gefangenenlager spiegelte sich so die Realität eines globalen Krieges wider.

Sie erwartete in Großbritannien ein vergleichsweise erträgliches Schicksal: Deutsche Soldaten ergeben sich an der Westfront den Briten, kolorierte Aufnahme um 1917.

Uta Hinz

Der Schweizer Politiker Gustave Ador (1845–1928) war von 1910 bis zu seinem Tod Präsident des Internationalen Komitees vom Roten Kreuz und versuchte die Lage der Kriegsgefangenen erträglich zu machen. Unter seiner Präsidentschaft erhielt das Komitee 1917 den einzigen Friedensnobelpreis, der im Weltkrieg verliehen wurde.

So groß die Zahl der Kriegsgefangenen im Ersten Weltkrieg war, so unterschiedlich waren die Bedingungen und Erfahrungen von Gefangenschaft. Je nach Staat und Zahl der dort internierten Gefangenen wirkte sich die lange Kriegsdauer sehr verschieden aus. Die Entwicklung im jeweiligen „Gewahrsamsstaat" beeinflusste ihre Lage dabei ebenso wie die in ihrem Heimatstaat. Für die insgesamt 100.000 in Großbritannien internierten deutschen Soldaten etwa war ihre Gefangenschaft materiell gesehen durchaus gut zu ertragen. Die Behandlung entsprach der HLKO und auch das Lagerleben war bald recht gut geregelt. Aus Berichten deutscher Kriegsgefangener ergibt sich das Bild, dass sie vor allem unter den seelischen Belastungen des Gefangenendaseins litten. Die psychische Belastung in der Monotonie und Einsamkeit des Lageralltags war eine Erfahrung, die kriegsgefangene Soldaten aller Nationen teilten. Dies zeigt der im Ersten Weltkrieg in vielen Sprachen aufkommende Begriff der „Stacheldrahtkrankheit".

Kriegsgefangene in den meisten anderen kriegführenden Staaten erlebten aber außerdem vor allem materiell schlechtere Bedingungen. Im ersten Kriegsjahr hatte dies vielfach organisatorisch-praktische Gründe: Allerorts wurde ab August 1914 schlicht improvisiert. So erließ Deutschland erst im August und September 1914 recht vage Bestimmungen zur Unterbringung und Versorgung der Gefangenen. Die von den Fronten bereits in großer Zahl eintreffenden Soldaten brachte das Militär zunächst notdürftig in freiwerdenden Baracken, Ställen oder gar Zelten unter. Eine zentrale Kontrolle der im ganzen Land verteilten Lagereinrichtungen bestand bis 1915 nicht, hygienische Vorsorgemaßnahmen existierten zunächst in erster Linie auf dem Papier. Erst 1915 entwickelte sich eine immer weiter ausdifferenzierte Bürokratie und Infrastruktur. Bis dahin mussten mehrere Hunderttausend Gefangene in Deutschland ihre Lager selbst bauen und einen Winter in halbfertigen und überfüllten Provisorien verbringen. Als Folge warnten im Winter 1914/15 viele Lagerärzte vor Seuchen, und im Frühjahr 1915 brach in mehreren großen Lagern das gefürchtete (durch Kleiderläuse übertragene) Fleckfieber aus. Die Behörden waren alarmiert und die Epidemie ließ sich durch umfangreiche Desinfektions- und Hygienemaßnahmen sowie die erhebliche Verbesserung der sanitären Einrichtungen stoppen. Sie hatte bis dahin jedoch mehrere Tausend Gefangene das Leben gekostet.

In anderen Staaten war die Lage 1914/15 nicht besser. In Österreich-Ungarn führten ähnliche Verhältnisse von Desorganisation und Überforderung bis zum Frühjahr 1915 im Lager Mauthausen zu mehr als 12.000 Todesfällen. Auch in russischen Lagern traten nicht nur 1914/15, sondern auch im Winter 1915/16 Fleckfieberepidemien mit teils beträchtlichen Todeszahlen auf. Insgesamt verbesserte sich im Jahr 1915 allerdings die Situation und entsprach den in der HLKO vorgesehenen Standards jetzt deutlich mehr. In Deutschland entwickelten sich die großen Stammlager zu regelrechten kleinen Barackenstädten hinter Stacheldraht, mit militärischen Bewachungs- und Verwaltungseinrichtungen, Lazaretten und Desinfektionsanlagen. Es gab Verteilungs- und Zensurstellen für Gefangenenpost und Pakete, Lagerküchen und Räume für Gottesdienste. Die Lager wurden durch Vertreter der neutralen Schutzmächte in größeren Zeitabständen, viele auch durch Delegierte des Internationalen Komitees vom Roten Kreuz (IKRK), besucht. Sie befragten die Gefangenen nach ihrer Behandlung und dokumentierten die Lagerausstattung in Berichten. Wie die Berichte zeigen, bestanden selbst innerhalb eines Staates große Unterschiede zwischen den einzelnen Lagern. Unter

Kriegsgefangenschaft im Zeitalter der Weltkriege

der überall strikt militärischen Disziplin entwickelte sich aber vielerorts eine regelrechte Lagerkultur: Es entstanden Bibliotheken und Lagerzeitungen, Werkstätten und Sportanlagen. Theater oder Bildungsangebote wurden durch die Gefangenen selbst organisiert und durch Hilfsorganisationen unterstützt. Neben vielen anderen karitativen Institutionen baute besonders das IKRK eine internationale Informations- und Hilfslogistik auf.

Trotz der organisatorischen Verbesserungen des Jahres 1915 gab es weiterhin Faktoren, die die Lebenssituation von Gefangenen negativ beeinflussten. Ein Problem waren „Vergeltungsmaßnahmen", die nur zum Teil auf Unterschiede im jeweiligen Militärrecht oder konkrete Missstände zurückgingen. Schon 1915 brach zwischen Frankreich und Deutschland eine regelrechte Propagandaschlacht um die Kriegsgefangenenbehandlung aus, in der jede Seite der anderen Unmenschlichkeit und Barbarei vorwarf. Wegen der alliierten Blockade setzte das deutsche Militär (rechtswidrig) die Brotrationen für die Kriegsgefangenen herab. Frankreich sah darin eine perfide Strategie, wehrlosen Soldaten zu schaden und reagierte mit entsprechender Kürzung der Rationen für deutsche Gefangene in Frankreich. Deutschland wiederum bezichtigte Frankreich der Barbarei, weil deutsche Kriegsgefangene in Lager nach Nordafrika verlegt wurden.

Die deutsche Öffentlichkeit war außer sich und die Antwort folgte prompt: Französische Kriegsgefangene wurden in spezielle Repressalienlager verlegt, wo sie zur Strafe Schwerstarbeit zu leisten hatten. Proteste und Vermittlungsversuche der Schutzmächte blieben in diesen Fällen oft wirkungslos. Vor allem 1916 und 1917 kam es zu einer Eskalation solcher Repressalien, die dazu führte, dass an der Westfront alle Kriegsparteien völkerrechtswidrig Gefangene selbst im direkten Feuerbereich einsetzten. Erst ab 1917 konnte die Praxis der Repressalien durch Verhandlungen zwischen Deutschland und England, 1918 dann auch zwischen Deutschland und Frankreich eingedämmt werden. Dass dies erst so spät passierte, lag an der zunehmend skrupellosen Kriegslogik der Militärs – vor allem der deutschen. Denn Kriegsgefangene auch im frontnahen Bereich einzusetzen, war schlicht nützlich, weil es eigene Soldaten sparte. Schon 1915 begann Deutschland damit, Kriegsgefangene in „Kriegsgefangenen-Arbeitsbataillonen" zu militärischen Hilfstätigkeiten im Etappen- und Frontgebiet einzusetzen. 1916 betraf dies rund 250.000 Soldaten. Als Vergeltung für das deutsche Vorgehen setzte Frankreich deutsche Kriegsgefangene 1916 ebenfalls massiv militärisch ein, z. B. bei Verdun. Deutschland beendete nach der Einigung mit England und Frankreich diese Praxis auch nicht: Kriegsgefangene anderer Nationen ersetzten jetzt englische

Freizeit im Kriegsgefangenenlager Burg Trausnitz (Landshut, Bayern): französische Gefangene beim Boules-Spiel, 1914. Postkarten mit solchen Motiven durften von den Gefangenen nach Hause geschickt werden.

Uta Hinz

Der Erste Weltkrieg brachte Kriegsgefangene aus aller Welt in die deutschen Lager, 1918 („Anamiten" ist eine frühere Bezeichnung für Vietnamesen).

Das „Halbmond"-Lager für muslimische Gefangene in Wünsdorf bei Berlin. Das im Juli 1915 eingeweihte hölzerne Gotteshaus war die erste Moschee in Deutschland.

und französische Gefangene – weil die Armeekommandeure auf deren Arbeitskraft nicht verzichten wollten. Diese Entwicklung betraf nicht die große Mehrheit der Kriegsgefangenen. Es entstand aber – nicht nur an der Westfront – eine Art unkontrolliertes Zweitsystem im Gefangenenwesen. Es verstieß gegen das Haager Recht und war das unmenschlichste des Weltkriegs. Von dort nach Deutschland zurückverlegte Gefangene litten an völliger Erschöpfung und Unterernährung. Wie viele starben, ist bis heute unbekannt.

Für die mehrheitlich weit abseits der Fronten untergebrachten Kriegsgefangenen blieb die Totalisierung des Kriegs ebenfalls nicht folgenlos. Ab 1915 herrschte an den „Heimatfronten" zunehmender Mangel an Arbeitskräften. Kriegsgefangene wurden dadurch zu unverzichtbaren Arbeitskräften. Schon Ende 1915 arbeiteten mehr als 60 Prozent der Kriegsgefangenen in Österreich-Ungarn außerhalb der Lager, in Frankreich Mitte 1916 sogar 75 Prozent. In Deutschland wurde der Arbeitseinsatz in dieser Zeit sogar zum Dreh- und Angelpunkt der gesamten Kriegsgefangenenpolitik. Was 1915 als Maßnahme zur „Aufrechterhaltung von Disziplin und Manneszucht" der Lagerinsassen begonnen hatte, entwickelte sich zu einem immer umfassenderen System: Möglichst viele Gefangene wurden aus den Stammlagern in kleinere Arbeitslager und -kommandos bei zivilen Arbeitgebern verteilt. Mit Ausnahme der Offiziere wurden im März 1916 alle Soldaten nach ihrer Arbeitsfähigkeit klassifiziert, und nur schwer arbeitende Kriegsgefangene sollten noch die volle Verpflegungsration erhalten. Im August 1916 arbeiteten bereits 90 Prozent aller Kriegsgefangenen außerhalb der Lager, rund zwei Drittel von ihnen in der Landwirtschaft. Da aber auch der Bedarf der Industrie an Arbeitskräften ständig stieg, wurden die Regeln zur Arbeitsfähigkeit immer großzügiger ausgelegt. Auf die Beschränkungen der HLKO nahm man dabei immer weniger Rücksicht. Kriegsgefangene kamen auch bei der Fertigung von Waffen und Munition zum Einsatz. Ab 1917 mehrten sich Beschwerden von Gefangenen, die in Industrie und Bergbau zu schwere Arbeiten leisten mussten. Auch Klagen über unzulässige Strafen wegen ungenügender Arbeitsleistung kamen immer häufiger vor. Die Schutzmächte konnten zwar in manchem Einzelfall helfen, grundsätzlich aber nichts ändern. Der Arbeitseinsatz hatte für die Gefangenen allerdings nicht nur Nachteile. Den meisten brachte er deutlich mehr Freiheit. Die zahlreichen, verstreuten Arbeitsstätten waren militärisch nämlich kaum zu kontrollieren. Die Militärstellen wetterten ständig (und erfolglos) über laxe Bewachung, die zunehmende „Frechheit" der Gefangenen und die „Vertrauensseligkeit" der Zivilisten ihnen gegenüber. Noch viel wichtiger als mehr Bewegungsfreiheit war aber der materielle Vorteil. Der Arbeitseinsatz sicherte in den letzten Kriegsjahren einer sehr großen Zahl von Kriegsgefangenen erträgliche Lebensbedingungen. Ab 1916 verschlechterte sich jedoch in Deutschland die Ernährungslage zunehmend und dramatisch.

Schon 1917 musste die Militärverwaltung intern eingestehen, die Gefangenen nicht ausreichend ernähren zu können. Umso wichtiger war, dass viele zivile Arbeitgeber (nicht nur in der Landwirtschaft) die bei ihnen als Arbeitskräfte eingesetzten Gefangenen bis zuletzt deutlich besser verpflegten als das Militär in den Stammlagern. Überlebenswichtig wurde dies für alle kriegsgefangenen Soldaten, die nicht (wie Engländer oder Franzosen) in großem Umfang Hilfspakete aus ihrer Heimat erhielten. In dieser Lage waren besonders die in großer Zahl in der Landwirtschaft arbeitenden russischen Gefangenen. Auch wenn deren Sterblichkeit mit über fünf Prozent deutlich höher lag als z. B. bei den französischen Gefangenen in Deutschland (rund drei Prozent), so überstanden sie ihre Gefangenschaft doch mehrheitlich unbeschadet.

Schon im Ersten Weltkrieg entwickelte sich Kriegsgefangenschaft zu einem immer mehr kriegswirtschaftlichen Instrument. Ab 1916 bestimmte der Nutzwert ihrer Arbeitskraft die Behandlung der Kriegsgefangenen immer stärker. Je mehr an den ausblutenden „Heimatfronten" Mangel herrschte, desto eher litten Gefangene in Deutschland (wie auch in Österreich-Ungarn und Russland) in den letzten Kriegsjahren vielfach auch Hunger. Die HLKO wirkte zwar als Barriere, konnte die Gefangenen aber nicht immer schützen. Besonders beim Arbeitseinsatz an der Front kam es auf allen Seiten ab 1916 zu schwerwiegenden Verstößen. Trotz solcher Radikalisierungsschübe bestanden bis 1918 bei der Gefangenenbehandlung doch deutliche Grenzen der Brutalität: Das Kriegsgefangenenrecht wurde (gerade von Deutschland) zwar oft nach den eigenen Interessen zurechtgebogen und unterlaufen. Es wurde allerdings nie als solches in Frage gestellt oder gar für ungültig erklärt. Keine Seite wollte als Rechtsbrecher am Pranger stehen und eine gezielte Schädigung oder gar Tötung des „gefangenen Feindes" lag außerhalb der Vorstellungskraft. Die Hilfe der Neutralen (ob Schutzmacht oder Internationales Rotes Kreuz) war grundsätzlich akzeptiert. Verhandlungen zwischen den verfeindeten Nationen wurden gegen Ende des Krieges sogar häufiger, denn jede Seite sorgte sich um die eigenen Soldaten in der Hand des Kriegsgegners. Ein grundlegender Unterschied zwischen beiden Weltkriegen ist aber auch, dass ideologische Motive bei der Gefangenenbehandlung 1914–1918 keine entscheidende Rolle spielten: Zuvor gab es in Deutschland massive Vorurteile gegenüber den als rückständig geltenden russischen Gefangenen. In der Öffentlichkeit wurden sie oft als unzivilisiert und „tumb" karikiert. Es gab aber keine Politik, sie deshalb schlechter zu behandeln als Angehörige anderer Nationen. Die Herkunft eines Gefangenen interessierte sein Gegenüber vor allem dann, wenn man hoffte, nationale oder religiöse Minderheiten mit Propaganda und gewissen Privilegien auf die eigene Seite zu ziehen.

Links: Der Krieg ist aus: Rückkehr deutscher Kriegsgefangener aus Sibirien, 1919.

Rechts: 1929 war das Jahr der Verhandlungen über den Young-Plan und über eine neue Konvention zur Behandlung der Kriegsgefangenen. Die damals wieder verbreitete, vermutlich aus dem Jahr 1918 stammende Fotografie sollte belegen, dass sich die amerikanischen Kriegsgefangenen über ihre Behandlung nicht beklagen konnten.

Nach dem Krieg bestand ein allgemeines Interesse, aus den gemachten Erfahrungen zu lernen. In Zusammenarbeit mit der Schweizer Regierung erreichte das Internationale Rote Kreuz in der Genfer „Konvention über die Behandlung der Kriegsgefangenen" von 1929 eine erhebliche Erweiterung des bisherigen Rechts. Die Konvention präzisierte und ergänzte in jetzt 97 Artikeln die Bestimmungen der HLKO und reagierte auf die Erfahrungen von 1914–1918: Sie verbot Repressalien uneingeschränkt und legte besonders detaillierte Regeln für die Kriegsgefangenenarbeit fest: Jede Beschäftigung bei Herstellung und Transport von Waffen und Munition war jetzt untersagt, ebenso ein Einsatz bei gefährlichen oder „unzuträglichen" Arbeiten. Aus dem Kriegsgebiet waren Soldaten nach ihrer Gefangennahme schnellstmöglich zu entfernen. Die Kontrollfunktion der neutralen Schutzmächte wurde in der Konvention offiziell verankert und deren Vertretern das Recht zuerkannt, sich an alle Orte zu begeben, an denen sich Gefangene befanden (was ihnen bei Arbeitsstätten im Weltkrieg oft verweigert worden war). Auch die Hilfstätigkeit des Roten Kreuzes war jetzt kriegsrechtlich anerkannt. Das von 34 Staaten ratifizierte Abkommen galt ausdrücklich als Ergänzung zur HLKO, die weiterhin in Kraft blieb. Während die Einführung entsprechender Schutzrechte für Zivilisten bis 1939 scheiterte, war der Rechtsstatus kriegsgefangener Soldaten damit nochmals erheblich gestärkt und schien breit verankert. Selbst das nationalsozialistische Deutschland ratifizierte im März 1934 die noch von der Weimarer Regierung mitgetragene Konvention.

Man schätzt heute, dass im Zweiten Weltkrieg jeder dritte Soldat in Gefangenschaft geriet, weltweit etwa 35 Millionen. Schon zahlenmäßig übertraf der Zweite Weltkrieg damit die Dimensionen des Ersten bei Weitem. Allein die Zahl der Gefangenen im Gewahrsam des nationalsozialistischen Deutschland überstieg mit wohl rund zehn Millionen (von denen nur etwa die Hälfte ins Reichsgebiet verbracht wurde) die Gesamtzahl aller Gefangenen des Ersten Weltkrieges. Die Totalisierung von Krieg und Gewalt in den Jahren 1939 bis 1945 erweist sich aber nicht so sehr an diesen gigantischen Gefangenenzahlen, sondern durch die im „Dritten Reich" auch an Kriegsgefangenen massenhaft begangenen Verbrechen. Auf die neue Realität industrialisierter globaler Kriege hatte das Genfer Recht 1929 reagiert. Der expansiven und rassistischen Ideologie Nazideutschlands hatte es dagegen kaum etwas entgegenzusetzen. Deutschland führte einen Eroberungs- und Ausbeutungskrieg, im Osten einen Vernichtungskrieg. Seiner Gewaltherrschaft unterwarf es ab 1939 Millionen Menschen in den besiegten bzw. besetzten Ländern Europas. Die Umsetzung der irrsinnigen NS-Rassenideologie traf vor allem die osteuropäischen Völker. Das Prinzip ökonomischer Ausbeutung jedoch galt überall im deutschen Herrschaftsbereich. Das Ausmaß dabei ausgeübter Brutalität folgte ebenfalls ganz wesentlich den menschenverachtenden Klassifizierungen der NS-Rassenideologie: Je „minderwertiger" das Regime einen Menschen oder eine Nation bewertete, desto umfassender und skrupelloser war die angewandte Gewalt. Dies galt auch für die Behandlung der Kriegsgefangenen. Wie Millionen Zivilisten als sogenannte Zivilarbeiter wurden auch die gefangengenommenen Soldaten zur Verfügungsmasse in einem immer weiter ausgebauten Zwangsarbeitssystem, dessen Brutalität sich in Verbindung mit rassenpolitischen Vorstellungen ins Extreme steigerte. Die Wehrmacht war daran maßgeblich beteiligt. Zwar nahmen ab 1939 sehr viele Stellen Einfluss auf die Gefangenenpolitik (wie

Ein deutsches Lager für sowjetische Kriegsgefangene ohne Gebäude oder sanitäre Anlagen, zwischen Donez und Don gelegen, September 1942. Die NS-Propaganda schrieb dazu: „Und immer wieder neue Reihen. Blick über ein Gefangenenlager in der Donsteppe."

Kriegsgefangenschaft im Zeitalter der Weltkriege

Links: Die rassistische NS-Ideologie gestand den britischen Gefangenen anfangs die international vereinbarten Rechte zu, die den Angehörigen anderer Nationen vorenthalten wurden. Britische Soldaten, in Norwegen in deutsche Gefangenschaft geraten, in einem Lager bei Trondheim, 30. April 1940.

Rechts: Französische Kriegsgefangene, die im Austausch gegen Zivilarbeiter aus deutscher Gefangenschaft entlassen wurden („Relève"), 1942.

das Reichsernährungsministerium, der Generalbevollmächtigte für den Arbeitseinsatz und das Reichssicherheitshauptamt mit seinem Terrorapparat. Auch Hitler persönlich griff manchmal ein. Bis Herbst 1944 blieben aber Wehrmachtsstellen für die Organisation und Verwaltung des Kriegsgefangenenwesens maßgeblich verantwortlich: innerhalb des Reichsgebiets Stellen des Oberkommandos der Wehrmacht (OKW); im Operationsgebiet und in den besetzten Gebieten das Oberkommando des Heeres (OKH). Es ist auch nicht annähernd möglich, hier umfassend darzustellen, was für Millionen Soldaten aus ganz Europa Gefangenschaft im deutschen Machtbereich bedeutete. Es soll aber gezeigt werden, welcher perfiden Hierarchie die Behandlung verschiedener Nationen in Gefangenschaft folgte.

Nahezu uneingeschränkt galt das Regelwerk der Genfer Konvention in deutscher Gefangenschaft faktisch nur für britische und amerikanische Soldaten (bis Kriegsende knapp 230.000). Ihre Unterbringung und Behandlung entsprach im Großen und Ganzen den kriegsrechtlichen Bestimmungen, ebenso der Arbeitseinsatz und die Behandlung der Offiziere. Der Informationsaustausch und der 1929 neu geregelte Austausch verwundeter oder kranker Soldaten funktionierten weitgehend reibungslos. Die Schutzmächte konnten ihre Funktionen ausüben. In einem Punkt brach Deutschland das Gefangenenrecht allerdings durchgängig: Es gewährte allen Kriegsgefangenen nur reduzierte, völlig unzureichende Verpflegungssätze. Ausgleichen konnten die britischen und amerikanischen Gefangenen dies lange Zeit durch immense Hilfsleistungen, die ihre Heimatstaaten ihnen über das Internationale Rote Kreuz schickten. Auch für Briten und Amerikaner verschärften sich ab 1943 mit der für Deutschland immer schlechteren Kriegslage die Lebensbedingungen. Vergeltungsmaßnahmen wurden häufiger, britische Gefangene wurden zeitweise in besonders bombengefährdete Regionen verlegt, und ab 1944 stockten die überlebenswichtigen Hilfslieferungen aufgrund der zusammenbrechenden Infrastruktur. Trotzdem genossen diese Gefangenen bis Kriegsende einen Umfang an Schutz wie keine andere Nation im Gewahrsam des Deutschen Reiches, was auch bedeutete, dass ihre Überlebenschancen die besten waren. Neben politischen und „rassepolitischen" Erwägungen war ein wichtiger Grund, dass beide Staaten Deutschland gegenüber jederzeit über Sanktionsmöglichkeiten verfügten.

Für die Soldaten anderer westlicher Nationen galt dies nicht. Ihre Armeen wurden im sogenannten „Blitzkrieg" 1939/40 von der Wehrmacht überrollt und ihre Staaten gerieten dadurch indirekt oder direkt in den deutschen Einflussbe-

Uta Hinz

Auch im Zweiten Weltkrieg war die Hilfe des Internationalen Komitees vom Roten Kreuz für zahllose Gefangene überlebenswichtig: Marcel Junod (1904–1961), Delegierter des Internationalen Komitees vom Roten Kreuz, besuchte französische Kriegsgefangene in einem deutschen Lager, vermutlich 1940 (© Benoit Junod, Schweiz)

reich. Nur wenige Soldaten wurden nach einem Waffenstillstand, wenn es politisch, wirtschaftlich und „rassisch" ins Konzept passte, gegen Auflagen aus der Gefangenschaft entlassen (wie Norweger, Dänen oder die als deutschfreundlich geltenden belgischen Flamen). In der Mehrzahl blieben sie in deutschem Gewahrsam. Die völkerrechtlichen Regeln wurden im Umgang mit ihnen zwar nicht ausgehebelt, aber das im Ersten Weltkrieg disziplinierende Gegenseitigkeitsprinzip konnte nicht wirken. Auch das Kontrollsystem der Schutzmächte versuchte die deutsche Seite einzuschränken. Dies galt beispielsweise für die französischen Soldaten nach dem Waffenstillstand vom Juni 1940. Während die deutschen Gefangenen sofort freigelassen werden mussten, blieben die französischen Soldaten in Gefangenschaft. Das war auch eine späte Rache für 1918, vor allem aber interessierte ihre Arbeitskraft. 1,6 Millionen Kriegsgefangene wurden nach Deutschland gebracht, wo ihre Behandlung der Genfer Konvention nur zum Teil entsprach. Zur schlechten Verpflegung kamen Verstöße beim Arbeitseinsatz. Gerade französische Facharbeiter wurden verbotenerweise bevorzugt in der Rüstungsproduktion beschäftigt. Dass eine von der Vichy-Regierung nach Berlin entsandte französische Kommission die Schutzmachtrolle übernahm, minderte ihren Schutz. Zwar erreichte sie die Entlassung bestimmter Gefangenengruppen (etwa Kranke oder Familienväter mit mehr als vier Kindern) sowie einige Erleichterungen beim Arbeitseinsatz. Sie half auch durch Nahrungsmittellieferungen, was angesichts der deutschen Rationen überlebenswichtig war. Durchgängig blieb sie aber schwach, abhängig von den deutschen Interessen. So wurden 1942/43 zwar knapp 100.000 Franzosen zur Arbeit in Frankreich aus der Gefangenschaft „beurlaubt" – allerdings nur als Gegenleistung dafür, dass Frankreich 240.000 Zivilisten zum Arbeiten nach Deutschland lieferte. Auch wurden rund 200.000 französische Kriegsgefangene in Deutschland zu Zivilarbeitern erklärt, was ihnen zwar mehr Lohn brachte, aber den Gefangenenstatus und die Hilfe des IKRK entzog.

Kriegsgefangene aus dem östlichen Teil Europas konnten dagegen nicht einmal ein Minimum an völkerrechtskonformer Behandlung in deutschem Gewahrsam erwarten. Sie waren nicht nur dem ökonomischen Ausbeutungsinteresse, sondern auch der brutalen Umsetzung der NS-Rassenideologie schutzlos ausgeliefert. Dies zeigt sich am Schicksal der etwa 400.000 polnischen Soldaten, die gleich 1939 beim Überfall auf Polen zu Gefangenen der deutschen Wehrmacht wurden. Sie wurden zunächst in improvisierten Lagern untergebracht – bis in den Winter hinein großenteils in Zelten. Ihren völkerrechtlichen Schutz verloren sie schon im November 1939: Das Deutsche Reich erklärte gegenüber ihrer Schutzmacht Schweden, Polen existiere als Staat nicht mehr, daher sei auch die Schutzmachtfunktion beendet. Zur gleichen Zeit ordnete das OKW an, nur politisch und „rassisch" unbedenkliche Polen kämen für einen Arbeitseinsatz in Deutschland in Betracht. Von den 60.000 Soldaten jüdischen Glaubens, die gleich zu Beginn ihrer Gefangenschaft von den übrigen Soldaten getrennt und besonders unmenschlichen Bedingungen ausgesetzt wurden, starben im Winter 1939/40 25.000. Die Überlebenden wurden 1940 von der Wehrmacht aus der Gefangenschaft „entlassen". Dies bedeutete, dass sie in Viehwaggons ins besetzte Polen zurückverschleppt wurden – wo nur wenige Hundert den Holocaust überlebten. Auch die übrigen polnischen Gefangenen sortierte man nach Volkstumszugehörigkeit. Die ethnischen Polen wurden (mit Ausnahme der Offiziere und politisch „Verdächtiger") mehrheitlich möglichst direkt aus den Lagern in Arbeitskommandos verlegt – vor allem für die Landwirtschaft. Ab Frühjahr 1940 wurden sie (oft unter Druck) aus der Gefangenschaft „entlassen": gegen die schriftliche Verpflichtung, in Deutschland zu arbeiten. Auch für sie bedeutete dies das Ende ihres Status als Kriegsgefangene. Im Gegensatz zu „Zivilarbeitern" aus westeuropäischen Staaten galten für sie allerdings von Anfang an deutlich schärfere Sonderbedingungen hinsichtlich Kontrolle, ökonomischer Ausbeutung und Repression.

Bis 1945 beging das Deutsche Reich viele weitere Rechtsbrüche und Verbrechen an Kriegsgefangenen. Die Wehrmacht trug sie mit und hat damit eine klare Mitverantwortung. Nur ein Beispiel ist die Behandlung italienischer Gefangener, von denen ab 1943 über 10.000 durch Erschießen und beim Einsatz an der Ostfront, sowie weitere 46.000 bei der Zwangsarbeit als „Militärinternierte" in Deutschland starben. Gleiches gilt für die 1944 angeordnete Ermordung geflohener Unteroffiziere und Offiziere im KZ Mauthausen. Ebenso direkt wie offensichtlich war die Wehrmacht an einem monströsen Kriegsverbrechen beteiligt: begangen an über fünf Millionen sowjetischen Kriegsgefangenen, von denen 3,3 Millionen, fast 60 Prozent, die deutsche Gefangenschaft nicht überlebten. Die Dimensionen dieses Verbrechens wurden schon bei den Nürnberger Kriegsverbrecherprozessen bekannt, seinen Ablauf haben Historiker in den letzten Jahrzehnten sehr genau untersucht. Dies gilt für den Komplex verbrecherischer Mordbefehle, bei deren Zustandekommen und Durchführung die Wehrmacht aktiv mitwirkte. Der bekannteste ist der „Kommissarbefehl" aus dem Juni 1941, aufgrund dessen 1941/42 mehrere Tausend sogenannter „Politkommissare" der

Das Ende der Kriegsgefangenschaft: ein amerikanischer Jeep bei der Ankunft in einem Lager für französische Gefangene, Frühjahr 1945.

Roten Armee nach der Gefangennahme ermordet wurden. Weit mehr sowjetische Soldaten fielen den im Juli 1941 erlassenen Einsatzbefehlen Nr. 8 und 9 zum Opfer. Bei der Umsetzung dieser „Aussonderungsbefehle" für die Kriegsgefangenenlager arbeiteten Wehrmachtsstellen und Einsatzkommandos Hand in Hand: Nach einer „Vorsortierung" durch militärische Stellen wurden politisch und „rassisch" Unerwünschte durch Einsatzkommandos von Sicherheitspolizei und SD ausgesondert: politisch Untragbare (insbesondere Kommunisten), „Intelligenzler" – vor allem aber jüdische Soldaten. Sie wurden durch die Einsatzkommandos in Massenerschießungen getötet bzw. in die KZs geschafft und dort erschossen (teils maschinell mit Genickschussanlagen) oder (wie in Auschwitz) bei Probevergasungen mit Zyklon B ermordet. Nach heutigem Kenntnisstand fielen dieser direkten Ermordung mindestens 140.000 sowjetische Kriegsgefangene zum Opfer, unter ihnen 85.000 jüdische Soldaten. Mindestens 38.000 dieser Morde fanden bis Juli 1942 im Reichsgebiet statt. Die große Mehrzahl der Todesopfer geht allerdings nicht auf diese direkten Mordaktionen zurück. Die allermeisten sowjetischen Gefangenen starben in deutschem Gewahrsam, weil ihr Überleben schlicht nicht interessierte. Schon vor dem Überfall auf die Sowjetunion hatte Hitler im März 1941 erklärt, der russische Soldat sei „vorher kein Kamerad und hinterher kein Kamerad". Im Vernichtungskrieg gegen die Sowjetunion sollten keinerlei kriegsrechtliche Regeln gelten. Dies war nicht nur die Haltung der NS-Führung. Das Oberkommando der Wehrmacht hielt es im Juli 1941 für die Kriegführung ebenfalls für vorteilhafter, sie nicht anzuwenden. Entsprechend waren auch die von der Wehrmachtsführung zur Behandlung sowjetischer Gefangener erlassenen Sonderregeln. Massenhaftes Sterben war einkalkuliert und es begann bereits bei den Transporten an der Ostfront, die im Dezember 1941 bis zu 70 Prozent der Gefangenen nicht überlebten. Wer zu erschöpft war, wurde oft einfach erschossen.

Da sie aus ideologischen Gründen anfangs für den Arbeitseinsatz in Deutschland gar nicht vorgesehen waren, blieben die gefangenen Soldaten zunächst hauptsächlich in Lagern im Osten. Dort wurden sie unter freiem Himmel zusammengepfercht, und es galt die Anweisung, keinerlei Material für Unterbringung, Verpflegung oder medizinische Hilfe an sowjetische Gefangene zu verschwenden. Kranke wurden erschossen oder den Einsatzgruppen übergeben. Eduard Wagner, Generalquartiermeister des Heeres, bestimmte im November 1941: Wer nicht arbeite, habe zu verhungern. Nur arbeitende Gefangene dürften, soweit verfügbar, aus Heeresbeständen ernährt werden. Von den 3,35 Millionen sowjetischen Kriegsgefangenen des Jahres 1941 starben bis Februar 1942 zwei Millionen. Als das IKRK Ende 1941 anbot, Nahrungspakete und Impfstoffe an sowjetische wie deutsche Kriegsgefangene zu liefern, lehnte Hitler ab. Weil im Vernichtungskrieg gegen Sowjetrussland auch deutsche Soldaten in sowjetischer Gefangenschaft keinerlei Hoffnung auf ein Überleben haben sollten. Ein mit dem Stocken des deutschen Vormarschs Ende 1941 vollzogener Politikwechsel, der wegen des absehbaren Arbeitskräftebedarfs nun auch den Arbeitseinsatz sowjetischer Soldaten in Deutschland vorsah, verbesserte deren Lage nicht grundlegend. Die Arbeitsfähigen erhielten zwar jetzt etwas mehr Essen, die Rationen blieben allerdings bis Kriegsende weit unter dem Existenzminimum. Ein OKW-Befehl bestimmte im September 1942, „unnütze Esser" (schwer Kranke und absehbar nicht mehr Arbeitsfähige) der SS

Am Ende des Kriegs gerieten selbst Kinder in Gefangenschaft: Ein Vierzehnjähriger, der von den amerikanischen Truppen nach dem Durchbruch durch die Siegfriedlinie bei Hornbach-Zweibrücken gefangen genommen wurde, 21. März 1945.

Kriegsgefangenschaft im Zeitalter der Weltkriege

Das Ende des Kriegs in Berlin: Sanitätssammelstelle für deutsche Kriegsgefangene Unter den Linden, 2. Mai 1945.

zu übergeben (die sie ermordete). Die Lebenserwartung eines sowjetischen Gefangenen im deutschen Zwangsarbeitssystem lag weiterhin bei unter einem Jahr: In primitivsten Unterkünften blieben sie möglichst abgeschottet, wurden zu den schwersten und gefährlichsten Arbeiten herangezogen (meist in Bergbau und Industrie) und waren Willkür und Misshandlung rechtlos ausgeliefert. Bis zur Befreiung 1945 starben weitere 1,3 Millionen sowjetische Gefangene – die meisten an Unternährung, Entkräftung und Krankheit.

In der neuzeitlichen Geschichte der Kriegsgefangenschaft und auch im Zeitalter der Weltkriege sind die deutschen Verbrechen an sowjetischen Kriegsgefangenen im Zweiten Weltkrieg beispiellos. Im Vernichtungsfeldzug gegen den „bolschewistischen Untermenschen" zählte weder Recht noch jede Form von Menschlichkeit. Zu spüren bekamen dies auch die über drei Millionen Wehrmachtssoldaten in sowjetischer Gefangenschaft. Das NS-Regime registrierte sie einfach als vermisst und schrieb sie damit ab. In einem großräumig zerstörten und ausgebluteten Land überlebten auch viele von ihnen die Gefangenschaft nicht. Wie die russische Bevölkerung hatten sie damit die Folgen der totalen deutschen Vernichtungspolitik zu erleiden.

Ernst Piper

Der Kampf um Palästina

Bei den Juden hieß ihre historische Heimat immer „Eretz Israel" (das Land Israel), aber im allgemeinen Sprachgebrauch ist seit römischer Zeit von Palästina die Rede. Während des großen Jüdischen Krieges (66 bis 74 n. Chr.) wurde im Jahr 70 Jerusalem von den Römern erobert und der zweite Tempel zerstört. Das Ergebnis des Krieges war die bis heute nicht überwundene jüdische Diaspora. Viele Jahrhunderte hindurch haben Juden in aller Welt für die Rückkehr in das gelobte Land gebetet, aber eine reale Perspektive erhielt dieser Wunschtraum erst Ende des 19. Jahrhunderts durch die Bewegung des Zionismus. Am 3. September 1897 notierte Theodor Herzl in seinem Tagebuch: „Fasse ich den Baseler Congress in ein Wort zusammen – das ich mich hüten werde öffentlich auszusprechen – so ist es dieses: in Basel habe ich den Judenstaat gegründet. Wenn ich das heute laut sagte, würde mir ein universelles Gelächter antworten. Vielleicht in fünf Jahren, jedenfalls in fünfzig wird es jeder einsehen." Herzl sollte recht behalten. Am 29. November 1947, fast exakt fünfzig Jahre später, verabschiedete die Generalversammlung der Vereinten Nationen die Resolution 181, die die Grundlagen schuf für die Proklamation des Staates Israel im Jahr darauf.

Der Wiener Journalist und Bühnenautor Theodor Herzl (1860–1904) hatte den von ihm organisierten Ersten Zionisten-Kongress nach Basel einberufen und war dort zum Präsidenten gewählt worden. Das auf dem Kongress verabschiedete Basler Programm hatte Max Nordau entworfen. Der Kernsatz lautete: „Der Zionismus erstrebt für das jüdische Volk die Schaffung einer öffentlich-rechtlich gesicherten Heimstätte in Palästina." Diese Formulierung war ein Kompromiss, vermied sie doch die ausdrückliche Forderung eines souveränen Staates, ließ aber gleichwohl Herzls Überzeugung erkennen, dass die Judenfrage weder eine soziale noch eine religiöse, sondern eine nationale Frage war. „Wir sind ein Volk, ein Volk", hatte er im Jahr zuvor in seiner Schrift „Der Judenstaat. Versuch einer modernen Lösung der Judenfrage" geschrieben, die ihn binnen weniger Monate als Vordenker eines säkularen jüdischen Nationalismus allgemein bekannt gemacht hatte.

Der Basler Kongress hatte beschlossen, dass die jüdische Heimstätte in Palästina geschaffen werden sollte. Palästina war aus offensichtlichen Gründen eine naheliegende Option für das Ziel eines wie auch immer gearteten jüdischen Staatswesens. Herzl selbst war weniger festgelegt. Ihm ging es um ein „für unsere gerechten Volksbedürfnisse genügenden Stückes der Erdoberfläche". Argentinien schien ihm eine Möglichkeit, eine andere Palästina, „unsere unvergessliche historische Heimat." Andere Optionen, die in jenen Tagen diskutiert wurden, waren Uganda und Madagaskar. Und der reale Wanderungsstrom hatte ein noch ganz anderes Ziel. Als es nach der Ermordung von Zar Alexander II. 1881 zu schweren Pogromen in Russland und in der Konsequenz zu einer jüdischen Massenflucht gekommen war, hatten zweieinhalb Millionen Juden die Vereinigten Staaten, aber nur 70.000 Palästina zum Ziel genommen, und bei Weitem nicht alle blieben dort. Palästina war zweifellos die historische Heimat der Juden, doch in Herzls Zeit war es ein Teil des Osmanischen Reiches. Auch

Der Kampf um Palästina

Theodor Herzl auf dem Balkon des Zimmers 117 im Grand Hotel Les Trois Rois (Drei Könige) in Basel, 1901. Im Stadtcasino von Basel fand unter Herzls Vorsitz 1901 der fünfte Zionistenkongress statt, auf dem er über sein Treffen mit Sultan Abdülhamid II. und die Erfolge des Jewish Colonial Trust berichtete. Im Hintergrund die Mittlere Brücke über den Rhein.

Jerusalem, Jaffator, um 1900. Theodor Herzl traf 1898 in der Nähe Jerusalems mit Kaiser Wilhelm II. zusammen, der im Herbst dieses Jahres das Osmanische Reich besuchte. Zuvor war Herzl bereits in Istanbul und Holon (Mikwe Israel) dem Kaiser begegnet.

al-Khalidi, Repräsentant Jerusalems im osmanischen Parlament, anerkannte den historischen Anspruch der Juden auf Palästina. Aber gegenwärtig lebten dort nur einige Zehntausend Juden, denen eine riesige arabische Bevölkerungsmehrheit gegenüberstand, die bei den Überlegungen der Zionisten jedoch zunächst keine Rolle spielte.

Der Zionismus entwickelte sich im späten 19. Jahrhundert als Reaktion auf einen immer virulenteren Antisemitismus, der den Juden das Existenzrecht in der Diaspora absprach. Im Ersten Weltkrieg führte dies zu einem komplexen Spannungsverhältnis. Die äußere Bedrohung hatte eine Intensivierung des Nationalismus zur Folge. Die unbedingte nationale Einheit galt als wichtigstes Unterpfand des Sieges. Der Nationalismus war für den modernen Antisemitismus konstitutiv. Umgekehrt war der Antisemitismus oftmals ein konstitutives Element des Nationalismus. Während der Antisemit dem jüdischen Mitbürger, den er als solchen nicht anerkannte, die Möglichkeit absprechen wollte, ein loyaler Bürger des Staates zu sein, in dem er lebte, und deshalb seine Entfernung verlangte, sah sich der Jude, der sein Herkommen nicht verleugnen wollte, einer doppelten Herausforderung gegenüber. Der deutsche Sozialdemokrat Eduard Bernstein sprach davon, dass zwei Arten des jüdischen Patriotismus zu unterscheiden seien, der „Landespatriotismus" des Staatsbürgers und der „Stammespatriotismus" des Juden. In einen Konflikt würden diese beiden Patriotismen nur in ihrer übersteigerten Form geraten. „Aber", das gestand Bernstein zu, „auch in ihrer einfachen Form können die beiden Empfindungen ihren Träger in Gewissenskonflikte bringen."

Bernstein dachte dabei allerdings nicht an die deutschen Juden, sondern eher an die in Großbritannien und Amerika, deren Heimatländer sich mit Russland, der reaktionärsten Großmacht Europas, verbündet hatten. Das Zusammengehen mit einem Land, in dem die Lage der Juden so viel schlechter war als zum Beispiel in Deutschland, musste für die britischen und amerikanischen Juden einen Konflikt zwischen Landespatriotismus und Stammespatriotismus bedeuten. Sehr viel schwieriger noch war die Situation für einen russischen Juden. Konnte er ernsthaft den militärischen Erfolg des Zarenreiches wünschen, das als einziger Staat in Europa die Emanzipation der Juden ablehnte?

Der Zionismus hatte seine Massenbasis in Osteuropa, während er in Deutschland und Österreich nur über eine kleine Anhängerschaft

Ernst Piper

Arthur James Balfour (1848–1930) besuchte 1925 Palästina und nahm an der Eröffnung der Hebrew University in Jerusalem teil. Das Bild zeigt ihn (in der Mitte) in einer jüdischen Siedlung, vermutlich im 1922 gegründeten Moshav Balfouria in der Nähe von Nazareth, den er während seiner Reise aufsuchte.

verfügte, und doch war dort bis zum Krieg das politische Zentrum der Bewegung. Die Wirkungsstätte von Theodor Herzl war Wien gewesen. Seine beiden Nachfolger als Präsidenten der Zionistischen Weltorganisation (WZO), David Wolffsohn (1907–1911) und Otto Warburg (1911–1920), lebten in Deutschland. Doch die Zionisten wollten ihr Schicksal im Krieg nicht unabänderlich mit dem der Mittelmächte verbinden. Die WZO, die ihren Sitz in Berlin hatte, errichtete deshalb im Februar 1915 ein Exekutivbüro im neutralen Kopenhagen. Die Leitung übernahm zunächst Leo Motzkin, 1916 dann Victor Jacobson, der wie Motzkin aus dem ukrainischen Teil des Zarenreiches stammte und 1913 nach Berlin gekommen war. Jacobson war auch der Initiator des am 25. Oktober 1918 veröffentlichten „Kopenhagener Manifests", das forderte, in einem Friedensvertrag müsse Palästina als nationale Heimstätte des jüdischen Volkes festgeschrieben werden. Zugleich verlangte das Manifest „die volle und tatsächliche Gleichberechtigung der Juden in allen Ländern", also die Vollendung des Emanzipationsprozesses.

1917 war das entscheidende Jahr des Ersten Weltkriegs. Es wurde immer deutlicher, dass die Mittelmächte den Krieg nicht gewinnen würden, sodass Großbritannien und Frankreich für die Zionisten die interessanteren Bündnispartner waren. Im Oktober 1917 eröffnete die WZO ein Büro in London. Nur wenig später, am 2. November 1917, veröffentlichte das Foreign Office in London eine Entschließung, die die britische Regierung wenige Tage zuvor verabschiedet hatte. Lord Balfour, der britische Außenminister, schrieb an Lord Rothschild:

Zu meiner großen Genugtuung übermittle ich Ihnen namens S. M. Regierung die folgende Sympathie-Erklärung mit den jüdisch-zionistischen Bestrebungen, die vom Kabinett geprüft und gebilligt worden ist:
Seiner Majestät Regierung betrachtet die Schaffung einer nationalen Heimstätte in Palästina für das jüdische Volk mit Wohlwollen und wird die größten Anstrengungen machen, um die Erreichung dieses Zieles zu erleichtern, wobei klar verstanden werde, dass nichts getan werden soll, was die bürgerlichen und religiösen Rechte bestehender nichtjüdischer Gemeinschaften in Palästina oder die Rechte und die politische Stellung der Juden in irgendeinem anderen Lande beeinträchtigen könnte.

Der Empfänger des Schreibens, Lionel Walter Rothschild, gehörte der englischen Linie des berühmten Bankhauses Rothschild an, dessen Ursprünge in Frankfurt am Main liegen. Er war das wichtigste Mitglied der von Balfour eingesetzten Kommission zur Ausarbeitung der Entschließung gewesen, nun sollte er das Ergebnis der Beratungen der Zionistischen Weltorganisation bekannt machen. Die Deklaration war ein entscheidender diplomatischer Durchbruch für die Zionisten. Sie wurde in Millionen von Exemplaren weltweit in den jüdischen Gemeinden verbreitet und sogar über deutschen und österreichischen Städten mit Flugzeugen abgeworfen. Vor der Verabschiedung der Balfour Declaration hatte es im britischen Kriegskabinett ein monatelanges Tauziehen gegeben. Hauptgegner einer Entschließung, die den jüdischen Anspruch auf Palästina unterstützte, war ausgerechnet Edwin Montagu, der einzige Jude, der damals der Regierung angehörte. Er war ein entschiedener Befürworter der jüdischen Assimilation und scharfer Gegner des Zionismus. Montagu wollte kein britischer Jude, sondern ein jüdischer Brite sein. Im August 1917 legte er ein Memorandum vor, in dem er schrieb: „Der Zionismus ist eine schädliche politische Überzeugung, sie ist nicht akzeptabel für einen patriotischen Bürger Großbritanniens." Die Sehnsucht, sich die britische Erde von den Schuhen zu schütteln und wieder Ackerbau in Palästina zu betreiben, sei mit der britischen Staatsbürgerschaft unvereinbar.

Montagu war der Überzeugung, dass es so etwas wie eine jüdische Nation nicht gab. Für ihn war das Judentum ausschließlich eine Sache der Religion. Palästina sei außerdem als Lebensraum für die Juden nicht geeignet. Schließlich befürchtete Montagu, ein Bekenntnis zum Zionismus werde die durch die Assimilation erreichte Stellung der Juden gefährden. Sobald es einen jüdischen Staat in Palästina gäbe, würden die verschiedenen europäischen Regierungen die Juden des Landes verweisen: „Palästina wird zum Getto der Welt." Am Ende seines Memorandums spielt Montagu die chauvinistische Karte: „Ich habe das Gefühl, dass die Regierung instrumentalisiert werden soll zu Gunsten einer zionistischen Bewegung, die von Männern geführt wird, die aus feindlichen Staaten stammen." Das richtete sich vor allem gegen Chaim Weizmann und Nachum Sokolow, die wichtigsten Repräsentanten des Zionismus in Großbritannien, die beide im zaristischen Russland zur Welt gekommen, später aber nach Deutschland gegangen waren.

Weizmann, 1874 in der Nähe von Pinsk (heute Weißrussland) geboren, hatte als junger Mann in Deutschland Chemie studiert. Danach verbrachte er einige Jahre in der Schweiz, bevor er 1904 Professor in Manchester wurde. Er nahm die britische Staatsbürgerschaft an und wurde 1916 Direktor des Munitionslabors der Britischen Admiralität. Weizmann entwickelte eine neue, biotechnologische Methode zur Herstellung von Aceton. Das war von großer Bedeutung, denn bis dahin waren die Deutschen in der Herstellung von Aceton, das für die Produktion von Sprengstoff gebraucht wurde, führend gewesen. Weizmann erwarb sich durch seine Arbeit als Chemiker große Verdienste an Englands militärischen Erfolgen im Ersten Weltkrieg. Er hatte aber auch eine klare Vorstellung von Großbritanniens geopolitischen Interessen im Nahen Osten und sah die Möglichkeit, zugleich etwas für den Zionismus zu erreichen. 1915 trug er dem britischen Schatzkanzler David Lloyd George erstmals seine Idee von einem Judenstaat in Palästina vor. Für Großbritannien hätte, so Weizmann, ein solcher Staat die Funktion eines Schutzwalls zwischen dem Sueskanal und dem Schwarzen Meer und die Juden hätten zugleich ein Land, das ihnen zur Besiedlung zur Verfügung stehe. Im Dezember 1916 wurde Lloyd George Premierminister und Arthur Balfour Außenminister. Diese neue Regierung war grundsätzlich aufgeschlossen gegenüber den Anliegen der Zionisten.

Die zionistische Bewegung, die zunächst nur eine relativ kleine Minderheit der Juden vertrat und zudem noch in verschiedene Gruppen zersplittert war, agierte damals in sehr bescheidenen Verhältnissen. Ihr Hauptquartier war Weizmanns Privatwohnung im Londoner Stadtteil Kensington. Weizman war eine „Ein-Mann-Regierung, zuständig für Propaganda, Außenpolitik und strategische Planung" (Jehuda Reinharz), die sich selbst ermächtigt hatte. Seine Autorität erwuchs aus der Anerkennung, die er von britischer Seite erfuhr. Im Juli 1917 wurde ein Politisches Komitee etabliert, mit Weizmann und Sokolow als gleichberechtigten Vorsitzenden. In dieser Zeit legten die Zionisten auch einen ersten Resolutionsentwurf vor, der jedoch auch denjenigen Regierungsmitgliedern, die mit deren Bestrebungen sympathisierten, zu ausführlich und zu verpflichtend für Großbritannien war.

Chaim Weizmann (1874–1952), hier bei einer Ansprache in Rishon LeZion, April 1918. Weizmann hielt sich in Palästina auf, um von Edmund Allenby, Kommandeur der Egyptian Expeditionary Force, Unterstützung für eine Staatsgründung zu fordern.

Ernst Piper

Das Kriegskabinett beschäftigte sich im folgenden Vierteljahr immer wieder mit dem Thema. Parallel versuchte man die Zustimmung des amerikanischen Präsidenten Woodrow Wilson zu einer prozionistischen Entschließung einzuholen, der sich jedoch zunächst zögerlich verhielt, dann endlich seine Zustimmung signalisierte, aber im Hintergrund bleiben wollte. Auch aus Frankreich und Italien kamen zustimmende, wenn auch weniger verpflichtende Erklärungen. Die Zionisten versprachen, weltweit für die Alliierten, die gegen Deutschland und die Türkei kämpften, Propaganda zu machen. Die Befürworter der Balfour Declaration im britischen Kabinett verwiesen darauf, dass die Gewinnung der Sympathien der russischen und vor allem der amerikanischen Juden hilfreich sei, denn die USA waren in der letzten Phase des Krieges Großbritanniens wichtigster Verbündeter. Die Gegenseite betonte dagegen die negative Wirkung einer solchen Entschließung bei der muslimischen Bevölkerung in den britischen Kolonien, namentlich in Indien. Einigkeit herrschte, wie auch Balfour betonte, dass die Deklaration vor allem britischen Interessen dienen sollte. De facto folgte die Balfour Declaration, als sie schließlich zustande kam, dem britischen Kalkül, stärkte aber zugleich die damals noch ziemlich junge zionistische Bewegung nachhaltig, vor allem auch Weizmann und seine Gefolgsleute, die alle Überlegungen in Hinblick auf Uganda und andere territoriale Lösungen entschieden ablehnten und auf einen jüdischen Staat in Palästina hinarbeiteten. Weizmann, der 1952 starb, erlebte den Erfolg seiner Anstrengungen noch, er wurde 1949 Israels erster Staatspräsident.

Dass Palästina die historische Heimat der Juden war, unterlag keinem Zweifel. Doch als 1914, zehn Jahre nach Herzls Tod, der Erste Weltkrieg ausbrach, lebten dort nur etwa 55.000 Juden neben 600.000 Arabern. Insofern kam den verschiedenen in der Balfour Declaration enthaltenen Einschränkungen erhebliche Bedeutung zu. So sollten die Rechte der nichtjüdischen, sprich: der arabischen Gemeinschaft im Lande respektiert werden. Den Juden wurde kein Staat in Aussicht gestellt, sondern lediglich eine „nationale Heimstätte". Dieser Begriff war im Völkerrecht bis dahin unbekannt, und die Worte „in Palästina" definierten kein Territorium. Gleichwohl bedeutete das Dokument für die zionistische Bewegung einen gewaltigen Prestigegewinn. Bedeutsam ist die Balfour Declaration aber noch aus einem anderen Grund. Großbritannien traf hier Verfügungen über ein Territorium, das es gar nicht besaß, denn Palästina war Teil des Osmanischen Reiches. Doch das türkische Imperium war bereits stark geschwächt, nachdem es schon 1912/13 erhebliche Territorien auf dem Balkan und in Nordafrika durch kriegerische Konflikte verloren hatte, ein Prozess, der sich nach Kriegsbeginn fortsetzte. Am 18. Dezember 1914 erklärte Großbritannien Ägypten zum britischen Protektorat, im November 1915 nahmen Großbritannien und Frankreich Verhandlungen auf, um ihre Interessensphären im Nahen Osten abzustecken.

Die beiden Unterhändler, die Diplomaten Mark Sykes und François Georges-Picot, handelten ein Abkommen darüber aus, wem welche Territorien

9. Dezember 1917: Der arabische Bürgermeister von Jerusalem, Hussein Salim Al-Husseini (mit Spazierstock), bot den britischen Sergeants Frederick Hurcomb und James Sedgewick die Kapitulation Jerusalems an.

Der Kampf um Palästina

beziehungsweise Einflusszonen nach der Zerschlagung des Osmanischen Reiches im Nahen Osten zufallen sollten. Sykes war der Chefsekretär des britischen Kriegskabinetts, er spielte auch bei den Verhandlungen über die Balfour Declaration eine wichtige Rolle. Am 16. Mai 1916 wurde das geheime Sykes-Picot-Abkommen unterzeichnet. Es versprach den Arabern einen Staat in einem Gebiet, das, nach der heutigen politischen Geografie, das östliche Syrien, den nördlichen Irak und Jordanien umfassen sollte. Der nördliche Teil dieses Staates war als französisches Einflussgebiet geplant, der südliche als britisches. Palästina sollte internationalisiert werden, mit Ausnahme von Haifa und Akko, die Großbritannien zugeschrieben wurden. Darüber hinaus sollten der Libanon, das westliche Syrien und Südostanatolien die französische Einflusssphäre bilden, Mesopotamien die britische. Diese Grenzziehung wirkt bis heute nach und ist eine der Ursachen für die aktuellen Konflikte.

Der Geheimagent Thomas Edward Lawrence, der seit Dezember 1914 für den britischen Secret Intelligence Service in Kairo tätig war und als „Lawrence von Arabien" in die Geschichte eingegangen ist, stachelte die Araber zu Aufständen gegen die Osmanenherrschaft an. Tatsächlich gelangen den Freischärlern unter maßgeblicher Beteiligung von Lawrence beträchtliche militärische Erfolge. Er brachte den in offener Feldschlacht hoffnungslos unterlegenen Beduinen die Taktik des Guerillakriegs bei. Am 1. Oktober 1918, kurz vor Kriegsende, fiel sogar die syrische Hauptstadt Damaskus, aber mit den arabischen Rebellen zogen auch die britischen Truppen in die Stadt ein.

Zeev Jabotinsky und Joseph Trumpeldor hatten schon 1914 eine Einheit aus jüdischen Freiwilligen aufgestellt, das Zion Mule Corps, das im Rahmen der britischen Armee für die Befreiung des Heiligen Landes von osmanischer Herrschaft kämpfte. In der Jüdischen Legion kämpften vor allem Juden aus Großbritannien, Russland, den USA und Kanada. Einer von ihnen war David Ben-Gurion, der aus dem zaristischen Teil Polens stammte und 1949 Israels erster Premierminister werden sollte. Die Jüdische Legion war auch beteiligt, als am 9. Dezember 1917 die Briten in Jerusalem einmarschierten.

Auf dem Flugplatz bei Amman, April 1921: Col. Thomas E. Lawrence (mit Hut), rechts neben ihm Sir Herbert Samuel, Hoher Kommissar des Völkerbundmandats über Palästina, und Emir Abdullah ibn Husain I., seit wenigen Tagen Herrscher in Transjordanien unter britischem Protektorat. Abdullah regierte in Transjordanien bis 1951, nach 1946 als König des unabhängigen Staates. Heute herrscht sein Urenkel Abdullah II.

David Ben-Gurion in der Uniform der Jüdischen Legion, 1918.

Ernst Piper

Die Briten hatten den Zionisten mit der Balfour Declaration dasselbe Territorium in Aussicht gestellt, das sie zuvor schon den Arabern versprochen hatten, dachten aber im einen wie im anderen Fall vor allem an ihre eigenen Interessen. Sie brachten das Kunststück fertig, ein Gebiet, das ihnen damals nicht einmal gehörte, nacheinander zwei verfeindeten Volksgruppen zu versprechen und es dann am Ende selbst zu behalten. Im April 1920 auf der Konferenz von San Remo teilten Großbritannien und Frankreich die Kriegsbeute; Syrien wurde französisches Mandat, Palästina britisches. Am 1. Juli 1920 übernahm Sir Herbert Samuel die Mandatsregierung in Jerusalem, drei Wochen später marschierten die Franzosen in Damaskus ein und vertrieben König Feisal, der vergeblich auf britische Unterstützung gehofft hatte. Im Juli 1922 wurden die Mandatssatzungen für Syrien und Palästina von dem zwei Jahre zuvor gegründeten Völkerbund offiziell bestätigt. Zu diesem Zeitpunkt hatten die Briten Transjordanien bereits an die arabische Dynastie der Haschemiten abgegeben. Formell blieb es zwar Teil des Mandatsgebietes, politisch war Palästina damit faktisch geteilt. Juden durften in Transjordanien nicht mehr siedeln. Der neue Kolonialminister Winston Churchill hatte 1921 Palästina besucht. Wieder in London fühlte er sich bemüßigt klarzustellen, dass die Balfour Declaration keineswegs besagte, „dass Palästina als Ganzes in eine jüdische nationale Heimstätte verwandelt werden soll, sondern dass eine solche Heimstätte in Palästina begründet werden soll." Weiter hieß es im Weißbuch der englischen Regierung über die jüdische Einwanderung nach Palästina: „Diese Einwanderung kann keinen solchen Umfang annehmen, dass sie die jeweilige wirtschaftliche Kapazität des Landes zur Aufnahme neuer Ankömmlinge überschreiten könnte. Es ist wesentlich, Sicherheit dafür zu schaffen, dass die Immigranten der Gesamtheit der Bevölkerung Palästinas nicht zur Last fallen, und dass sie keinen Teil der gegenwärtigen Bevölkerung seiner Beschäftigung berauben."

Damals wurden Fakten geschaffen, die bis heute nachwirken. Vier Fünftel Palästinas zählten nun nicht mehr zu dem für Juden zugänglichen Siedlungsraum. Und der neue Herrscher über Transjordanien, Emir Abdullah, der jüngere Bruder des in Syrien fallengelassenen Feisal, war kein Einheimischer. Den palästinensischen Arabern wurde eine fremde Herrscherfamilie gewissermaßen vor die Nase gesetzt. Hier liegt die Wurzel des bis heute anhaltenden Konflikts zwischen der palästinensischen Nationalbewegung und dem jordanischen Königshaus. Doch auch wenn sich bei Weitem nicht alle Hoffnungen der Zionisten erfüllten, so kam die Immigration in den Jahrzehnten nach dem Ersten Weltkrieg entscheidend voran. Die dritte Alija (1919–1923) mit etwa 35.000 Einwanderern war vor allem von der Hechaluz-Bewegung geprägt und stärkte das System der Kibbuzim. Nachdem die USA ihre Einwanderungsbestimmungen deutlich restriktiver gefasst hatten, brachte die vierte Alija in der zweiten Hälfte der 20er-Jahre viele Einwanderer aus der bürgerlichen Mittelschicht ins Land, die vor allem in die Städte strömte und insbesondere das 1908 gegründete und 1921 zur Stadt erhobene Tel Aviv rasch anwachsen ließ. „Tel Aviv", zu deutsch „Frühlingshügel", hieß auch die hebräische Übersetzung von Theodor Herzls Roman „Altneuland". In diesem Buch, dem er einen Gutteil der Arbeitskraft seiner letzten Lebensjahre gewidmet hatte, beschrieb er eine ideale Gesellschaft, in der Juden und Araber friedlich miteinander lebten. In der Realität führte der stete Einwandererstrom jedoch zu erheblichen Spannungen. Hatten 1918 noch 600.000 Arabern nur 56.000 Juden gegenübergestanden, waren es 1931 bereits 175.000

Palästina im August 1929: Während der Unruhen und Pogrome in Jerusalem, Hebron und Safed wurden 133 Juden getötet und hunderte verletzt. 110 Araber starben, meist in den Auseinandersetzungen mit den britischen Sicherheitskräften. Das Bild zeigt jüdische Familien auf der Flucht aus der Altstadt von Jerusalem.

Juden gegenüber 859.000 Arabern und 1940, nach der fünften, vor allem durch die Ausbreitung des Nationalsozialismus geförderten Alija 464.000 Juden gegenüber 1.081.000 Arabern.

So ist es nicht überraschend, dass nach dem Ersten Weltkrieg die Araberfrage, die bis dahin in der zionistischen Ideologie kaum eine Rolle gespielt hatte, erheblich an Bedeutung gewann. Der bedeutendste Repräsentant des Mainstream innerhalb des sich dazu entwickelnden Meinungsspektrums war Chaim Weizmann. Weizmann vermied, wie schon vor ihm Herzl, eine religiöse Legitimierung des jüdischen Siedlungsanspruchs in Palästina und hob stattdessen auf den historischen Anspruch ab. Er erkannte zugleich die Legitimität der arabischen Position an und hoffte auf die Möglichkeit einer Verständigung mit den Arabern. 1933 wurde er Leiter der für die Ansiedlung deutscher Flüchtlinge zuständigen Abteilung der Jewish Agency. Dabei strebte er eine gut organisierte, sorgfältig kontrollierte Einwanderung deutscher Juden und anderer Flüchtlinge nach Palästina an, d. h. nur so vieler Menschen, wie das Land nach Überzeugung der Zionisten aufnehmen konnte. Das brachte ihn zeitweilig in Gegensatz zu anderen Kräften, die nicht jüngeren, für den Aufbau des Landes besonders geeigneten Juden Priorität gaben, sondern einfach möglichst viele Menschen vor dem Holocaust retten wollten.

Robert Weltsch war ein enger Mitarbeiter Weizmanns. Von 1920 bis 1938 war er Herausgeber der Berliner „Jüdischen Rundschau". Berühmt geworden ist sein Artikel „Tragt ihn mit Stolz, den gelben Fleck" vom 4. April 1933, mit dem er den von Nazis Verfolgten Mut zusprechen wollte. In der Araberfrage vertrat Weltsch die Position der Gruppe Brith Shalom (Bund des Friedens), die nachdrücklich für die Errichtung eines binationalen palästinensischen Staates eintrat. Jakob Klatzkin stammte wie Weizmann aus Russland. Er war ein Schüler des deutschen Philosophen Hermann Cohen und spielte eine bedeutende Rolle in der deutsch-jüdischen Publizistik, u. a. als Herausgeber der Encyclopaedia Judaica. Klatzkin war ein entschiedener Verfechter eines jüdischen Nationalismus, der sich in einer Wiederbesiedlung Palästinas realisieren sollte, und scheute auch nicht vor Berührungen mit völkischen Kräften zurück, die,

Proteste in New York gegen die antijüdischen Pogrome in Palästina, 1929.

aus völlig anderen Gründen, ebenfalls der Meinung waren, dass die deutschen Juden besser nach Palästina als nach Deutschland passten. Eine Sonderstellung nahm der Philosoph und Kulturzionist Martin Buber ein. Mit seinem Plädoyer für einen binationalen föderativen Staat stand er Brith Shalom nahe. Buber glaubte nicht so sehr an das historische Recht der Juden auf Palästina, war aber davon überzeugt, dass das Land genug Platz für Araber und Juden biete.

Im jüdischen Lager gab es also nicht nur Tauben, sondern auch Falken. Aber im arabischen Lager gab es nur Falken. Einer Organisation wie Brith Shalom fehlte ein arabisches Pendant, das sich in vergleichbarer Weise für ein jüdisches Heimatrecht in Palästina stark gemacht hätte. Es war im Gegenteil so, dass mit den Jahren die radikalen Kräfte im arabischen Lager immer mehr die Oberhand gewannen. Nachdem es schon in den 20er-Jahren gelegentlich gewaltsame Auseinandersetzungen gegeben hatte, kam es 1936 zu einem regelrechten arabischen Aufstand. Ausgelöst wurde er durch Ereignisse, wie sie leider heute fast alltäglich sind. Am 15. April 1936 ermordeten Araber zwei jüdische Siedler, zwei Tage später ermordeten jüdische Untergrundkämpfer zwei Araber, was wiederum eine Reaktion provozierte. Einem arabischen Massaker in Jaffa fielen 15

Britisch-arabische Konferenz in London, Februar–März 1939. Ohne Beteiligung der jüdischen Bevölkerung in Palästina wurden Restriktionen gegen sie und gegen Neueinwanderungen beschlossen.

Juden zum Opfer. Der Aufstand der Araber richtete sich bald nicht nur gegen die jüdischen Neusiedler, sondern auch gegen die britische Mandatsmacht. Im November 1936 schickte die britische Regierung eine Kommission nach Palästina, die unter der Leitung des früheren Indienministers Robert Peel stand und die Ursachen der Unruhen ergründen und die Verpflichtungen der Mandatsmacht gegenüber Arabern und Juden überprüfen sollte. Die Kommission leistete gründliche Arbeit. Sie hielt sich fast ein halbes Jahr im Lande auf, sprach mit allen Gruppen und lieferte einen umfangreichen Bericht ab, der nicht zuletzt auch das Eingeständnis enthielt, dass die Versprechungen, die die britische Regierung während des Ersten Weltkriegs den Arabern und den Juden gemacht hatte, „sich als unvereinbar miteinander erwiesen haben". Am Ende der Analyse der Peel-Kommission hieß es unmissverständlich:

Ein unüberwindlicher Konflikt hat sich zwischen den beiden nationalen Gemeinschaften innerhalb der engen Grenzen eines kleinen Landes erhoben. Ungefähr eine Million Araber stehen in offenem oder latentem Kampf mit 400.000 Juden. Es gibt keine gemeinsame Grundlage zwischen ihnen. Die arabische Gemeinschaft ist vorwiegend asiatischen, die jüdische vorwiegend europäischen Charakters. Sie unterscheiden sich in Religion und Sprache. Ihr kulturelles und soziales Leben, ihre Denkweise und Lebensführung sind ebenso unvereinbar wie ihre nationalen Bestrebungen. Die letztgenannten sind das größte Hindernis für den Frieden. Araber und Juden könnten möglicherweise lernen, zusammen in Palästina zu leben und zu arbeiten, wenn sie eine echte Anstrengung machen wollten, ihre nationalen Ideale miteinander zu versöhnen und zu verbinden und so mit der Zeit ein gemeinsames zweigestaltiges Staatsvolkstum aufzubauen. Aber hierzu sind sie nicht imstande.

Das waren klare Worte, und die Kommission wollte aus ihrer Analyse der Lage klare Konsequenzen ziehen. Sie erörterte zunächst eine kantonale Lösung, also die Bildung je eines jüdischen und eines arabischen Kantons mit den heiligen Stätten und einem Korridor von Jerusalem nach Jaffa sowie dem Hafen von Haifa unter unmittelbarer Mandatsverwaltung, kam aber zu dem Schluss, dass eine Kantonalisierung zwar alle Nachteile einer Teilung, nicht aber deren Vorteile hätte. Die Kommission plädierte deshalb, und das war damals etwas grundsätzlich Neues, für eine Teilung Palästinas.

Der Teilungsplan der Peel-Kommission sah für die Juden nur einen Bruchteil des Gebietes vor, das ihnen die Vereinten Nationen zehn Jahre später zusprechen sollten: einen Küstenstreifen, der noch dazu durch den internationalen Korridor unterbrochen war, und das Gebiet um den See Genezareth. Dennoch empfahl der Zionistische Kongress unter der Führung Weizmanns und gegen den erbitterten Widerstand Jabotinskys diesen Plan zu akzeptieren. Die Araber dagegen lehnten jeden Kompromiss ab und konnten sich zunächst in dieser Haltung sogar bestätigt fühlen, denn die britische Regierung machte sich die Empfehlungen ihrer Kommission nur sehr halbherzig zu eigen und rückte bald wieder davon ab, um jede Provokation des arabischen Nationalismus zu vermeiden. Im September 1937 setzte eine neue Welle arabischer Gewaltakte ein, die länger als die erste anhielt. Nach dem Münchner Abkommen vom 30. September 1938, das für den Moment die Kriegsgefahr in Europa gebannt hatte, verlegten die Briten eine weitere Division nach Palästina, der es innerhalb weniger Monate gelang, den neuerlichen Aufstand niederzuschlagen.

Der Siegeszug des Nationalsozialismus hatte die Situation in Europa grundlegend verändert.

Im Deutschen Reich war seit 1933 eine Regierung an der Macht, zu deren Programm ein auf das äußerste radikalisierter Antisemitismus mit eliminatorischen Konsequenzen gehörte. Bald nach Hitlers Ernennung zum Reichskanzler setzte die Emigration der deutschen Juden ein. Ein Haupthindernis war dabei die Gesetzgebung aus der Zeit der Weltwirtschaftskrise, die die Ausfuhr von Devisen verbot. Schon bald setzten Verhandlungen zwischen der Reichsregierung und der Zionistischen Vereinigung für Deutschland ein, die im August 1933 mit dem Haavara-Abkommen erfolgreich abgeschlossen wurden. (Haavara ist das hebräische Wort für Transfer.) Das Abkommen sah vor, dass Auswanderer oder Investoren in Deutschland Waren erwarben, die dann nach Palästina exportiert werden konnten. Bis zum Kriegsausbruch im September 1939 emigrierten etwa 50.000 deutsche Juden nach Palästina, die Güter für mehr als 100 Millionen Reichsmark mitbrachten. Deutschland wurde so in den 30er-Jahren die Nation mit den meisten Exporten nach Palästina. In den ersten Jahren des Dritten Reiches setzte die deutsche Regierung, insbesondere das Auswärtige Amt, auf die zionistische Karte. Man wollte die Juden aus Deutschland vertreiben und machte sich keine Gedanken über die Konsequenzen ihrer Emigration. Das änderte sich mit dem Teilungsplan der Peel-Kommission, der erstmals die Vorstellung eines jüdischen Staates konkret werden ließ, mochte er auch noch so bescheiden bemessen sein. Die jüdische Einwanderung war die Ursache für die arabischen Unruhen vor Gründung der Peel-Kommission gewesen, wobei die große Mehrheit der Einwanderer aus Mittel- und Osteuropa gekommen war. Der Anteil der Deutschen hatte nur 22 Prozent betragen. Gleichwohl erhoben sich in Berlin nun zunehmend auch kritische Stimmen. Doch Hitler entschied im Januar 1938, dass die jüdische Emigration nach Palästina fortgesetzt werden sollte. Dennoch verlor das Haavara-Abkommen, das fünf Jahre lang gute Dienste geleistet hatte, zunehmend an Bedeutung und erlosch dann ganz bei Kriegsausbruch.

Die britische Politik orientierte sich in jenen Jahren immer mehr an den Erfordernissen der immer unvermeidlicher erscheinenden kriegerischen Auseinandersetzung. Die Verteidigung des Sueskanals hatte eine höhere Priorität als die Sympathie der Zionisten, die die Seiten ohnehin nicht wechseln konnten, denn ihr Todfeind Hitler war unter keinen Umständen ein denkbarer Verbündeter für sie. Die Araber aber waren frei in der Entscheidung, mit welcher Seite sie die Zusammenarbeit suchten. Die Briten wollten auf keinen Fall einen „jüdischen Krieg" führen. Im Januar 1938 schickten sie eine weitere Kommission nach Palästina, die Woodhead-Kommission, die die erwünschten Empfehlungen abgab: keine

Teilung und kein jüdischer Staat in Palästina. Bei der Konferenz von Evian im Juli 1938 diskutierten Vertreter von 32 Staaten über die Möglichkeit der Auswanderung deutscher und österreichischer Juden. Der britische Vertreter erklärte dort, die Territorien des Commonwealth seien bereits übervölkert und ohnehin für Europäer ungeeignet, England selbst sei ebenfalls dicht besiedelt. Zudem verbiete die gegenwärtige Arbeitslosigkeit die Aufnahme von Flüchtlingen. Der gravierendste Rückschlag für die Zionisten war die Konferenz von St. James im Februar/März 1939, an der die Vertreter der wichtigsten arabischen Staaten teilnahmen. In den nächsten fünf Jahren sollten noch jeweils 10.000 Juden nach Palästina einwandern dürfen, danach nur noch mit arabischer Zustimmung. Landverkauf an Juden war ab sofort verboten. Großbritannien schloss sehenden Auges den letzten Fluchtweg

Protestdemonstration junger Zionisten am 18. Mai 1939 auf der King George Ave., Jerusalem, gegen die Beschlüsse der britisch-arabischen Konferenz in St. James, London.

für Juden aus Europa. Juden, die bis zum Verbot der Emigration im Herbst 1941 noch hätten gerettet werden können, konnten das Land, das der Völkerbund offiziell als jüdische Heimstatt anerkannt hatte, nicht erreichen, weil seine Grenzen für sie nun verschlossen waren.

Eine treibende Kraft in diesem Zusammenhang war Amin el-Husseini, der Großmufti von Jerusalem. Er spielt in der Geschichte der jüdisch-arabischen Beziehungen eine außerordentlich verhängnisvolle Rolle. Er war seit 1922 als Präsident des Muslimischen Oberrates die höchste religiöse Autorität, zugleich eine zentrale Figur des palästinensischen Nationalismus. Unter seiner Ägide wurde der Widerstand gegen die jüdische Einwanderung grundlegend islamisiert. Der Mufti war auch der Anstifter der Unruhen von 1936, die er mit deutschem Geld und deutschen Waffen schürte. Er avancierte zum entschiedensten Parteigänger der Nationalsozialisten in der arabischen Welt. Nach seiner Beteiligung an einem fehlgeschlagenen prodeutschen Putsch im Irak musste er 1941 nach Berlin fliehen, wo er Kontakte mit Ernst von Weizsäcker, dem Staatssekretär im Auswärtigen Amt, Hitler, Himmler und Eichmann hatte. Immer wieder intervenierte er, wenn die Nazis nicht konsequent genug gegen die Juden vorgingen. Als Himmler 1943 die Emigration von 5.000 jüdischen Kindern im Tausch gegen 20.000 deutsche Kriegsgefangene gestatten wollte, verhinderte el-Husseini dies. Der Mufti organisierte von Berlin aus über mehrere Radiosender Propagandasendungen für den Nahen Osten und betrieb die Rekrutierung bosnischer Muslime für die Waffen-SS. Am 28. November 1941 empfing Hitler el-Husseini und versicherte ihm, sobald die deutschen Truppen den Südausgang Kaukasiens erreicht hätten, sei die Stunde der Freiheit für die arabischen Völker gekommen. Die deutschen Truppen kamen diesem Ziel zwar nahe, erreichten es allerdings nicht.

Bei Kriegsende gab es bei den beiden wichtigsten alliierten Mächten einen Wechsel an der Spitze. Harry Truman folgte dem im April 1945 verstorbenen Roosevelt als Präsident der USA nach, und Clement Attlee wurde in Großbritannien Premier, nachdem die Konservativen unter Winston Churchill überraschend die Wahlen verloren hatten. Truman und Attlee verstanden sich nicht besonders gut. Die Interessenlage der Briten war klar. Sie wollten das unbequem gewordene Völkerbundmandat loswerden. Im Ersten Weltkrieg hatten sie Juden und Arabern Versprechungen gemacht, um sie als Verbündete gegen Deutschland und das Osmanische Reich zu gewinnen. Doch als Juden und Araber herausfanden, dass sie statt der versprochenen Staatlichkeit eher klassischer Kolonialismus erwartete, waren die Beziehungen zunehmend komplizierter geworden. Die auch jetzt, nach Kriegsende, nach wie vor sehr restriktive Einwanderungspolitik stieß in der Weltöffentlichkeit zunehmend auf Unverständnis. Traurige Berühmtheit erlangte der Fall des Schiffes „Exodus", dessen Insassen nach einer entsetzlichen Irrfahrt, während der sie unter anderem bei dem Versuch, an der Küste Palästinas zu landen, von britischen Soldaten beschossen worden waren, wieder in einem Lager auf deutschem Boden landeten.

Die „Exodus" nach der Ankunft im Hafen von Haifa, Juli 1947. Die Flüchtlinge wurden auf anderen Schiffen zurück nach Frankreich und die meisten von dort in Internierungslager nahe Lübeck gebracht.

Der Kampf um Palästina

Den Briten fehlte die wirtschaftliche Kraft zur Aufrechterhaltung der bisherigen Frontstellungen. 1947 zogen sie sich aus dem griechisch-türkischen Raum, der stark unter sowjetischen Druck geraten war, zurück und überließen den USA die Initiative, entließen den indischen Subkontinent in die Unabhängigkeit und waren entschlossen, das Palästina-Mandat an die Vereinten Nationen selbst um den Preis eines nachfolgenden Krieges zurückzugeben. Attlee klagt in seinen Memoiren, schon auf der Konferenz in Potsdam habe Truman ihn gedrängt, die Einwanderungsbeschränkungen aufzuheben; angesichts von Hunderttausenden von jüdischen *Displaced Persons* eigentlich kein fernliegender Gedanke. Doch, so Attlee, es galt, dem amerikanischen Druck standzuhalten und die Balance zwischen jüdischen und arabischen Ansprüchen zu wahren.

Die Vereinten Nationen setzten eine Kommission ein, deren im August 1947 vorgelegte Empfehlungen das alte Dilemma reflektierten. Alle Kommissionsmitglieder waren dafür, Palästina in die Unabhängigkeit zu entlassen. Doch die Mehrheit empfahl die Teilung in einen jüdischen und einen arabischen Staat, während die Minderheit für einen palästinensischen Bundesstaat plädierte. Am 29. November 1947 stimmte die Vollversammlung über die Empfehlungen ab. 33 Staaten, unter ihnen die USA und die Sowjetunion, stimmten für die Teilung, 13 dagegen, 10 enthielten sich. Die arabischen Staaten erklärten umgehend, dass sie sich an diese Resolution nicht gebunden fühlten.

Der Abzug der britischen Mandatsmacht nahm ein halbes Jahr in Anspruch. Am 14. Mai 1948 verließ Sir Allen Cunningham, der letzte Hochkommissar, Palästina, und Ben-Gurion proklamierte, unter einem Bild von Theodor Herzl stehend, die Unabhängigkeit. Das war die Geburtsstunde des Staates Israel. Am Tag darauf, am 15. Mai, griffen Jordanien, Syrien, der Libanon, Ägypten und der Irak Israel an. Sie bestritten das Existenzrecht des neuen Staates und wollten „die Juden ins Meer werfen". Der Mufti rief dazu auf, die Araber sollten „gemeinsam über die Juden herfallen und sie vernichten". Wie so oft vertraten die Araber maximalistische Positionen und bekamen dafür am Ende weniger, als man ihnen zunächst angeboten hatte. Als 1949 ein Waffenstillstand geschlossen wurde, war von dem in der UN-Resolution 181 ebenfalls vorgesehenen Palästinenserstaat keine Rede mehr. Israel durfte alle eroberten Gebiete behalten und erreichte so ein erheblich größeres Staatsgebiet, als von der UNO zunächst vorgesehen. Der Gazastreifen wurde ägyptischer Verwaltung unterstellt, das Westjordanland von Jordanien besetzt und im Jahr 1950 annektiert. So blieb die Situation bis zum 10. Juni 1967, als der Sechstagekrieg ausbrach, der mit einem Sieg Israels endete. Bis heute sind die Probleme trotz aller internationalen Bemühungen nicht gelöst, bis heute sucht das Land seinen Frieden.

Links: Die Unabhängigkeitserklärung des Staates Israel am 14. Mai 1948 im Tel Aviv Museum, dem ehemaligen Wohnhaus des ersten Bürgermeisters der Stadt, Meir Dizengoff. In der Mitte stehend: David Ben-Gurion, der erste Ministerpräsident Israels.

Rechts: Israelisch-arabischer Krieg 1948: israelische Soldaten in einer zerstörten Straße von Haifa. Der Krieg begann am 15. Mai 1948, einen Tag nach der Staatsgründung im Tel Aviv Museum.

Ernst Piper

Das Deutsche Reich zwischen Revolution und Hitler-Putsch

Am 9. November 1918 gab Reichskanzler Prinz Max von Baden die Abdankung von Kaiser Wilhelm II. bekannt, der sich zu diesem Zeitpunkt bereits im niederländischen Exil befand. Gleichzeitig übertrug Prinz Max die Leitung der Regierungsgeschäfte dem Sozialdemokraten Friedrich Ebert als dem Repräsentanten der mit Abstand größten Fraktion im Deutschen Reichstag. Das war das Ende des 1871 in Versailles so glanzvoll proklamierten deutschen Kaiserreiches. Zwei Tage später unterzeichneten der Leiter der deutschen Delegation, der Zentrumspolitiker Matthias Erzberger, und Marschall Ferdinand Foch als Oberbefehlshaber der alliierten Streitkräfte einen Waffenstillstandsvertrag zur Beendigung des Ersten Weltkriegs im Wald von Compiègne, 80 Kilometer nördlich von Paris. Für das Deutsche Reich bedeutete dieser Waffenstillstand die bedingungslose Kapitulation. Der Krieg, der so viele Opfer gekostet hatte, war unwiderruflich verloren.

13 Millionen deutsche Soldaten hatten im Ersten Weltkrieg im Feld gestanden, zwei Millionen waren gefallen, weitere zwei Millionen waren verletzt worden. Die Zahl der Ziviltoten betrug 700.000, die meisten von ihnen waren durch Unterernährung und Entkräftung ums Leben gekommen. 194 Milliarden Goldmark hatte das Deutsche Reich für den Krieg aufgewendet. Durch Reparationszahlungen, die man nach dem Sieg den Feindstaaten auferlegen wollte, sollte das Geld wieder hereinkommen. Aber der Sieg war ausgeblieben. Am 28. Juni 1919 musste die deutsche Delegation in Versailles einen Friedensvertrag unterzeichnen, dessen Bedingungen sehr hart waren. Die Gebietsverluste, die das Deutsche Reich auf Grund des Friedensvertrages hinnehmen musste, machten etwa 13 Prozent seines Territoriums aus. Die wirtschaftlichen Belastungen, Reparationszahlungen bei gleichzeitiger Liquidierung deutscher Auslandsguthaben und handelspolitischen Beschränkungen, waren groß. Das Rheinland wurde entmilitarisiert, das Saarland bis zu einer für 1935 angesetzten Volksabstimmung vom Deutschen Reich abgetrennt. Nach Kriegsende wurde das deutsche Heer demobilisiert. Zunächst war die deutsche Regierung ohne bewaffnete Exekutivgewalt. Bald bildeten sich Freiwilligen-Verbände, die sogenannten Freikorps, die unter anderem als Grenzschutzeinheiten im Osten eingesetzt wurden, wo sie bald ein problematisches Eigenleben entfalteten. Etliche der etwa 200 Freikorps unterstützten im Jahr darauf den Kapp-Lüttwitz-Putsch. Am 8. November 1919 konstituierte sich das Reichswehr-Ministerium, ihm unterstand die in sieben Wehrkreise gegliederte „Vorläufige Reichswehr", die zunächst etwa 300.000 Mann umfasste und nach den Bestimmungen des Friedensvertrages dann auf 100.000 Mann ohne schwere Waffen reduziert werden musste. Die Marine wurde auf 15.000 Mann begrenzt, eine Luftwaffe war nach den Bestimmungen des Friedensvertrages ganz verboten.

Am 19. Januar 1919 hatten die Wahlen zur verfassungsgebenden Nationalversammlung stattgefunden. Die Parteien der „Weimarer Koalition", die 1917 im Deutschen Reichstag gemeinsam eine Friedensresolution mit dem Ziel eines Verständigungsfriedens durchgesetzt hatten, waren als Sieger aus den Wahlen hervorgegangen. Die SPD hatte 45,5 Prozent der Stimmen, die liberale Deutsche Demokratische Partei (DDP)

18,6 Prozent und das katholische Zentrum 19,7 Prozent erhalten. Doch diese große Zustimmung zu den die Verfassung tragenden Kräften stand nicht auf einem soliden Fundament. Schon bei den ersten Reichstagswahlen am 6. Juni 1920 erreichten dieselben Parteien nur noch 39,6 Prozent, 8,3 Prozent und 18,1 Prozent, zusammen also statt 83,8 nur noch 66 Prozent, und dieser Erosionsprozess setzte sich bei späteren Wahlen weiter fort. Die erste Demokratie auf deutschem Boden war nach der verheerenden Niederlage im Ersten Weltkrieg unter schwierigen Umständen zustandegekommen. Die gesellschaftlichen Eliten standen dem neuen System zum größten Teil mit Distanz, wenn nicht mit offener Feindschaft gegenüber. Die Ministerialbürokratie und die Justiz bestanden aus in der Kaiserzeit ausgebildeten Beamten, die sich in ihrer großen Mehrheit einer autoritär-monarchistischen Tradition verpflichtet wussten. In der Reichswehr wirkten zahlreiche Monarchisten wie z. B. General von Lüttwitz, Nationalisten wie General von Seeckt, der die Demokratie ablehnte und dennoch bis 1926 Chef der Obersten Heeresleitung war, aber nur wenige demokratisch eingestellte Offiziere wie z. B. General Wilhelm Groener, der nach Ludendorffs Entlassung Generalquartiermeister wurde und die politische Linie von Friedrich Ebert unterstützte. Schließlich gab es etliche junge Frontoffiziere, die mit nationalrevolutionären Gruppierungen wie der NSDAP sympathisierten.

Radikale Kriegsgegner in der SPD hatten 1916 die „Gruppe Internationale" gebildet. Die prominentesten Mitglieder der Gruppe, Rosa Luxemburg, Karl Liebknecht, Franz Mehring und Ernst Meyer wurden nach und nach in Schutzhaft genommen. Deshalb fiel dem aus Wilna stammenden Leo Jogiches, der in Berlin im Untergrund lebte, die Aufgabe zu, die „Spartakusbriefe" als Organ der Gruppe Internationale aufzubauen, die ihr bald den Namen „Spartakusgruppe" gaben. Leo Jogiches gehörte wie Rosa Luxemburg zu den Mitbegründern der sich in Warschau illegal formierenden Sozialdemokratischen Arbeiterpartei des Königreichs Polen und Litauen, die sich der Zweiten Internationale anschloss und 1917 die Revolution in Russland unterstützte. Im Januar 1918 war Jogiches führend an den Massenstreiks für einen Verständigungsfrieden beteiligt, ebenso an dem Munitionsarbeiterstreik in Berlin am 23. März, bei dem er verhaftet und anschließend wegen Landesverrats angeklagt wurde. Am 9. November 1918 befreite ein Kommando der Arbeiter- und Soldatenwehr Jogiches aus dem Untersuchungsgefängnis. Zwei Tage später wurde die Spartakusgruppe unter dem Namen „Spartakusbund" als nationale Organisation mit dem Ziel einer gesamtdeutschen Räterepublik neu konstituiert. Am 1. Januar 1919 ging aus ihr dann die Kommunistische Partei Deutschlands (KPD) hervor.

Die junge Republik stand von Anfang an in einem doppelten Abwehrkampf, gegen die Feinde der Demokratie von rechts wie von links. Völkische und nationalistische Elemente bekämpften die Republik, weil sie die revolutionäre Umgestaltung der alten Verhältnisse ablehnten, während die Kommunisten eine Räteherrschaft errichten wollten, die sich am russischen Vorbild orientieren sollte. Die Regierung war deshalb zu höchst problematischen Bündnissen mit

Revolutionäre Matrosen und Soldaten posierten mit roter Fahne und Maschinengewehren vor dem Brandenburger Tor in Berlin. Abbildung aus dem „Illustrirten Blatt" vom 24. November 1918.

Gefangennahme von revolutionären Arbeitern in Eisleben, März 1921

Reichswehr und Freikorps genötigt. Diese Frontstellung, die zur gewaltsamen Niederschlagung des Spartakusaufstandes im Januar 1919 führen sollte, zog die unauflösliche Feindschaft zwischen den Arbeiterparteien SPD und KPD nach sich.

Nach dem Vorbild der Sowjets (Räte) der Russischen Revolution bildeten sich nach Kriegsende in Österreich-Ungarn, vor allem aber auch in Deutschland vielerorts Arbeiter- und Soldatenräte, zuerst am 4. November 1918 in Kiel, wenige Tage später u. a. auch in Hamburg, Bremen, Berlin, München und in Sachsen. Mehrheitssozialdemokraten und Unabhängige Sozialdemokraten arbeiteten in diesen Räten zusammen, die Regierungsgewalt lag beim „Rat der Volksbeauftragten", der mit je drei Mehrheits- und Unabhängigen Sozialdemokraten paritätisch besetzt war. Eine Versammlung der Berliner Arbeiter- und Soldatenräte bestätigte diese provisorische Reichsregierung am 10. November 1918. Der erste reguläre Rätekongress, der Mitte Dezember in Berlin tagte, setzte den Termin für die Wahl der Nationalversammlung fest, die dann eine Verfassung verabschiedete, die am 11. August 1919 in Kraft trat.

Diejenigen, die das Rätesystem zur Grundlage der Verfassung einer sozialistischen Republik machen wollten, waren bei Weitem in der Minderheit. Dennoch gab es örtlich, z. B. in Bremen und in München, Versuche zur Errichtung einer Räterepublik. In diesen Kontext gehört auch der sogenannte Spartakusaufstand, der am 5. Januar 1919 in Berlin begann und wenige Tage später durch das Eingreifen des sozialdemokratischen Reichswehrministers Gustav Noske blutig niedergeschlagen wurde. Auch die Münchner Räterepublik wurde am 1. Mai 1919 von Exekutionstruppen niedergeschlagen, wobei der „weiße Terror" der folgenden Wochen etwa 1.000 Todesopfer forderte.

Es folgte eine überaus unruhige Zeit mit teilweise bürgerkriegsähnlichen Zuständen, bewaffneten Verbänden, die sich gegenseitig bekämpften, Fememorden und Versuchen, das Rad der Geschichte gewaltsam zurückzudrehen. Am 13. März 1920 begann der Kapp-Lüttwitz-Putsch, den rechtsgerichtete Militärs gegen die gewählte Reichsregierung angezettelt hatten, getragen von Reichswehroffizieren, vor allem aus dem preußischen Adel, die die Unterzeichnung des Versailler Friedensvertrags durch die Reichsregierung unerträglich fanden, sowie von Freikorps-Soldaten, die die Rückkehr ins zivile Leben scheuten und die befürchtete Auflösung ihrer Verbände verhindern wollten. An der Spitze dieses militärischen Flügels standen der Oberbefehlshaber der Reichswehr für Berlin-Brandenburg, General Walther von Lüttwitz, und der Marineoffizier Hermann Ehrhardt, der Gründer sowohl des Freikorps „Brigade Ehrhardt" als auch des rechtsradikalen Geheimbundes „Organisation Consul". Den zivilen Flügel der Verschwörung bildeten Politiker der extremen Rechten, darunter viele Vertreter des ostelbischen Großgrundbesitzes, an ihrer Spitze der ostpreußische Generallandschaftsdirektor Wolfgang Kapp, der als neuer Reichskanzler vorgesehen war.

Nachdem ihre ultimativ vorgetragene Forderung nach einer grundlegenden Umbildung der Reichsregierung und der Rücknahme des Auflösungsbefehls für die Freikorps von Reichspräsident Ebert und Reichswehrminister Gustav Noske abgelehnt worden war, besetzten Truppen des seines Amtes enthobenen Generals von Lüttwitz in der Nacht vom 12. auf den 13. März die Reichshauptstadt. Die Reichsregierung floh nach Dresden. Die sozialdemokratischen Reichsminister, der SPD-Vorstand und die Gewerkschaften ADGB und AfA riefen daraufhin einen Generalstreik aus. Die KPD schloss sich dem Aufruf etwas später an, ebenso der Deutsche Beamtenbund.

Angesichts des entschlossenen Widerstands der Arbeiterschaft brach der schlecht organisierte Aufstand nach wenigen Tagen zusammen.

Im Ruhrgebiet entwickelte sich aus dem Abwehrkampf gegen den Putschversuch von Kapp und Lüttwitz der „Märzaufstand". Eine von Sozialdemokraten und Kommunisten getragene, etwa 50.000 bewaffnete Arbeiter zählende „Rote Ruhrarmee" beherrschte nach heftigen Kämpfen mit Polizei- und Reichswehreinheiten vorübergehend das Revier. Der Aufstand wurde schließlich von der Reichswehr im Verein mit den Freikorps niedergeschlagen. Die Niederringung des Kapp-Lüttwitz-Putsches, bei der die Reichswehr sich neutral und damit de facto republikfeindlich verhalten hatte, vertiefte die Zerstrittenheit der Arbeiterbewegung, die politisch in drei Parteien gespalten war. Der Sieg über die aufständischen Offiziere war teuer erkauft. Die Reichstagswahlen 1920 zeigten es deutlich. Die SPD verlor fast die Hälfte ihrer Anhänger, die nun die weiter links stehende Unabhängige Sozialdemokratische Partei (USPD) wählten. Die KPD, die erstmals antrat, erreichte 2,1 Prozent. Die DDP verlor sogar mehr als die Hälfte ihrer Wählerschaft, dafür verdoppelten die nationalkonservative und verfassungsfeindliche Deutschnationale Volkspartei (DNVP) und nationalliberale Deutsche Volkspartei (DVP) ihren Stimmenanteil. Dieses Ergebnis war ein Debakel für die junge Demokratie. Keine zwei Jahre nach ihrer Gründung waren die Kräfte, die entschlossen für sie eintraten, bereits in die Defensive geraten.

Trotz gewaltsamer Auseinandersetzungen, die auf beiden Seiten viele Todesopfer gefordert hatten, gab es auch nach der Niederschlagung des Märzaufstands noch einen erheblichen Bestand an Waffen in den Händen der Arbeiter. Genau ein Jahr später kam es erneut zu schweren Kämpfen in Mitteldeutschland. Der Anarchist Max Hoelz rüstete streikende Arbeiter und arbeitslose Bergleute mit Waffen aus und organisierte Stoßtrupps, die Brandstiftungen, Plünderungen und Überfälle unternahmen. Auf dem Höhepunkt waren 120.000 Streikende, unter ihnen 3.000 bewaffnete Kämpfer, an den Auseinandersetzungen beteiligt. Mit der Zerschlagung der letzten von Hoelz geführten Truppe brach die Bewegung am 1. April 1921 zusammen. Der Aufstieg der KPD zur Massenpartei fand zunächst ein abruptes Ende, der putschistische Kurs der Parteiführung hatte zu einem Desaster geführt. Hoelz wurde wegen einer fälschlich ihm zugeschriebenen Mordtat zu einer lebenslangen Zuchthausstrafe verurteilt, 1928 aber amnestiert.

In einzelnen Ländern arbeiteten Kommunisten und Sozialdemokraten trotz der Auseinandersetzungen während der Revolution noch zusammen. Am 21. März 1923 wurde der Sozialdemokrat Erich Zeigner zum sächsischen Ministerpräsidenten gewählt und nahm im Oktober des gleichen Jahres zwei Mitglieder der KPD in seine Regierung auf. Aber Reichspräsident Ebert setzte daraufhin die Reichswehr in Marsch und erklärte die sächsische Landesregierung am 29. Oktober 1923 für abgesetzt. Im benachbarten Thüringen kam es unter dem Sozialdemokraten August Fröhlich zunächst 1921 zu einer Linksregierung aus SPD und USPD. Im Herbst 1923 koalierte die SPD kurzfristig mit der KPD, doch unter dem massiven Druck der Reichsregierung, die mit dem Einmarsch der Reichswehr drohte, fiel das Bündnis rasch auseinander.

Die Bierkeller wurden in der Weimarer Republik zu Schauplätzen rechtsradikaler Kundgebungen und blieben es bis in die NS-Zeit.

Die letztendlich tödliche Bedrohung der Republik von Weimar ging aber nicht von kommunistischen Umsturzversuchen aus, sie kam vielmehr aus dem rechtsextremen Lager. Am 5. Januar 1919 wurde in München die Deutsche Arbeiterpartei (DAP) gegründet, Vorsitzender wurde der Werkzeugschlosser Anton Drexler. Ein richtiges Programm hatte die Partei zunächst nicht, nur von Drexler erlassene Richtlinien, die sich ganz im Rahmen der damals gängigen Schlagworte bewegten. Dem Klassenkampf wurde die Volksgemeinschaft entgegengesetzt, „gute Arbeit" und ein „voller Kochtopf" waren das Ziel. Zentrales Feindbild waren die Juden, die die beiden Schreckgespenster Bolschewismus („Demütigung der Nation") und Kapitalismus („Demütigung der Person") gleichermaßen repräsentierten. Dass das vermeintliche jüdische Weltherrschaftsstreben für Übel jeglicher Art verantwortlich zu machen sei, war damals eine sehr verbreitete Vorstellung. Die DAP war zunächst nur eine von unzähligen kleinen und kleinsten politischen Organisationen, in denen sich Enttäuschte und Entwurzelte, verarmte Mittelständler, entlassene Soldaten und Arbeitslose sammelten.

Der Antisemitismus stand seit Beginn der Weimarer Republik im Mittelpunkt rechtsradikaler Ideologien: Plakat zu den Reichstagswahlen 1924.

Der Krieg hatte durch Teuerung und Arbeitslosigkeit die bescheidenen sozialen Fortschritte der Friedensjahre zunichte gemacht, hatte Familienverhältnisse zerrüttet und Millionen von Witwen und Waisen hinterlassen. Vor allem in den Großstädten herrschte auch jetzt vielfach Hunger, Schulabgänger waren oftmals so unterernährt, dass sie zu schwach waren, um eine Arbeit anzunehmen. Hinzu kam eine katastrophale Wohnungsnot. Die Menschen lebten in feuchten, dunklen, meist unbeheizten und viel zu kleinen Wohnungen. Viele Männer flüchteten in die Wirtshäuser oder die großen Bierkeller, die damals zentrale Orte sozialer Interaktion, aber auch Stätten der politischen Willensbildung waren. Man saß warm und trocken, traf Arbeitskollegen und Freunde und hatte die Gelegenheit, die neuesten politischen Parolen zu hören. In diesem Milieu der Hinterzimmer und Versammlungssäle bewegte sich auch Adolf Hitler, der sich der DAP anschloss und mit seiner Mischung aus forschem Auftreten und Redegewandtheit rasch auffiel.

Hitlers Tätigkeit als V-Mann der Reichswehr brachte es mit sich, dass er Veranstaltungen verschiedener Organisationen besuchte. So kam er am 7. Januar 1920 zum Deutschvölkischen Schutz- und Trutzbund, der mehr als 6.000 Menschen zu einer Kundgebung im Münchner Kindlkeller mobilisiert hatte. Der Bund war ein Jahr zuvor gegründet worden und wuchs innerhalb von drei Jahren von anfänglich 25.000 auf 200.000 Mitglieder an. Der Deutschvölkische Schutz- und Trutzbund propagierte einen aggressiven Antisemitismus, der in der aufgeheizten Stimmung der frühen Nachkriegszeit auf fruchtbaren Boden fiel, was Hitler aufmerksam registrierte. In der Diskussion meldete er sich zu Wort: „Der größte Schuft ist nicht der Jude, sondern der, der sich den Juden zur Verfügung stellt (Beifall). Wir bekämpfen den Juden, weil er den Kampf gegen den Kapitalismus verhindert. Wir haben unsere bittere Not zum größten Teil selbst verschuldet. Jetzt, wo die ganze Welt gegen uns ist, bekämpfen wir uns auch noch im Innern. Wer hat denn Interesse daran, dass wir uns bekämpfen? Wir wissen es schon." Hauptfeind waren die Juden, die in der Weimarer Republik nun auch politisch die volle Gleichberechtigung erlangt hatten. Schon in seinem allerersten politischen Dokument, dem Brief an seinen Führungsoffizier vom 16. September

1919, hatte Hitler die Auffassung vertreten, „letztes Ziel aber muss unverrückbar die Entfernung der Juden überhaupt sein". Dieser eliminatorische Antisemitismus war vom Anfang bis zu seinem Ende die Leitlinie seines Handelns.

Hitler, der in der DAP eine immer wichtigere Rolle spielte, arbeitete auch das Parteiprogramm aus. Nationalistische und sozialistische Forderungen hielten sich bei den 25 Programmpunkten ziemlich die Waage. Das Nationale betrafen die Forderungen nach dem Zusammenschluss aller Deutschen, einem völkischen Staatsbürgerrecht, der Schaffung einer „deutschen" Presse, also ohne jüdische Redakteure, der Ablösung des römischen Rechts durch ein germanisches und der Verhinderung der Einwanderung Nichtdeutscher. Um das Soziale ging es bei der Brechung der Zinsknechtschaft, der Verstaatlichung der Trusts, dem Ausbau der Altersversorgung, der Hebung der Volksgesundheit und der Bodenreform. Das Programm der Partei, die sich wenige Tage später in NSDAP umbenannte, war im Wesentlichen ein Konglomerat bekannter Postulate des völkisch-antisemitischen Spektrums, geschickt vermischt mit Kampfparolen der Arbeiterbewegung. Zentral war Punkt 4 des Programms: „Staatsbürger kann nur sein, wer Volksgenosse ist. Volksgenosse kann nur sein, wer deutschen Blutes ist, ohne Rücksicht auf Konfession. Kein Jude kann daher Volksgenosse sein."

Adolf Hitler wurde sehr bald zum Hauptredner der NSDAP, er hatte die geradezu dämonische Gabe, tagespolitische Ereignisse, historische Exkurse und pseudowissenschaftliche Thesen zu einem verführerischen Gemisch zu vermengen, mit dem es ihm gelang, die dumpfen Ressentiments seiner Zuhörer in lodernden Hass zu verwandeln, der sich gegen die ehemaligen Kriegsgegner richtete, namentlich die Franzosen, gegen das Großkapital, den Bolschewismus, vor allem aber immer wieder gegen die Juden, die angeblich als Agenten einer „überstaatlichen Macht" im Verborgenen daran arbeiteten, die Weltherrschaft zu erringen. Der Grundtenor von Hitlers Hasstiraden war stets der gleiche: Die NSDAP wird dem deutschen Volk wieder zu nationaler Größe verhelfen und es vom „Joch der Juden" befreien. Diese Parole traf auf offene Ohren in einer Zeit, die von einem sich oft genug in Gräueltaten entladenden Judenhass erfüllt war. Überfälle auf jüdische Restaurants und Cafés, Schmierereien an Synagogen und Attacken gegen jüdisch aussehende Straßenpassanten waren damals an der Tagesordnung. Völkisch-nationalistische Agitatoren wurden nicht müde zu behaupten, die Juden hätten sich einerseits vor dem Einsatz an der Front gedrückt, andererseits als Schieber und Wucherer am Krieg verdient und zum dritten durch die Revolution von 1918, die ein Dolchstoß in den Rücken der „im Felde unbesiegten" Truppe gewesen sei, die Niederlage verursacht.

Deutscher Tag in Coburg, 14. Oktober 1922: SA-Leute bewachen schwerbewaffnet das „Stabsquartier" der NSDAP.

Die Jahre nach dem Ende des Ersten Weltkriegs waren erfüllt von gegenrevolutionären Putschversuchen, antisemitischen Gewalttaten, Fememorden, politischen Attentaten und anderen gewaltsamen Versuchen, das Rad der Geschichte zurückzudrehen. Am 15. Januar 1919 wurden Rosa Luxemburg und Karl Liebknecht, die Mitbegründer der KPD, ermordet, am 21. Februar 1919 fiel der bayerische Ministerpräsident Kurt Eisner einem Attentat zum Opfer. Am 10. März wurde auch Leo Jogiches umgebracht, der nach dem Tod von Liebknecht und Luxemburg den Vorsitz der KPD übernommen hatte. Der Anarchist Gustav Landauer, der sich an der Münchner Räterepublik beteiligt hatte, wurde am 2. Mai 1919 bestialisch ermordet, der Fraktionsvorsitzende der USPD im bayerischen Landtag, Karl Gareis, am 9. Juni 1921 aus dem Hinterhalt erschossen. Dem Zentrumspolitiker Matthias Erzberger wurde zum Verhängnis, dass er sich 1917 für die Friedensresolution des Deutschen Reichstags stark gemacht und im Juni 1919 den Versailler Friedensvertrag für Deutschland unterschrieben hatte. Angehörige der Organisation Consul ermordeten ihn am 26. August 1921. Auf den ehemaligen Regierungschef, den Sozialdemokraten Philipp Scheidemann, wurde am 4. Juni 1922 ein Säureattentat verübt, das er aber überlebte.

Das herausragende Ereignis in dieser Zeit des antirepublikanischen Putschismus aber war am 24. Juni 1922 die Ermordung des Außenministers Walther Rathenau, eines Gründungsmitglieds der DDP. Inmitten einer Serie von Gewalttaten und blutigen Auseinandersetzungen hielt das Land den Atem an. Millionen von Menschen versammelten sich in allen Städten des Reiches zu Trauerumzügen und Protestmärschen. Rathenau war wie andere Repräsentanten der Weimarer Republik von Anfang an Objekt irrwitziger Hetzkampagnen gewesen. Doch nun waren viele erschrocken, dass das, was immer wieder gefordert worden war („Knallt ab den Walther Rathenau, die gottverdammte Judensau"), tatsächlich eingetroffen war. Am folgenden Tag erließ Reichspräsident Friedrich Ebert eine Notverordnung zum Schutz der Republik, der wenig später das Republikschutzgesetz folgte. Dieses Gesetz war das Ergebnis parlamentarischer Kompromisse, weil man, um die bürgerliche Mitte zu gewinnen, eine Mehrheit ohne die von der SPD abgespaltene USPD finden musste und deshalb die nationalliberale DVP brauchte. In den folgenden Jahren wurde das Gesetz oftmals eher gegen die Linke als gegen die Rechte angewandt, was den ursprünglichen Intentionen der Gesetzgeber zuwiderlief und an der reaktionären und zum Teil offen republikfeindlichen Justiz lag.

Die nationalsozialistische Bewegung hatte von allem Anfang an den demokratischen Konsens demonstrativ aufgekündigt. Ihr Ziel war die Überwindung des „Systems", der parlamentarischen Demokratie. Sie kämpfte in der Überzeugung, dass die Verfassung den Weg, aber nicht das Ziel des politischen Kampfes vorgebe. An Wahlen beteiligte sich die NSDAP zunächst nicht. Stattdessen setzte sie auf einen Kurs ostentativer Gewaltanwendung. Martialisches Auftreten sollte die Partei bekannt machen, den politischen Gegner in Angst und Schrecken versetzen und den Eindruck vermitteln, dass die Nationalsozialisten nicht wie die Politiker der anderen Parteien nur Maulhelden seien, sondern ihre Ziele konsequent verfolgten. Ein früher Höhepunkt dieser Gewaltpolitik war der Deutsche Tag in Coburg am 14./15. Oktober 1922, eine Veranstaltung des Deutschvölkischen Schutz- und Trutzbundes, bei der auch Adolf Hitler sprechen sollte. Er schrieb später in „Mein Kampf", er sei eingeladen worden, in Begleitung zu erscheinen, und fügt hinzu: „Als ‚Begleitung' bestimmte ich achthundert Mann der S.A." Die SA tat in Coburg alles, um ihren Ruf als Terrortruppe zu festigen. Sie zog in geschlossener Formation zweimal durch die Stadt, bis es schließlich zur erwünschten Konfrontation mit den Vertretern der Arbeiterparteien kam, „und so hagelte es zehn Minuten lang links und rechts vernichtend nieder, und eine Viertelstunde später war nichts Rotes mehr auf den Straßen zu sehen".

Hitler hatte im Vorjahr bewährte Schläger des „Stoßtrupp Adolf Hitler" zur „Sturmabteilung" (SA) zusammengefasst. Den Aufbau dieser paramilitärischen Organisation übernahmen Offiziere der rechtsradikalen Organisation Consul. An ihre Spitze trat der Hauptmann Ernst Röhm, der auch bei der Niederwerfung der Münchner Räterepublik eine aktive Rolle gespielt hatte. Röhm, der sich zunächst dem Freikorps Epp angeschlossen, aber auch gute Verbindungen zur Brigade Ehrhardt hatte, wurde bald zu einer Schlüsselfigur im Beziehungsgeflecht der paramilitärischen Verbände und der NSDAP. Nach der Zerschlagung der Räterepublik war er Stabschef beim Münchner Stadtkommandanten geworden und für die „Säuberung" der Sicherheitskräfte zuständig. Er organisierte auch die im Versailler Friedensvertrag vereinbarte Entwaffnung der bayerischen Einwohnerwehren. Durch die Auflösung der drei bayerischen Zeugämter kam eine ungeheure Menge an Waffen unter Röhms Kontrolle, was ihm den Spitznamen „Maschinengewehrkönig" einbrachte. Er nutzte seine Funktion als Entwaffnungskommissar zum Aufbau einer geheimen Feldzeugmeisterei, aus der nicht zuletzt die im Aufbau befindliche NSDAP großzügig mit Waffen versorgt wurde.

Nach vier Bürgerkriegsjahren stand der Weimarer Republik ihr schwierigstes Jahr erst noch bevor. Am 11. Januar 1923 marschierten französische und belgische Truppen als Reaktion auf relativ geringfügige Lieferrückstände Deutschlands bei den im Friedensvertrag festgelegten Reparationsverpflichtungen ins Ruhrgebiet ein. Der seit November 1922 amtierende parteilose Reichskanzler Wilhelm Cuno rief zum „passiven Widerstand" auf, der allerdings angesichts der galoppierenden Inflation und der sich ohnehin verschlechternden Wirtschaftslage von vornherein aussichtslos war. In dieser Situation fand vom 27. bis 29. Januar in München der erste Reichsparteitag der NSDAP statt. Seine Genehmigung war zunächst durch Gerüchte, die Nazis wollten putschen, gefährdet gewesen, doch Hitler gab gegenüber dem Landeskommandanten der Reichswehr, Otto von Lossow, eine ehrenwörtliche Erklärung ab. Dieser Parteitag geriet zu der bis dahin spektakulärsten Machtdemonstration der Nationalsozialisten. Am Vorabend trat Hitler auf zwölf parallelen Massenversammlungen auf. Den Höhepunkt der Kundgebungen des eigentlichen Parteitags bildete eine „feierliche Fahnenweihe", bei der der SA ihre ersten Standarten verliehen wurden. Zugleich legten die Männer einen Treueid auf den „Führer" ab. Der Parteitag festigte das Bild der NSDAP als der am besten organisierten und entschlossensten Kraft innerhalb der politischen Rechten.

Der „passive Widerstand" gegen die Besetzung des Ruhrgebietes brachte das Deutsche Reich unterdessen in immer größere wirtschaftliche Schwierigkeiten. Die Inflation erreichte astronomische Ausmaße. Am 26. September 1923 musste der seit wenigen Wochen amtierende neue Reichskanzler und Außenminister Gustav Stresemann das Ende des „passiven Widerstandes" verkünden. Noch am selben Tag ernannte die bayerische Landesregierung den früheren Ministerpräsidenten Gustav Ritter von Kahr zum Generalstaatskommissar und der verhängte den Ausnahmezustand. Damit übernahm der republikfeindlich eingestellte Kahr die gesamte vollziehende Gewalt; er war nun gewissermaßen ein bayerischer Diktator. Kahr verbot zahlreiche linksgerichtete Zeitungen, brach die diplomatischen Beziehungen zur sozialistisch geführten Regierung von Sachsen ab und hob die bayerische Durchführungsverordnung für das Republikschutzgesetz auf.

Unmittelbar nach der Beendigung des passiven Widerstands erfolgte am 1. Oktober 1923 der Küstriner Putsch, durch den die Öffentlichkeit erstmals von der Existenz der sogenannten Schwarzen Reichswehr erfuhr. Die von Major Bruno Ernst Buchrucker geführten Verbände wollten die Reichsregierung stürzen und eine nationale Diktatur errichten. Buchrucker hatte vier Jahre lang im Ersten Weltkrieg gekämpft, hatte danach ein Freikorps-Bataillon bei den Kämpfen im Baltikum geführt, war in die Vorläufige Reichswehr übernommen worden und hatte 1920 am Kapp-Putsch teilgenommen. Es war die typische Karriere eines Militärs, der das demokratische System vorbehaltlos ablehnte. Im Sommer 1921 wurde Buchrucker mit einem Privatdienstvertrag vom Wehrkreiskommando Berlin/Brandenburg eingestellt und begann mit dem Aufbau der Schwarzen Reichswehr, die schließlich etwa 20.000 Mann umfasste. Dies war ein Verstoß gegen die Bestimmungen des Versailler Friedensvertrages, der angesichts seiner Dimensionen auf die Dauer nicht verborgen bleiben konnte. Als die Sache ruchbar wurde, ordnete der Reichswehrminister Otto Geßler Buchruckers Verhaftung an. Dessen Versuch, die Garnisonsstadt Küstrin zu besetzen, wurde von Einheiten der Reichswehr verhindert, Buchrucker wurde wegen Hochverrats zu zehn Jahren Festungshaft verurteilt. Der Prozess brachte zutage, dass die Schwarze Reichswehr nach dem Vorbild von

Gedenkfahrt der Deutschen Demokratischen Partei zum Grab Walther Rathenaus an dessen erstem Todestag, 24. Juni 1923.

Ernst Piper

Bewaffnete Putschisten auf dem Marienplatz in München, 9. November 1923. „Der ganze Marienplatz war schwarz von Menschen, die alle vaterländische Lieder sangen", schrieb später der am Putsch beteiligte Oberstleutnant Hermann Kriebel.

Mussolinis Marsch auf Rom einen „Marsch auf Berlin" geplant hatte. Trotzdem wurden die meisten Putschisten freigesprochen.

In jener Zeit gab es intensive Kontakte zwischen den Kräften um das bayerische Triumvirat – Gustav von Kahr, dem Wehrkreis-Befehlshaber Otto von Lossow und dem Befehlshaber der Landespolizei, Hans von Seißer –, den norddeutschen antidemokratischen Kräften, den Radikalen Hitler und Ludendorff sowie der Schwerindustrie. Es ging um das weitere Vorgehen gegen die Reichsregierung. Dabei bevorzugten die ersteren einen „kalten Staatsstreich", der erfolgen sollte, nachdem Industrie und Landwirtschaft die Reichsregierung durch ökonomische Pressionen zur Strecke gebracht hatten. Hitler war dabei lediglich die Rolle eines Propagandisten zugedacht, doch der sah sich nicht mehr als Trommler, sondern mehr und mehr als Führer der Bewegung zur Restitution nationaler Größe und Einheit.

Für den Abend des 8. November 1923 hatte Kahr eine Kundgebung im Münchner Bürgerbräukeller angesetzt, die von den Vaterländischen Verbänden und der Bayerischen Volkspartei getragen wurde. Fast das gesamte bayerische Kabinett sowie viele führende Vertreter des Münchner öffentlichen Lebens waren anwesend. Kahr hatte gerade erst mit seiner Rede zur politischen Lage begonnen, als bewaffnete Nationalsozialisten den hoffnungslos überfüllten Saal abriegelten. Hitler drang bis zur Rednertribüne vor und nötigte Kahr, Lossow und Seißer in einen Nebenraum, kehrte aber wenig später mit ihnen auf die Rednertribüne zurück und proklamierte eine neue Reichsregierung. Die Leitung der Reichspolitik beanspruchte Hitler für sich selbst, Ludendorff wurde zum Führer einer „Nationalarmee" ausgerufen, Lossow zum „militärischen Diktator", Seißer zum „Reichspolizeiminister". Kahr wurde zum Verweser der bayerischen Monarchie erklärt, der Münchner Polizeipräsident Pöhner zum Ministerpräsidenten. Der amtierende Ministerpräsident Knilling wurde zusammen mit den anwesenden Ministern verhaftet. Kahr, Lossow und Seißer – von Hitler in Gnaden entlassen – begaben sich zur Kaserne des Infanterieregiments 19 und widerriefen sofort ihre Teilnahme an dem Putsch, sodass der Marsch auf Berlin, der am nächsten Morgen am Bürgerbräukeller begann, an der Feldherrnhalle, wo die Landpolizei wartete, schon wieder zu Ende war. Bei dem Schusswechsel an der Feldherrnhalle kamen vier Polizisten und 16 Putschisten ums Leben.

Der Putsch war so kläglich gescheitert, dass er im nachhinein als Farce erschien. Dennoch begann die Verklärung der Ereignisse bereits unmittelbar danach. Hitler war für viele ein Held, der etwas gewagt hatte, Kahr galt ihnen als Verräter. Wiederholt kam es zu tätlichen Angriffen auf Polizeikräfte und zu Zusammenrottungen von Enttäuschten. Die Anhänger der Nazibewegung schworen mehr als je zuvor auf ihren „Führer". Hitler selbst bemerkte später: „Es war das größte Glück für uns Nationalsozialisten, dass dieser Putsch gescheitert ist." Die Gründe, die er angibt, sind zutreffend: 1. Eine Zusammenarbeit mit Ludendorff wäre auf Dauer nicht möglich gewesen. 2. Die NSDAP war noch viel zu schwach, um die politische Herrschaft im ganzen Deutschen Reich zu übernehmen. 3. Die „Vorgänge ... mit ihren Blutopfern" waren die „wirksamste Propaganda".

Das Deutsche Reich hatte sich diesmal gegen die widerspenstigen Bayern durchgesetzt, die mit dem Grundsatz der Reichstreue noch immer große Mühe hatten und glaubten, dem wahren Vaterland einen Dienst zu erweisen, wenn sie den Feinden der Weimarer Republik ihren Schutz angedeihen ließen. Der bayerische Teil der Reichswehr wurde diszipliniert, ihr Kommandeur Lossow unehrenhaft entlassen. Die schweren Konflikte Bayerns mit der Reichsgewalt hatten einen vorläufigen Abschluss gefunden. Gustav von Kahr musste vom Posten des Generalstaatskommissars zurücktreten und wurde Präsident des bayerischen Verwaltungsgerichtshofes. 1934 ließ ihn Hitler, der ihm den Verrat nicht verziehen hatte, im Zuge des sogenannten Röhm-Putsches umbringen.

Die Weimarer Republik hatte sich scheinbar als wehrhaft erwiesen. Doch dabei war sie auf Leute angewiesen wie den Chef der Heeresleitung, den monarchistisch gesinnten Hans von Seeckt, der es weit von sich gewiesen hätte, sich demokratischer Neigungen verdächtigen zu lassen. Er sah in der Reichswehr eine Ordnungsmacht, die über dem Staat stand. 1923 von Reichspräsident Ebert mit der vollziehenden Gewalt betraut, war er eine Art Militärdiktator, der gegen die immerhin legal zustande gekommene Koalition aus SPD und KPD in Thüringen die Reichswehr in Marsch setzte, sich beim Kapp-Putsch wie beim Hitler-Putsch aber neutral verhielt, getreu dem Grundsatz „Truppe schießt nicht auf Truppe". Die um Hitler gescharten Putschisten, deren Niederwerfung man der Landpolizei überließ, konnten allerdings nur bei höchst eigenwilliger Interpretation dieses Begriffs als Truppe bezeichnet werden. Entscheidend für seine Niederlage war, dass es Hitler damals nicht auch nur im Ansatz gelungen war, eine wirksame Verbindung zu Kräften in Norddeutschland herzustellen. Am 23. November 1923 wurde die NSDAP verboten.

Zunächst einmal war Hitlers Bewegung zerschlagen. Am 26. Februar 1924 begann der Prozess gegen Adolf Hitler, Erich Ludendorff und acht weitere Angeklagte vor dem bayerischen Volksgericht in München, nicht vor dem eigentlich zuständigen Staatsschutzsenat des Reichsgerichts in Leipzig, da die bayerische Regierung den gegen Hitler erlassenen Haftbefehl einfach ignoriert hatte. Am 1. April 1924 erging das Urteil gegen Hitler und die Mitangeklagten, die Karikatur einer Entscheidung nach einem rechtsstaatlichen Verfahren. Hitler und drei weitere Putschisten wurden als Haupttäter eingestuft und erhielten eine fünfjährige Haftstrafe, nicht Gefängnis, sondern die als ehrenvoll angesehene Festungshaft. Fünf Putschisten, unter ihnen Ernst Röhm, erhielten je ein Jahr und drei Monate Festungshaft. Ludendorff wurde freigesprochen und verließ unter Ovationen das Gerichtsgebäude. Mit den verhängten Strafen ging das Gericht an die unterste Grenze des Strafrahmens, außerdem sah es von der zwingend vorgeschriebenen Ausweisung des Ausländers Hitler ab, denn: „Auf einen Mann, der so deutsch denkt und fühlt wie Hitler kann nach Auffassung des Gerichts die Vorschrift des Republikschutzgesetzes ihrem Sinne und ihrer Zweckbestimmung nach keine Anwendung finden." Das Volksgericht hatte für Hitler eine Haftentlassung auf Bewährung nach sechs Monaten in Aussicht gestellt, wovon es trotz aller Proteste der Staatsanwaltschaft auch Gebrauch machte. Am 20. Dezember 1924 war Adolf Hitler wieder ein freier Mann. Von seiner fünfjährigen Strafe hatte er gerade mal ein Jahr abgesessen. Vieles spricht dafür, dass sich die noch junge NSDAP nicht von dem Schlag gegen sie erholt hätte, wenn Hitler seine ohnehin milde fünfjährige Haftstrafe bis zum Schluss hätte absitzen müssen und anschließend ausgewiesen worden wäre. Nach dem Ende der Hyperinflation stabilisierte sich die Weimarer Republik wirtschaftlich und politisch und der Führer des operettenhaften Putschversuchs vom November 1923 wäre vergessen gewesen. Aber bekanntlich kam es anders.

Adolf Hitler, Emil Maurice, Oberstleutnant Hermann Kriebel, Rudolf Heß und Friedrich Weber in der Haft in der Festung Landsberg am Lech, 1924.

Ernst Piper

Italiens Weg in den Faschismus

Kriege wirken in aller Regel als Katalysatoren für den Nationalismus, und faschistische Bewegungen sind immer auch Träger nationalistischer Ideologeme, aber in keinem Land ist der Aufstieg des Faschismus so eng mit dem Ersten Weltkrieg verbunden wie in Italien. Die Nationalisten, die sich 1910 in der „Associazione Nazionalista Italiana" organisiert hatten, und die revolutionären Syndikalisten waren die beiden wichtigsten Strömungen, die trotz ganz unterschiedlicher politischer Ausgangspositionen später in der faschistischen Bewegung zusammenfanden. Sie waren sich einig in der Ablehnung des liberalen Systems der Ära Giolitti. Der Syndikalist Angelo Olivetti betonte, Nationalismus und Syndikalismus seien beides Ideologien der Energie und des Willens, antidemokratisch, antipazifistisch und antibürgerlich.

Giovanni Giolitti, der zwischen 1892 und 1921 insgesamt fünf Mal als Ministerpräsident und Innenminister amtierte, hatte sich mit einigem Erfolg um die Industrialisierung des Landes bemüht, aber die Strukturprobleme des um seine territoriale Integrität und um seine Stellung im Kreis der europäischen Mächte ringenden Landes hatte er nicht lösen können. Das neu entstehende Italien war wie eine spanische Wand, welche die Sicht auf das alte Italien, das Italien der Bauern und des einfachen Volkes, verstellte, wie Giuliano Procacci treffend bemerkt hat. Nach wie vor wanderten Jahr für Jahr Hunderttausende von Menschen aus, die meisten nach Österreich, Deutschland oder Amerika, weil die wirtschaftlichen Verhältnisse in Italien ihnen ein Überleben unmöglich machten. Im Jahr 1908 zerstörte ein schweres Erdbeben in dem ohnehin dramatisch unterentwickelten Süden die Städte Reggio di Calabria und Messina. Im selben Jahr entwickelte sich ein monatelanger Landarbeiterstreik zu einem außerordentlich harten Arbeitskampf, bei dem die revolutionären Syndikalisten sich erstmals deutlich profilierten, sodass sie auch innerhalb der Sozialistischen Partei Italiens immer mehr an Gewicht gewannen. Gleichzeitig annektierte das Habsburger Reich auch formell Bosnien und Herzegowina, was dazu führte, dass Italien zunehmend auf Distanz zu dem 1882 mit dem Deutschen Reich und Österreich-Ungarn geschlossenen Dreibund ging.

Als Italien dem Osmanischen Reich am 29. September 1911 den Krieg erklärte und seine Besitzungen in Nordafrika angriff, hatten die Italiener deshalb zuvor für ihre Expansionspläne Rückendeckung bei den Mächten der Entente gesucht. Der Krieg endete am 18. Oktober 1912 mit einem italienischen Sieg und die Tür-

Die Stadt Messina auf Sizilien gehörte zu den am schwersten betroffenen des Erdbebens vom 28. Dezember 1908. Rund 80.000 der 120.000 Einwohner kamen ums Leben, etwa 90 Prozent der Gebäude wurden zerstört. Der Wiederaufbau erstreckte sich wegen der angespannten finanziellen Lage im Land über Jahrzehnte.

ken mussten Tripolitanien, die Cyrenaika und den Dodekanes an Italien abgeben. Das belastete die Beziehung zum Habsburger Reich, zu dessen Territorien noch immer *terre irredente*, „unerlöste Gebiete" mit einer italienischsprachigen Bevölkerung, wie das Trentino, Dalmatien und Istrien gehörten, und gab dem Irredentismus erheblichen Auftrieb. Revolutionäre Syndikalisten wie Arturo Labriola und Angelo Olivetti hatten den Italienisch-Türkischen Krieg begrüßt, denn sie glaubten, eine italienische Kolonie in Libyen würde dem wirtschaftlich unterentwickelten Süden Italiens helfen. Außerdem sahen sie im Krieg eine revolutionäre Erziehung des Proletariats zum Kampf. Dies war jedoch eine Minderheitenposition. Die Mehrheit der Syndikalisten lehnte den Krieg ebenso ab wie der Reformflügel innerhalb der Sozialistischen Partei. Auch der wichtigste Vordenker des Syndikalismus, der französische Sozialphilosoph Georges Sorel, war der Überzeugung, dass Antimilitarismus und Antipatriotismus die wichtigsten Waffen der Arbeiterschaft im Kampf gegen den autoritären Staat seien. Die pazifistische Grundeinstellung war bis 1914 dominierend innerhalb der Sozialistischen Partei Italiens, das entsprach auch der Position der von den deutschen Sozialdemokraten dominierten Sozialistischen Internationale.

Die genau entgegengesetzte Haltung nahm die bedeutendste Avantgardebewegung Italiens, der Futurismus ein. 1909 veröffentlichte Filippo Tommaso Marinetti sein erstes futuristisches Manifest, dessen neunte These lautete: „Wir wollen den Krieg verherrlichen – diese einzige Hygiene der Welt – den Militarismus, den Patriotismus, die Vernichtungstat der Anarchisten, die schönen Ideen, für die man stirbt, und die Verachtung des Weibes." Das Manifest gilt als Gründungsurkunde des Futurismus: In den elf Thesen wird die Liebe zur Gefahr besungen, die angriffslustige Bewegung, die Schönheit der Geschwindigkeit, die lenkende Hand des Mannes, die Zerstörung von Bibliotheken, Museen und Akademien. Die Ästhetik des Futurismus implizierte Jugendlichkeit und Aggressivität, Geschwindigkeit und Gewalt. Marinetti war beeinflusst von der anarchistischen „Propaganda der Tat", einer Lehre, die seit 1878 zu einer nicht abebbenden Welle von Attentaten geführt hatte, aber auch von Nietzsche, D'Annunzio, Sorel, Bergson und seinem *élan vital*. Seit 1905 lebte Marinetti nach langen Jahren in Paris wieder in Italien und entfaltete einen beachtlichen Aktionismus, der ihn bald zum führenden Kopf des Futurismus werden ließ. Am Krieg in Libyen nahm Marinetti als Kriegsberichterstatter teil.

Nach dem Libyenkrieg wurden auch die folgenden Kriege, so z.B. die beiden Balkankriege 1912 und 1913, von den Nationalisten und den Futuristen begrüßt, mit Texten wie Enrico Cardiles „Ode an die Gewalt", in der die Gewalt aufgefordert wurde, das ganze Leben in eine Schlacht zu verwandeln. Eine wahre Flut von „Interventionsliteratur" löste der Erste Weltkrieg aus. Die namenlosen Schrecken und der millionenfache Tod, den dieser Krieg mit sich brachte, taten der Begeisterung keinen Abbruch. Ganz im Gegenteil einte Faschisten und Futuristen die Überzeugung, dass der Kampf nach dem unvollständigen Sieg von

Der Sieg über das Osmanische Reich verstärkte die nationalistischen Tendenzen in Italien allgemein und der Irredentismus – eine Sammelbewegung für die Eingliederung aller italienischsprachigen Gebiete in das Staatsgebiet Italiens – erhielt großen Aufschwung.

Ernst Piper

1914 hatten sich noch viele Bürger versammelt, um die italienische Neutralitätserklärung zu feiern. Am 23. Mai 1915 bejubelt eine große Menge die Kriegserklärung an Österreich-Ungarn vor dem Quirinal-Palast in Rom.

1918 weitergehen müsse. Als Italien 1935 einen Krieg gegen das damalige Kaiserreich Abessinien begann und dabei mit unglaublicher Grausamkeit gegen die Zivilbevölkerung vorging, war Marinetti wieder zur Stelle und besang erneut die Ästhetik des Kriegs. Und 1942, zwei Jahre vor seinem Tod, sah man Marinetti trotz seiner 67 Jahre in Uniform an der russischen Ostfront. Er begleitete ein italienisches Expeditionskorps und rühmte anschließend die für ihre Grausamkeit berüchtigte Einheit, die auf die Bekämpfung von Partisanen spezialisiert war. Am Ende seines Lebens schrieb er rückblickend, er sei der „einzige auf moderne Kriege spezialisierte Poet".

Am 28. Juli 1914 begann ein moderner Krieg, aber Italien war nicht dabei. Nach den Parlamentswahlen im Februar 1914, die den Nationalisten und den Sozialisten Stimmengewinne gebracht hatten, war der liberale Ministerpräsident Giovanni Giolitti zurückgetreten und der König hatte den Konservativen Antonio Salandra zu seinem Nachfolger ernannt. Aber Giolitti kontrollierte nach wie vor die Mehrheit der Stimmen im Parlament und vertrat einen neutralistischen Kurs. Deutsche und Österreicher hatten auf den Kriegseintritt Italiens gehofft, denn sie wähnten sich mit dem Land noch immer verbündet. Formal aber war die italienische Neutralität kein Verstoß gegen die Intentionen des Dreibunds, denn der war ein Defensivbündnis zur Abwehr eines russischen Angriffs, und die Kriegserklärung gegen Serbien war von Österreich-Ungarn ausgegangen. Giolitti war der Überzeugung, dass Italien und seine Armee den Herausforderungen eines Kriegs nicht gewachsen seien. Diese nüchterne rationale Position hatte in einer Situation, in der das Für und Wider einer italienischen Kriegsbeteiligung in der Öffentlichkeit mit großer Leidenschaft diskutiert wurde, keine Chance auf Gehör. Der Schriftsteller Gabriele D'Annunzio, der Massenversammlungen organisierte, auf denen er leidenschaftlich für den Kriegseintritt Italiens auf Seiten der Entente agitierte, ließ sich sogar zu Mordaufrufen gegen Giolitti hinreißen.

Der Dreibund mochte formal noch bestehen, aber ein Kriegseintritt Italiens auf der Seite der Mittelmächte war keine ernsthafte Option. Dafür waren die Interessengegensätze, insbesondere zwischen Italien und Österreich, zu groß. Salandra war kein dezidierter Freund der Entente, aber ihm war von Anfang an klar, dass es nur darum gehen konnte, neutral zu bleiben oder als Gegner der Mittelmächte in den Krieg einzutreten. Sein Außenminister, der frühere Ministerpräsident Sidney Sonnino, hatte seit November 1914 mit Österreich über den Preis für Italiens Neutralität verhandelt, zugleich aber auch in London die Möglichkeit eines Kriegseintritts auf Seiten der Entente sondiert. Die deutsche Regierung hatte versucht, auf die Österreicher dahingehend einzuwirken, Italien die Abtretung des Trentino und weiterer Gebiete anzubieten, um zumindest dessen Neutralität zu gewährleisten. Aber die Österreicher hielten die Italiener für „militärisch schwach und feige" und wollten ihnen keine substantiellen Zugeständnisse machen. Am 26. April 1915 schloss Sonnino ein Geheimabkommen mit den Westalliierten, den Londoner Vertrag, der weitreichende territoriale Zugeständnisse enthielt. Zum Schein verhandelte er weiterhin auch mit den Österreichern. Am 4. Mai 1915 kündigte Italien den Dreibund offiziell. Daraufhin wurden den Italienern immer umfangreichere Angebote unterbreitet, die Abtretung des Trentino, das Isonzogebiet, freie Hand in Albanien und anderes mehr. Aber da war es schon zu spät. Am 23. Mai erklärte die italienische Regierung Österreich-Ungarn den Krieg, nachdem sie

Italiens Weg in den Faschismus

sich zuvor der ausdrücklichen Zustimmung von König Viktor Emanuel III. versichert hatte.

Das Parlament hatte noch kurz zuvor den Neutralitätskurs Giolittis unterstützt, aber die politische Willensbildung fand inzwischen nicht mehr dort, sondern in der Öffentlichkeit statt. Auch der Königshof, die Regierung und die italienischen Botschaften in Wien, Berlin und London waren Machtzentren, die bei der politischen Willensbildung eine wichtige Rolle spielten. Als dann am 20. Mai die Bewilligung von Kriegskrediten im Parlament zur Abstimmung stand, stimmten nur noch die Sozialisten dagegen, während nicht nur die Nationalisten, sondern auch die Katholiken und die Liberalen ihre Zustimmung gaben.

Auch Giolitti selbst stimmte am Ende den Krediten zu, zog sich anschließend aber aus dem politischen Geschehen zurück. Die Mehrheit der Abgeordneten votierte im Mai 1915 nicht aus Überzeugung für die Kriegskredite, sie beugte sich vielmehr dem Druck einer öffentlichen Meinung, die sich militant und lautstark artikulierte, obgleich es auch in der Bevölkerung keine Mehrheit für den Kriegseintritt gab. Die Anhänger der Neutralität wurden als Verräter gebrandmarkt, weshalb viele versuchten, ihren Patriotismus unter Beweis zu stellen, indem sie gegen ihre eigentliche Überzeugung ihre Zustimmung zur Finanzierung eines Kriegs gaben. Der Abstimmungserfolg der Interventionisten war der Sieg einer tatendurstigen Minderheit über eine weitgehend passive und wehrlose Mehrheit.

Der öffentliche Diskurs war in Italien komplexer als in anderen Ländern. Das zentrale Argument, die Nation müsse in Einigkeit zusammenstehen, um das Land gegen einen Aggressor zu verteidigen, entfiel, denn Italien war von niemandem angegriffen worden. Den meisten Italienern war auch das Schicksal von Orten wie Trient oder Triest eher gleichgültig, keinesfalls hätten sie für ihre Gewinnung einen Krieg riskieren wollen. Zu keiner Zeit gab es in Italien eine innere Einheit, die dem deutschen Burgfrieden oder der französischen *Union sacrée* vergleichbar gewesen wäre. Das Land war im Gegenteil tief zerrissen. Die Dominanz der Piemonteser über den verarmten Süden war der Italianisierung Italiens nicht förderlich gewesen. Viele Bürger Italiens empfanden die aus dem Florentinischen hervorgegangene italienische Einheitssprache nicht als ihre Muttersprache.

Im Juni 1914 hatten soziale Unruhen Italien erschüttert. Die „rote Woche" vom 7. bis zum 14. Juni war eine Protestaktion gewesen, die sich gegen Giolittis Reformen gerichtet hatte, aber auch gegen Militarismus und Krieg. Sie war von Ancona ausgegangen und hatte sich in den Marken, der Romagna und der Toskana ausgebreitet. Es war eine Protestbewegung, die von einem heterogenen Bündnis getragen war. Unter ihren Anführern befanden sich der Sozialist Benito Mussolini, der seine Partei wenig später wegen ihres Antikriegskurses verließ, der Republikaner Pietro Nenni, der gemeinsam mit Mussolini gegen den Libyenkrieg protestiert hatte und

Links: Schließlich gab Giovanni Giolitti (1842–1928) seinen Neutralitätskurs, den er als Ministerpräsident aufrechterhalten hatte, auf. Nunmehr einfacher Abgeordneter, stimmte er im Mai 1915 ebenfalls für die Bewilligung von Kriegskrediten.

Rechts: Der in Ketten gelegte Sozialist Cesare Battisti (Bildmitte) wird von Österreichern als Gefangener im Juli 1916 abgeführt. Battisti war als Trentiner österreichischer Staatsbürger. Seine Teilnahme am Krieg auf Seiten Italiens galt deswegen als Hochverrat. Einen Tag nach seiner Gefangennahme wurde Battisti hingerichtet.

später Sozialist wurde, und der Anarchist Errico Malatesta, der nach zwei Jahrzehnten im Londoner Exil nach Italien zurückgekehrt war, um an dieser revolutionären Bewegung teilzunehmen.

Salandra ließ 100.000 Soldaten anrücken, um dem Aufstand in Ancona ein Ende zu machen. Es kam zu einer Schießerei mit mehreren Toten, was die Stimmung weiter anheizte. In dieser Situation traf am 28. Juni die Nachricht von dem Attentat in Sarajewo ein. Mit den Anhängern Giolittis,

Die heftigen Kämpfe im Isonzotal während des Ersten Weltkriegs machten auch vor religiösen Bauten nicht Halt. Wie durch ein Wunder blieb dieses Relief in einer sonst völlig zerschossenen Kirche nahezu unbeschädigt.

den Katholiken und den Sozialisten gab es drei neutralistische Strömungen in der nun mit Macht einsetzenden Interventionsdebatte, denen eine lautstarke Minderheit gegenüberstand, die es auch deshalb verstand, sich Gehör zu verschaffen, weil sich ihr schon bald führende Köpfe aus allen Lagern anschlossen, so zum Beispiel der sozialistische Politiker, Historiker und Publizist Gaetano Salvemini, der 1911 gegen den Libyenkrieg opponiert hatte. Salvemini, der als Antifaschist später in die USA emigrierte, war nun für den Kriegseintritt. Er hatte immer gegen den nationalistischen Irredentismus opponiert, aber er war auch ein entschiedener Gegner des Dreibundes und glaubte, dass durch den Krieg die reaktionären und militaristischen Monarchien in Deutschland und Österreich überwunden werden könnten, um liberalen Demokratien Platz zu machen. Eine wichtige interventionistische Stimme war der Sozialist Cesare Battisti aus Trient. Als Trientiner war er österreichischer Staatsbürger, weil das Trentino zu den „unerlösten Gebieten" gehörte. Im Gegensatz zu den späteren Faschisten Ettore Tolomei und Gabriele D'Annunzio war Battisti aber ein demokratischer Irredentist. Er forderte auch nicht den Brennerpass als nördliche Landesgrenze Italiens, sondern orientierte sich an der Sprachgrenze an der Salurner Klause, was der heutigen Teilung der italienischen Region Trentino-Alto Adige in zwei Provinzen, eine mehrheitlich deutschsprachige im Norden und eine mehrheitlich italienischsprachige im Süden, entspricht. Als sozialistischer Politiker hatte Battisti sich besonders für die Arbeiter im Trentino eingesetzt und außerdem für ein Autonomiestatut für die Region gekämpft. 1911 wurde er als Abgeordneter in das österreichische Abgeordnetenhaus gewählt, was ihn aber nicht daran hinderte, nun für einen italienischen Kriegseintritt an der Seite der Entente zu werben. Im Mai 1915 meldete er sich als Freiwilliger zum italienischen Heer, wurde aber am 11. Juli 1916 von österreichischen Truppen gefangengenommen und am Tag darauf hingerichtet. Battisti erhielt postum den höchsten italienischen Militärorden und gilt heute ähnlich wie einige andere von den Österreichern hingerichtete Irredentisten als Nationalheld.

Ein besonders lautstarker Interventionist war der sozialistische Publizist Benito Mussolini. 1911 war er noch Wortführer der sozialistischen Opposition gegen den Libyenkrieg gewesen. Er hatte zum Generalstreik aufgerufen und Barrikadenkämpfe organisiert, was ihn vorübergehend sogar ins Gefängnis gebracht hatte. 1912 war er Chefredakteur der Parteizeitung „Avanti" geworden, die wie die Sozialistische Partei Italiens einen neutralistischen Kurs vertrat. Doch Mussolini kam durch die deutsche Niederlage bei der Marneschlacht zur Überzeugung, dass die Mittelmächte den Krieg verlieren würden. Wer neutral blieb, wurde deshalb aus seiner Sicht zum Komplizen der Mittelmächte, weil er nicht mithalf, deren Niederlage herbeizuführen. Als er dies im Oktober 1914 in „Avanti" schrieb und sich weigerte, seinen Standpunkt zu revidieren, wurde er als Chefredakteur abberufen, im November dann auch aus der Sozialistischen Partei ausgeschlossen. Mussolini gründete daraufhin – mit finanzieller Unterstützung aus Frankreich – seine eigene Zeitung, die er „Il Popolo d'Italia" nannte. Im Untertitel wurde sie als sozialistische Tageszeitung bezeichnet, was dokumentieren sollte, dass Mussolini sich auch nach dem Parteiausschluss als Sozialist empfand. Im „Popolo d'Italia" plädierte er leidenschaftlich für die Intervention.

So realistisch Mussolinis Überzeugung war, dass es Deutschland schwer fallen würde, Frankreich nach dem Scheitern des Schlieffen-Plans niederzuringen, so illusionär war der in Italien nach wie vor verbreitete Glaube, dem auch er anhing, der Krieg werde von kurzer Dauer sein. Viele von denen, die für die Bewilligung der Kriegskredite gestimmt hatten, verbanden damit zudem die Hoffnung, Italiens Teilnahme am Krieg werde die Stabilisierung im Inneren fördern. Tatsächlich trat das Gegenteil ein, die Enttäuschung über den Ausgang des Kriegs trug maßgeblich zum Scheitern der fragilen Demokratie der jungen italienischen Nation bei. Die Interventionsdebatte 1914/15 ließ bereits die Konturen der politischen Landschaft Nachkriegsitaliens erkennbar werden. Der Riss ging dabei sowohl durch die Gesellschaft im Ganzen wie auch durch die Sozialistische Partei. Benito Mussolini und Palmiro Togliatti hatten als engagierte Mitglieder der Sozialistischen Partei Italiens 1911 das militärische Engagement ihres Landes in Libyen bekämpft, 1915 zogen sie beide in den Krieg gegen Österreich, aber danach trennten sich ihre Wege. Mussolini wurde zum Führer der faschistischen Bewegung. Togliatti gründete gemeinsam mit Amadeo Bordiga und Antonio Gramsci, die ebenfalls der Sozialistischen Partei angehört hatten, 1921 die Kommunistische Partei Italiens und war jahrzehntelang eines ihrer profiliertesten Mitglieder.

Auch der bedeutende liberale Intellektuelle Giorgio Amendola hatte zu den Interventionisten gehört, im Mai 1915 wurde er Artillerieoffizier und erhielt später einen Orden für seine Tapferkeit. Anders als viele andere Liberale stellte er sich Mussolini konsequent entgegen und fiel 1926 einem faschistischen Attentat zum Opfer. Ähnlich wie in Deutschland zerfiel die italienische Gesellschaft nach Kriegsende in verschiedene, tödlich verfeindete Lager. Obwohl Italien bei den Friedensverhandlungen 1919 auf der Seite der Sieger saß, gab es keinen Nachkriegsdiskurs vom Sieg, der geeignet gewesen wäre, die verschiedenen Gruppen einander näherzubringen. Die Interventionsdebatte brachte neue Formen der politischen Konfrontation hervor, welche die Nachkriegsgesellschaft prägen sollten.

Der wichtigste italienische Kriegsschauplatz war das Isonzotal. Dort fanden zwischen Juni 1915 und Oktober 1917 zwölf Schlachten zwischen Italien und Österreich statt, die einen zentralen Teil des mit unerbittlicher Härte geführten Gebirgskriegs darstellten. Es war ein kräftezehrender Stellungs- und Ermüdungskampf, wobei der Verteidiger in aller Regel gegenüber dem Angreifer im Vorteil war – im Gebirge mehr noch als beim Stellungskrieg im Gelände, etwa an der Westfront. In den ersten elf Schlachten erzielten die Italiener dennoch immer wieder graduelle Erfolge. Am Ende waren beide Kriegsparteien erschöpft. Die Österreicher kamen zu der Überzeugung, dass sie einen weiteren Angriff der Italiener nicht überstehen würden und selbst angreifen müssten, um dem zuvorzukommen. In dieser zwölften und letzten Isonzoschlacht, der Schlacht von Caporetto, erlitten die Italiener eine Niederlage. Der österreichische Entlastungsangriff erwies sich als erfolgreicher als geplant, sodass große Teile des Isonzotales in die Hände der Österreicher fielen, und die Italiener angesichts der Gefahr eines weiteren österreichischen Vorstoßes sogar Überlegungen anstellten, die Regierung aus Rom nach Neapel zu evakuieren. Doch die Österreicher waren zu ermattet, um ihren überraschenden Erfolg in eine dauerhafte Stärkung ihrer Position umzumünzen. In den bis zum Kriegsende verbleibenden zwölf Monaten ging ihnen deshalb der größte Teil der eroberten Gebiete wieder verloren.

Doch auch auf der italienischen Seite machte sich Erschöpfung breit. Der Alltag der Krieg führenden Nation war weit weniger glamourös ausgefallen, als zuvor von den Interventionisten erwartet. Spektakuläre Erfolge blieben aus und der anfängliche Enthusiasmus war schnell verraucht. Die Situation der Mittelmächte hatte sich ohnehin bereits stabilisiert gehabt, als Italien in den Krieg eintrat. Die besten Truppen der Habsburger Monarchie waren zwar nun an der italienischen Front gebunden, was Österreich-Ungarn empfindlich schwächte, aber erreicht hatte Italien durch die Intervention herzlich wenig.

Das Jahr 1917 war gekennzeichnet durch Massenstreiks und Unruhen in den norditalienischen Industriestädten. Erstmals kam es zur gerichtlichen Verfolgung von Kriegsgegnern. Die Friedensnote von Papst Benedikt XV. zum dritten Jahrestag des Kriegsbeginns am 1. August 1917 fand ein breites Echo in der italienischen Öffentlichkeit. Das Bürgertum und die Funktionseliten waren tief verunsichert und von Revolutionsfurcht erfüllt, zumal es in Russland eine erfolgreiche Revolution gab, von der man noch nicht wusste, wie sehr das Geschehen auf andere Länder ausstrahlen würde. Und nach der Schlacht von Caporetto stand Italien militärisch am Rande der Niederlage. Ministerpräsident Paolo Boselli trat am 29. Oktober 1917 zurück, ihm folgte Vittorio Emanuele Orlando, dem es gelang, das italienische Volk zu mobilisieren. Jetzt gab es eine reale Bedrohung, welche die Konzentration aller Kräfte der Nation zur Verteidigung des Landes erforderte. Die Abwehr einer feindlichen Invasion avancierte zum propagandistischen Leitmotiv.

Der Schriftsteller Gabriele D'Annunzio hatte schon in den letzten Jahrzehnten des 19. Jahrhunderts bei vielen Gelegenheiten für einen italienischen Imperialismus plädiert und 1915 den Kriegseintritt als Vollendung des Risorgimento propagiert, wobei er in Massenversammlungen mit dem erhobenen Schwert des Freiheitskämpfers Nino Bixio auftrat, einem Waffengefährten Garibaldis. Mussolini rief mit aller Vehemenz zum Kampf gegen den Feind auf und erklärte: „Politische Freiheit ist etwas für den Frieden. In Kriegszeiten bedeutet sie Landesverrat. (…) An die Stelle der Phrasen von der Freiheit hat in diesem dritten Kriegswinter ein anderes Wort zu treten: ‚Disziplin'." Doch auch die radikale Rhetorik konnte die militärische Lage nicht verändern.

Dass Italien am Ende dann zu den Siegern des Ersten Weltkriegs gehörte, hatte seinen Grund aber nicht in eigenen militärischen Erfolgen, sondern lag nur daran, dass seine Gegner Deutschland und Österreich-Ungarn den Krieg insgesamt verloren hatten. Die Italiener erhielten durch den Vertrag von Saint-Germain zwar Südtirol, konnten aber nicht alle territorialen Forderungen durchsetzen, deren Erfüllung ihnen 1915 im Vertrag von London zugesagt worden war. Die Vereinigten Staaten fühlten sich an diesen Vertrag ohnehin nicht gebunden, da sie an seiner Verhandlung als damals noch neutrale Macht nicht beteiligt gewesen waren. Die Forderung nach „Erlösung" der *terre irredente* Istrien und Dalmatien stieß bei Präsident Woodrow Wilson auf Widerspruch und wurde zum Gegenstand langwieriger Verhandlungen. Das von Wilson vertretene Konzept vom Selbstbestimmungsrecht der Völker widersprach jeglichen Annexionsbestrebungen und die irredentistischen italienischen Diplomaten hatten das nicht unberechtigte Gefühl, dass sie von ihren amerikanischen, britischen und französischen Kollegen bei den Friedensverhandlungen nicht als gleichberechtigte Partner angesehen wurden. Es kam hinzu, dass zwar Deutschland enorme Reparationszahlungen auferlegt wurden, Italiens Hauptfeind Österreich aber nicht. Orlando, der für sein Land nicht genug hatte

Der kämpferische Futurist Marinetti inspirierte einige andere Künstler zu Porträts. Dieses Gemälde aus dem Jahr 1929 stammt von Enrico Prampolini (1894–1956) und trägt den Titel: Filippo Tommaso Marinetti an der Front.

durchsetzen können, trat anschließend, nach einem Misstrauensvotum des italienischen Parlaments, als Ministerpräsident zurück.

Rasch etablierte sich die Legende von der *vittoria mutilata*, dem verstümmelten Sieg, die wieder dieselben Gruppen in die Propagandaschlacht führte, die 1915 für die Intervention gekämpft hatten, allen voran Gabriele D'Annunzio. Der exzentrische Aristokrat hatte sich im Krieg nicht nur als Freiwilliger gemeldet, sondern auch durch spektakuläre Aktionen hervorgetan. So war er nach Wien geflogen und hatte zweisprachige Flugblätter über der Stadt abgeworfen, in denen er an die Bewohner der Stadt appellierte, ihre Hoffnungen nicht länger auf die Waffenhilfe des Deutschen Reiches zu richten, sondern den Kampf aufzugeben. Im November 1918 flog er ein weiteres Mal nach Wien. Diesmal hatte er ein Flugblatt im Gepäck mit der Überschrift „Unser Sieg darf nicht verstümmelt werden". Die Verhandlungen über den Friedensvertrag warfen schon ihre Schatten voraus. Das Klima im Land war geprägt von Erbitterung und Enttäuschung.

Italien blieb auch nach 1918 die schwächste unter den Großmächten Europas. 680.000 Soldaten waren gefallen und schätzungsweise 700.000 Zivilisten im Krieg umgekommen, ein Blutzoll, der in einem krassen Missverhältnis zu dem Erreichten stand. Die Demobilisierung der Frontheimkehrer ging nur schleppend voran. Ende 1919 stand noch immer eine halbe Million Soldaten unter Waffen. Und die, die schon demobilisiert waren, fanden oftmals keine Arbeit. Die Arbeitslosigkeit war groß und die Länder, die noch 1913 fast eine Million Einwanderer aus Italien aufgenommen hatten, sperrten jetzt vielfach ihre Grenzen. In diesem politischen Klima waren viele Menschen empfänglich für revolutionäre Parolen und Ideen von einer gewaltsamen Veränderung der Verhältnisse.

Ähnlich wie in Deutschland trat auch in Italien sehr schnell eine innere Front an die Stelle der äußeren, trat an die Stelle des Kriegs der Bürgerkrieg, und der zielte nicht auf den Sieg über den Gegner, sondern auf seine Vernichtung. Die politische Auseinandersetzung radikalisierte sich in kürzester Zeit und ostentative Gewaltanwendung gegen den politischen Gegner wurde zu einem konstitutiven Element, vor allem bei den faschistischen Kampfbünden. Den Faschisten gelang es als einziger politischer Kraft, das Ergebnis des Kriegs für ihre Zwecke zu instrumentalisieren, indem sie auf die Konfrontation setzten. Bei den Siegesfeiern in Mailand hatte Mussolini gelobt, dass er gemeinsam mit den Arditi, den im Ersten Weltkrieg gebildeten Elitesturmtruppen, das Italien der Soldaten verteidigen werde.

Nach dem Tod von Gabriele D'Annunzio 1938 erinnerte das Magazin „La tribuna Illustrata" an seinen Flug nach Wien 1918 und seinen Zug an die Adria 1919, der zur Besetzung der Stadt Fiume geführt hatte.

Am 23. März 1919 verkündete Mussolini in Mailand auf der Piazza San Sepolcro die Gründung der „Fasci italiani di combattimento", der italienischen Kampfverbände. Sie waren eine direkte Fortsetzung des „Fascio d'Azione Rivoluzionaria", des Bundes für revolutionäre Aktion, den Mussolini im Dezember 1914 gemeinsam mit den Syndikalisten Filippo Corridoni und Alceste de Ambris ins Leben gerufen hatte. Das Wort *fascio*, das sowohl Bund als auch Bündel bedeuten kann, kommt vom lateinischen *fasces*, den Rutenbündeln der römischen Liktoren, den Leibwächtern der hohen römischen Staatsbeamten. Hier hat der Begriff Faschismus seinen Ursprung, der in zeitgenössischen Veröffentlichungen zunächst als „Fascismus" bezeichnet wurde.

Besonders umstritten war bei der Pariser Friedenskonferenz das Schicksal der Stadt Fiume, des kroatischen Rijeka. Fiume war nicht Gegenstand des Vertrags von London, stand aber nichtsdestoweniger auf der Liste der „unerlösten" Gebiete. Während die Verhandlungen noch im Gange waren, besetzten irreguläre italienische Einheiten am 12. September 1919 die Stadt. Gabriele D'Annunzio hielt in Fiume Einzug an der Spitze einer Kolonne von gestohlenen Lastwagen, Panzerwagen und etwa 2.500 desertierten Grenadieren, Arditi und Infanteristen. Vier Tage später kam auch Marinetti, während die Alliierten ihre Truppenkontingente aus der Stadt abzogen. Die italienische Regierung verhielt sich gegenüber der Aktion zurückhaltend, während die Faschisten sie begrüßten. Am 7. Oktober kam Mussolini nach Fiume, um seine Unterstützung zum Ausdruck zu bringen.

Am 12. November 1920 unterzeichneten das Königreich Italien und das neu geschaffene Königreich der Serben, Kroaten und Slowenen den Grenzvertrag von Rapallo, in dem beide Parteien die Anerkennung eines freien und unabhängigen Freistaats Fiume vereinbarten. Ein Freistaat ohne Landbrücke nach Italien war das Äußerste, was Woodrow Wilson Rom zugestehen wollte. Der Freistaat wurde von den USA, Großbritannien und Frankreich umgehend anerkannt, während der selbsternannte Stadtkommandant D'Annunzio den Vertrag ablehnte. Seine Freischärlerarmee musste im Dezember 1920 von regulären italienischen Truppen aus der Stadt vertrieben werden. Nach der „Schmach" von Versailles – so sahen es die Nationalisten – und der erzwungenen Räumung von Gebieten, welche die Italiener an der türkischen Südküste besetzt hatten, war der italienische Angriff auf die Freischärler in Fiume, den D'Annunzio nicht für möglich gehalten hatte, der letzte Akt zur Vollendung des Bildes vom verstümmelten Sieg. Der Schriftsteller zog sich enttäuscht in seine pompöse Villa am Gardasee zurück, die noch heute eine faschistische Pilgerstätte ist.

Die tiefe wirtschaftliche, soziale und politische Krise nach dem Ersten Weltkrieg führte das Land an den Rand eines Bürgerkriegs. Es gab soziale Unruhen, Landarbeiter erhoben sich gegen Grundbesitzer, Industriearbeiter gegen Industrielle. Es kam zu gewaltsamen Fabrikbesetzungen. Unter der Führung der Sozialistischen Partei, die bei den Wahlen im November 1919 zur stärksten Kraft wurde, versuchte eine revolutionäre Bewegung, die ihr Zentrum in Turin hatte, die Ideen der Russischen Revolution nach Italien zu tragen. Doch nach anfänglichen Erfolgen scheiterte die Streikbewegung und die radikaleren Kommunisten spalteten sich von den kompromissbereiten Sozialisten ab. Die Jahre 1919/20 gelten als die zwei „roten Jahre" (*biennio rosso*). Sie waren von der politischen Agitation der Linken geprägt, der aber der

Benito Mussolini (links) trifft Gabriele D'Annunzio in der jugoslawischen Hafenstadt Fiume (heute Rijeka) im September 1919.

Italiens Weg in den Faschismus

Erfolg letztlich versagt blieb. Es folgten die zwei „schwarzen Jahre" (*biennio nero*), in denen die antibolschewistische Propaganda der Faschisten dominierte. Benito Mussolini versuchte, sich als neue Ordnungskraft zu profilieren, nachdem die Regierung große Schwierigkeiten hatte, die Lage im Lande zu befrieden. Die paramilitärisch organisierten Schwarzhemden der faschistischen Kampfverbände gingen mit Gewalt gegen den politischen Gegner und die sozialistischen und katholischen Gewerkschaften vor, ohne dass ihnen eine staatliche Autorität wirksam und entschlossen entgegentrat.

Die faschistische Bewegung gewann in dieser Zeit erheblich an Zulauf und hatte 1922 bereits über 300.000 Mitglieder. Mussolini, der immer mehr zum unbestrittenen Führer der Bewegung, zum Duce, avancierte, hatte 1921, ausgehend von den verschiedenen örtlichen Kampfverbänden, die Nationale Faschistische Partei („Partito Nazionale Fascista") gebildet. Mit weniger als 30.000 Mitstreitern begann er am 27. Oktober 1922 einen Sternmarsch auf die Hauptstadt, der als „Marsch auf Rom" in die Geschichte einging. Seit Anfang des Jahres amtierte Luigi Facta als Ministerpräsident. König Viktor Emanuel III. hatte ihn zwar im Juli 1922 des Amtes enthoben, weil er der Faschisten nicht Herr wurde, aber anschließend angesichts einer besseren Alternative wieder mit der Regierungsbildung beauftragt. Als die Faschisten auf Rom marschierten, verweigerte ihm der König wieder die Unterstützung, obwohl die Armee ihre Bereitschaft artikulierte, den Aufstand niederzuschlagen, wobei Facta lange geschwankt hatte, wie er auf die faschistische Bedrohung reagieren sollte.

Facta trat erneut zurück und schlug Salandra als Regierungschef vor, der wiederum den König überredete, Mussolini zu ernennen. Der begab sich sofort nach Rom, wo er am 30. Oktober eintraf. Am Tag darauf hielt er dort mit seinen faschistischen Verbänden eine Parade ab. Anschließend kam es zu Ausschreitungen und Gewalttaten gegen sozialistische und kommunistische Einrichtungen und die Anhänger der beiden Parteien. In den folgenden Jahren errichteten die Faschisten eine totalitäre Diktatur, ihre Partei wurde zur Einheitspartei.

Ein Repressionsapparat sorgte für die Unterdrückung abweichender Meinungen. Tatsächliche oder vermeintliche Gegner des Regimes wurden erbarmungslos verfolgt und nicht selten ermordet. Berühmt ist der Fall des sozialistischen Oppositionspolitikers Giacomo Matteotti, der – wohl mit Wissen Mussolinis – entführt und getötet wurde. 1926 wurden alle Oppositionsparteien offiziell verboten. Der bereits 1922 geschaffene Große Faschistische Rat wurde durch das Gesetz vom 9. Dezember 1928 als staatliches Organ anerkannt, sodass auch offiziell die Einheit zwischen Partei und Staat hergestellt war. Die Errichtung der faschistischen Diktatur war damit abgeschlossen.

Benito Mussolini (links) bei seinem Marsch auf Rom 1922 (handkoloriertes Foto).

Ernst Piper

Der Spanische Bürgerkrieg

Am 25. Juli 1936 suchten Angehörige der Auslandsorganisation der NSDAP Adolf Hitler in Bayreuth auf und übergaben ihm nach einer Aufführung der Wagner-Oper „Siegfried" einen Brief, in dem Franco um militärische Unterstützung bat. Hitler entschied sich gegen erhebliche Bedenken seiner Berater noch in derselben Nacht, dieser Bitte zu entsprechen. Zunächst wurden zwanzig Transportflugzeuge, die von sechs Jagdflugzeugen begleitet wurden, ins marokkanische Tetuán entsandt. Mit ihrer Hilfe konnten mehrere Zehntausend Soldaten aufs spanische Festland übergesetzt werden.

Francisco Franco, der aus Galizien stammte, war 1910 als junger Offizier in die spanische Kolonie Marokko versetzt worden, hatte sich später im dortigen Kolonialkrieg bewährt und wurde 1926 mit 34 Jahren jüngster General in einer europäischen Armee. 1935 wurde er zum Oberbefehlshaber der spanischen Truppen in Marokko ernannt. Im Jahr darauf kam es dort zu einer Revolte nationalistischer Kräfte, die zum Ausgangspunkt für den Spanischen Bürgerkrieg wurde.

Das spanische Militär teilte sich angesichts des Aufstands in zwei feindliche Lager. Von den siebzehn ranghöchsten Generälen stellten sich nur vier auf die Seite der Putschisten, von den mehr als 15.000 Offizieren dagegen mehr als drei Viertel. Auch in der Marine sympathisierten die Offiziere mehrheitlich mit dem Aufstand, die Unteroffiziere standen dagegen auf der Seite der Republik, ebenso die Matrosen. Insgesamt waren die bewaffneten Kräfte gespalten. Die Putschisten verfügten anfänglich über 98.500, die Republikaner über 112.000 Mann, wobei die Spaltung durch alle Waffengattungen – Heer, Luftwaffe, Seestreitkräfte und Polizeitruppen – ging. Hinzu gezählt werden müssen noch die Milizen auf beiden Seiten und die 45.000 Mann, die in Afrika stationiert waren und sich alle dem Aufstand anschlossen.

Ähnlich wie das Militär war auch das Land insgesamt gespalten. Unterstützung fanden die Aufständischen vor allem in Galizien, Navarra, Leon, auf Mallorca und in den agrarisch geprägten Teilen Altkastiliens, während die republikanische Regierung im Baskenland und im Osten und Süden des Landes einschließlich der großen Städte die Oberhand behielt und so zunächst noch zwei Drittel des Landes unter ihrer Kontrolle hatte. Politisch stützten die nationalistischen Rebellen unter Führung von General Franco sich

Im Oktober 1933 wurde die Falange Española gegründet. Ihre damaligen Anführer waren der Anwalt José Antonio Primo de Rivera (rechts), der Pilot Julio Ruiz de Alda (Mitte) und der Schriftsteller Alfonso García Valdecasas (links).

auf die monarchistischen Karlisten, die katholische Kirche und die faschistische „Falange Española de las JONS" (Juntas de Ofensiva Nacional-Sindicalista). Vorsitzender der Falange war José Antonio Primo de Rivera, ein Sohn des Diktators Miguel Primo de Rivera, der Spanien von 1923 bis 1930 regiert hatte.

Primo de Rivera wurde am 6. Juni 1936 verhaftet und am 20. November wegen seiner Teilnahme an der militärischen Revolte zum Tode verurteilt, was ihn für die Aufständischen zum Märtyrer machte. Franco wurde neuer Vorsitzender der Falange und schuf auch zur Erhöhung der eigenen Person einen enormen Personenkult um seinen Vorgänger Primo de Rivera. Nach dem Ende des Bürgerkriegs wurde in jedem spanischen Dorf eine Gedenktafel für die gefallenen nationalistischen Soldaten aufgestellt. Unter denen, die „für Gott und Spanien" gefallen waren, wurde Primo de Rivera jedes Mal als erster genannt. Als 1959 nach fast 20 Jahren Bauzeit das „Nationalmonument des Heiligen Kreuzes im Tal der Gefallenen" fertig gestellt war, ließ Franco Primo de Rivera dort beisetzen. Auch er selbst wurde später dort bestattet.

Am 19. April 1937 verfügte Franco durch ein Dekret die Vereinigung der Falange mit den Karlisten zur „Falange Española Tradicionalista y de las JONS", an deren Spitze er trat. Nach dem Sieg der Putschisten wurde sie die Staatspartei des Franquismus und damit die politische Aktionsbasis dieser spanischen Variante des Faschismus, jener nationalistisch-totalitären Bewegung, die im Zeitalter der Weltkriege in Europa und auch darüber hinaus weit verbreitet war. In Spanien blieb die Falange bis zum Ende der Diktatur die einzige zugelassene Partei.

Der durch den Militärputsch 1936 ausgelöste Bürgerkrieg war aber nicht nur der Kampf einer faschistischen Bewegung um die Macht. Es gab daneben in Spanien eine Reihe von sich überlagernden Konfliktfeldern, die eine wichtige Rolle spielten. Da war zum einen die ungelöste Agrarfrage. Während die politischen Verhältnisse sich verändert hatten, war die Agrarstruktur nach wie vor archaisch. Die ausgebliebene Agrarreform hatte zu einer „politischen ohne wirtschaftliche Modernität" geführt. Ein zweites Konfliktfeld war die Rolle der Armee, die seit den Napoleonischen Kriegen immer mehr die Position einer über den Parteien stehenden Macht eingenommen und die oftmals Initiative bei den diversen Regierungswechseln ergriffen hatte. Ein drittes, in gewisser Weise ähnlich gelagertes Konfliktfeld war die Beziehung zwischen Kirche und Staat. Schließlich ist der Regionalismus mit seiner enormen Dynamik und den verschiedenen Separationsbewegungen zu nennen, der bis heute große Sprengkraft entfaltet. Alle diese Probleme hatte weder der Diktator Primo de Rivera noch die ihm folgende Republik einer Lösung näher bringen können.

Noch heute marschieren ewig Gestrige zum Jahrestag der Hinrichtung von José Antonio Primo de Rivera am 20. November (1936), der auch der Todestag Francisco Francos (1975) ist, vom Zentrum Madrids ins „Tal der Gefallenen", wo beide bestattet sind.

Der General Miguel Primo de Rivera war nach einer sechsjährigen Herrschaft am 28. Januar 1930 zurückgetreten und wenige Wochen später in Paris verstorben. Obwohl er sich auf ein starkes Bündnis aus Großgrundbesitzern, Hochfinanz und Schwerindustrie hatte stützen können, war es ihm nicht gelungen, notwendige Wirtschafts- und Infrastrukturreformen durchzusetzen. Primo de Riveras Diktatur hatte einen ambivalenten Charakter. Einerseits hatte er sich die Wahrung der traditionellen Werte des christlichen Abendlands auf die Fahnen geschrieben, andererseits ebnete er mit seinem autoritären Populismus dem Franquismus den Weg. Sein Scheitern

Ernst Piper

Ministerpräsident Manuel Azaña schaffte es während seiner Regierungszeit nicht, eine Agrarreform in Gang zu bringen. Alle Bemühungen scheiterten am massiven Widerstand der Großgrundbesitzer.

bedeutete auch das Ende der Monarchie. Am 14. April 1931 errangen die Republikaner bei den Kommunalwahlen einen großen Sieg und König Alfons XIII. verließ, ohne formell auf seinen Thronanspruch zu verzichten, das Land. Es begann die Ära der Zweiten Republik, die zunächst von einem Bündnis der linksrepublikanischen Parteien und der Sozialisten regiert wurde.

In der ersten Phase der Zweiten Republik, den beiden Reformjahren (*bienio de reformas*), unternahm die Regierung unter Ministerpräsident Manuel Azaña von der Republikanischen Aktion einen neuen Anlauf, die notwendige Agrarreform und die Trennung von Kirche und Staat durchzusetzen, was aber auf den entschlossenen Widerstand der Oligarchie der Latifundienbesitzer und der katholischen Kirche traf, sodass Spanien bei aller Modernisierung in den industriellen Zentren, insbesondere im Baskenland und in Katalonien, ein Land mit einer semifeudalistischen Struktur blieb. Auch der Versuch, die Beziehungen zwischen der Zentralregierung und den Regionen neu zu regeln, blieb im Ansatz stecken. Lediglich ein Autonomiestatut für Katalonien wurde 1932 verabschiedet, allerdings zwei Jahre später suspendiert und nach dem Sieg Francos wieder aufgehoben.

Das alles führte die Regierung in eine doppelte politische Isolation. Auf der einen Seite hatte sich die zunächst desorientierte Rechte reorganisiert und neue Schlagkraft gewonnen, auf der anderen Seite machte sich auf der Linken zunehmende Unzufriedenheit über die geringen Fortschritte bei der Reformierung des Landes breit.

Der agrarische Sektor war insbesondere in den südlichen Regionen Andalusiens und der Extremadura durch eine extreme Eigentumskonzentration in wenigen Händen geprägt. Die Latifundienbesitzer hatten an einer wirtschaftlichen Modernisierung des Landes kein Interesse. Sie pflegten das alte Ideal der „Hispanität" und lebten in der Erinnerung an die vergangene imperiale Größe Spaniens. Die Hispanität repräsentierten vor allem auch die Offiziersränge der Armee, die sich seit der Niederlage im Spanisch-Amerikanischen Krieg 1898 und den verlustreichen Marokko-Feldzügen zunehmend den Verhältnissen im eigenen Lande zuwandten. Dabei sahen sie sich in einer Tradition, in der seit dem frühen 19. Jahrhundert das Militär immer wieder in das politische Leben eingegriffen und amtierende Regierungen gestürzt hatte. Die Armee gewann zunehmend eine innenpolitische Bedeutung. Die dritte Säule dieser traditionellen Machtstrukturen bildete die katholische Kirche Spaniens. Ihre weitreichenden Privilegien verteidigte sie massiv gegen alle Säkularisierungstendenzen. Dabei spielte auch der Landbesitz eine erhebliche Rolle, denn Angehörige des hohen Klerus gehörten zu den größten Grundbesitzern des Landes.

Die wichtigste Organisation auf der Rechten war eine konservativ-katholische Allianz, die „Confederación Española de Derechas Autónomas" (CEDA, Spanische Konföderation der Autonomen Rechten), die für einen korporativen Staat eintrat. In der CEDA, insbesondere in ihrer Jugendorganisation „Juventudes de Acción Popular", gab es auch faschistische Tendenzen. An der Spitze der CEDA stand José María Gil-Robles, der anfänglich mit Adolf Hitler sympathisierte, sich aber dann auf Grund des nationalsozialistischen Kirchenkampfes mehr an dem autoritär regierenden österreichischen Bundeskanzler Engelbert Dollfuß orientierte, der für eine Rückkehr zum Ständestaat eintrat und im Juli 1934 bei einem Putschversuch von österreichischen Nationalsozialisten ermordet wurde. Gil-Robles wollte eine katholische Massenpartei aufbauen mit dem Ziel, zuerst die laizistischen Verfassungsartikel und dann die demokratische Verfassung insgesamt wieder abzuschaffen. Für die Wahl am 19. November 1933 bildete die CEDA ein Wahlbündnis mit verschiedenen anderen Rechtsparteien, darunter der monarchistischen Renovación Española und den baskischen Nationalisten.

Doch das Wahlbündnis war ziemlich heterogen und die CEDA war nun zwar die stärkste Kraft im Parlament, hatte aber nicht die notwendige Mehrheit für die Regierungsbildung erreicht. Präsident Niceto Alcalá Zamora beauftragte deshalb die bürgerliche Radikale Partei mit der Bildung einer Regierung, an der sich auch die Partei der Großgrundbesitzer und die katalanische Rechte beteiligten. Die CEDA tolerierte die

Links: Das Deckblatt einer Ausgabe des Sonderstatuts für die autonome Region Katalonien, die 1932 der Provinz größere Selbstverwaltung beschert hatte. Das Sonderstatut wurde von 1934 bis 1936 von der spanischen Zentralregierung suspendiert und nach 1939 von Francisco Franco gänzlich aufgehoben.

Rechts: Die Gewerkschaft UGT (Unión General de Trabajadores) unter ihrem Vorsitzenden Francisco Largo Caballero setzte sich für eine soziale Revolution ein.

Die Wahl zum Abgeordnetenhaus im November 1933 brachte den bisher dominierenden linksrepublikanischen Parteien eine schwere Niederlage ein. Die CEDA und die mit ihr verbündeten Parteien erhielten zusammen etwa 5,8 Millionen Stimmen, die linken Regierungsparteien und die Kommunisten kamen dagegen nur auf 3,2 Millionen. Ein Hauptgrund dafür war, dass die in Spanien in der Arbeiterschaft stark vertretenen Anarchosyndikalisten zwar 1931 für die Republikaner gestimmt, sich aber diesmal der Stimme enthalten hatten, sodass die Wahlbeteiligung auf 60 Prozent sank. Im Gegensatz zur zerstrittenen Linken war es dem rechten Lager außerdem gelungen, ein Wahlbündnis zu organisieren, was ihm bei dem damaligen Mehrheitswahlrecht einen erheblichen Vorteil verschaffte.

Regierung, stellte aber erst später eigene Minister, zunächst drei und dann fünf; unter anderem wurde Gil-Robles im März 1935 Kriegsminister. Auf die Jahre der Reformen folgten nun die sogenannten zwei schwarzen Jahre (*bienio negro*). Die Protagonisten des gescheiterten Putschversuchs von 1934 wurden amnestiert, enteignete Ländereien den Großgrundbesitzern zurückgegeben, die Kirchengesetze der Vorgängerregierung wieder aufgehoben, die gerade verbesserten Arbeitsbedingungen von Arbeitern und Tagelöhnern wieder verschlechtert. Der Etat für das Bildungswesen war erhöht worden, um die in Spanien mit über 30 Prozent nach wie vor sehr hohe Analphabetenrate zu senken. Auch diese Reformanstrengung wurde wieder zurückgenommen.

Ernst Piper

Die Mitglieder der POUM (Partido Obrero de Unificación Marxista) gründeten in Barcelona die „Lenin"-Kaserne. 1937 wurden ihre Verbände auf Betreiben der sowjettreuen Kommunisten aufgelöst.

Ein Zentrum des Widerstands gegen die neue Regierungspolitik war die Gewerkschaft UGT unter ihrem Vorsitzenden Francisco Largo Caballero. Von 1931 bis 1933 war Largo Caballero Arbeitsminister gewesen und hatte einen eher moderaten Kurs vertreten. Nun radikalisierte sich die UGT und gewann gleichzeitig viele neue Mitglieder. Largo Caballero propagierte die soziale Revolution. Höhepunkt der Auseinandersetzungen war ein bewaffneter Aufstand von Arbeitern in Asturien und Katalonien, in dem manche eine spanische Oktoberrevolution sehen wollten. Er wurde aber von der Regierung relativ rasch gewaltsam niedergeschlagen, wobei zwischen 1.000 und 2.000 Menschen ums Leben kamen. Wenngleich dieser Aufstandsversuch scheiterte, trug er dennoch zur Destabilisierung der Republik bei, die zwischen den revolutionären Aktionen mitteloser Landarbeiter und den immer aggressiver auftretenden Rechtsparteien zerrieben wurde.

Bei den Parlamentswahlen am 16. Februar 1936 kam es erneut zu einem politischen Umschwung. Die CEDA verlor einen Teil ihrer drei Jahre zuvor gewonnenen Sitze wieder, denn die linken Parteien hatten aus ihrer Niederlage gelernt und waren diesmal erfolgreicher bei der Bildung eines Wahlbündnisses. Es war die historische Geburtsstunde der Volksfront in Spanien, der „Frente Popular". In Frankreich siegte wenig später, im Mai 1936, die „Front populaire", ein ähnliches Bündnis aus Kommunisten und Sozialisten, und bildete ebenfalls eine Volksfrontregierung.

Einerseits stellten sich 1936 die Mehrheitsverhältnisse der ersten Jahre der Zweiten Spanischen Republik wieder her. Andererseits hatten beide politischen Lager sich in der Zwischenzeit erheblich radikalisiert. Das hatte sich schon im Wahlkampf bemerkbar gemacht, der ein ausgesprochener Lagerwahlkampf war. Die Volksfront warb mit Slogans wie „Die CEDA und die Monarchisten wissen, dass die Volksfront ihren endgültigen Tod bedeutet" oder „Stimmt gegen die Diebe und Folterknechte", während die CEDA riesige Plakate mit dem Konterfei ihres Vorsitzenden Gil-Robles und der Parole „Alle Macht dem Führer!" durch die Straßen trug.

Die Parteien der Volksfront hatten die Wahlen mit einem Vorsprung von 150.000 Stimmen knapp gewonnen. Im Parlament war ihre Mehrheit mit 277 von 441 Sitzen auf Grund des den Gewinner bevorzugenden Wahlrechts sehr deutlich. Die wichtigsten Strömungen im Wahlbündnis der Volksfront waren die Sozialisten, die Kommunisten und die Anarchosyndikalisten, daneben gab es Linksliberale und Regionalparteien.

Die Sozialistische Arbeiterpartei Spaniens (PSOE) war die stärkste Kraft des Bündnisses, übernahm allerdings in der neuen Regierung gar keine Ministerposten. 1879 gegründet, war die Partei eng mit dem Gewerkschaftsbund UGT verbunden. Sie hatte ihre Hochburgen in den Industriezentren und war bei den Parlamentswahlen 1931 zur stärksten Partei im Abgeordnetenhaus geworden. 1920 hatte sich die Kommunistische Partei Spaniens (PCE) von der PSOE abgespalten. Sie blieb lange Zeit eine Splitterpartei und war vor allem Schauplatz von ideologischen Auseinandersetzungen, bis sich eine prosowjetische Linie durchsetzte. Größere Bedeutung gewann sie erst durch die Einflussnahme der Sowjetunion im 1936 beginnenden Bürgerkrieg. Die PCE stand dem sozialrevolutionären Ansatz der Volksfront sehr skeptisch gegenüber und war in gewissem Sinne eine konservative Partei, deren Mitglieder vor allem aus der Mittelschicht und dem Kleinbürgertum kamen.

In scharfer Opposition zur PCE stand die Arbeiterpartei der vereinigten Marxisten (POUM), die 1935 aus einem Zusammenschluss von Trotzkisten, Linkssozialisten und Antistalinisten entstand. Die PCE agierte deshalb im Windschatten des Bürgerkriegs mit sowjetischer Unterstützung massiv gegen die POUM und scheute auch vor militärischer Gewalt nicht zurück. George Orwell hat diese Auseinandersetzungen in seinem Bericht „Mein Katalonien", der 1938 erstmals erschien, anschaulich beschrieben. Ihren Höhepunkt erreichte der Kampf zwischen den verfeindeten kommunistischen Parteien in den ersten Maitagen 1937 in Barcelona. Dort beteiligte sich die PCE am Sturz des Ministerpräsidenten Francisco Largo Caballero, der sich geweigert hatte, massiv gegen die POUM vorzugehen. Sein Nachfolger Juan Negrín stand den Kommunisten näher und am 16./17. Juni wurde die Führung der POUM verhaftet, und ihre Anführer wurden gefoltert und ermordet.

Das Wahlmanifest der Volksfront hatte ein Konjunkturprogramm, eine Land-, Bildungs- und Finanzreform propagiert. Das politische Programm war alles andere als radikal, auch wenn das von den Gegnern so empfunden wurde. Verstaatlichungen, etwa von Banken oder Betrieben, waren nicht vorgesehen. Es sollte nicht einmal eine staatliche Arbeitslosenversicherung geben. Mit dieser Zurückhaltung sollten die Republikaner und mit ihnen der Mittelstand für die neue Regierung gewonnen werden. Eine wichtige Kraft innerhalb der Volksfront war auf dem linken Flügel die anarchosyndikalistische Gewerkschaft CNT. Sie konnte noch am Wahltag die Befreiung der politischen Gefangenen durchsetzen, wovon im ganzen Land Tausende profitierten. Schon bald gab es Streiks mit neuen Forderungen nach Lohnerhöhungen und besseren Arbeitsbedingungen. Ohne auf die Legislative zu warten, kollektivierten Landarbeiter Ländereien, was oftmals zu gewaltsamen Auseinandersetzungen führte. Vielerorts wurden Kirchen und Klöster in Brand gesetzt und in nicht wenigen Fällen auch Priester ermordet. Das trug sehr dazu bei, dass sich die Fronten im bald einsetzenden Bürgerkrieg verhärteten.

Die anarchistischen Gruppierungen CNT und AIT versprachen den Bauern nicht nur das Eigentum an dem Land, das sie bearbeiteten, sondern sogar noch die Maschinen dafür.

Am Vorabend des Bürgerkriegs standen mit der Nationalen Front und der Volksfront zwei große Blöcke einander unversöhnlich gegenüber, wobei die Volksfront dadurch geschwächt wurde, dass es auch zwischen den einzelnen Fraktionen erhebliche Auseinandersetzungen

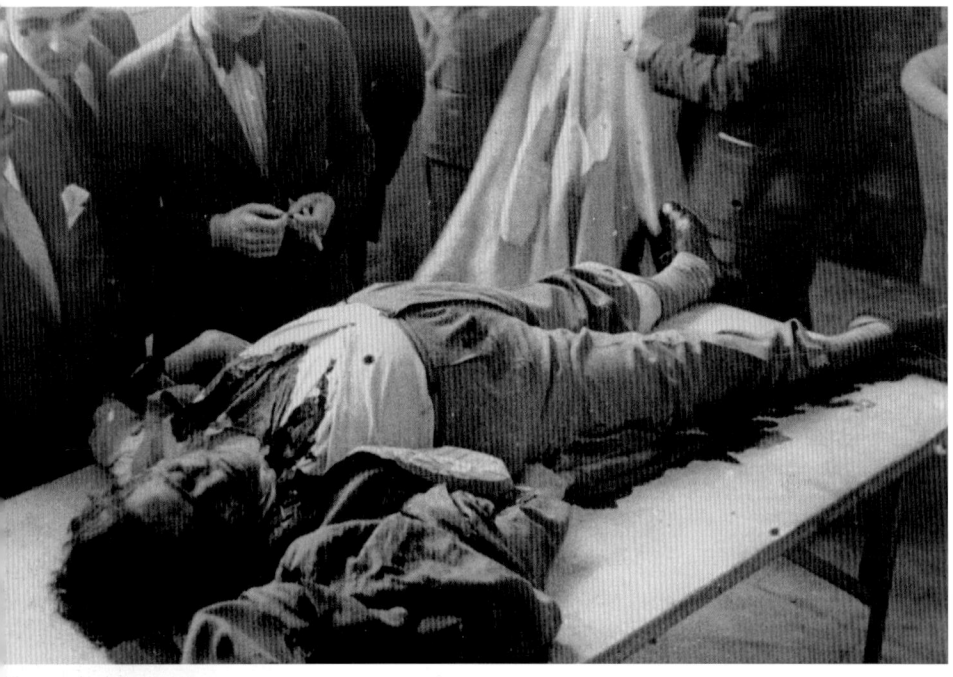

Nach seiner Ermordung am 17. Juli 1936 wird der Leichnam des Monarchisten José Calvo Sotelo öffentlich aufgebahrt.

gab. Largo Caballero und seine Anhänger vom linken Flügel der PSOE propagierten weiterhin einen revolutionären Kurs und die „Diktatur des Proletariats". Das Gros der UGT-Mitglieder unterstützte sie dabei. Auch die Anarchosyndikalisten und die POUM folgten der radikalen Linie. Die Kommunisten dagegen versuchten entsprechend den Anweisungen aus Moskau, den liberalen Staat eher zu festigen als zu überwinden. Der VII. Weltkongress der Komintern hatte 1935 die bis dahin geltende Theorie des Sozialfaschismus verworfen. Die Sozialdemokraten galten nicht länger als der Hauptfeind. Vielmehr waren die einzelnen kommunistischen Parteien aufgerufen, das Bündnis mit Sozialisten, Sozialdemokraten und anderen antifaschistischen liberalen und bürgerlichen Kräften zu suchen und so eine „Volksfront" zu bilden. Auch die PSOE verwarf mehrheitlich die Idee einer Revolution. Für sie kam dies einer Sozialisierung der Armut gleich. Die negativen Auswirkungen der zu erwartenden Landflucht konnten nach ihrer Überzeugung durch eine sozialistische Wirtschaftsordnung nicht kompensiert werden.

Der gemäßigte Flügel der Volksfrontregierung wollte alles vermeiden, was einen Militärputsch provozieren könnte. Doch die Atmosphäre war überall im Land außerordentlich angespannt. Eine wirkliche Beruhigung der Lage gelang nicht. Dass etwas passieren würde, war mit Händen zu greifen. Auch die Anarchosyndikalisten rechneten mit einem Staatsstreich und betonten ihren Willen zum bewaffneten Widerstand, der aber nicht der Verteidigung der bürgerlichen Demokratie dienen, sondern die lange ersehnte soziale Revolution befördern sollte. Auf dem Nationalen Kongress der CNT in Saragossa im Mai 1936, zu dem über 300.000 Menschen kamen, formulierte die Gewerkschaft ihre Vorstellungen von einem libertären Kommunismus. Die Idee von der Diktatur des Proletariats lehnte sie strikt ab, doch Largo Caballero wurde als Gastredner freundlich empfangen.

Auf der Gegenseite organisierten sich die Falangisten, die auf den Wahlsieg der Volksfront mit einer Welle von politischen Attentaten reagierten. Mit Maschinengewehren bestückte Lastwagen rasten in Madrid durch die Arbeiterviertel und schossen um sich. Journalisten, Politiker, Polizeibeamte und Richter wurden ermordet. Ein Bombenattentat auf Largo Caballero misslang zwar, aber am 12. Juli 1936 wurde der Sturmgardist Leutnant José del Castillo auf offener Straße erschossen. Seine Kameraden ermordeten am Tag darauf den Monarchisten José Calvo Sotelo, in dem sie, allerdings zu Unrecht, den Drahtzieher des Anschlags vermuteten. Die Beerdigungen der beiden Mordopfer wurden zu Demonstrationen der Unversöhnlichkeit. Die Falangisten forderten Rache und riefen zum Kampf gegen die Regierung auf. Auf der anderen Seite fingen Arbeiter an, ihre Waffen aus den Verstecken zu holen.

In der Armee hatten unterdessen die Putschpläne immer konkretere Formen angenommen. Schon während des Sommermanövers 1935 in Asturien waren erste Vorbereitungen für einen Putsch getroffen worden. Mit der Ermordung Calvo Sotelos hatten die Militärs einen Anlass gefunden, der zur öffentlichen Rechtfertigung für einen Putsch tauglich schien und auch die Bereitschaft, sich zu exponieren, entscheidend förderte. Mit der Ermordung des monarchistischen Politikers gewann die Verschwörung eine stärkere Resonanz als sie der isolierte Putsch von 1932 gehabt hatte, sodass die Hoffnungen führender Volksfront-Politiker, der Aufstand würde ein schnelles Ende finden, sich schon bald als Illusion erwiesen.

Am 17. Juli 1936 begann der Aufstand im marokkanischen Melilla. Er setzte sich in Tetuán fort und griff am 18. Juli auf das spanische Festland über. In Madrid wurde noch am selben Tag ein neues, rein bürgerliches Kabinett gebildet. Neuer Ministerpräsident war der progressive Republikaner José Girol Pereira, der dem seit einiger Zeit energisch erhobenen Ruf nach Volksbewaffnung nachgab und die Gewerkschaften UGT und CNT mit Waffen beliefern ließ. Damit entsprach er zwar dem Wunsch derer, die die Republik aktiv verteidigen wollten, aber eine Ausweitung der kriegerischen Auseinandersetzungen konnte er nicht verhindern. Am 4. September trat Girol Pereira als Ministerpräsident zurück, diente der Republik aber weiter als Minister. Sein Nachfolger wurde Francisco Largo Caballero. Doch die Macht lag inzwischen nicht mehr bei der Regierung, sondern bei den Gewerkschaften, in denen die bewaffneten Arbeiter organisiert waren. Die Machtfrage wurde auf der Straße entschieden und die treibenden Kräfte waren auf der einen Seite aufständische Militärs, wobei auch auf der Seite der Nationalisten Freiwillige kämpften, und auf der anderen Seite Anarchosyndikalisten, was den Frontverlauf kompliziert machte.

Der Bürgerkrieg hatte vier Phasen. In der ersten, die von Juli 1936 bis Frühjahr 1937 dauerte, brachten die Aufständischen etwa die Hälfte des Landes unter ihre Kontrolle, aber ihre wiederholten Versuche, Madrid einzunehmen, scheiterten, wobei die Internationalen Brigaden bei der Verteidigung der Hauptstadt eine wichtige Rolle spielten. Ein weiterer großer Erfolg der Republikaner war im März der Sieg über die italienischen Truppen, immerhin 50.000 Mann, die nordöstlich von Madrid zum Angriff aufmarschiert waren. In der zweiten Phase des Kriegs, die bis zum Frühjahr 1938 dauerte, gelang den Franquisten die vollständige Eroberung des Nordens. Am 26. April zerstörten in einem dreistündigen Bombardement italienische und deutsche Flugzeuge Gernika (spanisch Guernica), die heilige Stadt der Basken. Es war das erste Flächenbombardement auf europäischem Boden, Gernika die erste Stadt, die durch einen Luftangriff zerstört wurde. Drei Junkers-Staffeln hatten mehr als 2.500 Brandbomben, außerdem Sprengbomben und Splitterbomben an Bord. Nach dem Angriff war die Stadt, die keine militärischen Ziele bot, zu drei Vierteln zerstört. 1.654 Menschen wurden getötet, das war etwa ein Drittel der Stadtbevölkerung, 889 wurden verwundet. Alle Opfer waren Zivilisten.

In einem deutschen Einsatzbericht hieß es: „In einem europäischen Krieg können Städte mit Holzfachwerkbau durch die Brandbombe angesteckt werden. Die 100–250 kg Bombe ruft große moralische Wirkung hervor und es gibt keine Schutzmöglichkeit ohne besonders gebaute Luftschutzräume." Diese Beobachtung war zutreffend, wie die Deutschen einige

Am 1. Oktober 1936 wurde der Anführer des nationalistischen Aufstands, Francisco Franco, zum „Generalissimus" und Chef der nationalspanischen Regierung ernannt. Hier zeigt er sich (links) mit den Generälen Mola und Cabanellas bei einer Parade seiner Truppen.

Jahre später selbst erfahren mussten. Der spanische Maler Pablo Picasso, der aus dem Pariser Exil die Republik unterstützte und vergeblich versuchte, die französische Regierung zum Eingreifen zu bewegen, schuf in kurzer Zeit das monumentale Gemälde „Guernica", ein überaus wirkungsmächtiges Symbol der leidenden Kreatur. Es wurde zum vielleicht berühmtesten Kunstwerk des 20. Jahrhunderts. Das Bild wurde noch im gleichen Jahr im spanischen Pavillon auf der Pariser Weltausstellung gezeigt und hängt heute,

Das von Pablo Picasso unter dem Eindruck des Angriffs auf Gernika gemalte Bild zeigt die Grausamkeit des Kriegs in ergreifender Intensität.

nach der Wiederherstellung der Demokratie in Spanien, in Madrid, eine Kopie befindet sich im UNO-Hauptgebäude in New York.

In der dritten Kriegsphase, die bis Ende 1938 dauerte, gelangen den Nationalisten weitere Territorialgewinne. Sie stießen in der Provinz Castellón de la Plana bis zum Meer vor, sodass Madrid und Barcelona zwar nach wie vor in republikanischer Hand waren, Katalonien aber vom übrigen republikanisch kontrollierten Territorium abgeschnitten war. Nun ging es schnell dem Ende entgegen. Am 26. Januar 1939 eroberten die Franquisten Barcelona, am 28. März besetzten sie Madrid. Damit war der Krieg zu Ende. Er war mit großer Erbitterung geführt worden und hatte einen hohen Blutzoll gefordert. Genaue Opferzahlen kennen wir nicht, aber belegt sind in den nationalistisch kontrollierten Landesteilen mehr als 90.000 Mordopfer, im republikanischen Spanien wurden mindestens 50.000 Menschen Opfer von Hinrichtungen und Massakern. Für die Zahl der im Kampf Gefallenen reichen die Schätzungen von 100.000 bis 300.000.

Diejenigen, die diesen Bürgerkrieg als Krieg bezeichnen, begründen das mit der starken Präsenz ausländischer Mächte. Die Diktatoren Hitler und Mussolini unterstützten von Anfang an die Aufständischen. Italien entsandte mehr als 70.000 Soldaten und einige Hundert Panzerwagen nach Spanien. Aus Deutschland kamen etwa 10.000 Piloten, Techniker und Ausbilder und ebenfalls Panzer. Der wichtigste deutsche Beitrag war die Legion Condor unter Generalmajor Hugo Sperrle, in der insgesamt fast 20.000 Soldaten zum Einsatz kamen. Sie griff mit einer erheblichen Anzahl Maschinen in die Luftkämpfe ein. Bei dem Angriff auf Gernika spielte sie die führende Rolle. Vor dem Internationalen Militärgerichtshof erklärte Hermann Göring 1946, sein Ziel sei es gewesen, in Spanien „meine junge Luftwaffe bei dieser Gelegenheit in diesem oder jenem technischen Punkt zu erproben." Offiziell leugnete das Deutsche Reich jedes militärische Engagement. Die Angehörigen der Legion Condor mussten vor ihrem Einsatz aus der Wehrmacht austreten und galten offiziell als Freiwillige, bezogen allerdings für ihren Einsatz später in Deutschland staatliche Pensionen.

Die Sowjetunion unterstützte die spanische Republik, ließ sich mit ihrem Engagement allerdings mehr Zeit als Deutschland oder Italien.

Der Spanische Bürgerkrieg

Dabei überlagerten sich mehrere Motive. Zum einen konnte ein republikanisches Spanien ein wichtiger Teil einer zu bildenden antifaschistischen Front in Europa sein. Zum anderen wurde die Position der Kommunistischen Partei Spaniens durch das Engagement der Sowjetunion massiv gestärkt. Nachdem die spanische Regierung am 6. November 1936 ihren Sitz nach Valencia verlegt hatte, übernahmen die spanischen Kommunisten und ihre sowjetischen Militärberater in Madrid die Macht. Gleichzeitig wollte Stalin es unbedingt vermeiden, sich ernsthaft mit den Westmächten anzulegen, in denen er potentielle Bündnispartner bei einem künftigen bewaffneten Konflikt mit Deutschland sah.

Die Sowjetunion ließ sich ihre Hilfe teuer bezahlen. 510 Tonnen Gold, ein großer Teil der spanischen Reserven, wurden nach Moskau transportiert und in Devisen umgewandelt, mit denen die Republik dringend benötigte Waffenkäufe tätigen konnte, denn die einheimische Rüstungsindustrie war desorganisiert und kaum leistungsfähig. Die Sowjetunion lieferte Jagdflugzeuge und Kampfpanzer, aber auch eine Menge ausgemusterte veraltete Waffen und machte dabei sehr gute Gewinne. Auch andere Staaten wie Polen und Estland dachten bei ihren Geschäften mit Spanien in erster Linie an den eigenen Vorteil und lieferten Waffen, die zum Teil museumsreif waren, zu weit überhöhten Preisen.

Großbritannien und Frankreich, die beiden wichtigsten verbliebenen Demokratien, verhielten sich neutral, was objektiv die Aufständischen begünstigte. Léon Blum, Premierminister der französischen Volksfrontregierung, hatte durchaus Sympathien für die republikanische Regierung. Wichtiger aber war ihm das gute Einverständnis mit Großbritannien und die Briten hielten eine Nichteinmischung in den Konflikt im eigenen Interesse für opportun.

Bedeutsam waren für die republikanische Seite die Internationalen Brigaden, in denen insgesamt etwa 50.000 Freiwillige aus vielen Ländern kämpften, unter ihnen eine Reihe berühmter Schriftsteller wie George Orwell, Georges Bernanos oder Arthur Koestler. Der spätere französische Kulturminister Malraux war ebenso engagiert wie der spätere indische Ministerpräsident Nehru. Willy Brandt war auf republikanischer Seite unter den Kriegsberichterstattern, ebenso Egon Erwin Kisch und auch Ernest Hemingway, dessen Roman „Wem die Stunde schlägt" für lange Zeit das Bild des Spanischen Bürgerkriegs geprägt hat. Auch auf faschistischer Seite kämpften Legionäre, aber ihre Zahl war sehr viel kleiner, sie kamen unter anderem aus Portugal, Frankreich, Rumänien und Irland.

Der Spanische Bürgerkrieg endete im Frühjahr 1939 mit einer Niederlage der Republik. Zehntausende wurden anschließend Opfer des faschistischen Terrors. Diese Zahl wäre mit Sicherheit noch sehr viel höher gewesen, wenn nicht mehr als 400.000 Spanier über die Pyrenäen nach Frankreich geflohen wären, von denen viele später, als die Lage sich beruhigt hatte, wieder zurückkehrten. Etwa 270.000 Anhänger der Republik wurden zu Haftstrafen verurteilt, weit mehr als 100.000 kamen in Umerziehungs- und Arbeitslager. Von den kommunistischen Spanienkämpfern aus Osteuropa wurden viele später Opfer der stalinistischen Säuberungen.

Im Frühjahr 1939 übernahm General Francisco Franco die Macht in Spanien. Er blieb der uneingeschränkte Regent des Landes bis zum Jahr 1975, als er mit 82 Jahren starb.

Am 28. März 1939 marschieren nationalspanische Truppen in Madrid in einer Siegesparade an ihrem „Generalissimus" und „Caudillo" Francisco Franco vorbei.

Thomas Weber

Adolf Hitler und der Erste Weltkrieg.

Erfahrungen und Konsequenzen

Im Mai 1915 fotografierte der 37-jährige Lehrer Korbinian Rutz einen an ihm vorbeigehenden 26-jährigen Gefreiten in dem Dörfchen Fournes wenige Kilometer hinter der Westfront. Da der Gefreite, den der Oberammergauer Lehrer noch aus seiner eigenen Zeit als Meldegänger kannte, zu schnell ging und die Amateurfotografie noch in den Kinderschuhen steckte, missglückte das Foto. Der Kopf des Kameraden war so verschwommen, dass man nur seinen Schnauzbart erkennen konnte. Rutz hatte das Bild eines Mannes ohne Gesicht produziert. Dennoch erinnerte er sich ausgezeichnet an den mittlerweile zum Führer der NSDAP avancierten Gefreiten, als sich dieser siebzehn Jahre später anschickte, für das Amt des Reichspräsidenten zu kandidieren.

Rutz musste im Reichspräsidentschaftswahlkampf 1932 feststellen, dass Adolf Hitler geschickt die Tatsache ausnutzte, dass die wenigsten wussten, wie es ihm als Gefreiter im Krieg wirklich ergangen war. So gab sich Hitler seit Jahren in den Kriegsgeschichten, die er bei jeder sich bietenden Gelegenheit erzählte, ein Gesicht, das politisch nützlich war, aber das so gar nichts mit Rutz' Erinnerungen an seinen ehemaligen Meldegängerkameraden gemein hatte. Rutz setzte sich daher zum Ziel, dem Gefreiten Hitler sein wahres Gesicht zurückzugeben. Er schrieb einen langen anonymen Artikel für die Hamburger Sonntagszeitung „Echo der Woche", in dem er über Hitlers Kriegsjahre auspackte. Rutz hatte jedoch die Schläue Hitlers unterschätzt. Der Präsidentschaftskandidat im Wahlkampf zog vor Gericht so geschickt gegen das „Echo der Woche" zu Felde und nutzte den anonymen Charakter von Rutz' Angriff aus, dass selbst die Nachwelt fast achtzig Jahre lang Hitlers Verteidigung Glauben schenkte.

1933 landete Rutz für einige Wochen im Konzentrationslager, und dort wurde ihm klar, dass es für ihn und seine Familie von Vorteil war, in Zukunft zu schweigen. Es war daher nicht der Hobbyfotograf, Meldegängerkamerad und spätere Führer von Hitlers Kompanie, der über Jahrzehnte das Bild des Weltkriegssoldaten Hitler bestimmte. Vielmehr war es ein Fotograf, der Hitler im Krieg nicht selbst erlebt hatte, der aber wie wenige wusste, wie man Fotos schoss und instrumentalisieren konnte – Hitlers späterer „Hoffotograf" Heinrich Hoffmann.

Da Hoffmann ein Gespür dafür hatte, was sich verkauft, war der damals junge Fotograf vor dem Ersten Weltkrieg innerhalb weniger Jahre aus dem Nichts zum Gründer einer erfolgreichen Bildagentur avanciert, die die neuen illustrierten Zeitschriften, wie sie überall auftauchten, belieferte. Als nun am 2. August 1914 eine Kundgebung am Odeonsplatz in München vor der Feldherrnhalle und der Residenz des bayerischen Königs anlässlich des am Vortag ausgebrochenen Kriegs stattfand, eilte Hoffmann dorthin. Er wusste, was er zu tun hatte, um ein Foto zu schießen, das Abnehmer finden würde.

Hoffmann postierte sich auf dem Podium der Feldherrnhalle direkt neben der Militärkapelle und einer Filmcrew. Vor ihm füllte eine unruhige Menschenmenge den Platz zur Hälfte. Die Versammlung hatte nicht vermocht, das Alltagsleben in München zum Stillstand zu bringen. Im Hintergrund konnte Hoffmann regen Straßenverkehr sehen, dann bewegte sich sogar eine Straßenbahn in normaler Geschwindigkeit durch die Menschenmenge. Dies war kein Fotomoment. Doch dann begann die Militärkapelle zu spielen. Die Menschen auf dem Odeonsplatz sahen auch, dass neben der Kapelle die Filmcrew zu drehen begonnen hatte. Nun verwandelte sich die unruhige Menschenmenge mit einem Schlag für einen Augenblick in eine jubelnde Schar. In diesem Augenblick drückte Hoffmann, der seine Linse geschickt nur auf den dicht bevölkerten Teil des Platzes hielt, auf den Auslöser seiner Kamera.

perfekte Illustration für die nationalsozialistische Behauptung, dass Hitler als unbekannter Soldat, der die Masse der Deutschen repräsentierte, in den Krieg gezogen sei und dass der Krieg Hitler „geschaffen" habe.

Ein zweites von Hoffmann aufgenommenes Foto vervollkommnete das Bild, das die NS-Propaganda über Hitlers Erfahrungen im Ersten Weltkrieg zu verbreiten suchte. Hoffmann nahm es nach dem Fall Frankreichs im Frühjahr 1940 in Fournes auf, als Hitler offenbar gerade das Ergebnis des Ersten Weltkriegs revidiert hatte und die Stätten seines Wirkens in seinem ersten

Links: Adolf Hitler als Meldegänger an der Westfront, 1915. Aufnahme von Korbinian Rutz, aus: Fridolin Solleder: Vier Jahre Westfront. Geschichte des Regiments List R.I.R. (Erinnerungsblätter deutscher Regimenter 76), München 1932.

Als sich Hitler Ende der Zwanzigerjahre in Hoffmanns Atelier aufhielt, sah er Abzüge des Fotos vom 2. August 1914. Der Führer der NSDAP erzählte seinem Fotografen, dass er auch dabei gewesen sei. Umstritten ist, ob Hitler und Hoffmann den jungen Hitler tatsächlich auf dem Foto fanden oder ob sie ihn an prominenter Stelle ins Foto hineinretuschierten. Jedenfalls wurde das Bild nun munter für nationalsozialistische Propaganda benutzt. Denn es war ein gefundenes Fressen: der „Führer" als einfacher Mann zu Kriegsbeginn in der Menge. Die Aussage des Bildes war klar. Hitlers Verhalten 1914, als er sich freiwillig für den Kriegsdienst in den deutschen Streitkräften meldete, war emblematisch für das Verhalten der deutschen Massen. Es war eine

Krieg besuchte. Wir sehen Hitler mit zwei seiner engsten Kameraden aus dem Ersten Weltkrieg genau an der Stelle, an der er 1915 im Kreise seiner Gefährten fotografiert worden war.

Die beiden Bilder wurden, nun nebeneinander gestellt, hunderttausendfach in Hoffmanns Propagandabuch „Mit Hitler im Westen" reproduziert. Zusammengenommen präsentierten die beiden Fotos Hoffmanns Hitler als gewöhnlichen Deutschen, der den großen Krieg wie alle anderen erlebt hatte und genauso dachte wie sie, aber durch seine Führereigenschaften hervorstach. Nach dieser Lesart war der Nationalsozialismus in den Schützengräben des Ersten Weltkriegs entstanden und Hitler war gemeinsam

Rechts: Auf diesem Foto einer Kundgebung auf dem Münchner Odeonsplatz am 2. August 1914 soll angeblich Hitler zu sehen sein. Es gibt jedoch die Vermutung, dass der Hitler-Fotograf Heinrich Hoffmann den „Führer" erst Anfang der Dreißigerjahre nachträglich hineinretuschiert hat.

Thomas Weber

mit den Männern seines Regiments aus dem Krieg zurückgekehrt, um Deutschland zu erlösen. Zu dieser Lesart passte, dass der Feldwebel des Stabs von Hitlers Regiment, Max Amann, der erste Geschäftsführer der NSDAP wurde und später zum Pressemogul des „Dritten Reichs" avancierte. Dazu passte auch, dass der Regimentsadjutant Fritz Wiedemann Hitler in den Friedensjahren des „Dritten Reichs" als einer seiner Adjutanten in der Reichskanzlei diente.

Hitler hatte schon ganz am Anfang seiner politischen Karriere in Reden immer wieder auf den Weltkrieg Bezug genommen und angefangen, an seiner eigenen Legende zu stricken. Dann verfestigte und systematisierte er diese Legende, als er während der Festungshaft nach seinem gescheiterten Putsch des Jahres 1923 seinen halb autobiografischen, halb erfundenen Quasi-Bildungsroman „Mein Kampf" schrieb. Der gescheiterte Putschist überhöhte dort seine Kriegserlebnisse als Meldegänger des Regimentsstabs des 16. Bayerischen Reserve-Infanterieregiments zu nationalsozialistischen Erweckungserlebnissen mit dem Resultat, dass er sich angeblich bei Kriegsende entschloss, Politiker zu werden, um Deutschland zu befreien und zu erlösen.

In den Jahren zwischen dem Erscheinen von „Mein Kampf" und Hitlers Tod 1945 zog sich der Erste Weltkrieg wie ein roter Faden durch die Reden und Verlautbarungen des einstigen Gefreiten. Auch im Privaten ließ Hitler der Krieg nicht los. Seine Entourage auf dem Berghof fürchtete stets, dass einer von Hitlers Gästen spätabends den Ersten Weltkrieg erwähnen würde. Denn dann wussten sie, was bevorstand. Hitler würde sich wieder in stundenlangen Monologen über seine Zeit im Weltkrieg ergehen und sie alle würden um ihren Schlaf gebracht sein.

Auch schlachteten Hitlers Propagandisten die vermeintlichen nationalsozialistischen Erweckungserlebnisse des Diktators unentwegt politisch aus. Dabei griffen sie immer wieder das messianische Grundmuster aus „Mein Kampf" auf. Beispielsweise bedienten sie sich der Geschichte von Jakob Weiß, einem Weltkriegskameraden Hitlers, der nach der nationalsozialistischen „Machtergreifung" Bürgermeister seines Heimatdorfs geworden war und den Hitler immer noch gelegentlich traf. In den Dreißigerjahren veröffentlichten Zeitungen Artikel über Hitlers Besuch bei Weiß Ende des Jahres 1919. Hitler wurde in den Artikeln als neuer Messias dargestellt. Er wurde ausdrücklich als „Prophet" bezeichnet, dem die Menschen anfangs kein Gehör geschenkt hätten.

In den Bericht von Hitlers Reise wurden Motive aus der Geschichte von Christi Geburt eingeflochten. Hitler sei nachts in Weiß' Heimatort eingetroffen und von allen Gasthöfen in der Umgebung abgewiesen worden, weshalb er die Nacht wie einst Maria und Joseph in der Kälte habe verbringen müssen. Anschließend wurde die Geschichte von Hitlers Aufstieg zur Macht aus der Sicht von Weiß geschildert, der Hitler als Heilsbringer beschrieb, welcher das „Dritte Reich" auf dem Ideal der Kameradschaft, wie sie beide an der Westfront erfahren hatten, errichte.

Beinahe gebetsmühlenartig wiederholte die nationalsozialistische Propaganda in immer wieder neuen Erzählungen vom Meldegänger Hitler, der durch Maschinengewehrfeuer von Schützengraben zu Schützengraben lief, die gleiche Geschichte: Er sei aus dem Ersten Weltkrieg als messianischer Prophet zurückgekehrt, und die Kameradschaft, die er dort in seinem Regiment erlebt habe, sei ein Modell für ein neues, besseres, nationalsozialistisches Deutschland. In immer neuen Auflagen der Kriegserinnerungen von Hitlers Meldegängerkamerad Balthasar Brandmayer verfeinerten die Propagandisten des „Dritten Reichs" die politische Botschaft, für die Hitlers

Massenquartier im Asyl in der Floßgasse in Wien, 1908. In solchen Heimen nächtigte Hitler vor dem Weltkrieg.

Jahre an der Westfront des Ersten Weltkriegs herangezogen wurden. Es galt, Hitlers Regiment als Keimzelle eines egalitären nationalsozialistischen Deutschland und einer neuen „Volksgemeinschaft" darzustellen. All diese Darstellungen dienten nur einem einzigen Zweck. Sie sollten Adolf Hitler und dem Regime größeren Rückhalt in der Bevölkerung verschaffen.

Auch wurden Hitlers Kriegserlebnisse immer wieder dazu benutzt, um zu beweisen, dass der Erste Weltkrieg Hitlers Antisemitismus verfestigt habe. Dazu griff die nationalsozialistische Propaganda vor allem auf das Verhältnis Hitlers und seiner Regimentskameraden zu dem jüdischen Regimentsadjutanten Hugo Gutmann zurück. Bei Brandmayer lesen wir beispielsweise, Hitler und die anderen Meldegänger aus Hitlers Regiment hätten Gutmann wegen seiner jüdischen Gesichtszüge verachtet.

In den Kriegserinnerungen Hans Mends, der zusammen mit Hitler im Regimentsstab diente, lesen wir, dass beide Gutmann an einem Dezembermorgen im Jahr 1915 auf einer Straße hinter der Front begegnet seien. Hitler sei angeblich sofort hinter einem Baum am Straßenrand verschwunden, um zu vermeiden, Gutmann grüßen zu müssen: „[Hitler] war jedoch von [Gutmann] gesehen worden und sollte Rede und Antwort stehen, warum er sich drücke, aber Hitler sah ihn nur an. Sein Gesichtsausdruck schien jedoch mehr zu sagen, denn der hochnäsige G[utmann] regte sich immer mehr auf und mit der Drohung, dass er Hitler zur Bestrafung melden wolle, ritt er weiter. Als Hitler wieder zu mir trat, sagte er: ‚Diesen Juden erkenne ich als Offizier nur im Feuerbereich an. Hier kann er seiner jüdischen Frechheit Ausdruck verleihen, wenn er wirklich einmal in die Stellung muss, dann möchte er sich in jedes Mausloch verkriechen, da ist ihm auch das Grüßen Nebensache.'"

Die Geschichten, die Goebbels' Propagandisten und Hitler selbst immer wieder geschickt erzählten, und Heinrich Hoffmanns Fotografien hatten erstaunlichen Erfolg. Auch Jahrzehnte nachdem sich Hitler und Goebbels im Führerbunker umgebracht hatten, lebten ihre Erzählungen munter fort. Natürlich waren die Berichte aus den Kriegsjahren des „Führers" immer als Über-

Hitler (links im Bild) mit Kameraden aus der Etappe, ca. 1915. Hitler diente im Weltkrieg als Regiments-Meldegänger nicht zwischen den Schützengräben an der Front, sondern als „Etappenschwein" im vergleichsweise komfortablen Hinterland.

treibung angesehen worden, aber eben nur als Übertreibung einer Geschichte, die in ihrem Kern als richtig akzeptiert wurde.

Nachdem die Historikerin Brigitte Hamann Mitte der Neunzigerjahre Hitlers Behauptung, schon in seiner Wiener Vorkriegszeit radikalisiert worden zu sein, erfolgreich infragegestellt hatte, wurden die nationalsozialistischen Legenden über Hitlers Kriegsjahre sogar noch wichtiger, als sie es je zuvor gewesen waren. Es galt der neue Konsens: Wenn Hitler nicht schon vor dem Krieg radikalisiert worden war, dann musste der Erste Weltkrieg für seine Transformation ausschlaggebend gewesen sein. Hinzu kam, dass Mitte der Neunzigerjahre die Idee, die deutsche Geschichte habe schon seit der Zeit der Aufklärung einen illiberalen, autoritären „Sonderweg" eingeschlagen, immer weniger Beobachter zu überzeugen vermochte. Daher wurde auch bezüglich der Radikalisierung der deutschen Gesellschaft immer mehr Augenmerk auf den Ersten Weltkrieg gelegt. Er wurde vor allem innerhalb Deutschlands bald nur noch als „Urkatastrophe" und Ursprung der noch größeren Katastrophen des „Dritten Reichs", des Zweiten Weltkriegs und des Holocausts verstanden.

Dem Grundkonsens der ersten Jahre des neuen Jahrtausends zufolge wurde Hitler im Ersten Weltkrieg und der unmittelbaren Nachkriegszeit radikalisiert, wobei dieser Zeitraum als eine Einheit gesehen wurde. Demnach sei Adolf Hitlers

Thomas Weber

radikaler Antisemitismus spätestens ab Winter 1916/17 durchgebrochen, zur gleichen Zeit, als eine höchst kontroverse Judenzählung in den deutschen Streitkräften durchgeführt wurde. Nach Aussage des britischen Hitler-Biografen Ian Kershaw gibt es keinen Grund zur Annahme, dass Hitlers spätere Berichte über seinen Antisemitismus eine Rückprojektion von Gefühlen gewesen sei, die er tatsächlich erst nach Kriegsende entwickelt habe. Kershaw zufolge habe sich Hitler schon während des Kriegs wiederholt in Verbalattacken gegen Marxisten und Juden ergangen und sei aus dem Krieg in seinem Denken mehr oder weniger vollständig geformt zurückgekehrt.

Während des Kriegs wurde Hitler (hintere Reihe, zweiter von rechts) mehrfach in Lazaretten behandelt, hier in Beelitz bei Potsdam, 1916.

Gegen das Bild Hitlers, das Heinrich Hoffmann, andere Propagandisten und der „Führer" selbst gezeichnet hatten und welches bis vor Kurzem mehr oder weniger als akzeptiert galt, war Korbinian Rutz bereits 1932 in seinem Versuch zu Felde gezogen, dem Dikator-in-spe im Wahlkampf die Maske vom Gesicht zu ziehen und sein wahres Gesicht zu entblößen. Am 23. Februar 1932 veröffentlichte die Hamburger sozialdemokratische Zeitung „Echo der Woche" seinen anonymen Artikel unter dem Titel „Kamerad Hitler". Hier erläuterte Rutz, dass das meiste, was Hitler über seine Zeit im Krieg erzählt habe, frei erfunden sei. Der Offizier und ehemalige Vorgesetzte Hitlers legte dar, dass Hitler nicht in vorderster Linie gekämpft habe, sondern den Krieg in der relativen Sicherheit des Regimentshauptquartiers hinter der Front verbracht habe. Er habe wahrscheinlich im gesamten Krieg keinen einzigen Schuss abgegeben und seine höchsten Auszeichnungen, zwei Eiserne Kreuze, nur deshalb erhalten, weil er sich gut mit den Offizieren verstanden habe, die das Recht gehabt hätten, Soldaten für Auszeichnungen vorzuschlagen.

Rutz' Artikel deckt sich mit dem Bericht, den ein anderer Veteran aus Hitlers Regiment, Josef Stettner, ebenfalls im Jahr 1932 in der Braunschweiger SPD-Zeitung „Volksfreund" veröffentlichte. In Stettners Augen hatte Hitler im Krieg ein angenehmes Leben geführt:

Hitler hatte es aber verstanden, rechtzeitig „Druckpunkt" zu nehmen. Er erwischte bereits Ende 1914 ein Pöstchen als Regimentsordonnanz hinter der Front. Zuerst lag er beim Regimentsstab in den unterirdischen Gewölben und Kellern von Fromelles. Monatelang mussten die Infanteriekompanien, die in Reserve lagen, und eigens dazu kommandierte Pioniere daran arbeiten, die Unterstände des Regimentsstabes bombensicher zu machen. Während wir vorn im Graben 7–10 Tage ununterbrochen in der Nässe lagen oder bis zum Bauche im Schlamme auf Posten standen, lag Hitler auf einer warmen, läusefreien Drahtklappe in Fromelles und hatte mehrere Meter schützendes Gestein über seinem Heldenhaupte.

Es dauerte aber gar nicht so sehr lange, da richtete sich der ganze Stab sogar in Fournes, etwa 10 Kilometer hinter der ersten Linie, noch viel gemütlicher ein. Dort hatten die Ordonnanzen über ein Jahr ein eigenes Zimmer in einem ehemaligen Estaminet (kleine Wirtschaft oder Café). Jeder von uns im Graben hätte sich die Finger geleckt, wenn er mit dem Helden Hitler auch nur acht Tage hätte tauschen können. [...] Das Fronterlebnis bestand für den Gefreiten Hitler mehr im Genuss von Kunsthonig und Tee als in der Beteiligung an irgendeiner Kampfhandlung. Von der wirklichen Kampfzone war er durch eine Zone von rund 10 Kilometer getrennt.

Und Josef Stettner stellte klar, dass Hitler als Meldegänger beim Regimentshauptquartier, anders als die Bataillons- oder Kompanieordonnanzen, kaum einmal die Feuerlinie hatte durchqueren müssen:

Nun haben manche Hitlerverherrlicher darauf hingewiesen, dass der Dienst als Ordonnanz schwerer gewesen sei als der eines Grabensoldaten. Während die Truppen in der ersten Linie

aber übersehen, dass die Befragten auch im Regimentsstab gedient hatten. Sie sahen sich daher genauso wie Hitler dem Vorwurf ausgesetzt, nicht richtig dazugehört und ein leichtes Los gehabt zu haben. Deshalb hatten sie ein verständliches eigenes Interesse, ganz unabhängig von ihren politischen Einstellungen, Hitlers Darstellung zu bestätigen.

hatten ruhig in Deckung liegen können, so sagt man zu Hitlers Gunsten, seien die Melder auf ihren Gängen dem Feuer viel mehr ausgesetzt gewesen. Das kann ich aber nur für Kompagnie- oder noch Bataillonsordonnanzen gelten lassen. Die Regimentsordonnanzen mussten im schlimmsten Falle höchstens bis zum Bataillonsunterstand, der immer noch weit hinter der ersten Linie lag, und selbst bei diesem Gang mussten in den meisten Fällen, besonders wenn dicke Luft war, die Befehlsempfänger des Bataillons beim Regimentsstab übernehmen. Die Tätigkeit der Regimentsordonnanzen lag durchweg außerhalb der gefährlichen Zone des Maschinengewehrfeuers.

Die Artikel von Rutz und Stettner waren nicht, wie man lange annahm, ziemlich platte, wenn auch ehrenwerte sozialdemokratische Versuche, Hitlers weiteren Aufstieg zu verhindern. Aber Hitler war äußerst geschickt gegen das „Echo der Woche" vor Gericht gezogen und hatte die Anonymität von Rutz' Artikel ausgeschlachtet. Ferner lud er Entlastungszeugen aus dem Kreis seiner Kameraden aus dem Regimentsstab vor, die seine Aussagen bestätigten. Historiker haben den Aussagen dieser Entlastungszeugen lange Glauben geschenkt, weil diese unterschiedliche politische Überzeugungen hatten, haben dabei

Allerdings zeigen unzählige Dokumente in den Akten des 16. Bayerischen Infanterieregiments, dass Rutz und Stettner Hitlers wahre Rolle geschildert haben. Eine unanfechtbare Bestätigung dafür, dass die große Mehrheit der Soldaten des Regiments ihre Sicht der Dinge teilte, stammt von Hitlers Kriegskamerad Ferdinand Widmann, der 1932, als sich Hitler gegen die Angriffe von Rutz und Stettner wehrte, beschloss, dass es an der Zeit sei, dem Führer der NSDAP zu schreiben. Hitler müsse doch wissen, schrieb Widmann, dass die Kernaussage seiner Kritiker beinahe deckungsgleich mit der allgemeinen Wahrnehmung der Frontsoldaten ihres Weltkriegsregiments gewesen sei: „Nun, es ist einmal Ansicht sämtlicher Grabensoldaten, dass die vom Regimentsstab schon zu den Etappenschweinen gehörten." Er erinnerte an die „allgemeine Empörung" im Regiment, als bekannt wurde, dass die Meldegänger Urlaub bekommen hatten: „Millionen denken so und der Dienst als Ordonnanz wird von all diesen als gering erachtet." Abschließend erklärte Widmann, er und Hitler hätten natürlich ehrenhaft gedient. Dies ändere jedoch nichts an der Tatsache, dass die gegen sie gerichtete Kritik zum großen Teil berechtigt sei. Hitler könne nicht bestreiten, dass sie unter ganz anderen, besseren Bedingungen gedient hätten als die Frontsoldaten:

Soldaten am Rand eines Minenkraters nahe Messines bei Ypern (Belgien). Am Morgen des 21. Mai 1917 wurden hier in Tunneln unter den deutschen Linien 19 Minen gesprengt, von denen die größte 42 Tonnen schwer war. Die Explosionen sollen in London und sogar in Dublin zu hören gewesen sein. Hitler gehörte nicht zu den fast 44.000 Toten, Verwundeten und Vermissten: Er überlebte im Hinterland im sicheren Keller des Klosters in Messines.

Richtig ist und nicht aus der Welt zu schaffen, dass es beim Regimentsstab auf jeden Fall besser war als bei der Kompanie. Adolf wir können es nicht aus der Welt schaffen, dass wir eben Regimentsstabler waren. Der Begriff, dass keine Infanterie oder Maschinengewehrgeschoss eine Ordonnanz hätte treffen können, ist Ansicht dieser Leute, ohne dass sie es böse meinen, denn wer nicht im Graben lag, hat nach derer Meinung nichts geleistet. Auch bist Du nicht verantwortlich zu machen über Deinen Aufenthalt im Klosterkeller von Messines, in den sicheren Unterständen von Fromelles und Fournes, auch wirst Du nicht veranlasst haben, dass diese Unterstände gebaut wurden.

Zum 13. Reichsfrontsoldatentag des „Stahlhelm" war Hitler in Berlin, 3. September 1932. Alle politischen Gruppierungen von links bis rechts hatten ihre Frontsoldaten-Verbände, aber keine instrumentalisierte die Erinnerung an den Weltkrieg so erfolgreich wie die NSDAP.

Objektiv gesehen gehörte das Gebiet im Rücken des Geländes, auf dem gekämpft wurde, mit zum Kampfgebiet und nicht zur Etappe. Ferner war Hitler objektiv betrachtet ein guter, äußerst gewissenhafter und keinesfalls feiger Soldat, wie eine kurze Zusammenfassung seines Kriegsdienstes zeigt.

Obwohl Hitler 1914 die Gelegenheit gehabt hatte, sich dem Kriegsdienst zu entziehen, da er erst einige Monate zuvor in Österreich als kriegsdienstuntauglich gemustert worden war, meldete er sich gleich nach Kriegsausbruch als Freiwilliger bei der Bayerischen Armee. Nach einem Schnellkurs als Soldat kam er mit seinem Regiment, das nach seinem ersten Kommandanten häufig List-Regiment genannt wurde, an die Westfront, wo er in der Ypernschlacht seine Feuertaufe als Infanterist erlebte. Nachdem die erste Schlacht riesige Lücken in die Reihen der Soldaten geschlagen hatte und es nicht mehr genug Meldegänger gab, wurde er zum Gefreiten befördert und zum Regimentsstab versetzt, wo er in seiner neuen Funktion bis zum Kriegsende diente.

Allein sein Dienst an der Front war ungewöhnlich lang. Auch wenn Hitler weniger als die Soldaten in den Schützengräben dem Infanteriefeuer und den Elementen ausgesetzt war, war die Gefahr durch Artilleriefeuer hoch. Tatsächlich wurde der Meldegänger zweimal so stark verletzt, dass er in Lazarette in Deutschland verlegt werden musste. Ferner wurde Hitler nicht nur das Eiserne Kreuz Zweiter, sondern auch das Erster Klasse verliehen, was für Gefreite ungewöhnlich war. Es gibt keine Hinweise, dass er sich vor Aufgaben gedrückt hat, und ihm Rahmen dessen, was ihm aufgetragen wurde, enttäuschte er seine Vorgesetzten nie. Kurzum: Hitler war ein guter Soldat.

Wenn der spätere Diktator aber ein gewissenhafter und guter Soldat war, wieso hielt er sich nicht an die Tatsachen? Wieso sah er es als erforderlich an, sich der Hilfe Heinrich Hoffmanns zu bedienen und akzeptierte das Bild, das Rutz von ihm gemacht hatte, nicht? Wieso hielt er eine Lüge für notwendig? Die Antwort auf diese Fragen liegt darin begründet, dass Hitlers wirkliche Kriegserfahrungen dem Versuch im Wege standen, sich als typisches Produkt seines Regiments darzustellen. Wenn die Frontsoldaten seiner Einheit ihn tatsächlich als „Etappenschwein" wahrgenommen hatten, konnte er sich kaum als Verkörperung des unbekannten deutschen Soldaten darstellen, dessen Erfahrungen im Krieg ihn zum Nationalsozialisten gemacht hatten.

Schon Hitlers Vorkriegsgeschichte taugte nicht für die Legenden, die er zu stricken versuchte, denn offenbar hatte er sich, bevor die österreichischen Behörden ihn in München im Jahr 1913 aufspürten, bewusst dem Militärdienst in der Habsburger Monarchie dadurch entzogen, dass er das Weite suchte und nach München zog. Auch passte die Tatsache, dass Hitler nie über den Rang eines Gefreiten hinaus befördert wurde, nicht zur Bildungsgeschichte des „Führers" eines künftigen „Dritten Reichs", da der eigentliche Grund für seine Nichtbeförderung darin lag, dass seine Vorgesetzten in ihm zwar einen ausgezeichneten Befehlsempfänger sahen, aber keinerlei Führungsqualitäten in ihm entdecken konnten.

Seine unmittelbaren Kameraden aus dem Regimentsstab mochten Hitler in der Regel, aber sie sahen in ihm einen Sonderling, der von allen akzeptiert wurde, der aber nie so richtig dazugehörte, weder wenn sie zusammensaßen, noch wenn sie durch die Kneipen oder Bordelle der Orte hinter der Front zogen. (Berichte, nach denen Hitler während des Kriegs einen Sohn mit einer Französin gezeugt habe, sind mit großer Wahrscheinlichkeit unwahr.) Hitler saß meistens vor sich hinredend oder lesend in der Ecke. Bei Ausflügen in die Orte des Hinterlandes streifte er zumeist allein durch die Straßen und zeichnete gelegentlich. Dazu passte auch, dass Hitler in den Gruppenaufnahmen, die ihn im Kreise seiner Kameraden zeigen, in der Regel am Rand sitzt oder steht.

Schließlich präsentierte sich Hitler als Opfer eines Gasangriffs, das, durch Senfgas vorübergehend erblindet, wochenlang im Lazarett im pommerschen Pasewalk lag. Als er von Deutschlands Niederlage gehört habe, sei er erneut erblindet und habe in dem Augenblick beschlossen, Politiker zu werden. Tatsächlich gibt es gute Gründe für die Annahme, dass Hitler im Lazarett wegen psychosomatischer Blindheit behandelt wurde, was zu seiner Zeit als anrüchig galt, und im Lazarett auch keine politischen Entscheidungen getroffen hat. Es überrascht daher nicht, dass er nach der „Machtergreifung" schleunigst seine Pasewalker Krankenakte beschlagnahmen ließ und dass die meisten Leute, die den Inhalt dieser Akte kannten, unter nie geklärten Umständen zu Tode kamen.

Nach dem Krieg zeigte die Mehrzahl der Veteranen des List-Regiments Hitler die kalte Schulter. Zumindest bis 1933 trat nur eine kleine Minderheit der früheren Regimentsangehörigen der NSDAP bei. Hitler selbst hat nur ein einziges Mal überhaupt an einem Treffen des Veteranenvereins teilgenommen. Selbst als 1934 NS-Propagandisten ein großes Treffen aus Anlass des 20. Jahrestags des Kriegsausbruchs in München organisierten, zog Hitler es vor, nicht den Veteranen des List-Regiments von Angesicht zu Angesicht gegenüberzutreten. Wie die Frau eines seiner Kriegskameraden am Tag nach dem Treffen an Jakob Weiß schrieb: „Möge bald der Tag kommen wo unser Führer bei seinen treuen Kameraden weilt. Das Herz könnte einem Wehe tun dass es doch noch Kameraden geben kann, denen die heiligste, innerste Überzeugung fehlt, dass die Zukunft Hitler ist[.] [D]arum kann auch Hitler nicht kommen. Ich verstehe alles trotzdem ich nur eine Frau bin."

Hitler kam zugute, dass – wie wir im Falle von Max Amann, Fritz Wiedemann, Hans Mend und Balthasar Brandmayer gesehen haben – zumindest ein kleiner Teil der Veteranen seine Darstellung, nach der sein Regiment eine Brutstätte des Nationalsozialismus gewesen sei, unterstützten. Tatsächlich lässt sich anhand des Beispiels von Brandmayers Kriegsmemoiren gut nachzeichnen, wieso die Kriegsgeschichten so wichtig für Hitler und seine Propagandisten waren. Es ging darum, die Erinnerung an den Ersten Weltkrieg politisch zu instrumentalisieren. So begann Hitler intensiv über die Lehren der Kameradschaft aus dem Weltkrieg für eine in der Zukunft zu errichtende Volksgemeinschaft zu reden, als in der zweiten Hälfte der Zwanzigerjahre die NSDAP auf einem Tiefpunkt angekommen war und als gleichzeitig Politiker aller Richtungen die angeb-

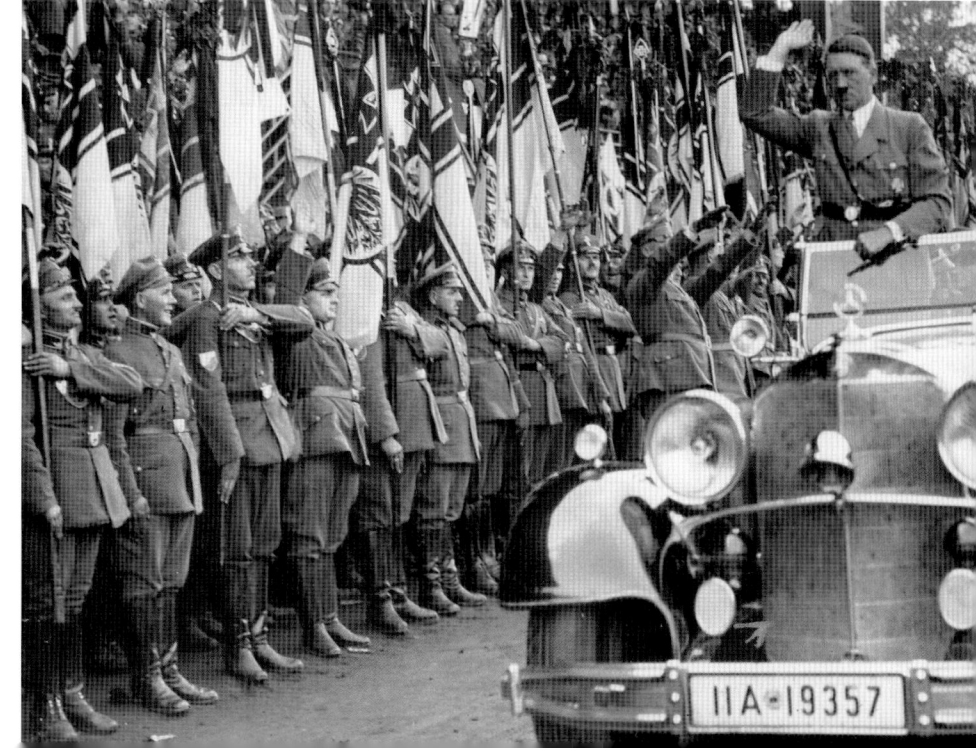

Hitler in seinem Privatauto mit Münchner Kennzeichen auf dem Reichsfrontsoldatentag des „Stahlhelm". Undatierte Aufnahme, vermutlich Berlin, 3. September 1932.

Zur Ideologie der Volksgemeinschaft gehören Diskriminierung und Antisemitismus: Jüdische Frauen in Linz wurden nach der Pogromnacht des 9. November 1938 öffentlich gedemütigt, die Haare wurden ihnen abgeschnitten und Schilder umgehängt: „Ich bin aus der Volksgemeinschaft ausgestoßen!"

liche Kameradschaft der Schützengräben feierten. Nach 1933 wiederum tischte Hitler ausländischen Besuchern Kriegsgeschichten auf, die beweisen sollten, dass er als Veteran dieses schrecklichen Kriegs natürlich keinen neuen planen würde.

Brandmayers Kriegserinnerungen waren erstmals kurz vor Hitlers „Machtergreifung" erschienen. Doch bei jeder Neuausgabe dichteten NS-Propagandisten Brandmayers Text um. Alle wesentlichen Veränderungen dienten dazu, Hitlers Regiment als Keimzelle eines egalitären, nationalsozialistischen Deutschland darzustellen. Jede Stelle, die der Behauptung widersprach, Hitlers Regiment sei ein Modell jener Kameradschaft gewesen, welche im Endeffekt die „Volksgemeinschaft" hervorgebracht habe, wurde entweder gestrichen oder durch Erfundenes ersetzt. So muss sich Brandmayer in der Ausgabe von 1933 noch ganz allein zu den deutschen Linien zurückschleppen, nachdem er in der Schlacht bei Neuve Chapelle schwer verwundet worden ist. In der Auflage von 1940 ergeht es ihm besser, denn nun bringen ihn „barmherzige Kameraden" in Sicherheit. Im Gegensatz zur Erstausgabe wird in der Fassung des Jahres 1940 die Kameradschaft im List-Regiment beschworen: „Es wird dereinst die Zeit kommen, wo man das hohe Lied der Kriegskameradschaft in Deutschlands Gauen singen wird. Ein jeder war um das Wohl des anderen besorgt, jeder teilte Freud und Leid mit den Kameraden, alle fühlten sich als eine große Familie."

In den ersten Auflagen des Buchs beschreibt Brandmayer die meisten Offiziere aus Hitlers Regiment als inkompetent, unnahbar und selbstsüchtig und wirft ihnen vor, keinerlei Respekt für ihre Truppen gehegt zu haben. In der Ausgabe von 1940 wird diese Argumentation auf den Kopf gestellt. Nun heißt es, die meisten Offiziere von Hitlers Regiment hätten sich gegenüber den einfachen Soldaten vorbildlich verhalten. Alle Änderungen dienten nur einem einzigen Zweck: Sie sollten Adolf Hitler und seinem Regime größeren Rückhalt in der Bevölkerung verschaffen.

Hans Mends Aussagen, dass Hitler schon während des Kriegs dezidiert antisemitisch gewesen und Hugo Gutmann allgemein verhasst gewesen sei, waren in den späteren Auflagen von Brandmayers Buch völlig verschwunden, denn mittlerweile hatte er sich zu einem Gegner Hitlers entwickelt und verbreitete nun negative Geschichten über Hitlers Kriegsjahre, die genauso erfunden waren wie die früheren, in seinem ursprünglich Hitler verherrlichenden Buch.

Tatsächlich war Hugo Gutmann, ähnlich wie andere jüdische Soldaten in Hitlers Regiment, allgemein akzeptiert und anerkannt gewesen. Der Antisemitismus hatte keine große Rolle in Hitlers Regiment gespielt. Als Hugo Gutmann später von den Nationalsozialisten verfolgt wurde, waren es mehrere Veteranen des List-Regiments, unter ihnen sogar Fritz Wiedemann, die dem jüdischen Offizier zur Seite standen und halfen, aus Deutschland herauszukommen. Wiedemann hatte sich während der Friedensjahre des „Dritten Reichs" zumindest äußerlich so verhalten, wie es der Legende um Hitlers Regiment als Keimzelle des Nationalsozialismus entsprach. Doch schon damals half er nicht nur Gutmann und anderen Juden. Schließlich kam es zum Zerwürfnis mit dem „Führer" und Wiedemann wurde als deutscher Generalkonsul nach San Francisco abgeschoben. Dort traf sich der ehemalige Führungsoffizier Hitlers im Jahre 1940 mit Vertretern des britischen Geheimdienstes, um zu diskutieren, wie der Diktator am besten beseitigt werden könne.

Die NS-Propaganda musste aber nicht nur immer neue Märchen über Hitlers Weltkriegsregiment auftischen, weil sich die Mehrheit der Soldaten der Einheit anders verhalten hatte, als

Adolf Hitler und der Erste Weltkrieg. Erfahrungen und Konsequenzen

es der nationalsozialistischen Sicht entsprach. Auch Hitler selbst hatte sich politisch und weltanschaulich anders verhalten, als es später ins Bild passte. Seine politischen Ansichten während des Kriegs waren recht unkonkret alldeutsch gewesen. Das heißt, er hasste inbrünstig das Habsburgerreich und sah sich als deutscher Österreicher. Er wandte sich auch gegen einen inneren Internationalismus in Deutschland, was aber kaum, wie häufig angenommen, in erster Linie oder gar ausschließlich gegen die Sozialdemokratie gerichtet war. Vielmehr sollte „innerer Internationalismus" als ein Sammelbegriff für internationalen Kapitalismus, internationalen Sozialismus und Ultramontanismus verstanden werden.

Auch der Antisemitismus spielte bis Kriegsende für Hitler im eigentlichen Sinne keine nennenswerte Rolle. Hitler kehrte mit noch formbaren Ideen, politisch ziemlich desorientiert aus dem Krieg zurück. Seine politische Zukunft war nicht vollkommen offen, konnte sich aber noch in verschiedene kollektivistische linke und rechte Richtungen entwickeln. Vieles deutet darauf hin, dass Hitler sich nach Kriegsende zunächst zu linken Gruppierungen hingezogen fühlte, solange sie nicht zu internationalistisch-sozialistisch waren. Innerhalb weniger Monate übernahm Hitler dann aber radikal-antisemitische, rechtsextreme Positionen. Hitler radikalisierte sich nicht im Krieg oder unmittelbar während der Revolution, sondern erst im nachrevolutionären München, vor allem nachdem ihm im Frühsommer nach der Bekanntgabe der Versailler Friedensbedingungen klar geworden war, was die Niederlage im Ersten Weltkrieg bedeutete. Wie und warum dieser Wandel sich vollzog und wann er abgeschlossen war, ist nach wie vor ein ungelöstes Rätsel.

Im Nachhinein spielte der Erste Weltkrieg aber eine große Rolle für Hitler. Und er war nicht nur Mittel zum politischen Zweck. Zum einen war die verzögerte Realisierung, wie sehr Deutschland den Krieg verloren hatte, ein politisches Erweckungserlebnis für Hitler, als Resultat dessen er, wie es scheint, die angloamerikanische Welt als geopolitische Herausforderung entdeckte. Auch benutzte Hitler in den folgenden Jahren seine nachträglich konstruierten Erfahrungen aus dem Weltkrieg als Inspiration bei der Formung seiner Weltanschauung. So ist die Art, wie Hitler den Ersten Weltkrieg im Nachhinein uminterpretierte, wichtiger als das, was er im Krieg wirklich getan hat.

Vor allem aber benutzte Hitler im Zweiten Weltkrieg immer wieder die Erfahrungen seines ersten Kriegs als Inspiration, wenn er seinen Generälen nicht mehr traute. Hitler versuchte freilich nicht den Ersten Weltkrieg zu wiederholen, sondern aus Fehlern zu lernen und überstimmte immer wieder seine Heeresführer, da er meinte, als einfacher Gefreiter des Ersten Weltkriegs das Gesicht des Krieges besser zu kennen als seine Generäle, die den Krieg nur aus Distanz erlebt hätten.

Hitler war zu diesem Zeitpunkt ein Opfer seiner eigenen Legendenbildungen geworden. Der Diktator hatte das Bild des Gefreiten Hitler, das Heinrich Hoffmann geschaffen hatte, verinnerlicht. Es hatte nur wenig mit dem viel akkurateren Bild gemein, welches Korbinian Rutz von ihm im Jahre 1915 geschossen hatte. Als Hitler im Führerbunker 1945 Selbstmord beging, trug er eine einfache Uniform und sein Eisernes Kreuz aus dem Ersten Weltkrieg. Er starb als Gefreiter des Ersten Weltkriegs, so wie Heinrich Hoffmann ihn geschaffen hatte.

Links: Das russische Fernsehen zeigte am 15. September 1992 Aufnahmen aus dem Archiv des Geheimdienstes, die angeblich den Leichnam Adolf Hitlers zeigten. Tatsächlich inspizieren die Rotarmisten eines von zwei Hitler-Doubles, die beide tot im Berliner Führerbunker gefunden worden waren.

Rechts: US-Sergeant Foggle aus Ohio vor einer Deutschlandkarte mit der handschriftlichen Ergänzung: „Hitler dead!!! Adolph kaput", 1. Mai 1945.

Ernst Piper

Die nationalsozialistische Neuordnung Europas.
Vom Lebensraum im Osten zum Holocaust

Ein NS-Propagandafoto von der Ostfront: „Lebensraum" für die Eroberer. Die idyllisch wirkende Aufnahme zeigt einen Bauernhof in der Ukraine, aus dem die Einheimischen vertrieben und durch „volksdeutsche" Zuwanderer ersetzt wurden.

„Ostorientierung oder Ostpolitik" heißt ein zentrales Kapitel im zweiten Band von Adolf Hitlers Buch „Mein Kampf". Für seine außenpolitische Konzeption ist dieses Kapitel von entscheidender Bedeutung. Der völkische Staat, so heißt es dort, habe die Existenz der durch ihn zusammengefassten Rasse sicherzustellen. Die Tragekraft des Bodens ist dabei ein Aspekt, seine militärische Sicherung ein anderer. In Deutschland war nach Hitlers Überzeugung das Verhältnis von Volkszahl zu Grundfläche „jämmerlich beschaffen". Deshalb glaubte er, dass „das deutsche Volk seine Zukunft nur als Weltmacht vertreten können" würde. Dazu aber musste als erste Voraussetzung das „Missverhältnis zwischen unserer Volkszahl und unserer Bodenfläche" beseitigt werden, musste das „Volk ohne Raum" Lebensraum gewinnen. Um diese Forderung durchzusetzen, bedurfte es eines weiteren Krieges. Daraus machte Adolf Hitler schon 1926 keinen Hehl:

„Der Grund und Boden, auf dem dereinst deutsche Bauerngeschlechter kraftvolle Söhne zeugen können, wird die Billigung des Einsatzes der Söhne von heute zulassen." Die entscheidende Frage war nur, wo dieser Eroberungskrieg zu führen war. Auch hier gab Hitler eine klare Antwort: „Wenn wir aber heute in Europa von neuem Grund und Boden reden, können wir in erster Linie nur an Russland und die ihm untertanen Randstaaten denken."

Hitler war davon überzeugt, dass Deutschlands Zukunft im Osten lag und nicht etwa in Afrika: „Sorgt dafür, dass die Stärke unseres Volkes ihre Grundlagen nicht in Kolonien, sondern im Boden der Heimat in Europa erhält." Russland, daran ließ er keinen Zweifel, war Deutschlands Hauptfeind: „Im russischen Bolschewismus haben wir den im zwanzigsten Jahrhundert unternommenen Versuch des Judentums zu erblicken, sich die Weltherrschaft anzueignen." Die Koexistenz einer zweiten Kontinentalmacht neben Deutschland hielt Hitler für unmöglich, deshalb führte an der Konfrontation mit Russland kein Weg vorbei. Ziel deutscher Außenpolitik sollte weder West- noch Ostorientierung sein, „sondern Ostpolitik im Sinne der Erwerbung der notwendigen Scholle für unser deutsches Volk." Das war ein klares Kriegsprogramm, niedergelegt genau 15 Jahre vor dem Überfall auf die Sowjetunion. Hitler verlor dieses Ziel nie aus den Augen. Als er am 3. Februar 1933, erstmals nach seiner Ernennung zum Reichskanzler, vor deutschen Generälen sprach, erneuerte er die Forderung nach der Eroberung neuen Lebensraums im Osten. Das Zeitalter der kolonisatorisch tätigen Seemächte

Die nationalsozialistische Neuordnung Europas. Vom Lebensraum im Osten zum Holocaust

ging nach Hitlers Überzeugung seinem Ende entgegen. Nun ging es um die Beherrschung und Nutzbarmachung großer Landmassen in Europa.

Der den radikalnationalistischen Alldeutschen nahestehende Geograf Friedrich Ratzel, einer der Väter der Geopolitik, hatte die „Gesetze des räumlichen Wachstums der Staaten" erdacht. In der mehr als tausendjährigen Geschichte des deutschen Volkes hatte es für Hitler nur drei Erscheinungen gegeben, die „als bleibende Früchte aus diesem Blutmeer hervorgegangen sind": Die Kolonisation der „Ostmark" durch die Bajuwaren, die Erwerbung und Durchdringung des Gebietes östlich der Elbe und die Entstehung des brandenburgisch-preußischen Staates als Kristallisationskern des Deutschen Reiches. Hier wusste Hitler sich eines Sinnes mit dem antisemitischen Historiker Heinrich von Treitschke, der 1862 sein Buch „Das deutsche Ordensland Preußen" vorgelegt hatte. Darin sprach er von „schonungslosen Rassenkämpfen" und besang „das gewaltige Schaffen unseres Volkes als Bezwinger, Lehrer, Zuchtmeister unserer Nachbarn". Der zu seiner Zeit ebenfalls sehr populäre Historiker Karl Lamprecht legte 1898 einen Aufsatz über „Die Lehren der Kolonisation Ostdeutschlands für die Politik der Gegenwart" vor. Viele weitere Beispiele für die im 19. Jahrhundert sich ausbildende Tradition eines nach Osten gerichteten expansionistischen Denkens ließen sich ohne große Mühe anführen. Nach 1933 wurde die Vision von der germanischen Landnahme, die Idee, der Osten sei ein „Raum deutscher Zukunft" (Kurt Freytag) gewissermaßen zur Staatsdoktrin, die in zahllosen Büchern, Aufsätzen, Reden und Vorträgen ihren Niederschlag fand. Die Ostsiedlung der deutschen Ordensritter wurde zum Vorläufer der antizipierten nationalsozialistischen Landnahme stilisiert. Der Rekurs auf die Vergangenheit, von der Vor- und Frühgeschichte über das Mittelalter bis zu den großen Preußenherrschern, gehörte nun zum Standardrepertoire.

Nach dem Ersten Weltkrieg hatte sich in Deutschland neben der Fachrichtung Osteuropäische Geschichte, die Ende des 19. Jahrhunderts entstanden war, eine Ostforschung entwickelt, die volkstumsgeschichtlich orientiert war und „ihren Impuls vor allem aus der Frontstellung gegen das Versailler System bezog" (Christoph Kleßmann).

Hatte schon Theodor Schiemann, der erste Extraordinarius für osteuropäische Geschichte, vehement den Regermanisierungsbestrebungen das Wort geredet, so stellte sich die Wissenschaft nach 1918 noch viel direkter in den Dienst der Politik. Die Revision des Friedensvertrags von Versailles wurde als nationale Aufgabe empfunden. Die Vorstellung vom für das deutsche Volk notwendigen Lebensraum wurde geschichtsmächtig. Popularisiert hat diese Idee der Geograf Karl Haushofer, der Professor an der Universität München war und Rudolf Heß zu seinen Schülern zählte. Haushofer unterschied in seinen populären Werken zwischen dem deutschen

Wehrgebiet, entsprechend den Abrüstungsbestimmungen von Versailles, dem deutschen Reichsgebiet, ebenfalls entsprechend dem Friedensvertrag, dem „geschlossenen Volksboden", der vor allem die verlorenen Gebiete zwischen Oder und Weichsel, Elsass-Lothringen und Österreich umfasste, und dem „Bereich deutschen Sprach- und Kultureinflusses", der bis weit nach Russland hineinreichte. Hier war der Wille zur Expansion überdeutlich erkennbar, und auch in der „Zeitschrift für Geopolitik" wurde immer wieder die These propagiert, der natürliche Weg der Deutschen sei der von Westen nach Osten.

Der Ordensritter im Dienste der „Ostpolitik": Ferdinand Staeger (1880–1976), „Abwehr ostischer Einfälle", gezeigt in der Großen Deutschen Kunstausstellung 1943.

Adolf Hitler auf dem Balkon der Hofburg in Wien, 15. März 1938. Darunter, auf dem Heldenplatz, hat sich halb Wien versammelt.

1931 wurden die Volksdeutschen Forschungsgemeinschaften gegründet, ein Netzwerk aus sechs Forschungsverbünden, unter ihnen die Nord- und Ostdeutsche Forschungsgemeinschaft (NODFG) und die Osteuropäische Forschungsgemeinschaft. Insgesamt waren hier etwa 1.000 Wissenschaftler organisiert, die dem Auswärtigen Amt, dem Oberkommando der Wehrmacht, Reichskommissar Himmler und später auch dem Reichsministerium für die besetzten Ostgebiete zuarbeiteten. Otto Reche, Experte in „Rassen"-Fragen bei der NODFG und Professor an der Universität Leipzig, prägte die Formel: „Wir brauchen Raum, aber keine polnischen Läuse im Pelz." Das heißt, der von Deutschland zu erobernde Raum musste auch von Deutschen besiedelt werden und zwar nur von Deutschen, wobei Reches Planungen auf ein Deutsches Reich mit 150 Millionen Einwohnern abzielten. Die durch den Friedensschluss von Versailles verlorenen Gebiete, etwa 50.000 Quadratkilometer, sollte Deutschland selbstverständlich zurückerhalten, zusätzlich weitere 150.000 Quadratkilometer, die Deutschland aus strategischen und wirtschaftlichen Gründen und zur Besiedlung benötige. Alle Spuren des „Polentums" hatten zu verschwinden. Der rassistische Purifizierungswahn richtete sich mit gleicher Radikalität gegen Polen wie gegen Juden. Professor Reche plante die Umsiedlung von zehn Millionen Menschen, was seiner Meinung nach ohne Weiteres innerhalb weniger Jahre zu bewerkstelligen sei. Ursprünglich hatten die Wissenschaftler der NODFG ein anderes Konzept propagiert: Im Frühjahr 1937 waren Pläne für die bevölkerungspolitische Neuordnung Polens vorgelegt worden, die eine Deportation der dreieinhalb Millionen polnischen Juden vorsahen, ihren nichtjüdischen Mitbürgern aber, bei Verlust der staatlichen Souveränität, eine Agrarreform bieten wollten. Der Sozialhistoriker Werner Conze, der 1943 eine Professur in Posen übernahm, hatte in seinem Gutachten argumentiert, dass die Blockierung von Handwerk und Handel durch die Juden zu einer gefährlichen Überbevölkerung des Landes geführt habe. Conze hatte deshalb für eine „Entjudung der Städte und Marktflecken" plädiert. Doch als Polen schließlich überfallen wurde, war dieses Konzept bereits obsolet, waren „Entpolonisierung" und „Entjudung" gleichermaßen zum Ziel geworden. Nunmehr sollte der polnische Staat zerschlagen, der größte Teil der Fläche dem Deutschen Reich inkorporiert und die einheimische Bevölkerung, soweit nicht „eindeutschungsfähig", in ein Generalgouvernement deportiert werden.

Am 30. Januar 1939 trat erstmals der nach dem „Anschluss" Österreichs neu gewählte „Großdeutsche Reichstag" zu einer Sitzung zusammen. Hitler gab eine Regierungserklärung ab, in der er auch noch einmal auf die Sudetenkrise zu sprechen kam, die Europa im Jahr zuvor hart an den Rand eines Krieges geführt hatte. Hitler betonte, dass er für den Fall, dass seine Forderungen nicht erfüllt würden, zum militärischen Einschreiten im Sudetenland entschlossen gewesen war. Er kam dann auf sein Kernthema zu sprechen, den „jüdischen Weltfeind". Deutschland sei friedliebend, aber die jüdische Frage müsse gelöst werden, denn diese „wurzellose internationale Rasse" stehe hinter den Kriegshetzern, die er z. B. in Großbritannien am Werk sah, da sie am Krieg verdiene. Der folgende Satz sollte der berühmteste dieser Rede werden: „Wenn es dem internationalen Finanzjudentum in- und außerhalb Europas gelingen sollte, die Völker Europas noch einmal in einen Weltkrieg zu stürzen, dann wird das Ergebnis nicht die Bolschewisierung der Erde und damit der Sieg des Judentums sein, sondern die Ver-

Die nationalsozialistische Neuordnung Europas. Vom Lebensraum im Osten zum Holocaust

nichtung der jüdischen Rasse in Europa." Die Vernichtung der „jüdischen Rasse" war Hitlers Ziel, nur ging die Kriegsgefahr in Wahrheit nicht vom „internationalen Finanzjudentum", sondern von ihm selbst aus. Die zitierte Drohung wiederholte er in den folgenden Jahren immer wieder bei ähnlich repräsentativen Auftritten.

Die Tschechoslowakei war den Nationalsozialisten von Anfang an ein Dorn im Auge gewesen. Sie sahen in dem Land vor allem ein Einfallstor des Bolschewismus in Europa. Mit geografischen Karten, auf denen das Land als drohend nach Westen ragender Keil hervorgehoben war, versuchten sie diese Drohung bildkräftig werden zu lassen. Hitler trieb die Isolierung der Tschechen voran, indem er mit der Drohung, dass das slowakische Territorium sonst Ungarn und Polen zufallen würde, den slowakischen Premier Jozef Tiso zwang, den Staatsverband mit den Tschechen aufzukündigen. Die Slowakei blieb ein formal selbständiger Satellitenstaat, der aber vollständig unter deutscher Kontrolle stand. Am 15. März 1939 besetzte die deutsche Wehrmacht die um das Sudetenland und die Slowakei verminderte Tschechische Republik, die „Resttschechei", wie sie im Nazijargon hieß, und errichteten dort das Reichsprotektorat Böhmen und Mähren.

Die Westmächte standen nun vor den Scherben ihrer Appeasementpolitik und sahen, dass ein Kurswechsel unausweichlich war. Davon profitierte Polen, jedenfalls zunächst. Hitler hatte im Januar 1934 mit dem polnischen Diktator Piłsudski einen Nichtangriffspakt geschlossen. Das war ein geschickter Schachzug gewesen. Er verschaffte Hitler internationales Renommee, war er doch mit der Anerkennung der polnischen Grenzen sogar weiter gegangen als alle demokratischen Politiker der Weimarer Republik. Zugleich trieb er einen Keil zwischen Frankreich und Polen und bannte die Gefahr eines Zweifrontenkrieges. Doch nach der Serie der Landgewinne ohne Kriegsfolgen verlor Hitler zunehmend das Interesse an diesem Nichtangriffspakt. Er verlangte im März 1939 die Angliederung der gemäß dem Versailler Vertrag als selbständiger Staat unter der Aufsicht des Völkerbundes stehenden Stadt Danzig an das Deutsche Reich sowie exterritoriale Verkehrswege durch den polnischen Korridor, um die Stadt mit dem Reich zu verbinden. Polen lehnte erwartungsgemäß ab, und Hitler hatte einen willkommenen Vorwand, um den Nichtangriffspakt zu kündigen. Daraufhin gaben Großbritannien und Frankreich eine Garantieerklärung für Polen ab. Es begann sich die Konstellation des kommenden Krieges abzuzeichnen.

Kurz bevor er die deutschen Truppen in Marsch setzte, gelang Hitler ein Coup, der entscheidende Entlastung versprach. Der deutsche Außenminister Ribbentrop und sein sowjetischer

Links unten: Kundgebung der NSDAP in der Freien Stadt Danzig, Juli 1939. Danzig war seit 1919 unabhängig unter Aufsicht des Völkerbundes. Seit 1933 hatte die NSDAP in Danzig die Mehrheit und stellte den Senatspräsidenten. Am 23. August 1939 wurde NSDAP-Gauleiter Albert Forster zum „Staatsführer" in Danzig erklärt. Er verfügte am 1. September den Anschluss an das Reich.

Der britische Premierminister Neville Chamberlain (2. v. l.) traf am 15. September 1938 auf dem Obersalzberg mit Hitler zusammen. Chamberlain stimmte zwei Wochen später dem Münchner Abkommen zu, das die „Sudetenkrise" im Sinne des NS-Regimes beendete.

Kollege Molotow verhandelten in Moskau über ein Wirtschaftsabkommen, das den Austausch von deutschen Industriegütern gegen sowjetische Rohstofflieferungen vorsah. Doch dabei ging es in Wirklichkeit um mehr, vor allem um die Position, die die Sowjetunion in der Polenfrage einnehmen würde. Am 18. August 1939 kam schließlich die entscheidende Nachricht, dass Stalin bereit war, einen Nichtangriffspakt zu unterzeichnen. Nach einem jahrelangen propagandistischen Trommelfeuer gegen den „jüdisch-bolschewistischen Weltfeind" war Hitler jetzt sehr an einer Übereinkunft mit dem sowjetischen Diktator interessiert, um den geplanten Angriff auf Polen nicht zum unkalkulierbaren Abenteuer werden zu lassen. Stalin hatte parallel zu den Kontakten mit Berlin auch in London sondiert. In dem Kräftedreieck Westmächte – Achsenmächte – Sowjetunion befürchtete jeder, dass die beiden anderen Lager sich miteinander verbünden könnten.

Solange die Sowjets noch an die englisch-französische Option glaubten, wurde Ribbentrop hingehalten, aber nach Hitlers Intervention am 23. August schließlich in Moskau empfangen. Ribbentrop und Molotow unterzeichneten den deutsch-sowjetischen Nichtangriffsvertrag noch am selben Tag. In einem geheimen Zusatzprotokoll zum Hitler-Stalin-Pakt, wie er bald genannt wurde, wurden „für den Fall einer territorialpolitischen Umgestaltung" die Interessensphären beider Seiten fixiert. Im zweiten Artikel des Zusatzprotokolls hieß es: „Die Frage, ob die beiderseitigen Interessen die Erhaltung eines unabhängigen polnischen Staates erwünscht erscheinen lassen und wie dieser Staat abzugrenzen wäre, kann endgültig erst im Laufe der weiteren politischen Entwicklung geklärt werden." Tatsächlich wurde diese Frage sehr schnell beantwortet. Acht Tage später begann die Besetzung Polens und damit der Zweite Weltkrieg in Europa.

Hitler hatte seine ursprüngliche Strategie für die von Anfang an als unausweichlich angesehene kriegerische Auseinandersetzung umkehren müssen. Die Hoffnung, dass Frankreich und Großbritannien ihm nach Osten freie Hand lassen würden und Polen sich zu einem Satellitenstaat bei dem Lebensraumkrieg gegen die Sowjetunion machen ließe, hatte sich nicht erfüllt. So musste Hitler allen Rassendogmen zum Trotz den Ausgleich mit den russischen „Untermenschen" suchen, um den Rücken frei zu haben im Kampf gegen die Engländer, mit denen er eigentlich gerne zu einer Verständigung gekommen wäre. Der Pakt mit Stalin bannte die Gefahr eines Zweifrontenkrieges, begrenzte aber zugleich auch die Erweiterungsmöglichkeiten für den deutschen Lebensraum. Deshalb waren, sobald die deutsch-sowjetischen Verhandlungen ruchbar wurden, dagegen auch Bedenken vorgetragen. Am 15. Juni 1939 übersandte Arno Schickedanz, der Leiter des Amtes Osten im Außenpolitischen Amt, dem Chef der Reichskanzlei Hans Heinrich Lammers eine Ausarbeitung zu den osteuropäischen Fragen. Es komme, so führte Schickedanz aus, nicht nur auf die „rein machtmäßige Beherrschung eventueller Gebiete im Osten in Kriegszeiten" an; ausschlaggebend für die künftige Gestaltung des Ostraumes sei „die politisch-psychologische Bearbeitung der Bevölkerung dieser Gebiete einerseits zur Entlastung der rein militärischen Aktion, andererseits für eine eventuelle weitere Verwendung einzelner Nationalitäten im deutschen Interesse." Schickedanz bezog sich dabei vor allem auf die beiden größten Minderheiten auf dem derzeitigen polnischen Territorium, die Ukrainer und die Weißrussen, die er als „Einsatzstellen" sah, „von denen aus die Sicherung des deut-

Am 28. September 1939 verständigten sich Ribbentrop und Stalin über die Aufteilung Polens. Eine Demarkationslinie wurde den Bug entlang und an der Stadt Jedwabne vorbei bis zur Grenze Ostpreußens in die Karte gezeichnet. Zur Bestätigung trägt die Skizze die Unterschriften Stalins und Ribbentrops.

Die nationalsozialistische Neuordnung Europas. Vom Lebensraum im Osten zum Holocaust

Die erste Begegnung deutscher und sowjetischer Truppen im Zweiten Weltkrieg war freundschaftlich: Der sowjetische Kommissar Borowenskij (vor seinem Panzerauto) und deutsche Offiziere in Brest-Litowsk, 20. September 1939.

schen Lebensraumes weit in den Osten getragen und nicht mit deutschem, sondern mit ihrem Blut aufrechterhalten werden könnte." Die Idee, dass Deutschland sich mit den nichtrussischen Völkern in- und außerhalb der Sowjetunion gegen Russland verbünden solle, propagierte auch der spätere Ostminister Alfred Rosenberg und fand dabei Unterstützung bei denjenigen Militärs, die anders als Hitler nicht daran glaubten, das Deutsche Reich könne die Sowjetunion ohne eine solche Unterstützung besiegen. Die Gebiete der weißrussischen und westukrainischen Bevölkerungsteile seien „als Sammelbecken und Vorbereitungsglacis für eine ausgreifende Zertrümmerung Russlands, von unschätzbarer Bedeutung." Gerade sie aber drohten, wie Schickedanz richtig erkannte, bei einer Verständigung mit Moskau der sowjetischen Interessensphäre zugeordnet zu werden.

Doch auch in den Grenzen des den Deutschen durch den Hitler-Stalin-Pakt zugefallenen polnischen Territoriums ließen sich Germanisierungs- und Vernichtungswille erproben. Bereits am 12. September 1939 gab der Chef des OKW, Generaloberst Keitel, bekannt, dass es neben den militärischen auch zivile Befehlshaber in jedem Bezirk geben werde, die für die „Volkstums-Ausrottung" zuständig seien. Wenige Tage später trat der Chef des Sicherheitsdiensts (SD), Reinhard Heydrich, auf den Plan. Er war Himmlers engster Mitarbeiter und gehörte zu den ganz wenigen, die von Anfang an in alle Überlegungen eingeweiht waren. Am 21. September 1939 instruierte er die Führer der Sicherheitspolizei über die „Entwicklung im ehemaligen Polen". Von der polnischen Führungsschicht seien nur noch geringe Reste vorhanden: „Auch diese drei Prozent müssen unschädlich gemacht werden." Die übrigen Polen sollten als Wanderarbeiter eingesetzt werden. Ihren Hauptfeind ließen die Rassisten auch jetzt nicht aus den Augen: „Das Judentum ist in den Städten im Getto zusammenzufassen, um eine bessere Kontrollmöglichkeit und später Abschubmöglichkeit zu haben."

Am 28. September, an dem Tag, an dem Warschau fiel, schlossen Berlin und Moskau den Deutsch-sowjetischen Grenz- und Freundschaftsvertrag. In seiner Rede vor dem Deutschen Reichstag vom 6. Oktober 1939, eine Woche nach der polnischen Kapitulation, forderte Adolf Hitler eine ethnografische Neuordnung. Der ganze Osten und Südosten Europas sei „mit nicht haltbaren Splittern des deutschen Volkstums gefüllt." Aufgabe einer weitschauenden Ordnung sei es, „hier Umsiedlungen vorzunehmen, um auf diese Weise wenigstens einen

Teil der europäischen Konfliktstoffe zu beseitigen." Die Prinzipien von Versailles hätten restlos versagt, deshalb müssten nun „Deutschland und Sowjetrussland diese Sanierungsarbeit übernehmen." Dieses vor dem Hintergrund des Hitler-Stalin-Pakts entwickelte Programm zeitigte sehr rasch konkrete Ergebnisse. Bereits am nächsten Tag wurde Heinrich Himmler zum „Reichskommissar für die Festigung deutschen Volkstums" ernannt. Er war zuständig 1. für die Rückführung der Auslandsdeutschen, 2. „die Ausschaltung des schädigenden Einflusses von solchen volksfremden Bevölkerungsteilen, die eine Gefahr für das Reich und die deutsche Volksgemeinschaft bedeuten" und 3. die Gestaltung neuer deutscher

Hinrichtung polnischer Geiseln in Zdunska Wola (Woiwodschaft Łódź), damals im Generalgouvernement des „Polenschlächters" Hans Frank gelegen, 1941.

Siedlungsgebiete. Folgenschwer war vor allem der zweite Auftrag, der von den berüchtigten Einsatzgruppen mit äußerster Brutalität ausgeführt wurde. Mit normaler Kriegsführung hatten die Mordtaten dieser Truppe des Weltanschauungskriegs nichts mehr zu tun. Die Höheren SS- und Polizeiführer als Himmlers höchste Repräsentanten vor Ort koordinierten die ihnen unterstellten SS- und Polizeiverbände, Sicherheits- und Ordnungspolizei, zur Herrschaftssicherung und bei den Vernichtungsaktionen. Die völkisch-sozialdarwinistische These von der Überlegenheit des deutschen Herrenmenschen in Verbindung mit dem rassenbiologisch begründeten Verlangen nach Lebensraum mündete in die konkrete Forderung nach Siedlungsraum, der mit allen Mitteln zu erobern und zu sichern war. Deshalb wollte Himmler „diesen ganzen Völkerbrei des Generalgouvernements (…) auflösen." Nur so werde es möglich sein, „die rassische Siebung durchzuführen, die das Fundament in unseren Erwägungen sein muss, die rassisch Wertvollen aus diesem Brei herauszufischen, nach Deutschland zu tun, um sie dort zu assimilieren."

Am 8. Oktober wurden durch Erlass die Gebiete Westpolens als Reichsgaue Danzig-Westpreußen und Posen (später Wartheland) dem Deutschen Reich angegliedert. Der Regierungsbezirk Kattowitz wurde Schlesien, der Regierungsbezirk Ciechanów Ostpreußen zugeschlagen. Am 12. Oktober wurde durch einen weiteren Erlass Hitlers das Generalgouvernement für die besetzten polnischen Gebiete unter dem Gouverneur Hans Frank geschaffen. Der Jurist Frank, bis dahin Reichsminister ohne Geschäftsbereich, residierte nun mit großem Pomp in der Krakauer Burg und erwarb sich rasch den Ruf eines gnadenlosen „Polenschlächters". In seine Verantwortung fielen die Liquidierung der Führungsschicht des Landes, die Ausplünderung der wirtschaftlichen Ressourcen und die Deportation von rund einer Million Zwangsarbeitern in die deutschen Rüstungsfabriken. Zugleich begann mit dem 12. Oktober 1939 die Deportation von Juden aus Österreich, dem „Protektorat Böhmen und Mähren" und den annektierten Teilen Polens in das Generalgouvernement, jenes Territorium, in dem später die meisten der großen Vernichtungslager wie Auschwitz-Birkenau errichtet wurden.

Auch die von Hitler genannten „nicht haltbaren deutschen Volkstumssplitter" wurden ohne Verzug in Bewegung gesetzt. Die erste Flotte deutscher Passagierschiffe erreichte den Rigaer Meerbusen am Morgen des 7. Oktober, war also, als Hitler seine Reichstagsrede hielt, bereits auf hoher See gewesen. Schon am 5. Oktober 1939 hatte Lettland einen „Beistandspakt" mit der Sowjetunion abschließen müssen, so wie zuvor Estland und wenig später auch Litauen. Am 15. Oktober schlossen Estland und das Deutsche Reich einen Umsiedlungsvertrag, zwei Wochen später folgte der Vertrag mit Lettland. Die Aktionen wurden sehr rasch durchgeführt. Man ließ den Umsied-

Die nationalsozialistische Neuordnung Europas. Vom Lebensraum im Osten zum Holocaust

Die „großzügigste Umsiedlungsaktion der Weltgeschichte" brachte 1939 zehntausende „Volksdeutsche" in den annektierten Teil Polens. Die Karte der NS-Propaganda wurde 1940/41 herausgegeben.

Ankunft von Umsiedlern aus dem Baltikum im Hafen von Stettin, 30. Oktober 1939.

lern kaum Zeit, um ihre Habseligkeiten zu packen. Auch die Funktion der Deutschbalten änderte sich durch die neue politische Lage. Bisher waren die Balten in der nationalsozialistischen Propaganda ein wichtiges Bollwerk an der deutschen „Volkstumsgrenze" gewesen. Jetzt sollten sie plötzlich so rasch wie möglich „heim ins Reich" kommen. Hatte es früher geheißen, das Baltikum habe eine fast ausschließlich deutsche Bevölkerung, so mutierten die Balten plötzlich zu einer „dünnen Schicht (...) einsam auf Vorposten".

Etwa 65.000 Menschen verließen so bis zum Ende des Jahres 1939 ihre Heimat; etwa ein Fünftel stammte aus Estland, die anderen aus Lettland. Ein Jahr später, im Winter 1940/41, kamen noch einmal etwa 17.500 Menschen aus den baltischen Staaten, die inzwischen schon sowjetisch besetzt waren, diesmal auch aus Litauen, das erst nachträglich der sowjetischen Einflusssphäre zugeschlagen worden war. Damit hatten, auf mehr oder weniger freiwilliger Basis, mehr als 90 Prozent aller Deutschbalten das Baltikum verlassen. Ihre oftmals privilegierte soziale Position hatten sie allerdings nicht erst durch die sowjetische Besetzung eingebüßt. Die Russifizierungspolitik des späten 19. Jahrhunderts, die Russische Revolution, die Errichtung der baltischen Nationalstaaten und die Agrarreformen hatten ihre Position immer mehr beeinträchtigt, hatten aus den Privilegierten von einst eine zunehmend marginalisierte Minderheit gemacht. Das hatte schon nach dem Ersten Weltkrieg eine erste Abwanderungswelle ausgelöst. Als Adolf Hitler die Deutschbalten „heim ins Reich" rief, war von dem ursprünglichen deutschen Bevölkerungsanteil ein ganz erheblicher Teil gar nicht mehr vorhanden.

Die Umsiedlung der Deutschbalten war die erste einer ganzen Reihe von Umsiedlungsaktionen, die in erster Linie Deutsche aus dem Gebiet der Sowjetunion betraf, von Weißrussland bis Bessarabien, aber auch deutsche Volksgruppen aus Polen und Rumänien und zuletzt die Südtiroler, die 1939 zu 86 Prozent für das Deutsche Reich optierten, allerdings nur zum kleineren Teil tatsächlich umgesiedelt werden konnten. Insgesamt waren fast eine halbe Million Menschen von diesen Umsiedlungsaktionen betroffen. Man siedelte die Auslandsdeutschen um, denn ihre Heimat lag jetzt in der Einflusssphäre des mit Hitler verbündeten sowjetischen Diktators Josef Stalin. Mitte Juni 1940 wurden die baltischen Staaten von sowjetischen Truppen besetzt, und bald darauf gab es die ersten Massenverhaftungen, denen vor allem die einheimische Intelligenz und demokratische Politiker zum Opfer fielen, die nach Sibirien deportiert wurden. Nationalsozialismus und Stalinismus standen einander an Brutalität

Was als „Umsiedlung" und „endgültige Lösung der Volkstumsfragen" begann, endete in den Vernichtungslagern: Deportation polnischer Juden, undatierte Aufnahme.

und Menschenverachtung nicht nach, wobei die Nationalsozialisten bei allen Vorteilen dieser vorübergehenden Zusammenarbeit ihre langfristigen Ziele nicht aus den Augen verloren. Am 9. August notierte Joseph Goebbels über ein Gespräch mit Hitler: „Wir sprechen über die baltischen Staaten, in denen die Russen ein Schreckensregiment entfalten. Aber wir brauchen kein Mitleid mit ihnen zu haben und ohne Intelligenz sind sie für uns ungefährlicher als mit. Russland wird uns doch immer fern bleiben. (…) Der Bolschewismus ist doch der Weltfeind Nr. 1. Irgendwann werden wir auch einmal mit ihm zusammenprallen."

Die Unterjochung Polens war ein erster Schritt zu der von Hitler propagierten Erweiterung des Lebensraums im Osten. Das nach dem Blitzkrieg errichtete Besatzungsregime erlaubte es den Nationalsozialisten erstmals, ihre utopischen Vorstellungen einer Herrschaftsform, die auf dem Prinzip rassistisch begründeter Ungleichheit beruhte, schlagartig, radikal und kompromisslos in die Wirklichkeit umzusetzen. Der Antisemitismus war das zentrale Element des deutschen Suprematieanspruchs über den „Völkerbrei". Stand zunächst die Planung eines „Judenreservats" in einem Teil des eroberten polnischen Gebiets im Vordergrund, war man dann eine Zeit lang auf die Errichtung eines solchen Reservats in Madagaskar eingestellt. Doch seit dem Spätherbst 1940 stand die „Judenpolitik" im besetzten Polen im Schatten der Vorbereitungen des Feldzugs gegen die Sowjetunion. Doch auch wenn man gewohnt ist, bei den unermesslichen Grausamkeiten im Zusammenhang mit dem Krieg an der Ostfront in erster Linie an die Geschehnisse nach dem Überfall auf die Sowjetunion zu denken, so sollte man nicht vergessen, dass mit den barbarischen ethnischen Säuberungen in Polen, die bereits genozidalen Charakter trugen, der Rubikon überschritten war, wie Ian Kershaw es einmal formuliert hat.

„Dieses Judentum muss vernichtet werden", hatte Goebbels am 17. Oktober 1939 nach einer Besprechung mit Hitler notiert. Und am 2. November heißt es in seinem Tagebuch: „Das sind keine Menschen mehr, das sind Tiere. Das ist deshalb auch keine humanitäre, sondern eine chirurgische Aufgabe. Man muss hier Schritte tuen [sic], und zwar ganz radikale. Sonst geht Europa einmal an der jüdischen Krankheit zugrunde." Durch die polnische Teilung kamen etwa zwei Millionen Juden unter deutsche Herrschaft. Tausende von ihnen kamen während des Vormarschs der deutschen Armee bei den

Die nationalsozialistische Neuordnung Europas. Vom Lebensraum im Osten zum Holocaust

sogenannten September-Morden ums Leben. Im November 1939 legten die Volkstumsplaner des Reichssicherheitshauptamts einen „Fernplan der Umsiedlung in den Ostprovinzen" vor, der eine „endgültige Lösung der Volkstumsfragen" für zwingend erklärte. Das Ziel war eine „Entpolonisierung und Entjudung der deutschen Ostprovinzen", wobei mit den deutschen Ostprovinzen die annektierten Teile Polens gemeint waren.

Schon in den ersten Wochen des Zweiten Weltkriegs zeigte sich, dass das Kriegsgeschehen im Osten kein gewöhnliches war. Der Einmarsch in Polen war nicht einfach die Eroberung eines fremden Landes, wie es die Invasion in Frankreich im Jahr darauf war, es war der erste Schritt zu einem „rassenideologischen Vernichtungskrieg", wie Andreas Hillgruber es schon früh formuliert hat. Zugleich zeigt sich hier auch schon, dass Slawen und Juden gleichermaßen Feindgruppen im Visier der Deutschen waren, die zu jeder Bluttat bereit waren, um ihre Vision einer rassistischen Neuordnung Europas Wirklichkeit werden zu lassen.

Der Ostraum war ausersehen für das mythisch überhöhte Ziel der Landgewinnung, als Laboratorium für eine Reagrarisierung und eine rassistisch motivierte ethnische Flurbereinigung allergrößten Ausmaßes. Der im Reichsministerium für die besetzten Ostgebiete ausgearbeitete „Generalplan Ost" sah die „Verschrottung" von 31 Millionen Slawen vor, im Protokoll der Wannseekonferenz war von elf Millionen zu vernichtenden Juden die Rede. Die Addition beider Zahlen ergibt den Blutzoll für die nationalsozialistische Vision einer starken und rassisch reinen deutschen Nation in einem neu geordneten Europa. In der Osterweiterung sah Hitler die entscheidende Voraussetzung für die Sicherung der eigenen Machtbasis: „Der Kampf um die Hegemonie der Welt wird für Europa durch den Besitz des russischen Raumes entschieden; er macht Europa zum blockadefestesten Ort der Welt. Der russische Raum ist unser Indien, und wie die Engländer es mit einer Handvoll Menschen beherrschen, so werden wir diesen unseren Kolonialraum regieren."

Diesem Kolonialraum kam eine dreifache Aufgabe zu. Er sollte als Siedlungsraum dienen. Sodann musste er Lebensmittel und andere Bedarfsgüter liefern. Normalerweise werden in einem Krieg Besatzungstruppen aus dem eroberten Territorium ernährt. In diesem Krieg hatten die besetzten Gebiete die sehr viel weitergehende Funktion, die Heimat der Angreifer mitzuversorgen. Göring, der Beauftragte für den Vierjahresplan, hatte die klare Devise ausgegeben: „Wenn einer hungert, dann hungert nicht der Deutsche." Tatsächlich gelang es so, anders als im Ersten Weltkrieg, Unzufriedenheit über die Ernährungslage im Deutschen Reich weitestgehend zu vermeiden. Die dritte wichtige Funktion der eroberten Ostgebiete war die Lieferung von Arbeitskräften. Im Sommer 1941 arbeiteten bereits drei Millionen Zwangsarbeiter in Deutschland, drei Jahre später waren es fast acht Millionen. Sie machten etwa ein Viertel aller in Deutschland tätigen Arbeitskräfte aus, in der Rüstungsindustrie ein Drittel und in der Landwirtschaft sogar die Hälfte. Auschwitz war das erste Vernichtungslager, das Sklaven in großer Zahl in eigene Arbeitslager abkommandierte. Das Zwangsarbeiterlager Auschwitz-Monowitz war Teil des oberschlesischen Chemiekomplexes, in den insgesamt 1,3 Milliarden Reichsmark investiert wurden. Er erreichte dadurch Dimensionen, die denen des Ruhrgebietes kaum nachstanden.

Jüdische Kinder, Frauen und Männer auf dem Weg zur Erschießung durch Einsatzgruppen. Undatierte Aufnahme eines Soldaten (1941).

Am 22. Juni 1941 hatte die Wehrmacht die deutsch-sowjetische Demarkationslinie überschritten. Am 23. Juni begannen die Kommandos der Einsatzgruppen der Sicherheitspolizei und des SD mit den ersten Pogromen und Massenerschießungen. Diese Spezialeinheiten, deren Führungspersonal aus den Reihen der Gestapo, der Kripo und des SD kam, waren für den Krieg an der Ostfront zusammengestellt worden. Sie umfassten mit ihren verschiedenen Sonderkommandos zunächst etwa 3.000 Mann. Sie ermordeten in wenigen Monaten etwa 900.000 Menschen.

Generalfeldmarschall Walter von Reichenau (1884–1942), Armee- und Heeresgruppenoberbefehlshaber an der Ostfront: Nach seiner Überzeugung waren Soldaten die „Träger einer unerbittlichen völkischen Idee".

Die erste Phase der Vernichtung umfasste die Zeit von Juni bis Dezember 1941. Am Beginn stand die Ermordung der baltischen Juden. Die Pogrome der einheimischen Bevölkerung in Estland, Lettland und Litauen wurden aus dem Hintergrund gelenkt. Heydrich hatte die Chefs der Einsatzgruppen angewiesen: „Den Selbstreinigungsbestrebungen antikommunistischer und antijüdischer Kreise in den neu zu besetzenden Gebieten ist kein Hindernis zu bereiten. Sie sind im Gegenteil, allerdings spurenlos, auszulösen, zu intensivieren wenn erforderlich und in die richtigen Bahnen zu lenken, ohne dass sich diese örtlichen ‚Selbstschutzkreise' später auf Anordnungen oder auf gegebene politische Zusicherungen berufen können." Dies wurde sehr effizient befolgt. Es war gelungen, die Juden als Helfershelfer und Nutznießer der vorübergehenden sowjetischen Besatzungsherrschaft, als Akteure einer jüdisch-bolschewistischen Verschwörung erscheinen zu lassen, sodass sie nun in großem Umfang Opfer von Pogromen wurden.

Mit dem Krieg an der Ostfront eröffneten sich mehrere neue Perspektiven. Zum einen kam eine ungleich größere Zahl von Juden in den deutschen Herrschaftsbereich, zum anderen gab es nun die Möglichkeit der „Evakuierung der Juden nach dem Osten", wie das Protokoll der Wannsee-Konferenz vermerkte. Unter dem Schirm der Wehrmacht, und teilweise auch unter ihrer Mitwirkung, verrichteten die Einsatzgruppen ihr Vernichtungswerk. Die Wehrmacht war das Instrument eines „Feldzuges gegen das jüdisch-bolschewistische System", wie Generalfeldmarschall von Reichenau dekretierte: „Der Soldat ist im Ostraum nicht nur ein Kämpfer nach den Regeln der Kriegskunst, sondern auch Träger einer unerbittlichen völkischen Idee." Mit dem Angriff auf die Sowjetunion war die Schwelle zur „Endlösung der Judenfrage" überschritten. Zwischen Wehrmacht, Polizei und Zivilverwaltung bestand ein breiter Konsens bezüglich des Vernichtungsziels, die Amtsträger der verschiedenen Verwaltungskörperschaften waren politisch hoch motiviert, in ihren Zielen weitgehend einig und sie identifizierten sich stark mit ihren Aufgaben.

Gleichzeitig erreichte die Diskussion über effektive Vernichtungsmethoden den SS- und Polizeiapparat. Die Einsatzgruppen hatten inzwischen etliche Hunderttausend Menschen erschossen, aber schon im ersten Tätigkeitsbericht war über „seelische Höchstanstrengungen" geklagt worden. Die Tötung jedes Einzelnen durch einen gezielten Kopf- oder Genickschuss war mühevoll und aufwändig. Wenig später wurden erstmals Gaswagen eingesetzt, bei denen das Kohlenmonoxyd der LKW-Motoren in den abgeschlossenen Kastenaufbau geleitet wurde. Die ersten Versuche waren so erfolgreich, dass das RSHA 15 Gaswagen für den Einsatz in den besetzten Ostgebieten herstellen ließ. Ab Frühjahr 1942 wurden die Mordaktionen auch in stationären Gaskammern durchgeführt, wobei auch hier zunächst Kohlenmonoxyd aus Gasflaschen oder Automotoren zum Einsatz kam. Doch den

Vernichtungsexperten des RSHA war der Aufwand zu hoch, das Ergebnis nicht präzise genug. Rudolf Höß, der Kommandant von Auschwitz, entschied sich schließlich für den Einsatz von Zyklon B, das bis dahin nur für die Entlausung verwendet worden war. Diese kristalline Form der Blausäure wird durch den Kontakt mit Sauerstoff zu einem hochwirksamen Tötungsmittel.

Im Januar 1942 nahm die erste reguläre Gaskammer in Auschwitz den Betrieb auf. Im Mai 1942 wurde sie ins Außenlager Birkenau verlegt, wo auch die Krematorien II bis V mit jeweils mehreren unterirdischen Gaskammern errichtet wurden. Diese Kombination von Gaskammern mit Krematorien beschleunigte den Massenmord erheblich, denn das Problem der Beseitigung der Leichen war bisher nicht befriedigend gelöst gewesen. Zunächst hatte man sie vergraben, dann wieder ausgegraben und verbrannt, was aufwändig war und zudem unliebsames Aufsehen erregte. Hier versprachen leistungsfähige Krematorien einen entscheidenden Fortschritt bei dem Versuch, die Einäscherungskapazität auf das Leistungsniveau der Gaskammern zu bringen. Ab März 1942 kamen fast täglich Züge am Bahnhof Auschwitz an, zunächst vor allem aus Oberschlesien, dann auch aus der Slowakei, aus Frankreich, den Niederlanden, Jugoslawien usw. Bis Jahresende waren die Bewohner fast aller Gettos in Auschwitz und den anderen Vernichtungslagern ermordet worden. Bis zum Februar dauerten die großen Tötungsaktionen, denen drei Viertel aller von den Nazis ermordeten Juden Europas zum Opfer fielen. Im Mai 1944, nach der Besetzung Ungarns durch das Dritte Reich, begann die letzte „Aktion" dieser Größenordnung, die Vergasung von mehr als 400.000 ungarischer Juden. Insgesamt wurden von etwa sechs Millionen Juden, die die Nazis ermordeten, etwas mehr als die Hälfte in den Vernichtungslagern Auschwitz, Bełżec, Chełmno, Majdanek, Sobibór und Treblinka umgebracht. Die übrigen starben in anderen Lagern, bei Pogromen, Massenerschießungen, während der Zwangsarbeit oder auf den Todesmärschen.

Schon bald nach dem Überfall auf die Sowjetunion war es zu einer ersten Verständigung unter Hitlers Gegnern gekommen. Am 12. Juli 1941 hatten die Regierungen in London und Moskau einen Beistandspakt unterzeichnet. In der Atlantikcharta hatten sich Roosevelt und Churchill wenig später über Grundlinien einer Nachkriegsordnung verständigt, und im September hatte es eine Drei-Mächte-Konferenz in Moskau zur Stabilisierung der sowjetischen Front gegeben. Noch waren die USA offiziell neutral, doch das änderte sich schlagartig, als am Morgen des 7. Dezember von sechs japanischen Flugzeugträgern aus ein Luftangriff auf den amerikanischen Flottenstützpunkt Pearl Harbor gestartet wurde. Am 8. Dezember erklärten die Vereinigten Staaten Japan den Krieg, woraufhin Deutschland und Italien drei Tage später Amerika den Krieg erklärten. Die eigentlich für den 9. Dezember vorgesehene Wannsee-Konferenz wurde daraufhin auf den 20. Januar 1942 verschoben.

Die Wannsee-Konferenz fand zu einem Zeitpunkt statt, als der deutsche Vormarsch zum Stillstand gekommen war. Es wurde immer deutlicher, dass der „Arbeitseinsatz im Osten", im nicht-eroberten Sibirien etwa, Fiktion bleiben würde und die „Evakuierung" für viele den sofortigen und die übrigen den nur aufgeschobenen Tod bedeutete. Unmittelbar nach der Konferenz setzten flächendeckende Deportationen in Deutschland ein, außerdem wurde das Mord-

In den Trümmern des Lagers Auschwitz-Birkenau wurden 1947 Zeichnungen eines Lagerinsassen in einer Flasche gefunden. Sie zeigen die Ankunft der Todgeweihten in Auschwitz-Birkenau: Ein Kind wird von seinem Vater getrennt, im Hintergrund werden Mutter und Tochter weggeführt.

geschehen mit einem umfassenden Zwangsarbeitsprogramm verzahnt. Im Frühjahr 1942 begann die zweite und furchtbarste Mordwelle, an deren Ende die Auflösung der Gettos stand. Waren bis März 1942 20 bis 25 Prozent aller Holocaustopfer umgekommen, starben in den folgenden zwölf Monaten 50 Prozent von ihnen.

Dieses Vernichtungsgeschehen vollzog sich im Windschatten einer Front, die 1942 ihre größte Ausdehnung erreichte. Die deutschen Truppen standen vor Leningrad im Norden, vor Stalingrad und am Ufer des Schwarzen Meeres im Süden. Ein Teil der eroberten Territorien war nun der Zivilverwaltung unterstellt. Die baltischen Staaten und Weißrussland bildeten das Reichskommissariat Ostland, die Ukraine das Reichskommissariat Ukraine. Als Reichskommissare amtierten die Gauleiter Hinrich Lohse und Erich Koch. Doch die Verluste an Menschen und Material gingen an die Substanz. Nicht nur die Moral der Truppe, auch die militärische Schlagkraft war bereits erheblich geschwächt. Im Sommer 1942 hatte die Wehrmacht noch die Kraft zu Offensiven, es gelangen auch Erfolge, z. B. die Einkesselung großer sowjetischer Verbände bei Charkow. Aber Leningrad konnte nicht erobert werden. Auch das Ziel, zur Sicherung der gefährdeten Treibstoffversorgung die kaukasischen Ölfelder zu besetzen, wurde nicht erreicht. Und die 6. Armee unter General Paulus eroberte zwar vorübergehend weite Teile des Stadtgebiets von Stalingrad, konnte den sowjetischen Widerstand aber nicht brechen.

Im Frühjahr 1942 fielen in kurzem Abstand drei bedeutsame Personalentscheidungen, die in erheblichem Maße dazu beitrugen, dass das Dritte Reich trotz seiner sehr viel schwieriger gewordenen militärischen Lage als kriegführende Macht noch drei Jahre durchhalten konnte. Am 8. Februar trat Albert Speer die Nachfolge des verunglückten Fritz Todt zum Reichsminister für Bewaffnung und Munition an und war damit für die gesamte Rüstungswirtschaft zuständig. Am 21. März wurde Fritz Sauckel Generalbevollmächtigter für den Arbeitseinsatz und war damit Oberbefehlshaber über das Millionenheer der Zwangsarbeiter, deren ökonomische Bedeutung ständig zunahm. Mit brutalen Zwangsrekrutierungen musste deshalb ständig für Nachschub gesorgt werden, wobei man auch vor der Verschleppung von Jugendlichen nicht zurückschreckte. Am 23. Mai übernahm der skrupellose Herbert Backe die Leitung des Landwirtschaftsministeriums. Backe gilt als Urheber des sogenannten Hungerplans, der den Hungertod von Millionen Slawen im Rahmen der deutschen Kriegsführung bewusst einkalkulierte. Auch die Tatsache, dass 1942 sehr viel mehr Juden ermordet wurden als zuvor, gehört in diesen Zusammenhang, denn die Forcierung der Vernichtungsmaßnahmen trug dazu bei, die Zahl „nutzloser Esser" zu reduzieren. Zuvor hatte Backe den Arbeitsbereich Ernährung im Rahmen des Vierjahresplans geleitet. Mit Göring war er sich einig in dem Ziel, die Sowjetunion so rücksichtslos wie möglich auszuplündern. Damit leistete er einen wichtigen Beitrag zu Speers „Rüstungswunder" wie auch Fritz Sauckel, der der Rüstungswirtschaft Millionen von Arbeitssklaven zuführte.

Insgesamt starben etwa 5,4 Millionen Juden unter deutscher Herrschaft in den besetzten Ostgebieten. Außerdem ermordeten die Deutschen 3,2 Millionen russische Zivilisten und Kriegsgefangene. Über eine Million Russen verhungerten in belagerten Städten, vor allem in Leningrad. Die Opferzahlen der Herrschaft Stalins erreichten ähnliche Dimensionen. Etwa sechs Millionen Menschen starben in den sowjetischen Todeszonen und Hungergebieten, die Hälfte von ihnen waren Ukrainer, die während des Holodomor 1932/33 umkamen. Über eine Million Menschen starben zwischen 1933 und 1945 in den Lagern des Gulag, 250.000 fielen den Nationalitäten-

Leningrad während der deutschen Belagerung, 1942. Die Blockade dauerte vom 8. September 1941 bis 27. Januar 1944 und kostete bis zu einer Million Menschen in der Stadt das Leben.

Die nationalsozialistische Neuordnung Europas. Vom Lebensraum im Osten zum Holocaust

aktionen zum Opfer. 700.000 Menschen wurden in der Zeit des Großen Terrors 1937/38 ermordet.

Nationalsozialismus und Stalinismus brachten totalitäre Regime eines ideologisch entgegengesetzten Charakters hervor, in deren Herrschaftskontext eine bis dahin nicht für denkbar gehaltene Dynamik totalitärer Gewaltausübung entfesselt wurde. Der Antagonismus und die Zeitgenossenschaft der beiden totalitären ideologischen Herrschaftsansprüche führten zu Exzessen, die keine Grenzen mehr kannten und alles bis dahin Vorstellbare überstiegen. Dem Säuberungswahn, dem viele Millionen von Menschen zum Opfer fielen, lag bei den Nationalsozialisten ein biologischer, bei den Bolschewiki ein kultureller Rassismus zugrunde. Hitler wie Stalin waren bereit, für ihren Vernichtungswahn einen hohen Preis zu bezahlen. Während die Nationalsozialisten gegen jedes militärische Kalkül mit dringend benötigten Transportkapazitäten Juden durch halb Europa deportierten, um sie schließlich in den Vernichtungslagern zu vergasen, vertrieb Stalin zwischen November 1943 und Dezember 1944, als von den geschlagenen deutschen Armeen keine unmittelbare Bedrohung mehr ausging, mehr als drei Millionen Menschen aus ihrer Heimat. 100.000 NKVD-Soldaten und drei Armeen wurden dafür eingesetzt. Die ethnische Flurbereinigung wurde zur gewonnenen Schlacht, hier wie dort.

Die Führer beider Regimes waren von der Überlegenheit sozial, national oder „rassisch" homogener Gesellschaftsordnungen überzeugt. Pluralismus war ihnen ein Gräuel, jeder Fremde wurde zum Feind, erhielt einen Feindstatus, aus dem es kein Entrinnen gab. Seine Vernichtung diente einem höheren Ziel. Der nationalsozialistische Vernichtungskrieg und die stalinistischen ethnischen Säuberungen feierten dort ihre größten Triumphe, wo eindeutige Ordnungsvorstellungen mit uneindeutigen Verhältnissen in einen Konflikt gerieten. Mit Stalins Tod verlor die politische Praxis der Sowjetunion ihren offen terroristischen Charakter. Das Regime wandelte sich. Eine vergleichbare nationalsozialistische Tauwetterperiode nach Hitlers Tod hat es nicht gegeben. Sie wäre auch nicht denkbar gewesen angesichts der apokalyptischen Qualität der manichäischen Erlösungsideologie des Nationalsozialismus. Einmal in Gang gesetzt war die destruktive Eigendynamik des Regimes nicht mehr zu stoppen, es war in seinem rassistischen Weltbild gefangen und ideologisch nicht modernisierbar. Hitler war nicht wie sein Gegenspieler im Kreml vom Verfolgungswahn getrieben, sein Vernichtungswille hatte globale Dimensionen. Er wollte die Juden nicht unterwerfen, er wollte sie vernichten. Sein eliminatorischer Antisemitismus war bedingungslos und grenzenlos.

Das sowjetische Arbeitslager Workuta im Norden des Ural bestand bis in die 1960er-Jahre. Bis zu 73.000 Inhaftierte, unter ihnen auch Kriegsgefangene und politische Häftlinge aus Deutschland, waren gleichzeitig in Gefangenschaft und leisteten Zwangsarbeit in den Kohlebergwerken.

Sven Felix Kellerhoff

Kriegsschuld

Niemand ist gerne schuld, schon gar nicht an einem Krieg. Deshalb folgt auf den Ausbruch fast jedes militärischen Konflikts unweigerlich eine Debatte, wer denn eigentlich für die Eskalation der Ereignisse verantwortlich sei. Mal werden Angriffskriege als vermeintlich legitime Reaktion auf angebliche gegnerische Übergriffe kaschiert, manchmal als Präventivschlag verharmlost. Oft erregen die gegenseitigen Schuldzuweisungen die Öffentlichkeit in den beteiligten Ländern, gelegentlich bis zur Hysterie. Und noch nach Jahrzehnten, mitunter nach einem Jahrhundert, können Bücher, die sich um Fragen der Kriegsschuld drehen, zu Bestsellern mit respektablen Auflagen werden. Das ist auch so bei den Konflikten im Zeitalter der Weltkriege.

Das Deutsche Reich provozierte den Kriegseintritt Großbritanniens durch den Einmarsch in Belgien. Das Bild vom Dezember 1914 zeigt einen belgischen Kavalleristen, hinter ihm die Flagge in den Farben Belgiens und des Vereinigten Königreichs. Die Schutz suchende Frau wurde in Großbritannien als Bild von „Poor little Belgium" gesehen.

Denn nur auf den ersten Blick scheint die Lage im 20. Jahrhundert klar und einfach. Beide Weltkriege begannen unzweifelhaft mit dem gewaltsamen Einmarsch deutscher Truppen in kleinere und deutlich schwächere Nachbarländer – in der Nacht vom 3. auf den 4. August 1914 in Belgien und am frühen Morgen des 1. September 1939 in Polen. In beiden Fällen reagierte Großbritannien, die Führungsmacht der gegnerischen Koalition, mit einem Ultimatum an das Deutsche Reich, die Aggression zu stoppen und seine Truppen zurückzuziehen. Beide Male ignorierten die führenden Politiker in Berlin diese Forderung, und dennoch waren sie sowohl 1914 wie 1939 erschüttert, als Großbritannien wie angedroht reagierte und den Kriegszustand mit Deutschland erklärte. In beiden Fällen konzentrierte sich die deutsche Kriegspropaganda rasch auf das „perfide Albion" mit seiner angeblich hinterhältigen Außen- und Machtpolitik, die das Reich in den Krieg getrieben habe. Außerdem versuchte das Auswärtige Amt in Berlin zweimal, mit Publikationen amtlicher Dokumente seine Version der Dinge in der Öffentlichkeit zu etablieren. Allerdings gelang das nur 1914 weitgehend; im anderen Fall, 1939, glaubte der Darstellung eigentlich niemand so recht, was sich erst nach mehreren Jahrzehnten änderte.

Entsprechend ist die Schuld am Ersten Weltkrieg in den vergangenen hundert Jahren immer wieder, auch von seriösen Historikern und Politikern, intensiv debattiert worden. Dagegen herrschte hinsichtlich der deutschen Schuld am Zweiten Weltkrieg so große Einigkeit, dass sich lange Zeit nur politisch obskure Zirkel am rechten

Kriegsschuld

Eine große Menschenmenge versammelte sich, als der Kaiser am 31. Juli 1914 vom Balkon des Berliner Stadtschlosses sprach.

Rand der Gesellschaft für die Schuldfrage interessierten, übrigens gleichermaßen in Deutschland wie in Großbritannien, Frankreich und Russland. Allerdings hat sich das in den vergangenen zwei Jahrzehnten merklich geändert. 100 Jahre nach Beginn des Ersten und 75 Jahre nach dem Zweiten Weltkrieg besteht in der Frage der Schuld für die Eskalation beider Konflikte zu den wahrscheinlich fürchterlichsten Kämpfen der Weltgeschichte so wenig Einigkeit wie seit Langem nicht mehr.

„Eine schwere Stunde ist heute über Deutschland hereingebrochen", verkündete Kaiser Wilhelm II. mit angestrengt fester Stimme am Nachmittag des 31. Juli 1914 vom Balkon des Berliner Schlosses: „Neider überall zwingen uns zu gerechter Verteidigung. Man drückt uns das Schwert in die Hand!" Zehntausende Berliner hatten sich versammelt, um Seine Majestät zu hören. Mit Hurra-Rufen und dem Absingen der Kaiserhymne „Heil Dir im Siegerkranz" begann die Kundgebung, und sie endete mit Wilhelms Aufruf: „Jetzt geht in die Kirche, kniet nieder vor Gott und bittet ihn um Hilfe für unser braves Heer!" Viele der Zuhörer jubelten dem Monarchen zu, wenn auch längst nicht alle. Der SPD-Reichstagsabgeordnete Eduard David, ein pragmatischer,

reformorientierter Politiker vom rechten Flügel der stärksten Partei im Parlament und selbst Augenzeuge der Kundgebung, notierte jedenfalls in sein Tagebuch: „Das Gros des Publikums ist wie all die Tage vorher äußerst ruhig." Die Botschaft Wilhelms II. kam dennoch an: Deutschland sei von feindlich gesinnten Staaten eingekreist; man müsse losschlagen, um die Initiative zu behalten und nicht umgehend geschlagen zu werden. Unmittelbare Folgen waren die deutsche Verletzung der belgischen Neutralität, die zum Kriegseintritt Großbritanniens führte, und der Einmarsch in Frankreich: der Beginn eines Völkerschlachtens, eines industrialisierten Massentötens, wie es die Welt zuvor noch nie gesehen hatte.

Die deutsche Seite hielt an der Behauptung eines Befreiungsschlages gegen die feindliche Einkreisung während des gesamten Krieges fest; man publizierte „Weißbücher" mit ausgewählten diplomatischen Papieren, freilich oft manipuliert, die das belegen sollten. Gegen diese Darstellung richtete sich 1919 der berüchtigte Artikel 231 im Versailler Friedensvertrag, den die deutsche Regierung zu unterschreiben genötigt wurde: „Die alliierten und assoziierten Regierungen erklären, und Deutschland erkennt an, dass

Sven Felix Kellerhoff

Professor Dr. Fritz Fischer (1908–1999), hier in einer Aufnahme vom 28. November 1979, war von der Alleinschuld des Deutschen Reiches überzeugt und löste die „Fischer-Kontroverse" aus.

Deutschland und seine Verbündeten als Urheber für alle Verluste und Schäden verantwortlich sind, die die alliierten und assoziierten Regierungen und ihre Staatsangehörigen infolge des ihnen durch den Angriff Deutschlands und seiner Verbündeten aufgezwungenen Krieges erlitten haben." Diese Passage des Vertrags führte in Deutschland umgehend zu heftigen Protesten. In den Zeitungen und nahezu allen Parteien, von der Sozialdemokratie bis zur äußersten Rechten, war die Empörung über diese Zuweisung der Kriegsschuld einmütig. Die Außenpolitik der Weimarer Republik stand stets unter dem Druck, das aufgezwungene Bekenntnis zur alleinigen Kriegsschuld revidieren zu müssen. Der Artikel 231 destabilisierte so die erste parlamentarische Demokratie auf deutschem Boden von Beginn an und trug zum Aufstieg des Nationalsozialismus und damit indirekt zum Ausbruch des Zweiten Weltkriegs bei.

Auch nach 1945 ging der Streit um die Schuld am Ersten Weltkrieg weiter; die Bundesrepublik Deutschland erlebte eine heftige Kriegsschulddebatte. Ausgelöst hatte sie der Hamburger Historiker Fritz Fischer, der den Vorwurf der deutschen Alleinschuld am Ersten Weltkrieg weiter zuspitzte. Seine provokante These: Das kaiserliche Deutschland habe spätestens seit 1911 planmäßig auf einen großen europäischen Krieg hingesteuert. Bewusst hätten die Reichsleitung und die militärische Führung den Konflikt im Juli 1914 eskalieren lassen, um eine möglichst günstige Ausgangsposition für den seit langem angestrebten Annexions- und Expansionskrieg zu erreichen. Der deutschen Politik sei es schon 1914 um die Hegemonie auf dem Kontinent und um den „Griff nach der Weltmacht" gegangen. 1959 warf Fischer seinen Kollegen und der bundesdeutschen Öffentlichkeit den Fehdehandschuh hin und löste einen mehr als zwei Jahrzehnte währenden Historikerstreit aus. Als „Fischer-Kontroverse" ging die Debatte um die deutsche Verantwortung für den Ersten Weltkrieg selbst in die Geschichte ein.

An ihrem Ende stand eine weitgehend anerkannte Kompromissdeutung, für die sich die Kurzformel „Fischer light" einbürgerte. Zwar konnte der streitbare Wissenschaftler seine ursprüngliche These eines zielbewussten Hinsteuerns des Kaiserreichs auf einen Hegemonialkrieg nicht belegen. Doch dafür bestand mit ganz wenigen Ausnahmen Übereinstimmung in der Historikerzunft, dass Deutschlands Verhalten in der Juli-Krise 1914, zwischen dem Attentat auf den Thronfolger Franz Ferdinand in Sarajewo am 28. Juni und dem Bruch der belgischen Neutralität am späten Abend des 3. August, hauptverantwortlich für die Eskalation zum Weltkrieg gewesen sei. Vorsichtigere Wissenschaftler ergänzten noch: Wenn es nicht auf diese Weise zum Ausbruch des europäischen Konfliktes gekommen wäre, dann sicher wenig später aus anderem Anlass. Doch an der konkreten Verantwortung der kaiserlichen Regierung um Reichskanzler Theobald von Bethmann Hollweg für das tatsächlich eingetretene Geschehen zweifelten ernstzunehmende Fachleute kaum mehr.

Das allerdings änderte sich 2013. Genau 99 Jahre nach Ausbruch des Kriegs veröffentlichte der in Cambridge lehrende Australier und Deutschland-Experte Christopher Clark eine exzellent geschriebene Neudeutung des Kriegsbeginns 1914. Sein Opus magnum mit dem leicht irreführenden Titel „Die Schlafwandler" behandelte die Vorgeschichte des Weltkriegs ab 1903 und wurde in der Öffentlichkeit weithin als „Entlastung" Deutschlands von der Kriegsschuld verstanden. In Wirklichkeit argumentierte Clark zwar differenzierter und legte dar, warum seiner Ansicht nach neben den gleichermaßen verantwortlichen Großmächten Deutschland, Frankreich, Großbritannien, Russland und Österreich-Ungarn auch das kleine Königreich Serbien ein nennenswerter Teil der Schuld träfe. Doch zu dem enormen Verkaufserfolg von Clarks Band mit zwölf Auflagen innerhalb weniger Monate dürfte diese quellengesättigte und oft klug argumentierende Darstellung eher wenig beigetragen haben. Entscheidend dürfte vielmehr gewesen sein, dass hier ein britischer Professor – wenn auch mit australischen Wurzeln – die Scharte der deutschen Kriegsschuld auszuwetzen schien. Mehrere Zeitungen in Deutschland ernannten Clarks „Schlafwandler" kurzerhand zum „Buch des Jahres".

In der Begeisterung der meisten Feuilletons ging freilich unter, was eigentlich schon Teil des als „Fischer light" bekannten Konsenses gewesen war: Für das Anwachsen der Spannungen zwischen den Mächten in Europa trugen alle sechs Staaten auf jeweils eigene Weise eine Mitverantwortung. Frankreich etwa rüstete wesentlich stärker auf als die übrigen Länder. Österreich-Ungarn erwies sich unfähig, den nationalistischen, zentrifugalen Kräften auf dem Balkan mit Reformen entgegenzuwirken. Der russische Zar setzte auf aggressive Rhetorik, um die innenpolitischen Probleme seines Reiches zu übertünchen. Serbien unterstützte Terroristen. Und viele in Deutschland sehnten sich nach der Wiederholung des furiosen Sieges von 1870/71 gegen den „Erbfeind" im Westen. Nur Großbritannien hatte eigentlich im Frühsommer 1914 wenig Interesse an Kontinentaleuropa und seinen Konflikten; den Politikern in London erschien die Unruhe im nach Unabhängigkeit strebenden Irland viel gefährlicher, zumal man längst erkannt hatte, dass die deutsche Hochseeflotte trotz aller Unterstützung durch Wilhelm II. auf absehbare Zeit die Vormachtstellung der Royal Navy keinesfalls würde gefährden können.

Wenig bis nichts Neues dagegen konnte Clark zu der eigentlich für den Ausbruch des Ersten Weltkrieges entscheidenden kurzen Zeit zwischen dem 23. Juli – als Österreich-Ungarn Serbien ein vorsätzlich als unannehmbar konzipiertes Ultimatum stellte – und dem Beginn des deutschen Einmarsches in Belgien am 3. August 1914 beitragen. In diesen Tagen jedoch entschied sich das Schicksal Europas, spielten die Politiker und Militärs in Berlin ein Spiel mit höchstem Risiko – um Krieg oder Frieden, auf Leben und Tod. Während Christopher Clark brillant erklärte, was in den elf Jahren vor Beginn des Weltkrie-

Antiserbische Ausschreitungen in Sarajewo nach dem Attentat auf Thronfolger Erzherzog Franz Ferdinand, 28. Juni 1914.

ges in Europa politisch geschah, waren doch für die Eskalation eigentlich die letzten elf Tage entscheidend. Noch bis zum 23. Juli 1914 hätte der Konflikt wie andere politische Konflikte der vorangegangenen Jahre – von der Faschoda-Krise 1898, über die beiden Marokko-Krisen und die Annexion Bosniens durch Österreich-Ungarn, bis hin zu den beiden Balkankriegen 1912/13 – wohl entschärft werden können. Jedes Mal war es gerade eben noch gelungen, eine Eskalation zu vermeiden. Noch hatte die Diplomatie Erfolg gehabt, doch von Mal zu Mal wurde der Ausgleich der divergierenden Interessen schwieriger. Ende Juli 1914 setzte die deutsche Regierung dann alles auf eine Karte.

Reichskanzler Theobald von Bethmann Hollweg (links, 1856–1921) mit Staatssekretär Gottlieb von Jagow (rechts, 1863–1935) und Unterstaatssekretär Arthur von Zimmermann (1864–1940) vor dem Reichstagsgebäude: Bereit, ein „kalkuliertes Risiko" einzugehen.

Helmuth von Moltke der Jüngere (1848–1916) hielt es lange vor Kriegsausbruch für sinnvoll, sich auf einen Krieg einzustellen.

Der grundlegende Gedanke war, dass es irgendwann ohnehin zum Krieg kommen würde – also solle man ihn lieber führen, solange man selbst die Initiative ergreifen konnte, agieren statt reagieren. In diesem Sinne hatte sich schon Wochen vor dem Attentat von Sarajewo der deutsche Generalstabschef Helmuth von Moltke der Jüngere geäußert. Der Staatssekretär im Auswärtigen Amt, Gottlieb von Jagow, hielt die Gedanken des höchsten Soldaten im Kaiserreich fest: „In zwei bis drei Jahren würde Russland seine Rüstungen beendet haben. Die militärische Übermacht unserer Feinde wäre dann so groß, dass er nicht wüsste, wie wir ihrer Herr werden könnten. Jetzt wären wir ihnen noch einigermaßen gewachsen. Es bliebe seiner Ansicht nach nichts übrig, als einen Präventivkrieg zu führen, um den Gegner zu schlagen, so lange wir den Krieg noch bestehen könnten. Der Generalstabschef stellte mir demgemäß anheim, unsere Politik auf die baldige Herbeiführung eines Krieges einzustellen."

Jagow widersprach Moltke, jedenfalls seiner rückblickenden Darstellung zufolge: „Ich entgegnete ihm, dass ich mich nicht dazu verstehen könnte, einen Präventivkrieg heraufzubeschwören." Zwar sah auch er den „Ernst unserer Lage" und stimmte dem Militär insoweit zu. Doch gab er zu bedenken: „Ich habe auch nie den Gedanken eines Präventivkrieges prinzipiell und a limine verurteilt. Ein solcher kann unter Umständen als Defensivkrieg zur unvermeidlichen Aufgabe einer vorausschauenden Politik werden. Aber abgesehen davon, dass der geeignete Moment vielleicht schon verpasst war, hoffte ich noch, unser Verhältnis zu England würde sich so weit bessern lassen, dass ein allgemeiner Krieg ziemlich ausgeschlossen oder doch weniger gefährlich sein würde." Der Kaiser jedoch neigte eher Moltke zu. Der Hamburger Bankier Max Warburg hielt ein Gespräch mit Wilhelm II. am 21. Juni 1914 fest – eine Woche vor dem Attentat von Sarajewo. Darin ließ dieser offenbar eine Neigung zum Präventivkrieg erkennen: „Die Rüstungen Russlands, die großen russischen Bahnbauten waren seiner Ansicht nach Vorbereitungen für einen Krieg, der im Jahr 1916 ausbrechen konnte." Auf Warburgs Nachfrage „erwog der Kaiser sogar, ob es nicht besser wäre, loszuschlagen, anstatt zu warten".

Angesichts dieser grundsätzlichen Überlegung, einem europäischen Krieg auf Dauer gar nicht aus dem Weg gehen zu können und deshalb lieber selbst zu bestimmen, wann er beginnen würde und gegen wen, war das Kalkül der Reichsregierung Ende Juli 1914 immer noch riskant, aber jedenfalls in sich schlüssig. Reichskanzler Bethmann Hollweg wollte die Situation politisch nutzen: „Kommt der Krieg aus dem Osten, so dass also wir für Österreich-Ungarn und nicht Österreich-Ungarn für uns zu Felde zieht, so haben wir Aussicht, ihn zu gewinnen.

Kommt der Krieg nicht, will der Zar nicht oder rät das bestürzte Frankreich zu Frieden, so haben wir doch noch Aussicht, die Entente über diese Aktion auseinanderzumanövrieren." Der Regierungschef war bereit, ein „kalkuliertes Risiko" einzugehen, bis hin zum kontinentalen Zweifrontenkrieg gegen Russland und Frankreich gleichzeitig. Dazu sah er Deutschland ausreichend gerüstet. Mit einer Eskalation zum Weltkrieg durch einen Kriegseintritt der Kolonial- und Seemacht Großbritannien allerdings rechnete er eigentlich nicht.

Und doch trug das Kaiserreich auch dafür die Verantwortung. Denn aufgrund grober Versäumnisse hatte der deutsche Generalstab nur einen einzigen Schlachtplan vorbereitet, der gemeinhin, wenn auch ungenau, als „Schlieffen-Plan" bekannt ist. Gestützt auf Denkschriften des legendären Strategen und Moltke-Vorgängers Alfred Graf von Schlieffen sollte der drohende Zweifrontenkrieg in Europa gegen Frankreich und Russland in zwei nacheinander zu führende Einfrontenkriege aufgespalten werden. Um rasch genug vorstoßen zu können, wollte Generaloberst von Moltke den Hauptangriff durch Belgien führen – obwohl er wusste, dass die belgische Neutralität seit Jahrzehnten zu den zentralen Interessen Großbritanniens auf dem Kontinent gehörte. Sobald Frankreich in einer „wirklichen Entscheidungsschlacht" besiegt worden sei, wie 1870 Napoleon III. bei Sedan, würden die deutschen Truppen mit Eilzügen nach Osten gebracht werden, um hier die zahlenmäßig weit überlegene zaristische, aber vermeintlich langsamer zu mobilisierende Armee ebenso schnell zu schlagen. Das allerdings war trotz vielfach erfolgreicher Proben bei sogenannten Generalstabsreisen am grünen Tisch gerade kein Rezept für einen sicheren Sieg, sondern eher eine Notlösung, ein Vabanque-Spiel. Die Alternative wäre gewesen, dass der Große Generalstab spätestens am 1. August 1914 die Reichsregierung über die Aussichtslosigkeit eines Zweifrontenkrieges unterrichtet und zur radikalen Änderung ihrer Außenpolitik gedrängt hätte. Das aber entsprach nicht dem Denken Moltkes und seiner Offiziere: Sie waren keinesfalls bereit, der politischen Leitung gegenüber einen solchen „militärischen Offenbarungseid" zu leisten. Theobald von Bethmann Hollweg erkannte nicht, dass er mit seiner Politik des vermeintlich „kalkulierten Risikos" die Entscheidung über Art und Umfang des kommenden Kriegs dem Generalstab überließ. Das war sein entscheidender Fehler und der Grund, warum – Christopher Clarks Thesen zum Trotz – die Schuld für die Eskalation der Juli-Krise zum Ersten Weltkrieg eben doch bei Deutschland lag.

Im Gegensatz zu Reichskanzler Bethmann Hollweg wollte Adolf Hitler den Krieg von Anfang an. Ein neuer militärischer Konflikt war für ihn nicht abschreckend, sondern im Gegenteil erstrebenswert. Durchgängig seit 1918 spielte der nächste Krieg in seinem Denken eine zentrale Rolle – und zwar als Verheißung. Seit 1924, als er

Helmuth von Moltke der Ältere (1800–1891), der „Große Schweiger": Seine genialen Entscheidungsschlachten versuchten seine Nachfolger vergeblich nachzuahmen.

Alfred von Schlieffen (1833–1913): Vermeidung des Zweifrontenkriegs.

in der Festungshaft in Landsberg sein Bekenntnisbuch „Mein Kampf" diktierte, sehnte er nicht mehr nur, wie viele reaktionäre und konservative Kräfte in Deutschland, einen Revanchekrieg gegen Frankreich und Polen herbei. Hitler ging es schon damals um einen Eroberungskrieg, der dem deutschen Volk mehr „Lebensraum" verschaffen sollte. Neben seinem pathologischen Rassenwahn war das Ziel eines solchen Krieges seine zweite, immer konsequent durchgehaltene Überzeugung. Das änderte sich auch nicht, als er zum Reichskanzler ernannt wurde.

Das Gegenteil ist der Fall, wie schon seine erste Rede vor der Generalität der Reichswehr am 3. Februar 1933 zeigte, die in mehreren Aufzeichnungen erhalten ist. Den Notizen des Generals Curt Liebmann zufolge führte der neue Regierungschef sinngemäß aus: „Wie soll politische Macht, wenn sie gewonnen ist, gebraucht werden? Jetzt noch nicht zu sagen. Vielleicht Erkämpfung neuer Export-Möglichkeiten, vielleicht – und wohl besser – Eroberung neuen Lebensraums im Osten und dessen rücksichtslose Germanisierung." In einer an einen sowjetischen Agenten übergebenen Aufzeichnung des Marineoffiziers Martin Baltzer lautet dieselbe Stelle: „Dann wird das Heer fähig sein, eine aktive Außenpolitik zu führen, und das Ziel der Ausweitung des Lebensraumes des deutschen Volkes wird auch mit bewaffneter Hand erreicht werden. Das Ziel würde wahrscheinlich der Osten sein. Doch eine Germanisierung der Bevölkerung des annektierten beziehungsweise eroberten Landes ist nicht möglich. Man kann nur Boden germanisieren." Die anwesenden Offiziere hielten diese Ausführungen offenbar für reine Rhetorik und erkannten nicht, dass Hitler sie völlig ernst meinte.

In den folgenden fünf Jahren wiederholte er denselben Gedanken vielfach in internen Runden, am deutlichsten wohl am 5. November 1937 in der Reichskanzlei. Viereinviertel Stunden dauerte das Treffen in Hitlers Dienstzimmer; darum gebeten hatte Reichskriegsminister Werner von Blomberg. Denn zwischen den drei Teilstreitkräften der Wehrmacht war Streit ausgebrochen, wer Anspruch auf wie viel Stahl und andere Rohstoffe für die Aufrüstung haben sollte. Eine Entscheidung setzte voraus, dass die politischen Prämissen der Regierung klar waren. Neben Blomberg nahmen die Oberbefehlshaber von Heer, Luftwaffe und Marine, Generaloberst Werner von Fritsch, Generaloberst Hermann Göring und Generaladmiral Erich Raeder an der Besprechung teil, außerdem Reichsaußenminister Konstantin von Neurath. Alle Anwesenden wussten, dass der Reichskanzler Krieg wollte, aber sie wussten noch nicht genau welchen Krieg. Ein Adjutant Hitlers, Oberst Friedrich Hoßbach, verfasste wenige Tage später ein Gedächtnisprotokoll.

Darin hielt er Hitlers Darlegungen unter anderem wie folgt fest: „Stelle man an die Spitze der nachfolgenden Ausführungen den Entschluss zur Anwendung von Gewalt unter Risiko, dann bleibe noch die Beantwortung der Fragen ‚wann' und ‚wie'". Hier unterschied der Reichskanzler drei Möglichkeiten. Erstens 1943 bis 1945 als den spätesten Zeitpunkt für den Kriegsbeginn: „Nach dieser Zeit sei nur noch eine Veränderung zu unseren Ungunsten zu erwarten." Immerhin seien bis dahin Aufrüstung und Aufbau des geplanten Offizierskorps' „annähernd beendet". Die Bewaffnung der Wehrmacht sei dann modern, aber: „Bei längerem Zuwarten läge die Gefahr ihrer Veraltung vor." Weiter heißt es in Hoßbachs Niederschrift: „Sollte der Führer noch am Leben sein, so sei es sein unabänderlicher Entschluss, spätestens 1943 bis 1945 die deutsche Raumfrage zu lösen." Also einen Angriffskrieg zu führen. Als zweiten denkbaren Fall beschrieb Hitler die Eskalation sozialer Spannungen in Frankreich bis hin zum Bürgerkrieg, der die dortige

Hitler mit Reichskriegsminister Werner von Blomberg (1878–1946) und dem Oberbefehlshaber des Heeres Werner von Fritsch (1880–1939) beim Manöver des Jahres 1935, Foto vom 6. September 1935 (nachträglich koloriert).

Kriegsschuld

Armee am Handeln gegen Deutschland hindern würde. Dann „sei der Zeitpunkt zum Handeln gegen die Tschechei gekommen." Ohnehin war er der Ansicht, die britischen und französischen Garantien für den Bestand des erst 1919 gegründeten Staates Tschechoslowakei seien nichts wert. Als dritte mögliche Situation nannte der „Führer" einen Krieg Frankreichs gegen eine andere Macht, etwa das faschistische Italien. Von einem solchen Konflikt wollte Hitler profitieren: „Der Zeitpunkt unseres Angriffs auf die Tschechei und Österreich müsse abhängig von dem Verlauf des italienisch-englisch-französischen Krieges gemacht werden." Nach einer kurzen Diskussion über diese drei Szenarien drehte sich der Rest des Gesprächs um das eigentliche Thema, die Verteilung der knappen Rohstoffe auf die verschiedenen Waffengattungen.

Hitlers Wille zum Krieg, das zeigen neben solchen Äußerungen auch seine Befehle, stand also außer Frage. Trotzdem machte er sich die Mühe, für seine beiden konkreten Kriegspläne Vorwände für eine militärische Eskalation konstruieren zu lassen. Als der „Anschluss" Österreichs und die Bildung eines nun „Großdeutschen Reichs" im Frühjahr 1938 vollzogen war, suchte Hitler den Konflikt mit der Tschechoslowakei. Gezielt schürte er mittels der nationalsozialistischen Tarnorganisation „Sudetendeutsche Partei" die Konflikte mit der Regierung in Prag. Die deutsche Presse berichtete in sensationsheischender Weise über angebliche Verbrechen tschechischer Nationalisten an Sudetendeutschen und bauschte tatsächliche Übergriffe massiv auf. Doch im letzten Moment erzwang Hitlers Verbündeter Benito Mussolini die Münchner Konferenz, auf der Großbritanniens Premier Neville Chamberlain dem deutschen Diktator weit entgegenkam. Er hatte die Juli-Krise von 1914 vor Augen, als ein aus weltpolitischer Sicht ähnlich nebensächlicher Konflikt den Ersten Weltkrieg ausgelöst hatte. Die Staatsmänner auf beiden Seiten, so sah es der konservative Premier, hätten die Chance verpasst, miteinander zu reden und eine gemeinsame Lösung zu finden. Diesen Fehler wollte er keinesfalls wiederholen. Hitler seinerseits stellte Maximalforderungen, um den Vermittlungsversuch zu torpedieren – doch Chamberlain und Frankreichs Ministerpräsident Edouard Daladier gaben im Münchner Abkommen nach und zwangen die Regierung in Prag, weitgehenden Gebietsabtretungen an Deutschland zuzustimmen. Der „Führer" fühlte sich um den Krieg betrogen, den er gegen die Tschechoslowakei hatte führen wollen.

Am 17. September 1938 ordnete der Führer der Sudetendeutschen Partei, Konrad Henlein, mit Hitlers Zustimmung die Bildung des Sudetendeutschen Freikorps (SFK) an und begann bewaffnete Überfälle auf tschechoslowakische Einrichtungen. Das Bild zeigt die Anmeldestelle für das „Sudetendeutsche Freikorps" im Hauptbahnhof von Dresden, 19. September 1939.

Joseph Goebbels am 30. Januar 1943 im Berliner Sportpalast, nach dem Desaster in Stalingrad: Jetzt war England an allem schuld.

Elf Monate später folgte Hitler erneut dem weitgehend gleichen Plan. Nun ging es um Polen: Wieder ließ er systematisch ein politisches Problem, diesmal um die Freie Stadt Danzig, eskalieren. Ende April 1939 kündigte er den Nichtangriffs-Pakt von 1934, der eigentlich bis 1944 galt, einseitig auf. Einen Monat später bekam die Wehrmacht den Befehl, einen Krieg gegen Polen vorzubereiten. Das Ziel war klar definiert: „Danzig ist nicht das Objekt, um das es geht. Es handelt sich für uns um die Erweiterung des Lebensraums im Osten." Wieder gab es inszenierte Übergriffe, die Hitler in seinen Reden im Sommer 1939 aufgriff: „Trotz Freundschaftsabkommens hat in Polen immer die Absicht bestanden, jede Gelegenheit gegen uns auszunutzen." Tatsächlich herrschte das Regime in Warschau autoritär, war aber weit entfernt davon, eine Diktatur wie das Dritte Reich zu sein. Schließlich ordnete der Reichskanzler Kommandounternehmen von SS-Leuten in polnischen Uniformen auf deutschem Boden an und befahl, Angriffe auf Bahnhöfe, Tunnel und den Sender Gleiwitz in Oberschlesien. „Ich werde propagandistischen Anlass zur Auslösung des Krieges geben", sagte er am 22. August 1939 in einer Ansprache vor einigen Generälen. Dabei war ihm „gleichgültig, ob glaubhaft". Denn, so Hitler weiter: „Der Sieger wird später nicht danach gefragt, ob er die Wahrheit gesagt hat oder nicht. Bei Beginn und Führung des Krieges kommt es nicht auf das Recht an, sondern auf den Sieg."

Obwohl die gleichgeschalteten Zeitungen und der Reichsrundfunk natürlich die Goebbels-Version von dem vermeintlichen Angriff auf Gleiwitz unmittelbar vor dem Großangriff auf Polen im Morgengrauen des 1. September 1939 verbreiteten, durchschauten viele Deutsche das Kalkül. Warum Hitler dennoch Energie darauf verwandte, die durchsichtige Inszenierung überhaupt zu veranstalten, ist unklar. Jedenfalls wiederholte er das Schauspiel knappe zwei Jahre später, als die Wehrmacht am 22. Juni 1941 unter dem Decknamen „Barbarossa" die Sowjetunion angriff. Diesmal schickte er seinen Außenminister Joachim von Ribbentrop vor, um der Weltpresse zu erklären, die Sowjetunion habe unmittelbar vor einem Angriff auf das nationalsozialistische Deutschland gestanden. Als sich nach kurzer Zeit der geplante „Blitzsieg" gegen die Rote Armee als unmöglich herausstellte, wurde dieses Steckenbleiben der deutschen Truppen als „Beweis" für sowjetische Kriegsvorbereitungen bemüht. Zwar redeten sich, wie es Feldpostbriefe verraten, zunehmend mehr Landser ein, es habe sich beim „Unternehmen Barbarossa" tatsächlich um einen Präventivschlag gehandelt. Doch alle Planungen, internen Aufzeichnungen des Generalstabs und auch Hitlers Äußerungen im Führerhauptquartier sprachen eine andere Sprache.

Vielleicht war es nur ein Reflex, der den NS-Diktator dazu brachte, solche durchsichtigen, ja unglaubhaften Entlastungskonstruktionen zu verbreiten. Sicher aber dürfte er sich nicht vorgestellt haben, dass es Jahrzehnte nach der vernichtenden Niederlage des „Dritten Reiches" tatsächlich Autoren geben würde, die ihm glauben könnten, darunter sogar einige gelernte Historiker. Doch genau das trat ein. Nachdem entsprechende Thesen jahrzehntelang nur am äußersten rechten Rand der Gesellschaft auf Interesse gestoßen waren, änderte sich das mit der deutschen Einheit. Auf einmal fanden Autoren wie der vorzeitig aus der Bundeswehr ausgeschiedene Generalmajor Gerd Schultze-Rhonhof oder Stefan Scheil ein größeres Publikum. In ihren einschlägigen Büchern mit Titeln wie „Der Krieg, der viele Väter hatte" oder „Fünf plus zwei" versuchen sie,

Kriegsschuld

Hitlers unbedingten Willen zum Krieg zu relativieren und ihn als Getriebenen der Machtinteressen Großbritanniens, der USA und der Sowjetunion darzustellen. Sie erreichen Auflagenhöhen, von denen Autoren seriöser Bücher zu ähnlichen Themen oftmals nur träumen können. Zwar gelingt es Schultze-Rhonhof und Scheil bisher nicht, aus dem rechtskonservativen bis reaktionären Milieu auszubrechen, doch finden sie mit ihren scheinbar fundiert belegten, in Wirklichkeit jedoch manipulierten Darstellungen trotzdem Zehntausende von Lesern. Und es gibt weitere Autoren, die ähnlich argumentieren – etwa Dirk Bavendamm, der in „Roosevelts Krieg" die Verantwortung für den Zweiten Weltkrieg dem US-Präsidenten zuweist. Manche der Autoren aus diesen Kreisen vertreten auch die längst widerlegten Behauptungen über deutsche Sorgen vor einem für 1941 geplanten sowjetischen Angriff, die zu einem „Präventivschlag" geführt hätten.

Während die Verantwortung für den Beginn des Zweiten Weltkriegs ausschließlich bei Hitler – mit seinem Willen zum Kampf um „Lebensraum im Osten" – zu suchen ist, ist die Situation beim Ersten Weltkrieg weniger klar. Die konkrete Eskalation in den letzten Julitagen 1914 ging zwar eindeutig auf die deutsche Reichsregierung unter Theobald von Bethmann Hollweg zurück, der sich zum Schaden des gesamten Kontinents und von Millionen Menschen in einem risikoreichen Spiel grundlegend verrechnete. Doch die längerfristige Entwicklung machte es tatsächlich wahrscheinlich, wenn auch nicht unausweichlich, dass es von 1914 aus betrachtet in näherer Zukunft zu einem europäischen Krieg gekommen wäre. Die Diplomatie als Krisenbewältigungsinstrument hatte sich immer weiter abgenutzt – sie hätte wohl beim nächsten oder übernächsten politischen Konflikt versagt.

Ganz sicher aber haben die Regierungen in Europa 1914 nicht gewusst, welche Art Krieg auf ihre Völker zukommen würde. Alle hatten in jenem letzten Sommer des alten Europas nur Granaten und Treibladungen für wenige Monate in ihren Magazinen. Alle Seiten gingen von heftigen, aber kurzen Gefechten aus. Das war ein Vierteljahrhundert später anders. Hitler konzipierte seine ersten, seine erfolgreichen Feldzüge gerade nicht als „Blitzkriege", denn dieses Konzept gab es überhaupt erst nach dem Sieg über Frankreich. Der Kriegsherr war vielmehr selbst überrascht, wie schnell seine Sturzkampfbomber und Panzer die Armeen Polens, Norwegens und Dänemarks, der Niederlande, Belgiens und Frankreichs zerschlugen. Gleichwohl bemühte er sich, wenn auch mit insgesamt wenig Einfallsreichtum, seine persönliche Verantwortung zu kaschieren.

Hans Herbert Schweitzer (Mjölnir): Der ist schuld am Kriege!, 1944. Im Auftrag des Propagandaministers hergestelltes Plakat, das die Kriegsschuldfrage aus deutscher Sicht beantworten wollte.

Ernst Piper

Die Pariser Vorortverträge

Die letzte deutsche Offensive im Ersten Weltkrieg, die Michael-Offensive, war nach anfänglichen Erfolgen im Frühjahr 1918 gescheitert. Am 18. Juli begann die Gegenoffensive der Alliierten mit mehr als 400 Tanks. Die britischen und französischen Truppen wurden von einer Woche um Woche gewaltig anwachsenden Zahl Amerikaner unterstützt. Die Alliierten brachten den deutschen Armeen so schwere Verluste bei, dass ihre Kampfkraft endgültig zusammenbrach. Am 27. September gelang es den Angreifern, die Siegfried-Linie, die die Deutschen im Frühjahr 1917 als auf Dauer angelegte Verteidigungslinie errichtet und schwer befestigt hatten, zu durchbrechen.

Daraufhin forderte die Oberste Heeresleitung die deutsche Reichsregierung am 29. September 1918 auf, in Waffenstillstandsverhandlungen einzutreten. Erich Ludendorff plädierte dafür, sofort mit dem amerikanischen Präsidenten Woodrow Wilson Kontakt aufzunehmen, von dem man sich die mildesten Waffenstillstandsbedingungen erhoffte. Zugleich schlug Ludendorff eine Parlamentarisierung des Deutschen Reichs vor. Das bedeutete, dass Sozialdemokraten, Liberale und das katholische Zentrum, die Parteien, die im Reichstag die Mehrheit besaßen und 1917 einen Interfraktionellen Ausschuss gebildet hatten, in die Regierungsarbeit eingebunden werden sollten. Das war sicher ein taktischer Vorschlag, denn Ludendorff war nicht über Nacht Demokrat geworden. Er hatte vielmehr keine Lust, persönlich an den bevorstehenden Kapitulationsverhandlungen mitzuwirken. Eine derart undankbare Aufgabe wollte er lieber den Vertretern der ungeliebten demokratischen Parteien überlassen. Dahinter stand die Überlegung, die Verantwortung für die unabwendbare Niederlage möglichst den Politikern anzulasten. Ludendorff trug so wesentlich zur Entstehung der Legende vom „Dolchstoß" in den Rücken des unbesiegt im Feindesland stehenden deutschen Heeres bei.

Am 3. Oktober 1918 wurde Prinz Max von Baden als Nachfolger des amtsmüden Georg von Hertling zum Reichskanzler ernannt. Er war ein Vertreter der alten gesellschaftlichen Elite, kein Demokrat, aber vom süddeutschen Liberalismus geprägt. Prinz Max war seit Langem für einen Frieden ohne Annexionen eingetreten und hatte die Wiederaufnahme des U-Boot-Kriegs 1917 abgelehnt. Ernannt wurde Prinz Max auf Vorschlag des Vizekanzlers, Friedrich von Payer, der der linksliberalen Fortschrittlichen Volkspartei angehörte und der Vertrauensmann des Interfraktionellen Ausschusses in der Regierung war. Der neue Kanz-

US-Truppen feiern das deutsche Waffenstillstandsgesuch in St. Mihiel: Hier war den amerikanischen Truppen kurz zuvor in der Schlacht von St. Mihiel an der Marne (12.–15. September) der Druchbruch durch die deutschen Linien gelungen. Undatierte Aufnahme (Oktober 1918).

ler ernannte die Sozialdemokraten Philipp Scheidemann und Gustav Bauer zu Staatssekretären, sodass nun erstmals auch die SPD in der Regierung vertreten war. Er tat dies, weil er es für unvermeidlich hielt, die Sozialdemokratie einzubinden.

Prinz Max wurde, kaum dass er ernannt war, von Ludendorff pausenlos mit Telegrammen bombardiert, unverzüglich ein Friedensangebot abzuschicken. Tatsächlich sandte er bereits am 4. Oktober ein Waffenstillstandsgesuch an Wilson, doch der amerikanische Präsident reagierte reserviert. Wilson hatte am 8. Januar 1918 seine berühmten 14 Punkte vor dem Kongress vorgestellt und diese Eckpunkte für eine Befriedung Europas in der Zwischenzeit noch mehrfach erläutert. Die deutschen Hoffnungen richteten sich in starkem Maße auf diese Vorschläge für eine europäische Nachkriegsordnung, weil sie gegenüber den weitreichenden Kriegszielen der Briten und Franzosen gemäßigt erschienen. Wilsons Programm wirkte modern und demokratisch, wenn er etwa das Ende der Geheimdiplomatie, die Freiheit der Schifffahrt auf den Weltmeeren, den Abbau von Handelsschranken und die unparteiische Schlichtung kolonialer Ansprüche forderte. Zentral aber war der Gedanke des Selbstbestimmungsrechts der Völker, dem der größte Teil der 14 Punkte gewidmet war. Wilson forderte nicht nur die Wiederherstellung des belgischen Staats, die Rückgabe von Elsass und Lothringen an Frankreich und Autonomie für die Völker der Habsburger Monarchie. In Punkt 6 wurde ganz unmissverständlich die „Räumung des ganzen russischen Gebietes" verlangt. Das widersprach dem Friedensvertrag von Brest-Litowsk, den das Deutsche Reich den Russen am 3. März 1918 aufgezwungen hatte, ganz eklatant. Durch ihn hatte das Russische Reich nicht nur mehr als die Hälfte seiner Industrieanlagen, sondern auch etwa ein Drittel seiner Bevölkerung verloren.

Woodrow Wilson wollte außerdem mit einer demokratisch legitimierten deutschen Regierung verhandeln und die Demokratisierung des Deutschen Reichs schien ihm in weiter Ferne, solange der Kaiser noch immer im Amt war. Prinz Max war bewusst, dass entschiedene Schritte notwendig waren, um die Alliierten zu Verhandlungen zu bewegen. So beendete er den unbeschränkten U-Boot-Krieg. Außerdem setzte er am 26. Oktober die Entlassung Ludendorffs durch, nachdem dieser die Kampfhandlungen wieder hatte aufnehmen wollen, weil Wilson in einer Note vom 24. Oktober konkrete Waffenstillstandsbedingungen genannt hatte, die in den Augen Ludendorffs einer unannehmbaren Kapitulation gleichkamen.

Am 28. Oktober 1918 traten die Änderungen der Reichsverfassung in Kraft, wonach die Regierung des Vertrauens des Reichstags bedurfte, der auch die Kompetenz für Kriegs-

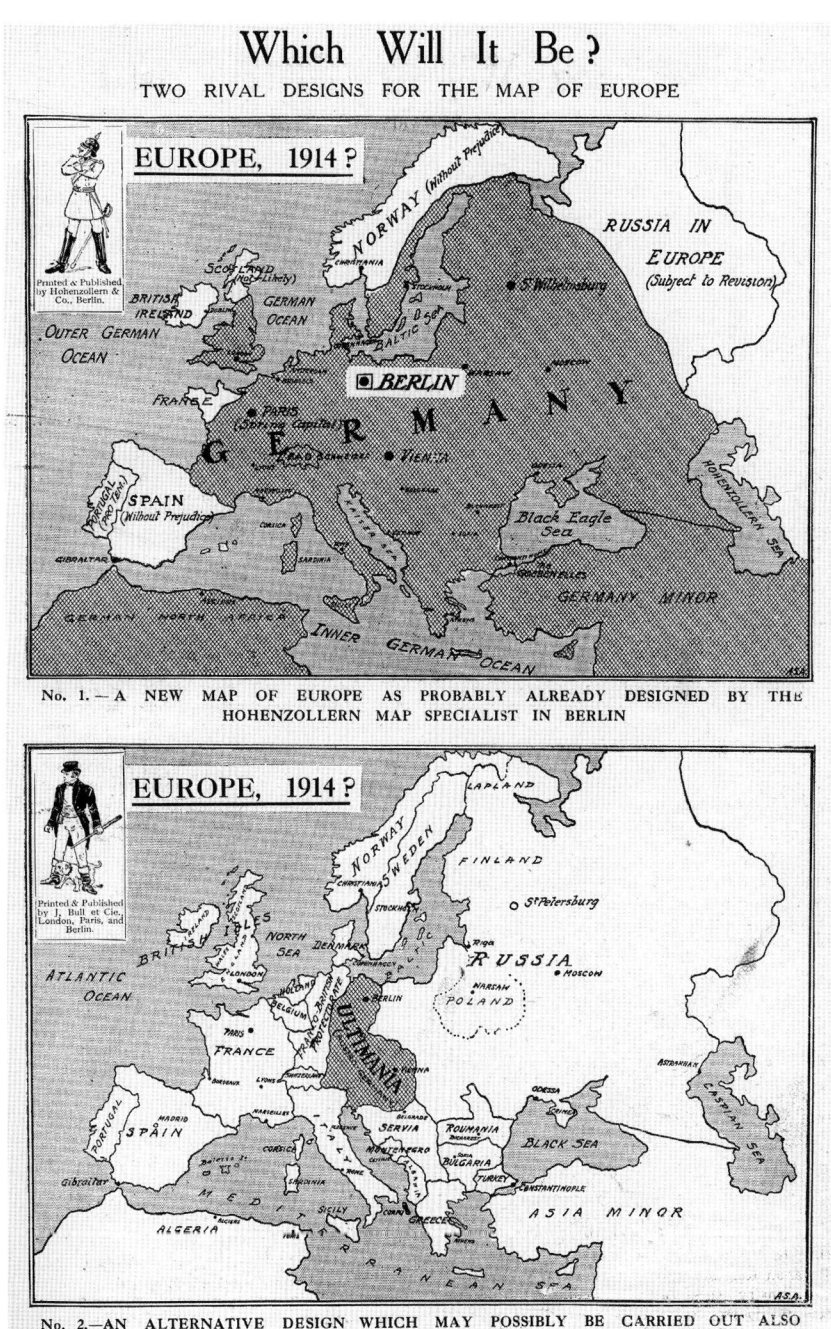

In Großbritannien erschien schon im August 1914 eine satirisch gemeinte Karte mit den angeblichen deutschen Kriegszielen (oben) und einem möglichen Kriegsausgang, der von Deutschland und Österreich-Ungarn nur einen Streifen, genannt Ultimania, zwischen Frankreich und Russland, Ostsee und Adria übrig ließ.

Ernst Piper

Beim ersten Treffen im Eisenbahnwaggon in Compiègne standen sich am 8. November 1918 der deutsche Delegationsleiter Matthias Erzberger (Mitte) und Marschall Ferdinand Foch gegenüber.

erklärungen und Friedensschlüsse erhielt, die bisher der Kaiser inne gehabt hatte. In letzter Sekunde war das Deutsche Reich zur konstitutionellen Monarchie geworden. Praktische Auswirkungen hatte das nicht mehr, denn Prinz Max blieb auch ohne Wahl durch den Reichstag im Amt. Kaiser Wilhelm II. begab sich am 29. Oktober in seine militärische Kommandozentrale, das Große Hauptquartier im belgischen Spa, wobei es seinen Ratgebern darum zu tun war, den ratlosen Monarchen von der politischen Bühne verschwinden zu lassen. Nachdem König Ludwig III. von Bayern am 8. November seinen Thronverzicht erklärt hatte, gab Prinz Max von Baden am Tag darauf ohne entsprechende Weisung den Rücktritt von Kaiser Wilhelm II. bekannt, der zuletzt erwogen hatte, als Deutscher Kaiser zurückzutreten, nicht aber als König von Preußen, um der preußischen Armee weiterhin als oberster Kriegsherr zur Verfügung zu stehen. Am Abend des 9. November überschritt Wilhelm II. bei Eijsden die Grenze zu den Niederlanden, wo er um politisches Asyl nachsuchte. Prinz Max legte selbst sein Amt nieder und übergab die Reichskanzlei an den SPD-Vorsitzenden Friedrich Ebert.

Unterdessen hatte vom 29. Oktober bis 4. November in Paris eine interalliierte Konferenz stattgefunden, bei der Amerikaner, Briten und Franzosen, die drei wichtigsten Siegermächte, sich über Waffenstillstandsbestimmungen und Grundlagen für die nachfolgenden Friedensverhandlungen verständigten. Am 5. November wurde das Ergebnis der Beratungen den Deutschen in einer von dem amerikanischen Außenminister Robert Lansing unterzeichneten Note übermittelt. Die Lansing-Note stellte klar, dass unter Wilsons Forderung der „Wiederherstellung der besetzten Gebiete" zu verstehen war, dass „Deutschland für alle durch seine Angriffe zu Wasser und zu Lande und in der Luft der Zivilbevölkerung der Alliierten und ihrem Eigentum zugefügten Schäden Ersatz leisten soll." Hier wird schon ein zentrales Thema des Versailler Vertragswerks angesprochen. Der im Kampf Unterlegene sollte nicht nur für die unmittelbaren Kriegsschäden Reparationszahlungen leisten, wie das nach Kriegen allgemein üblich war, sondern auch für alle mittelbaren Kriegsfolgen aufkommen. Dies war der Ausgangspunkt für die sehr weitreichenden Bestimmungen des Artikels 231 des späteren Friedensvertrags, des sogenannten Kriegsschuldartikels.

Am 8. November 1918 fuhr im Auftrag der deutschen Reichsregierung eine vierköpfige Kommission unter der Leitung des Zentrums-Politikers Matthias Erzberger, der inzwischen Staatssekretär ohne Geschäftsbereich geworden war, nach Compiègne nördlich von Paris, wo im Wald in einem Eisenbahnwaggon die Waffenstillstandsverhandlungen begannen. Weitere Delegationsmitglieder waren der Gesandte des Auswärtigen Amtes Graf Alfred von Oberndorff, für das Reichsheer General Detlof von Winterfeldt und für die Kaiserliche Marine Kapitän zur See Ernst Vanselow. Das waren nicht die Herren, die für den Krieg der vergangenen vier Jahre verantwortlich zu machen waren. Diese standen nicht mehr zur Verfügung und überließen die unangenehme Arbeit, den angerichteten Scherbenhaufen zusammenzukehren, lieber anderen. Der deutschen Delegation trat Marschall Ferdinand Foch gegenüber. Er war der Vertreter Frankreichs in dem 1917 gebildeten Alliierten Obersten Kriegsrat gewesen und im März 1918 zum Oberbefehlshaber der alliierten Streitkräfte an der Westfront ernannt worden. Nun hatte er die Ehre, die deutschen Unterschriften unter den Waffenstillstandsvertrag entgegenzunehmen. Die vorausgehenden Gespräche delegierte er allerdings an rangniedere Offiziere, um deutlich zu machen, dass die Deutschen keine ebenbürtigen Gesprächspartner waren.

Foch führte ein straffes Regiment, begrenzte den Zeitrahmen für die Gespräche auf 72 Stunden und machte deutlich, dass die von den Siegern formulierten Bedingungen nicht zur Disposition standen. Erzberger, der die Bestimmungen der Waffenstillstandsvereinbarung außerordentlich hart fand, hielt Rücksprache mit Reichskanzler Ebert in Berlin, der ihm die Weisung erteilte, zu jedweden Bedingungen zu unterschreiben. Zentrale Punkte in dem Papier waren neben der Einstellung der Feindseligkeiten: sofortige Räumung aller besetzten Gebiete einschließlich Elsass-Lothringens; Rückführung aller deportierten Einwohner in ihre Ursprungsländer; sofortige Freilassung aller Kriegsgefangenen; sofortige Überlassung von 5.000 Kanonen, 30.000 Maschinengewehren, 3.000 Minenwerfern und 2.000 Flugzeugen; Räumung der deutschen linksrheinischen Gebiete sowie Schaffung einer neutralen Zone von 30 bis 40 Kilometern Breite am rechten Rheinufer; Rückführung der Truppen, die noch in den mit dem Deutschen Reich verbündeten Staaten standen, hinter die eigenen Grenzen; Verzicht auf Ansprüche aus den Friedensverträgen mit Rumänien und Russland; Auslieferung aller U-Boote; Abrüstung aller Kriegsschiffe.

Diese Bedingungen machten schon die Grundintention der Sieger deutlich, die dann auch den Versailler Friedensvertrag bestimmen sollte: Deutschland sollte so weit geschwächt werden, dass eine Wiederaufnahme der Kampfhandlungen unmöglich war. Aber auch längerfristig sollte das Reich in der Mitte Europas, das in den letzten Jahrzehnten zu einer Großmacht geworden war, nicht mehr zu einem Angriffskrieg fähig sein. Nach intensiven Verhandlungen, bei denen die Deutschen gewisse Abmilderungen, insbesondere eine Verlängerung der Fristen, erreichen konnten, unterzeichnete Matthias Erzberger namens des Deutschen Reichs am Morgen des 11. November 1918 den Waffenstillstandsvertrag.

Die Verhandlungen über den Friedensvertrag begannen erst mehr als zwei Monate später. Die Eröffnungssitzung fand am 18. Januar 1919, auf den Tag genau 48 Jahre nach der Proklamation des deutschen Kaiserreichs, in Paris im Uhrensaal des Außenministeriums statt. Es waren einseitige Verhandlungen. 32 Nationen nahmen an den Beratungen teil, von Belgien bis Uruguay, nur die Besiegten waren nicht zugelassen. Die Vollversammlung mit weit über 1.000 Delegierten war kaum entscheidungsfähig. Die eigentlichen Beratungen konzentrierten sich auf den „Rat der Vier", Wilson, Clemenceau, den britischen Premierminister Lloyd George und den italienischen Ministerpräsidenten Vittorio Emanuele Orlando. Diese Vierergruppe, die zahlreiche Fragen von größter Tragweite diskutieren und entscheiden musste, kam in drei Monaten insgesamt 148 Mal zusammen, wobei Orlando, der sich in erster Linie für die Realisierung der Versprechungen einsetzte, die

Links: In der „Lichtung des Waffenstillstands" in Compiègne wurde 1922 das Denkmal zur Erinnerung an die heldenhaften Verteidiger des Vaterlands und Befreier von Elsass und Lothringen errichtet.

Rechts: Am 22. Juni 1940 wurde der Waffenstillstand zwischen Deutschland und Frankreich in Compiègne unterzeichnet. Dann beseitigten Wehrmachtssoldaten das Denkmal. Die NS-Propaganda meinte, damit den „Schandvertrag von Versailles ausgelöscht" zu haben.

man Italien seinerzeit für seinen Kriegseintritt auf der Seite der Alliierten gemacht hatte, am Schluss nicht mehr dabei war. Am Ende lag ein Vertragswerk mit 440 Artikeln vor, der umfangreichste Friedensvertrag der Geschichte.

Die deutsche Verhandlungsdelegation, geleitet von Außenminister Ulrich Graf Brockdorff-Rantzau, durfte erst im April 1919 anreisen, als das Ergebnis der Beratungen bereits feststand. Sie residierte, abgeschirmt von den anderen Delegationen, in einem separaten Hotel. Am 7. Mai wurde den Deutschen der ausgearbeitete Vertragstext im Spiegelsaal von Versailles überreicht, Änderungsvorschläge durften sie nur schriftlich vortragen.

rationsforderungen eine juristische Basis geben sollte: „Die alliierten und assoziierten Regierungen erklären und Deutschland erkennt an, dass Deutschland und seine Verbündeten als Urheber aller Verluste und aller Schäden verantwortlich sind, welche die alliierten und assoziierten Regierungen und ihre Angehörigen infolge des ihnen durch den Angriff Deutschlands und seiner Verbündeten aufgezwungenen Kriegs erlitten haben." Das Wort Schuld kommt nicht vor. In einer Zeit, in der Krieg noch als legitimes Mittel zur Erreichung politischer Ziele galt, operierte man nicht mit dem Begriff der Schuld, aber in der Sache kam der Artikel einem Schuldvorwurf sehr nahe.

Die Siegermächte trauten den deutschen Beteuerungen nicht, ihr Land demokratisieren zu wollen. Der Zeichner William A. Rogers (1854–1931) stellte Philipp Scheidemann, Matthias Erzberger und Johann Heinrich Graf Bernstorff (1908–1917 Botschafter in den USA) beim Abstauben des Kaiserthrons dar, 1918.

Rechts: Die großen Vier auf der Friedenskonferenz in Paris, 1919 (von links): Die Premierminister Vittorio Emanuele Orlando (Italien), David Lloyd George (Großbritannien) und Georges Clemenceau (Frankreich) sowie Präsident Woodrow Wilson (USA).

Die Bedingungen, auf die die Sieger sich nach langen und komplizierten Verhandlungen geeinigt hatten, waren ein Kompromiss, gleichwohl sehr hart für die Deutschen. Deutschland sollte nicht nur alle eroberten Gebiete zurückgeben, sondern auch ein Siebtel des eigenen Territoriums verlieren, künftig auf schwere Waffen und eine Luftwaffe völlig verzichten und außerdem gigantische Reparationszahlungen leisten, deren genaue Höhe von einer eigenen Kommission ermittelt werden sollte. Entscheidender Stein des Anstoßes aber war aus deutscher Sicht der Artikel 231, der am Beginn des Abschnitts über Wiedergutmachungen platziert war und den Repa-

Der Erste Weltkrieg markiert hier eine Wende. Im Vergleich zu den Kabinettskriegen des 19. Jahrhunderts war er durch ein bis dahin unvorstellbares Ausmaß an Gewalt und Zerstörung gekennzeichnet. Mit der Totalität des Kriegs schwand seine Legitimierbarkeit. Spätestens nach dem Zweiten Weltkrieg galt Krieg dann nicht mehr als Fortsetzung der Politik mit anderen Mitteln, sondern als Verbrechen, das es unbedingt zu verhindern galt. Der Versailler Friedensvertrag enthielt auch Bestimmungen über von den Deutschen begangene Kriegsverbrechen und ihre Verfolgung, das war damals ein absolutes Novum. Die Deutschen sahen sich aber vor allem durch den Artikel 231 zu Unrecht an den Pranger gestellt. Keine andere Bestimmung des Versailler Vertrags hat so leidenschaftliche Emotionen hervorgerufen. Der Vorwurf, den Ersten Weltkrieg verbrecherisch verursacht zu haben, war angesichts von mehr als zweieinhalb Millionen militärischen und zivilen Kriegsopfern für einen Deutschen im Jahr 1919 unerträglich.

Unter Historikern ist es heute weithin unumstritten, dass in Bezug auf den Ersten Weltkrieg, ganz anders als beim Zweiten Weltkrieg, nicht von einer deutschen Alleinschuld die Rede sein kann. Christopher Clark, der mit seinem Buch „Die Schlafwandler" den jüngsten Beitrag zu dieser andauernden Debatte geliefert hat, plädiert gegen ein schuldorientiertes Untersuchungsmodell: „In dieser Geschichte gibt es keine Tatwaffe als unwiderlegbaren Beweis, oder genauer: Es gibt sie in der Hand jedes einzelnen wichtigen Akteurs. So gesehen war der Kriegsausbruch eine Tragödie, kein Verbrechen." Das heißt noch nicht, dass in einem Krieg keine Verbrechen passieren, und natürlich stehen nach dem Ende eines Kriegs die von den Verlierern begangenen Kriegsverbrechen in einem grelleren Scheinwerferlicht als die Untaten der Sieger.

Doch war – und das ist lange Zeit verkannt worden – der Artikel 231 nicht so sehr der Versuch, der Geschichtsforschung vorzugreifen und noch ohne umfassende Kenntnis aller Dokumente die Schuld der Deutschen am Kriegsausbruch festzuschreiben. Er diente vielmehr dem Zweck, die für das Deutsche Reich sehr einschneidenden Friedensbedingungen juristisch und moralisch zu legitimieren. In Deutschland reagierte die Öffentlichkeit darauf mit großer Empörung. Aber auch die dem „Kriegsschuldartikel" vorangehenden Strafbestimmungen in den Artikeln 227 bis 230 stießen auf vehemente Ablehnung. In Artikel 227 hieß es: „Die alliierten und assoziierten Mächte stellen Wilhelm II. von Hohenzollern, ehemaligen deutschen Kaiser, unter öffentliche Anklage wegen schwerster Verletzung der internationalen Moral und der Heiligkeit der Verträge."

Bei diesen Strafbestimmungen erklärte die deutsche Delegation schon in Versailles, sie werde sich nicht vertragsfreundlich verhalten. Tatsächlich wurden sie auch nicht umgesetzt. Die Niederlande lehnten im Januar 1920 das alliierte Ersuchen ab, Wilhelm II. auszuliefern, denn sie waren keine Versailler Vertragspartei und nach wie vor neutral. Auch der von den Siegermächten vorgesehene internationale Gerichtshof wurde nie konstituiert. Die Alliierten, die zunächst eine Liste von 900 Kriegsverbrechern vorgelegt

Die Ankunft der deutschen Bevollmächtigten, Außenminister Hermann Müller und Verkehrsminister Johannes Bell, in Versailles, unter schwerer militärischer Bewachung, 28. Juni 1919.

hatten, verzichteten 1922 auf deren Auslieferung, nachdem die Deutschen sich verpflichtet hatten, die Prozesse vor dem Reichsgericht in Leipzig selbst durchzuführen. (Vgl. zu den Leipziger Prozessen den Beitrag von Gerd Hankel in diesem Band.)

Der „Kriegsschuldparagraf" belastete mehr als alles andere auf viele Jahre hinaus die zwischenstaatlichen Beziehungen. Vor allem aber war er eine schwere Hypothek für die innere Befriedung der deutschen Nachkriegsgesellschaft. Politiker, die bei aller Ablehnung mancher oder auch vieler Bestimmungen des Versailler Friedensvertrags realistischerweise nur die Möglichkeit sahen, mit den Siegermächten zu kooperieren und das Vertragswerk zu unterschreiben, wurden als „Erfüllungspolitiker" diffamiert. Der Kampf gegen „Versailles" wurde zum Ausweis von Patriotismus, die Forderung nach einer Revision des Vertrags nahm einen zentralen Platz auf der Agenda aller nationalistischen Organisationen ein, allen voran der NSDAP, die unablässig gegen den „Schandfrieden" zu Felde zog.

Eine hunderttausendfach verbreitete Postkarte zeigte die Porträts der fünf „gueules cassées", die im Versailler Spiegelsaal anlässlich der Unterzeichnung des Friedensvertrags am 28. Juni 1919 von Ministerpräsident Clemenceau begrüßt wurden.

Doch auch die deutsche Regierung selbst war hier nicht untätig, wenn auch auf einem seriösen Niveau. Noch 1918 hatte das Auswärtige Amt das „Spezialbüro Bülow" gegründet, aus dem wenig später das sogenannte Kriegsschuldreferat hervorging, das die Öffentlichkeitsarbeit koordinieren sollte, um dem als Schmach empfundenen Artikel 231 entgegenzuwirken. Die Presse im In- und Ausland wurde durch das Kriegsschuldreferat mit Material beliefert, das die deutsche Vorkriegspolitik und die Verständigungsbereitschaft der Reichsregierung während des Kriegs in einem günstigen Licht erscheinen lassen sollte.

Die Bedingungen des Versailler Friedensvertrags wurden als so hart empfunden, dass Philipp Scheidemann, der seit Februar 1919 Reichskanzler war, die Unterzeichnung ablehnte und mit seinem gesamten Kabinett zurücktrat. Am 23. Juni 1919 billigte die Weimarer Nationalversammlung das geringfügig modifizierte Vertragswerk dennoch, sodass es am 28. Juni vom neuen Außenminister, dem Sozialdemokraten Hermann Müller, und von Reichsverkehrsminister Johannes Bell, der dem Zentrum angehörte, unterschrieben werden konnte. Die Berliner „Tägliche Rundschau" erschien daraufhin mit der Schlagzeile: „Der Vernichtungsfriede unterzeichnet."

Vor Beginn der Unterzeichnungszeremonie waren in der Mitte des Versailler Spiegelsaals fünf *gueules cassées* platziert worden, französische Soldaten mit schwersten Gesichtsverletzungen. Der französische Premierminister Georges Clemenceau begrüßte jeden einzelnen von ihnen mit Handschlag, wobei ihm die Tränen über die Wangen liefen. Eine Bildpostkarte mit den fünf Kriegsversehrten wurde in Frankreich anschließend in Hunderttausenden von Exemplaren verbreitet. Es war gewissermaßen die bildliche Demonstration der deutschen Kriegsschuld, die der Delegation des Reichs noch einmal symbolisch demonstrieren sollte, was die Deutschen angerichtet hatten.

Clemenceau, der im Krisenjahr 1917 an die Spitze der französischen Regierung getreten war, hatte die Verhandlungen mit großer Entschlossenheit geführt. Er hatte mit dem Argument, dass sein Land am meisten gelitten hatte, durchgesetzt, dass die Friedenskonferenz in Paris stattfand und auch die gesamten organisatorischen Vorbereitungen für die Mammutkonferenz koordiniert. 4.000 Journalisten aus aller Herren Länder waren zu diesem größten je dagewesenen Medienereignis angereist. Clemenceau sah in Deutschland den Hauptgegner und war von dessen Schuld am Krieg fest überzeugt. Das beeinflusste die Atmosphäre der Verhandlungen erheblich. Jeder, der für etwas moderatere Konditionen eintrat, musste befürchten, als deutschfreundlich angesehen zu werden.

Die Pariser Vorortverträge

Die Verhandlungen standen unter der permanenten Drohung einer Wiederaufnahme der Kampfhandlungen, die womöglich zur Besetzung von Berlin und zur Zerschlagung der staatlichen Einheit Deutschlands geführt hätte, einer Einheit, die noch nicht einmal ein halbes Jahrhundert alt war. Frankreich war die aggressivste unter den Siegermächten, aber das Land hatte auch mit Abstand am meisten gelitten. Die Franzosen hatten vier Jahre lang im eigenen Land Krieg führen müssen, und die Verheerungen, die er angerichtet hatte, waren gewaltig. Die Zahl der militärischen und zivilen Todesopfer betrug nahezu zwei Millionen. Die Zahl der britischen Verluste betrug einschließlich der in den Kolonien Gefallenen etwa eineinhalb Millionen, die der USA lediglich 117.000. Frankreich hatte außerdem eine lange gemeinsame Grenze zu Deutschland und daher ein ganz anderes Sicherheitsbedürfnis als seine angelsächsischen Partner.

Die Briten dagegen hatten an einem zu sehr geschwächten Deutschen Reich schon deshalb kein Interesse, weil dies womöglich eine französische Hegemonie auf dem Kontinent nach sich gezogen hätte. Ein Gleichgewicht der Kräfte zwischen den europäischen Großmächten lag eher in ihrem Interesse. Den Vereinigten Staaten wiederum war es vor allem um eine globale Nachkriegs- und Friedensordnung zu tun. Sie propagierten das Selbstbestimmungsrecht der Völker, ein Prinzip, dessen Bedeutung Amerika als ehemaliger Kolonie lebhaft im Bewusstsein war. Wilson setzte durch, dass gleich bei der zweiten Vollsitzung der Pariser Friedenskonferenz am 25. Januar über seine Idee der Gründung eines Völkerbundes gesprochen und Grundsätze dazu verabschiedet wurden. Tatsächlich nahm der Völkerbund schon ein knappes Jahr später, am 10. Januar 1920, in Genf seine Arbeit auf, wobei es eine Ironie der Geschichte ist, dass der amerikanische Kongress sich über seinen Präsidenten hinwegsetzte und einen Beitritt der USA zum Völkerbund ablehnte.

Der zweite der Pariser Vorortverträge war der Vertrag von St. Germain, der die Verhältnisse im cisleithanischen, d.h. von Österreich dominierten, Teil der ehemaligen Habsburger Monarchie regelte. Der seit 1916 amtierende, erst 31 Jahre alte Kaiser Karl I. hatte im letzten Moment ver-

sucht, wenigstens diesen Teil der Monarchie zu retten und in einen Bundesstaat mit weitgehender Autonomie für die einzelnen Nationen umzuwandeln, war damit aber gescheitert. Die einzelnen nationalen Gruppen folgten zwar seinem Vorschlag und bildeten Nationalräte. Doch diese neuen Volksvertretungen hatten an einem Bundesstaat kein Interesse, sie konstituierten sich stattdessen als unabhängige Staaten.

Auch die bei Kriegsende noch immer in Italien stehende österreichisch-ungarische Armee zerfiel angesichts der Niederlage rasch. Ungarn beschloss das Ende der Realunion mit Österreich zum 31. Oktober und rief seine Truppen aus Italien unverzüglich zurück. Als am 3. November 1918 in der Villa Giusti in der Nähe von Padua eine Waffenstillstandsvereinbarung unterzeichnet wurde, war die Habsburger Monarchie, die immerhin rund 600 Jahre existiert hatte, bereits Geschichte, auch wenn der Kaiser erst am

Die Unterzeichnung des Versailler Vertrags am 28. Juni 1919 im Spiegelsaal des Schlosses Versailles. Gemälde von William Orpen (1878–1931), um 1925, im Imperial War Museum, London. Verkehrsminister Johannes Bell bei der Unterzeichnung und Außenminister Hermann Müller über ihn gebeugt stehend, beobachtet von (sitzend): General Tasker H. Bliss, Edward M. House, Henry White, Robert Lansing, Woodrow Wilson (alle USA), Georges Clemenceau (Frankreich), David Lloyd George, Andrew Bonar Law, Arthur J. Balfour, Viscount Alfred Milner, George N. Barnes (alle Großbritannien), Saionji Kinmochi (Japan).

Österreichs Staatskanzler Karl Renner (Mitte) mit seiner Delegation in St. Germain, 2. Juni 1919.

Im Mai 1919 reiste eine österreichische Verhandlungsdelegation nach St. Germain, aber wie schon die Deutschen durfte auch sie nur schriftliche Stellungnahmen zu dem Entwurf des Friedensvertrags abgeben. Am 2. September wurde ihr der abschließende Entwurf übergeben und bereits am 10. September der Vertrag unterschrieben.

Die wichtigste Bestimmung des Vertrags von Saint Germain war das Verbot des Anschlusses an Deutschland, den damals die große Mehrheit der Österreicher wollte, weil sie ihr Land allein, ohne den Rückhalt des Habsburgerreichs, nicht für lebensfähig hielten. Auch der gewählte Ländername „Deutsch-Österreich" war Teil des Verbots: Der Friedensvertrag schrieb stattdessen den Namen „Republik Österreich" vor. Der vor allem den USA so wichtige Grundsatz der nationalen Selbstbestimmung wurde im Falle Österreichs aus Opportunitätsgründen außer Kraft gesetzt. Schon Artikel 80 des Versailler Friedensvertrags hatte die Unabhängigkeit Österreichs ausdrücklich festgeschrieben, im bewussten Gegensatz zu den anderslautenden deutschen und österreichischen Beschlüssen und der „Provisorischen Verfassung Deutschösterreichs", die das Land als Bestandteil der deutschen Republik bezeichnete. Einen Zusammenschluss von Deutschland und Österreich wollten die Sieger des Ersten Weltkriegs auf keinen Fall.

Das Habsburgerreich war nach dem Zarenreich der zweitgrößte Staat in Europa gewesen. Die Habsburger hatten seit dem hohen Mittelalter als eine der bedeutendsten europäischen Dynastien eine zentrale Rolle gespielt. Das selbständige deutschsprachige Österreich war nun einer der kleinsten europäischen Staaten, eine Republik mit gerade einmal 6,2 Millionen Einwohnern. Die Stärke des österreichischen Heeres wurde durch den Friedensvertrag auf 30.000 Mann streng begrenzt. Auch territoriale Verluste musste das Land hinnehmen, die Region Südtirol musste an Italien abgetreten werden. Das ehemalige Kronland von Galizien und Lodomerien verloren die Österreicher an das wiedererstandene Polen.

11. November offiziell auf die Ausübung der Amtsgeschäfte verzichtete, wobei er einen Rücktritt auch jetzt vermied, was aber keine praktischen Konsequenzen hatte.

Österreich-Ungarn war ein Vielvölkerreich gewesen. Die größte Gruppe war die der Deutschösterreicher, die aber selbst in Cisleithanien nur 35,5 und im gesamten Habsburgerreich sogar nur 19,1 Prozent der Bevölkerung ausgemacht hatte. Die zweitgrößte Volksgruppe war die der Ungarn, es folgten die Tschechen, Mähren, Slowaken, Polen, Ukrainer, Rumänen, Slowenen und Italiener. Sie alle strebten nun nach staatlicher Selbständigkeit bzw. Anschluss an schon bestehende Nationalstaaten, sodass von dem Vielvölkerreich, das über lange Zeit erstaunlich gut funktioniert hatte und manchen als Vorbild für heutige überstaatliche Zusammenschlüsse gilt, am Ende nichts übrig blieb. Am 21. Oktober 1918 versammelten sich die deutschsprachigen Abgeordneten des habsburgischen Reichsrats in Wien. Sie überredeten den Kaiser zum Rückzug, den er nach einigem Zögern drei Wochen später schließlich vollzog, und proklamierten als Provisorische Nationalversammlung am 12. November die deutsch-österreichische Republik.

Nachdem schon im August 1916 das Titularkönigreich Polen konstituiert worden war, das von den Besatzungsmächten Deutschland und Österreich im Ersten Weltkrieg gemeinsam verwaltet wurde, hatte eine polnische Legion auf Seiten der Mittelmächte gekämpft, aber bald zunehmend nationalpolnische Interessen verfolgt. Die Polen konnten sich zudem durch Wilsons 14-Punkte-Programm in ihrem Wunsch nach einer Wiederherstellung eines polnischen Staates unterstützt fühlen, denn Punkt 13 forderte explizit einen international garantierten unabhängigen polnischen Staat mit einem gesicherten freien Zugang zum Meer. Am 3. Juni 1918 erklärten auch die Regierungen Großbritanniens, Frankreichs und Italiens die Errichtung eines „einigen polnischen Staates mit freiem Zugang zum Meer" zum Kriegsziel. Am 7. Oktober 1918 proklamierte der Regentschaftsrat in Warschau die Unabhängigkeit Polens, drei Wochen später trat eine gesetzgebende Versammlung (Sejm) zusammen.

Der polnische Nationalstaat, der 1795 zu existieren aufgehört hatte, erstand wieder aus der Konkursmasse des Deutschen Reichs, des Zarenreichs und des Reichs der Habsburger. Er hatte in den Grenzen von 1921 eine beachtliche Größe und umfasste auch Teile Litauens, einschließlich der heutigen litauischen Hauptstadt Vilnius. Bereits der Versailler Friedensvertrag hatte Polen Gebietsgewinne im Westen eingebracht, aber mit der „Curzon-Linie", die die östliche Grenze bilden sollte, waren die Polen ganz und gar nicht einverstanden. Sie forderten die Wiederherstellung der Grenze von 1772. Dieses Ziel konnten sie in dem folgenden polnisch-russischen Krieg nicht durchsetzen, aber immerhin ging die im Frieden von Riga am 18. März 1921 vereinbarte polnische Ostgrenze weit über die Curzon-Linie hinaus.

Mit den Ukrainern, die erstmals in ihrer Geschichte einen eigenen Staat bilden konnten, gab es schon unmittelbar bei Ende des Ersten Weltkriegs gewaltsame Auseinandersetzungen. Am 1. November 1918 war die Westukrainische Volksrepublik mit Lemberg als Hauptstadt ausgerufen worden. Aber auch die Polen erhoben Anspruch auf Galizien. Nach schweren Kämpfen mit der galizisch-ukrainischen Armee eroberten die Polen im November 1918 auch Lemberg. Am 17. Juli 1919 vereinbarten Polen und Ukrainer einen Waffenstillstand. Am 21. November 1919 sprach der Hohe Rat der Pariser Friedenskonferenz Ostgalizien für 25 Jahre Polen zu, danach sollte in dem Gebiet ein Referendum abgehalten werden. Am 21. April 1920 besiegelten Józef Piłsudski und Symon Petljura schließlich eine polnisch-ukrainische Allianz. Die Polen versprachen der Westukrainischen Volksrepublik militärische Unterstützung bei ihren Auseinandersetzungen mit der Rote Armee. Im Gegenzug akzeptierte die Ukraine den Verlauf der polnisch-ukrainischen Grenze dauerhaft.

Das Schicksal Lembergs ist exemplarisch für die konfliktreiche Geschichte Europas im vergangenen Jahrhundert. Die Stadt war zunächst polnisch, seit 1772 dann österreichisch gewesen, wurde 1918 ukrainisch, 1921 wieder polnisch, fiel 1939 nach dem Hitler-Stalin-Pakt an die Sowjetunion, wurde 1941 von den Deutschen besetzt, war seit 1945 Teil der ukrainischen Sowjetrepublik und gehört seit 1991 zur erneut selbständig gewordenen Ukraine.

Durch den österreichisch-ungarischen Ausgleich von 1867 waren die Ungarn als die größte Nationalität neben den Deutsch-Österreichern gegenüber allen anderen Volksgruppen privile-

Links: Polnische Freiwillige, mit Sensen bewaffnet, ziehen in den Krieg gegen Russland, Juli 1920.

Rechts: Jozef Piłsudski (links sitzend) war der erste Staatschef der 1918 wiedererrichteten Republik Polen. Am 15. August 1919, dem „Tag des Soldaten", traf er mit Nuntius Kardinal Achille Ratti (später Papst Pius XI.) und Herbert Hoover, Leiter der American Relief Administration in Europa und später Präsident der USA, zusammen.

Ernst Piper

Der erste tschechoslowakische Staatspräsident Tomáš Masaryk (Mitte) berief sich bei der Staatsgründung auf die demokratischen Grundsätze der USA und Frankreichs. In Philadelphia proklamierte er am 26. November 1918 die gemeinsamen freiheitlichen Ziele der unabhängigen mitteleuropäischen Staaten und ließ sich mit seinen Anhängern vor der Freiheitsglocke fotografieren.

Tomáš Masaryk bei seiner Ankunft in Prag, 21. Dezember 1918.

Tomáš Garrigue Masaryk, der 1918 der erste tschechoslowakische Staatspräsident werden sollte, ging 1914 sogleich ins Exil. Zunächst hielt er sich in verschiedenen Ländern, ab Herbst 1915 schließlich in London auf, wo sich verschiedene auslandstschechische Organisationen zu einem Aktionskomitee zusammenschlossen, das im November 1915 die Errichtung eines unabhängigen tschechoslowakischen Staats als Ziel proklamierte. Aus dem Komitee ging im Februar 1916 der tschechoslowakische Nationalrat hervor, dessen Vorsitz Masaryk übernahm. Auf Initiative des Nationalrats wurde auch eine auf Seiten der Alliierten kämpfende tschechoslowakische Exilarmee gegründet. Im Lauf des Jahres 1918 gelang es Masaryk, die Alliierten von der Idee einer tschechoslowakischen Staatsbildung zu überzeugen und am 14. Oktober 1918 wurde eine provisorische Regierung mit Masaryk als Ministerpräsidenten gebildet.

giert worden. Die Tschechen, deren Nationalismus sich insbesondere seit der Revolution von 1848 immer deutlicher artikulierte, fühlten sich dadurch benachteiligt. Außerdem fürchteten sie, dass bei einem Sieg der Mittelmächte im Ersten Weltkrieg Deutschland und Österreich noch enger zusammenrücken könnten und die Hoffnung auf einen eigenen Nationalstaat sich als Illusion erweisen würde. Während die Ungarn bis zuletzt treu zum österreichischen Kaiser standen, war auf die tschechischen Truppenteile schon bald nach Kriegsausbruch kein Verlass mehr. Schon im Frühjahr 1915 desertierten sie teilweise in Bataillonsstärke. Dieses Geschehen ist der reale Hintergrund für den berühmten Schelmenroman von Jaroslav Hašek, der die „Abenteuer des braven Soldat Schwejk" schildert.

Nachdem die österreichisch-ungarische Regierung am 28. Oktober 1918 die Waffenstillstandsbedingungen der Alliierten akzeptiert hatte, trat der tschechische Nationalrat mit einer Erklärung an die Öffentlichkeit: „Tschechisches Volk! Dein uralter Traum ist Wirklichkeit geworden. Der tschechoslowakische Staat ist am heutigen Tage in die Reihe der selbständigen Kulturstaaten der Welt getreten." Der 28. Oktober gilt als Gründungsdatum dieses Staats, der kein historisches Vorbild hatte und mit Unterbrechungen bis 1992 bestand. Die Bildung des tschechoslowakischen Staats war nicht unkompliziert gewesen, denn die tschechischen Länder Böhmen und Mähren hatten zu Cisleithanien gehört, während die Slowaken im transleithanischen Königreich Ungarn gelebt hatten. Die Slowakei wurde am 2. November 1918 auf Weisung Masaryks von tschechischen Truppen besetzt. Es folgten heftige militärische Auseinandersetzungen zwischen Tschechen und Ungarn. Deren Truppen zogen sich erst zurück, als die Alliierten damit drohten, die französische Balkanarmee gegen sie in Marsch zu setzen. Nach dem 19. Juli 1919 stand die Slowakei unter tschechoslowakischer Kontrolle und war auch faktisch Teil der Tschechoslowakei. Seit dem 1.1.1993 ist sie, nach einem kurzen Zwischenspiel im Zweiten Weltkrieg, ein eigener Staat.

Die Pariser Vorortverträge

Im Vertrag von Trianon wurde am 4. Juni 1920 das Schicksal Ungarns besiegelt. Auch dieser Friedensvertrag war wie der von Versailles ein Diktat, das von den Ungarn als außerordentlich hart empfunden wurde. In der Zeit des österreichisch-ungarischen Dualismus hatte es eine rigorose Magyarisierungspolitik gegeben, unter der z. B. die Slowaken gelitten hatten. Nun verloren die Ungarn nicht weniger als 71 Prozent des Staatsgebiets des früheren Königreichs Ungarn. Die Slowakei ging an die Tschechoslowakei, das Burgenland an Österreich, Kroatien-Slawonien fiel an das Königreich der Serben, Kroaten und Slowenen, das spätere Jugoslawien, und die Bukowina, Siebenbürgen und Arad gingen an Rumänien. Am Ende lebten 7,6 Millionen Magyaren in einem radikal dezimierten ungarischen Staat, weitere 3,3 Millionen aber außerhalb seiner Grenzen als ethnische Minderheiten in den benachbarten Staaten.

Rumänien, das durch den Vertrag von Bukarest im Mai 1918 aus dem Ersten Weltkrieg ausgeschieden war, erklärte bereits am 10. November seinen Wiedereintritt in den Krieg, da es die Chance sah, auf Kosten Ungarns Territorien mit rumänischer Bevölkerungsmehrheit zu erobern. Ab dem 12. November stießen rumänische Truppen nach Südsiebenbürgen vor, verblieben aber zunächst im von der Entente vorgeschriebenen Gebiet. Die Bukowina wurde dagegen nach einer Volksabstimmung am 28. November, die eine Mehrheit für die Vereinigung mit Rumänien ergeben hatte, übernommen. Am 1. Dezember 1918 stimmten auch die Siebenbürgen für den Anschluss an Rumänien.

Die Entente war uneinig, wie die zukünftigen Grenzen in Südosteuropa aussehen sollten. Großbritannien ging es vor allem um die Wahrung des Mächtegleichgewichts, Frankreich wollte dagegen eine Stärkung der eigenen Verbündeten. Ungarn sollte deshalb territoriale Verluste zugunsten von Rumänien, Serbien und der Tschechoslowakei hinnehmen.

Die Lage wurde dadurch kompliziert, dass es seit dem 21. März 1919 in Ungarn eine Räterepublik unter Führung des in Moskau geschulten Kommunisten Béla Kun gab. Er war mit dem Versprechen angetreten, die ungarischen Vorkriegsgrenzen wiederherzustellen. Kun setzte dabei wie Rumänien auf eine militärische Lösung und hoffte zugleich auf Unterstützung durch die Sowjetunion, die aber durch den Bürgerkrieg weitgehend absorbiert war.

Am 1. August 1919 kapitulierte die südliche Heeresgruppe Ungarns und Béla Kun setzte sich daraufhin über Österreich nach Russland ab. Die rumänische Armee marschierte anschließend in Budapest ein. Der Fall der ungarischen Hauptstadt bedeutete einerseits das Ende der Räterepublik und andererseits den militärischen Sieg der rumänischen Truppen. Die ungarische Armee

Links: Béla Kun bei einer Rede vor dem Parlamentsgebäude in Budapest, 21. März 1919. Er trat an diesem Tag an die Spitze einer Räteregierung, an der Kommunisten und Sozialisten beteiligt waren.

Rechts: Ankunft der ungarischen Delegation im Schloss Trianon unter Leitung von Ágoston Benárd, Minister für Wohlfahrt, und Alfred Drasche-Lazar de Thorda, Sonderbotschafter und Bevollmächtigter Minister, 4. Juni 1920.

Links: Zwischen der Türkei und Griechenland wurde der Krieg nach dem Vertrag von Sèvres fortgesetzt. Am 9. September 1922 eroberte die Türkei die Küstenstadt Izmir (Smyrna) zurück, vier Tage später brachen Brände aus, die griechischen Bewohner wurden vertrieben. Das Bild zeigt die Ruinen des griechischen Viertels.

Rechts: Mustafa Kemal (seit 1934 Atatürk, geb. 1881 in Thessaloniki, heute Griechenland, gest. 1938 in Istanbul), war der erste Staatspräsident der 1923 gegründeten türkischen Republik und deren Modernisierer nach westlichen Vorbildern. Die Aufnahme zeigt ihn 1937 mit seiner Adoptivtochter Sabiha Gökçen, der ersten Kampfpilotin der Welt.

stand damals unter dem Befehl des österreichisch-ungarischen Admirals Miklós Horthy, der in der konservativen Gegenregierung in Szeged das Amt des Verteidigungsministers bekleidete und den Kampf gegen die Räterepublik koordinierte. Am 16. November 1919 zog Horthy mit seinen Truppen in Budapest ein. Am 1. März 1920 wurde er von der ungarischen Nationalversammlung zum „Reichsverweser" gewählt, damit war er faktisch das Staatsoberhaupt von Ungarn. Unter Horthy folgte dem „roten Terror" der Räterepublik der „weiße Terror" der Konterrevolution. Sie war durch die unnachsichtige Verfolgung von Sozialisten, Kommunisten und Juden gekennzeichnet. Horthy, der ein autoritäres Regime errichtete, verfolgte eine revisionistische Politik, die danach strebte, die durch den Friedensvertrag von Trianon verlorenen Gebiete zurückzugewinnen. Versuche, das Regime von Kaiser Karl IV. wieder zu etablieren, unterband er hingegen. Horthy regierte unangefochten, bis er 1944 von den deutschen Besatzern gestürzt wurde.

Rumänien erreichte so nachträglich seine Kriegsziele. Es gewann nicht nur die 1918 im Vertrag von Bukarest ihm zugesprochenen österreichisch-ungarischen Territorien, sondern mit Bessarabien auch eine Region, die zuvor zu Russland gehört hatte. Damit waren 1920 alle mehrheitlich rumänisch besiedelten Gebiete Teil des rumänischen Staats geworden. Allerdings lebten nun auch große ethnische Minderheiten in Rumänien, die bei Weitem größte war die der Ungarn, die in einigen Grenzgebieten sogar die Mehrheit der Bevölkerung stellten. Der Vertrag von Trianon verdoppelte das Territorium Rumäniens. Die Bevölkerung wuchs sogar auf das Zweieinhalbfache, allerdings erhöhte sich auch der Anteil der ethnischen Minderheiten von 8 auf 30 Prozent.

Ein weiterer Pariser Vorortvertrag, der Vertrag von Sèvres, sollte die Verhältnisse in Anatolien regeln. Er wurde zwar von der Regierung Damad Ferid Paschas unter dem letzten Sultan Mehmed Vahideddin akzeptiert und durch die türkische Delegation in Sèvres unterschrieben, aber von der türkischen Nationalversammlung empört abgelehnt. Als die Alliierten begannen, das Territorium des Osmanischen Reichs unter sich aufzuteilen, ergriff Mustafa Kemal, der Generalinspekteur der osmanischen Truppen, die Initiative. Mustafa Kemal, dem 1934 vom türkischen Parlament der Name Atatürk („Vater der Türken") verliehen wurde, berief die Nationalversammlung nach Ankara ein, das 1923 zur neuen Hauptstadt der Türkei werden sollte. Kemal Atatürk stellte sich an die Spitze der türkischen Nationalbewegung, die aus den Trümmern des Osmanischen Reichs einen modernen türkischen Staat schaffen wollte. Ihm war klar, dass er Verbündete brauchte, um dieses Ziel verwirklichen zu können. So suchte er die Zusammenarbeit mit der Sowjetunion, die von den Verhandlungen über die Pariser Vorortverträge ausgeschlossen worden war und dankbar die Gelegenheit ergriff, ihre außenpolitische Isolation zu durchbrechen. Ähnliche Motive lagen auch dem Vertrag von Rapallo zugrunde, den die Sowjetunion 1922 mit dem Deutschen Reich schloss.

Im türkischen Befreiungskrieg, der bis 1923 dauerte, errangen die Türken im Januar und im März 1921 zwei große Siege über die Griechen, die nach dem Ende des Ersten Weltkriegs einmal mehr versuchten, vom Zerfall des Osmanischen Reichs zu profitieren. Nach den militärischen Erfolgen wurde Mustafa Kemal von der Nationalversammlung zum Oberbefehlshaber ernannt. Nach einigen weiteren Siegen gelang es ihm mit einem Überraschungsangriff am 26. August 1922 die griechischen Truppen endgültig in die Flucht zu schlagen. Der Vertrag von Sèvres war damit hinfällig. Die Alliierten schlossen deshalb 1923 mit der inzwischen von ihnen anerkannten Regierung in Ankara den Vertrag von Lausanne, der – mit geringen Ausnahmen – die Souveränität der Türkei in ihren heutigen Grenzen herstellte.

Anders als die Pariser Vorortverträge, die mindestens versucht hatten, der Idee des nationalen Selbstbestimmungsrechts verbunden mit dem Schutz nationaler Minderheiten Geltung zu verschaffen, folgte der Vertrag von Lausanne dem Grundgedanken der ethnischen Entmischung. Die moderne Türkei zeichnete sich nicht nur durch die Trennung von Kirche und Staat aus, sondern auch durch den Willen zur ethnischen Homogenität, was eine Intoleranz gegenüber ethnischen Bevölkerungsminderheiten einschloss, die selbst vor Gewalt nicht haltmachte. Zur Beendigung des griechisch-türkischen Kriegs wurde deshalb ein weitreichender Bevölkerungsaustausch vereinbart. Entscheidendes Kriterium für die nationale Zugehörigkeit und damit für die Umsiedlung war dabei die Religionszugehörigkeit. Etwa 1,2 Millionen Türken griechisch-orthodoxen Glaubens wurden nach Griechenland ausgewiesen und über eine halbe Million Griechen muslimischen Glaubens mussten in die Türkei auswandern. Die Umsiedlung brachte ungeheures Leid über die Menschen. Viele starben während der brutalen Umsiedlungsmaßnahmen. Dennoch wurde der Vertrag von Lausanne zur Blaupause für unzählige weitere Versuche der ethnischen „Säuberung", die im Kontext des Zweiten Weltkriegs noch weit radikalere Ausmaße annehmen sollten.

Die Versailler Friedensordnung, die durch die Pariser Vorortverträge geschaffen wurde, war das Ergebnis langer und schwieriger Auseinandersetzungen zwischen Siegern, die am Ende alle das Gefühl hatten, sich nicht genügend durchgesetzt zu haben. Sie veränderte die politische Landkarte Europas radikal, aber dauerhaften Frieden schuf sie nicht.

Die erste Versammlung des Völkerbunds im ehemaligen Hôtel National (später in Palais Wilson umbenannt) in Genf mit den Vertretern von 41 Mitgliedsstaaten, 15. November 1920. Der Völkerbund konnte ebenso wenig wie die Pariser Vorortverträge eine dauerhafte Friedensordnung herstellen.

Michael Schwartz

Flucht und Vertreibung.

Ethnische „Säuberungen" im Ersten und Zweiten Weltkrieg

Ethnische „Säuberungen" sind nicht der Ausdruck der seit Urzeiten erkennbaren Fähigkeit des Menschen zum Bösen; sie sind ebenso wenig ein immer wieder möglicher Rückfall in unzivilisierte Barbarei, sondern vielmehr ureigene Konsequenz unserer Zivilisation und Bestandteil unserer Modernität. Die im 19. Jahrhundert massiv erfolgende „Verwandlung der Welt" (Jürgen Osterhammel) ging nicht zufällig mit einer Verbreitung und Intensivierung ethnischer „Säuberungen" einher. Diese gewaltsame Entmischungsdynamik prägte insbesondere das 20. Jahrhundert. Der Balkan wurde, zusammen mit Kleinasien und dem Kaukasus, zum Laboratorium für ethnische „Säuberungen" in Europa – vom frühen 19. Jahrhundert bis zu den Bürgerkriegen im Jugoslawien der 1990er-Jahre. Aber diese Region war nicht der einzige Experimentierraum, wie die Wechselwirkungen zwischen europäischer Kolonialgewalt in der „Dritten Welt" und späteren ethnischen „Säuberungen" in Europa zeigen. Deshalb sind die europäischen Vertreibungen des 19. und 20. Jahrhunderts nicht nur als europäisches Phänomen zu deuten, sondern auch als ein zwar vom europäisch-nordamerikanischen „Westen" ausgehendes, aber global wirksames Phänomen.

Der transatlantische Westen oder Norden ist nicht nur verantwortlich für die Entstehung und Ausweitung moderner ethnischer „Säuberungen". Er brachte seit dem 19. Jahrhundert auch Alternativen dazu hervor: Ethnische Gewalt sollte kontrolliert werden durch machtpolitische Interventionen und durch ergänzende völkerrechtliche Normen. Die traditionelle Form solcher Kontrolle war die Integration eines Konfliktherdes in einen größeren Staat – wie etwa Zypern 1878 (bis 1960) in das Britische Empire, oder Bosnien-Herzegowina in Österreich-Ungarn und ab 1918 in Jugoslawien eingegliedert wurde. Die modernere Form solcher Kontrolle war die internationale Intervention – wie sie um 1899 auf Kreta und in Mazedonien zur Eindämmung multiethnischer Bürgerkriege versucht wurde, aber nur begrenzt und zeitweilig erfolgreich war. Die aktuellen Militäreinsätze zur Friedenssicherung in Bosnien-Herzegowina oder im Kosovo funktionieren ähnlich – und ähnlich begrenzt. Die dritte Variante war die Durchsetzung eines völkerrechtlichen Minderheitenschutzsystems und dessen Kontrolle durch supranationale Instanzen. Letztere Funktion übernahmen zunächst die fünf oder sechs Großmächte Europas, die derartige Regeln einigen südosteuropäischen Staaten 1830 und 1878 auf gemeinsamen Botschafter-Kongressen aufzwangen. Nach 1918 traten der Völkerbund bzw. nach 1945 die Vereinten Nationen neben solche Verständigungen unter den Großmächten, obschon auch letztere immer wieder in Aktion treten sollten – von Lausanne 1922/23 bis zu Dayton 1995. Das besonders von Hitler zu verantwortende Scheitern dieser Alternative zwischen 1939 und 1950 hat sie zumindest auf Dauer nicht zerstören können, aber für viele Millionen Menschen im Zweiten Weltkrieg und dessen unfriedlichem Nachkrieg in Osteuropa zeitweilig vollständig außer Kraft gesetzt.

Dass der Zweite Weltkrieg zwischen 1939 und 1945 zum (bisherigen) Höhepunkt jener Gewaltpolitik geworden ist, die man heute als „ethnische Säuberungen" bezeichnet, bedarf kaum der Beweisführung. Allein der Hinweis auf den Holocaust würde genügen. Diesem Völkermord an rund sechs Millionen jüdischer Menschen aus ganz Europa gingen andere Formen antisemitischer ethnischer „Säuberung" voran – ab 1933 eine stufenweise verschärfte Verdrängung durch Diskriminierung; ab 1939 massenhafte Zwangsdeportationen, einhergehend mit erzwungener Gettoisierung, bei in Kauf genommener Dezimierung durch Epidemien und Hunger.

Vertreibung und Zwangsumsiedlung fast der gesamten deutschen Bevölkerung Ostdeutschlands und Osteuropas zwischen 1944/45 und 1948. Die Überlebenden dieses Gewaltakts, der zwischen vierzehn und fünfzehn Millionen Menschen (überwiegend Frauen, Kinder und alte Menschen) zu Opfern machte, wurden 1950 in beiden deutschen Nachkriegsstaaten auf 12,5 Millionen beziffert. Von diesen stammten 6,6 Millionen aus den zum Deutschen Reich gehörigen Ostgebieten, weitere drei Millionen aus der

Der Holocaust ist das markanteste Beispiel für die Extremvariante ethnischer „Säuberung", die systematische Ermordung einer unerwünschten Bevölkerungsgruppe. Doch weit häufiger zielt diese Gewaltpolitik auf die endgültige Entfernung einer unerwünschten Gruppe durch Vertreibung oder Zwangsaussiedlung – ein Verfahren, das ebenfalls oft viele Todesopfer fordert und diese meist bewusst in Kauf nimmt, das aber dennoch vom zielgerichteten Völkermord unterschieden werden muss. Der Höhepunkt solcher, auf Zwangsmigration zielender ethnischer „Säuberungen" im Zweiten Weltkrieg war die Flucht,

Tschechoslowakei, 2,1 Millionen aus Polen in den Grenzen von 1939, kleinere Gruppen aus Jugoslawien, Ungarn und Rumänien.

In diese Schätzung von 14 Millionen deutschen Vertreibungsopfern sind die bereits ab 1941 innerhalb der Sowjetunion deportierten Russlanddeutschen noch nicht einbezogen. Die Wolgadeutschen, denen das Regime zwischen 1924 und 1941 eine autonome Sowjetrepublik zugestand, sind zwar am bekanntesten, stellten jedoch mit 370.000 Menschen nur ein Viertel dieser Bevölkerungsgruppe. Russlanddeutsche leb-

Der Holocaust, die Extremvariante ethnischer „Säuberung": Ungarische Juden auf der Verladerampe des Vernichtungslagers Auschwitz-Birkenau, Juni 1944.

Michael Schwartz

Nach der Besetzung Bessarabiens am 28. Juni 1940 durch sowjetische Truppen zogen 93.000 Bessarabien-Deutsche in das Reich. 1941/42 wurden sie im Rahmen des „Generalplans Ost" in Polen angesiedelt. Das Foto zeigt den Empfang eines Trecks durch Schwestern des Roten Kreuzes im Auffanglager Galați (Rumänien), 13. Oktober 1940.

ten in ganz verschiedenen Regionen Russlands, außerdem in der Ukraine, im Kaukasus und auf der Krim. Ihre Deportation begann zwei Monate nach dem deutschen Überfall auf die Sowjetunion; bis Mitte 1942 registrierte Stalins Sicherheitsapparat 1,2 Millionen Opfer dieser Zwangsumsiedlung – 80 Prozent der deutschstämmigen Sowjetbürger. Bis 1948 soll die Sterberate in den unwirtlichen „Spezialsiedlungen" bei 3,5 Prozent gelegen haben – immerhin weit niedriger als die der erst gegen Kriegsende, zwischen 1944 und 1948, aus dem nördlichen Kaukasus deportierten muslimischen Völker, von denen fast ein Viertel nicht überlebt haben soll.

Mit über fünfzehn Millionen Opfern ist die Vertreibung der Deutschen die mit Abstand zahlenmäßig größte ethnische „Säuberung" in der Geschichte Europas; weltweit kommt ihr im Ausmaß allenfalls die gleichzeitige Flucht und Vertreibung von Millionen Muslimen und Hindus nahe: Im Zuge der Teilung des britischen Kaiserreiches Indien in die unabhängigen Nachfolgestaaten Indien und Pakistan 1947/48 (mit Nachwehen im Jahr 1950) mussten sie ihre Heimat verlassen. Die indischen Opferzahlen sind noch unsicherer als die der vertriebenen Deutschen; sie könnten unterhalb, aber auch über deren Zahl

liegen. Beide ethnischen „Säuberungen" hatten – ebenso wie der Holocaust – ein gewaltiges Ausmaß und führten zu grundlegenden Umwälzungen in den betroffenen Gesellschaften.

Diese bekanntesten Beispiele erschöpfen das Ausmaß und die Tragweite ethnischer „Säuberungen" im Zweiten Weltkrieg bei Weitem nicht. Selbst wenn man sich auf ethnisch motivierte Zwangsmigrationen konzentriert, belief sich die Gesamtzahl der Betroffenen auf schätzungsweise 60 Millionen Menschen während des Zweiten Weltkriegs allein in Europa. Zunächst wurden zwischen 1939 und 1943 etwa 30 Millionen vor allem durch Entscheidungen Hitlers und Stalins vertrieben, zwangsumgesiedelt oder deportiert. Auf die Niederlage Hitler-Deutschlands folgten sodann von 1944 bis 1948 Zwangsmigrationen von weiteren 31 Millionen Menschen – von denen nur rund die Hälfte Deutsche waren. Die erste Welle der Zwangsmigration wurde bei Kriegsende für die Überlebenden zum größten Teil rückgängig gemacht, die zweite Welle durch dasselbe Kriegsende erst ausgelöst.

Die Vertreibung war die am weitesten verbreitete Form von Terror, den die Deutschen während des Zweiten Weltkriegs im besetzten Polen verübten. Davon waren besonders polnische und jüdische Bewohner des 1939 an Deutschland angeschlossenen „Reichsgaues Wartheland", der Region um Posen, betroffen. Dorthin wurden zwischen 1940 und 1944 nicht nur 85 Prozent aller 630.000 „volksdeutschen Umsiedler" dirigiert, die Hitler aus Osteuropa – vom Baltikum bis nach Rumänien – damals „heim ins Reich" holen ließ. Von dort wurden auch im Gegenzug, um Platz für diese Volksdeutschen zu schaffen, bis zu 928.000 Polen ins östlich gelegene „Generalgouvernement" vertrieben. Und auch dort fielen weitere 100.000 Polen zwischen 1942 und 1944 Himmlers Umsiedlungsprojekt in der Region Zamość zum Opfer.

Vertreibungen und Zwangsumsiedlungen löste die Politik Hitlers auch in Südosteuropa aus. In Rumänien führte die als nationale Katastrophe erlebte erzwungene Abtretung diverser Gebiete im Jahre 1940 – an Ungarn, Bulgarien und die Sowjetunion – zur rechtsgerichteten Diktatur des Marschalls Ion Antonescu. Anders als

Flucht und Vertreibung. Ethnische „Säuberungen" im Ersten und Zweiten Weltkrieg

die ebenfalls verbündeten Ungarn musste Hitler die Rumänen nicht zur Beteiligung am Holocaust zwingen. Ohnehin von einem traditionell scharfen Antisemitismus geprägt, hatte dieses 1940 von Hitler zuerst gedemütigte, dann in sein Bündnissystem gezogene Land rund 200.000 rumänische Flüchtlinge aus Ungarn aufzunehmen. Deren Ansiedlung wurde von Antonescu durch die Enteignung rumänischer Juden finanziert. 1941 gewann der Bukarester „Führer" durch Beteiligung an Hitlers Überfall auf die Sowjetunion nicht nur die von Stalin annektierten Gebiete (Bessarabien und nördliche Bukowina) zurück, sondern auch – als Entschädigung für das bei Ungarn bleibende Nord-Siebenbürgen – die südliche Ukraine mit Odessa. Antonescu nutzte dieses „Transnistrien" genannte Ost-Territorium als „ethnischen Abladeplatz" – etwa durch die Deportation von 25.000 Roma, bei der über die Hälfte an Entbehrungen starben, oder durch die 1941 angeordnete „Säuberung" der rumänischen Stadt Jassy von ihren 45.000 jüdischen Bewohnern. Im Oktober 1943 lebten von insgesamt 180.000 nach Osten deportierten Juden nur noch 77.000.

Hitlers aggressive Politik brachte auf dem Balkan eigenständige Gewaltpotentiale zur Entfaltung und radikalisierte diese zugleich. So hatte Rumänien schon 1936 einen Vertrag mit der Türkei – dem in ethnischer „Säuberung" schon länger erfahrenen Staat Kemal Atatürks – über die Aussiedlung der Dobrudscha-Türken geschlossen. Und noch vor dem Machtantritt Antonescus kündigte Rumäniens Außenminister Mitte 1940 eine Politik umfassender Bevölkerungstransfers an, um die Minderheitenprobleme mit den Nachbarstaaten einvernehmlich zu regeln. Das wurde Bukarest durch Hitler zwar verwehrt, doch Antonescu radikalisierte ab 1940 nicht nur die Praxis der Deportationen und Massaker; hinzu traten bis 1944 auch Planungen für eine Homogenisierung Rumäniens durch die Zwangsaussiedlung aller „unzuverlässigen" ethnischen Minderheiten bei gleichzeitiger Umsiedlung aller im Ausland lebenden Rumänen in den „eigenen" Nationalstaat.

Hitlers Gewaltpolitik hat in Südosteuropa überall die nationalen Spannungen geschürt. Nicht nur in Siebenbürgen erfolgten zwischen 1940 und 1943 unter deutscher Oberherrschaft wechselseitige Zwangstransfers von Hunderttausenden Ungarn und Rumänen. Ebenfalls mit Hilfe Hitlers dehnte sich Bulgarien 1941 auf Kosten Jugoslawiens in Mazedonien aus, was die Vertreibung vieler Serben zur Folge hatte. Auf ähnliche Weise waren Flucht oder Vertreibung von über 90.000 Griechen aus Ost-Mazedonien und Westthrakien die Folge der Besetzung durch Bulgarien, das dort ab 1941 122.000 Bulgaren anzusiedeln versuchte. Bereits im September 1940 waren ungarisch-rumänische Zwangsmigrationen in der südlichen Dobrudscha erfolgt, einer Region, die 1913 von Rumänien erobert worden war und auf Druck Hitlers 1940 teilweise an Bulgarien zurückgegeben werden musste. In diesem Falle gab es einen regelrechten Vertrag über Bevölkerungsaustausch, der in Craiova am 7. September 1940 geschlossen wurde. Dieser Vertrag ging auf Anregungen zurück, die der britische Botschafter in Bukarest schon 1939 gegeben hatte, um Bulgarien und Rumänien miteinander zu versöhnen und gemeinsam gegen Deutschland zu positionieren. In Folge dessen mussten 62.000 Bulgaren die bei Rumänien bleibende nördliche Dobrudscha verlassen, während 110.000 Rumänen aus dem Südteil dieses Schicksal in umgekehrter Richtung traf.

Wie sich ältere ethnische Konflikte mit der von Hitler freigesetzten Gewalteskalation auf schlimmste Weise verbinden konnten, demonstriert vor allem die Entwicklung in Jugoslawien. Bereits nach Errichtung des (erst später so genannten) Königreichs Jugoslawien 1918/19

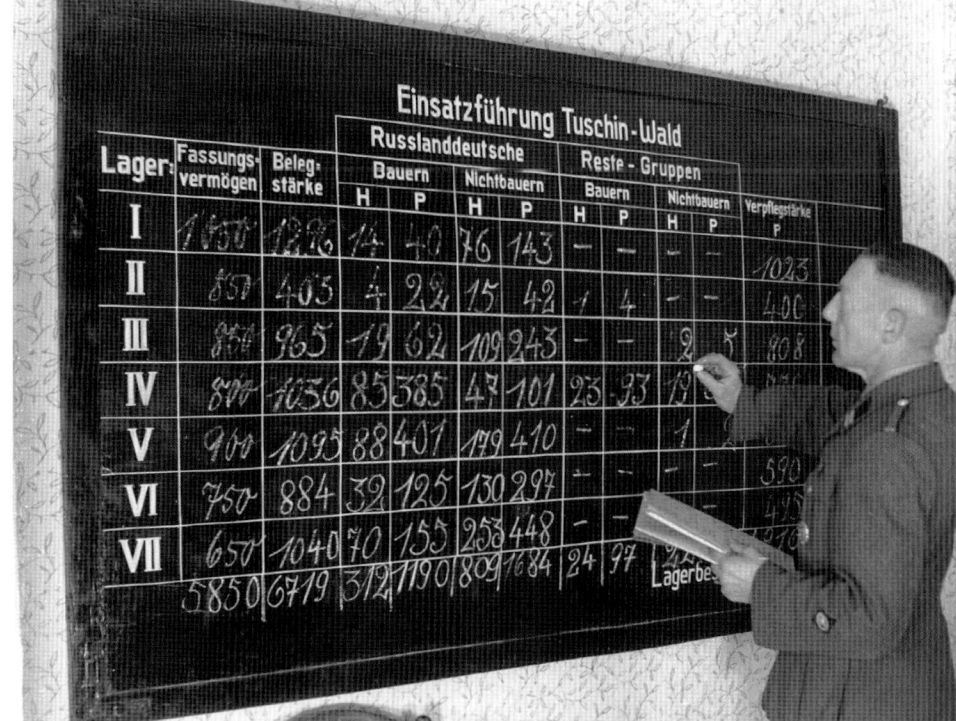

Alle autoritären Regime Europas strebten den Austausch von Minderheiten und die Schaffung ethnischer Homogenität an. Hier wurden vom „Hauptamt Volksdeutsche Mittelstelle" neu eingetroffene Umsiedler im Rahmen des Generalplans Ost in Tuszyn (Wojewodschaft Łódź) angesiedelt, 1942.

hatte die regierende serbische Elite Hunderttausende von Kosovo-Albanern ins benachbarte Albanien vertrieben. Zugleich organisierte Belgrad eine serbische Siedlungspolitik, die mit der Enteignung albanischer Grundbesitzer einherging, quantitativ aber nicht den erwünschten Erfolg brachte. In Belgrad wuchs die Neigung, die Ansiedlungspolitik durch Zwangstransfers zu ergänzen oder gar zu ersetzen. Seit 1933 führte die Regierung Verhandlungen mit Ankara über einen Bevölkerungstransfer muslimischer Albaner; und im Juli 1938 kam tatsächlich ein Abkommen über die Aussiedlung von 40.000 Familien in die Türkei zustande, das bis 1944 hätte realisiert werden sollen, durch den Zweiten Weltkrieg jedoch Makulatur blieb. Zudem lagerte in Regierungsschubladen seit März 1937 eine Denkschrift über „die Vertreibung der Albaner"

„Der Exodus eines Volkes": Flüchtlinge aus Serbien auf dem Weg nach Albanien, beschützt von serbischen Soldaten. Farbdruck aus: „Le Petit Journal", 26. Dezember 1915.

des nationalistischen Historikers Vasa Čubrilović, einem Mitglied jener Attentätergruppe, die 1914 das österreichisch-ungarische Thronfolgerpaar ermordet hatte. Čubrilović verwies darauf, dass alle übrigen Balkanländer seit 1912 das Problem unerwünschter nationaler Minderheiten durch „Umsiedlung" zu lösen versucht hätten. Auch für Serbien-Jugoslawien bleibe im Umgang mit dem Albaner-Problem „nur ein einziger Weg, die Massenvertreibung". Internationale Proteste dürften Belgrad nicht davon abhalten, zumal „sich die Weltöffentlichkeit an weit Schlimmeres gewöhnt" habe – etwa wenn Deutschland Zehntausende von Juden vertreibe oder Sowjet-Russland Millionen von Menschen von einem Teil des Kontinents zum anderen deportiere. Wegen der „Vertreibung von einigen Hunderttausend Albanern", so Čubrilović zynisch, werde schon kein Zweiter Weltkrieg ausbrechen.

Der Zweite Weltkrieg brachte, als ihn Hitler tatsächlich aus anderen Gründen 1941 auf den Balkan trug, einen neuen Höhepunkt ethnischer Gewalt nach Jugoslawien. Der deutsch-italienische Angriff hatte den südslawischen Staat zerschlagen und aufgeteilt. Dies erfolgte nicht nur durch die Schaffung eines faschistischen Ustaša-Staats in Kroatien und Bosnien-Herzegowina, dem viele Serben und Juden wehrlos ausgeliefert waren. Die NS-Politik verschärfte die ethnischen Konflikte in der Region auf vielfältige Weise. 1941 ließ Hitler aus dem annektierten Reichsgebiet Krain 80.000 Slowenen nach Kroatien deportieren – mit einem tödlichen „Folgeeffekt". Kroatien reagierte mit der massenhaften Abschiebung von Serben, um Platz für die ihm aufgezwungenen Slowenen zu schaffen. Das von der Wehrmacht besetzte Serbien verweigerte jedoch die Aufnahme der kroatischen Serben, woraufhin die Kroaten diese hilflosen Menschen umbrachten. Das Massaker löste einen Aufstand der Serben in Kroatien aus, dem neben Kroaten auch volksdeutsche Siedler zum Opfer fielen. Daraufhin setzte die kroatische Regierung die 1,9 Millionen Serben im Lande einer rücksichtslosen Politik aus, die Völkermord, Vertreibung und Zwangsassimilation kombinierte: Außerdem brachten deutsche, kroatische und muslimische Täter 65.000 von 75.000 jugoslawischen Juden um. In absoluten Zahlen stellen 500.000 Serben die größte Gruppe an Ermordeten. Zugleich wurden bis zu 300.000 Serben aus dem an Bulgarien gelangten Nord-Mazedonien, aus dem von Deutschland annektierten Slowenien und aus Kroatien vertrieben.

Als im November 1944 die Partisanen Titos Belgrad befreiten, wartete dort Professor Čubrilović, der zwischenzeitlich von den Deutschen eingekerkert worden war. Er präsentierte Tito eine Denkschrift zum „Minderheitenproblem im neuen Jugoslawien", um alle unerwünschten Minderheiten durch Zwangsaussiedlung zu beseitigen – allen voran Deutsche und Ungarn, aber auch die Albaner, denen er dieses Schicksal schon vor dem Zweiten Weltkrieg hatte bereiten wollen. Der nationalistische Wissenschaftler sah sich im europäischen Trend: Nicht nur die Deutschen und ihre Verbündeten hätten ganze Völker vertrieben, auch die Alliierten hätten sich diese Politik zu Eigen gemacht. Daher habe auch Jugoslawien das Recht auf Vertreibung unerwünschter Minderheiten. Čubrilović erhielt zwischen 1945 und 1948 die Chance, als Minister der Tito-Regierung an der Umsetzung dieses Programms mitzuarbeiten.

Nicht erst der jugoslawische Bürgerkrieg der 1990er-Jahre, sondern schon die serbischen und griechischen Unabhängigkeitskriege gegen die Osmanen (Türken) ab 1804 bzw. ab 1821 kombinierten Nationalstaatsbildung mit Massakern und Vertreibungen. Es scheint, dass Europa mit dem Balkan eine Spannungszone besaß, in der ethnische „Säuberung" im Jahrhundert bis 1914 zunehmend erlernt wurde. Der Balkan wurde dadurch zwischen 1800 und 1923 immer christlicher, Kleinasien umgekehrt (durch Zuwanderung von Balkanmuslimen und Vertreibung oder Ermordung von kleinasiatischen Christen) immer islamischer. Insgesamt waren in dieser Frühphase moderner ethnischer „Säuberungen" auf dem Balkan, der Krim und im Kaukasus zwischen 1784 und 1878 über 1,4 Millionen Menschen von Zwangsmigrationen betroffen; die große Mehrheit davon waren Muslime, die meist im Vierteljahrhundert zwischen 1853 und 1878 vertrieben wurden. Andere Schätzungen, die das gewalttätige Jahrzehnt zwischen 1912 und 1922 einbeziehen, sprechen zwischen 1821 und 1922 von 5,5 Millionen muslimischen Einwohnern, die aus den europäischen Gebieten des Osmanischen Reichs vertrieben, durch Fluchtstrapazen zu Tode gebracht oder ermordet wurden. Damals, 1912, wurde aus der multiethnischen Metropole Selanik, der Geburtsstadt Atatürks, nach Eroberung durch die griechische Armee das hellenisierte Saloniki (dessen große jüdische Bevölkerungsgruppe 1943 von den Deutschen ermordet wurde), und umgekehrt entstand aus der Asche der Vielvölker-Metropole Smyrna, das 1912 noch mehr griechische Einwohner hatte als Athen, durch Flucht und Vertreibung der kleinasiatischen Griechen 1922 das „rein" türkische Izmir. Diese gewaltige ethnische „Säuberung" wird in Europa kaum erinnert.

Besonders brutal trafen die Zivilbevölkerung die beiden Balkankriege der Jahre 1912/13. Im Ersten Balkankrieg wurde das Osmanische Reich von seinen christlichen Nachbarn überfallen und aus Europa fast verdrängt; im zweiten Krieg kämpften dann die Sieger und weitere Mächte um die zuvor eroberte Beute. Von 2,3 Millionen Balkan-Muslimen lebten Mitte 1913 – nach neun Monaten Krieg – nur noch 1,4 Millionen in ihren Heimatgebieten. Wahrscheinlich sind 632.000 Menschen (27 Prozent der muslimischen Bevölkerung) durch Massaker, Fluchtstrapazen oder Seuchen zu Tode gekommen. Nachträglich konstatierte eine internationale Untersuchungsgruppe, die Carnegie-Kommission, es sei in den umkämpften Regionen (Groß-)Mazedonien und

Mit ihrer Umsiedlung nach Smyrna (Izmir) brachten die Muslime aus Albanien auch ihre archaischen Stammesstrukturen in die Türkei: Türkisch-albanische Stammesführer in Izmir, ca. 1910–1920.

Michael Schwartz

Thrakien 1912/13 eine „regelrechte Völkerwanderung" mit zahlreichen Todesopfern erfolgt. Türken seien vor Christen geflüchtet, Bulgaren vor Griechen und Türken, Griechen und Türken vor Bulgaren, Albaner vor Serben. Durch Kombination von Massenmord, Vertreibung und Rückkehrverbot wurden in den eroberten Gebieten die demografischen Verhältnisse revolutioniert und durch Massaker und Vertreibungen neue „nationale Mehrheiten" geschaffen. Nach Kriegsende traten Politiken der Zwangsassimilation hinzu.

Auf der Konferenz von Lausanne vereinbarten die Alliierten mit der Türkei den Frieden und einen „Bevölkerungstransfer". Die Aufnahme vom 24. Juni 1923 zeigt auf der unteren Stufe den britischen Außenminister Lord George Curzon, den italienischen „Duce" Benito Mussolini und den französischen Ministerpräsidenten Raymond Poincaré.

Tatsächlich hat Europa durch seine nationalistische Ideologie mit dem Ideal des homogenen Nationalstaats diese gewalttätige „Europäisierung" seiner Peripherie erst ermöglicht. Doch die Mitverantwortung geht weiter: Europas Großmächte waren nie nur Zuschauer, sondern stets auch Akteure. Bereits 1827 wurde die Forderung der aufständischen Griechen nach Entfernung aller Muslime aus einem unabhängigen Staat im Londoner Vertrag von Großbritannien, Frankreich und Russland übernommen. Erstmals in der europäischen Geschichte wurde die „vollständige Trennung" zweier „Nationen" damit begründet, dass man dem Ausbruch neuerlicher Gewalt zwischen diesen Völkern vorbeugen wolle. Dieselbe Logik – „Bevölkerungstransfers" zur Friedenssicherung – beeinflusste 1923 den unter Ägide der Demokratien Großbritannien und Frankreich sowie des faschistischen Italien vereinbarten griechisch-türkischen Bevölkerungstransfer in Lausanne und später, 1945, die Potsdamer Beschlüsse der drei alliierten Siegermächte über Hitler-Deutschland. In beiden Fällen einigten sich Demokratien und Diktaturen auf dieselben „säubernden" Entscheidungen.

Der Balkan war beileibe nicht das einzige Experimentierfeld für ethnische „Säuberungen". Man könnte auf imperiale Deportations-Traditionen im Osmanischen Reich verweisen, die – nicht zuletzt als politische Antwort auf die Vertreibung muslimischer Bevölkerungsgruppen – in die Umsiedlungs- und schließlich Völkermordpolitik des jungtürkischen Regimes im Ersten Weltkrieg mündeten. Man könnte ferner auf die zaristischen Deportations- und Vertreibungspolitiken gegen widerständige muslimische Völker auf der Krim und im Kaukasus – insbesondere um 1860 – verweisen, die zu Präzedenzfällen ethnischer Deportationen wurden, welche nicht nur im Ersten Weltkrieg nachgeahmt und radikalisiert wurden, sondern noch die ethnischen Deportationen Stalins und Berijas im und nach dem Zweiten Weltkrieg beeinflussten.

Welche Tragweite frühere ethnische „Säuberungen" weltweit hatten, wird am besten deutlich, wenn man solche Gewaltpolitik in den außereuropäischen Kolonien des 19. und frühen 20. Jahrhunderts in den Blick nimmt. Man kann den Kolonialismus als weiteres Erprobungsfeld für jene Methoden begreifen, die dann – ab 1914 und erst recht ab 1939 – auf Europa selbst zurückschlugen. Neben der Vertreibung oder Ermordung indigener Einwohner in zahlreichen Siedlerkolonien und Siedlerdemokratien wurde das vom europäischen Kolonialismus praktizierte Herrschaftsmittel der Massendeportation zum Vorbild für massenhafte ethnische „Säuberungen" in Europa selbst. Auch hier war der Weg zum Genozid nicht weit, wie der deutsche Kolonialkrieg gegen Herero und Nama in Südwestafrika zwischen 1904 und 1907 veranschaulichte.

Die Kolonialmächte verfügten über ein gemeinsames Gedächtnis, ein vernetztes Wissen über die Behandlung, Ausbeutung und Vernichtung von „Untermenschen", das immer wieder abgerufen werden konnte. Das gilt nicht zuletzt für Massendeportationen in Kolonialkriegen um 1900, die das „Säuberungs"-Wissen für Europa im Ersten Weltkrieg bereitstellten. Den Anfang machten 1896/97 die Spanier auf Kuba, wo der deutschstämmige General Valeriano Weyler zur Bekämpfung von Partisanen ein System der Zwangsentvölkerung ganzer Regionen durch Verschleppung der Zivilbevölkerung in Konzentrationslager erfand. Nur wenig später wurde die spanische Politik der „Reconcentración" in der britischen Kriegführung gegen die Burenrepubliken Südafrikas und der US-amerikanischen Eroberung der Philippinen nachgeahmt. All diese Kriege kombinierten Deportation mit Lagerinternierung, wobei hohe Todesraten der eingepferchten Zivilbevölkerung (meist Frauen, Kinder und Alte) durch Hunger oder Epidemien in Kauf genommen wurden.

Die von US-General William Sherman bereits um 1864/65 gegen die besiegten weißen „Südstaatler" entwickelten Pläne für Massendeportationen als endgültige Lösung von Problemen mit illoyalen Bevölkerungsgruppen wurde möglicherweise zum Modell für jene „Umvolkung", die der deutsche General Erich Ludendorff dann im Ersten Weltkrieg in einigen Gebieten Polens und des Baltikums durchzuführen beabsichtigte. Der britische Oberkommandierende im südafrikanischen Burenkrieg, der spätere Kriegsminister Lord Kitchener, hegte jedenfalls um 1900 ganz ähnliche, auf dauernde Deportation und Enteignung zielende Verdrängungspläne gegen ein feindliches Volk wie zuvor Sherman gegen einen separatistischen Teil der eigenen Nation. Auch die Generäle und Spitzenbeamten des Zarenreichs interessierten sich sehr dafür, was die Briten in Südafrika oder die Spanier auf Kuba erprobten. General Zhilinski, bis 1914 Chef des Generalstabs und dann Oberbefehlshaber der russischen Nordwestfront, wo deutsche Zivilisten aus Ostpreußen nach Russland deportiert wurden, war als junger Oberst 1896/97 Militärbeobachter der spanischen Streitkräfte auf Kuba gewesen und hatte einen umfangreichen Bericht über Weylers „Methoden zur Terrorisierung der Bevölkerung" erstellt. Ein anderer russischer Kommandeur des Ersten Weltkriegs, General Vassili Gurko, hatte entsprechende Beobachteraufgaben im Burenkrieg wahrgenommen.

Das Zarenreich hatte auch eigene Traditionen ethnischer „Säuberung" beizusteuern. Im Kaukasus und in Zentralasien war jahrzehntelang eingeübt worden, was ab 1914 eine Ausweitung auf das westliche, europäische Russland erfahren sollte. Vor allem im Jahre 1915 – im Zuge eines weiträumigen russischen Rückzugs – kam es zur ethnischen „Säuberung" der Westprovinzen Russlands von großen Teilen ihrer deutschen und jüdischen Bevölkerungsgruppen. Damals stigmatisierte das zaristische Regime nicht nur die lange schon diskriminierten Juden und die seit Jahrzehnten beargwöhnten kaukasischen Muslime, sondern auch viele bislang privilegierte Russland- und Baltendeutsche als innere Feinde. Rund 200.000 Volksdeutsche wurden von der Armee allein 1914/15 aus Russisch-Polen nach Sibirien verschleppt – ein Schicksal, das dieselbe russische Armee auch rund einer Million Juden durch Deportation ins russische Kernland bereitete. Infolge der Strapazen und der schlechten Versorgung gab es bei diesen Deportationen oder unmittelbar danach hohe Todesraten. Als im Mai 1915 ein mehrtägiges Pogrom gegen Deutsche (und Juden) in Moskau stattfand, erwog das Stadtoberhaupt die Aussiedlung und Internierung aller Volksdeutschen in ein Konzentrationslager. Und der Stabschef der Nordwestarmee, Generalmajor Michail Bontsch-Brujewitsch, ein späterer Organisator der Roten Armee, zog

Verdrängung und Deportation ganzer Bevölkerungsgruppen gab es auch im Krieg zwischen Großbritannien und den Buren-Republiken Oranje-Freistaat und Transvaal: Internierung burischer Landbewohner, 1900.

Michael Schwartz

Generalgouverneur Alexei Nikolayevich Kuropatkin (1848–1925) ließ 1916 nach einem Aufstand der Muslime in Zentralasien Hunderttausende töten oder vertreiben. Nachkolorierte Aufnahme, um 1915.

aus der „Durchsetzung" des russischen Elements mit feindlichen Bevölkerungsgruppen in den Westprovinzen des Zarenreiches 1915 den Schluss, alle deportierten feindlichen Subjekte müssten exakt registriert werden, um sie nach Kriegsende restlos „liquidieren" zu können – was hier offenbar nicht als Völkermord, sondern als Zwangsaussiedlung zu verstehen war. Im selben Geiste plante 1916 der Generalgouverneur von Kasachstan, der ehemalige Kriegsminister Kuropatkin, nach einem muslimischen Aufstand die völlige Trennung von Russen und Kasachen und ließ mehrere Hunderttausend Menschen töten oder vertreiben.

Im Ersten Weltkrieg und im anschließenden Russischen Bürgerkrieg explodierte zwischen 1914 und 1921 nicht nur der Umfang solcher Deportationen, es trat auch das Ziel dauerhafter ethnischer „Säuberung" immer deutlicher hervor: Anfänglich provisorische Maßnahmen wurden von der Erwägung überlagert, dass man das Problem der Illoyalität ethnischer Minderheiten nur durch vollständige und dauerhafte Ausweisung lösen könne. Dieser Übergang wurde durch einen seit Mitte des 19. Jahrhunderts immer stärker eingeübten bevölkerungspolitischen Blick ermöglicht, der die Völker des Zarenreiches – namentlich in peripheren Grenzräumen – militärstatistisch in zuverlässige und unzuverlässige „Elemente" einteilte. Ganz ähnlich lassen sich die Deportationen unter dem Jungtürken-Regime ab 1914/15, die sich vor allem – mit völkermörderischer Intensität – gegen die osmanischen Armenier richteten, aber auch große Gruppen kleinasiatischer Griechen und weitere Bevölkerungsgruppen in Mesopotamien erfassten, auf Ansätze einer Bevölkerungspolitik zurückführen, die um 1880 unter Sultan Abdul Hamid II. entwickelt worden waren. Auch die Nachfolger dieses 1908/09 gestürzten Alleinherrschers, das Zentralkomitee der im Osmanischen Reich zwischen 1908 und 1918 mit kurzen Unterbrechungen herrschenden „Jungtürkischen" Partei, verfolgten eine solche Ethnopolitik. Ethnoreligiöse Um- und Ansiedlungspläne kündigte bereits 1909 der Jungtürkenführer Nazim Bey an: Man könne in kurzer Zeit bis zu einer Million Muslime im Osmanischen Reich ansiedeln – Umsiedler (Muhadschirs) aus Bosnien, Bulgarien, Rumänien, der russischen Krim und dem vom Zaren beherrschten Zentralasien. Auch jüdische Siedler waren den Jungtürken willkommen – nur nicht in Palästina, wo man zionistischen Separatismus befürchtete. Ansonsten feierte Nazim, ein späterer Planer des Armenier-Völkermords, das „jüdisch-muslimische Projekt" zur Neubesiedlung des osmanischen Mazedonien als Überlebensfrage für die europäische Türkei. Zwar blieb diese Massenbesiedlung Utopie, doch konnte die jungtürkische Regierung 1910 tatsächlich mehrere Tausend muslimische Umsiedler aus Bosnien im Kosovo und im nordmazedonischen Üsküb (Skopje) ansiedeln – auf Land, von dem christliche Bauern zuvor vertrieben worden waren. Diese konnten nur protestieren und auf Gelegenheit zur Rache warten – die bereits im Herbst 1912 kam, als der Erste Balkankrieg die osmanische Herrschaft und Hunderttausende Muslime aus Europa hinwegfegte. Daraufhin wurde Mazedonien tatsächlich neu kolonisiert, freilich nicht durch Muslime. Die chauvinistische Reaktion der Jungtürken bestand in einer immer rücksichtsloseren Politik, durch ethnische „Säuberung" ein türkisches Nationalreich in Anatolien zu schaffen. Schon vor Kriegsbeginn 1914 wurden große Gruppen kleinasiatischer Griechen ins benachbarte Griechenland vertrieben, später weitere innerhalb Anatoliens deportiert. Nazim Bey, der gescheiterte mazedonische Siedlungspolitiker, soll zudem im Februar 1915 auf einer Geheimsitzung der jungtürkischen Parteiführung die vollständige Ausrottung der Armenier im Osmanischen Reich gefordert haben.

Am 26. Mai 1915 begründete Innenminister Talaat Bey den Plan einer weitreichenden (und in Wahrheit fast lückenlosen) Deportation der Armenier mit der Notwendigkeit, Aufständische aus Frontgebieten zu entfernen. In manchen Regionen mochte die Furcht vor armenischen Aufständen zugunsten der Entente-Mächte eine Begründung gehabt haben. In der Praxis aber wurden nicht nur fast alle armenischen Einwohner des Reiches deportiert, sondern viele von ihnen – namentlich die wehrfähigen Männer – zielgerichtet umgebracht. Die Überlebenden gelangten in die heute irakische Provinz Mossul, in das heute syrische Wüstengebiet um Der-es-Zor, in abgelegene Teile der Provinz Aleppo oder in die südostanatolische Provinz Urfa – wo es kaum Überlebensmöglichkeiten und Versorgung für so große Gruppen gab, die zudem von aufgewiegelten Muslimen überfallen und teilweise ebenfalls ermordet wurden. Das umfassende bevölkerungspolitische Kontrollmotiv wurde in der Forderung von Kriegsminister Enver Pascha deutlich, dass die armenische Minderheit in Zukunft nirgendwo mehr als zehn Prozent der muslimischen Bevölkerung ausmachen dürfe. Das Argument der Kriegsnotwendigkeit diente nur noch als Vorwand, um das „Armenierproblem" umfassend und radikal zu regeln. Der deutsche Botschafter Graf Paul Wolff-Metternich schickte 1916 einen Bericht nach Berlin, der sich wie eine Anklage liest: „Die türkischen Behörden haben es unterlassen, die zum Zwecke von Ausschreitungen gegen Leben und Eigentum der Ausgesiedelten organisierten Banden zu unterdrücken. Von vielen türkischen Beamten und Militärs ist offen zugegeben worden, dass das von der Regierung [...] verfolgte Endziel nicht die Umsiedlung, sondern die Ausrottung der Armenier sei. [...]." Die jungtürkische Regierung rächte sich, indem sie Wolff-Metternich als „Botschafter der Armenier" diffamierte und seine Abberufung erzwang.

Furcht vor verräterischer Unterstützung für den Feind seitens seit Langem als unzuverlässig eingestufter ethnischer Bevölkerungsgruppen herrschte nicht nur in Russland oder im Osmanischen Reich, sondern auch in Österreich-Ungarn. Auch hier richteten sich die vom Armeeoberkommando ab 1914 befohlenen Deportationen besonders gegen Angehörige von in Grenzgebieten lebenden ethnischen Minderheiten. Im August 1914 behauptete der Oberkommandierende der serbischen Front, Feldzeugmeister Oskar Potiorek, dass „unsere Serben" an der Seite der Feinde kämpften und im Hinterland den Vormarsch sabotierten. Dieser für Bosnien-Herzegowina zuständige Kommandeur hatte schon vor Kriegsbeginn die zwangsweise „Umsiedlung aller Serben" aus dieser Provinz gefordert und Oppositionelle sowie angebliche Spione „verhaftet, deportiert oder massenhaft exekutiert". Als ein serbisches Freiwilligenkorps im September 1914 die bosnische Stadt Srebrenica besetzte und von der k.u.k. Armee zurückgetrieben wurde, übten die Österreicher im Verein mit muslimisch-kroatischen Milizen „grausame Vergeltung" an der bosnisch-serbischen Zivilbevölkerung. Als sich Teile der serbischen Bevölkerung Bosniens und Südungarns im Herbst 1914 als unzuverlässig erwiesen, beobachtete ein ungarischer Journalist einen regelrechten „Rassenkrieg" der Budapes-

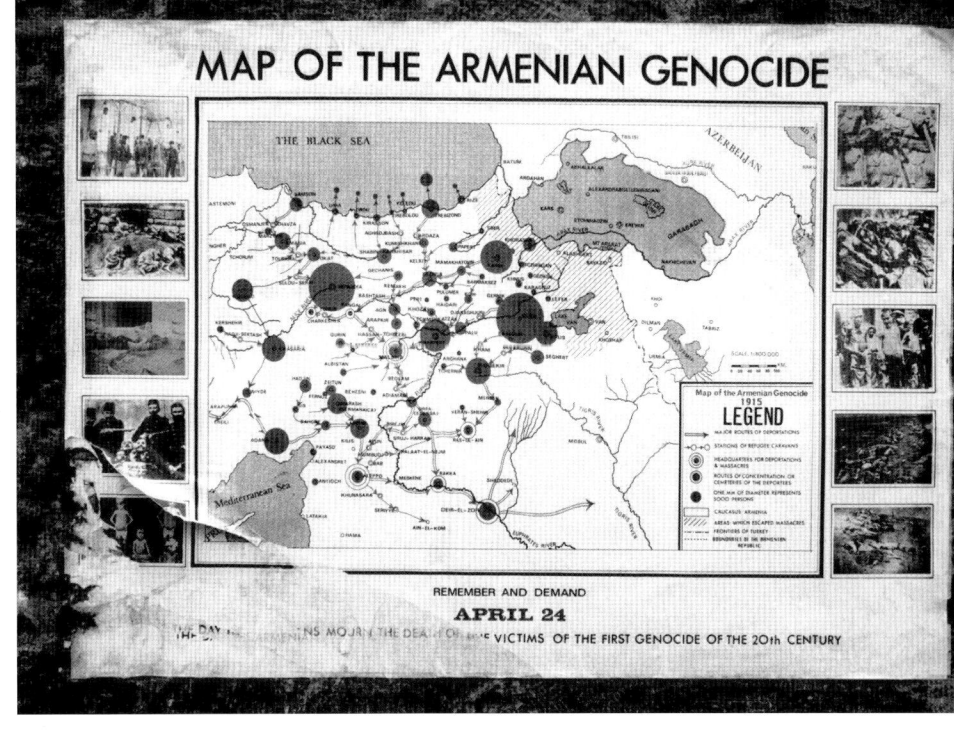

Die 1920 von Zadig Khanzadian und Aram Andonian angefertigte Karte des armenischen Völkermords wurde von der armenischen Gemeinde in Jerusalem als Plakat verbreitet. Dieses Exemplar wurde mehrfach angeklebt und abgerissen. Foto 1997 (Projekt Memorials Archive).

ter Regierung gegen die serbische Minderheit im Lande, die in entlegene Internierungslager deportiert wurde. Bis Mitte November 1914 sollen in der ungarisch-kroatischen Provinz Vukovar rund 10.000 Serben „als Verräter getötet" und durch Deportationen „ganze Landstriche […] an der Save und an der Donau entvölkert" worden sein. Bis März 1915 hatte das österreichische Militär in Bosnien-Herzegowina 4.000 serbische Geiseln in „Tunnels" interniert, wo sie – so der k.u.k. Finanzminister Ernest von Koerber – „fürchterlich unter der Behandlung leiden" mussten. Nach Angaben der Belgrader Regierung flohen infolgedessen 1914/15 rund 200.000 Serben aus Österreich-Ungarn ins Königreich Serbien – bei dessen Eroberung durch die Mittelmächte die meisten doch noch der habsburgischen Armee in die Hände fielen.

Spendenaufruf des Serbischen Hilfskomitees in Amerika für serbische Flüchtlinge. Farblithographie nach einer Illustration von Theophile Alexandre Steinlen (1859–1923), 1917.

„In den ersten Kriegsmonaten" erlitten viele Ukrainer (im damaligen Österreich „Ruthenen" genannt) in Galizien, Nordungarn und der Bukowina eine ähnlich „furchtbare Verfolgung" durch die k.u.k. Armee. Kommandeure wie der frühere Kriegsminister Moritz von Auffenberg schrieben der „russischen Spionage" durch Angehörige dieser Bevölkerungsgruppe „sehr große Bedeutung" zu. Es seien, notierte der Historiker Heinrich Friedjung Ende 1914 nach einem Gespräch mit Auffenberg, „deshalb zahlreiche Hinrichtungen erfolgt, freilich mögen dabei auch Unschuldige den Tod gefunden haben". Der General selbst kommentierte dies später mit einem zynischen: „C'est la guerre!" Beim Rückzug aus Galizien und bei dessen Wiedereroberung 1915 wurden jeweils Zehntausende Ukrainer in Internierungslager in die deutschen Siedlungsgebiete Österreichs deportiert. Insgesamt wurden im Lagersystem des Habsburgerreichs zeitweilig bis zu 150.000 Menschen festgehalten.

Richtete sich im Habsburgerreich militärische Deportationsgewalt zunächst gegen eigene Staatsbürger, so waren auch feindliche Zivilisten betroffen, sobald Österreich-Ungarn Besatzungsmacht wurde. Die Politik der Deportation und Lagerinternierung traf seit der Besetzung Serbiens auch dessen Staatsbürger, im Herbst 1915 bis zu 25.000 Menschen, denen im Folgejahr weitere 16.500 folgten. Insgesamt sollen 50.000 Serben in Lager deportiert und Tausende jeden Alters und Geschlechts darin umgekommen sein. Ebenso rigoros ging die Wiener Besatzungsmacht im 1916 eroberten Montenegro vor. Noch härter griffen die verbündeten Bulgaren in ihrer serbisch-mazedonischen Besatzungszone durch. Vertreter der serbischen Intelligenz wurden interniert, erschossen oder nach Bulgarien deportiert. Verschleppt wurden auch 46.000 Serben, um in Bulgarien als Zwangsarbeiter eingesetzt zu werden. Dass die Bulgaren, im Unterschied zu den Österreichern, auch Muslime verfolgten, kann als Fortsetzung ihres Verhaltens im Ersten Balkankrieg gedeutet werden.

Anders als die drei benachbarten „absteigenden Imperien" der Osmanen, der Romanows und der Habsburger im Osten beließ es das Deutsche Reich bei Planspielen, die sich auf Zwangsaussiedlung unerwünschter Bevölkerungsgruppen aus kleineren Teilen des Baltikums und Polens bezogen. Die Chefs der dritten Obersten Heeresleitung (OHL), Generalfeldmarschall Paul von Hindenburg und sein Generalquartiermeister Erich Ludendorff, sympathisierten zwar mit den Umsiedlungs- und Germanisierungsplänen extremer alldeutscher Publizisten und Politiker und setzten die zivile Reichsleitung entsprechend unter Druck, unterstützten am Ende jedoch nur räumlich sehr eng begrenzte Projekte. So schlug eine von Ludendorff in Auftrag gegebene Denkschrift mit Blick auf die baltische Provinz Kurland „die Enteignung und Aussiedlung russischer Grundbesitzer, Letten und Juden sowie die Ansiedlung von Deutschen auf einem Gebiet für ca. 50.000 Bauernhöfe vor". 1917/18 radikalisierten sich diese Planspiele. Hatte man 1914 nur an eine Rücksiedlung der vom zaristischen Regime deportierten Russlanddeutschen in einen von polnisch-jüdischer Bevölkerung zu räumenden „polnischen Grenzstreifen" gedacht, wollte man nun „auch die deutschen Minderheiten" aus den „nichtdeutschen Teilen der Donaumonarchie" in den neugewonnenen „deutschen Osten" umsiedeln. Gedacht war dabei an Volksdeutsche aus Galizien, der Bukowina, Bosnien, der Herzegowina und der Ukraine. In einer von Hindenburg unterzeichneten Denkschrift vom 5. Juli 1918 an den Reichskanzler – welche später die polnische Exilregierung im Zweiten Weltkrieg als Begründung für ihre eigenen Vertreibungspläne gegen Millionen Deutsche heranziehen sollte – wurde „die sofortige Räumung von ca. 8.000 qkm von polnischer Bevölkerung, also […] eines reichlichen Drittels der Gesamtfläche des in Aussicht genommenen ‚Grenzstreifens', sowie die Ansiedlung von Russlanddeutschen in der Größenordnung von bis zu 300.000 Familien" gefordert. Dies sei keine „willkürliche, unberechtigte Härte" gegen die zu verdrängende Bevölkerung (wie in Berlin immer noch viele fanden), sondern schlicht das Recht des Siegers.

Der Erste Weltkrieg setzte damit zwei unterschiedliche „Säuberungs"-Potentiale in Wechselwirkung: Die Praxis kolonialer Deportations-Gewalt, die vor allem von Militärs favorisiert wurde, traf auf einen radikalisierten „Säuberungs"-Diskurs nationalistischer Intellektueller. In seiner 1914 entstandenen, vor allem aber seit 1917 mit Rückendeckung Ludendorffs verbreiteten Kriegsziel-Denkschrift plädierte der Führer der Alldeutschen, Heinrich Claß, für weitreichende deutsche Annexionen in West- und noch stärker in Osteuropa. Um nicht neue illoyale Bevölkerungsminderheiten anderer Nationalitäten ins erweiterte Deutsche Reich zu inkorporieren (wie dies 1871 im Fall Elsass-Lothringens geschehen war), sollte die bisherige Bevölkerung solch neugewonnener Gebiete restlos zwangsausgesiedelt werden. Um humanitäre Einwände gegen den Grundsatz: „Land frei von Menschen" zu wiederlegen, berief sich Claß nicht nur auf bekannte Vorläufer dieser Idee wie den vielgelesenen Publizisten Paul de Lagarde, sondern auch auf die aktuelle Deportationspolitik des zaristischen Russland: Dort seien im laufenden Kriege regelrechte „Menschenmassen aus den ‚Westprovinzen' nach dem Innern des Reichs ‚verpflanzt'" worden, so Claß, und fügte zynisch hinzu: „Nun, man sollte denken, was der russischen Bureaukratie gelingt, sollte auch das deutsche Beamtentum zuwege bringen."

Heinrich Claß, hier als „Der rasende Alldeutsche" vorgestellt, verlangte 1917, „bisher fremdes Staatsgebiet ohne die bisherigen Bewohner zu erwerben". Karikatur im „Wahren Jacob", 22. Juni 1917.

Solche Planspiele von Intellektuellen oder Wissenschaftlern blieben im Ersten Weltkrieg kein alldeutsches Monopol. 1917 legte der deutsch-jüdische Publizist Siegfried Lichtenstaedter eine „Studie für den Friedensschluß" vor, die nicht auf Vertreibungen im Schatten eines alldeutschen Siegfriedens abhob, sondern wechselseitigen Bevölkerungsaustausch als Mittel für einen Verständigungsfrieden empfahl. Lichtenstaedter, der später in Hitlers Konzentrationslagern zu Tode kommen sollte, während Claß dessen gleichgeschaltetem NS-Reichstag angehörte, forderte ethnisch eindeutige neue Grenzen in Europa und die unterstützende Entfernung nationaler Minderheiten durch Zwangstransfers. Dabei orientierte sich Lichtenstaedter an Ansätzen, die nach den Balkankriegen praktiziert worden waren: 1913 hatten das Osmanische Reich und Bulgarien den ersten Vertrag über einen (noch geringfügigen) Bevölkerungsaustausch geschlossen. Diese Entfernung als störend empfundener Minderheiten durch eine Politik, die kriegsbedingte Flucht in geregelte Aussiedlungen nach Kriegsende überführen sollte, wollte Lichtenstädter 1917 in ganz Osteuropa zur Homogenisierung deutscher, polnischer und russischer Siedlungsgebiete nutzen.

Schon 1915 hatte ein frankophoner Schweizer, der Anthropologe George Montandon, der sich später als Wissenschaftler und Vichy-Kollaborateur am Holocaust beteiligen sollte und deshalb von der Résistance ermordet wurde, ein auf ganz Europa bezogenes Konzept für Bevölkerungstransfers angeregt. Auch Montandon begriff neue „Nationale Grenzen" mit sauberer Abgrenzung benachbarter Nationen als unerlässliche Bedingung für einen „dauerhaften Frieden". Eine „transplantation massive" – die chirurgische Entfernung aller Nichtangehörigen einer Staatsnation – sollte nach Kriegsende vor allem an der deutsch-französischen Grenze (einseitig zu Lasten der Deutschen), an der deutsch-russischen Grenze (wo immer diese auf deutsche Kosten gezogen würde, wechselseitig zwischen Deutschen und Polen) und ebenfalls gegenseitig im multiethnischen, auf mehrere Staaten aufgeteilten Mazedonien erfolgen. Ein siegreiches Frankreich hätte nicht nur die Vertreibung aller nach 1871 zugewanderten Deutschen aus Elsass-Lothringen umsetzen sollen (was zwischen 1918 und 1920 tatsächlich geschah, als 112.000 oder sogar 150.000 der 200.000 reichsdeutschen Zuwanderer aus der Region ausgewiesen wurden), sondern auch die „vollständige Vertreibung" der Bevölkerung des zu annektierenden linksrheinischen Deutschland.

Auch in Großbritannien wurde eine ethnische Transferlösung als Friedenskonzept zumindest für Südosteuropa angeregt und der Geopolitiker Halford Mackinder ließ sich 1919 von einem auf Kleinasien bezogenen Transfer-Vorschlag des griechischen Premiers Venizelos anregen, diese Methode auch für andere Krisenregionen Europas zu diskutieren.

Briten und Franzosen lernten nach 1918 mit dieser neuen Sozialtechnologie umzugehen, nicht nur durch die Pariser Ausweisungspolitik in Elsass-Lothringen, die auf die Politik gegen Teile der deutschen Minderheit im neu gegründeten und an Paris angelehnten Polen nach 1920 ausgestrahlt haben dürfte. Noch wichtiger war die britisch-französische Patenschaft für den griechisch-bulgarischen Transfervertrag von 1919 und insbesondere für das griechisch-türkische „Transfer"-Abkommen von Lausanne, 1923. Dieses Abkommen – bei dem man gegen Ende eines auch gegen die Zivilbevölkerung beider Seiten gnadenlosen Kriegs in Kleinasien erstmals über Millionen zu vertreibende Menschen entschied (konkret waren es rund zwei Millionen) – wurde zum zwiespältigen Symbol. Bis zum Zerfall des 1919/20 für Mittel- und Osteuropa etablierten Minderheitenschutz-Systems von Versailles, das die Siegermächte des Ersten Weltkriegs über den Völkerbund zwei Jahrzehnte mühsam aufrechterhielten, galt Lausanne nur als Notlösung für die südöstliche Peripherie. Erst als Hitler ab 1939 in Osteuropa ein mörderisches rassistisches Imperium über Tschechen, Polen,

Die Pariser Friedenskonferenz nach dem Ersten Weltkrieg hielt „Bevölkerungstransfers" für geeignet, Frieden herzustellen. Die Aufnahme zeigt die Regierungschefs der Alliierten (von links) David Lloyd George, Vittorio Emanuele Orlando, George Clemenceau und Woodrow Wilson, 1919.

Flucht und Vertreibung. Ethnische „Säuberungen" im Ersten und Zweiten Weltkrieg

Juden, Ukrainer und Russen errichtete, erodierten auch auf Seiten der Gegner Hitlers zivilisatorische Vorbehalte.

Zur Begründung ihrer Vertreibung der Deutschen nach 1945 beriefen sich die Alliierten – namentlich Churchill und seine wissenschaftlichen Expertenstäbe – nicht nur auf die Verbrechen Hitlers, sondern auch auf das vermeintlich erfolgreiche Vorbild des Lausanner Transfers. Der tschechoslowakische Exil-Präsident Edvard Beneš bedauerte 1941 öffentlich, dass es nicht schon 1918/19 möglich gewesen sei, auf dieser Basis auch in Mittel- und Osteuropa national homogene Staaten zu errichten; bei einer erneuten Neuordnung Europas nach dem Sieg über Hitler-Deutschland müsse das Problem der Minderheiten „systematischer und radikaler" gelöst werden als seinerzeit in Versailles. 1944 wertete Churchill „Vertreibung" – vor allem im Hinblick auf die Deutschen – öffentlich als das „befriedigendste und dauerhafteste Mittel" zur Friedenssicherung im Osten Europas. Auch US-Präsident Franklin D. Roosevelt glaubte an eine Lösung durch Zwangstransfers. Den sowjetischen Diktator Stalin musste man nicht durch den Präzedenzfall Lausanne überzeugen; die Sowjets hatten schon vor dem und erst recht im Zweiten Weltkrieg ethnische Massendeportationen großen Ausmaßes praktiziert. Zudem hatte Stalin wechselseitige Transferverträge mit Hitler geschlossen – eine indirekte Frucht von Lausanne, die Hitler durch sein 1939 mit Mussolini geschlossenes Abkommen über Südtirol erzeugt und dann in zahlreichen osteuropäischen Transferverträgen zur Geltung gebracht hatte. Diese Methode übernahm Moskau zwischen 1944 und 1946 in einigen Umsiedlungsverträgen mit seinen neuen osteuropäischen Vasallen – insbesondere gegenüber Polen. Damit wurden der Zweite Weltkrieg und die Nachkriegszeit bis 1950 zum bisherigen Höhepunkt ethnischer „Säuberungen".

Die Geschichte der Gewalt ethnischer „Säuberung" an der Peripherie Europas und in vielen außereuropäischen Kolonien oder Siedlerrepubliken zeitigte in der Epoche der Weltkriege schlimme Rückwirkungen auf Europa. Die koloniale Gewalt kehrte zu ihren Ursprüngen zurück. Ähnlichkeiten der Behandlung europäischer Zivi-

Auf der Potsdamer Konferenz waren sich 1945 Winston Churchill, Harry S. Truman und Josef W. Stalin einig, dass der „geordnete und humane Transfer deutscher Bevölkerungsteile" dem Frieden dienen würde.

listen mit kolonialistischen Praktiken gegenüber „Eingeborenen" sind unübersehbar. Und gerade die schlimmsten Kriegsgräuel an Zivilisten, etwa die Deportationen, wurden nicht von fremden Armeen, sondern von staatlichen Organen an den eigenen Bürgern begangen. Die osmanischen, russischen und österreichisch-ungarischen Massendeportationen des Ersten Weltkriegs, die im Falle der Armenierdeportation sogar bis zum Völkermord gingen, belegen dies deutlich.

Der Erste Weltkrieg zerstörte die traditionelle Unterscheidung zwischen Außen- und Innenpolitik in Europa. Fortan kannte Europa ethnisch definierte „innere Feinde", gegen die mit systematischen Methoden ethnischer „Säuberung" gewaltsam vorgegangen werden konnte. Insofern war der Erste Weltkrieg eine entscheidende Wegmarke bei der Durchsetzung einer Politik ethnischer „Säuberung" in Europa. Doch erst im Zweiten Weltkrieg sollte Hitlers rücksichtslose Politik ethnischer „Säuberung" gegenüber osteuropäischen Völkern und sein Genozid an den europäischen Juden eine Radikalisierung auch unter seinen Gegnern bewirken, die 1945 dann als Bumerang auf die besiegten Deutschen zurückschlug.

Gerd Hankel

Krieg als Verbrechen.

Die Leipziger Prozesse und der Nürnberger Hauptkriegsverbrecherprozess

Am 2. Juli 1921 hielt Rechtsanwalt Dr. August Fitzau vor dem Zweiten Senat des Reichsgerichts in Leipzig ein Plädoyer in einem Strafverfahren. Es ging darin um den Tatvorwurf des Mordes und des Totschlags, zwei in reichsgerichtlichen Verfahren nicht gerade ungewöhnliche Verbrechen. Und doch war dieses Verfahren ein sehr ungewöhnliches. Denn sein Gegenstand waren Kriegsverbrechen, genauer gesagt, Kriegsverbrechen, die einem deutschen Soldaten, der im Ersten Weltkrieg gekämpft hatte, zur Last gelegt wurden.

Schon im Oktober 1917 wurden in einer Ausstellung in Paris Dokumente zu deutschen Verstößen gegen das Völkerrecht präsentiert. Auf diesem Plakat wird die Deportation französischer und belgischer Zivilisten thematisiert. Deutsche Kriegsverbrechen bewegten die Öffentlichkeit der alliierten Mächte auch noch lange nach dem Krieg.

Dass überhaupt ein solcher Vorwurf formuliert und – über diesen nun zur Verhandlung stehenden Fall hinaus – noch an viele deutsche Soldaten und Politiker gerichtet wurde, war im Deutschland jener Zeit bis weit in das republikanische Spektrum hinein ein geradezu ungeheuerlicher Gedanke. Nicht genug, dass der Krieg verloren war und alle weltpolitischen Träume ein jähes Ende gefunden hatten, nun sollten auch noch deutsche Soldaten, denen Ebert noch am 10. Dezember 1918 in Berlin zugerufen hatte: „Erhobenen Hauptes dürft ihr zurückkehren. Nie haben Menschen Größeres geleistet und gelitten als ihr", sich wie gewöhnliche Kriminelle vor Gericht verantworten müssen. Und das auch noch, wie um die Demütigung vollständig zu machen, vor einem deutschen Gericht. Doch lassen wir hier kurz den Anwalt Dr. Fitzau zu Wort kommen, der zu Beginn seiner Plädoyers das in Deutschland verbreitete Gefühl folgendermaßen beschrieb: „Wenn sich das gesunde und von keinen politischen Skrupeln oder Bedenken eingeschränkte vaterländische und militärische Gefühl dagegen sträubt, Männer, die im Kampfe für ihr Vaterland und ihr Volk ihr Leben aufs Spiel gesetzt haben und dabei, nur von dem Gedanken getrieben, für ihr Volk und ihr Vaterland zu handeln, nicht aus eigennützigen Motiven heraus über das Ziel hinausgeschossen haben [sic], wenn sich das Empfinden dagegen sträubt, solche Männer mit gemeinen Verbrechern auf eine Stufe zu stellen, so ist das doch etwas, was vielleicht auch den Juristen bedenklich machen muss. (...) [Wir] hätten nicht daran gedacht, Männer, die sich in der Wahl der Mittel vergriffen haben, die Kriegshandlungen begangen haben, die völkerrechtswidrig sein mögen, wir hätten nicht daran gedacht, diese Leute unter Anklage zu stellen (...)."

Einer dieser Männer, die sich jetzt vor Gericht wiederfanden, war der Mandant von Dr. Fitzau, Major a. D. Benno Crusius. Er war von französischer Seite beschuldigt worden, den Befehl zur Tötung gefangen genommener oder verletzter französischer Soldaten erteilt zu haben. Daraufhin hatte der Oberreichsanwalt Ermittlungen aufgenommen, über die nun, nach erhobener Anklage, das Reichsgericht urteilen sollte. Andere Vorwürfe der Alliierten gegen Angehörige der kaiserlichen Armee, die von der deutschen Justiz geahndet werden sollten, lauteten auf Mord an der am Kriegsgeschehen unbeteiligten Zivilbevölkerung, Misshandlung Kriegsgefangener, Deportation zum Zwecke der Zwangsarbeit oder Verbrechen im Zusammenhang mit dem See- oder Luftkrieg, womit die warnungslose Versenkung von neutralen oder Passagierschiffen und die Beschießung von unverteidigten Städten gemeint waren.

Die Tatvorwürfe, mit denen sich die deutsche Justiz beschäftigen musste, sind, jeder einzelne für sich und erst recht alle zusammen, schwer genug. Doch es hätte noch viel weitreichendere Konsequenzen geben können. Nach den Artikeln 228 bis 230 des Versailler Vertrags nämlich hätten die der Kriegsverbrechen beschuldigten Deutschen an die Siegermächte ausgeliefert und dort von Militärgerichten abgeurteilt oder, falls der Tatort in mehr als einem der alliierten Länder lag, vor ein internationales Militärgericht gestellt werden sollen. Fast 900 Personen waren es, die auf der Auslieferungsliste gestanden hatten, angefangen vom ehemaligen Reichskanzler von Bethmann Hollweg und Feldmarschall von Hindenburg über sämtliche Offiziersränge bis hinunter zu den Mannschaftsdienstgraden. Eine Frau war darunter, Elsa Scheiner, Angehörige des Wachpersonals in einem Frauenlager.

Es waren vor allem zwei Gründe, die ermöglichten, dass die alliierte Forderung abgewehrt wurde und die Verfahren vor dem Reichsgericht in Leipzig stattfanden. Zum einen hatte die Nationalversammlung die Militärgerichtsbarkeit aufgehoben und durch mehrere Gesetze die Voraussetzung dafür geschaffen,

Der Krieger als Kriegsverbrecher: Das Motiv „Poor Little Belgium" prägte in der internationalen Öffentlichkeit schon früh das Bild vom deutschen Gewalttäter, der plakativ dargestellt und ohne weitere Erklärung erkennbar war. Hier ein Aufruf zur Zeichnung der Vierten Kriegsanleihe in den USA, 1918.

dass das Reichsgericht über Kriegsverbrechen und Kriegsvergehen in erster und letzter Instanz urteilen konnte. Zum anderen bestand die Gefahr einer weiteren politischen Destabilisierung Deutschlands, sollten die Alliierten auf ihrer Forderung beharren. Dieses Risiko wollten sie, die russische Revolution und ihre Folgen vor Augen, nicht eingehen. Anfang 1920 übermittelten sie der Reichsregierung daher eine ganz erheblich reduzierte Liste mit den Namen von 45 Personen einschließlich einer Beschreibung der Tatvorwürfe – Personen, die nach Auffassung der Alliierten im dringenden Verdacht standen, Kriegsverbrechen begangen zu haben. (Die militärischen Ränge der Beschuldigten reichten vom General bis zum einfachen Landwehrmann. Zivilpersonen waren nicht mehr darunter, ebenso wenig wie Befehlsgeber für den unbeschränkten U-Boot-Krieg. Hier reduzierte sich der Kreis der Beschuldigten auf U-Boot-Kommandanten, denen Exzesstaten vorgeworfen wurden.) Mit der Übermittlung der Liste war der Hinweis verbunden, dass damit die tatsächliche Verlässlichkeit der deutschen Selbstverpflichtung geprüft werden solle und der Schritt keineswegs als ein endgültiger Verzicht des Rechts aus den Artikeln

Gerd Hankel

Das Reichsgericht in Leipzig, heute Bundesverwaltungsgericht, Aufnahme 2010.

228–230 des Versailler Vertrags aufgefasst werden dürfe. Die neue Liste sei lediglich eine „Probeliste".

Das erste Verfahren in Sachen Kriegsverbrechen und Kriegsvergehen fand am 10. Januar 1921 statt. Das Besondere daran war, dass die Angeklagten, drei Pioniersoldaten, auf keiner Liste der Alliierten standen. Ihr Verfahren war zunächst vor einem Militärgericht anhängig gewesen und nun an das Reichsgericht verwiesen worden. Die deutsche Justiz, dies sollte das Verfahren zuallererst demonstrieren, kam ihrer Aufgabe nach. Nicht nur hinsichtlich der Beschuldigungen der „Probeliste" würde sie tätig werden, auch alle Fälle auf der Auslieferungsliste und – dem Legalitätsprinzip folgend – jeder Verdacht einer während des Krieges begangenen strafbaren Handlung sollten überprüft werden.

Die Anklageschrift warf den Angeklagten vor, im Oktober 1918 in Belgien in das Haus eines Gastwirts eingedrungen zu sein, 800 Mark und einige Wertgegenstände an sich genommen und dabei den Wirt mit einer Waffe bedroht zu haben. Die Angeklagten waren geständig und das Gericht unter Vorsitz des späteren Oberreichsanwalts Ludwig Ebermayer verurteilte zwei von ihnen zu Zuchthausstrafen (fünf bzw. vier Jahre) und zum Verlust der bürgerlichen Ehrenrechte für zehn Jahre. Der dritte Angeklagte wurde wegen geringerer Tatbeteiligung zu zwei Jahren Gefängnis verurteilt. Rechtsgrundlage für die Verurteilung war das Militärstrafgesetzbuch, das in den §§129 und 133 Plünderung unter Strafe stellte. Alles in allem also ein normales Verfahren, wie es sie während des Kriegs etliche Male, dann jedoch vor Kriegsgerichten, gegeben hatte: Zur Verhandlung stand eine militärische Straftat, die vorrangig zum Zwecke der Disziplinwahrung ins Militärstrafrecht überführt worden war. Dass ein Verbot der Plünderung auch in der Haager Landkriegsordnung (HLKO) von 1907 enthalten war (Artikel 28 und 47), machte aus dem Tatbestand nicht zwangsläufig ein Kriegsverbrechen, sondern zeugte zunächst nur von einer übereinstimmenden Interessenlage der Staaten hinsichtlich der Disziplin ihrer Truppen.

Wie aber war dann der eingangs angesprochene Fall zu bewerten, in dem es um die Tötung französischer Gefangener ging? Frankreich hatte dem bereits erwähnten Major und einem Generalleutnant vorgeworfen, im August 1914 im Abstand von gut einer Woche zweimal den Befehl erteilt zu haben, Gefangene, auch verwundete, zu töten. Der General stritt in der Voruntersuchung durch die Reichsanwaltschaft die Erteilung des Befehls vehement ab, der Major gab dessen Erteilung zu, behauptete aber, nur den Befehl des Generals weitergegeben zu haben. Fest stand allein, dass eine Reihe französischer Soldaten – den Zeugenaussagen zufolge etwa 35 bis 50 – getötet worden waren.

Der Major wurde vom Oberreichsanwalt wegen mehrfachen Totschlags angeklagt, für den General aber beantragte er lediglich die Durchführung einer Hauptverhandlung, weil er bei ihm keinen hinreichenden Tatverdacht sah. Das Gericht sollte den Oberreichsanwalt nicht enttäuschen: Generalleutnant Stenger wurde freigesprochen, während Major a. D. Crusius wegen fahrlässiger Tötung zu zwei Jahren Gefängnis – der Oberreichsanwalt hatte in seinem Plädoyer zweieinhalb Jahre beantragt – und zum Verlust des Tragens der Offiziersuniform verurteilt wurde. Während sich der General, so das Gericht, lediglich gesprächsweise an seine Umgebung und mit „Zurufen" an die vorbeiziehenden Truppen gewandt habe, um sie zur Vorsicht vor hinterhältig kämpfenden Feinden anzuhalten, sei bei Major Crusius ein strafbares Verhalten feststellbar. Das war nachvollziehbar, denn vor Gericht hatte Crusius noch erklärt: „[A]llerdings habe ich damals unter dem Eindruck der Vorgänge gestanden, denn es waren für mich furchtbare Bilder, die auf mich eingestürmt sind; die Tatsache, dass damals alle diese Verwundeten erschossen wurden, vor allen Dingen das Bild des Mannes, der um 'Gras', 'Gras' [Verschriftlichung des französischen grâce, grâce – Gnade, Gnade, G.H.] bat, bin ich niemals wieder losgeworden. Die Tatsache, die Erinnerung an die Bilder, die ich mit angesehen habe, und an denen ich mit meinen Leuten mitwirken musste, dass ich meinen Leuten einen solchen Befehl geben musste, die hat mich so deprimiert."

Das Gericht befand, Crusius habe sich zur jeweiligen Tatzeit geirrt. Er habe fälschlicherweise Befehle seines Brigadekommandeurs angenommen, wo dieser doch nur seine Truppen zu erhöhter Aufmerksamkeit anhalten wollte. Die Rechtswidrigkeit solcher vermeintlicher Befehle habe er nicht in sein Bewusstsein aufgenommen und insofern fahrlässig gehandelt. „Dem Willen des Staats", so das Gericht weiter, „der den Krieg führt und dessen Gesetze für die Frage der Rechtmäßigkeit oder Widerrechtlichkeit entscheidend sind, entspricht die Tötung des Gegners im Kriege nur insoweit, als sie unter den Voraussetzungen erfolgt und die Bedingungen und Schranken einhält, die das Völkerrecht aufstellt." Mit anderen Worten: Anerkannte völkerrechtliche Bestimmungen, zu denen das Verbot, Pardon zu verweigern, gehörte (Artikel 23 d HLKO), müssen eingehalten werden. Werden sie das nicht, ist die im Krieg an sich rechtmäßige Handlung – die Tötung des Feindes – ein strafbarer Mord oder Totschlag. Damit hatte ein deutsches Gericht zum ersten Mal festgestellt, dass auch Kriegshandlungen Verbrechen darstellen, buchstäblich also Kriegsverbrechen sein können.

Die Existenz von Kriegsvergehen, also weniger schwerwiegende Verstöße gegen das Kriegsrecht, stellte es ebenfalls fest – so in drei Verfahren, die auf britisches Verlangen durchgeführt wurden. Der ehemalige Unteroffizier Karl Heynen war der Gefangenenmisshandlung beschuldigt worden. Das Reichsgericht sah in drei Fällen den Tatbestand der Beleidigung und in

Deutsche Grausamkeit gegen britische Gefangene prangerte dieses Plakat 1915 an und forderte zum freiwilligen Kriegsdienst auf. Kriegsminister Lord Kitchener wurde zitiert: „Die Deutschen haben britische Gefangene erniedrigt und beleidigt, einige haben sie kaltblütig erschossen."

fünfzehn Fällen den der Misshandlung Untergebener als erfüllt an und verurteilte Heynen zu einer Gefängnisstrafe von zehn Monaten. Der Hauptmann a. D. Emil Müller, dem eine ähnliche Tat zur Last gelegt worden war, wurde wegen Beleidigung in zwei Fällen und Misshandlung Untergebener in dreizehn Fällen zu einer Gefängnisstrafe von sechs Monaten verurteilt. Der Landsturmmann Robert Neumann schließlich war Aufseher in einem Gefangenenlager an der Ostfront gewesen. Wegen Beleidigung in einem Fall und Misshandlung Untergebener in zwölf Fällen verurteilte ihn das Gericht zu einer Gefängnisstrafe von sechs Monaten.

Um Verbrechen ging es dann wieder in den folgenden Verfahren: Dem Kapitänleutnant und U-Bootkommandanten Karl Neumann wurde vorgeworfen, das Lazarettschiff „Dover Castle" ohne Warnung torpediert und versenkt zu haben, wobei sechs Mann der Besatzung ums Leben gekommen seien. Neumann wurde freigesprochen, da er auf Befehl des Admiralstabs gehandelt hatte: 1915 und dann wieder ab 1917 hatte Deutschland einen „unbeschränkten U-Bootkrieg" geführt.

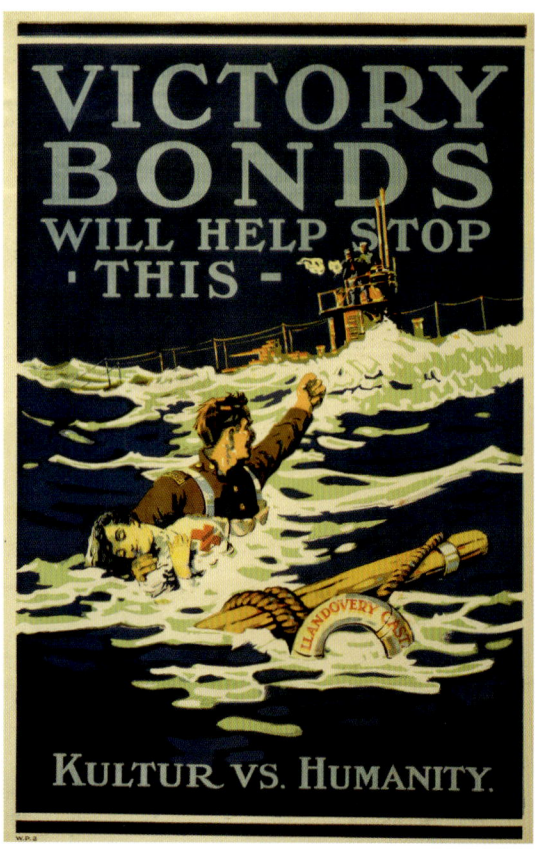

Die Versenkung des Lazarettschiffs Llandovery Castle 1918 durch ein deutsches U-Boot zog später ein Verfahren vor dem Reichsgericht in Leipzig nach sich. Im Vereinigten Königreich wurde mit dem Motiv für Kriegsanleihen geworben.

Körperverletzung und Freiheitsberaubung, begangen an elf Kindern und Jugendlichen, waren Gegenstand des Verfahrens gegen den früheren Beamten der Geheimen Feldpolizei Max Ramdohr, dessen Bestrafung Belgien gefordert hatte. Ramdohr habe die Kinder, so der Vorwurf, wegen des Verdachts der Manipulation von Drahtzugleitungen u. a. mit einem geflochtenen Lederriemen geschlagen oder auf andere Weise misshandelt. In der Hauptverhandlung vor dem Reichsgericht forderte der Reichsanwalt eine Freiheitsstrafe von zwei Jahren, das Gericht jedoch sprach den Angeklagten mit der Begründung frei, die Aussagen der Kinder seien widersprüchlich, unwahrscheinlich oder nachweislich unwahr.

Oberleutnant Laule, ein Kompaniechef in der Brigade des bereits genannten Generals Stenger, war von Frankreich beschuldigt worden, den Befehl zur Erschießung eines verletzten französischen Gefangenen erteilt zu haben. Laule wurde freigesprochen, da sich die Zeugen mehrheitlich nicht erinnern konnten, einen derartigen Befehl gehört zu haben.

Auch beim Prozess gegen den Generalleutnant a. D. von Schack und den Generalmajor a. D. Kruska bildete die Misshandlung von Kriegsgefangenen den Gegenstand des Verfahrens. Als Verantwortliche für ein Kriegsgefangenenlager in der Nähe von Kassel sollten sie nach französischer Auffassung durch systematische Vernachlässigung ihrer Dienstpflichten die Verbreitung einer Typhusepidemie gefördert und den Tod von 3.000 Menschen verschuldet haben. Das Reichsgericht sprach beide Beschuldigten frei. Die Hauptverhandlung habe „auch nicht den Schatten eines Beweises erbracht", erklärte es und berief sich auf die Aussagen von deutschen Zeugen und Sachverständigen, die allesamt die Annahme einer absichtlichen Förderung der Lagersterblichkeit als abwegig bezeichnet hatten.

Das Verfahren gegen die Oberleutnante zur See Ludwig Dithmar und John Boldt ging nicht auf Beschuldigungen der Alliierten zurück. Die beiden Offiziere standen auf keiner Liste, wohl aber ihr damaliger Vorgesetzter, der U-Bootkommandant Helmut Patzig, dessen Bestrafung

Großbritannien verlangt hatte. Die Briten warfen ihm vor, im Juni 1918 außerhalb eines für den „unbeschränkten U-Bootkrieg" vorgesehenen Gebiets das Lazarettschiff „Llandovery Castle" torpediert und danach den Befehl gegeben zu haben, zur Beseitigung von Spuren die mit Überlebenden besetzten Rettungsboote des Schiffs zu beschießen. Patzigs Aufenthaltsort war unbekannt, daher konzentrierten sich die Ermittlungen der Reichsanwaltschaft auf andere Tatbeteiligte. Als solche wurden die beiden Oberleutnants identifiziert, die sich zum Tatzeitpunkt auf der Brücke des U-Bootes befunden hatten. Da sie die Aussage verweigerten und sich nur auf einen Befehl Patzigs beriefen, sah es das Gericht aufgrund der näheren Umstände als erwiesen an, dass sie die Tat zumindest durch Beobachtung unterstützt hatten. Wegen Beihilfe zum Totschlag verurteilte es die Angeklagten jeweils zu einer Gefängnisstrafe von vier Jahren. Die Berufung auf den Entschuldigungsgrund des höheren Befehls lehnte es ab, weil der verbrecherische Charakter des Befehls offenkundig und für jedermann erkennbar gewesen sei. Nachdem Dithmar und Boldt wenige Wochen inhaftiert waren, wurden sie befreit und setzten sich ins Ausland ab, wo sich ihre Spur verlor.

Die letzten zwei Verfahren, die in öffentlicher Sitzung vor dem Reichsgericht verhandelt wurden, fanden 1922 statt: Im ersten war der Arzt Dr. Oskar Michelsohn angeklagt, der auf Veranlassung Frankreichs auf die „Probeliste" gesetzt worden war. Der gegen ihn erhobene Vorwurf lautete auf Ermordung und Misshandlung kranker Soldaten, begangen in einem Kriegsgefangenenlager in Nordfrankreich. Michelsohn wurde freigesprochen, wiederum weil die Verhandlung „nicht den Schatten eines Beweises erbracht" hatte.

In dem zweiten Verfahren stand der ehemalige Landsturmmann Karl Grüner vor Gericht. Hier schloss sich gewissermaßen der Kreis, denn es ähnelte sehr dem ersten Verfahren gegen die drei Pioniersoldaten. Wie diese stand auch Grüner auf keiner Liste, wie diese wurde er wegen Plünderung und Diebstahl angeklagt (begangen in der allgemeinen Auflösung eine Woche vor Kriegsende), und wie bei diesen hatte das Gericht, da es sich in herkömmlichen Bahnen bewegte, keine

Ludwig Ebermayer (1858–1933), Porträt von Anton Klamroth (1860–1929): Der Oberreichsanwalt bedauerte, dass ihn „die von den Feinden zusammengetragenen, haßerfüllten Beschuldigungen" zwangen, Anklagen vor dem Reichsgericht Leipzig zu erheben.

Schwierigkeiten mit dem Judizieren: Grüner wurde zu zwei Jahren Zuchthaus, zum Verlust der bürgerlichen Ehrenrechte für fünf Jahre und zur Entfernung aus dem Heere verurteilt.

Insgesamt also fanden von Januar 1921 bis November 1922 Verfahren gegen 17 Beschuldigte bzw. Angeklagte statt. Von den Verfahren, welche die Alliierten verhandelt wissen wollten, endeten vier mit einer Verurteilung, sieben mit Freispruch. Ein Ergebnis, mit dem die Alliierten natürlich alles andere als zufrieden waren. Eine interalliierte Kommission, bestehend aus Vertretern Großbritanniens, Italiens, Frankreichs und Belgiens, erklärte Anfang 1922, eine Überprüfung der bisher verhandelten Fälle habe ergeben, dass die Verfahren voreingenommen geführt worden seien und die ausgeworfenen Urteile den begangenen Verbrechen nicht gerecht würden. Sie empfahl den alliierten Regierungen einstimmig, nicht mehr auf die Verhandlung weiterer Fälle in Leipzig zu bestehen, sondern, wie zuvor angekündigt, ihre Rechte aus Artikel 228 des Versailler Vertrags geltend zu machen und auf die Auslieferung der Beschuldigten zu bestehen. Letzteres geschah nicht, doch beschränkten die Alliierten die Rechtshilfe künftig auf die „Probeliste" und verweigerten darüber hinaus (hinsichtlich der Fälle der Auslieferungsliste und der von der

Zur Eröffnung des Hauptkriegsverbrecherprozesses des Internationalen Militärgerichtshofs in Nürnberg sichern im November 1945 amerikanische Soldaten den Justizpalast in der Fürther Straße.

Reichsanwaltschaft nach dem Legalitätsprinzip durchgeführten Verfahren) jede Kooperation. Für Reichsgericht und Reichsanwaltschaft war das ein willkommener Anlass, die Verfahren einzustellen oder, falls eine gerichtliche Voruntersuchung eingeleitet und eventuell sogar schon eine Anklageschrift formuliert worden war, die Angeschuldigten außer Verfolgung zu setzen. Bis 1927 endeten auf diese Weise, sei es durch Beschluss des Reichsgerichts in nichtöffentlicher Sitzung, sei es durch einfache staatsanwaltliche Verfügung, über 1.600 Fälle. Oft war das alliierte Belastungsmaterial zu dürftig, der Beschuldigte war nie am Tatort gewesen, oder er war am Tatort gewesen, aber nachweislich nicht an der Begehung der vorgeworfenen Tat beteiligt. In anderen Fällen war die Rechtslage zu unsicher, als dass daraus die Strafbarkeit einer Handlung hätte gefolgert werden können. Allerdings gab es auch Fälle, in den der bloße Geschehensablauf einen Tatverdacht nahelegte. Er wurde jedoch regelmäßig durch den Verweis auf den Kriegsbrauch, auf die Kriegsnotwendigkeit beziehungsweise auf das fehlende Unrechtsbewusstsein, das den Vorsatz ausschließt, aus der Welt geschafft.

Im Rückblick auf seine Amtszeit schrieb Oberreichsanwalt Ebermayer 1928, dass sich ihm immer noch das Herz im Leibe herumdrehe, wenn er bedenke, „wie man damals die Mitglieder der Reichsanwaltschaft gezwungen hat, an Hand der von den Feinden zusammengetragenen, haßerfüllten Beschuldigungen Anklagematerial zu suchen gegen unsere eigenen Leute bis hinauf zu den verdientesten Heerführern und sie, wenn der Tatbestand eines sog. völkerrechtswidrigen Verhaltens gegeben war, vor Gericht zu stellen." Und sogar der patriotisch-nationalistischer Anschauungen unverdächtige Gustav

Radbruch, der 1921/22 für kurze Zeit Reichsjustizminister war, sprach, ebenfalls im Rückblick, von einer schweren Belastung durch die Kriegsverbrecherprozesse und beklagte „die zahlreichen auf haltlosen Beschuldigungen gegründeten Verfahren". Man war, kein Zweifel, in Deutschland überzeugt davon, nach Recht und Gesetz ermittelt und geurteilt zu haben. Entrüstung ob der Beschuldigungen vermischte sich mit Hybris, schließlich hatten die Siegermächte keine Anstalten gemacht, ihre eigenen Kriegsverbrechen, von denen man deutscherseits doch genügend zu berichten wusste, zu ahnden. Noch in der Niederlage glaubte Deutschland so seine Überlegenheit bewiesen. Dass die deutsche Justiz mangelhaft funktionierte – man denke nur an die juristische Aufarbeitung des Kapp-Putschs – konnte oder wollte man bei dieser Abwehr des „Angriffs auf die deutsche Ehre" nicht sehen.

Kein Wunder also, dass 1942, als die „United Nations War Crimes Commission" mit der Erfassung der NS-Verbrechen begann und Entwürfe für eine internationale Strafgerichtsbarkeit zu ihrer Ahndung vorlegte, deren Notwenigkeit mit dem Scheitern der Leipziger Prozesse begründet wurde. Wörtlich hieß es: „Was können wir aus Versailles und Leipzig lernen? Zuallererst: Die Vereinten Nationen dürfen nicht noch einmal darauf vertrauen, dass die Deutschen ihren Kriegsverbrechern gegenüber Gerechtigkeit walten lassen. In ihren Augen sind das Helden."

Zunächst war jedoch an eine andere Lösung gedacht worden. Sie stammte vom britischen Premierminister Winston Churchill und sah vor, die Hauptverantwortlichen für die NS-Verbrechen einfach zu exekutieren, ohne einen Prozess, allein gerechtfertigt durch die Schwere der Taten und die Eindeutigkeit der Täterschaft. Auch Stalin neigte einem solchen Verfahren zu. Am Ende setzten sich jedoch die Amerikaner mit der Idee eines Prozesses durch. In ihren Augen hatte diese Idee den Vorteil, über die Verurteilung der Täter hinaus die Hintergründe der Taten aufzudecken und anschaulich zu machen, wie das Böse hatte entstehen und wie es sich hatte entwickeln können. Der Prozess sollte nicht nur ein Strafprozess, er sollte auch ein Lernprozess sein.

So gesehen war es dann auch kein Zufall, dass die alliierten Beratungen über die Einrichtung eines internationalen Militärgerichtshofs mit dem 26. Juni 1945 an genau dem Tag in London begannen, an dem in San Francisco die Gründungsversammlung der Vereinten Nationen zu Ende ging. Das Ergebnis dieser Beratungen war das „Abkommen über die Verfolgung und Bestrafung der Hauptkriegsverbrecher der europäischen Achse", wobei mit „Hauptkriegsverbrecher" diejenigen gemeint waren, „für deren Verbrechen ein geografisch bestimmter Ort nicht gegeben ist". Zu dem Abkommen vom 8. August 1945 gehörte auch das Statut für den Internationalen Militärgerichtshof – nach der englischen Bezeichnung *International Military Tribunal* gewöhnlich IMT abgekürzt –, das Verfassung, Zuständigkeit und Aufgaben des Gerichtshofs festlegte.

Artikel 2 des Statuts bestimmte, dass jede der vier Signatarmächte – die USA, die UdSSR, Großbritannien, Frankreich – einen Richter sowie einen stellvertretenden Richter zu stellen hatte. Nach Artikel 4 war für die Verurteilung eines Angeklagten Stimmenmehrheit erforderlich. Artikel 16 stand unter der Überschrift „Gerechtes Verfahren für die Angeklagten" und sah vor, dass die Verhandlungen in eine den Angeklagten verständliche Sprache zu übersetzen waren und sie sich selbst oder durch einen Rechtsbeistand verteidigen konnten. Außerdem sollten sie das Recht haben, persönlich oder durch einen Verteidiger Beweismittel für die Verteidigung vorzubringen und Zeugen der Anklage im Kreuzverhör zu vernehmen.

Die wichtigsten Artikel des Statuts waren jedoch die Artikel 6 bis 9. Sie definierten die rechtlichen Voraussetzungen für eine Strafbarkeit der Angeklagten. Artikel 6 besagte, dass a) Verbrechen gegen den Frieden, b) Kriegsverbrechen und c) Verbrechen gegen die Menschlichkeit mit ihren jeweils aufgeführten Tatbestandsvarianten strafbar seien. Artikel 7 stellte klar, dass ein Angeklagter auch dann uneingeschränkt strafbar sei, wenn er die Stellung eines Staatsoberhaupts oder eine andere hohe Stellung im Staatsgefüge innegehabt habe. Artikel 8 ergänzte, dass Handeln auf Befehl nicht vor Strafe schütze, sondern allenfalls strafmildernd wirken könne. Und Artikel

9 räumte dem Gerichtshof die Befugnis ein, Organisationen, deren Mitglied ein Angeklagter gewesen sei, zu einer verbrecherischen Organisation zu erklären.

Alles in allem waren dies Bestimmungen, die – und das gilt insbesondere für die Artikel 6 und 7 – das bisherige Recht auf eine andere, neue Ebene hoben. Die drei Tatbestände waren originäre Strafrechtsnormen, sie dienten nicht als Indikatoren der Rechtswidrigkeit, wie es in den Verfahren vor dem Leipziger Reichsgericht der Fall gewesen war, sondern waren unmittelbar Grundlage individueller Bestrafung. Verbrechen, die aufgrund ihrer Schwere weit über die Grenzen eines nationalen Hoheitsgebiets hinausreichen, können nicht die Angelegenheit eines Staats sein, schon gar nicht des betroffenen, so die dahinterstehende Überlegung. Sie zu ahnden, ist Sache der Staatengemeinschaft, die zu diesem Zweck einige Vertreter bestellt. Das anzuwendende Recht ist folglich kein staatliches, es ist supranationales Recht, das heißt ein über den Staaten stehendes Recht der Menschheit, das diese angewendet wissen will, um sich gegen eine Verletzung ihrer fundamentalen Normen zur Wehr zu setzen. Und dazu gehört notwendigerweise auch, dass die Strafbarkeit nicht vor hohen Amtsträgern, etwa vor Staatsoberhäuptern, halt macht.

Der Prozess begann am 14. November 1945 in Nürnberg und er sollte, entgegen der ursprünglichen Absicht, ihn nach Berlin zu verlegen, bis zu seinem Ende auch in Nürnberg stattfinden. Wo der Nationalsozialismus eine umjubelte, triumphale Selbstdarstellung betrieben hatte, sollte nun seine Führung zur Verantwortung gezogen werden. Angeklagt waren 24 Vertreter aus Politik, Wirtschaft und Militär, die – nach dem Selbstmord von Hitler, Himmler und Goebbels – zur Spitze des nationalsozialistischen Deutschlands gerechnet wurden. Dies waren:

Martin Bormann, 1933–1945 Reichsleiter und 1941–1945 Chef der NSDAP-Parteikanzlei, 1943–1945 Stellvertreter Hitlers;

Großadmiral Karl Dönitz, 1943–1945 Oberbefehlshaber der deutschen Kriegsmarine, vom 1. bis 23. Mai 1945 Hitlers Nachfolger als Reichspräsident und Oberbefehlshaber der Wehrmacht;

Hans Frank, 1939–1945 Generalgouverneur im besetzten Polen;

Wilhelm Frick, 1933–1943 Reichsinnenminister, 1943–1945 Reichsprotektor von Böhmen und Mähren;

Hans Fritzsche, 1942–1945 Leiter der Rundfunkabteilung im Reichspropagandaministerium;

Walter Funk, 1937–1945 Reichswirtschaftsminister;

Herman Göring, 1933–1945 Reichsminister ohne Geschäftsbereich und 1935–1945 Oberbefehlshaber der Luftwaffe;

Rudolf Heß, 1933–1941 Hitlers Stellvertreter;

Alfred Jodl, 1940–1945 Chef des Wehrmachtführungsstabes im Oberkommando der Wehrmacht (OKW);

Ernst Kaltenbrunner, 1933–1945 Chef der Sicherheitspolizei und des Sicherheitsdienstes der SS, 1942–1945 Chef des Reichssicherheitshauptamts;

Wilhelm Keitel, 1933–1945 Chef des OKW;

Gustav Krupp v. Bohlen und Halbach, Konzernchef;

Robert Ley, 1933–1945 Führer der Deutschen Arbeitsfront;

Konstantin Frhr. v. Neurath, 1932–1938 Reichsaußenminister, 1939–1941 Reichsprotektor von Böhmen und Mähren;

Vor den Zellen der Angeklagten im Nürnberger Kriegsverbrecherprozess standen Wachtposten, um voreilige Handlungen der Häftlinge zu unterbinden, Ende 1945.

Krieg als Verbrechen. Die Leipziger Prozesse und der Nürnberger Hauptkriegsverbrecherprozess

Franz v. Papen, 1932–1933 Reichskanzler, 1933–1934 Vizekanzler;
Erich Raeder, 1935–1943 Oberbefehlshaber der deutschen Kriegsmarine;
Joachim v. Ribbentrop, 1938–1945 Reichsaußenminister;
Alfred Rosenberg, 1941–1945 Reichsminister für die besetzen Ostgebiete;
Fritz Sauckel, 1942–1945 Generalbevollmächtigter für den Arbeitseinsatz;
Hjalmar Schacht, 1933–1939 Reichsbankpräsident und 1934–1936 Reichswirtschaftsminister;
Baldur v. Schirach, 1933–1945 Reichsjugendführer, 1940–1945 Reichsstatthalter von Wien;
Arthur Seyß-Inquart, 1939–1940 Stellvertreter Hans Franks, Generalgouverneur von Polen, 1940–1945 Reichskommissar der besetzten Niederlande;
Albert Speer, Hitlers Architekt, 1942–1945 Reichsminister für Rüstung, Bewaffnung und Munition;
Julius Streicher, 1933–1940 NSDAP-Gauleiter von Franken, 1933–1945 Herausgeber des „Stürmer".

Sämtliche Angeklagte, sofern sie denn bei der Prozesseröffnung im Gerichtssaal anwesend waren (Bormanns Aufenthaltsort konnte nicht ermittelt werden, Ley beging vor Verfahrensbeginn Selbstmord, Gustav Krupp v. Bohlen und Halbach wurde wenig später für verhandlungsunfähig erklärt), bekannten sich „nicht schuldig". Unmittelbar danach war es an dem amerikanischen Chefankläger, Robert Jackson, dessen Namen wie kein zweiter für die Konzeption des Prozesses stand, das Wort zu ergreifen. In seiner Anklagerede, die mehrere Stunden dauern sollte, schilderte er Deutschlands Weg hinab in das systematische Verbrechen, beginnend mit der Gründung der NSDAP, deren weltanschaulichen Zielen und rasanten Einflusszunahme, über die bellizistische Politik Deutschlands, seine regellose Kriegführung und Schreckensherrschaft in den besetzten Gebieten, bis hin zum Massenmord an den europäischen Juden, der unmenschlichen Behandlung von Kriegsgefangenen und weiteren, in ihrer Schwere vergleichbaren Gräueltaten. „Leider bedingt die Art der hier verhandelten Verbrechen," so Jackson auf den erwartbaren Vorwurf der Siegerjustiz gemünzt, „dass in Anklage und Urteil siegreiche Nationen über geschlagene Feinde zu Gericht sitzen. Die von diesen Männern verübten Angriffe, die eine ganze Welt umfassten, haben nur wenige wirklich Neutra-

Richter aus der Sowjetunion, Großbritannien, den USA und Frankreich verhandelten im Nürnberger Hauptkriegsverbrecherprozess, von links: Alexander F. Woltschkow, Iona T. Nikittschenko (UdSSR), Norman Brikett, Geoffrey Lawrence (Großbritannien), Francis A. Biddle, John J. Parker (USA), Henri Donnedieu de Vabres, Robert Falco (Frankreich), 1945/46.

le hinterlassen. Entweder müssen also die Sieger die Geschlagenen richten, oder sie müssen es den Besiegten überlassen, selbst Recht zu sprechen." Und in Erinnerung an Leipzig fügte er noch die bekannte Erkenntnis der Alliierten hinzu: „Nach dem Ersten Weltkrieg haben wir erlebt, wie müßig das letztere Verfahren ist."

Der Prozess dauerte nicht ganz ein Jahr, am 1. November 1946 war er zu Ende. In seinem Verlauf wurden Dokumente über Dokumente präsentiert, die die Verbrechen des NS-Staates belegen und die strafrechtliche Verantwortlichkeit der Angeklagten beweisen sollten. Zeugen schilderten das ihnen und ihren Angehörigen zugefügte Leid und machten anschaulich, welcher Abgrund an verwerflichem Handeln sich hinter den juristischen Termini „Kriegsverbrechen" oder „Verbrechen gegen die Menschlichkeit" verbarg. Filmaufnahmen holten die Schrecken entlegener Tatorte in den Gerichtssaal und unterstrichen eindrucksvoll den Anspruch des Gerichts, aufklärend zu wirken und einen Beitrag zur „Reeducation" der Deutschen nach dem erfolgten Zivilisationsbruch zu leisten. „Helden", wie von Alliierten vormals geargwöhnt, waren die Angeklagten für die Deutschen allerdings schon lange nicht mehr. Die Zustimmung zum Prozess war groß, besonders am Anfang. Später ging das Interesse zurück, überlagert von den Zumutungen der täglichen Not und des Überlebenskampfs, denen gerade im Winter 1945/46 sehr viele Deutsche ausgesetzt waren. Im Umfeld der Urteilsverkündung wuchs das Interesse wieder. Bei vielen mögen die Nürnberger Urteile auch der eigenen Entlastung gedient haben, schließlich waren die „wirklich" Verantwortlichen jetzt benannt, doch unabhängig davon war die Zustimmung zu den Urteilen groß und umfassend: Zwölf der Angeklagten waren „zum Tode durch den Strang" verurteilt worden (Frank, Frick, Göring, Jodl, Kaltenbrunner, Keitel, von Ribbentrop, Rosenberg, Sauckel, Seyß-Inquart, Streicher sowie, in Abwesenheit, Bormann), drei hatten eine lebenslange Haftstrafe erhalten (Funk, Heß, Raeder), vier befristete Strafen zwischen zehn und zwanzig Jahren (Dönitz, von Neurath, von Schirach, Speer) und drei waren für „nicht schuldig" befunden und freigesprochen worden (Fritzsche, Schacht, von Papen). Außerdem hatte das Gericht die Gestapo und den Sicherheitsdienst, die SS und das Korps der politischen Leiter der NSDAP zu verbrecherischen Organisation erklärt.

Die Nürnberger Tatbestände waren nicht unumstritten. Es lässt sich darüber streiten, ob die Tatbestände „Verbrechen gegen den Frieden" und „Verbrechen gegen die Menschlichkeit" 1945 bereits als juristisch gültig anerkannt waren oder nicht. Nach dem Ersten Weltkrieg jedenfalls waren sie es noch nicht. Einen Krieg zu beginnen sei noch kein Verbrechen, doch zweifellos eine Handlung, die politisch zu ächten sei, lautete zu jener Zeit die übereinstimmende Meinung. Mit anderen Worten, es war keine rechtswidrige Handlung, sondern eine, deren Bewertung als solche sich andeutete. Und Verbrechen gegen die Menschlichkeit, die sich von Kriegsverbrechen dadurch unterscheiden, dass sie an der Zivilbevölkerung begangen werden, brachte man erstmals ins Spiel, um den Massenmord an den Armeniern 1915/16 erfassen und bestrafen zu können. Es blieb aber seinerzeit bei dem Vorhaben, denn der Tatbestand „Verbrechen gegen die Menschlichkeit" wurde abgelehnt, namentlich von den USA, die ihn für zu ungenau hielten und anführten, der Begriff der Menschlichkeit ändere sich je nach Zeit und Betrachtungsweise, er sei moralisch beliebig.

Aus diesen Gründen herrschte 1945 und in den Jahren danach in Deutschland mehrheitlich die Meinung, dass es sich bei den Tatbeständen „Verbrechen gegen den Frieden" und den „Verbrechen gegen die Menschlichkeit", wie in Artikel 6 des IMT-Statuts definiert, um neugeschaffenes Recht handle. Seine Anwendung verstoße gegen das Rückwirkungsverbot. Im Ausland hingegen sah man das anders. Der strenge Grundsatz *nullum crimen, nulla poena sine lege* gelte völkerrechtlich nicht. Es gelte lediglich *nullum crimen sine lege*, also „kein Verbrechen ohne Gesetz", was nur erfordere, dass eine bestimmte Handlung als rechtwidrig aufgefasst werde, mehr nicht. Diese Voraussetzung sei bei den Tatbeständen der Verbrechen gegen den Frieden und der Verbrechen gegen die Menschlichkeit erfüllt (deren Strafbarkeit im IMT-Statut obendrein an die bereits anerkannten Kriegsverbrechen gekoppelt war). In diesem

Vor Strafe ist heute, nach den Erfahrungen der beiden Weltkriege, kein Kriegsverbrecher mehr sicher. Gefängnis des UN-Kriegsverbrecher-Tribunals Den Haag in Scheveningen, Aufnahme 1998.

Sinne erklärte auch das Nürnberger Gericht im Urteil: „Das Statut ist keine willkürliche Ausübung der Macht seitens der siegreichen Nationen, sondern ist nach Ansicht des Gerichts (...) der Ausdruck des zur Zeit der Schaffung des Statuts bestehenden Völkerrechts, und insoweit ist das Statut selbst ein Beitrag zum Völkerrecht." Und an anderer Stelle ergänzte es: „Dieses Recht ist nicht statisch, sondern folgt durch ständige Angleichung den Notwendigkeiten einer sich wandelnden Welt."

Diese Rechtsansicht sollte sich durchsetzen. Die Generalversammlung der Vereinten Nationen (VN) bestätigte die im Nürnberger Urteil enthaltenen Rechtsgrundsätze, die sogenannten „Nürnberger Prinzipien". Einige Jahre später wurden sie von der VN-Völkerrechtskommission übernommen und bildeten seither die Grundlage aller Überlegungen für eine Strafbarkeit unmittelbar nach Völkerrecht. Die wichtigsten dieser Prinzipien lauteten:

- völkerrechtliche Verantwortlichkeit ist unabhängig von den Festlegungen einer nationalen Rechtsordnung;
- Handeln in amtlicher Eigenschaft schließt die Strafbarkeit nicht aus, sodass auch ein Staatsoberhaupt dem Zugriff des Völkerrechts unterliegt;
- Handeln auf Befehl ist grundsätzlich kein Rechtfertigungs- oder Entschuldigungsgrund;
- die Nürnberger Straftatbestände bilden das Kernstück des materiellen Völkerstrafrechts.

Damit war das Fundament für die weitere Entwicklung gelegt. Dass sie nicht einfach vonstatten gehen würde, dass es Stillstand, Rückschläge und ein großes Maß an einzelstaatlichem, machtpolitischem Egoismus und gar zynischer Heuchelei geben sollte, hatte sich auch schon in Nürnberg gezeigt. Doch ist das eine andere Seite des Prozesses – eine, die seine rechtliche Bedeutung gleichwohl nicht zu schmälern vermag.

Der Erste Weltkrieg

Die Karte zeigt schematisiert die Ausdehnung der russischen Front 1914 bis in die Staatsgebiete des Deutschen Reichs und Österreich-Ungarns, der deutschen und österreichisch-ungarischen Fronten in den Staatsgebieten Belgiens, Frankreichs, Italiens, Russlands, Rumäniens, Serbiens und des neutralen Albanien 1917 sowie die Frontverläufe Ende 1917/1918. Die Nordsee wurde im Norden durch die britische Northern Patrol und in der Straße von Dover durch Minen und Zerstörer blockiert, vermint waren auch die Schifffahrtswege in den Bosporus.

Der Zweite Weltkrieg

Die Karte zeigt schematisiert das weiteste Vordringen der europäischen Achsenmächte bis zum Jahresende 1942, die Ausdehnung der von den Alliierten seit Ende 1942 bis zum Kriegsende befreiten Gebiete sowie die Ausdehnung der am Ende des Kriegs noch von deutschen Truppen kontrollierten Restgebiete im Deutschen Reich und in den besetzten Teilen Europas.

Zeittafel

1898	25. April bis 12. August	Spanisch-Amerikanischer Krieg
1899	4. Februar	Beginn des Philippinisch-Amerikanischen Kriegs
1902	4. Juli	Theodore Roosevelt erklärt den Krieg gegen die Philippinen für beendet, das Land ist de facto eine amerikanische Kolonie
1904	12. Januar	Beginn des Herero-Aufstandes, es folgte ein grausamer Kolonialkrieg in Deutsch-Südwestafrika gegen die Herero und Nama, der bis 1908 dauerte
	8. Februar	Beginn des Russisch-Japanischen Kriegs
	8. April	Abschluss der Entente cordiale zwischen Großbritannien und Frankreich
1905	5. September	Der Russisch-Japanische Krieg wird durch den Vertrag von Portsmouth beendet, Japan sichert seine Vormachtstellung in Korea und der südlichen Mandschurei
1906	7. April	Durch die Konferenz von Algeciras wird die erste Marokkokrise beendet, das Deutsche Reich ist international weitgehend isoliert
1907	31. August	Im Vertrag von St. Petersburg verständigen sich Großbritannien und Russland über die Abgrenzung ihrer Interessensphären in Zentralasien
1908	5. Oktober	Österreich-Ungarn annektiert das schon zuvor besetzte Bosnien-Herzegowina und löst dadurch eine Krise aus
1909	26. Februar	Österreich-Ungarn verständigt sich mit dem Osmanischen Reich, was zum Ende der bosnischen Annexionskrise führt
1911	1. Juli	Das deutsche Kanonenboot „Panther" trifft in Agadir ein, Beginn der zweiten Marokkokrise
	29. September	Beginn des Italienisch-Türkischen Kriegs
	4. November	Marokko-Kongo-Vertrag, das Deutsche Reich verzichtet auf seine Ansprüche in Marokko und bekommt dafür Teile des Kongo

Zeittafel

1912	8. Oktober	Montenegro erklärt dem Osmanischen Reich den Krieg, Beginn des ersten Balkankriegs
	18. Oktober	Der Italienisch-Türkische Krieg wird durch den Frieden von Ouchy beendet. Das Osmanische Reich tritt Tripolitanien, die Cyrenaika und den Dodekanes an Italien ab
	28. November	Albanien erklärt seine Unabhängigkeit vom Osmanischen Reich
1913	30. Mai	Durch den Londoner Vertrag wird der erste Balkankrieg beendet
	29. Juni	Bulgarische Truppen greifen griechische und serbische Einheiten an, daraus entwickelt sich der zweite Balkankrieg
	10. August	Der Friede von Bukarest beendet den zweiten Balkankrieg, Bulgarien muss fast alle Eroberungen aus dem ersten Balkankrieg wieder abtreten
1914	28. Juni	Gavrilo Princip tötet bei einem Attentat im serbischen Sarajewo den österreichischen Thronfolger Erzherzog Franz Ferdinand und seine Gemahlin Sophie
	5. Juli	Kaiser Wilhelm II. sichert Österreich-Ungarn die Unterstützung des Deutschen Reiches zu
	23. Juli	Österreich-Ungarn stellt Serbien ein Ultimatum
	28. Juli	Österreich-Ungarn erklärt Serbien den Krieg
	1. August	Das Deutsche Reich erklärt Russland den Krieg
	2. August	Deutsche Truppen besetzen Luxemburg

Zwischen 1908 und 1912 musste das Osmanische Reich große Gebiete in Europa abgeben. Große Teile der türkischen Bevölkerung flüchteten daraufhin in Richtung Konstantinopel. Farbdruck aus „Le Petit Journal" vom 24. November 1912.

Zeittafel

In Abide auf der Halbinsel Gallipoli wurde eine Gedenkstätte für die Schlacht von 1915 errichtet. Beherrscht wird sie von einer überlebensgroßen Mustafa-Kemal-Pascha-Statue.

	3. August	Das Deutsche Reich erklärt Frankreich den Krieg
	4. August	Völkerrechtswidriger deutscher Einmarsch in das neutrale Belgien
		Belgien erklärt dem Deutschen Reich den Krieg
		Der Deutsche Reichstag bewilligt einstimmig Kriegskredite in Höhe von 4,46 Milliarden Reichsmark
	5. August	Großbritannien erklärt dem Deutschen Reich den Krieg
	6. August	Österreich-Ungarn erklärt Russland den Krieg
		Serbien erklärt dem Deutschen Reich den Krieg
	11. August	Frankreich erklärt Österreich-Ungarn den Krieg
	12. August	Großbritannien erklärt Österreich-Ungarn den Krieg
	19./20. August	Schlacht bei Gumbinnen
	23. August	Japan erklärt dem Deutschen Reich den Krieg
	26.–30. August	Schlacht bei Tannenberg
	26. August bis 11. September	Schlacht bei Lemberg
	5.–12. September	Schlacht an der Marne
	7.–15. September	Schlacht an den Masurischen Seen
	18.–20. September	Beschießung der Kathedrale von Reims durch deutsche Truppen
	20. Oktober bis Mitte November	Erste Flandernschlacht
1915	7.–21. Februar	Winterschlacht in Masuren
	19. Februar	Beginn der Schlacht von Gallipoli, die Kämpfe dauern fast ein Jahr

Zeittafel

	22. Februar	Beginn des uneingeschränkten U-Boot-Kriegs
	22. April bis 25. Mai	Zweite Flandernschlacht
	26. April	Vertrag von London zwischen der Entente und Italien
	7. Mai	Versenkung des britischen Passagierdampfers Lusitania durch deutsche U-Boote
	23. Mai	Italien erklärt Österreich-Ungarn den Krieg
	21. August	Italien erklärt dem Osmanischen Reich den Krieg
	September	Einstellung der deutschen U-Boot-Angriffe im Atlantik
	14. Oktober	Bulgarien erklärt Serbien den Krieg, woraufhin Großbritannien und Frankreich Bulgarien den Krieg erklären
1916	1. Januar	Rosa Luxemburg, Karl Liebknecht und andere gründen die Gruppe „Internationale"
	21. Februar bis Ende Juli	Schlacht bei Verdun
	16. Mai	Abschluss des Sykes-Picot-Abkommens über koloniale Interessengebiete im Nahen Osten
	31. Mai/1. Juni	Seeschlacht am Skagerrak
	1. Juli bis 25. November	Schlacht an der Somme
	27. August	Rumänien erklärt Österreich-Ungarn den Krieg, woraufhin Deutschland, Bulgarien und das Osmanische Reich Rumänien den Krieg erklären
	28. August	Italien erklärt dem Deutschen Reich den Krieg
1917	17. Januar	Die sogenannte Zimmermann-Depesche, in der das Deutsche Reich Mexiko ein Bündnisangebot macht, wird in den USA bekannt
	1. Februar	Wiederaufnahme des uneingeschränkten U-Boot-Kriegs durch die Oberste Heeresleitung
	3. Februar	Die USA brechen die diplomatischen Beziehungen zum Deutschen Reich ab
	8. März	Beginn der russischen Februarrevolution
	15. März	Zar Nikolaus II. dankt ab
	6. April	Die USA erklären dem Deutschen Reich den Krieg
	9.–11. April	Reichskonferenz der sozialdemokratischen Opposition in Gotha, die zur Gründung der USPD führte
	9. April	Lenin verlässt die Schweiz, eine Woche später trifft er in Petrograd ein
	27. Juni	Griechenland tritt an der Seite der Entente in den Krieg ein
	13. Juli	Reichskanzler Theobald von Bethmann Hollweg wird entlassen, sein Nachfolger wird Georg Michaelis
	19. Juli	Friedensresolution des Deutschen Reichstags
	31. Juli bis 6. November	Dritte Flandernschlacht
	1. August	Friedensnote von Papst Benedikt XV.

Zeittafel

	24.–27. Oktober	Zwölfte Isonzoschlacht (Schlacht von Caporetto)
	1. November	Entlassung von Reichskanzler Michaelis, sein Nachfolger wird Georg von Hertling
	7. November	Beginn der Russischen Revolution (nach dem russischen Kalender am 25. Oktober)
	20. November	Unabhängigkeitserklärung der Ukraine
	7. Dezember	Die USA erklären Österreich-Ungarn den Krieg
	6. Dezember	Finnland erklärt seine Unabhängigkeit von Russland
	9. Dezember	Rumänien und die Mittelmächte schließen einen Waffenstillstand
		Britische Truppen erobern Jerusalem
		Litauen proklamiert seine Unabhängigkeit
	15. Dezember	Deutsch-russisches Waffenstillstandsabkommen
1918	4. Januar	Russland erkennt die Unabhängigkeit Finnlands an
	8. Januar	Woodrow Wilson verkündet sein 14-Punkte-Programm
	27. Januar bis 5. Mai	Finnischer Bürgerkrieg
	16. Februar	Proklamation der Ersten Lettischen Republik
	24. Februar	Proklamation der Republik Estland
	3. März	Friede von Brest-Litowsk
	7. März	Deutsch-Finnischer Sonderfrieden
	7. Mai	Rumänien schließt mit den Mittelmächten den Frieden von Bukarest
	17. Juli	Ermordung von Zar Nikolaus II. und seiner Familie in Jekaterinenburg
	8.–11. August	Schlacht bei Amiens, „schwarzer Tag des deutschen Heeres" (Ludendorff)
	14. September	Durchbruch der Entente an der mazedonischen Front
	29. September	Die Oberste Heeresleitung erklärt den Krieg an der Westfront für verloren
	30. September	Kapitulation Bulgariens
	3. Oktober	Max von Baden wird Reichskanzler, Philipp Scheidemann und Gustav Bauer werden Staatssekretäre
	7. Oktober	Der Regentschaftsrat in Warschau proklamiert einen unabhängigen polnischen Staat
	26. Oktober	Die österreichische Regierung beschließt, unabhängig vom Deutschen Reich mit Wilson über einen Waffenstillstand zu verhandeln
		General Ludendorff wird als Erster Generalquartiermeister entlassen
	28. Oktober	Ausrufung der Tschechoslowakischen Republik
		Meuterei auf Schiffen der deutschen Hochseeflotte
	29. Oktober	Bildung des Staats der Slowenen, Kroaten und Serben, ab dem 1. Dezember Königreich der Serben, Kroaten und Slowenen
	30. Oktober	Kapitulation der Türkei
	31. Oktober	Ungarn tritt aus der Realunion mit Österreich aus

Die Entstehung der Sowjetunion
- Anfang 1919 von den Sowjets kontrollierte Gebiete
- Ende 1919 von den "Weißen" kontrollierte Gebiete
- Staatsgrenze der UdSSR 1922
- Sozialistische Sowjetrepubliken (SSR), Sozialistische Volksrepubliken (SVR) und Autonome Gebiete
- Transsibirische Eisenbahn
- ASSR – Autonome Sozialistische Sowjetrepublik
- SSR – Sozialistische Sowjetrepublik
- AK – Arbeitskommune
- AG – Autonomes Gebiet

	1. November	Proklamation der Westukrainischen Volksrepublik mit der Hauptstadt Lemberg, bald darauf beginnt der Polnisch-Ukrainische Krieg
	9. November	Reichskanzler Prinz Max von Baden gibt die Abdankung von Kaiser Wilhelm II. bekannt
	11. November	Unterzeichnung eines Waffenstillstandsvertrags zur Beendigung des Ersten Weltkriegs im Wald von Compiègne
	12. November	Proklamation der Republik Deutschösterreich
	18. November	Proklamation der Republik Lettland
1919	5. Januar	Gründung der Deutschen Arbeiterpartei (DAP), Vorläuferorganisation der NSDAP, in München
	15. Januar	Rosa Luxemburg und Karl Liebknecht werden ermordet
	21. Januar bis 11. Juli 1921	Irischer Unabhängigkeitskrieg
	23.–30. Januar	Polnisch-Tschechoslowakischer Grenzkrieg
	12. Februar	Friedrich Ebert wird von der Nationalversammlung in Weimar zum deutschen Reichspräsidenten gewählt
	13. Februar	Philipp Scheidemann wird Reichsministerpräsident (Reichskanzler)
	2.–6. März	Gründungskongress der Kommunistischen Internationale in Moskau
	3.–13. März	Bei den Märzkämpfen kommen in Berlin mehr als 1.200 Menschen ums Leben

Die Union der Sozialistischen Sowjet-Republiken (UdSSR) wurde nach der siegreichen Beendigung des Bürgerkriegs durch die Bolschewiki am 30. Dezember 1922 gegründet. Am 21. Dezember 1991 wurde sie durch die Alma-Ata-Deklaration aufgelöst.

Zeittafel

	22. März bis 1. August	Räterepublik in Ungarn
	7. April	Ausrufung der Räterepublik in München
	13. April	Beim Massaker von Amritsar erschießen britische Soldaten Hunderte von friedlichen Demonstranten für die indische Unabhängigkeit
	28. April	Verabschiedung der Satzung des Völkerbunds durch die Friedenskonferenz in Versailles
	15. Mai	Griechische Truppen belagern Konstantinopel (heute: Istanbul), Beginn des Griechisch-Türkischen Kriegs
	20. Juni	Scheidemann lehnt die Unterzeichnung des Versailler Friedensvertrags ab und tritt zurück, sein Nachfolger wird Gustav Bauer
	28. Juni	Unterzeichnung des Friedensvertrags zwischen dem Deutschen Reich und den Entente-Staaten in Versailles
	17. Juli	Ein Waffenstillstand beendet den Polnisch-Ukrainischen Krieg
	10. September	Unterzeichnung des Friedensvertrags zwischen Deutschösterreich und den Entente-Staaten in Saint-Germain
	27. November	Unterzeichnung des Friedensvertrags zwischen Bulgarien und den Entente-Staaten in Neuilly-sur-Seine
1920	10. Januar	Mit Inkrafttreten des Versailler Vertrags nimmt der Völkerbund mit Hauptsitz in Genf offiziell seine Arbeit auf
	28.–31. Januar	Kongress von Lushnja, Wiederherstellung der Unabhängigkeit Albaniens
	1. März	Die ungarische Nationalversammlung wählt Miklós Horthy zum Reichsverweser, er bleibt Staatsoberhaupt bis zu seinem Sturz durch die Deutschen im Oktober 1944

1921 wurden die Städte Düsseldorf, Duisburg und Ruhrort von den Alliierten wegen ausstehender Reparationszahlungen besetzt. 1923 folgte der Einmarsch in das Ruhrgebiet durch französische und belgische Truppen.

286

	13. März	Putschversuch von Nationalisten und rechtsstehenden Militärs unter Leitung von Wolfgang Kapp und Walther von Lüttwitz, der nach vier Tagen durch einen Generalstreik niedergeschlagen wird
	19.–26. April	Auf der Konferenz von San Remo werden Mandatsgebiete für den Nahen Osten festgelegt
	4. Juni	Unterzeichnung des Friedensvertrags zwischen Ungarn und den Entente-Staaten in Trianon
	23. Juli	Die Franzosen besiegen syrische Truppen in der Schlacht von Maysalun
	10. August	Unterzeichnung des Friedensvertrags zwischen dem Osmanischen Reich und den Entente-Staaten in Sèvres
	11. August	Der Friede von Riga beendet den Lettisch-Russischen Krieg. Russland anerkennt die lettischen Grenzen
	12. November	Italien und das Königreich der Serben, Kroaten und Slowenen schließen den Vertrag von Rapallo zur Regelung streitiger Grenzfragen
	15. November	Erste Sitzung des Völkerbunds in Genf
	14. Dezember	Die Teilung Irlands in Nord- und Südirland durch den „Government of Ireland Act" führt zu schweren Unruhen
1921	21. Februar bis 14. März	Londoner Konferenz zur definitiven Festlegung der deutschen Reparationszahlungen
	18. März	Der Friede von Riga beendet den Polnisch-Sowjetischen Krieg
	19. März bis 1. April	Kommunistischer Aufstandsversuch in Mitteldeutschland
	22. Juli	Berber greifen spanische Stellungen bei Annual (Marokko) an, Beginn des letzten Rifkriegs, der bis 1926 dauert
	29. Juli	Adolf Hitler wird zum Vorsitzenden der NSDAP gewählt
	23. August	Faisal Ibn Hussein wird König des Irak
	26. September	Edvard Beneš wird Ministerpräsident der Tschechoslowakei
	6. Dezember	Unterzeichnung des Anglo-Irischen Vertrags, Konstitution des irischen Freistaats
1922	28. Februar	Ägypten wird ein unabhängiges Königreich
	3. April	Auf Vorschlag von Lenin wird Stalin zum neuen Generalsekretär des Zentralkomitees der Kommunistischen Partei Russlands gewählt
	16. April	Vertrag von Rapallo zwischen dem Deutschen Reich und der Russischen Föderativen Sowjetrepublik
	24. Juni	Ermordung des deutschen Außenministers Walther Rathenau durch Mitglieder der „Organisation Consul"
	27./28. Oktober	40.000 Faschisten veranstalten den „Marsch auf Rom"
	30. Oktober	König Viktor Emanuel III. betraut Mussolini mit dem Amt des Ministerpräsidenten
	4. November	Ende des Osmanischen Reichs
	6. Dezember	Konstitution des Irischen Freistaats
	25.–30. Dezember	Der X. Allrussische Rätekongress beschließt in Moskau die Gründung der Union der Sozialistischen Sowjetrepubliken (UdSSR)

Zeittafel

1923	11. Januar	Besetzung des Ruhrgebiets durch belgische und französische Truppen
	14. Juni	Ermordung des bulgarischen Ministerpräsidenten Alexandar Stambolijski
	24. Juli	Der Vertrag von Lausanne beendet den Griechisch-Türkischen Krieg
	13. September	General Miguel Primo de Rivera errichtet in Spanien für sechs Jahre eine Militärdiktatur
	29. Oktober	Proklamation der türkischen Republik, Mustafa Kemal (ab 1934: Atatürk) wird Staatspräsident
	November	1 US-Dollar kostet 4,2 Billionen Reichsmark
	8./9. November	Putschversuch unter Anführung von Adolf Hitler und Erich Ludendorff in München, zwei Wochen später wird die NSDAP verboten
	15. November	Einführung der Rentenmark zur Beendigung der Inflation
1924	21. Januar	Lenin stirbt in Gorki bei Moskau
	25. März	Die griechische Nationalversammlung proklamiert die Republik
	1. April	Hitler wird wegen des Putschversuchs vom 9. November 1923 zu fünf Jahren Festungshaft verurteilt
	16. Juli bis 16. August	Londoner Konferenz, Annahme des Dawes-Plans
	20. Dezember	Hitler wird vorzeitig aus der Haft entlassen
1925	26. Februar	Neugründung der NSDAP. Bis April gewinnt die Partei 521 Mitglieder
	26. April	Paul von Hindenburg wird zum deutschen Reichspräsidenten gewählt
	17. Juni	Unterzeichnung des Genfer Protokolls, das den Einsatz chemischer und biologischer Waffen verbietet
	5.–16. Oktober	Konferenz von Locarno, die ein europäisches Friedens- und Sicherheitssystem begründen soll
1926	24. April	Deutsch-Sowjetischer Freundschaftsvertrag
	12.–15. Mai	Staatsstreich von Marschall Józef Klemens Piłsudski in Polen
	8. September	Das Deutsche Reich wird in den Völkerbund aufgenommen
	10. Dezember	Die Außenminister von Deutschland und Frankreich, Gustav Stresemann und Aristide Briand, erhalten den Friedensnobelpreis
	17. Dezember	Der ehemalige Ministerpräsident Litauens Antanas Smetona kommt durch einen Militärputsch erneut an die Macht und errichtet ein autoritäres Regime
1927	9. September	In China beginnt ein Bauernaufstand unter Führung von Mao Tse-tung
	12. November	Das Zentralkomitee der Kommunistischen Partei der Sowjetunion (KPdSU) beschließt den Parteiausschluss von Leo D. Trotzki, Leo Kamenew und Grigori Sinowjew
1928	8. April	Die türkische Nationalversammlung verankert in der Verfassung die Trennung von Staat und Religion
	8. Juni	Die Truppen der nationalrevolutionären Kuomintang unter General Chiang Kai-shek erobern Peking

Zeittafel

	27. August	In Paris wird der Briand-Kellogg-Pakt zur Ächtung des Angriffskriegs unterzeichnet. 69 Staaten treten dem Vertrag bei.
	6. Oktober	Chiang Kai-shek wird Präsident der Republik China
1929	Januar	Die Zahl der Arbeitslosen im Deutschen Reich erreicht fast 3 Millionen
	11. Februar	Durch die Lateranverträge wird der Vatikanstaat geschaffen
	7. Juni	Verabschiedung des seit Januar in Paris verhandelten Young-Plans
	9. Juli	Gründung des Reichsausschusses für das „Volksbegehren gegen Young-Plan und Kriegsschuldlüge"
	3. Oktober	Das Königreich der Serben, Kroaten und Slowenen wird in Jugoslawien umbenannt
	24. Oktober	Der Dow Jones Index, der am 3. September mit 381 seinen Höchststand erreicht hatte, fällt erstmals unter 300 Punkte, er verliert bis Jahresende mehr als die Hälfte seines Werts, der 25. Oktober gilt als „Schwarzer Freitag"
1930	7. März	Hjalmar Schacht tritt als Reichsbankpräsident zurück, sein Nachfolger wird der ehemalige Reichskanzler Hans Luther
	12. März	Der Deutsche Reichstag verabschiedet den Young-Plan, der daraufhin rückwirkend zum 1. September 1929 in Kraft tritt
	28. März	Heinrich Brüning wird zum deutschen Reichskanzler ernannt
	26. September	Adolf Hitler legt im Ulmer Reichswehrprozess einen Legalitätseid auf die Verfassung ab
1931	Januar	Die Zahl der Arbeitslosen im Deutschen Reich erreicht 4,89 Millionen
	14./15. Juli	Auf Grund einer Notverordnung der Reichsregierung bleiben die Schalter aller Banken geschlossen

1924 verstarb Wladimir Iljitsch Uljanow, genannt Lenin, im Alter von nur 53 Jahren. Das nachkolorierte Foto zeigt ihn 1919 bei der Aufzeichnung einer Rede in einem Studio in Moskau.

Zeittafel

1932 Januar		Die Zahl der im Deutschen Reich offiziell registrierten Arbeitslosen erreicht mit 6,04 Millionen ihren Höhepunkt
	1. März	Proklamation des von Japan in der Mandschurei errichteten Marionettenstaats Mandschukuo
	5. Juli	António de Oliveira Salazar wird portugiesischer Premierminister, er errichtet eine Diktatur und bleibt bis 1968 im Amt
	9. Juli	Das Abkommen von Lausanne beendet die deutschen Reparationsverpflichtungen
1933	30. Januar	Adolf Hitler wird von Reichspräsident Paul von Hindenburg zum deutschen Reichskanzler ernannt
	27. Februar	Brand des deutschen Reichstags in Berlin
	4. März	Der österreichische Bundeskanzler Engelbert Dollfuß suspendiert die parlamentarische Verfassung
	23. März	Verabschiedung des Gesetzes zur Behebung der Not von Volk und Reich („Ermächtigungsgesetz") durch den Deutschen Reichstag gegen die Stimmen der SPD
	1. April	Boykott jüdischer Geschäfte in Deutschland
	10. Mai	Bücherverbrennungen in Berlin, München und vielen anderen deutschen Städten
	20. Juli	Abschluss eines Konkordats zwischen dem Deutschen Reich und dem Vatikan

Von den neu gegründeten Staaten Mittel- und Osteuropas war am Ende der Zwischenkriegszeit nur noch die Tschechoslowakei ein demokratisches Land. Nach dem Zweiten Weltkrieg verloren Estland, Lettland und Litauen ihre Unabhängigkeit, Polen verlor den Osten und Norden seines Staatsgebiets mit den Städten Vilnius (heute die Hauptstadt Litauens) und Lwów (Lemberg, Lwiw, heute Ukraine).

Zeittafel

1934	12. März	Der estnische Staatspräsident Konstantin Päts errichtet durch einen Staatsstreich ein autoritäres Regime
	15. Mai	Der mehrfache lettische Ministerpräsident Kārlis Ulmanis löst durch einen Staatsstreich das Parlament auf und errichtet ein autoritäres Regime
	30. Juni bis 2. Juli	Ermordung der SA-Führung (sogenannter „Röhmputsch") und anderer missliebiger Personen durch die SS
	25. Juli	Der österreichische Bundeskanzler Engelbert Dollfuß wird bei einem nationalsozialistischen Putschversuch in Wien erschossen
	2. August	Tod des Reichspräsidenten Paul von Hindenburg, Hitler wird „Führer und Reichskanzler", Vereidigung der Wehrmacht auf Hitler
1935	13. Januar	Volksabstimmung im Saarland unter Aufsicht des Völkerbunds. 90,7 % der Saarländer stimmen für eine Vereinigung mit dem Deutschen Reich
	22. Januar	Errichtung einer Diktatur in Bulgarien unter Zar Boris III.
	16. März	Das Gesetz über den Aufbau der Wehrmacht führt die allgemeine Wehrpflicht in Deutschland wieder ein
	15. September	Verabschiedung der antisemitischen Rassengesetze („Nürnberger Gesetze") auf dem Reichsparteitag der NSDAP in Nürnberg
	3. Oktober bis 9. Mai 1936	Italienisch-Äthiopischer Krieg
1936	6.–16. Februar	Olympische Winterspiele in Garmisch-Partenkirchen
	16. Februar	Bei den Wahlen zum spanischen Parlament siegt die Frente Popular über die Frente Nacional
	26. April/3. Mai	Wahlsieg der Front Populaire, Léon Blum wird französischer Ministerpräsident
	17. Juli	Beginn des Spanischen Bürgerkriegs
	1.–16. August	Olympische Sommerspiele in Berlin und Kiel
	4. August	Der griechische Ministerpräsident General Ioannis Metaxas suspendiert mit Billigung von König Georg II. Parlament und Verfassung
	19. August	Erster von vier Schauprozessen in Moskau gegen das „trotzkistische-sinowjewistische terroristische Zentrum"
	25. Oktober	Vertrag über deutsch-italienische Zusammenarbeit
	25. November	Antikominternpakt zwischen dem Deutschen Reich und dem japanischen Kaiserreich
1937	14. März	Papst Pius XI. unterzeichnet die Enzyklika „Mit brennender Sorge"
	26. April	Die baskische Stadt Gernika (span. Guernica) wird bei einem Bombenangriff deutscher und italienischer Flugzeuge weitgehend zerstört
	25. Mai bis 25. November	Weltausstellung in Paris
	7. Juli	Beginn des zweiten Japanisch-Chinesischen Kriegs
	5. November	Hitler legt den Spitzen der Wehrmacht in einer Geheimrede seine Kriegsziele dar (Hoßbach-Protokoll)
	29. Dezember	Konstitution der Republik Irland

Zeittafel

1938	10. Februar	König Carol II. errichtet eine Diktatur in Rumänien
	12. März	Einmarsch deutscher Truppen in Österreich („Anschluss"), der österreichische Bundeskanzler Kurt von Schuschnigg wird von der Gestapo verhaftet
	6.–15. Juli	Konferenz von Evian
	29./30. September	Eine Konferenz der Regierungschefs von Großbritannien, Frankreich, Italien und Deutschland vereinbart die Abtretung des zur ČSR gehörenden Sudetenlandes an Deutschland (Münchner Abkommen)
	1.–10. Oktober	Deutscher Einmarsch in das Sudetenland
	5. Oktober	Die Reisepässe von deutschen Juden werden mit einem roten „J" gestempelt
	9./10. November	„Reichskristallnacht", bei dem Pogrom werden etwa 100 Juden ermordet, 30.000 in Lager verschleppt und mindestens 1.400 Synagogen zerstört
1939	30. Januar	Adolf Hitler prophezeit in einer Rede vor dem Deutschen Reichstag im Fall eines Kriegs die Vernichtung der jüdischen Rasse in Europa
	2. März	Eugenio Pacelli wird zum Papst gewählt. Er nimmt den Namen Pius XII. an und amtiert bis 1958
	14. März	Einmarsch in die „Resttschechei", die als Reichsprotektorat Böhmen und Mähren dem Deutschen Reich angegliedert wird. Die Slowakei wird ein formal selbständiger deutscher Satellitenstaat
	28. März	Die spanischen Faschisten erobern Madrid
	22. Mai	Deutschland und Italien schließen einen militärischen Bündnisvertrag, den sogenannten „Stahlpakt"
	24. August	Der Deutsch-Sowjetische Nichtangriffsvertrag, der sogenannte „Hitler-Stalin-Pakt", wird in Moskau durch die Außenminister Ribbentrop und Molotow unterzeichnet
	1. September	Deutscher Angriff auf Polen
	3. September	Großbritannien und Frankreich erklären dem Deutschen Reich den Krieg
	17. September	Sowjetische Truppen marschieren in den östlichen Teil Polens ein
	28. September	In Ergänzung des Nichtangriffsvertrags unterzeichnen Ribbentrop und Molotow in Moskau einen Deutsch-Sowjetischen Grenz- und Freundschaftsvertrag
	8. November	Bombenattentat Georg Elsers auf Hitler im Münchner Bürgerbräukeller
1940	11. Februar	Deutsch-Sowjetisches Wirtschaftsabkommen
	8./9. April	Deutscher Überfall auf Dänemark und Norwegen („Weserübung")
	10. Mai	Beginn der deutschen Offensive im Westen
		Winston Churchill wird britischer Premier- und Verteidigungsminister
	Mai/Juni	Angehörige des NKWD ermorden etwa 4.400 polnische Offiziere in einem Wald in der Nähe des Dorfes Katyn
	18. Juni	Charles de Gaulle ruft aus dem Londoner Exil die Franzosen zur Fortsetzung des Widerstands auf
	22. Juni	Unterzeichnung des deutsch-französischen Waffenstillstandsabkommens in Compiègne

Zeittafel

Während die Männer nach Europa und in den Pazifik in den Krieg zogen, arbeiteten amerikanische Frauen in der Rüstungsindustrie. Auf dem Plakat verkündet die „kulturelle Ikone" Rosie the Riveter („die Nieterin"): „Wir können es schaffen."

	31. Juli	Adolf Hitler gibt auf dem Obersalzberg einer Gruppe von Generälen die Entscheidung bekannt, im Frühjahr 1941 die Sowjetunion anzugreifen
	10. Juli bis 31. Oktober	Luftschlacht um England
	27. September	Die Achsenmächte Deutschland, Italien und Japan schließen den Dreimächtepakt, dem später weitere Staaten beitreten
	28. Oktober	Italien greift Griechenland an
	14. November	Deutscher Luftangriff auf Coventry („Operation Mondscheinsonate"), bei der die Stadt einschließlich der mittelalterlichen Kathedrale weitgehend zerstört wird
	15./16. November	Abriegelung des Warschauer Ghettos, in das insgesamt ca. 500.000 Menschen verschleppt werden
	18. Dezember	Hitlers Weisung Nr. 21 („Fall Barbarossa") zur Vorbereitung des Überfalls auf die Sowjetunion
1941	6. April	Deutscher Überfall auf Jugoslawien und Griechenland
	13. April	Japan und die Sowjetunion unterzeichnen einen Neutralitätspakt
	22. Juni	Deutscher Überfall auf die Sowjetunion
	12. Juli	Großbritannien und die Sowjetunion schließen einen Beistandspakt
	31. Juli	Reinhard Heydrich wird von Hermann Göring mit den Vorbereitungen für die „Gesamtlösung der Judenfrage" beauftragt
	14. August	Verabschiedung der Atlantik-Charta durch Franklin D. Roosevelt und Winston Churchill
	19. September	Verpflichtung für alle Juden im Deutschen Reich, die älter als sechs Jahre sind, einen gelben Stern zu tragen

Zeittafel

	29./30. September	Ermordung von ca. 34.000 Juden bei Babi Jar (Ukraine)
	Dezember	Erste Tötungen durch Giftgas im Konzentrationslager Auschwitz
	7. Dezember	Japanischer Angriff auf Pearl Harbor, der den Kriegseintritt der USA auslöst
	8. Dezember	Die USA und Großbritannien erklären Japan den Krieg
		Beginn der Massentötungen durch Gaswagen im Vernichtungslager Kulmhof (Chełmno)
	11. Dezember	Das Deutsche Reich erklärt den USA den Krieg
1942	13. Januar	Die Inter-Allied-Commission deklariert die Bestrafung von Vergehen gegen die Haager Konvention als Kriegsziel (Erklärung von St. James)
	20. Januar	Wannsee-Konferenz zur Koordination der Ermordung der europäischen Juden
	8. Februar	Albert Speer wird als Nachfolger des verstorbenen Fritz Todt Reichsminister für Bewaffnung und Munition, ab 1943 Reichsminister für Rüstung und Kriegsproduktion
	1.–31. Juli	Erste Panzerschlacht bei El Alamein
	23. Oktober bis 4. November	Zweite Panzerschlacht bei El Alamein
	19. November	Beginn der sowjetischen Großoffensive und Einkesselung der deutschen Truppen in Stalingrad
1943	14.–26. Januar	Konferenz von Casablanca, Roosevelt und Churchill besprechen die weitere Kriegführung
	2. Februar	Deutsche Niederlage bei Stalingrad, Generalfeldmarschall Friedrich Paulus begibt sich mit 30 Generälen und 91.000 Soldaten in Gefangenschaft
	18. Februar	Joseph Goebbels verkündet in einer Rede im Berliner Sportpalast den totalen Krieg
	19. April	Beginn des Aufstands im Warschauer Ghetto
	10. Juli	Landung der Alliierten auf Sizilien
	25. Juli	Sturz Mussolinis durch den Großen Faschistischen Rat
	27. Juli	Schwerer Luftangriff auf Hamburg, der einen Feuersturm bis dahin unbekannten Ausmaßes nach sich zieht („Operation Gomorrha")
	3. September	Waffenstillstandsabkommen zwischen dem Königreich Italien und den Alliierten
	12. September	Die Deutschen besetzen Norditalien und setzen eine Marionettenregierung unter Mussolinis Führung ein
	28. November bis 1. Dezember	Konferenz von Teheran, Roosevelt, Churchill und Stalin diskutieren Pläne für die Zeit nach Kriegsende
1944	6. Juni	Landung der Alliierten in der Normandie
	20. Juli	Attentat von Oberst Claus Schenk Graf von Stauffenberg auf Adolf Hitler, Stauffenberg und die Hauptverschwörer werden noch in der Nacht in Berlin erschossen
	21. Juli	Heinrich Himmler wird als Nachfolger des in den Putsch verwickelten Generals Friedrich Fromm Befehlshaber des Ersatzheeres und Chef der Heeresausrüstung

25. Juli	Joseph Goebbels wird Reichsbevollmächtigter für den totalen Kriegseinsatz
1. August	Beginn des Warschauer Aufstands
25. August	General Charles de Gaulle zieht an der Spitze des Komitees für die nationale Befreiung in Paris ein
11. September	Amerikanische Truppen überschreiten nordwestlich von Trier die deutsche Grenze
25. September	Alle Männer zwischen 16 und 60 werden zum „Volkssturm" einberufen

1945	12. Januar	Beginn der sowjetischen Großoffensive
	18. Januar	Eroberung Warschaus durch sowjetische Truppen
	27. Januar	Befreiung des Konzentrationslagers Auschwitz durch sowjetische Truppen
	30. Januar	Die Versenkung des Passagierschiffs „Wilhelm Gustloff" durch ein sowjetisches U-Boot fordert mehr als 9.000 Todesopfer
	4.–11. Februar	Konferenz von Jalta
	13./14. Februar	Bombardierung Dresdens
	7. März	Die Amerikaner überqueren den Rhein bei Remagen
	15. April	Befreiung des Konzentrationslagers Bergen-Belsen durch britische Truppen
	16. April bis 2. Mai	Schlacht um Berlin

Im Potsdamer Abkommen wurde die Besatzung Deutschlands durch die vier alliierten Siegermächte festgelegt. Mit Wirkung vom 1. Januar 1947 wurden die britische und die amerikanische Zone wirtschaftlich vereinigt (Bizone). Im März 1948 vereinbarten die westlichen Besatzungsmächte die Vereinigung der französischen Zone mit der Bizone zur Trizone. Aus der Trizone entstand die Bundesrepublik Deutschland. Sie wurde am 24. Mai 1949, am Tage nach der Verkündung des Grundgesetzes, gegründet. Die Gründung der Deutschen Demokratischen Republik folgte am 7. Oktober 1949.

Zeittafel

25. April	Amerikanische und sowjetische Truppen treffen bei Torgau aufeinander
29. April	Befreiung des Konzentrationslagers Dachau durch amerikanische Truppen
30. April	Selbstmord Hitlers in Berlin. Großadmiral Dönitz wird sein Nachfolger als Staatsoberhaupt
	Die Gruppe Ulbricht fliegt von Moskau nach Berlin
7. Mai	Generaloberst Jodl unterzeichnet in Reims die Gesamtkapitulation der deutschen Wehrmacht
5. Juni	Die vier Siegermächte übernehmen gemeinsam die oberste Regierungsgewalt in Deutschland und teilen das Land in vier Besatzungszonen auf
17. Juli bis 2. August	Potsdamer Konferenz
6. August	Abwurf der ersten Atombombe auf Hiroshima
8. August	Die Sowjetunion erklärt Japan den Krieg
9. August	Abwurf einer zweiten Atombombe auf Nagasaki, die beiden Atombomben töten 92.000 Menschen sofort, weitere 130.000 sterben bis Jahresende
15. August	Kaiser Hirohito erklärt Japans Kapitulation
20. November	Beginn des Hauptkriegsverbrecherprozesses vor dem Internationalen Militärgerichtshof in Nürnberg

Die folgenreichsten Ergebnisse des Kriegs in Europa waren neben der Wiederherstellung der Vorkriegsordnung die Entstehung der beiden deutschen Staaten und Berlins (für das weiter das Besatzungsstatut galt), die „Westverschiebung" Polens sowie die Expansion der Sowjetunion nach Westen.

Europa nach dem Krieg
- Grenze zwischen Bundesrepublik Deutschland und Deutscher Demokratischer Republik bis zum 3.10.1990
- Westgrenze Polens nach Verträgen mit DDR (1950) und Bundesrepublik Deutschland (1970)
- Ostgrenze des Deutschen Reiches und Grenze des Freistaates Danzig vom 31.12.1937

Autoren

Prof. Dr. Stig Förster, geboren 1951 in Berlin, nach Promotion und Habilitation an der Heinrich-Heine-Universität Düsseldorf, von 1982 bis 1992 Wissenschaftlicher Mitarbeiter an den Deutschen Historischen Instituten in London und Washington, D.C. 1992–1994 Professor für Neueste Geschichte an der Universität Augsburg, seit 1994 Professor für Neueste Allgemeine Geschichte an der Universität Bern, seit 2001 1. Vorsitzender des Arbeitskreises Militärgeschichte.

Dr. Helmut Rudolf Hammerich, geb. 1965 in Illertissen/Bayern, ist Offizier und wissenschaftlicher Mitarbeiter im Zentrum für Militärgeschichte und Sozialwissenschaften der Bundeswehr. 2002 wurde er an der Universität Potsdam zum Thema Lastenteilung der NATO in den 1950er Jahren promoviert. Er veröffentlichte vor allem zur Geschichte der Bundeswehr und zur Operationsgeschichte des Kalten Krieges. Derzeit beschäftigt er sich mit der militärischen Abwehrarbeit nach 1945 und der Geschichte der deutschen Panzertruppe von 1918 bis heute.

Dr. Gerd Hankel, geboren 1957 in Büderich, Sprachwissenschaftler und Völkerrechtler; Dr. jur., wissenschaftlicher Angestellter am Hamburger Institut für Sozialforschung; von 2000 bis Ende 2001 Mitarbeiter im Team der Ausstellung „Verbrechen der Wehrmacht. Dimensionen des Vernichtungskriegs 1941–1944". Zahlreiche Veröffentlichungen zu den Themen humanitäres Völkerrecht, Massengewalt, Genozid und Genozid in Ruanda und im Gebiet der Großen Seen Afrikas.

Dr. Uta Hinz, geboren 1968 in Oldenburg, ist Historikerin mit dem Forschungsschwerpunkt Erster Weltkrieg. Sie beschäftigt sich insbesondere mit dem Thema Kriegsgefangenschaft und der humanitären Kriegsgefangenenhilfe. Nach mehrjähriger Lehrtätigkeit am Historischen Seminar der Universität Düsseldorf arbeitet sie derzeit als wissenschaftliche Mitarbeiterin an der Düsseldorfer Arbeitsstelle der Max Weber-Gesamtausgabe.

Dr. Alexander Wolfgang Hoerkens, Dipl.-Handelslehrer und Bankkaufmann, studierte Geschichte, Politikwissenschaft und Betriebswirtschaftslehre an den Universitäten Eichstätt/Ingolstadt, Mainz und Glasgow, derzeit tätig im Bereich der Beruflichen Bildung und der Kollegstufe, Mitglied im Arbeitskreis Militärgeschichte, mehrere Veröffentlichungen zu historischen Themen, vor allem zum Zweiten Weltkrieg.

Dr. Manfred Jehle, geb. 1948 in Waldshut, freier Autor und Redakteur, zahlreiche Arbeiten zur mittelalterlichen, neueren, Technik- und Verkehrsgeschichte, Quellensammlungen und Bibliographien zur Geschichte der Juden in Mittel- und Osteuropa.

Sven Felix Kellerhoff, geboren 1971 in Stuttgart, Historiker und Journalist, Studium der Geschichte und Publizistik, Absolvent der Berliner Journalistenschule, seit 2003 Leitender Redakteur für Zeit- und Kulturgeschichte der WELT-Gruppe. Zahlreiche Buchveröffentlichungen zur deutschen und zur Berliner Geschichte vorwiegend im 20. Jahrhundert.

Prof. Dr. Christopher Kopper, geboren 1962 in Bergisch Gladbach, 1991–1998 Lehrtätigkeit in Göttingen, 1998–2003 DAAD-Professor an verschiedenen Universitäten in den USA, Habilitation 2005, apl. Professor an der Universität Bielefeld. Zahlreiche Veröffentlichungen zur deutschen Wirtschaftsgeschichte und Zeitgeschichte.

Autoren

Prof. Dr. Rolf-Dieter Müller, geboren 1948 in Braunschweig, seit 1979 Mitarbeiter und seit 1999 Wissenschaftlicher Direktor am Zentrum für Militärgeschichte und Sozialwissenschaften (früher MGFA) in Potsdam. Leiter des Reihenwerks „Das Deutsche Reich und der Zweite Weltkrieg", seit 2009 Leiter des Forschungsbereichs „Zeitalter der Weltkriege", seit 2012 Mitglied der Unabhängigen Historikerkommission für die Geschichte des BND. Zahlreiche Veröffentlichungen zur Geschichte des Zweiten Weltkriegs.

Prof. Dr. Sönke Neitzel, geboren 1968 in Hamburg, nach Lehrtätigkeiten u. a. in Mainz, Bern und Glasgow ist er seit 2012 Professor für Internationale Geschichte an der London School of Economics. Er ist zweiter Vorsitzender des Arbeitskreises Militärgeschichte und Mitglied der Deutschen Kommission für Militärgeschichte sowie weiterer historischer Kommissionen und mehrerer Beiräte. Zahlreiche Veröffentlichungen, insbesondere zur Geschichte der beiden Weltkriege.

PD Dr. Ernst Piper, geboren 1952 in München, promovierte 1981 in Mittelalterlicher Geschichte an der TU Berlin, seit 1982 in verschiedenen Positionen in der Verlagsbranche tätig, seit 2006 Privatdozent für Neuere Geschichte an der Universität Potsdam. Zahlreiche Veröffentlichungen zur Geschichte der Renaissance sowie zur Neueren und Neuesten Geschichte.

Prof. Dr. Michael Schwartz, geboren 1963 in Recklinghausen, Wiss. Mitarbeiter am Institut für Zeitgeschichte München-Berlin und apl. Professor für Neuere und Neueste Geschichte an der Universität Münster; Mitglied des Wissenschaftlichen Beraterkreises der Stiftung Flucht Vertreibung Versöhnung; neueste Veröffentlichung zum Thema: Funktionäre mit Vergangenheit. Das Gründungs-Präsidium des Bundes der Vertriebenen und das „Dritte Reich", München 2013.

Prof. Dr. Thomas Weber, geboren 1974 in Hagen, Nach Lehrtätigkeit in Harvard, dem Institute for Advanced Study in Princeton, der University of Pennsylvania, der University of Chicago und der University of Glasgow, lehrt er seit 2008 Europäische und Internationale Geschichte an der University of Aberdeen. Seit 2010 ist er dort Direktor des Centre for Global Security and Governance. Zur Zeit ist er Fritz-Thyssen-Fellow am Weatherhead Center der Harvard University.

Dr. Christian Westerhoff, geboren 1978 in Damme, Historiker und Bibliothekar; studierte Geschichte und Politikwissenschaft an den Universitäten Osnabrück und Sheffield; 2010 Promotion am Max-Weber-Kolleg der Universität Erfurt, 2011–2013 Koordinator des DFG-Projekts „1914–1918-Online. International Encyclopedia of the First World War"; seit 2013 Leiter der Bibliothek für Zeitgeschichte.

Weiterführende Literatur

Aly, Götz: Hitlers Volksstaat. Raub, Rassenkrieg und nationaler Sozialismus, Frankfurt/Main 2005

An der Schwelle zum Totalen Krieg. Die militärische Debatte über den Krieg der Zukunft 1919–1939, Hrsg. Stig Förster, Paderborn 2002

Audoin-Rouzeau, Stéphane / Becker, Annette: 14–18. Understanding the Great War, New York 2003

Baberowski, Jörg: Verbrannte Erde. Stalins Herrschaft der Gewalt, München 2012

Becker, Jean-Jacques / Krumeich, Gerd: Der Große Krieg. Deutschland und Frankreich im Ersten Weltkrieg 1914–1918, Essen 2010

Beevor, Anthony: Stalingrad, München 1999

Beevor, Anthony: Der Spanische Bürgerkrieg, München 2006

Berghahn, Volker: Europa im Zeitalter der Weltkriege. Die Entfesselung und Entgrenzung der Gewalt, Frankfurt/Main 2002

Berlin 1933–1945, Hrsg. Michael Wildt / Christoph Kreutzmüller, München 2013

Bernecker, Walther L.: Krieg in Spanien 1936–1939, Darmstadt 2005

Besetzt, interniert, deportiert. Der Erste Weltkrieg und die deutsche, jüdische, polnische und ukrainische Zivilbevölkerung im östlichen Europa, Hrsg. Alfred Eisfeld, Guido Hausmann, Dietmar Neutatz, Essen 2013

Boelcke, Willi A.: Die Kosten von Hitlers Krieg, Paderborn 1985

Boog, Horst: Luftwaffe und unterschiedsloser Bombenkrieg bis 1942, in: Horst Boog (Hrsg.), Luftkriegführung im Zweiten Weltkrieg. Ein internationaler Vergleich, Herford (u. a.) 1993, S. 435–468.

Boog, Horst: Der strategische Luftkrieg in Europa 1933–1944, in: Das Deutsche Reich und der Zweite Weltkrieg, Band 7, Stuttgart 2001.

Bories-Sawala, Helga: Franzosen im „Reichseinsatz". Deportation, Zwangsarbeit, Alltag – Erfahrungen und Erinnerungen von Kriegsgefangenen und Zivilarbeitern, 3 Bde., Frankfurt/Main u. a. 1996

Breuer, Stefan: Nationalismus und Faschismus. Frankreich, Italien und Deutschland im Vergleich, Darmstadt 2005

Broszat, Martin / Frei, Norbert: Das Dritte Reich im Überblick. Chronik, Ereignisse, Zusammenhänge, München 2007

Browning, Christopher: Ganz normale Männer. Das Reserve-Polizeibataillon 101 und die „Endlösung" in Polen, Reinbek 1996

Bruendel, Steffen: Volksgemeinschaft oder Volksstaat. Die „Ideen von 1914" und die Neuordnung Deutschlands im Ersten Weltkrieg, Berlin 2003

Chickering, Roger: Das Deutsche Reich und der Erste Weltkrieg, München 2002

Clark, Christopher: Die Schlafwandler. Wie Europa in den Ersten Weltkrieg zog, München 2013

Clausewitz, Carl von: Vom Kriege, Hrsg. Werner Hahlweg, Bonn 1952

Courtois, Stéphane / Werth, Nicolas / Panné, Jean-Louis / Paczkowski, Andrzej / Bartosek, Karel / Margolin, Jean-Louis: Das Schwarzbuch des Kommunismus. Unterdrückung, Verbrechen und Terror, München 1998

Daniel, Ute: Arbeiterfrauen in der Kriegsgesellschaft. Beruf, Familie und Politik im Ersten Weltkrieg, Göttingen 1997

Deutsche Geschichte in Quellen und Darstellung. Band 8: Kaiserreich und Erster Weltkrieg 1871–1918, Hrsg. Rüdiger vom Bruch, Björn Hofmeister, Stuttgart 2002

Deutsche Intellektuelle 1910–1933. Aufrufe – Pamphlete – Betrachtungen, Hrsg. Michael Stark, Heidelberg 1984

Die Deutschen an der Somme 1914–1918. Krieg, Besatzung, Verbrannte Erde, Hrsg. Gerhard Hirschfeld, Gerd Krumeich, Irina Renz, Essen 2006

Das Deutsche Reich und der Zweite Weltkrieg, 10 Bde., Stuttgart und München 1979–2008

Deutsch-jüdische Geschichte in der Neuzeit, Hrsg. Michael A. Meyer, Bd. III: Umstrittene Integration 1871–1918, München 1997

Deutsch-jüdische Geschichte in der Neuzeit, Hrsg. Michael A. Meyer, Bd. IV: Aufbruch und Zerstörung 1918–1945, München 1997

Deutschland im Ersten Weltkrieg. Texte und Dokumente 1914–1918, Hrsg. Ulrich Cartarius, München 1982

Durchhalten! Krieg und Gesellschaft im Vergleich 1914–1918, Hrsg. Arnd Bauerkämper, Elise Julien, Göttingen 2010

Encke, Julia: Augenblicke der Gefahr. Der Krieg und die Sinne, 1914–1934, Paderborn 2006

Ende des Dritten Reiches – Ende des Zweiten Weltkriegs. Eine perspektivische Rückschau, Hrsg. Hans-Erich Volkmann, München 1995

Enzyklopädie Erster Weltkrieg. Hrsg. Gerhard Hirschfeld, Gerd Krumeich, Irina Renz, Paderborn 2009

Enzyklopädie des Holocaust. Die Verfolgung und Ermordung der europäischen Juden, Hrsg. Israel Gutman, Eberhard Jäckel, Peter Longerich, Julius H. Schoeps, München 1998

Enzyklopädie des Nationalsozialismus. Hrsg. Wolfgang Benz, Hermann Graml, Hermann Weiß, München 1997

Weiterführende Literatur

Erster Weltkrieg – Zweiter Weltkrieg. Ein Vergleich. Krieg. Kriegserlebnis, Kriegserfahrung in Deutschland, Hrsg. Bruno Thoß, Hans-Erich Volkmann, Paderborn 2002

Der Erste Weltkrieg und die europäische Nachkriegsordnung. Sozialer Wandel und Formveränderung der Politik, Hrsg. Hans Mommsen, Köln, Weimar, Wien 2000

Der Erste Weltkrieg. Wirkung, Wahrnehmung, Analyse, Hrsg. Wolfgang Michalka, München 1994

Evans, Richard: Das Dritte Reich. 3 in 4 Bde., München 2004–2009

Falkenhayn, Erich von: Die oberste Heeresleitung 1914–1916 in ihren wichtigsten Entschließungen. Berlin 1920

Fasse, Alexander: Im Zeichen des „Tankdrachen". Die Kriegführung an der Westfront 1916–1918 im Spannungsverhältnis zwischen Einsatz eines neuartigen Kriegsmittels der Alliierten und deutschen Bemühungen um seine Bekämpfung, Berlin (Diss.) 2007 (http://edoc.hu-berlin.de/dissertationen/fasse-alexander-2007-06-21/PDF/fasse.pdf)

Feldman, Gerald D.: The Great Disorder. Politics, Economics, and Society in the German Inflation 1914–1924, Oxford 1997

Feldman, Gerald D.: Hugo Stinnes. Biographie eines Industriellen 1870–1924, München 1998

Fleischer, Wolfgang: Deutsche Panzer 1935–1945, Wölfersheim-Berstadt 1995

Förster, Gerhard / Paulus, Nikolaus: Abriß der Geschichte der Panzerwaffe, Berlin 1977

Förster, Stig: Der totale Krieg. Konzeptionelle Überlegungen für einen historischen Strukturvergleich der Epoche von 1861 bis 1945, in: Rüdiger Voigt (Hrsg.), Krieg – Instrument der Politik? Bewaffnete Konflikte im Übergang vom 20. zum 21. Jahrhundert, Baden-Baden 2002, S. 59–82

Friedländer, Saul: Das Dritte Reich und die Juden, Band 1: Die Jahre der Verfolgung 1933–1939, München 1998

Friedländer, Saul: Das Dritte Reich und die Juden, Band 2: Die Jahre der Vernichtung 1939–1945, München 2006

Friedrich, Jörg: Das Gesetz des Krieges. Das deutsche Heer in Rußland 1941 bis 1945. Der Prozeß gegen das Oberkommando der Wehrmacht, München 1993

Fritzsche, Peter: Wie aus Deutschen Nazis wurden, Zürich 1999

Frontalltag im Ersten Weltkrieg. Ein historisches Lesebuch, Hrsg. Bernd Ulrich, Benjamin Ziemann, Essen 2008

Gay, Peter: Kult der Gewalt. Aggression im bürgerlichen Zeitalter, München 1996

Gilbert, Martin: Second World War, London 1989

Hankel, Gerd: Die Leipziger Prozesse. Deutsche Kriegsverbrechen und ihre strafrechtliche Verfolgung nach dem Ersten Weltkrieg, Hamburg 2003

Harmsen, Peter: Shanghai 1937. Stalingrad on the Yangtze, Philadelphia und Oxford 2013

Harris, Richard / Paxman, Jeremy: Eine höhere Form des Tötens. Die geheime Geschichte der B- und C-Waffen. Düsseldorf 1983

Herbert, Ulrich: Fremdarbeiter. Politik und Praxis des „Ausländer-Einsatzes" in der Kriegswirtschaft des Dritten Reiches, Bonn 1999

Hildermeier, Manfred: Die Sowjetunion 1917–1991, München 2007

Hilger, Andreas: Deutsche Kriegsgefangene in der Sowjetunion 1941–1956. Kriegsgefangenenpolitik, Lageralltag und Erinnerung, Essen 2000

Hinz, Uta: Gefangen im Großen Krieg. Kriegsgefangenschaft in Deutschland 1914–1921, Essen 2006

Hirschfeld, Gerhard / Krumeich, Gert: Deutschland im Ersten Weltkrieg, Frankfurt/Main 2013

Hobsbawm, Eric: Das Zeitalter der Extreme. Weltgeschichte des 20. Jahrhunderts, München 2003

Hoensch, Jörg K.: Geschichte der Tschechoslowakei, Stuttgart u. a. 1992

Hoensch, Jörg K.: Geschichte Polens, Stuttgart 1998

Holtfrerich, Carl-Ludwig: Die deutsche Inflation 1914–23, Berlin 1980

Holzer, Anton: Die andere Front. Fotografie und Propaganda im Ersten Weltkrieg, Darmstadt 2007

Horne, John / Kramer, Alan: Deutsche Kriegsgreuel 1914. Die umstrittene Wahrheit, Hamburg 2004

Hull, Isabel V.: Absolute Destruction. Military Culture and the Practices of War in Imperial Germany, Ithaca und London 2005

Humburg, Martin: Das Gesicht des Krieges. Feldpostbriefe von Wehrmachtssoldaten aus der Sowjetunion 1941–1944, Opladen 1998

Innenansicht eines Krieges. Bilder, Briefe, Dokumente, 1914–1918, Hrsg. Ernst Johann, Frankfurt/Main 1968

Ireland, Bernard: War at Sea 1914–45. General Editor: John Keegan, London 2002

Janz, Oliver: 14. Der Große Krieg, Frankfurt 2013

Jessen, Olaf: Verdun. Urschlacht des Jahrhunderts, München 2014

Joachimsthaler, Anton: Hitlers Weg begann in München. 1913–1923, München 2000

Jones, Heather: Violence against Prisoners of War in the First World War. Britain, France and Germany, 1914–1920, Cambridge u. a. 2011

Weiterführende Literatur

Jünger, Ernst: Kriegstagebuch 1914–1918, Hrsg. Helmuth Kiesel, Stuttgart 2010

Jünger, Ernst: In Stahlgewittern, Stuttgart 2014

Jürgens-Kirchhoff, Annegret: Schreckensbilder. Krieg und Kunst im 20. Jahrhundert, Berlin 1993

Jugend im Ersten Weltkrieg. Tagebücher, Briefe, Erinnerungen. Dezember 1912–Oktober 1918, Hrsg. Wilhelm Eildermann, Berlin 1972

Karady, Victor: Gewalterfahrung und Utopie. Juden in der europäischen Moderne, Frankfurt/Main 1999

Keegan, John: Der Erste Weltkrieg. Eine europäische Tragödie, Reinbek 2000

Keiner fühlt sich hier mehr als Mensch...: Erlebnis und Wirkung des Ersten Weltkriegs, Hrsg. Gerhard Hirschfeld, Gerd Krumeich, in Verbindung mit Irina Renz, Essen 1993

Kellerhoff, Sven Felix: Berlin im Krieg. Eine Generation erinnert sich, Berlin 2011

Kellerhoff, Sven Felix: Heimatfront. Der Untergang der heilen Welt – Deutschland im Ersten Weltkrieg. Berlin 2014

Kershaw, Ian: Hitler, 2 Bde., Stuttgart 1998/2001

Kershaw, Ian: Das Ende. Kampf bis in den Untergang. NS-Deutschland 1944/45, München 2011

Kessler, Harry Graf: Das Tagebuch, Hrsg. Roland S. Kamzelak, Ulrich Ott. Band 5 bis Band 9: 1914–1937, Stuttgart 2006-2010

Kienitz, Sabine: Beschädigte Helden. Kriegsinvalidität und Körperbilder 1914–1923, Paderborn 2008

Klemperer, Victor: Ich will Zeugnis ablegen bis zum letzten. Tagebücher, 2 Bde., Berlin 1996

Kocka, Jürgen: Klassengesellschaft im Krieg 1914–1918, Göttingen 1973

Kolb, Eberhard: Der Frieden von Versailles. München 2011

Kolb, Eberhard / Schumann, Dirk: Die Weimarer Republik, München 2013

Kondylis, Panajotis: Theorie des Krieges. Clausewitz – Marx – Engels – Lenin, Stuttgart 1988

Kramer, Alan: Dynamic of Destruction. Culture and Mass Killing in the First World War, Oxford 2007

Kriegsausbruch 1939. Beteiligte, Betroffene, Neutrale. Hrsg. Helmut Altrichter, Josef Becker, München 1989

Kriegsende 1918. Ereignis, Wirkung, Nachwirkung, Hrsg. Jörg Duppler, Gerhard P. Groß, München 1999

Kriegserfahrungen. Studien zur Sozial- und Mentalitätsgeschichte des Ersten Weltkriegs, Hrsg. Gerhard Hirschfeld, Gerd Krumeich, Dieter Langewiesche, Essen 1997

Kriegsgefangene im Europa des Ersten Weltkriegs, Hrsg. Jochen Oltmer, Paderborn 2006

Kriegsgefangenschaft im Zweiten Weltkrieg. Eine vergleichende Perspektive, Hrsg. Günter Bischof, Ternitz-Pottschach 1999

Krumeich, Gerd: Juli 1914. Eine Bilanz. Paderborn 2013

Kruse, Wolfgang: Der Erste Weltkrieg, Darmstadt 2009

Kühne, Thomas: Kameradschaft. Die Soldaten des nationalsozialistischen Krieges und das 20. Jahrhundert, Göttingen 2006

Kunz, Rudibert / Müller, Rolf-Dieter: Giftgas gegen Abd el Krim. Deutschland, Spanien und der Gaskrieg in Spanisch-Marokko 1922–1927. Freiburg 1990

Latzel, Klaus: Deutsche Soldaten – nationalsozialistischer Krieg? Kriegserlebnis – Kriegserfahrung 1939–1945, Paderborn 1998

Lebenswelten im Ausnahmezustand. Die Deutschen, der Alltag und der Krieg 1914–1918, Hrsg. Jens Flemming, Klaus Saul, Peter-Christian Witt, Frankfurt/M. 2011

Leonhard, Jörn: Die Büchse der Pandora. Geschichte des Ersten Weltkriegs, München 2014

Die letzten Tage der Menschheit. Bilder des Ersten Weltkrieges, Hrsg. Rainer Rother, Berlin 1994

Levene, Mark: The Crisis of Genocide. Band 1: Devastation: The European Rimlands, 1912–1938; Band 2: Annihilation: The European Rimlands, 1939–1953, London und New York 2014

Longerich, Peter: Heinrich Himmler, München 2007

Liulevicius, Vejas Gabriel: Kriegsland im Osten. Eroberung, Kolonisierung und Militärherrschaft im Ersten Weltkrieg, Hamburg 2002

Machtan, Lothar: Die Abdankung. Wie Deutschlands gekrönte Häupter aus der Geschichte fielen, Berlin 2008

Mai, Gunther: Das Ende des Kaiserreichs. Politik und Kriegsführung im Ersten Weltkrieg, München 1997

Mann, Michael: Die dunkle Seite der Demokratie. Eine Theorie der ethnischen Säuberung, Hamburg 2007

Martinetz, Dieter: Der Gaskrieg 1914–1918. Entwicklung, Herstellung und Einsatz chemischer Kampfstoffe, Bonn 1996

Mazower, Mark: Hitlers Imperium. Europa unter der Herrschaft des Nationalsozialismus, München 2009

Mommsen, Wolfgang J.: Der Erste Weltkrieg. Anfang vom Ende des bürgerlichen Zeitalters, Frankfurt/Main 2004

Müller, Rolf-Dieter: Der Zweite Weltkrieg 1939–1945, Stuttgart 2004 (= Gebhardt: Handbuch der Deutschen Geschichte, Bd. 21)

Müller, Rolf-Dieter: Der Bombenkrieg 1939–1945, Berlin 2004

Weiterführende Literatur

Müller, Rolf-Dieter: Der Feind steht im Osten. Hitlers geheime Pläne für einen Krieg gegen die Sowjetunion im Jahr 1939, Berlin 2011

Müller-Meiningen, Ernst: Der Weltkrieg 1914–1915 und der „Zusammenbruch des Völkerrechts", Berlin 1915

Münch, Matti: Verdun. Mythos und Alltag einer Schlacht, München 2006

Münkler, Herfried: Der große Krieg. Die Welt 1914 bis 1918, Berlin 2013

Munzel, Oskar: Die deutschen gepanzerten Truppen bis 1945, Herford 1965

Nagler, Jörg: Nationale Minoritäten im Krieg. „Feindliche Ausländer" und die amerikanische Heimatfront während des Ersten Weltkriegs, Hamburg 2000

Naimark, Norman M.: Flammender Hass. Ethnische Säuberung im 20. Jahrhundert, München 2004

Nationalsozialismus und Erster Weltkrieg, Hrsg. Gerd Krumeich, Essen 2010

Nebelin, Manfred: Ludendorff. Diktator im Ersten Weltkrieg, München 2011

Nehring, Walther K.: Die Geschichte der Deutschen Panzerwaffe 1916 bis 1945, Berlin 1969

Neiberg, Michael S.: Fighting the Great War. A Global History, Cambridge, MA, 2005

Neitzel, Sönke: Kriegsausbruch. Deutschlands Weg in die Katastrophe 1900-1914, Zürich 2002

Neitzel, Sönke: Zum strategischen Mißerfolg verdammt? Die deutschen Luftstreitkräfte in beiden Weltkriegen, in: Bruno Thoß, Hans-Erich Volkmann (Hrsg.): Erster Weltkrieg – Zweiter Weltkrieg. Ein Vergleich. Paderborn (u. a.) 2002, S. 167–192

Neitzel, Sönke: Weltkrieg und Revolution 1914–1918/19, Berlin-Brandenburg 2008

Neitzel, Sönke / Welzer, Harald: Soldaten. Protokolle vom Kämpfen, Töten und Sterben, Frankfurt am Main 2011

Neuhold, Helmut: Österreichs Helden zur See. Kapitäne – Forscher – Entdecker. Wien (u. a.) 2010

1941. Der deutsche Angriff auf die Sowjetunion 1941. Hrsg. Gerd R. Ueberschär, Lev A. Bezymenskij, Darmstadt 2011

Osburg, Wolf-Rüdiger: Hineingeworfen. Der Erste Weltkrieg in den Erinnerungen seiner Teilnehmer, o. O. 2009

Overy, Richard: Bombenkrieg: Europa 1939–1945, Berlin 2014

Petermann, Sandra: Rituale machen Räume. Zum kollektiven Gedenken der Schlacht von Verdun und der Landung in der Normandie, Bielefeld 2007

Pethö, Albert: Agenten für den Doppeladler. Österreich-Ungarns Geheimer Dienst im Weltkrieg, Graz und Stuttgart 1998

Piper, Ernst: Nationalsozialismus. Seine Geschichte von 1919 bis heute, Münster 2012

Piper, Ernst: Nacht über Europa. Kulturgeschichte des Ersten Weltkriegs, Berlin 2013

Plöckinger, Othmar: Unter Soldaten und Agitatoren: Hitlers prägende Jahre im deutschen Militär, 1918–1920, Paderborn 2013

Pyta, Wolfram: Hindenburg. Herrschaft zwischen Hohenzollern und Hitler, München 2007

Raithel, Thomas: Das „Wunder" der inneren Einheit. Studien zur deutschen und französischen Öffentlichkeit bei Beginn des Ersten Weltkrieges, Bonn 1996

Rauh, Manfred: Geschichte des Zweiten Weltkriegs, 3 Bde., hrsg. vom Militärgeschichtlichen Forschungsamt, Freiburg und Berlin 1991–1998

Rawe, Kai: „... wir werden sie schon zur Arbeit bringen!" Ausländerbeschäftigung und Zwangsarbeit im Ruhrkohlenbergbau während des Ersten Weltkrieges, Essen 2005

Remarque, Erich Maria: Im Westen nichts Neues, Köln 2013

Rielly, Robin L.: Kamikaze Attacks of World War II: A Complete History of Japanese Suicide Strikes on American Ships, by Aircraft and Other Means, Jefferson/London 2010

Riezler, Kurt: Tagebücher, Aufsätze, Dokumente, Hrsg. Karl Dietrich Erdmann, NA Göttingen 2008

Roesler, Konrad: Die Finanzpolitik des Deutschen Reiches im Ersten Weltkrieg, Berlin 1967

Rolland, Romain: Das Gewissen Europas. Tagebuch der Kriegsjahre 1914–1919, 3 Bde., Berlin 1983

Rosenthal, Jacob: „Die Ehre des jüdischen Soldaten". Die Judenerzählung im Ersten Weltkrieg und die Folgen, Frankfurt/Main 2007

Rotarmisten in deutscher Hand. Dokumente zu Gefangenschaft, Repatriierung und Rehabilitierung sowjetischer Soldaten des Zweiten Weltkrieges, Hrsg. Rüdiger Overmans, Andreas Hilger, Pavel Polian, Paderborn u. a. 2012

Schönhoven, Klaus: Reformismus und Radikalismus. Gespaltene Arbeiterbewegung im Weimarer Sozialstaat, München 1989

Schwartz, Michael: Ethnische „Säuberungen" in der Moderne. Globale Wechselwirkungen nationalistischer und rassistischer Gewaltpolitik im 19. und 20. Jahrhundert, München 2013

Sheehan, James J.: Kontinent der Gewalt. Europas langer Weg zum Frieden, München 2008

Weiterführende Literatur

Snyder, Timothy: Bloodlands. Europa zwischen Hitler und Stalin, München 2011

Spoerer, Mark: Zwangsarbeit unter dem Hakenkreuz. Ausländische Zivilarbeiter, Kriegsgefangene und Häftlinge im Deutschen Reich und im besetzten Europa 1939–1945, München 2001

Stalingrad, Ereignis – Wirkung – Symbol, Hrsg. Jürgen Förster, München 1992

Sternhell, Zeev / Sznajder, Mario / Asheri, Maia: Die Entstehung der faschistischen Ideologie. Von Sorel bis Mussolini, Hamburg 1999

Strachan, Hew: Der Erste Weltkrieg. Eine neue illustrierte Geschichte, München 2004.

Streit, Christian: Keine Kameraden. Die Wehrmacht und die sowjetischen Kriegsgefangenen 1941–1945, Stuttgart 1978

Süß, Dieter: Tod aus der Luft. Kriegsgesellschaft und Luftkrieg in Deutschland und England, München 2011

Ther, Philipp: Die dunkle Seite der Nationalstaaten. „Ethnische Säuberungen" im modernen Europa, Göttingen 2011

Thiel, Jens: „Menschenbassin Belgien". Anwerbung, Deportation und Zwangsarbeit im Ersten Weltkrieg, Essen 2007

Der Tod als Maschinist. Der industrialisierte Krieg 1914–1918, Hrsg. Rolf Spilker, Bernd Ulrich, Bramsche 1998

Todorova, Maria: Die Erfindung des Balkans. Europas bequemes Vorurteil, Darmstadt 1999

Die tödliche Utopie. Bilder, Texte, Dokumente, Daten zum Dritten Reich, Hrsg. Horst Möller, Volker Dahm, Hartmut Mehringer, München und Berlin 4. Auflage 2002

Tooze, Adam: Ökonomie der Zerstörung. Die Geschichte der Wirtschaft im Nationalsozialismus, München 2007

Traverso, Enzo: Im Bann der Gewalt. Der europäische Bürgerkrieg 1914–1945, München 2008

Tuchman, Barbara: August 1914, Bern und München 1964

Ueberschär, Gerd R. / Wette, Wolfram: Stalingrad. Mythos und Wirklichkeit einer Schlacht, Frankfurt/Main 2012

Ullrich, Volker: Die Revolution von 1918/19, München 2009

Verhey, Jeffrey: Der „Geist von 1914" und die Erfindung der Volksgemeinschaft, Hamburg 2000

Vernichtungskrieg. Verbrechen der Wehrmacht 1941–1944. Hrsg. Hannes Heer, Klaus Naumann, Hamburg 1995

Volkmann, Hans-Erich: Wolfram von Richthofen, die Zerstörung Wieluńs und das Kriegsvölkerrecht, in: Militärgeschichtliche Zeitschrift 70 (2011), S. 287–328

Weber, Max: Zur Politik im Weltkrieg. Schriften und Reden 1914–1918, Hrsg. Wolfgang J. Mommsen in Zusammenarbeit mit Gangolf Hübinger, Tübingen 1988

Weber, Thomas: Hitlers erster Krieg. Der Gefreite Hitler im Weltkrieg – Mythos und Wahrheit, Berlin 2011

Wehler, Hans-Ulrich: Deutsche Gesellschaftsgeschichte, Bd. 4: Vom Beginn des Ersten Weltkrieges bis zur Gründung der beiden deutschen Staaten 1914–1949, München 2003

Weinberg, Gerhard L.: Eine Welt in Waffen. Die globale Geschichte des Zweiten Weltkrieges, Stuttgart 1995

Eine Welt von Feinden. Der große Krieg 1914–1918, Hrsg. Wolfgang Kruse, Frankfurt/Main 2000

Der Weltkrieg 1914–1918. Ereignis und Erinnerung, Hrsg. Rainer Rother, Berlin 2004

Westerhoff, Christian: Zwangsarbeit im Ersten Weltkrieg. Deutsche Arbeitskräftepolitik im besetzten Polen und Litauen 1914–1918, Paderborn 2012

Williams, John: The Home Fronts. Britain, France and Germany 1914–1918, London 1972

Willmott, H.P.: Der Erste Weltkrieg, Hildesheim 2004

Winkler, Heinrich August: Der lange Weg nach Westen. Deutsche Geschichte vom Ende des Alten Reiches bis zum Untergang der Weimarer Republik, München 2000

Winkler, Heinrich August: Geschichte des Westens. Die Zeit der Weltkriege 1914–1945, München 2011

Wolff, Theodor: Tagebücher 1914–1919. Der erste Weltkrieg und die Entstehung der Weimarer Republik in Tagebüchern, Leitartikeln und Briefen des Chefredakteurs am „Berliner Tageblatt" und Mitbegründer der Deutschen Demokratischen Partei, Hrsg. Bernd Sösemann, 2 Bde., Boppard am Rhein 1984

Wolz, Nicolas: „Und wir verrosten im Hafen". Deutschland, Großbritannien und der Krieg zur See 1914–1918, München 2013

The World Atlas of Warfare. Military Innovations that Changed the Course of History, London 1988

Zimmermann, John: Pflicht zum Untergang. Die deutsche Kriegführung im Westen des Reiches 1944/45, Paderborn 2009

Zwei Wege nach Moskau. Vom Hitler-Stalin-Pakt zum „Unternehmen Barbarossa", Hrsg. Bernd Wegner, München 1991

Bildnachweis

L'Action Française (11. März 1916) (25); Arbeiter-Illustrierte-Zeitung 48, 1935 (120); Bibliothek für Zeitgeschichte, Stuttgart (138, 140, 142 r., 143, 144); Bundesarchiv (132, Bild 183-J03230/CC-BY-SA, 219 l., R 49 Bild-0705/CC-BY-SA); commons.wikimedia (24 r., 37, 216, 269); Crailsheim, Stadtarchiv (40 r.); europeana (1914–1918) (151); L'Illustration (1918) (38); Benoit Junod, Schweiz (156); lewebpedagogique (242); Library of Congress (8, 52, 79, 106, 165 o., 166, 169, 240 l., 265, 267, 268); Lingen Verlag (62, 285, 290, 294, 296); Picture Alliance akg images (7, 8 u., 9 u., 11 l., 11 r., 13, 14, 20 r., 23, 24 l., 27, 29, 30 o., 32, 33 r., 34, 35, 36, 39 r., 40 l., 43 l., 44, 45 o., 47 r., 48, 49, 50, 53, 55, 56, 61, 64 r., 65, 67, 68, 69, 70 o., 72, 73, 75, 87 r., 88, 89 l., 89 r., 95 o., 95 u., 97, 99 u., 105, 107, 109, 111, 117, 119, 123, 127 r., 129 l., 130, 131 l., 131 r., 133, 134, 135 r., 145 o. l., 145 o. r., 149, 152 o., 152 u., 153 l., 153 r., 155 l., 157, 158, 159, 161 r., 162, 171 l., 176, 177, 179, 180, 183, 190, 196, 198, 199, 201, 205, 210, 215 r., 217, 218, 219 r., 221, 222, 227, 229, 230 r., 231 r., 232, 236, 241, 243, 246 u., 247 l., 248 r., 249, 251, 252, 254, 256, 257, 259, 260, 261, 263, 270, 272, 281, 286, 289, 293); Picture Alliance ANP (275); Picture Alliance AP (64 l., 82, 194, 200, 240 r.); Picture Alliance Arco Images (239 l.); Picture Alliance Bifab (150); Picture Alliance / ©Bianchetti/Leemage (264); Picture Alliance british official photo (114); Picture Alliance / ©Costa/Leemage (191); Picture Alliance CTK (246 o.); Picture Alliance dpa (16 o., 30 u., 47 l., 77, 83 l., 83 r., 84 r., 86 l., 87 l., 94 l., 98, 102, 125, 146, 147, 170, 171 r., 182, 195 l., 203 r., 211 r., 228, 245 r., 262, 266, 273); Picture Alliance dpa Zentralbild/Berliner Verlag/Archiv (8 o., 22 o., 31, 38 l., 57, 60, 71, 74, 76, 78, 85, 112 l., 112 r., 118, 122, 127 l., 128, 154, 155 r., 173, 174, 181, 212, 214, 220, 224, 233, 239 r., 282); Picture Alliance/©Electa/Leemage (188); Picture Alliance Everett Collection (12, 15 l., 15 r., 16 u., 21 o., 63, 110, 245 l.); Picture Alliance Globus-Grafik (18); Picture Alliance imagno (9 o., 81 l., 108, 129 r., 142 l., 161 l., 167, 192, 204, 230 l.); Picture Alliance Itar-TASS (19); Picture Alliance Judaica-Sammlung Richter (46, 86 r., 135 l., 137, 145 u.); Picture Alliance Leemage (20 l., 185 l.); Picture Alliance Mary Evans Picture Library (4, 51, 70 u., 81 r., 91 o., 91 u., 92 l., 92 r., 93, 94 r., 101, 103, 141, 163, 164, 184, 189, 195 r., 197, 206, 207, 215 l., 226, 231 l., 237, 248 l., 255, 258); Picture Alliance Newscom (84 l.); Picture Alliance NurPhoto (193); Picture Alliance Photopress-Archiv (39 l., 45 u., 165 u.); Picture Alliance RIA Novosti (115, 225); Picture Alliance schroewig/News & Images (223); Picture Alliance SZ Photo (41, 42, 43 r., 54, 80, 100, 113 l., 113 r., 121, 148, 168, 175, 208, 209, 211 l., 213, 234, 244, 253); Picture Alliance Ullstein (33 l.); Picture Alliance United Archives (26); Picture Alliance UPI (21 u., 238); Picture Alliance UPPA/Photoshot (5); Picture Alliance visioars (10); Picture Alliance www.bildarchiv-monheim.de (139); Picture Alliance www.picturedesk.com (185 r., 186); Picture Alliance WZ-Bilddienst (58); Fridolin Solleder, Vier Jahre Westfront, 1932 (203 l.); StA Freiburg (235); Zentrum für Militärgeschichte und Sozialwissenschaften der Bundeswehr, Potsdam (96, 99 o.)

Impressum

Die Edition Lingen Stiftung erscheint im Lingen Verlag, Köln
©2014 by Helmut Lingen Verlag GmbH & Co. KG, Brügelmannstr. 3, 50679 Köln
Herausgeber: Ernst Piper
Projektleitung und Redaktion: Heinrich Hengst
Bildredaktion: Manfred Jehle, Wolfgang Hilber
Kartografie: STELZNER Illustration, Frankfurt am Main
Titelfoto: dpa – picture alliance

Das Werk, einschließlich aller seiner Teile, ist urheberrechtlich geschützt. Jede Verwendung außerhalb der engen Grenzen des Urheberrechts ist ohne Zustimmung des Verlages unzulässig und strafbar. Das gilt insbesondere für Vervielfältigungen, Übersetzungen, Mikroverfilmungen und die Verarbeitung in elektronischen Systemen.

Printed in EU
Alle Rechte vorbehalten.
www.edition-lingen-stiftung.de
www.facebook.com/ELSMagazin